주변 풍경을 한눈에 내려다볼 수 있는 높은 전망대처럼, 구약과 신약 전체를 한 흐름으로 조망하도록 해주는 주제들이 있는데 그중 하나가 성전이다. 하늘은 하나님의 보좌요 땅은 그분의 발등상이다. 그래서 우주의 창조 자체는 하나님의 성전 건축이고, 창조세계의 회복을 위한 그분의 열심은 일종의 성전 재건 운동이다. 임마누엘 예수와 함께 새로운 무대가 시작되고, 하나님 자신이 성전이 되어 드라마가 끝나는 것 역시 우연이 아니다. 비일의 『성전 신학』은 "성전 드라마"라는 안경으로 언약과 구원 이야기를 멋지게 풀어준다. 고대의 문화적 배경에 주의하고 성경에 나타나는 성전의 의미를 추적하면서, 성전이 상징하는 하나님의 임재가 어떻게 구원 이야기를 관통하고 있는지를 선명하게 드러낸다. 또한 이 분야의 탁월한 전문가로서 신약의 드라마가 구약적 토양에 얼마나 깊숙이 뿌리내리고 있는지도 선명하게 보여준다. 올바른 성경 이해에 관심을 가진 모든 분께 필독을 권한다. 비일 박사가 내 신학 수업의 첫 선생님이었다는 약간의 사심과 더불어 말이다.

권연경 | 숭실대학교 기독교학과 신약학 교수

비일은 신구약을 통합적으로 연구하는 성경신학의 대가다. 『신약의 구약사용 핸드북』과 『신약성경신학』으로 이미 국내 독자에게 널리 소개된 그가 이번에는 "성전"이라는 주제로 한국 독자를 만난다. 이 책에서 비일은 성전과 우주, 성전 건축과 천지 창조 사이의 유비적 관계를 규명하며, 하나님이 성전을 처음 주실 때부터 모든 피조세계를 거룩하게 하실 선교적 의도를 가지셨음을 주장한다. 텍스트에 대한 상세한 주해가 알기 쉬운 문체로 제공된다. 이 주제에 관심 있는 모든 이들에게 적극 추천한다.

김구원 | 개신대학원대학교 구약학 교수

이 책은 에덴동산에서부터 시작해서 요한계시록에 이르기까지 성전 모티브가 어떻게 일관되게 신구약성경 전체에 드러나는지를 찾고 있다. 이를 위해 신구약 뿐 아니라 고대 근동 문헌과 신구약 중간기 유대 문헌까지 가능한 한 수많은 자료를 검토한다. 이런 연구를 통해 에덴동산이 하나님이 이 땅에 두신 최초의 성소였고, 이스라엘의 성전은 온 우주를 그 안에 반영하고 있으며, 궁극적으로 그리스도인과 교회야말로 이 땅에 하나님의 임재를 증거하는 성전임을 집요하게 풀어나가고 있다. 곳곳마다 구약과 신약 텍스트들에 대한 흥미로운 관찰이 나타나는 이 책은, 구약 시대의 성전이 실제로 무엇을 의미하는지, 따라서 오늘날 우리는 성전과 제사에 관한 구약의 텍스트를 보면서 무엇을 생각해야 할지를 제안한다는 점에서 적극 추천할 만하다.

김근주 | 기독연구원 느헤미야 연구위원

비일은 신약만이 아니라 구약성경과 유대교 문서를 폭넓고 깊이 있게 연구한 신약학자다. 이 책은 예루살렘 성전이 에덴동산을 모델로 해서 디자인되어 있을 뿐만 아니라, 온 우주를 상징하고 반영한다는 유대교 전승을 충실하게 추적해서 밝히고 있다. 종말에 이루어질 구원이 성전으로 임한다는 요한계시록의 말씀이 곧 에덴동산의 회복과 우주적 구원을 의미한다는 놀라운 성경의 가르침을 우리에게 보여주는 이 책은 성경을 연구하는 모든 학자, 목회자, 신학생, 관심 있는 평신도들에게 성경 이해의 새로운 지평을 열어줄 것이다.

김철홍 | 장로회신학대학교 신약학 교수

이 책은 구약성경의 성전과 성막에서부터 시작된 하나님의 인간 동행과 동거의 여정이 새 하늘과 새 땅(계 21:1-3)에서 어떻게 실현되는지를 치밀하고 은혜롭게 보여준다. 영이신 하나님이 물리적이고 육체적인 인간의 거주 공간에 오셔서 함께 살아주시겠다는 이 약속은 우리를 전율케 한다. 요한복음에는 말씀이 육신이 되어 우리 가운데 거하신다는 선언(1:14)이 있는데 이 "거한다"가 "장막을 치다"라는 그리스어 동사다. 하나님의 영은 모세의 성막과 솔로몬의 성전을 가득 채운 영광이었으며 에스겔의 회복된 성전을 가득 채운 영광이었다. 마침내 그 하나님의 영광은 그리스도 예수의 육신의 장막에 임한 영광이었으며 종말론적으로는 새 하늘과 새 땅에 서게 될 하나님의 장막을 가득 채울 영광이다. 에덴동산 자체가 성전의 구조를 닮았다고 보는 비일은 성전의 의미와 역할을 고대 근동의 성전신학의 빛 아래 분석하면서 신구약성경의 성전신학이 얼마나 독특한 하나님 임재 신학인지를 감동적으로 밝혀내고 있다. 이 방대한 저작은 교회란 하나님의 영광이 머무는 새 하늘과 새 땅이 동터오는 여명을 대표하는 기관인 동시에 그분의 임재를 온 세상 모든 영역에 매개하는 선교적 운동체임을 설득력 있게 보여준다. 또한 이 책은 성전과 하나님의 임재라는 주제를 중심으로 구약과 신약의 유기적 통일성과 응집성을 탁월하게 논증하는 데 성공하고 있다. 이 책을 천천이 음미하고 독파한 독자는 하나님께 드리는 예배의 감미로움, 하나님과 동행하는 일상의 신비, 종말론적인 교회 선교와 하나님 나라 완성에 대한 한층 더 깊은 깨달음에 도달할 것이다. **김회권** | **숭실대학교 기독교학과 구약학 교수**

이 책은 구약에서 중간기를 거쳐 신약에 이르는 주제 연구를 어떻게 진행할지에 대한 방법론적 모델을 제공할 뿐 아니라, 고대 근동 텍스트를 다루는 데서도 모범을 보여준다. 또한 성경의 성전 개념이 하나님 나라의 본질을 보여주는 우주적·종말론적 성격을 함축하고 있음을 탁월하게 논증하고 있다. 성전신학이라는 주제로 성경 전체의 구속사를 그려내는 이 책은, 성경신학을 진지하게 공부하고 그 과정 가운데 진리를 성찰하고자 하는 모든 이들의 필수 도서라고 생각된다. 이렇게 귀한 책이 번역되어 출판된 것을 진심으로 기뻐하며, 진리의 책인 성경이 그려내는 하나님 나라와 그 나라가 완성되어가는 과정에 대해 알기 원하는 모든 분께 전심으로 추천한다.

김희석 | 총신대학교 신학대학원 **구약학 교수**

저자는 하나님의 임재의 상징으로서의 성전 모티브가 창세기 첫 장에서부터 요한계시록 마지막 장까지 일관성 있게 사용되고 있음을 설득력 있게 제시한다. 창세기의 우주 창조에서 그 자태를 드러내는 여호와의 우주적 왕궁이, 요한계시록의 새 하늘과 새 땅의 도래를 통해 등장하는 우주적 도시와 함께 하나님의 임재를 상징하는 "도시-성전"이 된다는 저자의 메타 내러티브적 시각은 황홀하기까지 하다. 이 책은 왕국 신학을 성전이라는 프리즘으로 읽어낸 성경 신학의 정수를 보여주는 걸작이다. 보기 드문 수작이며 목회자와 신학생을 위한 필독서임에 분명하다.

류호준 | 백석대학교 신학대학원장, **구약학 교수**

비일의 성전신학은 한마디로 경이롭다. 구약성경과 신약성경의 관계를 상호텍스트성과 주석적이며 역사적인 관점에서 이처럼 치밀하게 분석한 책은 흔하지 않다. 저자는 성전 모티브로 성경 전체를 일이관지(一以貫之)하여 독자를 압도하며, 성전에 담긴 상징이 성경신학의 중핵임을 강조한다. 이 책처럼 성경을 전문적이고 광범위하게 분석한 저술은 앞으로도 보기 어려울 것이다. 결국 하나님과 그리스도의 임재가 확립되지 않는 교회는 한낱 건물에 불과하다는 명제의 신학적 의미를 몇 줄의 추천사로는 담아내기 어렵다. 성전신학의 중요성을 파악하려는 설교자와 신학생은 물론 평신도들에게도 필독을 권한다.

윤철원 | 서울신학대학교 신학전문대학원 신약학 교수

비일은 성경을 참으로 사랑하는 학자다. 그는 요한계시록 주석을 비롯해서 성경과 관련된 많은 책을 저술한 바 있다. 성경에 대한 비일의 치열한 탐구는『성전신학』에서도 강력히 표현되고 있음을 본다. 성전 주제를 중심으로 성경 전체를 통찰하는 시도는 매우 매력적이라고 하지 않을 수 없다. 왜냐하면 성경의 시작은 성전으로서의 에덴이요, 그 끝은 에덴의 회복으로서의 새 창조이기 때문이다. 여기에 하나님의 왕 같은 제사장으로 성전에서 섬기는 교회 공동체의 사명으로서의 선교적 개념을 접목시킨 것은 독자에게 강력한 여운을 남길 것이다.

이필찬 | 이필찬요한계시록연구소 소장

비일은 성경신학계가 다양한 측면에서 오랫동안 격렬하게 논쟁을 거듭해온 복잡한 주제인 "성전" 문제를 한눈에 이해할 수 있도록 깔끔하게 정리하고 있다. 그의 설명은 성경 전체를 다루고 있다는 점에서 탁월하며, 막연한 추정이 아니라 치열한 학문적 논의를 바탕으로 한다는 점에서 뛰어나다. 게다가 비일의 이 연구가 오랜 시간 큰 힘을 기울인 사색의 결실임을 볼 때도 감탄을 금할 수 없다. 하지만 무엇보다 이 책의 진정한 가치가 발견되는 곳은, 교회를 향해 선교의 사명을 완수하도록 강력한 동기를 부여하는 대목이다.

조병수 | 합동신학대학원대학교 총장, 신약학 교수

The Temple and the Church's Mission
A Biblical Theology of the Dwelling Place of God

Gregory K. Beale

성전 신학

하나님의 임재와 교회의 선교적 사명

그레고리 K. 비일 지음 | 강성열 옮김

Holy
WavePlus

차례

- 총서 서문 ___ 13
- 저자 서문 ___ 15
- 메리 도린다 비일의 서문 ___ 21
- 약어 ___ 25

제1장 서론   30

제2장 구약성경에 나타난 성전의 우주적 상징성   38

제3장 구약성경에 나타난 성전의 확장되는 목적   108

제4장 구약 성전의 확장되는 종말론적 목적   164

제5장 그리스도와 그의 백성 안에서 이루어지는 마지막 성전의
        "이미 그러나 아직 아닌" 차원의 성취: 복음서   224

제6장 사도행전에 나타난 새 성전의 시작   268

제7장 바울 서신에 나타난 새 성전의 시작   328

제8장 데살로니가후서 2장에 나타난 성전   362

제9장 히브리서에 나타난 새 성전의 시작   398

제10장 세계 전체를 포괄하는 요한계시록의 성전   426

제11장 에스겔 40-48장의 성전 및 이 성전과 신약성경의 관계   458

제12장 신학적 결론: 참된 성전인 하나님 임재와
        그리스도 임재를 예표하는 유형적 성전   500

제13장 에덴과 성전에 관한 실제적 성찰: 21세기 교회를 위하여   540

• 참고 문헌 __ 553

• 현대 저자 색인 __ 578

• 성경 색인 __ 585

• 고대 문헌 색인 __ 609

• 역자 후기 __ 621

총서 서문

「성경신학의 새로운 연구들」(*New Studies in Biblical Theology*)은 성경신학 분야의 주요 쟁점을 다루는 단행본을 모아서 출판하는 총서 제목이다. 이 총서에 포함된 각각의 단행본들은 다음의 세 가지 영역 중 한 가지 이상에 초점을 맞추고 있다. 1. 성경신학의 본질과 현황 및 성경신학과 다른 연구 분야(예. 역사신학, 주경신학, 조직신학, 역사비평, 내러티브신학) 사이의 관계. 2. 특정한 성경 저자나 성경책의 사상 구조에 대한 상세하고도 명확한 해설. 3. 성경책의 전부 또는 일부에 걸쳐서 나타나는 주제에 대한 설명.

　무엇보다도 이 단행본들은 사고하는 그리스도인들로 하여금 성경을 더 잘 이해하도록 도우려는 창조적인 노력의 산물이다. 이 총서는 가르치고 교훈하는 동시에 최신 연구자료와 소통하고, 더 나아가 앞으로 나아갈 방향을 설정하는 것을 목표로 삼고 있다. 하나님의 세계에서는 마음과 정신이 분리되어서는 안 된다. 이 총서에서 우리는 하나님이 결합해놓으신 것들을 분리하지 않으려고 노력할 것이다. 단행본의 저자들이 붙여놓은 각주는 최선의 학문적인 저작들과 소통하려는 의도를 지니고 있다. 각 단행본의 인용 텍스트는 그리스어와 히브리어를 음역함으로써 잘 정리되어 있을 뿐만 아니라 지나치게 전문적인 용어를 피하고자 노력하기도 했다. 총서의 책들 각각은 신앙고백적인 복음주의의 틀 안에서 저술되었지만, 일련의 관련 문헌을 세심하게 참고하려는 노력도 함께 기울이고 있다.

이 책은 앞에서 언급한 성경신학의 세 가지 영역 중 셋째 접근법을 따르고 있다. 그레고리 K. 비일(Gregory K. Beale) 박사는 성막/성전의 주제를 성경의 이야기-흐름(story-line)을 따라 계속해서 추적하면서 관련 텍스트들을 하나씩 친절하게 설명해주고 있다. 더 나아가서 그는 성전의 의미와 상징이 문화적인 가설들에 기초하고 있음을 보여준다. 이런 이유로 비일의 신학은 올바른 주석 작업에 기초하고 있을 뿐만 아니라 역사에 굳건히 뿌리 내리고 있기도 하다. 여기에 더하여 비일은 구약성경과 신약성경에 공통적으로 나타나는 성전의 의미에 대해 몇 가지 제안을 시도한다. 이 제안들은 새로운 분야를 개척함으로써 생각 있는 독자들로 하여금 과거에는 그들이 그냥 지나쳤을 성경 텍스트들 상호간의 연결 관계를 인식할 수 있게 돕는다. 따라서 이 책의 중요성은 선택된 주제에 관한 충분한 설명에만 있는 것이 아니라, 다음과 같은 세 가지 요소에도 있다. 첫째 요소는 성전이라는 주제가 보다 넓은 사고 구조들, 즉 하나님 나라를 포함하는 주제와의 관계 속에서 자신을 드러낸다는 점이다. 둘째 요소는 성전 주제가 성경신학 작업을 수행해야 하는 방법의 모델 역할을 한다는 사실이다. 셋째 요소는 이 주제가 독자로 하여금 성경 안에서 새롭고 경이로운 것들을 인식하게 함으로써 경배와 감사의 마음으로 머리를 숙이게 만든다는 점이다.

D. A. 카슨(D. A. Carson)
트리니티 복음주의 신학교

성전 신학

저자 서문

이 책은 나의 요한계시록 주석 중 요한계시록 22:1-2에 대한 해설에 덧붙인 세 페이지짜리 추기(追記)에서 비롯되었다(Beale 1999a: 1109-1111을 보라). 2001년에 나는 이 추기를 좀더 긴 논문으로 확장시켰고, 이것을 영국 케임브리지에서 열린 틴데일 성경신학 연구 모임(Tyndale Fellowship Study Group on Biblical Theology)에서 발표했다. 이 연구 모임의 주제는 "성전에 관한 성경신학"이었다. 나중에 내가 발표한 논문은 틴데일 모임에서 발표된 다른 논문들과 함께 출판되었다(Beale 2004을 보라). 논문을 발표할 수 있는 기회를 주고, 출판물에 다른 논문들과 함께 내 글을 포함시켜준 틴데일 모임의 주관자들께 감사를 드린다.

사실 이 확장된 논문은 성전에 관한 성경신학으로서 내가 염두에 두던 내용의 간략한 스케치에 불과했다. 그래서 나는 보다 완결된 형태의 저작을 집필하기로 작정했다. 지금도 나는 이 책의 몇몇 장에 추가적인 세심한 수정이 필요함을 알고 있지만, 어느 시점에서 멈출 수밖에 없었다.

이 책은 이제까지 내가 저술한 책들 중 가장 흥분되는 연구 프로젝트였다. 이 작업은 이전에는 희미하게만 보던 주제들을 향해 내 눈을 활짝 뜨게 해주었다. 특히 나는 에덴동산과 성전, 하나님의 영화로운 임재, 새 창조와 교회의 사명 등의 주제가 궁극적으로는 동일한 실재를 보여주는 여러 양상들임을 이전보다 훨씬 더 분명하게 보게 되었! 나는 이 책의 성경신학적인 관점이 세상을 향한 자신의 사명을 완수하고자 하는 교회에 강력한 동기를 부여하기를 소망한다.

이 책을 쓰는 데에는 아내 메리 도린다(Mary Dorinda)가 이루 말할 수 없이 큰 역할을 했다. 지난 2-3년 동안 아내는 나와 함께 성전신학에 대한 논의를 계속했으며, 이 주제에 대해 나만큼이나 깊은 관심을 가져왔다. 아내는 나로 하여금 이 주제를 보다 심도 있게 이해할 수 있도록 도와준 중요한 매개자 중 한 사람이다.

또한 이 시리즈의 편집자인 돈 카슨에게도 많은 신세를 졌다. 돈은 내 원고를 세심하게 읽고 평가하는 중요한 역할을 해주었다. 수정 작업에서도 돈은 귀중한 제안을 했으며, 이 책을 원래보다 훨씬 더 나은 것으로 만들어주었다! 그뿐 아니라 편집 과정에서 이 연구 프로젝트를 계속할 수 있도록 격려함으로써 책을 잘 마무리할 수 있도록 도왔다. 돈 카슨과 더불어, 영국 IVP에서 신학 서적 편집자로 일하는 필립 듀치(Philip Duce)도 언급하지 않을 수 없다. 듀치 역시 내 책의 원고를 읽고 내용 개선을 위한 제안을 했으며, 집필이 잘 마무리되도록 나를 격려했다. 이 책의 출판을 허락해준 돈과 필립 두 사람에게 감사를 표한다. 마찬가지로 이 책의 일부를 읽고 비평적인 의견을 주었을 뿐 아니라, 구약성경과 고대 근동 자료의 일부를 수정할 수 있도록 도움을 준 제프 니하우스(Jeff Niehaus), 고든 후겐버거(Gordon Hugenberger), 댄 마스터(Dan Master), 존 몬슨(John Monson), 존 월튼(John Walton)에게도 감사한다.

아울러 (휘튼에 있는) 대학교회에도 감사를 드린다. 이 교회는 2001년 가을 선교 주일에 이 책의 주제에 대해 설교할 수 있도록 내게 기회를 주었다(또한 다른 강의들에 나를 초청하기도 했다). 이 주제를 교회 공동체를 위해 다듬으려 시도하는 작업은, 이 주제를 훨씬 더 잘 이해하는 데 필수적으로 요구되는 일이었다. 그뿐 아니라 책의 주제를 캔자스시티의 파크우즈 장로교회와 휘튼 대학교대학원, 아테네의 그리스 성경학교, 에티오피아의 아디스 아바바 복음주의 신학대학, 미네아폴리스의 베들레헴 신학연구소 등에서 강의할 수 있었던 것도 굉장한 유익을 가져다주었다. 특히 학생들이 던진 질문들은 내 시각을 상당히 정교하게 다듬어주었다.

존 콜러(John Kohler), 벤 글래드(Ben Gladd), 스티븐 웹스터(Stephen Webster), 케빈 코울리(Kevin Cawley, 특히 초기 유대교에 관한 그의 연구) 등 연구원들에게도 감사드린다. 이들은 내 연구를 보조하거나 책의 원고를 확인하고 편집하는 일을 도왔다. 특히 나는 그렉 고스(Greg Goss)에게 큰 빚을 졌다. 고스는 책의 내용을 좀더 명료하게 하기 위해 문체를 비롯한 여러 가지 문제점에 대해서 조언을 했다. 또한 책의 색인을 만들어준 데이비드 린키쿰(David Lincicum)에게도 감사를 드려야 마땅하다.

무엇보다도, 내게 이 책의 착상을 마음에 품게 하시고 원고를 쓸 수 있는 힘과 능력을 주신 하나님께 감사를 드린다. 사람들이 이 책을 읽음으로써 하나님의 영광이 훨씬 더 크게 드러나기를 간절히 기도한다.

이 책의 일부 문체상의 특징들에 대해 몇 가지 설명을 차례대로 정리하고자 한다. 다른 별도의 언급이 없는 한, 인용된 영역본 성경은 NASB(New American Standard Bible)을 따랐다. NASB과 생각이 다른 경우에는 나 자신의 개인적인 번역을 제시했다. 고대 문헌의 모든 번역에 대해서는, 번역이 통상적으로 언급되는 표준본과 다를 경우에만 나 자신의 개인적인 번역이나 다른 사람의 번역(이 경우에는 누구의 번역인지를 밝혔다)을 제시했다.

그리스어 신약성경은 NA[27]을 사용했다. 70인경을 언급할 경우에는 Codex B에 의존하고 있는 『영어로 번역한 구약성경과 외경의 70인경본』(*The Septuagint Version of the Old Testament and Apocrypha with an English Translation*)의 그리스어 텍스트를 인용했다. 이 70인경은 그리스어를 알지 못하는 사람들도 70인경을 영역본으로 쉽게 읽을 수 있게 돕는다. 때로는 랄프스(A. Rahlfs)가 편집한 『70인경』(*Septuaginta*)을 인용하기도 했다. 이 책은 70인경에 대한 절충주의적 입장의 텍스트를 담고 있다.

사해 사본에 대한 언급은 주로 뒤퐁-소메(A. Dupont-Sommer)의 『쿰란의 에세네파 문헌들』(*The Essene Writings from Qumran*)에서 가져왔다. 보다 최근에 출판된 자료에 대한 언급은 마르티네즈(F. G. Martínez)의 최신판 『사해 사본 번역본』(*The Dead Sea Scrolls Translated*)으로부터 가져왔고, 때로는 마르티네즈와 티그셀라르(E. J. C. Tigchelaar)가 편집한 『사해 사본 연구본』(*The Dead Sea Scrolls Study Edition*)을 참조하기도 했다. 여기에 더해 다른 사해 사본 번역본들도 참고했으며, 때로는 그것들을 직접 인용하기도 했다. 때때로 뒤퐁-소메나 마르티네즈의 번역과 차이를 보이는 부분은 나 자신이 번역한 부분이다.

다양한 유대 저술의 일차적 자료들은 통상적으로 다음과 같은 영역본을 참고했으며, 여기서 직접 인용하기도 했다. I. Epstein (ed.), *The Babylonian Talmud*; J. Neusner (ed.), *The Talmud of the Land of Israel* (the Jerusalem Talmud), Vols. 1-35; J. Z. Lauterbach (ed.), *Mekilta de-Rabbi Ishmael*, Vols. 1-3; *The Fathers According to Rabbi Nathan*, translated by J. Goldin; *The Midrash on Proverbs*, translated by B. L. Visotzky; W. G. Braude (ed.), *The Midrash on Psalms*; H. Freedman and M. Simon (ed.), *Midrash Rabbah*, Vols. 1-10; P. P. Levertoff (ed.), *Midrash Sifre on Numbers in Translations of Early Documents*, Series 3, Rabbinic Texts; J. T. Townsend (ed.), *Midrash Tanhuma*, Vols. 1-2; *Midrash Tanhuma-Yelammedenu*, translated by S. A. Berman; A. Cohen (ed.), *The Minor Tractates of the Talmud*, Vols. 1-2; H. Danby (ed.), *The Mishnah*; J. H. Charlesworth (ed.), *The Old Testament Pseudepigrapha*, Vols. 1-2 (때로는 R. H. Charles [ed.], *Apocrypha and Pseudepigrapha of the Old Testament*, Vol. 2 [Pseudepigrapha]를 언급한다); W. G. Braude and I. J. Kapstein (eds.), *The Pesikta de-rab Kahana*; W. G. Braude (ed.), *Pesikta Rabbati*; G. Friedlander (ed.), *Pirke de Rabbi Eliezer*; R. Hammer (ed.), *Sifre: A Tannaitic Commentary on the Book of Deuteronomy*;

W. G. Braude and I. J. Kapstein (ed.), *Tanna debe Eliyyahu*; J. W. Etheridge (ed.), *The Targums of Onkelos and Jonathan Ben Uzziel on the Pentateuch, with the Fragments of the Jerusalem Targum, on Genesis and Exodus*; M. McNamara (ed.), *The Aramaic Bible: The Targums*에 언급된 사용 가능한 출판본들.

고대 그리스어 저술, 특히 필론과 요세푸스의 저술(영역본을 포함해서)에 대한 언급은 하버드 대학의 러브 고전 시리즈(Loeb Classical Library)의 도움을 받았다. 사도 시대 교부들에 대한 언급과 그들이 남긴 저술의 영역본 일부는 M. W. Holmes (ed.), *The Apostolic Fathers*로부터 가져왔다.

저자 서문에 인용된 모든 책에 대한 서지 정보는 이 책 말미의 참고 문헌에 상세하게 설명되어 있다.

그레고리 K. 비일

메리 도린다 비일의 서문

여러분은 성경에 묘사된 몇몇 사람들에 대해 의아하게 생각해본 적이 있는가? 솔직히 말해서 성경의 몇몇 인물은 현실적인 존재라기보다 초인적인 존재로 보인다. 예를 들어 바울과 실라가 감옥에서 찬송을 부르는 장면은 정말 이상해 보인다. 만약 내가 감옥에 갇혀 있다면 찬송을 부를 수 있을까? 과연 나는 히브리서 10:34에 묘사되어 있는 태도를 보일 수 있을까? 이 구절은 그리스도인들이 자신의 소유를 빼앗기는 것을 "기쁘게" 받아들였다고 말한다. 만일 정부 당국자들이 찾아와서 내 집을 빼앗는다면 과연 나는 기뻐할 수 있을까? 사도행전 5:40-41에 의하면, 당국자들은 사도들을 채찍질하고 그들에게 더 이상 예수의 이름으로 말하지 말라고 명령한다. 그런데 그들의 반응은 내가 "정상적인" 응답으로 간주할 수 없는 것이었다. 사도들은 "그의 이름을 위하여 능욕 받는 일에 합당한 자로 여기심을 기뻐하면서" 공회를 떠났다.

만일 내가 부끄러움을 당하고 채찍질을 당한다면 기뻐할 수 있을까? 왜 그들은 전혀 다른 반응을 보였을까? 무슨 이유로 그들은 우리 대부분과는 전혀 다르게 행동할 수 있었을까? 마치 그들의 현실이 우리와 다르거나, 그들이 보통 눈으로는 볼 수 없는 것을 보는 것 같다. 열왕기하 6장에 보면 엘리사가 자기 종을 위해 기도하는 장면이 나온다. 이 두 사람은 시리아 군대에 둘러싸여 있었다. 당연히 엘리사의 종은 공포에 사로잡혔다. 하지만 엘리사는 다음과 같이 종을 위로한다. "두려워하지 말라 우리와 함께한 자가 그들과 함께한 자보다 많으니라"(16절). 나는 수학을 잘해본 적이 없지만, 시리아의 군대 수가 두 사람보다 훨씬 더 많다는 것은 알고 있다! 그래서 엘리사는 하나님께 종의 눈을 열어달라고 기도한다. 다음에 우리는 엘리사의 종이 "불말과 불병거가 산에 가득"한 것을 "보고" 있음을 알게 된다. 무슨 일이 발생한 것인가? 종은 참된 실재(true reality)를 볼 수 있는 눈을 갖게 되었다!

우리가 말하고 행하는 모든 것을 바꿀 수 있는 이 참된 실재는 대체 무엇을 가리키는가? 그리스도인이 된 사람은 참된 진리를 눈으로 보게 된다. 참된 실재는 인간이 자신의 힘으로는 도저히 자신을 건져낼 수 없는 죄의 바다에 빠져 있음을 보여준다. 유일한 희망은 하나님께 부르짖는 데 있다. 오직 메시아이신 예수만이 구원하실 수 있다. 만일 예수를 구세주로 받아들인다면, 여러분은 죄의 바다로 침몰하지 않을 것이다. 왜냐하면 그는 우리 구원의 반석이 되시기 때문이다(행 4:10-12).

고린도후서 5:17은 "그런즉 누구든지 그리스도 안에 있으면 새로운 피조물이라 이전 것은 지나갔으니 보라 새것이 되었도다"라고 말한다. 그리스도인의 삶이 가지는 이런 "새로움"은 어떻게 모습을 드러내는가? 이는 마치 니고데모가 예수께 던진 질문을 이해하는 것과 같아 보인다. "사람이 늙으면 어떻게 날 수 있사옵나이까 두 번째 모태에 들어갔다가 날 수 있사옵나이까"(요 3:4). 예수는 이 당혹스러운 질문에 대해 6절에서 "육으로 난 것은 육이요 영으로 난 것은 영이니"라고 답변하신다. 이 답변은 영과 육이 다름을 의미하는 듯하다. 영은 육과 전혀 다른 것이다. 상황이 이런데, 어째서 우리가 여전히 육체 안에 머물면서 "새 생명 가운데서 행할" 수 있겠는가?(롬 6:4) 베드로전서 2:11은 우리가 땅 위에서 "거류민과 나그네"라고 말한다. 이는 땅이 우리의 고향이 아님을 의미한다. 에베소서 2:19-22의 설명처럼 우리 고향은 도리어 하늘이요, 우리는 이미 "하나님의 권속"이다(딤전 3:15도 보라). 그렇다면 참으로 우리는 어떻게 해서 지금 하나

성전 신학

님의 권속이 될 수 있을까? 우리는 땅 위에서 살고 있다. 우리는 실제로 죽거나 세계가 끝날 때까지는 "잠시 대기 중인 상태"에 있지 않은가? 우리는 "하나님의 권속"이 될 미래의 시간을 그저 기대하고 있을 뿐이지 않은가?

성경은 우리가 땅 위에서 "거류민"으로 유랑할 뿐 아니라 바로 지금 하나님의 권속이라고 말한다. 그렇다면 하나님의 권속은 어디에 있으며, 그곳에는 누가 있으며, 그것이 대체 어떤 중요한 의미를 가지는가? 히브리서 12:22-24은 우리가 어디에 있으며, 거기에서 누가 우리와 함께 계시는지를 선명하게 설명하고 있다.

> 그러나 너희가 이른 곳은 시온 산과 살아 계신 하나님의 도성인 하늘의 예루살렘과 천만 천사와 하늘에 기록된 장자들의 모임과 교회와 만민의 심판자이신 하나님과 및 온전하게 된 의인의 영들과 새 언약의 중보자이신 예수와 및 아벨의 피보다 더 나은 것을 말하는 뿌린 피니라

엘리사의 종처럼 믿음의 눈을 뜬다면, 우리는 우리 자신이 하나님 면전에 있으며 예수가 새 언약의 중재자이시라는 놀라운 사실을 알게 될 것이다. "그는 우리를 흑암의 권세에서 건져내사 그의 사랑의 아들의 나라로 옮기셨으니"(골 1:13). 지금 우리는 그곳에 있다. 그리스도인들은 "산 돌"이요, "신령한 집으로 세워진" 자들이다(벧전 2:5).

맏딸 낸시(Nancy)가 세 살이었을 때, 우리 가족은 영국에서 살고 있었다. 그해 봄, 낸시와 나는 광대한 시골 장원으로 초대된 적이 있다. 그 집과 정원을 산책하는 동안, 나는 낸시가 이 장원의 장엄함과 아름다움에 별로 매료되지 않았음을 깨달았다. 나는 낸시를 곁으로 불러서 다음과 같이 말했다. "낸시, 네가 어리다는 것을 난 잘 알아. 하지만 이곳은 아주 특별한 곳이란다. 오늘을 잘 기억해두렴."

내 어린 맏딸과 마찬가지로, 우리 모두는 가까이 이끌림을 받아 우리 자신이 지금 세상에서 가장 특별한 곳—장엄한 하나님의 산악 성전

(mountain temple)—에 있다는 이야기를 들을 필요가 있다.

이 책은 현재 우리가 어디에 있는지에 대해서, 그리고 살아 계신 하나님의 성전인 새 예루살렘의 아름다움과 화려함에 대해서 상세하게 설명해줄 것이다. 우리가 육안으로 보는 이스라엘의 실제 성전은 순전히 하늘의 실재(히 9:24)를 반영하는 그림자일 뿐이다! 하나님이 우리 눈을 열어 깨닫게 하시기를 기도한다.

주께서 택하시고 가까이 오게 하사
주의 뜰에 살게 하신 사람은 복이 있나이다
우리가 주의 집
곧 주의 성전의 아름다움으로 만족하리이다(시 65:4)

성전 신학

고대 문헌에 대해서는 표준 약어를 사용했다. 고대 문헌의 저자와 제목들은 609쪽의 "고대 문헌 색인"에 자세히 소개되어 있다.

AB	Anchor Bible
ABD	*Anchor Bible Dictionary*
AnBib	*Analecta Biblica*
ANE	Ancient Near East
ArBib	The Aramaic Bible
ASOR	American School of Oriental Research
AV	Authorized (King James) Version
b.	*Babylonian Talmud*
BA	*Biblical Archaeologist*
BAGD	W. Bauer, W. F. Arndt, F. W. Gingrich, and F. W. Danker, *A Greek-English Lexicon of the New Testament* (2nd ed.)
BAR	*Biblical Archaeology Revue*
BBR	*Bulletin for Biblical Research*
BDAG	W. Bauer, F. W. Danker, W. F. Arndt, and F. W. Gingrich, *A Greek-English Lexicon of the New Testament and Other*

Early Christian Literature (3rd ed.).

BDB	F. Brown, S. R. Driver and C. A. Briggs, *A Hebrew and English Lexicon of the Old Testament*
BECNT	Baker Exegetical Commentary on the New Testament
BETL	Bibliotheca ephemeridum theologicarum lovaniensium
Bib	*Biblica*
BibO	Biblica et Orientica
BJS	Brown Judaic Studies
BNTC	Black's New Testament Commentaries
BRev	*Bible Review*
BSac	*Bibliotheca Sacra*
BZNW	Beihefte zur Zeitschrift für die neutestamentliche Wissenschaft
c.	circa
CBC	Cambridge Bible Commentary
CBQ	*Catholic Biblical Quarterly*
CBQMS	Catholic Biblical Quarterly Monograph Series
CE	*Critical Enquiry*
ConB	Coniectanea biblica
CT	*Cuneiform Texts from Babylonian Tablets in the British Museum*
CTM	*Concordia Theological Monthly*
DSD	*Dead Sea Discoveries*
DSS	Dead Sea Scrolls
EBC	Expositor's Bible Commentary
ErIs	*Eretz-Israel*
ExpT	*Expository Times*
frag(s).	fragment(s)
FS	Festschrift
HNT	Handbuch zum Neuen Testament
HSMS	Harvard Semitic Monograph Series

IBD	*The Illustrated Bible Dictionary, ed. J. D. Douglas*
IBS	*Irish Biblical Studies*
ICC	International Critical Commentary
JATS	*Journal of the Adventist Theological Society*
JBL	*Journal of Biblical Literature*
JEH	*Journal of Ecclesiastical History*
JETS	*Journal of the Evangelical Theological Society*
JJS	*Journal of Jewish Studies*
JR	*Journal of Religion*
JSNTS	Journal for the Study of the New Testament Supplement Series
LXX	Septuagint
m.	*Mishnah*
MNTC	Moffatt New Testament Commentary
MT	Masoretic Text
NA²⁷	Nestle-Aland, *Novum Testamentum Graece* (27th ed.), Stuttgart: Deutsche Bibelgesellschaft, 1993.
NAC	The New American Commentary
NASB	New American Standard Bible
NCB	New Century Bible
n.d.	no date
Neot	*Neotestamentica*
NICNT	The New International Commentary on the New Testament
NICOT	The New International Commentary on the Old Testament
NIDOTTE	*New International Dictionary of Old Testament Theology and Exegesis,* ed. W. A. VanGemeren
NIGTC	New International Greek Testament Commentary
NIV	New International Version of the Bible
NIVAC	NIV Application Commentary
NLH	*New Literary History*
NT	New Testament

NTS	*New Testament Studies*
NumSup	Numen Supplements
OLA	Orientalia lovaniensia analecta
OT	Old Testament
RevQ	*Revue de Qumran*
RSMS	Religious Studies Monograph Series
SacP	Sacra Pagina
SBLA	Society of Biblical Literature Abstracts
SBLDS	Society of Biblical Literature Dissertation Series
SBLEJL	Society of Biblical Literature Early Judaism and its Literature
SBLSP	Society of Biblical Literature Seminar Papers
SBLWAW	Society of Biblical Literature Writings from the Ancient World
SHR	Studies in the History of Religions
SNTS	Society for New Testament Studies
SNTSMS	Society for New Testament Studies Monograph Series
SPB	Studia Post-Biblica
SubB	Subsidia Biblica
TDNT	*Theological Dictionary of the New Testament,* ed. G. Kittel and G. Friedrich
TDOT	*Theological Dictionary of the Old Testament,* ed. J. Botterweck and H. Ringgren
Tg.	*Targum*
Them	*Themelios*
TNTC	Tyndale New Testament Commentary
TynB	*Tyndale Bulletin*
VT	*Vetus Testamentum*
VTSup	Vetus Testamentum Supplement
WBC	Word Biblical Commentary
WC	Westminster Commentaries

WTJ	*Westminster Theological Journal*
WUNT	Wissenschaftliche Untersuchungen zum Neuen Testament
y.	*Jerusalem Talmud*
ZAW	*Zeitschrift für die alttestamentliche Wissenschaft*

제1장
서론

The Temple and the Church's Mission
A Biblical Theology of the Dwelling Place of God

요한계시록의 마지막 환상과 이 환상이 성전의 성경신학에 대해 가지는 의미

요한계시록 21:1-22:5은 수많은 논의의 대상이 된 잘 알려진 텍스트로서 성경 전체의 마지막 환상을 포함한다. 하지만 여기에는 아직 거의 발견되지 않은 한 가지 중요한 문제점이 있다. 왜 사도 요한은 요한계시록 21:1에서는 "새 하늘과 새 땅"을 보면서, 21:2-3; 21:10-22:3에서는 동산처럼 생겼으되 성전의 형상을 가진 도시를 보고 있는 것일까? 왜 요한은 새 하늘과 새 땅 전체를 보지 못하는 것일까? 왜 그는 전 세계에 걸친 풍요로운 새 창조 세계의 무수한 숲과 강, 산, 물줄기, 계곡 같은 다른 특징들을 보지 못하는 것일까? 어떤 사람들은 이렇게 분명하게 드러나는 불일치 현상을 고대의 묵시적인 꿈과 환상이 가질 수 있는 불합리적인 특징이라고 이해할 것이다. 요한이 이 환상을 하나님께로부터 온 것으로 주장했음을 기억한다면 이 가정은 받아들이기 힘들겠지만 말이다(예. 계 21:9을 1:1; 22:6과 비교하라). 또한 이 환상은 그리스도인과 교회의 선교 사명 완수를 위한 그리스도인의 역할 및 사도가 요한계시록 전체에서 깊은 관심을 보이고 있는 주요 쟁점과 어떻게 관련되는가?

서두에서 "새 하늘과 새 땅"을 보았다고 말한 다음, 요한은 환상의 나머지 부분에서는 오직 수목(樹木)이 우거진 도시-성전(city-temple)에만 초점을 맞춘다. 이 구절들에 묘사된 도시의 여러 치수와 건축적 특징은 미래 성전의 치수와 건축적 특징에 대한 예언인 에스겔 40-48장에 많이 의존하고 있다(예. 계 21:2, 10-12; 21:27-22:2 등). 요한계시록 21:18-21에서 성전의 기초를 이루는 보석들은 금으로 입히고 값비싼 돌들을 기초석으로 삼았던 솔로몬 성전에 대한 묘사를 반영한다. 여기에 대해서는 열왕기상 6:20-22(5:17도 마찬가지)과 7:9-10을 차례로 보라. 그리고 요한계시록 21:16의 여러 치수가 열왕기상 6:20에 묘사된 "지성소"의 치수(지성소의 "길이와 너비와 높이"가 전부 같은 수치로 되어 있음)에 기초하고 있음을 주목하라.

그렇다면 요한계시록 21:1에서 요한이 새로운 창조 세계를 보았으면서도 환상의 나머지 부분에서는 다만 성전의 모양과 구조물을 가진 도시에 대해서만 묘사하는 명백한 불일치 현상을 우리는 어떻게 설명할 수 있을까? 물론 요한이 먼저 새로운 세계를 보고 나서 나중에 그 세계 안에 있는 도시-성전을 보았을 가능성도 있다. 하지만 그랬을 것 같지는 않다. 왜냐하면 분명히 그는 "새 하늘과 새 땅"을 바로 다음에 묘사되는 "도시-성전"과 동일시하고 있기 때문이다.

이처럼 새로운 창조 세계를 도시-성전과 동일시하는 태도는 요한계시록 21:27을 묵상할 경우에 더욱 분명하게 드러난다. 이 텍스트는 도시의 성전에 "속된 것…이 결코 들어가지 못할 것"이라고 선언한다. 이 점에 비추어볼 때, 성전 경내에서는 어떤 부정함도 용납되지 않는다고 보는 구약성경의 가르침(예. 대하 23:19; 29:16; 30:1-20)을 기억하는 것은 중요한 의미를 가진다. 새로운 도시-성전 지역이 새로운 창조 세계 전체를 포함할 것이라는 점은 요한계시록 21:27이 어떤 부정함도 새로운 세계 안에서는 용납되지 않을 것이라고 말한다는 사실에 의해 암시된다. 이런 관찰은 어떤 부정함도 새로운 세계에서는 용납되지 않을 것임을 의미한다. 이렇듯 도시-성전을 새로운 세계와 동일시하는 입장은 새로운 도시에서 부정한 자들을 배제하는 요한계시록 22:15에서도 분명하게 드러난다. 이 텍스트도 부정한 자들이 새로운 창조 세계의 거주지로부터 배척당할 것임을 의미하고 있다. 왜냐하면 이들은 영원토록 불못에 머물러 있을 것이기 때문이다(제10장을 보라).

또 다른 관찰에 의하면, 새로운 우주도 도시-성전과 동일시된다. 앞서 살핀 바와 같이 요한계시록 21:1은 "새 하늘과 새 땅"에 관한 요한의 환상

성전 신학

으로 시작하고, 다음으로 "하늘에서 내려온 새 예루살렘"의 환상에 관해 설명한다(2절). 그 후에 사도는 "하나님의 장막이 사람들과 함께 있으매 하나님이 그들과 함께 계실" 것이라고 선포하는 "큰 음성"을 듣는다(3절). 2절의 둘째 환상은 새로운 우주에 관한 첫째 환상을 해석하고, 3절에서 장막에 관해 그가 들은 음성은 1절과 2절을 해석하는 것으로 보인다. 만일 그렇다면 2절의 새로운 창조 세계는 같은 절의 "새 예루살렘"과 동일하며, 이 둘은 공히 3절의 "장막"과 동일한 실재를 가리킨다.

요한계시록의 다른 곳에서 발견되는 "보기-듣기"(seeing-hearing) 양식은 1-3절이 동일한 실재를 가리키고 있음을 암시한다. 요한계시록의 다른 부분에서 사도가 보는 것은 이어서 그가 듣는 것에 의해 해석되며, 그 역방향도 마찬가지다. 좋은 예를 우리는 요한계시록 5:5에서 찾을 수 있다. 이 텍스트에 의하면 요한은 승리를 거둔 "유대 지파의 사자"에 대해 듣는다. 이어서 6절에서 그는 탁월한 권위를 가진 죽임 당한 어린 양을 보는데, 이 구절은 어린 양인 메시아가 어떤 방식으로 승리를 거두었는지에 대한 해석을 제공한다. 즉, 역설적이게도 그는 "죽임 당한 어린 양"의 자격으로 죽음을 맞이함으로써 승리를 거두었다.

요한계시록 21:1의 "새 하늘과 새 땅"이 21:2; 21:9-22:5의 지상 낙원인 도시-성전에 의해 규정되고 그것과 동일시된다는 사실은 구약성경에서 "하늘과 땅"이 때때로 예루살렘이나 그곳의 성전을 가리키는 방식일 수 있다는 레벤슨(J. D. Levenson)의 견해에 의해 뒷받침된다. 왜냐하면 "예루살렘"은 성전을 가리키는 일종의 환유법(metonymy)[1]이기 때문이다. 레벤슨은 자신의 견해를 뒷받침하는 근거로 이사야 65:17-18을 인용한다. "**보라 내가 새 하늘과 새 땅을 창조하나니** 이전 것은 기억되거나 마음에 생각나지 아니할 것이라 너희는 내가 창조하는 것으로 말미암아 영원히 기

---

1) 환유법은 저자가 의도하는 것을 그것과 관련된 다른 것으로 대체하는 방식을 일컫는다 (역자 주-예를 들어 왕을 가리키기 위해 왕관을 말하는 방식).

뻐하며 즐거워할지니라 **보라 내가 예루살렘을** 즐거운 성으로 **창조하며** 그 백성을 기쁨으로 삼고"(비일 강조).[2] 이 텍스트에 나오는 두 개의 새 창조 진술은 동의어적 평행 관계에 놓여 있는 듯하다. 이사야 65:17이 요한계시록 21:1에서 언급되는 사실로 볼 때, 요한계시록 21:2의 새 예루살렘을 21:1의 "새 하늘과 새 땅"과 같다고 이해하는 것은 지극히 당연하다. 앞에서 언급한 레벤슨의 견해처럼, 그리고 우리가 이 책 전체에서 계속 보게 될 내용처럼, 1절의 새로운 창조 세계와 2절의 새 예루살렘이 3절에서 온 인류 가운데 있는 "하나님의 장막"으로 이해된다는 점 역시 자연스러운 동일시 작업이라고 할 수 있다.

따라서 새로운 창조 세계와 새 예루살렘은 하나님의 장막을 가리키는 것과 다름없다. 이 장막은 요한계시록 21장 전체에 걸쳐서 묘사되는 하나님의 특별한 임재를 드러내는 참된 성전이다.

요한계시록 주석을 집필한 이후(출간은 1999) 이 성경의 책을 계속 묵상하던 중, 특히 요한계시록 21장의 성전에 대한 내 결론을 성찰하던 중, 나는 구약과 신약의 다양한 성전 텍스트들 사이에 보다 더 긴밀한 관계가 있음을 발견하게 되었다. 이 책의 목적은 요한의 묵시, 그중에서도 특히 마지막 환상에 묘사되어 있는 성전의 의미를 한층 더 깊이 탐구하는 것이다. 이를 위해 가장 먼저, 왜 요한이 자신의 책의 마지막 환상에서 새로운 창조 세계를 수목이 우거진 도시-성전과 동일시하는가라는 앞의 질문에 간략하게 답하고자 한다. 이미 나는 수년 전에 쓴 요한계시록 주석에서 여기에 대해 간결한 답을 구체적으로 밝힌 바 있다.

이 책에서 나는 이런 답변의 타당성을 높이기 위해 이 답변을 뒷받침하는 증거를 보강하려고 노력할 것이다. 내 주장은 다음과 같다. 즉 구약 성경의 성막과 성전들은 본래 지성소에 한정되었던 하나님의 성막 임재가 실제로는 지상 세계 전체에 걸쳐 있다는 우주론적 차원의 종말론적 현

---

2) Levenson 1988: 89-90; 1984: 294-295.

실을 상징적으로 보여주려는 의도를 가지고 있다는 것이다. 이런 배경에서 볼 때, 요한계시록 21장의 환상은 우주 전체를 가득 채울 마지막 때의 성전을 보여주는 것으로 이해함이 가장 타당하다. 만일 이것이 옳다면, 내 주장은 앞에서 언급한 21장의 문제에 대한 답을 제공할 뿐만 아니라 신구약 전체의 성전신학을 이해하는 데도 결정적 도움을 주는 통찰을 제공할 것이다.

이 주장을 구체적으로 입증하려는 과정에서 나는 구약성경의 성전과 고대 근동의 신전에 있는 우주적인 상징성의 증거를 개관하고자 한다. 다음으로는 에덴동산이 최초의 원형(原型) 성전이었으며, 이것이 나중에 만들어진 모든 성전의 모델이었다는 주장을 할 것이다. 에덴에 대한 이런 이해는 구약성경의 성막과 성전들이 피조 세계 전체의 축소판(소우주)을 상징한다는 개념을 강화시켜줄 것이다. 우주의 축소판을 상징하는 구조물로서 전 세계에 걸쳐 발견되는 성막과 성전들은 하나님의 영광을 완벽하게 반영하는 종말론적인 성전을 지시하려는 의도를 품고 만들어졌다. 이처럼 우주적으로 확대된 종말론적인 성전이야말로 요한계시록의 마지막 환상이 묘사하고 있는 그림이다. 이런 주장을 입증하기 위해 나는 성전에 관한 신약성경의 다른 관련 구절들을 추가로 언급하고자 한다.

이 책의 해석 방법론에 대한 간략한 설명

이 책에서 내 연구의 기저에 놓인 중요한 한 가지 전제는 신구약성경 전체가 하나님의 영감으로 된 책이라는 것이다. 이런 기초적인 견해는 성경에 통일성이 있음을 의미한다. 왜냐하면 성경은 전체가 다 하나님의 말씀이기 때문이다. 따라서 구약과 신약에서 공통의 주제들을 찾아내려고 애쓰는 것은 올바른 일이다. 비록 가장 중요한 공통의 주제가 무엇인지에 대해서는 해석자들의 견해가 다르겠지만, 성경의 궁극적인 저자가 하나님임을 확신하는 사람들은 그 문제를 논의하는 데 필요한 공통의 자료 틀을 가지고 있는 것이나 다름없다.

또 다른 중요한 전제는 저자인 하나님의 의도—인간 저자들을 통하여 전달된—가 현대의 독자들에게도 접근 가능하다는 점이다. 어느 누구도 이 의도를 완벽하게 깨달을 수는 없겠지만, 그러나 그것을 충분히 이해할 수는 있다. 특히 구원의 목적이나 거룩한 삶(성화), 하나님을 영화롭게 하는 일 등의 주제에 있어서 그렇다. 그중에서도 이 책의 주제와 관련된 것에 대해서는 이 책을 마무리하는 장(제12장을 보라)에서 보다 구체적으로 논의하고자 한다.

마지막으로 이 책은 전체에 걸쳐서 어떤 특정한 해석을 지지하기 위해 일련의 증거 자료를 제시하는 전형적인 논의 전략을 사용할 것이다. 이런 자료 중 일부는 다른 자료보다 더 설득력 있게 여겨질 것이다. 하지만 관련 자료 전부를 전체로서 두고 살펴본다면, 설득력이 약한 자료는 그것 홀로 떨어져 있을 때보다 더 중요한 의미를 가질 것임에 틀림없다. 따라서 어떤 특정한 해석을 지지하기 위한 논의 중 일부가 자체적으로 홀로 있는 것이 아니라 논증의 다른 관점에서 볼 때 나타나는 더 큰 설득력을 얻기 위해 의도된다는 것은, 때때로 타당한 이야기일 수 있다. 또한 이런 경우가 아니라 할지라도, 이 책에서 나의 의도는 축적된 논의들의 총량이 여기서 주장되는 주요 개념의 타당성이나 개연성을 나타내도록 하는 것이다.

제 2 장

구약성경에 나타난
성전의 우주적인 상징성

The Temple and the Church's Mission
A Biblical Theology of the Dwelling Place of God

새로운 창조 세계와 요한계시록 21장에 묘사된 도시-성전 사이의 관계에 대해, 앞에서 제기한 문제점을 해결하는 데 도움을 주는 최선의 단서 중 일부는 이스라엘의 성전 개념에서 찾을 수 있다. 우리는 고대 근동 세계의 한복판에 있었던 이스라엘 성소에 대한 이해를 증진시키기 위해 다른 고대의 신전들이 갖는 상징적인 의미에 대해서도 살펴볼 것이다. 비록 이교 신전이라 할지라도, 이것과 이스라엘의 성전 사이에 있는 유사점들은 우연의 일치로 보기가 어렵다. 동시에 이스라엘의 종교적 이념들이 순전히 이교 신전에 의존한 결과로 생겨났다고 보기도 어렵다. 도리어 이교 신전과 이스라엘의 성전 사이에 있는 이런 유사성은 적어도 부분적으로는 인류 역사의 시초에서부터 존재해왔던 올바른 성전 개념에 대한 굴절되고 비뚤어진 이해에 기인한다고 볼 수 있다. 역사가 전개됨에 따라서 성전에 관한 하나님의 특별 계시는 오로지 인류 공동체의 신실한 남은 자들을 통해서만 계승되었다. 하나님의 언약 공동체 밖에 있는 사람들도 참된 성전에 대한 기억을 계속 이어갔겠지만, 이 기억은 시간의 흐름과 함께 점점 약해졌다. 그럼에도 진리에 대한 굴절된 인식이 희미하게나마 남았을 것이며, 결과적으로 일부 신전들은 하나님이 친히 보여주신 개념과 일치하는 특징들을 여전히 간직하도록 만들어졌다.[1] 다른 한편으로 하나님의 백성은 본래적인 참된 제의 개념을 반영하는 성전들을 계속해서 건축했다.[2]

---

1) 대조적으로 Fairbairn 1863a: 219-220은 이교 신전의 상징적인 측면이 이스라엘 성전의 상징적인 측면과 많이 겹친다는 개념을 거부한다.
2) Rodriguez 2001: 58-59은 이교 성소와 관련된 이스라엘 성전에 대해 비슷한 분석을 하고 있다.

마치 신자들에게 하나님의 형상이 완전히 사라진 것이 아니라 희미해진 것과 마찬가지로, 하나님을 예배할 건축물에 대해 그들이 계속해서 간직하던 견해 역시 희미해졌다고 할 수 있다.

어떤 주석가들은 고대의 이교 신전들의 디자인과 상징성이 하나님의 진리를 희미하게나마 반영하고 있다는 견해에 반대한다. 이스라엘이 의도적으로 주변 나라(예를 들어 이집트와 가나안, 바벨론 등)의 이방 종교가 가지는 여러 측면에 대해서 넌지시 암시하고 있지만, 그것은 이교 신들에게 해당되는 이교 사상이 사실은 이스라엘의 하나님에게만 해당된다는 점을 분명하게 드러내기 위해서다(예. 시 29편은 풍요의 신 바알의 제왕적인 속성들을 야웨께 적용한 유명한 사례다. 이는 오직 야웨만이 이런 품성들을 소유하고 계심을 입증하기 위해서다). 성전에 대한 이스라엘의 묘사 역시 비슷한 논쟁적인 의도를 가지고 있는 것 같다. 따라서 이스라엘이 주변 나라들로부터 종교적인 개념과 표상들을 빌려왔으리라는 것은 충분히 이해할 만하다. 하지만 이스라엘이 그렇게 한 것은 논증을 위한 목적에서였지, 자신들에게 종교적인 창의성이 부족해서가 아니었다. 그렇지만 이방 나라가 자신의 신들을 참된 하나님의 속성과 같은 속성을 가진 존재로, 자신의 신전을 참된 하나님의 처소와 유사한 방식으로 묘사할 수 있었으리라는 사실은 아마도 그들도 어느 정도 참된 하나님에 대한 개념을 가지고 있었음을 의미할 것이다. 이 개념이 구원과는 무관한, 다소 애매한 형식을 취하고 있지만 말이다(예. 롬 1:19-25).

이교의 문화적인 개념들을 이스라엘과 이스라엘의 성전과 관련시키는 데에는 적어도 제3의 방식이 존재하는 것 같다. 이스라엘은 종교 개념들 중 일부를 이방 민족과 공유하고 있었다. 그 이유는 순전히 이스라엘이 보편적인 공통의 문화를 함께 누리고 있었기 때문이다. 때로는 이스라엘이 어떤 개념을 사용할 때, 그 개념이 신학적인 의미로 가득 차게 되었지만 말이다. 예를 들어 옷을 입거나 벗는 행동을 포함하는 어떤 의식들이 각각 상속권 획득이나 박탈을 의미한다는 것은 고대 근동에 널리 퍼진 관행이었던 것 같다. 이런 사실은 옷을 포함하는 무수한 구약(과 신약) 텍스트의 의미를 설명해줄 수 있다. 예를 들어 창세기 3:21에서 하나님이 아담과 하와를 위해 옷을 마련해주신 것은 피조 세계에 대한 그들의 상속권을 은혜로 재확증함을 의미하는 것 같다. 그들이 직전에 하나님을 거역하는 행동을 취했음에도 불구하고 말이다.[3] 이런 상관관계는 이교 제사장과 이스라엘의 제사장 사이에도, 이교 신전의 장식과 이스라엘 성전의 장식 사이에도 존재했을 것이다.

고대 이스라엘인의 생각과 주변 나라 백성의 생각 사이에 존재했을 이런 상관관계를 염두에 두고서, 이제는 이스라엘의 성전에 대한 연구 쪽으로 방향을 돌려보자. 구약성경의 증거를 살핀 다음, 이스라엘의 성전에 대한 유대인들의 해석을 고찰하는 것 역시 구약의 자료를 이해하는 데 도움을 줄 것이다. 이에 더하여 고대 근동의 관련 평행 자료들도 살펴볼 것이다. 이스라엘 주변국들의 성소를 관찰하는 작업도 이스라엘의 성소가 갖는 미묘한 상징성에 어느 정도 빛을 던져줄 것이다.

성전에 대한 보다 나은 이해에 도달하기 위해 우리가 성경 밖의 고대 자료를 살폈다고 해서, 이것이 자료와 성경이 똑같은 권위를 가지고 있음을 의미하지는 않는다. 도리어 우리의 시도는 성경이 매우 특수한 역사적인 상황 속에서 기록되었음을 의미한다. 이런 주변 상황을 더 잘 이해하면 할수록 성경에 대한 우리의 이해도 한층 더 부요해질 것이다. 그리스도인들은 성경 텍스트를 더 잘 이해하기 위해 자주 성경 주석을 사용한다. 때때로 이런 주석은 텍스트에 대한 일정한 시각을 제공하고 새로운 빛을 던져줌으로써 텍스트를 더 잘 이해할 수 있도록 도와준다. 새로운 시각은 텍스트의 상세 사항들을 더 잘 이해하도록 하기 때문에 과거의 시각보다 더

---

3) 이외에도 창 9:23(노아의 옷); 37:3(요셉의 채색옷); 신 24:17; 눅 15:22(아버지가 탕자에게 준 옷); 갈 3:27(그리스도로 "옷 입다"); 계 21:2-3, 7 등 참조. 고대 근동과 성경에서 "옷"이 가지는 이런 의미에 대해서는 Hugenberger 1997을 참조. 또한 Hugenberger 1994: 390, n. 130도 보라.

정당한 것으로 인정받게 된다. 하지만 때로는 이런 주석이 분명히 잘못되었기 때문에 도움을 주지 못하는 경우도 있고, 또 때로는 순전히 성경 텍스트를 다시 개괄해 설명함으로써 새로운 내용을 말하지는 못하지만 그렇다고 잘못되지는 않은 경우도 있다.

고대 근동과 유대교의 문서 자료들은 현대의 주석과 비슷한 정도로 널리 사용된다. 예를 들어 우리는 구약의 텍스트나 주제 등에 대한 초기 유대교의 해석들처럼 오래된 주석 자료를 사용해야 하지 않겠는가? 유대교의 이런 주석 자료는 현대 주석과 같은 잠재적인 활용 가능성(과 남용 가능성)을 가지고 있다. 비록 현대 주석이 구약 시대 자체로부터 생겨났을 수도 있는 초기의 구전적 해석 전승을 취할 가능성도 가지지만 말이다. 우리는 구약의 성전 개념을 이해하는 데 도움을 줄 초기 유대교의 성전 해석이 존재하는지 알아볼 것이다. 고대 근동의 일부 신전 개념에 대해서도 같은 작업을 수행할 것이다.

제2장의 논의는 다소 상세하기는 하지만 이 책이 계획하는 작업을 끝까지 진행함에 있어 절대적으로 필요하며, 책의 나머지 부분을 위한 기초 작업으로 이해될 수 있다.

이스라엘의 지상 성전이 천상의 성전이나 우주의 성전을 반영한다고 보는 구약성경의 시각

요한계시록 21장의 낙원 성전이 전 세계를 포괄한다는 개념의 이론적 근거는 구약성경의 성전이 하늘과 땅 전체의 축소판이라는 고대의 개념에 있다.[4] 이 점을 가장 잘 확증해주는 텍스트 중 하나는 시편 78:69이다. "그

---

4) 구약의 시각, 특히 유대교의 시각에 대해서는 다음을 보라: Patai 1967: 54-139; Barker 1991: 104-132; Levenson 1984: 283-298; 1985: 111-184; Hayward 1996; Koester 1989: 59-63; Fletcher-Lewis 1997: 156-162. "성전의 상징성에 대한 유대교의 시각"이라는 뒤의 논의 일부는 이런 저술들에 기초한다.

의 성소를 산의 높음같이, 영원히 두신 땅같이 지으셨도다."[5] 시편 기자
는 하나님이 일정한 방식으로 이스라엘의 지상 성전을 하늘과 땅에 비견
될 만하게 만드셨다고 말한다. 마찬가지로 초기의 "성막 양식과 각종 비
품들의 양식"은 "산에서…보인 [하늘의] 양식"을 따랐다(출 25:9, 40; 참조. 출
26:30; 27:8; 민 8:4; 히 8:5; 9:23-24). 다음에 이어지는 연구에서 우리는 성막의
상징성이 나중에 만들어진 이스라엘 성전의 상징성과 본질적으로 동일함
을 입증할 것이다. 이런 동일성은 둘 사이에 분명하게 존재하는 많은 유사
점들을 통해서, 그리고 출애굽기 25:9, 40과 역대상 28:19을 비교함으로써
알 수 있다. 이 두 텍스트는 성막의 설계도와 성전의 설계도가 똑같이 하
나님께로부터 비롯되었다고 말한다.[6]

나중에 보겠지만, 유대교 전승도 시편 78편과 출애굽기 25장의 진리,
곧 지상의 성전이 어떤 중요한 방식으로 하늘 특히 천상의 성전과 상응한
다는 진리를 확증한다.[7] 제2장의 주요 과제는 이스라엘의 성막과 성전이

---

5) 이 시에 대해서는 추가적으로 다음을 보라: Levenson 1988: 87-88; Hurowitz 1992:
335-337. 시 78:69은 *Enuma Elish* 6.112과 평행되는 내용을 많이 가진다. *Enuma Elish*
는 마르둑 신전의 건축에 대해 이렇게 말한다: "그가 하늘에서 만든(?) 것과 비슷한 것
을 땅 위에서도 [만들게(?) 하라]"(*Enuma Elish*의 번역은 Heidel 1942: 50을 따랐음).
Foster 1997: 402의 번역도 참조: "그는 하늘에서 만든 것에 상응하는 것을 지상에 만들
것이다." 렘 17:12은 시 78:69의 또 다른 평행 텍스트다: "영화로우신 보좌여 시작부터 높
이 계시며 우리의 성소이시며." 이 절 전체가 오직 천상의 성전만을 가리키는지, 아니면
지상의 성전만을 가리키는지에 대해서는 논란이 많다. 이 시편은 두 가지를 다 염두에
두고 있지 않을까? 만일 그렇다면, 천상의 성전에 있는 하나님의 영화로운 보좌는 이 성
전을 반영하는 지상의 성전에 비견된다고 할 수 있다.
6) 이런 동일시 작업은 초기 유대교에서도 발견된다(솔로몬의 지혜서 9:8: 성전은 "당신께
서 태초부터 준비하신 그 거룩한 장막을 본딴 것"); 성막과 성전의 유기적인 상응 관계에
대해서는 Haran 1978: 189-204을 보라; Clifford 1984: 112-115도 참조. 성막과 성전 사
이의 긴밀한 관련성에 대해서는 왕상 8:1-6(=대하 5:2-5)을 보라. 이 텍스트는 성막이 성
전 안으로 통합되어버렸다고까지 말한다(Cross 1977: 175도 참조).
7) *Tg. 2 Chronicles* 6:2을 보라. *Tg. Pseudo-Jonathan Exodus* 15:17; *Midrash Rabbah
Numbers* 4:13; 12:12; *Midrash Psalms* 30:1; *Tanhuma Yelammedenu Exodus* 11:1-2
도 보라. 지상 성전과 천상 성전 사이의 상응 관계를 랍비의 유대교 전승에 맞추어 상세

상징적인 의미에서 어떻게 하늘과 땅에 비견되는지를 상세하게 설명하는 것이다.

성전의 일반적인 상징성

우리의 논제는 이스라엘의 성전이 세 개의 주요 부분으로 이루어져 있으며, 각각의 부분이 우주의 주요 부분을 상징한다는 것이다. (1) 바깥뜰은 사람이 거주할 수 있는 세계를 표상한다. (2) 성소는 눈에 보이는 가시적 하늘과 그곳에 있는 빛의 근원들을 상징한다. (3) 지성소는 눈에 보이지 않는 비가시적 우주의 차원, 곧 하나님과 그분의 만군의 천상적 거주지를 상징한다. 이와 관련해서 하란(M. Haran)은 바깥뜰에서 시작해서 성소를 향해 나아가다가 마침내는 지성소로 들어가는, 거룩함의 점진적인 이행 과정에 주목했다. 또한 그는 이런 점진적인 이행 과정이 성전에 있는 사람들(예배자와 제사장, 대제사장)의 지위나 장식품(휘장과 부속품 등)의 위치에 의존하는, 곧 옷과 장식품의 단계적인 변화에 상응한다는 점을 주목한다.[8] 점점 거룩함이 커짐을 암시하는 이런 점진적 이행 과정에 대한 관찰은 구약성경의 성전 건축 이야기가 하나님을 맨 위에 모시고 왕(과 굳이 추가하자면 제사장)을 중간에, 그리고 우주의 나머지를 밑바닥에 두는 삼층 구조를 반영한다는 드 실바(A. A. de Silva)의 견해와 일치하는 것 같다(de Silva 1994: 11-23).

성전 안뜰에 있는 커다란 주조 세면대와 제단을 각각 바다(왕상 7:23-26)와 "땅에 닿은 밑받침"(겔 43:14; 또한 제단은 겔 43:16의 "하나님의 산"과 동일시되고 있는 듯함)으로 부르고 있는 구약성경의 설명은 바깥뜰이 눈에 보이는 땅과 바다와 동일시되고 있음을 추가로 암시한다.[9] 제단 역시 (이스라엘 역사의 초

하게 설명하는 Ego(1989)의 책도 참조하라.

8) Haran 1978: 158-188; 205-221, 226-227. Dumbrell 1985: 43이 이를 따르고 있다.

9) Levenson 1988: 92-93도 보라. 겔 43:14의 번역은 일반적으로 "지면의 밑바닥"으로 되어 있지만, 문자적 의미로는 "땅(또는 지면)에 닿은 밑받침"을 뜻한다. 겔 43:16의 "제단 화상(火床)"(문자 그대로 "Ariel")과 연결시키는 이유 중 하나는, 똑같이 신비스러운 단

기 단계에 속한) "토단"(土壇)이나 "[다듬지 않은] 돌로 만든 제단"이어야 했다 (출 20:24-25). 이로써 제단은 자연계의 흙과 한층 더 동일시되었다.[10] 이렇게 "바다"와 "제단"은 이스라엘 백성의 생각 속에서 각각 바다와 땅과 연결될 수 있는 우주적 상징으로 보인다(성소 경내의 양쪽에 다섯 개씩 설치한 열 개의 물두멍은 물의 표상을 증진시키는 역할을 함[왕상 7:38-39]).[11] "바다"를 완전히 둘러싸고 있는 열두 마리 황소의 배열과 그 가장자리를 장식하고 있는 "백합화"도 땅과 지상의 바다를 둘러싼 생명의 축소판 모델을 가리키는 것 같다(대하 4:2-5). 열두 마리 황소도 물두멍을 떠받치고 있으며, 나침반의 네 방위를 바라봄으로써 세 무리로 나누어지는데, 이는 지상의 사분면(四分面)을 반영하는 것으로 보인다(Levenson 1988: 92-93; Levenson 1985: 139, 162).

어인 "Ariel"이 사 29:1에도 나온다는 Levenson의 관찰이다. 이 텍스트에서 이 단어는 "다윗이 진을 친 성읍"을 가리키며, 동의어적 평행법에 의해 "시온 산"과 동일시됨으로써 (사 29:7을 29:8b과 비교), "산"의 이미지와 공명한다(이 히브리어 단어의 이중적 의미에 대해서는 추가로 BDB, 72을 보라). Barrois 1980: 65-66도 보라. Barrois는 겔 43:14, 16을 각각 "땅에 닿은 밑받침"과 "하나님의 산"으로 번역함으로써 이 둘이 우주를 상징하는 호칭이라고 본다. 사실상 동일한 결론인 Mitchell 1980: 35을 보라. Mitchell은 에스겔서의 제단이 바벨론의 지구라트를 닮았다고 본다. 나중에 보겠지만, 지구라트는 산을 모방해 만들었으며 신전의 꼭대기로 간주되었다.

10) 제단이 흙과 관련된다는 생각은 제단이 "터"(foundation; 역자 주-개역개정은 "밑"으로 번역함)를 가진다는 사실이 반복적으로 서술된다는 점(출 29:12; 레 4:7, 18, 25, 30, 34)을 인식함으로써 강화될 수 있다. 물론 다른 곳에서 "터"는 땅에 뿌리를 둔 구조물의 전형적 이미지(예. 겔 30:4; 미 1:6; 시 137:7; 욥 4:19; 애 4:11)로 언급되며, 때로는 산에 대해서 사용되기도 한다(신 32:22; 시 18:7). 내가 이런 관찰에 주목할 수 있었던 것은 Hugenberger의 도움이 컸다.

11) 이를 뒷받침하는 추가적인 참고 문헌으로는 Terrien 1970: 323을 보라. 솔로몬의 "놋 바다"가 원시 바다나 에덴의 강들을 표상한다는 견해에 대해서는 Bloch-Smith 1994: 26-27을 보라. 하지만 어떤 학자들은 놋 바다가 창조 때 극복된 태고의 혼돈의 물을 표상한다고 보기도 한다. Bloch-Smith(1994: 20-21)와 C. Meyers(1992a: 1060-1061)는 "바다"의 이중적 의미를 주목하면서, 이것이 상징적 의미를 가짐을 강조한다. 특히 Meyers는 솔로몬의 "놋 바다"가 높이 2.13미터에 직경 4.5미터로 2,600리터의 물을 담을 수 있고, 비어 있는 경우 25톤에서 30톤가량의 무게가 나간다는 점을 지적한다. 제사장은 그 안에 물을 붓기 위해 사닥다리를 사용해야 했을 것이다.

열두 마리 황소가 "바다"를 떠받치는 모습으로 그려지고, 사자와 황소들의 형상이 물두멍에 새겨져 있다는 사실은, 바깥뜰이 "지상"의 차원을 가짐을 추가적으로 암시한다(그룹도 물두멍에 새겨져 있지만). 인류 전체를 대표[12]하는 모든 이스라엘인이 바깥뜰에 들어가 예배를 드릴 수 있음을 생각해보더라도, 그곳이 가시적 지상 세계와 관련되어 있음을 알 수 있다.

성전의 둘째 구역인 성소를 가시적 하늘의 상징으로 보는 데에도 나름의 이유가 있다. 등잔대 위에 놓인 일곱 개의 등잔은 육안으로 볼 수 있는 일곱 개의 광원(光源, 해와 달과 다섯 개의 행성)과 관련되는 듯하다. 이런 동일시 현상은 "해"와 "달" 대신 "광명체들"(mě'ōrōt, 5회 사용됨)이라는 특이한 단어를 사용하는 창세기 1장에 암시되어 있다. 그런데 이 색다른 단어는 오경의 나머지 부분에서는 오직 성막 등잔대 위의 "불빛"을 지시하는 경우에만 사용된다(10회). 현대의 어떤 창세기 주석가는 동일한 원리에 기초하여 실제적으로 똑같은 지점에 주목하면서, 이는 우주 자체가 거대한 성전으로 인식되었음을 최초로 암시한다고 보았다.[13] 그뿐 아니라 요한계시록도 하늘에서 "별"로 상징되는 "천사"들이 "등잔대"(역자 주-개역개정은 "촛대"로 번역함)로 상징되는 일곱 교회를 하나씩 대표한다고 말함으로써(계 1:20) 등잔대 위의 일곱 등잔을 별들과 확실히 동일시하고 있다(Beale 1995a: 211-219).

포이트레스(Vern Poythress)도 등잔이 하늘의 주요 일곱 광명체를 의미

---

12) 이스라엘이 "공동체적 아담"을 의미하기 때문에, 이론적 관점에서는 인류 전체를 표상한다는 것에 대해서는 나중에 살펴볼 것이다.

13) Walton 2001: 148. 구약의 다른 곳에서 발견되는 다른 세 용례 중 두 개도 하늘의 "광명체들"을 언급한다. 이와 다른 유일한 용례는 시 90:8("주의 얼굴 빛")인데, 이는 등잔대의 "불빛들" 또한 하나님의 영화로운 얼굴빛을 상징함을 암시하는 듯하다(시 19:1; 148:3-4; 참조. 시 8:1; 50:6; 57:5). 이런 동일시는 쿰란 동굴에서 발견된 Hymn Scroll; 1QH 7.24에서도 발견되는 것 같다: "저[의의 교사]는 당신이 당신 자신의 영광을 위하여 [만]드신 에[덴]에서 일곱 줄기 [빛]을 비추겠나이다"("에덴"이라는 번역의 타당성에 대해서는 제2장의 마지막 부분을 보라).

한다고 말함으로써 유사한 논지를 따르고 있다.

> 등잔대는 성소의 남쪽에 자리한다. 아마도 이 위치는 적도의 북쪽에 있는 이
> 스라엘의 시각에서 볼 때, 하늘에 있는 광명체들의 순환이 주로 남쪽을 향한
> 다는 사실과 일치시키려는 의도에서 비롯된 듯하다. 성소 안에 일곱 등잔은
> 하늘에 있는 일곱 개의 주요 광명체와 관련될 뿐 아니라…이스라엘인의 일반
> 적인 시간 상징과도 관련된다. 하늘의 광명체들은 "계절과 날과 해를 이루게"
> 하기 위해 만들어졌다(창 1:14). 해와 달과 별들이 주관하는 시간의 전체적인
> 순환은 일곱 부분으로 나누어진다. 일주일의 일곱 번째 날은 안식일이고, 한
> 해의 일곱 번째 달은 속죄의 달이다(레 16:29). 일곱 번째 해는 빛과 노예 신
> 분으로부터의 해방을 의미한다(신 15장). 일곱 해 주기의 일곱 번째는 희년이
> 다(레 25장). 등잔대가 동일한 일곱 부분을 포함한다는 것은 타당한데, 이 일
> 곱 부분은 하늘의 광명체들이 주관하는 시간의 순환 구조를 상징하고 있다
> (Poythress 1991: 18-19).

지성소가 비가시적인 세계의 천상(天上) 차원을 표상한다는 점은 그것
에 대한 설명을 통해 분명하게 드러난다. 천사에 해당하는 그룹들이 하늘
성전에 있는 하나님의 보좌를 지키는(계 4:7-9) 것과 마찬가지로, 지성소의
언약궤를 둘러싸고 있는 그룹 조각(왕상 6:23-28)과 지성소를 보호하는 휘
장에 새겨진 그룹 형상들은 현재와 미래에 하늘 성전에 있는 그분의 보
좌를 기립 자세로 지킬 하늘의 실제적인 그룹을 반영한다(참조. 삼하 6:2; 왕
하 19:15; 대상 13:6; 시 80:1; 99:1. 이 모든 텍스트는 지상의 그룹과 천상의 그룹 모두에 대
해서 언급하는 듯함). 더 나아가서 어떤 인간도 지성소 안으로 들어가 빛나는
하나님의 영광을 바라보지 못한다. 대제사장조차 1년에 한 번 그 속으로
들어가지만, 피워 올리는 "향연"(香煙)이 너무 진해서 하나님의 영화로운
임재를 바로 바라보지 못한다(레 16:13). "향연" 자체는 하나님이 거주하시
는 비가시적인 하늘을 가리키는 실제 하늘과 쉽게 연결될 수 있다. 마지막

으로 법궤 자체는 하나님의 하늘 보좌의 발등상을 가리킨다고 이해된다(대상 28:2; 시 99:5; 132:7-8; 사 66:1; 애 2:1). 예를 들어 역대상 28:2은 "이에 다윗 왕이 일어서서 이르되 나의 형제들, 나의 백성들아 내 말을 들으라 나는 여호와의 언약궤 곧 우리 하나님의 발판을 봉안할 성전을 건축할 마음이 있어서 건축할 재료를 준비하였으나"라고 말한다.

이처럼 법궤는 하나님의 하늘 알현실이며, 따라서 법궤 바로 위 공간은 당연히 비어 있을 수밖에 없다. 어느 누구도 하나님을 볼 수 없으며, 그분에 대한 어떤 형상도 거기에 두어서는 안 된다. 왜냐하면 하나님은 인간의 형상을 전혀 갖지 않으시며, 그분의 특별한 영광의 처소는 땅이 아니라 하늘에 있기 때문이다(Poythress 1991: 15). 이런 이유로 지성소는 하나님을 섬기는 천사와 영들 가운데 성전 안에 있으며, 비가시적인 하나님의 하늘 처소를 상징한다(사 6:1-7; 겔 1장; 계 4:1-11).[14]

성전의 천상적 상징성

구약성경은 성전이 가시적인 하늘과 비가시적인 하늘 모두를 상징하고 있음을 특히 강조한다. 가장 훌륭한 사례 중 하나는 솔로몬 성전의 봉헌에 대한 설명이다. 솔로몬이 완성해서 봉헌한 이스라엘 성전을 가득 채운 "구름"(왕상 8:10-13; 참조. 대하 5:13b-6:2)은 비가시적인 하나님의 하늘 처소를 지시하는 가시적 구름과 연결될 수 있다.[15]

이 텍스트는 "구름"을 뜻하는 서로 다른 두 개의 히브리어 단어를 사용하고 있지만, 일반적으로 이 둘은 같은 의미를 가진다. "구름"에 대한 반복적인 언급과 성전이 "높은 곳"이라는 설명은 이 성전을 어떤 방식으로

---

14) 이와 관련해서 Poythress 1991: 31은 왕상 8:30; 욥 1:6; 시 89:7 등도 인용한다.

15) 가시적 하늘이 비가시적 하늘을 가리킨다는 사실은 단 7:13에 잘 드러나 있다. 이 텍스트에서 "인자"는 "하늘 구름"을 타고 와서 비가시적 하나님의 하늘 임재를 가까이 대한다. 마찬가지로 삼하 22:10은 "그가 또 하늘을 드리우고 강림하시니 그의 발 아래는 어두캄캄하였도다"라고 말한다.

든 하늘과 동일시하려는 시도다. 다른 곳에서 "구름"은 명백하게 가시적인 하늘 또는 창공을 구성하는 한 요소로 언급된다. 예를 들어 욥기 26:8-9은 이렇게 말한다. "물을 빽빽한 구름에 싸시나 그 밑의 구름이 찢어지지 아니하느니라 그는 보름달을 가리시고 자기의 구름을 그 위에 펴시며"(참조. 창 9:13-14, 16; 욥 7:9). 또한 "번개"가 실제적으로 "구름"의 일부분인 것처럼 (욥 37:11, 15), 에스겔 역시 하나님의 현현에 수반되는 "영광"을 "불이 번쩍번 쩍하여 빛이 그 사방에 비치는" 것으로, "비 오는 날 구름에 있는 무지개 같은" 것으로 묘사한다(겔 1:4, 28). 에스겔이 이처럼 하나님의 성전 임재를 하늘에서 이루어지는 현상과 관련시켜 묘사한다는 사실은 구름이 그분의 성전 임재를 감추는 역할을 한다는 사실을 통해서도 확인된다(참조. 10:3-4).

성전을 가득 채우는 실제의 "구름"은 가시적 하늘과 확실하게 동일시되지만, 비가시적 하늘을 가리키기도 한다. 앞에서 이야기한 에스겔의 환상 속 "구름"의 언급이 이 점을 분명하게 보여준다. 왜냐하면 이 환상에서 구름은 가시적인 기상 현상뿐 아니라 비가시적 하늘에서 이루어지는 눈에 보이지 않는 하나님의 임재도 가리키기 때문이다. 그뿐 아니라 동일한 히브리어 단어가 구약에서 가시적 차원과 비가시적 차원 모두를 지시한다는 사실은 잘 알려져 있다.[16]

가시적인 우주의 상층부는 물질계를 넘어서서 하나님의 초월성과 "비가시적인 영적인 창조 질서"를 가리킴으로써(참조. 왕하 6:17; 욥 1:1, 16; 시 2:4; 슥 3:1) 그분의 처소를 표상하는 역할을 한다(Lincoln 1981: 140-141). 이처럼 성전은 다시 물질계의 창조된 하늘과 그 하늘이 가리키는 비가시적인 하나님의 하늘 처소와 관련된다.

솔로몬 성전을 가득 채웠던 어둠과 뒤섞인 동일한 발광성 "구름"은 이스라엘의 광야 유랑 기간 동안 시내 산과 성막 위를 가득 덮기도 했다. 이

---

16) Poythress 1991: 17-18은 시 19:1-6을, 가시적인 하늘의 접근 불가능성과 장엄함이 하나님의 영광을 가리킨다고 보는 텍스트의 사례로 인용한다.

것은 성전의 초기 형태들 역시 하늘을 반영하거나 하늘과 관련되어 있음을 암시한다.[17] 따라서 하늘 구름의 가시적인 발광성의 측면은 이후의 성전에서 이루어지는 하나님의 비가시적인 빛나는 천상 임재를 표현하는 적절한 수단이 된다(출 16:10; 40:35; 민 16:42; 사 4:5; 겔 1:28; 10:3-4).

솔로몬이 "높은 집"(lofty house; 역자 주-개역개정은 "성전"으로 번역함)을 짓겠다고 말하는 열왕기상 8:13은 높이 세워진 처소를 가리킨다. "높은"(zĕbul)이라는 단어는 구약성경의 다른 곳에서는 세 번 밖에 나오지 않으며, 항상 가시적 하늘에 해와 달이 멈추어 선(합 3:11) "높이 세워진 곳들"을 가리킨다. 또한 이 단어는 비가시적인 "거룩하고 높이 세워진 곳"(역자 주-개역개정은 "영화로운 처소")을 가리키기도 한다. 이곳에서 하나님은 "굽어 살피신다"(사 63:15).[18] 열왕기상 8장에 의하면 솔로몬은 지상 성전이 상징하고 있는 곳이 바로 여기임을 알게 된다. 그리하여 솔로몬은 성전이 가시적 하늘에 있다고 비유적으로 묘사한다. 이런 까닭에 밝은 구름이 성전 주변을 둘러싸고 있다는 표현은 적절하다고 할 수 있다.[19]

---

17) 시내 산에 대해서는 출 19:16; 24:15-16을 참조. 성막에 대해서는 출 13:21-22; 14:19을 참조. 출 33:9; 40:35; 민 9:15-16; 16:42에서 구름이 위로부터 내려와 성막을 덮고 있는 모습을 주목하라. 구름이 시내 산과 성막에서 빛을 발하는 모습에 대해서는 각각 출 19:16과 14:20, 24; 40:38; 민 9:15 등을 보라. 성전 산으로서의 시내 산에 대해서는 이 책 141-144쪽을 보라.

18) 다른 유일한 용례는 시 49:14이다. 이 텍스트는 땅을 스올 위에 "높이 세워진 곳"으로 칭한다. 쿰란 문서에서 이 단어는 모두 네 번 나오는데, 한결같이 하나님의 하늘 처소를 가리키는 데 사용된다. 왕상 8:12에 언급된 구름(역자 주-개역개정은 "캄캄한 데"로 번역함)은 밝음과 어둠이 뒤섞여 이루어졌으며, 번개를 포함하는 어두운 뇌운을 가리키는 것 같다(예를 들어 시내 산에서처럼, 출 19:16; 20:18-21). 이와 관련해서 왕상 8:53b(70인경)은 히브리어 텍스트에 다음의 내용을 추가하는데, 이는 왕상 8:12-13에 대한 해석상의 추가임이 분명하다. "이어서 솔로몬이 성전 건축을 마무리했을 때 성전에 대해 이렇게 말했다. '그[하나님]는 하늘에 해를 분명하게 드러내셨다. 주께서는 자신이 어둠 안에 거하실 것이라고 말씀하셨다. 나의 집, 곧 당신이 새롭게 거하실 아름다운 집을 짓게 하소서.'"

19) 쿰란에 살던 유대인들은 달과 같은 하늘의 광명체가 새벽에 사람들의 시야에서 사라졌다가 밤중에 드러나게 되면, 실제로 비가시적인 하나님의 "높은" 성전으로 물러간다고

성전 신학

앞에서 인용한 열왕기상의 텍스트(8:6-7)가 언약궤 주변의 "날개 가진" 그룹들을 언급한다는 사실 또한 대기권 상층부에 대한 상징을 추가하는 것 같다. 이런 상징은 성막에 의해 한층 강화되는 것으로 보인다. 왜냐하면 성막에는 수많은 휘장(지성소 앞의 휘장을 포함)이 모두 하늘처럼 다양한 색깔("청색 자색 홍색", 출 26:31)로 이루어져 있고, 그 위에는 공중을 나는 "그룹들"(날개를 가진 새 모양의 피조물; 출 26:1, 31; 36:8, 35)의 형상이 새겨져 있었기 때문이다. 분명히 "홍색"은 불타는 듯한 번개와 태양의 빛깔을 그대로 옮겨놓고 있다. 또한 "청색과 자색"은 하늘의 청색과 어두운 구름의 짙은 청색을 모방한 것임에 틀림없다.[20] 그리하여 "뜰 문"의 "휘장"과 "성막 문" 역시 "청색 자색 홍색 실"로 만들어졌다(출 26:36; 27:16; 36:37; 38:18). 심지어는 일부 휘장의 "가장자리"에 덧붙일 "고리들"(loops; 역자 주-개역개정은 "고"로 번역함)까지도 청색으로 만들어졌다(출 36:11). 마찬가지로 제사장들은 성막을 운반하기 위해 분해할 때 그곳의 모든 비품을 "청색" 보자기로 덮어야 했다(민 4:5-13). 성막 내부 비품의 모든 색깔은 솔로몬 성전에서 그대로 재현되었을 것이다. 왜냐하면 이것이 이동용 성막의 항구적인 건축 원칙이기 때문이다. 또한 주후 1세기 역사가인 요세푸스는 솔로몬 성전을 모델로 만들어진 예수 시대의 후기 헤롯 성전이 성막의 수많은 휘장을 포함하고 있었다고 증언하기도 한다(War 5.210-214; Ant. 3.132, 183).

제사장의 옷이 성전과 관련해서 가지는 상징성

제사장의 옷이 가지는 여러 측면은 분명히 우주적 상징성을 포함한다. 성

믿기까지 했다: "거룩한 하늘[또는 높은 곳 = zĕbul]에서 광명체들이 빛을 비추며 영광의 처소로 물러나면서, 초승달의 날에 별들이 들어서는 때는 위대한 지성소의 날이다"(1QS 10.2-4 [Martínez 1994]). 쿰란 문서의 이 구절은 시 19:4-5로부터 영감 받은 듯하다.

20) Josephus(Ant. 3.183)는 한층 더 노골적으로 "휘장"의 "청색"이 "하늘"을 상징한다고 하며(War 5.212), Philo(Vit. Mos. 2.88)는 "짙은 청색"[hyakinthos]이 "본래부터 검은 색인 하늘과 같다"라고 해석한다.

전의 휘장처럼 대제사장의 옷을 구성하는 여러 부분도 "청색과 자색과 홍색 실"로 만들어졌다. 왜냐하면 이 옷 역시 우주를 반영하기 때문이다. 흉패의 정사각형은 "거룩한 곳과 성전" 및 "제단"과 "속죄소"의 정사각형 (*tetragōnos*)과 상응한다(70인경의 출 27:1; 30:2; 겔 41:21; 43:16을 보라. 70인경[알렉산드리아]의 겔 43:17도 보라). 흥미롭게도 그리스어역 구약성경은 "정사각형"이라는 단어를 대제사장의 "판결 흉패"에까지 적용한다(출 28:16; 36:16). 만일 제사장의 옷이 가지는 상징적인 의미를 이처럼 성전의 여러 부분과 동일시하는 작업이 옳다면, 이 옷도 다양한 성전 내부 비품과 똑같은 색깔로 만들어짐은 당연한 일이 아닐 수 없다(제사장의 옷을 구성하는 부분들은 열두 번 반복해서 "청색 자색 홍색 실"로 만들어진다고 말하는데, 이 구절은 성막의 휘장을 묘사하는 데 사용되기도 한다. "관" 위의 "청색 끈"에 대해서도 참조[출 28:37; 39:31]).

초기 저작에서 나는 제사장의 흉패 위에 있는 보석들이 지성소의 축소판으로서 지상이나 천상의 우주를 상징하며, 동일한 보석들이 요한계시록 21장의 새로운 도시-성전에 속한다고 주장한 바 있다.[21] 따라서 긴 청색 옷의 배경에 속한 제사장 흉패 위의 보석은 진청색 하늘의 우주적인 장막에 속한 별들의 적절한 모델로 이해될 필요가 있다. 여기에 상응하여 보다 큰 규모에 속한 동일 장면은 등잔대의 일곱 "등불"과 더불어 장막처럼 생긴 성막 내부를 덮은 하늘색 휘장이라는 보다 넓은 배경 속에 위치한 것으로 묘사된다. 성소에서는 특히 등잔대 위의 일곱 등불이 눈길을 끈다. 왜냐하면 성막 안은 입구의 휘장을 젖히지 않는 한 어떤 자연의 빛도 들어올 수 없도록 네 개의 두꺼운 휘장으로 완벽하게 덮여 있기 때문이다 (Longman 2001: 55). 제사장과 성막은 모두 하나님의 창조 사역을 표상해야 한다. "그가 하늘을 차일같이 펴셨으며 거주할 천막같이 치셨고…수효대로 만상을 이끌어내시고"(사 40:22, 26; 시 19:4b-5a도 마찬가지: "하나님이 해를 위하

---

21) 앞에서 인용한 Beale 1999a을 보라. 여기서는 21:18-20에 대한 논의에 뒤이어 "대제사장의 흉패" 설명이 나온다.

여 하늘에 장막을 베푸셨도다 해는 그의 신방에서 나오는 신랑과 같고").

성전이 세 구역으로 나누어지는 것처럼, 제사장의 옷도 크게 보아 세 가지 구성 요소로 이루어진다. 첫째, "다양한 꽃들과 함께"[22] "청색 자색 홍색 석류"가 수놓아진 아래쪽 가장자리 부분(바깥뜰)은 비옥한 땅을 표상한다. 둘째, 위쪽에 보석이 새겨진 청색 옷(성소)의 중심부는 하늘에 떠 있는 별을 상징한다. 셋째, 정사각형 에봇은 정사각형 지성소와 유사하며, 에봇 안에는 하나님의 계시와 임재를 표상하는 돌인 우림과 둠밈이 들어 있다("여호와께 성결"이라는 문구가 새겨진 제사장의 관[crown]은 하나님의 천상 임재를 표상하거나 에봇이 상징하는 성소 안의 법궤 위 임재를 표상할 것이다). 이상의 모든 상징성을 염두에 둔다면, 아리스테아스의 편지의 견해, 곧 완전히 의관을 갖춘 대제사장을 본 사람은 누구든지 "그가 이 세계를 떠나 다른 세계로 들어간 것처럼 느낄 것"이라는 말을 이해할 수 있다(99).

앞에서 암시했듯 만일 제사장의 가슴에 부착하는 보석이 부분적으로 등잔대 위의 등불과 상응한다면, 이것은 추가적으로 이 등불이 하늘의 광명체와 동일시됨과 같다. 왜냐하면 같은 방식으로 등잔대의 등불은 하늘의 별과 동일시되기 때문이다. 이처럼 보석을 별이 가득한 하늘과 연결시켜 생각하는 방식은 성전 자체를 구성하는 보석과 귀금속의 중요성에 대한 단서를 제공하는 듯하다. 왜 성전은 귀하고 빛나는 귀금속으로 장식되는 것일까? 이 질문에 답하기에 앞서, 성전을 장식하는 귀한 물질이 얼마나 많은 분량이었는지를 분명하게 아는 일은 중요하다.

성전 건물(성소와 지성소를 포함)의 "기초"는 "금"과 "은", "귀한 돌들"로 만들어졌다. "이에 왕이 명령을 내려 크고 귀한 돌을 떠다가 다듬어서 성전의 기초석으로 놓게 하매"(왕상 5:17), "그 내소의 안은…정금으로 입혔고… 솔로몬이…내소를 금으로 입히고"(왕상 6:20-21). 또한 솔로몬은 제단(왕상

---

22) 아리스테아스의 편지 96장은 성경 텍스트에 "다양한 꽃들과 함께"라는 문구를 추가하고 있다.

6:20)과 법궤 주변의 그룹들(왕상 6:28), 성전 마루(왕상 6:30)와 성전 문짝의 조각물(왕상 6:35; 마찬가지로 대하 3-4장도 보라) 등도 정금으로 입혔다. 참으로 그는 성전 건축을 위해 "금 십만 달란트와 은 백만 달란트"(대상 22:14; 대상 22:16; 29:2-7도 보라)를 "준비"했다. 역대상 29:1-7은 성전의 모든 다양한 부분과 부속품, 기구들을 위해 "금과 은과…마노와 가공할 검은 보석과 채석과 다른 모든 보석과 옥돌" 등이 사용되었다고 말한다.[23]

이렇게 성전 건축에 사용된 보석과 귀금속과 똑같은 물질이 제사장의 옷을 만드는 데에도 사용됨으로써(예. 출 28장) 둘 사이의 관계는 한층 강화된다.[24] 그뿐 아니라 하나님의 하늘 처소를 묘사하는 데에도 동일한 귀금속이 사용됨으로써 성전이나 제사장의 옷에 사용되는 것과 동일한 귀금속이 하늘 영역과 추가적으로 연결된다.[25]

보석과 별이 가득한 하늘 사이의 관계는 성소와 지성소를 장식하는 데 사용되는 보석과 귀금속이 갖는 의미에 대해 어떤 중요한 단서를 제공하는가? 한 장소에 이토록 많은 보석과 귀금속을 사용한 이유 중 한 가지는 그것을 통해 별들로 가득한 하늘의 빛나는 광채를 연상시키기 위해서였을 것이다. 물론 앞에서 살핀 바와 같이 이 하늘은 비가시적인 하나님의 초월

---

23) "보석과 금"에 대해서는 대하 3:6도 보라.
24) 대상 29장은 단지 금, 검은 보석, 마노 등을 특별히 언급할 뿐이지만, 출 28장은 다양한 귀금속과 보석의 이름을 낱낱이 구체적으로 언급한다. 그럼에도 역대기는 "가공할 검은 보석과 채석과 다른 모든 보석"을 언급하는데, 이것들은 아마 출 28장에 언급된 모든 귀금속을 포함했을 것이다.
25) 참고로 하늘 성전의 일부인 "청옥"(또는 남보석, 출 24:10; 겔 1:26; 10:1; 계 21:19)은 지상의 성전에도 포함되었으며(대상 29:2), 제사장의 옷에도 속했다(출 28:18; 39:11). 또한 마노는 제사장의 옷(출 25:7; 28:9, 20; 35:9, 27; 39:6, 13)과 성전(대상 29:2)에 속했다. 비록 하늘의 환상에서는 명백하게 언급되지 않지만 말이다. 벽옥은 제사장의 옷(출 28:20; 39:13)과 하늘 성전의 외관(계 4:3; 21:11, 18-19)을 구성하는 귀금속으로 언급된다. 또한 후자의 사례는 "벽옥"(또는 그것과 본질적으로 동일한 보석)이 솔로몬 성전의 보석 중에 속해 있었음을 암시한다. 그런가 하면 녹주석은 제사장의 옷(출 28:20; 39:13)과 하늘 성전의 구조물(겔 1:16; 계 21:20; 참조. 단 10:6)에 속한 것으로 이해된다. 후자의 사례는 녹주석도 솔로몬 성전의 "보석들" 중 하나였음을 보여준다.

성전 신학

적이고 영화로운 처소를 가리킨다(실로 오늘날에도 "metallic"이라는 영어 단어는 "빛나는, 광택 있는, 번쩍이는, 번들거리는" 것을 의미한다).[26]

제사장의 옷에 붙은 보석이 가지는 또 다른 측면은 성전 안의 보석의 기능이 천상의 차원에 속한 하나님의 영광을 반영하고 있음을 암시한다. 하나님은 모세에게 "…아론을 위하여 거룩한 옷을 지어 영화롭고 아름답게 할지니"(출 28:2; 28:40도 참조)라고 명하신다. 제사장이 입을 옷에 대한 설명(출 28:4-43)은 그 옷을 장식하는 보석이나 금실, 귀금속 등에 대한 묘사로 가득 차 있다.[27]

이로써 분명해지는 것은 제사장의 옷의 금세공과 귀금속 세공의 목표가 (아마도) 하나님의 "영화로움과 아름다움"을 반영하려는 의도라는 것이다. "영화로움"을 뜻하는 단어(kābôd)는 하나님이 시내 산과 성막에서, 그리고 마지막 날에 이스라엘에게 자신을 드러내시는 영화로운 신현의 모습을 가리키는 전형적인 단어다. "아름다움"을 뜻하는 단어(tip'ārâ)는 "영화로움"보다는 덜 사용되지만, 성전을 구성하는 보석과 귀금속에 대한 묘사(대하 3:4-10)에서는 동등하게 중요하다. 이 "아름다움"(tip'ārâ)은 솔로몬 성전을 건축하는 데 왜 그토록 많은 보석이 사용되었는지를 설명하려는 의도로 선택된 단어다. 솔로몬이 "또 보석으로 성전을 꾸며 아름답게(역자 주-개역개정은 '화려하게'로 번역함) 하였으니(beautify)"(대하 3:6).[28] 제사장의 옷에 쓰이는 귀금속과 성전 건축에 쓰이는 귀금속의 목적을 가리키는 데 똑같이 사용되는 이 단어의 용례는 이 둘이 동일한 기능을 수행함을 잘 보여준다. 제사장의 옷과 성전은 공통적으로 하나님의 영화로움과 아름다움을 반영하기 위한 것이다.

---

26) 예를 들어 Rodale 1978: 726을 보라.

27) 39개 절 중 24개 절이 이런 설명을 포함한다.

28) 마찬가지로 성전 건축에 사용된 보석과 귀금속에 대한 대상 29:2-8의 상세한 설명에는 그것이 야웨의 "아름다움"을 위한 것임이 두 번에 걸쳐 분명하게 드러난다(29:11, 13; 유사한 예로는 22:5에서 이 단어의 동사 형태를 사용하는 대상 22장을 참조하라).

흥미롭게도 "아름다움"을 의미하는 이 단어는 하늘의 광명체들을 하나님의 아름다운 영광을 가리키는 은유로 사용하는 표현법과도 연결된다. 이런 관점에서 볼 때 새 창조를 통한 이스라엘의 회복을 예언하는 이사야 60장은 정말 중요한 의미를 가진다. 왜냐하면 이 텍스트는 귀금속에 대한 언급을 성전과 하나님을 아름답게 하는 것과 관련시키기 때문이다. 이 텍스트는 하나님의 빛나는 아름다움을 해와 달의 빛에 비교한다. 이스라엘을 향한 하나님의 마지막 영화로운 임재는 "어둠" 속에서 "일어나는" 빛으로 묘사된다. 결과적으로 이스라엘은 "그 떠오르는 광채"를 직접 경험할 수 있을 것이다(사 60:1-3). 이제는 이방 나라들이 하나님의 "영화로운 집"을 "아름답게 하기" 위해서 ("금"을 포함해서) 재물을 가져올 것이다(사 60:5-7). "그들의 은금을 아울러 싣고 와서 네 하나님 여호와의 이름[즉, 하나님이 거하시는 성전][29]에 드리려 하며…이는 내가 너를 아름답게(역자 주-개역개정은 '영화롭게') 하였음이라(beautify; 즉, 그의 빛나는 아름다움을 이스라엘에 비취게 하셨다는 뜻)"(사 60:9). "이방 나라들의 재물"이 "내 거룩한 곳을 아름답게 하고…나의 발 둘 곳을 영화롭게 하기 위하여" 이스라엘로 몰려올 것이다(사 60:11-13).[30] 이사야 60:16-17도 같은 주제를 반복한다. "네가 이방 나라들의 젖을 빨며…내가 금을 가지고 놋을 대신하며 은을 가지고 철을 대신하며." 이것 역시 아름답게 하려는 하나님의 목표에 부합된다(사 60:19; "네 하나님이 네 아름다움이 되리니"). 그러나 하나님의 이런 아름다움은 이사야 60장의 서두에서처럼 마지막 때의 성전에 집중된 것으로 분명하게 묘사되기보다는 도리어 해와 달을 대신하는 것으로, 이전의 광명체들보다 한층 더 훌륭한 방식으로 이스라엘을 비추는 것으로 언급된다.

---

29) 학 2:7-9에서도 하나님은 "이 성전에 영광이 충만케" 하기 위해 "모든 나라의 보배… 은…금을 가져오실 것이다. 그 결과 이 성전의 나중 영광이 이전 영광보다 클 것이다."
30) 출 28:2처럼 여기서도 "아름답게 하다"와 "영화롭게 하다"를 결합해서 사용하고 있음을 주목하라(출 28:2의 명사 형태에 상응하는 동사 형태가 나오지만 말이다; "아름다움"의 동사 형태는 60:7, 9에서도 발견된다).

¹⁹다시는 낮에 해가 네 빛이 되지 아니하며 달도 네게 빛을 비추지 않을 것이요
오직 여호와가 네게 영원한 빛이 되며 네 하나님이 네 아름다움(역자 주-개역
개정은 "영광")이 되리니
²⁰다시는 네 해가 지지 아니하며 네 달이 물러가지 아니할 것은
여호와가 네 영원한 빛이 되고 네 슬픔의 날이 끝날 것임이라(사 60:19-20)

여기서 우리는 하나님의 "아름다움"이 해와 달의 광채와 분명하게 비
교되고 있음을 발견한다. 물론 그분의 광채가 비교할 수 없이 더 강하기는
하지만 말이다. 그리하여 이사야 60장은 서두 부분과 마찬가지로(60:1-3의
"빛"이나 "광명", "떠오름" 등을 주목하라) 하늘의 천체들과 관련된 은유로 끝맺는
다. 다시 이 결과로 인해 하나님은 아름다움을 얻으실 것이다(tip'ārā의 동
사 형태; 60:21). 이렇게 반복적으로 이사야 60장에서 하나님의 "아름다움"은
무엇보다도 초신성(超新星) 같은 해와 달로 표현되고 있다. 각종 보석이 헌
납될 그분의 종말론적인 성소와 그 바깥 지역에서 말이다.³¹⁾ 옛 창조의 주
요 광명체들은 하나님이 새 창조 때 비추실 영화로운 광채를 희미하게나
마 표상하는 것으로 나타난다.

요한계시록 21:18-20이 새롭게 창조된 성전의 보석을 나열하면서, 부

---

31) 바로 이 맥락에서 재물과 귀금속은 물리적인 금속 재료의 성격을 궁극적으로 넘어서서
영화로운 새 창조를 통해 완성될 모습을 보여준다. 따라서 이것들이 가져오는 궁극적
인 부는 마지막 때에 이루어질 하나님의 영화로운 임재를 경배하고 묵상할 자들의 소
유가 된다(사 60:3, 5, 11, 19 등이 어떻게 새로운 우주 안에서 성취되는지에 대해서는
Beale 1999a: 1093-1101을 보라). 사 62:1, 3("빛…타는 햇불")과 시 110:3("주의 백성
이 거룩한 아름다움으로[역자 주-개역개정은 '거룩한 옷을 입고']…새벽이슬 같은 주
의 청년들이 주께 나오는도다")의 맥락에서 "아름다움"은 천문학 현상과 관련되기도 한
다. 놀랍게도 시 96:5-9은 하늘과 아름다움, 성전, 제사장의 옷 등 여러 요소를 한데 묶
는다. 이 텍스트는 창조된 "하늘"에 대한 언급 바로 뒤에 "존귀와 위엄이 그의 앞에 있으
며 능력과 아름다움이 그의 성소에 있도다"라고 말하며, 다음으로는 "예물을 들고 그의
궁정에 들어갈지어다 아름답고 거룩한 것(NASB은 '거룩한 옷'으로 번역함)으로 여호
와께 예배할지어다"라고 명령한다.

분적으로 제사장의 옷에 수놓아진 출애굽기 28:17-20의 보석에 대해 언급하고 있음은 우연의 일치가 아니다(Beale 1999a: 1080-1088을 보라). 물론 이 보석은 하나님의 영광을 반영하는 기능을 한다(특히 계 4:3, 9-11; 21:11 등의 견지에서 볼 때). 또한 바로 그 다음에, 앞의 논의에 대해 직접적으로 중요한 의미를 가지는 이사야서의 텍스트들(사 60:3, 5, 11, 19)이 언급됨도 우연이 아니다(Beale 1999a: 1093-1101을 보라). 요한계시록 21장은 우리가 구약성경 자체 안에서 계속 추적했던 것과 동일한 관계성을 보여준다. 그래서인지 이사야는 이스라엘의 지상 성전이 "하늘"에 있는 하나님의 "아름다운 처소"를 반영하는 까닭에(사 63:15) "아름다운" 곳으로 불릴 수 있다는 점(사 64:11)을 고려한 듯하다. 결국 하늘의 처소는 땅을 하나님의 영광으로 채우기 위하여 내려올 것인데(사 64:1-3; 66:1-2),[32] 요한계시록은 이 점을 더욱 충실하게 설명해준다.

앞으로 고찰하고자 하는 내용은 성전의 귀금속이 별들로 가득한 하늘을, 궁극적으로는 하나님의 빛나는 영광을 연상시키려는 의도를 가진다는 결론을 추가적으로 증명한다. 첫째, 보석은 오직 성전 건축물만을 장식하며 안뜰은 전혀 장식하지 않는다. 이 점은 별들로 찬란한 하늘과 성소를 동일시하고, 성소의 내실을 비가시적인 하늘 영역과 동일시하는 견해와 잘 들어맞는다. 다른 한편으로 안뜰에 사용되는 유일한 금속은 덜 비싸고 덜 빛나는 청동이다(예. 제단은 청동으로 만들어짐). 안뜰은 보통의 이스라엘 예배자들이 들어갈 수 있는 유일한 성전 경내다(Poythress 1991: 16).

둘째, 성경은 하늘 궁전이나 성전에 있는 하나님의 영광을 보석에 대한 묘사로 설명한다. 이런 설명 중 첫째는 시내 산 신현에서 나타난다. 모세와 이스라엘의 장로들은 시내 산 정상의 구름 속에서 하나님을 보았다. "그의 발아래에는 하늘처럼 청명하게 청옥 타일이 깔린 것 같았다"(출

---

32) 이와 관련된 논의에 대해서는 제4장을 보라. 제사장의 옷과 성전에 사용되는 보석의 "아름다움"에 대한 이런 논의는 Kline 1980: 43에서 영감 받았다.

성전 신학

24:10; 참조. 19:16-20).[33] 여기서 우리가 발견하는 것은 보석 덩어리가 시내 산 정상에 잠시 내려온 하나님의 하늘 성전의 성스러운 주변 환경을 묘사 하는 데 사용된다는 사실이다(제3장에서는 시내 산이 성전으로 간주된다는 점을 거 론할 것이다).[34] 그뿐 아니라 이 보석 같은 길은 "하늘처럼 청명한[또는 '순' 청색]" 곳으로 묘사된다. 이렇게 이 보석의 청색은 하늘의 장엄한 모습과 비견된다(Cassuto 1967: 314도 보라).

마찬가지로 지상의 성전에 상응하는 하늘의 차원에 대한 에스겔서의 묘사는 사실상 출애굽기 24장의 묘사와 동일한 설명을 포함한다. "살아 있 는 그룹들의 머리 위에 있는 하늘[궁창] 위에 보좌의 형상이 있었고" 거기 에는 "남보석(또는 청옥) 같은 모양의 보좌를 닮은 어떤 것"이 있었다. 그런 데 그것은 사람과 비슷해 보이는 하나님의 모습을 표현했다(겔 1:26). 에스 겔 10:1도 거의 같은 표현을 쓴다. 물론 이 텍스트에서는 "보좌를 닮은 남 보석 모양의 어떤 것"이 하늘 위(above)가 아니라 "그룹들의 머리 위에 있 는 하늘의 궁창 안에(in)" 있었다. 에스겔 1:27-28은 하나님의 모습을 이렇 게 묘사한다. "그 속과 주위가 불 같고…사방으로 광채가 나며…그 사방 광채의 모양은 비 오는 날 구름에 있는 무지개 같으니 이는 여호와의 영 광의 형상의 모양이라." 여기서 남보석은 하늘의 모양과 직접 비교될 뿐 아니라 하늘의 또 다른 놀라운 특징과도 연결된다. 햇빛을 반사하는 무지 개의 빛나는 색깔들이 그렇다. 더 나아가서 남보석은 하늘 바로 주변 지역 에 속한 것으로, "붉게 타오르는 금속"과도 같이 하나님의 빛나는 영광을 반영한다.[35] 요한계시록의 보석도 하늘 성전에 있는 하나님의 처소의 빛

---

33) 히브리어 텍스트를 직접 번역한 것이다. 70인경은 "그의 발아래에는 청옥 조각 같은 것 이 있었고 하늘의 궁창과도 같이 깨끗했다"라고 번역한다.

34) 여기에 대해서는 제3장을 보라.

35) 겔 1:16은 그룹에 딸린 "바퀴"의 "모양과 구조"가 "번쩍이는 황옥" 같다고 말한다. "모양 과 구조" 및 "남보석" 등은 출 24:10에서 신현 임재의 하늘 주변 지역을 묘사하는 단어 이기도 하다. 이 출애굽기 텍스트는 에스겔서의 설명을 출애굽기의 초기 설명과 한층 더 긴밀하게 연결시킨다.

나는 영광을 묘사하고 있다(계 4:3; 21:11, 18-20).

보석과 귀금속의 천문학적인 의미에 대한 지금까지의 모든 분석은 반드시 동일하게 설득력 있지는 않다. 하지만 성전과 제사장의 옷을 구성하는 빛나는 보석과 귀금속이 하늘의 빛나는 별을 연상시킨다는 점은 어느 정도 이해할 만하다. 물론 이 별은 자체적으로 비가시적인 하늘 성전-왕궁에서 이루어지는 하나님의 영화로운 임재를 가리킨다.

성전의 상징성에 대한 유대교의 시각

유대교의 구약 해석자들은 성전을 묵상하고 이해하면서, 우리가 앞에서 분석한 내용과 유사하거나 일치하는 방식으로 성전을 설명해왔다. 유대교 주석가들은 구약성경의 성전 묘사에서 한층 함축적인 내용을 분명하게 설명하고 있다.

성전의 특정 부분이 가지는 상징성

앞의 분석과 다소 비슷한 방식으로 요세푸스는 성전의 세 영역이 가지는 상징성을 다음과 같이 이해했다. 즉 성막의 삼중(三重) 구조는 "땅[=바깥뜰]과 바다[=안뜰]"를 의미하는데 "왜냐하면 이 둘은…누구나 가까이 갈 수 있기 때문이다. 하지만 셋째 부분[=지성소]은 하나님께만 적용된다. 왜냐하면 이곳은 인간의 접근이 허락되지 않기 때문이다"(Ant. 3.181; 참조. 3.123). 마찬가지로 미드라쉬 라바 민수기(Midrash Rabbah Numbers) 13:19은 바깥뜰이 가시적인 바다와 관련된다는 개념을 옹호하는 차원에서 "바다가 세계를 둘러싸고 있는 것처럼 뜰도…성막을 둘러싸고 있다"라고 말한다.[36] 바깥뜰이 지상 거주지를 표상한다는 개념을 옹호하는 차원에서,

---

36) 마찬가지로 주후 2세기의 탈무드 현자인 Rabbi Pinhas ben Ya'ir의 다음과 같은 내용을 참조: "지성소 공간은 가장 높은 하늘에 상응하도록, 바깥 성소는 땅에 상응하도

초기 아람어 성경은 모세가 "이스라엘 민족의 사방을 둘러싸고 있는 세계 조상들의 공적을 기리기 위해 사방에 안뜰을 세웠다"라고 말한다(*Tg. Pseudo-Jonathan Exodus*의 출 40:8).

초기 유대교도 등잔대의 일곱 등불이 행성들(Joesphus, *Ant.* 3.145; *War* 5.217; Philo, *Rer. Div. Her.* 221-225; *Vit. Mos.* 2.102-105; *Quaest. Exod.* 2.73-81; Clement of Alexandria, *Stromata*, 5.6)이나 하늘(Philo, *Rer. Div. Her.* 227)을 상징한다고 직접 주장함으로써 등잔대와 관련된 성경의 의미를 분명하게 밝히고 있다. 이 등불들은 창세기 1:14-16의 "광활한 하늘의 광명체들"과 동일시되기도 한다.[37]

더 나아가서 요세푸스와 필론은 성막이나 성전 또는 그 일부 영역이 우주를 상징하는 다양한 방식에 대해 논의를 진행한다(Philo, *Vit. Mos.* 2.71-145; 참조. *Plant.* 47-50; *Spec. Leg.* 1.66; Josephus, *Ant.* 3.123, 179-187). 또한 이들은 성소의 바깥 칸막이나 성막과 성전의 휘장이 우주의 네 가지 요소, 즉 흙과 공기와 물과 불을 반영하는 물질로 만들어졌음에 주목하기도 한다(Philo, *Quaest. Exod.* 2.85; *Vit. Mos.* 2.87-88; Josephus, *War* 5.212-214; *Ant.* 3.183).[38] 그뿐 아니라 성전으로 들어가는 바깥 입구 위에 걸쳐 있는 "휘장"은 "우주를 상징"했으며, 그 위에는 "하늘의 전경이 묘사되어" 있었다(Josephus, *War* 5.210-214). 참으로 성전 안에 있는 모든 휘장은 "하늘에서 보이는 것과 정확하게 닮은 색채"를 포함했다(Josephus, *War* 3.132). 마찬가지로 성소의 휘

록, 또한 안뜰은 바다에 상응하도록 만들어졌다"(Patai 1967: 108에 인용됨). *b. Sukkah* 51b은 청색과 흰색의 다양한 결합으로 이루어진 성전의 대리석 벽이 바다 물결에 비교될 만하다고 말한다. 에녹1서 14장은 지상의 예루살렘처럼 하늘의 성전이 세 영역으로 나누어져 있다고 묘사한다.

37) *Tg. Pseudo-Jonathan Exodus* 39:37과 40:4; *Midrash Rabbah Numbers* 12:13; 15:7; 참조. Keel 1985: 171-176; Goppelt 1972: 256-257.

38) *Tg. Numbers* 24:6; *Midrash Rabbah Exodus* 35:6; *Midrash Rabbah Numbers* 4:13; *Midrash Rabbah Song of Songs* 3:10 §4 등도 마찬가지다. 참고로 에녹3서 45장에 의하면, "거룩하신 분 앞"의 휘장에는 세계 역사의 모든 사건이 기록되어 있다.

장은 아래 세상의 변하기 쉬운 부분으로부터 불변하는 하늘 영역을 분리시키는 땅의 대기권을 상징한다(Philo, *Quaest. Exod.* 2.91). 성전의 휘장은 세계의 구성 요소들과 닮은 것으로 짜였다. 왜냐하면 피조된 세계 자체가 바로 대우주의 성격을 가지는 성전과 다름없기 때문이다(Philo, *Quaest. Exod.* 2.85). 이런 관찰 결과는 구약성경의 다양한 묘사가 암시하는 더 큰 강조점, 곧 성전이 우주 전체—특히 가시적이기도 하고 비가시적이기도 한 하늘의 다양한 차원들—의 축소판이라는 점을 강력하게 뒷받침한다.

요세푸스는 성막의 전반적인 의미를 묵상하면서, "[성막]의 모든 비품은 각각 우주의 본질을 상기시키고 표상하려는 의도를 가진다"라고 말한 바 있다(*Ant.* 3.180).

제사장의 옷이 성전과 관련해서 가지는 상징성

유대교가 성전 휘장의 신성한 의미에 대해 구약의 관점을 더 발전시킨 것과 마찬가지로 유대교 주석가들은 제사장의 옷이 가지는 성경적 의미를 한층 더 발전시킨다. 요세푸스와 필론은 모두 제사장의 흉패에 달린 보석들이 열두 개의 별을 상징한다고 이해한다.[39] 요세푸스(*War* 4.324)는 제사장들이 "우주적인 예배"(*tēs kosmikēs thrēskeias*)를 인도하는 자들임을 확실하게 밝히고 있다. 마찬가지로 요세푸스와 필론은 대제사장의 옷이 우주 전체를 상징한다고 본다(Philo, *Vit. Mos.* 2.117-126, 133-135, 143; Josephus, *Ant.* 3.180, 183-187). 예를 들어 필론은 대제사장이 "세계를 표상"하며 "소우주"(또는 "작은 세계", *brachys kosmos*; *Vit. Mos.* 2.135)라는 점을 분명하게 언급한다. 그뿐 아니라 그는 제사장의 "긴 옷과 에봇"이 "우주를 표상하도록…만들어져" 있으며(*Vit. Mos.* 2.143), "그 거룩한 옷이 우주의 복사판으로 만들어졌다"

---

39) Philo, *Spec. Leg.* 1.84-94; *Vit. Mos.* 2.122-126, 133; *Quaest. Exod.* 2.107-114; *Som.* 1.214-215 (참조. *Fug.* 184-185); Josephus, *Ant.* 3.186-187; 참조. Clement of Alexandria, *Stromata* 5.6.

라고 진술하기도 한다(Philo, *Spec. Leg.* 1.95). 제사장이 "걸쳐 입는 옷"이야말로 세계이며(*Fug.* 110), "하늘 전체의 복사판이요 복제물"이다(*Som.* 1.215).

유대교의 다른 분파들도 제사장의 옷에 대해 사실상 유사한 견해를 주장한다. 솔로몬의 지혜서 18:24(주전 2세기-주후 1세기)도 대제사장의 옷과 보석이 우주 전체를 상징한다고 본다. "긴 옷에는 세계 전체가 있으며, 네 줄의 보석에는 조상들의 영광이 있다." "조상의 영광"이라는 표현은 세계 전체에 대한 축복으로 귀결될 아브라함의 씨에 대한 축복을 가리킨다(18:22도 보라). 출애굽기 28:17과 39:10에 대한 아람어 번역본들 중 하나는 보석이 우주 전체를 상징함을 분명하게 밝히고 있다. "네 줄의 보석은 세계의 네 모퉁이와 상응한다."[40]

필론은 제사장의 옷을 성막과 성전의 휘장이 갖는 상징적 의미와 비교하면서, 이 "옷이 바이올렛 식물로 만들어졌기에 공기를 표상하는데 왜냐하면 공기는 본래 검기 때문"이라고 주장한 바 있다(*Vit. Mos.* 2.118). 마찬가지로 요세푸스도 "대제사장의 옷"의 "청색"이 "활 모양의 하늘"을 의미하며, 그의 "머리 장식은 청색의 하늘을 상징한다"라고 말했다(*Ant.* 3.184, 186).

이렇게 초기 유대교는 제사장의 옷이 창조 세계 전체의 축소판임을 분명하게 인식하고 있었다. 이런 인식을 가능하게 한 가장 타당한 이유는 그들 역시 제사장의 옷이 우주 전체의 작은 모형인 성전 자체의 축소판이라고 믿었기 때문인 듯하다.

결론: 구약성경과 유대교에 나타난 성전의 상징성

지금까지의 모든 자료를 고려해본다면 이스라엘의 성전을 구성하는 세

---

40) *Tg. Pseudo-Jonathan.* 성전에 대한 Josephus의 다양한 우주적 전망을 제대로 개관하기 위해서는 Patai 1967: 112-113을 보라. 동일한 주제에 관한 Josephus와 Philo의 견해를 개관하기 위해서는 Koester 1989: 59-63을 보라.

영역은 우주의 세 영역을 표상하고 있음이 분명하다. 성전의 바깥뜰은 가시적인 지구(인간이 살고 있는 땅과 바다 모두를 포함)를 상징하며, 성소는 가시적인 하늘을 표상한다(정원의 상징성도 있지만). 그리고 지성소는 하나님이 거하시는 영역, 즉 비가시적인 우주의 천상적 차원을 표상한다[41](지성소에 1년에 한 번 들어가는 대제사장조차 자신이 불을 피워 만드는 향연 때문에 그곳을 눈으로 자세히는 보지 못한다. 참조. 레 16:12).[42] 나중에 더 자세히 살펴보겠지만, 이처럼 성전을 우주 전체의 작은 모델로 이해하는 견해는 성전이 거대한 세계 성소—하나님의 임재가 우주의 구석구석에 머물러 있다는 관점에서—를 가리킨다는 견해와 같은 차원에 속한다. 이런 개념은 나중에 왜 사도 요한이 새 하늘과 새 땅 전체를 거대한 성전—과거에 하나님이 지성소 안에 거하셨던 것과 같이—으로 묘사하는지를 더 잘 이해하도록 돕는다.

성전에 대한 이런 우주적인 시각은 구약성경에서도 찾아볼 수 있으며, 유대교에서도 발전된 모습으로 나타난다. 이 단원을 마무리하기 전에 유대교 저술가인 필론과 요세푸스에게서 이끌어낸 증거에 대해 몇 마디 정리해둘 필요가 있을 것이다. 필론과 요세푸스가 성전의 상징성에 대해 서로 다른 해석을 내놓고 있는 것은 사실이지만 그들의 견해는 몇몇 중요한 점에서 서로 교차한다. 그뿐 아니라 두 사람은 똑같이 당대의 유대교 주류 사상이 내세우던 주장, 곧 성전에 대한 폭넓은 우주론적인 이해를 분명하게 드러내고 있다. 특히 그들의 견해가 공유되는 지점에서 그렇다. 필론은 등잔대에 대한 자신의 견해가 당대의 사람들에게 폭넓게 받아들여졌다고 말한다(*Quaest. Exod.* 2.78; *Rer. Div. Her.* 224도 참조).[43] 이들의 시각이 특별하

---

41) 일반적으로는 Spatafora(1997: 31)를 보라. 그는 오직 두 가지 상징에 대해서만 논의한다. 하나는 바깥뜰=지구이고, 다른 하나는 성소 전체=하늘이다(Spatafora는 하늘의 가시적 차원과 비가시적 차원을 구별하지 않는다).

42) Philo(*Spec. Leg.* 1.72)는 다음과 같이 말함으로써 레위기 텍스트를 확대 해석한다: "향로가 만들어내는 방대한 양의 연기는 주변의 모든 것을 덮으며, 사람의 눈을 가림으로써 어떤 거리에서도 안을 들여다볼 수 없게 만든다."

43) 성막이나 성전이 갖는 우주적인 상징성의 두드러진 추가 사례에 대해서는 Levenson

지 않다는 점은 다른 유대교 자료들(가장 초기 자료는 솔로몬의 지혜서며, 그 뒤에 나온 타르굼 및 후대의 미드라쉬와 탈무드 문헌에 나오는 다수의 언급)이 유사한 우주론적 견해를 분명하게 보인다는 사실을 상기함으로써 알 수 있다. 그들의 상세한 상징적인 해석 작업이 모두 옳다고 할 수는 없지만, 일반적으로 이런 접근법들은 구약의 성전이 가지는 상징적인 의미를 정확하게 이해한다고 할 수 있다.

레벤슨(Levenson 1984: 289-298)은 우주적인 성전 이해를 뒷받침한다고 알려진 몇몇 분명한 성경 텍스트들 중에서 이사야 6:3을 예로 든다. "거룩하다 거룩하다 거룩하다 만군의 여호와여 그의 영광이 온 땅에 충만하도다." 이사야는 이 "영광"이 성전에서 하나님이 자신의 임재를 드러내는 광채를 의미한다고 주장한다. 성전을 가득 채우던 발광성 연기에 대한 이사야의 환상(6:4)이 갖는 의미는 스랍들에 의해 설명된다. 즉 이 환상의 의미는 지상의 성전에 유일한 대응물을 가지고 있는 야웨의 제의적인 하늘 영광이 온 세상에 분명하게 드러난다는 것이다. 이사야 6:3b은 "온 땅의 충만함이야말로 그의 영광이로다"로 번역될 수 있다(Levenson과 NASB이 제안하는 새로운 번역임). 이는 온 세상이 성전 안에 있는 하나님의 영광을 반영함을 의미한다.[44] 이사야 6:3은 하나님의 영광(kābôd)이 성막과 성전 건축이 끝난 시점에 그곳을 가득 채운 것과 마찬가지 방식으로, 이 영광이 우주 전체를 가득 채우고 있음을 동일한 언어로 확언한다(Levenson 1984: 289). 레벤슨은 성경의 증거가 "침묵과 암시"로 일관됨을 인정하지만, 구약성경의 "증거는 첫눈에 보이는 것처럼 그렇게 부족하지는 않다"라고 언급한다(Levenson 1984: 286).

앞에서 언급한 모든 증거에 비추어볼 때 유사한 증거에 관한 클레멘츠

1988: 96-99을 보라. 현대 해석자로서 성전과 제사장의 옷에 대해 다수의 유사한 견해를 주장하는 Kline(1980: 41-47)과 Poythress(1991: 13-35)도 보라.

44) 나중에 Levenson은 이론적인 측면에서 이것이 "충만한 세상이야말로 성전"임을 의미한다고 해석한다(Levenson 1984: 296).

(R. E. Clements)의 결론은 신중하면서도 현명하다.

성전의 특징에 대한 이상의 이른바 상징적인 설명 전부가 설득력 있는 것은 아니지만, 성전과 그곳의 온갖 부속품이 우주나 자연과 관련된 상징적인 의미를 가진다는 본질적인 주장은 지지되어야 마땅하다. 이런 특징들은 창조 질서에 대한 하나님의 권능을 강조하는 동시에 성전을 이스라엘 땅과 백성을 위한 복의 근원으로 굳게 세우려는 의도에서 만들어졌다. 여기서 무엇보다 중요한 개념은 성전이 대우주의 축소판이기 때문에 성전 건물 자체는 야웨의 세계 통치에 대한 믿음을 눈에 보이도록 표현한다는 점이다.…이스라엘의 모든 예배자가 이 점을 알고 있었으리라고 가정할 필요는 없다.…이렇듯 성전 건물은…그곳에서 예배되는 하나님의 우주적인 통치를 의미한다.…[45]

지금까지 나는 성전 구조물 자체의 특징을 관찰함으로써, 또한 구약성경의 다른 맥락에서 발견되는 성전에 관한 단어와 개념들의 용례를 추적함으로써 성전의 상징적인 의미를 우주의 축소판 모델로 설명하려고 노력했다. 성전에 관한 연구 말미에서 포이트레스가 결론을 내린 것처럼, "물론 우리는 서로 연결되는 일부 개념이 다른 것들보다 더 분명하다는 점과 세부적인 설명들 중 일부가 틀릴 수도 있다는 점을 인정하지 않으

---

45) Clements 1965: 67. 또한 그의 광범위한 논의(64-75)도 참조하라. 이 논의에서 Clements는 특히 하나님의 성전 통치를 강조하는 시편 텍스트들을 인용한다. 예를 들어 시 11:4, "여호와께서는 그의 성전에 계시고 여호와의 보좌는 하늘에 있음이여"가 그렇다. Levenson은 성전이 우주를 표상하는 시설물로 인식되었다고 봄으로써 Clements와 똑같이 적절한 주장을 내세우고 있다(1984: 286). Clements와 Levenson의 주장은, 성경에는 성전의 우주론적 의미에 대한 "이론들을 뒷받침할 증거가 빈약하다"라고 결론 내리는 R. de Vaux의 주장(1965: 328)에 대한 응답의 성격을 가진다(de Vaux에 대한 추가적인 내용은 Levenson 1988: 82를 보라). de Vaux의 견해는 이스라엘의 성전에 관한 우주론적인 해석이 구약에서 "한 번도 분명하게 표현된 적이 없다"라고 주장한 Fairbairn(1863a: 220)에 의해 예견되었다.

면 안 된다. 그러나 전체적인 그림 자체는 분명한 모습을 드러내 보인다"
(Poythress 1991:39).

지상의 신전이 하늘이나 우주의 신전을 반영한다는 고대 근동의 견해에 비추어본 이스라엘의 성전

드 보(de Vaux 1965: 328-329) 같은 일부 학자들은 성전에 관한 초기 유대교의 명백한 우주론적인 이해가 후대의 풍유적 해석을 통해 발전되었다고 주장한다. 여기에 대한 올바른 대답은 이런 우주론적 이해가 구약 자체의 증거에서 발견되며, 고대 근동의 고고학과 문헌이 구약과 같은 방식으로 옛 신전들을 하늘 신전이나 우주의 축소판으로 묘사하고 있다는 설명이 될 것이다.[46] 오늘날에 와서는 고대 근동의 고고학적 유적지와 문헌들이 신전을 하늘 신전의 축소판 모델로 묘사하거나, 우주의 축소판 모델로 묘사하고 있다는 사실이 널리 알려져 있다.

제2장의 도입부에서 언급한 것처럼 우리는 이스라엘 성전이 단순히 주변 세계의 종교적인 전승들을 본떴다는 이유만으로 이것이 주변 이교도들의 신전과 비슷하다고 생각해서는 안 된다. 양자 사이의 유사성은 적어도 다음과 같은 두 가지 관점에서 관찰되어야 한다. 첫째, 이스라엘의 입장에서 이런 유사성은 이방 민족들이 자기들 신전에 거주하는 신들로부터 받은 계시에 의거하여 계시를 독점했다고 믿었지만, 실제로 이방 신들은 거짓된 존재요 이방 신전도 우상숭배를 위한 시설물이자 귀신들의 소굴일 뿐이라는 항의 진술로 의도되었다(신 32:17; 시 106:37; 고전 10:19-20). 또 다른 관점에서 볼 때, 고대의 이방 종교와 그 시설물 중에서 참되신 하나님과 그

---

46) 예를 들어 Hurowitz 1992: 335-337; Meyers 1992b: 359-360; Keel 1985: 171-176(113-115도 참조); Levenson 1984: 285-286; Niehaus, 근간: 제5장; Fletcher-Lewis 1997: 159, n. 47을 보라.

분의 인류를 위한 계획에 대한 진리를 닮은 것이 하나라도 있는지를 묻는 일은 적절하다. 분명히 이방 민족들에게는 구원을 가능하게 하는 참되신 하나님과의 관계로 이끄는 특별계시가 존재하지 않았다. 그럼에도 불신앙에 빠진 인류에게서 하나님의 형상이 완전히 사라진 것이 아니라 왜곡된 것과 마찬가지로 이방 민족들의 옛 믿음과 종교적인 시설물 중에 있는 약간의 유사성들은, 이것들이 성경의 하나님과 자신의 처소를 위한 그분의 계획을 어설프고 혼동된 방식으로 반영했다는 사실에 기인했을 수 있다.

이런 관점을 염두에 두면서 이제 이방의 신들이 거주지로 삼았던 신전에 대한 고대 근동의 다양한 믿음을 차례대로 살펴보자.

신전의 일반적인 상징성

신전이 가지는 우주적인 상징성의 가장 훌륭한 사례 중 하나는 「에누마 엘리쉬」(*Enuma Elish*) 6.113에 있는 개념이다. 이 저술은 마르둑 신전의 건축에 대해서 이렇게 말한다. "그는 자신이 하늘에 만들어놓은 것에 상응하는 것을 지상에 만들 것이다."[47] 마찬가지로 이집트의 파라오 투트모세 3세(Thutmose III)는 아몬(Amon) 신을 위한 신전을 재건하면서 그것을 "하늘과 닮은 것"으로 만들었다(Breasted 1906: 2:239 §601; 240 §604도 보라). 람세스 3세(Ramses III, 주전 1195-1164)도 자기가 믿는 신에 대해 이렇게 확언했다. "나는 당신을 위해 누비아(Nubia)에 … 하늘을 닮은 존귀한 집을 지었나이다"(Breasted 1906: 4:123 §218; 2:240 §604도 보라). 람세스 3세는 아몬 신전에 대해서 이렇게 말했다. "나는 당신을 위해 … 하늘에 있는 아툼(Atum) [신]의 커다란 집을 닮은 존귀한 왕궁을 지었나이다."[48] 이집트의 신전들은 자주 지상에 있는 "하늘"로 불렸다(몇 가지 사례를 보려면 Keel 1985: 172을 보라).

---

47) Hallo and Lawson-Younger 1997: 402에 있는 Foster의 번역을 따랐다.
48) Breasted 1906: 4: 115 §192. 이와 비슷한 표현, 즉 이집트의 신전들이 "하늘을 닮은" 모양으로 만들어졌다는 표현(투트모세 3세, 람세스 1세, 세티 1세 등이 건축한 신전과 관련해서)에 대해서는 바로 아래의 설명을 보라.

신전이 하늘과 밀접하게 관련되었다고 보는 메소포타미아 지역의 가장 오래된 사례 중 하나는 구데아(Gudea) 왕이 닌기르수(Ningirsu) 신을 위해 라가쉬(Lagash)에 건축해서 봉헌한 신전의 기념비에서 발견된다(주전 2112-2004년경). "신전의 건축"은 "거룩한 별(들)에 따라" 이루어졌으며 (Averbeck 2000: 421), 건축자들은 "신전을 산맥처럼 (높이) 쌓아 올렸으며… 하늘 한복판에 구름처럼 떠 있게 했다"(428쪽). 새로운 신전은 "빛나는 달처럼… 비치고 있었다. 그것은 땅을 비추었으며…새롭게 태어난 수엔 (Suen, 달의 신)에 필적했다"(430쪽). 이런 신전 개념은 수 세기에 걸쳐서 고대 세계에 널리 퍼져 있던 주제다. 거의 2천 년이 흐른 후, 라슈(Rashu)와 아라슈(Arashu) 왕국(주전 3세기에 바벨론과 엘람 가까이에 존재하던)의 신인 마르 (Mar)에게 바쳐진 한 찬가에서 우리는 "오, 그들에게 별들과 함께 감추어진 당신의 집을 하늘에 건축하게 하소서"라는 권고의 메시지를 발견할 수 있다.[49] 마찬가지로 수메르의 「케쉬 신전 찬가」(Keš Temple Hymn)는 "신전이 꼭대기에서는 태양처럼 떠오르고 밑바닥에서는 달처럼 진다"라고 묘사하며, 그 "신전"이 "하늘과 땅의 외형을 그대로 보여준다"라고 설명한다 (lines 50[참조. 87], 5, in Sjoberg et al. 1969: 170, 172, 176).

이런 언급들과 가장 확연한 평행을 이루는 구약의 텍스트는 앞에서도 언급했던 시편 78:69이다. "그의 성소를 산의 높음같이, 영원히 두신 땅같이 지으셨도다." 마찬가지로 성전에 대한 솔로몬의 묘사도 구데아 왕의 신전에 대한 묘사—하늘과 하늘의 빛의 근원과 분명하게 비교되었던—와 매우 비슷하다. "여호와께서 캄캄한 데 계시겠다 말씀하셨사오나 내가 참으로 주를 위하여 계실 성전을 건축하였사오니 주께서 영원히 계실 처소로소이다"(왕상 8:12-13; 여기에 비견되는 설명, 즉 "신전을 (높이) 쌓아 올렸으며…하늘 한복판에 구름처럼 떠 있게" 했던 구데아 신전 건축자들에 대한 설명을 상기하라). 이스라엘의 성전과 마찬가지로, 마르둑과 아몬 및 다른 신들의 신전은 어떤 방식

---

49) Steiner 1997: 315. 이 찬가는 이집트에 살던 라슈 지역 포로민들이 쓴 것 같다.

으로든 하늘뿐만 아니라 우주 전체까지도 상징하도록 만들어졌다.

신전의 특정 부분이 가지는 상징성

전체 신전이 우주를 묘사하도록 만들어졌을 뿐 아니라 지상 신전의 다양한 부분들도 거대한 우주 신전으로 간주되는 지상 세계 전체의 여러 측면을 닮도록 만들어졌다. 예를 들어 이스라엘 성전의 목제 등잔은 고대 신전들의 실제 나무, 즉 세계 전체의 본질적인 생명을 상징하는 "우주의 나무"로 간주되던 존재와 비슷하다. 특히 나무 이미지는 우주적인 상징성을 가지는 다른 부속물과 더불어 성전이 "우주의 중심이요, 하늘과 땅이 함께 만나는 곳이면서 동시에 하나님의 우주 통치가 실제로 이루어지는 곳"임을 뜻했다.[50] 이런 은유는 우주의 산 정상에 있는 한 거대한 나무가 하늘에 닿을 정도로 높이 자랐을 뿐만 아니라 그 가지가 땅을 둘러싸고 있고 뿌리가 땅의 가장 밑바닥에까지 박혀 있는 모습을 암시한다.[51] 이 나무는 창조 세계 전체에 생명을 주는 중요한 힘이다(단 4장과 겔 17장; 19장; 31장 등이 이 나무에 대해 묘사함).[52]

마찬가지로 이스라엘 성전의 안뜰에 있는 청동 "바다" 물동이는 놀랍게도 레반트 지역의 고대 신전에서 발견되는 인위적인 바다 복제물—신에 의해 잔잔해진 혼돈의 세력이나 우주의 중심에 있는 생명의 물을 상징하는—과 평행을 이룬다.[53] 다른 측면에서 본다 할지라도 여전히 고대의

---

50) Meyers 1992: 6:359-360; 1976: 예를 들어 169-172, 177, 180; 이런 개념을 뒷받침하는 추가 자료를 위해서는 Terrien 1970: 318을 보라.

51) 산들 위에 있는 우주적인 나무의 실제적 표상을 담고 있는 동양권의 인장에 대해서는 Henning von der Osten 1934: 106-109을 보라.

52) 이와 관련된 인용문과 추가 논의에 대해서는 이 책의 나중의 설명(170-173쪽)을 보라.

53) Meyers 1992a: 1060-1061. 라가쉬의 왕 구데아는 에닌눔 신전에 석회석 물동이를 설치했으며, 땅으로 물을 쏟아 붓는 하늘 항아리 모양으로 장식했다(Frankfort 1954: 490). 흥미롭게도 마르둑의 신전인 에사길은 *Enuma Elish* 6,62에서 "압수의 대응물"(우주의 차원에 속한 지하계의 물)로 묘사된다(이 부분의 번역과 관련된 논의에 대해

신전들은 우주적인 상징성을 반영했다.[54] 신전은 "우주적인 산을 구현"하는 상징적인 의미를 가지고 있었는데, 이 산은 창조의 시초에 원시의 물[水]로부터 생겨난 태초의 작은 언덕을 표상했다. 그리고 이 물 자체는 물로부터 생명을 받아 열매를 많이 맺는 나무와 함께 신전 안에서 상징적 의미를 갖는다고 이해되었다.[55]

다양한 메소포타미아 신전의 이름 역시 "우주론적인 위치와 기능" 및 상징적인 의미 등에 관한 구체적인 개념을 나타내고 있다(George 1993: 59). 아주 많은 경우 반복적으로 이 신전들은 "하늘을 닮은 집"이나 "하늘과 지하계의 집", "땅의 총합인 집", "압수(Apsu)['민물 또는 바닷물']의 집", "산들의 집", "순수한 초승달의 집" 같은 이름으로 불렸다.[56] "압수"가 "성소들을 위해⋯지명되었다"(Enuma Elish 1.76)라는 것은 일반적으로 제의적 장소에 있는 거룩한 물이 강으로부터 비롯되었음을 암시하지만, 신전들이 우주의 물과 밀접하게 관련되며 상징적인 의미에서 볼 때 우주의 물과 동일시되기도 한다.

바벨론의 왕 나부아팔릿딘(Nabuapaliddin)이 신전 안으로 들어가는 모습을 묘사한 유명한 메소포타미아 비문 중 하나는 지금까지 신전의 특징으로 주목받았던 중요한 상징적 요소들 중 일부를 우주와 결합시키고 있다. 예를 들어 육안으로 볼 수 있는 일곱 개의 주요 광원(해, 달, 금성과 다른

서는 Horowitz 1998: 122-123을 보라).

54) 예를 들어 Lundquist 1983: 205-219; 1984b: 33-55을 보라. 이 두 자료 중 후자는, 고대 근동의 개념이 이스라엘 성전에 관한 이사야서의 묘사에 어떻게 반영되어 있는지를 잘 보여준다.

55) Lundquist 1984a: 53-76 및 저자가 인용한 다른 이차 자료를 보라. 우주와 "천지", 태고의 혼돈의 물로부터 생겨난 태초의 작은 언덕 등을 묘사하려는 의도를 가진 메소포타미아와 이집트의 신전들을 개관하기 위해서는 Janowski 2001: 229-260을 보라(그가 소개하는 참고 문헌도 보라).

56) George 1993: 63-161에는 관련된 많은 사례가 나열되어 있다. Enuma Elish 6.55-68의 비슷한 언급에 대해서는 Horowitz 1998: 122-123도 보라.

네 행성)과 종려나무와 태양을 들 수 있다(Keel 1985: 172-174). 마찬가지로 마리(Mari)에서 발견된 한 벽화는 나무와 네 그룹, 기부(基部)의 두 개의 산, 네 개의 개울과 그 개울로부터 자라는 식물을 포함한 신전을 묘사하고 있다(Keel 1985: 142-143). 이렇게 고대 세계에서 신전이 다양한 방식으로 우주를 상징한다는 가설을 지지하는 증거는 풍성하다.

또한 고대 근동의 신전은 일반적으로 이스라엘 신전에서 발견되는 것과 동일한 삼중 구조를 드러내는데,[57] 때로 이 삼중 구조물은 각각 동일한 상징적 의미를 가졌다고 이해된다. 바깥뜰은 가시적인 바다와 땅을 가리키고, 건축물 안의 안뜰은 가시적인 하늘(과 정원 지대)을 가리키며, 지성소는 신의 거처를 지시한다. 예를 들어 이집트 신왕국 시대(주전 1570) 이후의 제의적 건축물들은 바깥뜰에서 시작해서 성소 안쪽으로 들어갈수록 거룩함이 증가하다가, 마침내는 여자의 자궁과도 같은 지성소에서 그 거룩함이 절정에 이르는 모습을 보여준다. 이집트인들에게 "신전은…소우주 안에 있는 우주였다."[58] 신전의 바깥뜰에는 나일 강의 진흙 벽돌로 만들어진 바깥벽이 있었는데, 이 벽돌은 바다나 호수의 파도를 닮은 모양으로 제조되었다. 신전 안에는 세정 의식에 필요한 연못이나 작은 호수―태고의 물을 상징하는―도 있었다(Wilkinson 2000: 72). 또한 신전의 출입문에는 파라오가 대적들에게 승리하는 장면과 그의 사냥 기술을 묘사하는 장면, 당

---

57) 삼중 구조물을 가진 신전의 사례로는 Mazar 1992: 161-187을 보라. 만일 현관('ûlām)을 독립된 공간으로 간주한다면, 안뜰을 포함한 솔로몬 성전과 다른 신전들 중 일부는 네 개의 공간으로 나누어진다. 추가적 논의를 위해서는 제2장의 각주 70)을 보라. Frankfort(1954: 107, 도해 12과 154)도 삼중 구조를 가진 신전의 사례를 보여준다.

58) Shafer 1997: 5. 후기 이집트 신전의 보다 폭넓은 우주적 이중 구조물에 관심을 가지는 Finnestad(1997: 203, 212, 215)의 연구도 보라. 비록 Finnestad는 후대(주전 323 이후)의 이집트 신전에 초점을 맞추기는 하지만, 그가 보여주는 증거는 대부분 초기 신전과 연속성을 가진다. 예를 들어 다음과 같은 Finnestad의 말은 이 점을 잘 보여준다. "학자들이 이집트 신전의 개념적인 틀에 대해 언급하는 내용은 대체적으로 후기 신전들의 사치스러운 원자재와 폭넓은 초기 전승의 수용 태도로부터 비롯된다"(1997: 202; 예. 185, 194도 보라).

성전 신학

시 세계를 표상하는 장면, 왕의 세계 통치를 묘사한 장면도 있었다. 이집트
인들은 사회적인 지위에 관계없이 이 바깥 지역으로 들어올 수 있었다. 이
스라엘의 성전 안뜰과 마찬가지로 말이다(성전 안뜰은 여자도 들어갈 수 있었지
만,[59] 나중에 헤롯 성전 재건 때 여자들은 본래의 바깥뜰 밖에 추가된 다른 뜰로 밀려났다).

　　이집트 신전의 두 번째 거룩한 공간은 여러 개의 태양상(像)들로 장식
되어 있었다. 출입구를 이루는 두 개의 사다리꼴 탑문(塔門)은 신전 안으로
들어서는 역할을 하는데, 매일 태양이 떠오르는 동쪽 지평선의 산봉우리
를 상징했다(과연 이것은 이스라엘 성전의 성소로 연결되는 두 개의 거대한 기둥 상징
물과 같지 않을까? 왕상 7:15-22을 보라). 그리고 바깥뜰의 벽 안쪽과 두 번째 뜰
로 연결되는 출입문의 바깥쪽에는 전쟁과 사냥 장면이 그려져 있었다. 이
모든 형상은 바깥 지역의 지상 상징물과, 인접한 안쪽 지역─가시적인 하
늘을 상징하는 것이 틀림없는─의 지상 상징물 사이에서 중간 역할을 했
다(천장에는 해와 달과 별도 새겨졌지만 이것이 가장 거룩한 공간을 포함하는지는 확실하
지 않다).[60] 마찬가지로 동서로 이어진 축 모양의 길은 가장 깊숙한 성소로
이어지는데, 이 길은 태양의 일상적인 운행을 의미하며 길 중간중간에는
여러 개의 태양상들이 새겨져 있었다. 신전 건축물 전체는 태양이 떠올랐
다가 지는 지평선을 상징하기도 했다.

　　흥미롭게도 솔로몬 성전의 성소와 마찬가지로 이집트 신전의 두 번째
부분은 정원의 표상을 포함한다. 예를 들어 신전 벽의 아래쪽은 습지를,
기둥들은 식물을 표상하며, 천장과 마룻바닥은 각각 하늘과 땅을 상징했
다.[61] 신전의 정면에는 백합과 파피루스 식물의 형상이 새겨졌고, 기둥들
은 야자수와 파피루스, 망우수(忘憂樹), 갈대 등의 문양으로 장식되었다.[62]

---

59) 이는 스 10:1; 출 35:22, 25, 26, 29 등과 특히 출 38:8에서 암시된다.
60) Finnestad 1997: 204. 하늘을 상징하기 위해 천장이 "별들과 날아다니는 새들로 장식
　　되어" 있음을 주목한 Wilkinson(2000: 76)을 보라.
61) 이집트에 대한 이 설명과 앞의 설명은 주로 Shafer 1997: 5-8에 근거했다.
62) Finnestad 1997: 204. 이와 관련해서 Nelson 1944: 48과 Wilkinson 2000: 66-67.

만일 성소의 바깥 현관의 두 개의 큰 기둥이 지평선의 산을 상징한다면, 메소포타미아와 앗수르(Bloch-Smith 1994: 19, 22-27을 보라) 및 이집트, 페르시아,[63] 시리아-팔레스타인[64] 등지의 증거에 비추어볼 때 이것들은 거대한 나무를 표상하는 것 같다. 왜냐하면 이 기둥들의 꼭대기가 초목(석류와 백합 송이)으로 장식되어 있기 때문이다.

신전의 둘째 부분에 있는 정원 표상에 대한 묘사는 이스라엘 성전과 이방 신전들의 두 번째 거룩한 공간이 무엇보다도 가시적인 하늘을 상징한다는 앞의 결론과 상충하는 듯 보일 수도 있다. 나중에 이스라엘 성전과 관련된 장의 결론에서 보게 되겠지만, 정원 표상은 반드시 성소의 별 표상과 모순되지 않는다. 왜냐하면 정원은 에덴동산을 모방하려는 의도도 가지기 때문이다. 나중에 다시 논의하겠지만, 에덴동산은 최초의 성전 안에 있는 "성소"였다(예. 일곱 등잔을 가진 등잔대는 하늘의 발광체들을 상징하며, 에덴의 "생명나무"를 가리키기도 했다). 그럼에도 신전의 다양한 부분이 가지는 상징적인 의미 중 일부는 다른 이유로 인해 서로 겹치기도 한다. 이런 이유로 의미들 사이에서 분명하고 확실한 차이를 끌어내기는 어렵겠지만, 폭넓은 상징적 구획들은 여전히 유효한 것으로 남아 있다.

신전의 귀금속이 가지는 상징성

앞의 논의와 같이 이스라엘 성전의 건축에 사용된 귀금속은 빛을 반사하는 광채를 가지는데, 이것은 부분적으로 하늘의 해와 달과 별 중 하나를 반영하려는 의도를 가짐이 분명하다(성전 건축에 사용된 귀금속에 대한 앞의 논의와 대상 29:2-8; 대하 3:3-9; 4:20-22 등을 보라; 마찬가지로 성막 내부의 다양한 장식품에

76-77도 보라.

63) Frankfort(1954: 22-224)는 기둥에 관한 페르시아의 증거를 다양한 식물이나 꽃의 모양으로 장식된 건축물에서 찾고 있다.

64) Stager(1999: 186, 193)는 야자수 모양 받침대를 가진 레반트 지역의 신전 기둥이 "거룩한 나무 또는 우주의 나무를 지시했다"라고 설명한다.

성전 신학

대해서는 출 26:32; 31:4; 35:32; 36:36 등을 보라).

고대 근동의 다른 신전에 대한 묘사는 이스라엘 성전의 귀금속이 우주적 의미를 가지고 있음을 추가적으로 암시한다. 앗수르의 왕실 비문들은 개축되거나 신축된 신전 내부를 하늘에 있는 신들의 거주지와 비교하는 경향을 보인다.[65] 앗수르의 왕들은 하늘처럼 빛나는 광채를 만들어 내려는 목적에서 신전 내부를 장식하는 데 귀금속을 사용했다(Niehaus 근간). 앗수르의 왕 디글랏 빌레셀 1세(Tiglath-pileser I, 주전 1115-1077)는 이렇게 선언했다. "위대한 신들이…나에게 성소를 재건하라고 명하셨다.…나는 그 내부를 하늘의 내부처럼 장식했다. 나는 그곳의 벽을 떠오르는 별의 찬란함처럼 화려하게 장식했다.…"[66] 후대의 앗수르 왕 아슈르바니팔(Ashurbanipal, 주전 668-627)은 이렇게 말했다. "나는 내 군주인 위대한 신들의 성소를 금(과) [은]으로 복구했다. 나는…에사라(Esarra)를 장식했고… 하늘의 문서처럼 빛나게 했다…"(Peipkorn 1933: 28-29 [i. 16-23]).

이집트의 신전 내부에서도 유사한 표현이 발견된다. 투트모세 3세(Thutmose III, 주전 1490-1436)는 아몬 신을 위한 내부 성소를 건축했는데, 그곳을 "그의 거룩한 보좌는 하늘의 지평선과도 같다"라는 의미의 이름으로 칭했다. 마찬가지로 하늘 자체로부터 나오는 빛을 본뜨려는 목적에서 "그곳의 내부는 호박금(琥珀金)으로 장식되었다"(Breasted 1906: 2:64 §153). 성소에 있는 예전 관련 비품조차 동일한 목적을 가진 귀금속으로 만들어졌다. "호박금…은, 금, 청동, 구리 등으로 만들어진 거대한 항아리…두 개의 땅(Two Lands; 역자 주-이집트가 상부 이집트와 하부 이집트의 두 지역으로 되어 있음을 가리키는 표현)은 그것들의 광채로 가득 차 있었다. 누트(Nut, 하늘의 여신)의 몸에 있는 별들처럼 말이다. 나의 조상(彫像)이 그 뒤를 따랐다. 나는…그를

---

65) Niehaus 1995: 118은 이를 지지하는 입장에서 특히 Grayson 1987: 1:254-255; 2:15-57을 인용한다.

66) Grayson 1976: 2:18[vii. 71=114]; 이 부분의 언급과 다음에 소개할 언급에 대해서는 Niehaus(근간)의 도움을 받았다.

위해…호박금으로 제단을 만들었다"(2:68 §164; 아멘-호텝 2세[Amen-hotep II, 주전 1439-1406]의 경우도 마찬가지; 여기 대해서는 2:318 §806을 보라). 마찬가지로 파라오 피-안키 1세(Pi-ankhi I, 주전 720)는 신전의 내부 비품을 "하늘의 지평선처럼 금으로" 만들었다(4:495 §970; 이스라엘 성전의 내부 비품과 기구들이 귀금속으로 덮였다는 왕상 6:20-28; 7:48-51의 설명을 상기하라).

핫셉수트(Hatshepsut, 주전 1486-1468) 여왕은 아몬 신 신전을 건축하면서 마루를 은과 금으로 만들었으며, "그것의 아름다움은 하늘의 지평선과도 같다"라고 말했다(2:156 §375).[67] 실제로 아멘-호텝 3세(주전 1398-1361)는 거의 동일한 방식으로 아몬 신을 위해 카르낙(Karnak)에 신전을 건축하고서, 그것을 "금으로…무수히 많은 공작석(孔雀石)과 청금석으로 장식했으며 신들의 왕인 그의 쉼터를 하늘에 있는 그의 보좌처럼 만들었다"(2:355 §883). 그리고 테베(Thebes)에 있는 같은 신의 신전에 대해 아멘-호텝 3세는 이렇게도 말했다. "이 신전은 레(Re)가 떠오르는 하늘의 지평선과 비슷하다"(2:356 §883). 이 신전의 "천장은 하늘처럼 푸른색으로 칠해졌으며, 많은 황금 별이 점점이 박혀 있었다"(Nelson 1994: 47, 48).

람세스 1세(Ramses I, 주전 1303-1302)도 "레가 [떠오르는] 하늘의 지평선 같은 신전"을 건축했다(Breasted 1906: 3:36 §79). 파라오 세티 1세(Seti I, 주전 1302-1290)는 지하계의 신 오시리스(Osiris)를 위해 "하늘과도 같은 신전"을 건축했다. "여기의 아홉 신은 그 안에 있는 별들과도 같다. 그곳의 광채는 아침 일찍 떠오르는 레의 지평선과도 같이 (사람들의) 얼굴에 머물러 있다"(3:96-97 §232; §236-237). 이 신전은 "하늘과도 같은 집으로 그 아름다움이 두 땅을 비추는 곳"으로 언급되기도 했다(3:98 §240.12; 카르낙 신전에 대해서는 Ismail 2002: 158도 보라). 세티의 계승자였던 람세스 2세(Ramses II)는 카르낙 신전에 대해 이렇게 말했다. "그곳의 훌륭한 기둥은 호박금으로 되어 있고 하늘에 있는 모든 장소처럼 만들어졌다. (그것은) 은의 여주인이요, 금

---

67) 솔로몬이 "내외 성전 마루를 금으로 입혔다"(왕상 6:30)는 사실을 생각해보라.

성전 신학

의 여왕이며, 모든 화려한 귀금속을 포함한다"(3:218 §512; sim. 3:217 §510).[68] 마찬가지로 람세스 3세는 신전에 이르는 문들을 "양쪽으로 여닫는 하늘의 문처럼" 귀금속으로 만들었다(4:122 §216).

메소포타미아와 이집트의 이런 증거 자료들은 고대 근동의 신전이 귀금속으로 장식된 것과 마찬가지로 이스라엘 성전의 귀금속 역시 하늘의 상징성을 가짐을 어느 정도 암시한다. 흥미롭게도 이집트 제사장의 복장조차도 내부 성소와 하늘 모두를 표상한다는 점에서 이스라엘 제사장의 복장과 비슷하다(Bryan 2002: 130).[69]

결론

이스라엘 주변의 고대 문화권에서 발견된 증거들은 이스라엘의 성막과 성전이 우주를 반영하며 우주 자체가 거대한 신전으로 나타나거나 장차 그렇게 될 것이라는 점을 추가적으로 암시한다. 또한 고대 근동의 신전들은 이스라엘 성전의 세 구역이 우주의 세 영역을 표상한다는 앞의 결론과 조화를 이룬다.[70] 바깥뜰은 가시적인 지상 세계(땅과 바다와 사람들의 주거 공

---

68) 신전의 금덮개가 햇빛을 가리키는 은유적 의미를 가진다는 사실에 대해서는 Finnestad 1997: 213을 보라.
69) 이 자료에 관심을 갖게 해준 Hugenberger에게 고마운 마음을 전한다.
70) 그리스정교의 교회도 이스라엘 성전의 삼중 구조와 상징성을 잘 반영한다. (1) 자주 전쟁 장면과 세상사에 대한 묘사를 벽화로 그린 바깥 구역. (2) 다음 구역으로 이어지는 중앙 출입구 양쪽에 두 개의 (일곱 등잔을 가진) 등잔대가 있는 안뜰(때로 별들이 천장에 있는 그리스도의 형상을 둘러싸고 있는 것으로 묘사되며, 다음 구역으로 이어지는 가운데 문 주변에는 담쟁이덩굴 문양이 새겨진다). (3) 목제 휘장에 의해 가운데 방으로부터 분리되는 내부 성소(이곳에 진설병 상징과 성경 사본이 보관되어 있다고 들은 적이 있다. 예를 들어 그리스의 메테오라 사원 중 한 곳에 있는 바실리카 양식을 주목하라). 마찬가지로 고대 그리스의 신전도 세 영역으로 나누어진다. (1) 제단이 있는 바깥뜰(물동이가 있는 경우도 있음). (2) 내부 구역. (3) 신상이 비치된 가장 안쪽 성소. 마케도니아를 다스리던 필리포스의 무덤은 다음과 같이 신전으로 간주되었음이 분명하다. (1) "길"로 불리던 바깥의 포장된 구역에서는 왕의 시신을 불태우고 40일 동안 번제를 드리기도 했다. (2) 거대한 대리석 문을 거쳐 들어가는 구역에는 필리포스와 아내가 매장되었으

간)를 상징하며, 성소는 주로 가시적인 하늘을 표상한다(에덴을 연상시키려는 의도로 정원의 표상이 포함되기도 하지만 말이다. 나중에 보겠지만 에덴은 후대의 성소와 상응하는 태고의 공간이었다). 지성소는 하나님이 거주하시는 우주의 비가시적인 신성한 차원을 표상했다.[71]

고대 근동의 신전과 이스라엘 성전 사이에 있는 이런 유사성들은 부분적이지만 참된 계시를 반영한다. 물론 이런 계시가 하나님에 대한 인격적 지식을 위해서는 불충분하지만 말이다. 하지만 이스라엘의 성전이 주변 나라의 신전과 다른 것은 그것이 단순히 하나님의 거처라는 참된 실재에 대한 어느 정도의 이해를 반영하기 때문이 아니라, 다른 모든 불완전한 신전이 갈망하는 참된 성전으로 간주되기를 바라는 의도를 가지기 때문이다. 이스라엘의 성전은 이스라엘이 잘 알고 있었던 다른 모든 사이비 성전에 대한 저항적 진술의 의미를 가지는 것 같다. 효율적인 반박 진술을 완성하기 위해서 이스라엘 성전은 주변 나라의 신전들과 유사성을 가지는 동시에 차이점들도 가져야 했다. 유사점에 대해서는 앞에서 논의한 바 있다. 여기서는 간략하게나마 차이점에 초점을 맞추고자 한다.

양자 사이에 있는 중요한 차이점 중 하나는 이교 신전의 내부 성소 안

며, 가운데에 별들이 새겨진 커다란 황금 원반과 작은 황금 원반들이 발견되었다. (3) 제의적인 매장지의 가장 안쪽 구역에는 신격화된 필리포스의 유물이 보관되었다. 삼중 구조를 가진 그리스의 다른 신전에 대해서는 Tomlinson 1976을 보되, 아래 각주 71)의 설명도 참고하라.

71) 어떤 학자들은 성소로 이어지는 "앞마당"('ûlām)이나 현관을 포함시킴으로써, 성전이 바깥뜰과는 별도로 세 영역으로 구성되며, 이런 구분법은 초기의 삼중 구조의 성막 개념과 대비된다고 주장한다(Homan 2000: 24). 현관은 독립적인 의미를 가지는 별도의 방이 아니라 성소로 이어지는 거룩한 통로로 쉽게 간주된다. 고대 그리스의 신전에서 둘째 구역으로 이어지는 출입문은 바로 이 점을 확증할 수도 있다. 이런 출입문은 신전 건축물 전체의 일부일 수도 있지만 때로는 전혀 없는 경우도 있었다. 출입문이 존재할 경우, 이것은 단순히 다음 구역으로 이어지는 통로 역할을 할 뿐이었다. 이 문은 "자체로서 중요한 의미를 가지는 것이 아니라" 주로 다음의 신성한 공간으로 이어지는 통로 역할을 하며, 이로 인해 "성소로 옮겨가는 움직임의 극적 효과를 증대시켰다"(Tomlinson 1976: 40).

에는 우상이 있는 반면에 이스라엘의 지성소에는 그런 것이 없다는 점이다. 왜냐하면 하나님의 존재는 사람의 눈에 보이지 않기 때문이다. 하나님의 존재를 장인의 기술로 만든 신상 안에 담을 수 없음은 물론이다. 게다가 이방 나라에는 여러 신들을 위한 다양한 신전이 존재했지만, 이스라엘에는 오직 하나의 성전만이 있었다. 왜냐하면 이스라엘에게는 오직 한 분이신 참된 하나님만이 존재했기 때문이다. 그뿐 아니라 신들을 조종하기 위해 주술적인 의례(주술, 점술 등)를 집행하는 다른 종교의 제사장과는 대조적으로 이스라엘의 제사장은 이런 의례 행위에 참여하는 것이 금지되었다. 하나님은 조종될 수 있는 분이 아니기 때문이다. 이교 제사장의 주된 역할은 신전에서 자기들의 신을 잘 보살피고 먹이는 일에 초점이 맞추어져 있었다. 그러나 이스라엘의 하나님은 그럴 필요가 없었기 때문에 제사장은 최고의 주권자요 자존하시는 하나님을 예배하기 위해 만든 다양한 의례를 통해 그분을 잘 섬기기만 하면 되었다.[72]

마찬가지로 이스라엘의 주변 나라의 신들은 휴식을 위한 "거처"가 필요했지만, 이스라엘의 하나님은 사람이 만든 어떤 구조물도 자신에게 적절한 거처가 될 수 없다고 친히 말씀하신다(참조. 왕상 8:27; 사 66:1; 이 두 텍스트 중 이사야 텍스트에 대해서는 제3장을 보라). 앞에서도 암시했고 나중에도 다시 보겠지만, 한 가지 이유는 이스라엘의 성전이 격리된 작은 구조물만이 아니라 우주 전체에 편재하시는 하나님의 종말론적 목표를 가리키기 때문이다. 이교의 신전들은 이런 종말론적 목적을 신전에 반영된 상징성의 한 부분으로 가지고 있지 않다.

마지막으로, 이스라엘의 성전을 구성하는 부분들은 주변 나라의 이교 신전처럼 많은 별들이 박힌 하늘을 상징한다. 하지만 이런 상징성은 그렇게 많이 강조되지 않는다. 왜 그런 것일까? 우리는 그 이유가 이스라엘이 하늘의 별들을 신들로 섬기지 않음을 분명하게 밝히기 원했기 때문이라

---

72) 이런 관찰을 가능하게 한 내 동료 John Walton에게 고마운 마음을 전한다.

고 믿는다. 따라서 이스라엘 성전에서는 별과 관련된 상징성이 발견되기는 하지만, 태양신이나 다른 천체 신들에게 봉헌된 신전처럼 분명하게 드러나지는 않는다. 그럼에도 이스라엘의 성전에 반영되어 있는 우주적인 상징들은 이 성전이 하늘과 땅의 작은 모델이었음을 보여준다. 이것은 창조 세계에 편재하시며 더 이상 성전의 안쪽 방에만 머물지 않으시는 하나님 임재의 종말론적인 목표를 가리킨다.

우주 창조와 성소 건축 이후의 하나님의 "휴식"

레벤슨은 오경에 대한 선행 연구를 요약하면서 우주 창조와 성막 건축, 성전 건축 등이 "한결같이 유사하고, 때로는 동일한 언어로 설명되어 있다"는 점에 주목한다. 이것들 사이의 유사성은 "성전과 세계가 서로 긴밀하게 관련됨"을 보여주려는 의도에서 비롯되었다(Levenson 1984: 286). 심지어 레벤슨은 이런 유사성이 "성전 건축과 세계 건설을 하나로 묶는 고대 근동의 오랜 전승"에서 비롯되었다고까지 말한다(1984: 287-288).[73] 이런 연관성은 창조 사역 이후에 이루어지는 하나님의 "휴식"과 연결되기도 한다.

세계 창조와 성막/성전 건축 이후의 하나님의 "휴식"

존 월튼(John Walton)은 창조와 성막 사이의 연결 관계에 주목했다. 이와 관련해서 월튼은 창조 기사와 성막 건축 사이의 중요한 평행 관계(예. 창 1:31; 2:1; 2:2; 2:3을 각각 출 39:43; 39:32; 40:33; 39:43과 비교하라)에 주목한 부버(M. Buber)를 따라 피쉬베인(M. Fishbane)의 주장을 그대로 인용한다(Walton 2001: 149). 피쉬베인은 모세의 성막 건축 작업이 동일한 언어를 사용함으로써 하나님의 우주 창조를 모방했다고 본다. "그리하여 '모세는' 백성이

---

73) Weinfeld 1981: 501-512도 같은 견해를 보인다. Janowski 1990: 37-69도 참고하되, 특히 창 1:1-2:4의 창조 이야기의 주제를 따라 성막 건축을 설명하는 부분을 참고하라.

성막 건축 과정에서 '행한 모든 일을 보았다.' '그리고 모세는 그 일을 완성했으며' 백성의 모든 수고에 대해 그들을 '축복했다'"(Fishbane 1979: 12). 피쉬베인은 성막 건축이 의도적으로 세계 창조의 모습을 본떠 묘사되었다고 결론 내린다. 더 중요한 것은 창조 기사와 성막 건축 기사가 공통적으로 다음과 같은 일곱 개의 연속적 행위를 중심으로 구성된다는 사실이다. "하나님이 이르시되"(창 1:3, 6, 9, 14, 20, 24, 26; 참조. 11, 28, 29절)와 "여호와께서 말씀하여 이르시되"(출 25:1; 30:11, 17, 22, 34; 31:1, 12)(Sailhamer 1992: 298-299). 블렌킨숍(J. Blenkinsopp)은 "세계 창조"와 "성막 건축" 사이의 유사한 추가적 평행 관계에 주목한 결과, "예배의 자리는 곧 축소된 우주다"라고 결론짓는다(1992: 217-218).[74]

레벤슨도 솔로몬이 성전을 건축하는 데 칠 년이 걸렸고(왕상 6:38), 초막절(7일 축제[왕상 8장])의 일곱째 날에 성전을 봉헌했으며, 그가 선포한 봉헌의 말씀이 일곱 개의 간구를 중심으로 구성되어 있다(왕상 8:31-55)는 사실로부터 동일한 우주적인 의미를 발견할 수 있다고 본다. 이렇게 본다면 성전 건축은 칠 일간에 걸친 세계 창조를 모방했다고 간주되는데, 이것은 고대 근동의 다른 지역에서도 신전 건축이 칠 일에 걸쳐서 이루어졌다는 내용과 맥을 같이한다(Levenson 1988: 78-79). 하나님이 일곱째 날에 창조 사역으로부터 쉬신 것과 마찬가지로 성막 건축[75]과 특히 성전 건축이 마무리되었을 때, 하나님은 그곳에 "휴식처"(resting place)를 마련하신다.[76] 예를 들어 시편 132:7-8, 13-14은 이렇게 말한다.

---

74) 82-84쪽도 참조. 마찬가지로 후대의 한 유대교 전승도 "성막은 세계 창조와 같다"라고 함으로써 창조를 성막과 동일시하고, 창조의 각각의 날에 만들어진 다양한 피조물을 성막 안의 일곱 개의 유사한 물품과 비교함으로써 자신의 주장을 구체적으로 입증한다(*Tanhuma Yelammedenu Exodus* 11:2).

75) 성막과 관련해서 *Tg. Onqelos*의 출 25:8은 이스라엘 백성이 "내 앞에 성소를 만들었기에 그들 중에 나의 임재를 머물게 하겠다"라고 약속하신 하나님의 말씀을 인용한다.

76) 여기서 말하는 성전과 하나님의 "휴식" 사이의 관계에 대한 논의를 위해서는 Walton 2001: 149-155의 도움을 받았다.

⁷우리가 그의 계신 곳으로 들어가서 그의 발등상 앞에서 엎드려 예배하리로다
⁸여호와여 일어나사 주의 권능의 궤와 함께 평안한 곳(resting place)으로 들어가소서…
¹³여호와께서 시온을 택하시고 자기 거처를 삼고자 하여 이르시기를
¹⁴이는 내가 영원히 쉴 곳(resting place)이라 내가 여기 거주할 것은 이를 원하였음이로다

따라서 "성전과 세계는 친밀하고도 본질적인 관계 속에 있다. 이 두 건축 사역은 궁극적으로 서로 구별되거나 분리되지 않는다. 이 둘은 각각 하나님이 자신이 쉴 수 있는 환경을 어떻게 만드셨는지를 자세하게 설명해 준다"(Levenson 1984: 288).

시편 132편의 확실한 설명 외에도, 성전이 부분적으로 하나님의 휴식처 역할을 하도록 만들어졌음을 보여주는 다른 구약 텍스트도 있다. 그중에는 역대상 28:2(다윗은 "여호와의 언약궤…를 봉안할 성전을 건축할" 마음을 가지고 있었다)과 이사야 66:1("너희가 나를 위하여 무슨 집을 지으랴 내가 안식할 처소[resting place]가 어디랴"), 역대하 6:41("여호와 하나님이여 일어나 들어가사 주의 능력의 궤와 함께 주의 평안한 처소[resting place]에 계시옵소서"; 유딧서 9:8도 참조. "당신의 성소를 모독하고 당신의 영광스러운 이름이 머물러 있는 곳을 더럽히며") 등이 있다.⁷⁷⁾

창세기 1-2장의 창조 기사 결론 부분의 하나님의 휴식과 후대의 이스라엘 성전에서 발견되는 그분의 휴식은, 그가 아무 일도 하지 않음을 의미할 뿐 아니라 혼돈의 세력(예를 들어 이스라엘의 대적)에 대한 자신의 주권을 분명하게 행사함으로써 이제는 자신의 주권적인 권능을 드러내는 제왕적인 휴식의 자리를 취하셨음을 보여준다. 마찬가지로 나중에 「에누마 엘

---

77) 사 57:15(70인경)도 보라: "지극히 존귀하신 분이라는 이름을 가진 그는 높은 곳에 영원히 거하시며 지극히 거룩한 곳에 거하신다." 이것은 제의적인 의미를 갖는 하나님의 천상적 휴식처를 가리킬 뿐 아니라, 하늘 처소의 확장이거나 상징인 시온 성전도 포함하는 듯하다. 민 10:33-36; 대상 6:31; 시 95:11 등도 보라.

성전 신학

리쉬」와 다른 자료의 인용문을 살펴보겠지만, 신들의 휴식을 위한 성소의 건축은 혼돈의 세력이 정복된 다음에야 비로소 이루어진다.

따라서 "여호와께서 주위의 모든 원수를 무찌르사 왕으로 궁에 평안히 살게 하신 때에" 다윗이 하나님을 위해 성전을 건축하려는 생각을 처음으로 가졌던 것은 우연이 아니었을 것이다(삼하 7:1-6; Levenson 1988: 107을 따름). 다윗은 성전 건축을 준비했지만(대상 21:18-29:30), "전쟁을 많이 했고 피를 심히 많이 흘렸"기에 성전을 건축하지는 않는다(대상 22:8; 28:3). 그뿐 아니라 다윗은 외적 차원에서는 "안식"(rest)이 주어진 반면에, 내적 차원에서는 여전히 정치적인 불안(unrest)─솔로몬은 왕좌를 물려받아 성전을 건축하기 전에 이 불안을 안정시켜야 했다(왕상 1-2장)─이 남아 있었기에 성전을 건축하지 않았다.

결과적으로 "이제 내 하나님 여호와께서 내게 사방의 태평(rest)을 주셨다"라고 깨닫고 "하나님 여호와의 이름을 위하여 성전을 건축"하기로 결심한 이는 솔로몬이었다(왕상 5:4-5; 대상 22:9-10, 18-19; 23:25-26과 거의 동일함; 참조. 왕상 8:56). 실제로 하나님이 솔로몬이 "내 이름을 위하여 성전을 건축하리라"라고 약속하셨을 때, 그 약속의 앞과 뒤에는 "그의 나라를 견고하게 하리라"라는 구절이 직접 사용됨으로써(삼하 7:12-13), 성전 건축과 모든 대적을 물리친 후의 완전한 주권적 휴식 사이의 밀접한 관계가 강조되고 있다.[78]

출애굽기 15:17은 하나님이 이스라엘을 주의 처소로 인도하실 것이라고 말함으로써 이 점을 분명하게 뒷받침한다. "주께서 백성을 인도하사 그들을 주의 기업의 산에 심으시리이다 여호와여 이는 주의 처소를 삼으시

---

78) Uhlschofer(1977)를 보라. Uhlschofer는 이스라엘의 성전 건축과, 외적이고 내적인 정치적 저항 세력을 물리친 후 이루어진 고대 근동의 (신전 건축으로 이어지는) "휴식" 배경 사이에 밀접한 관련이 있음을 보여준다. 일단 외부로 나가 정복 전쟁을 할 필요가 없어지면, 그 다음에는 "휴식"(rest)을 뜻하는 항구적인 성전을 건축하는 데 힘을 모을 수 있었다.

려고 예비하신 것이라 주여 이것이 주의 손으로 세우신 성소로소이다 여호와께서 영원무궁 하도록 다스리시도다." 이스라엘의 성전 안에 있는 하나님의 처소는 적대 세력을 걱정할 필요가 없는 왕이신 그분의 휴식처로 인식되었다. 하나님이 성전 안에 앉아 계신다는 것은 그분의 주권적인 휴식이나 통치를 표현한다. 이 점은 "그룹들 사이에 좌정하신"이라는 반복 구절에 의해 강조된다(삼하 6:2; 왕하 19:15; 대상 13:6; 시 80:1; 99:1). 이 구절은 하나님의 실제적인 성전 임재가 그분의 천상적 통치를 반영한다고 보는 개념을 포함한다. 시편 99:1은 이 점을 한층 더 분명하게 주장하고 있다. "여호와께서 다스리시니…여호와께서 그룹 사이에 좌정하시니…." 창조를 마무리하신 하나님이 "[온 세상을 다스리기 위해] 위로 올라가 온 세상의 높은 곳에 앉으신" 것처럼(The Fathers According to Rabbi Nathan 1), 이스라엘의 모든 대적을 무찌르신 후 그분은 성전으로 오르시어 거기서 다스리실 것이다(Levenson 1988: 108).[79] 마찬가지로 하나님이 "보좌에 앉아 계신다"라는 구절의 반복은 휴식을 취하고 계신 최고 통치자의 또 다른 표상이다(이 구절은 구약에서 주로 이스라엘의 인간 왕들과 관련해서 대략 35회 나온다. 예를 들어 시 47:8을 보라. "하나님이 뭇 백성을 다스리시며 하나님이 그의 거룩한 보좌에 앉으셨도다").

성전과 관련된 고대 근동의 성막 개념: 하나님이 대적을 물리치시고 "휴식"을 취함

성전 건축에 이어 하나님이 대적을 물리치신다는 개념과 관련해서는, 이스라엘의 성막이 성전으로 옮겨가는 이유가 중요한 의미를 가진다. 분명

---

79) "휴식을 취함"이 최고 통치자의 지위를 암시한다는 표상은 솔로몬의 보좌의 묘사를 통해서도 전달된다. "그 보좌는 좌석의 양쪽 측면에 팔걸이를 가지고 있었고, 그 팔걸이 옆에 두 마리 사자가 휴식을 취하고 있는 형태"인데, 이는 최고 주권을 가진 후견인의 자격을 묘사했다.

한 사실은 성막이 논쟁적인 목적을 의식하면서 부분적으로 이집트의 이동용 군용 막사―치수도 동일하고, 거의 정확하게 같은 삼중 구조물로 이루어졌으며 동쪽을 향하고 있는―를 모델로 만들어졌다는 점이다(이집트의 군용 막사는 안뜰, 내부 응접실, 가장 안쪽 방으로 이루어지고, 가장 안쪽 방에는 신격화된 파라오의 초상 양 옆에 날개를 가진 생물들이 자리하고 있다!). 성막 주변에 진을 친 이스라엘 지파의 네 부대(민 2장)와 마찬가지로 이집트의 군용 막사가 네 부대로 나누어진 군대로 둘러싸여 있었음을 보여주는 증거도 있다. 야웨께서는 신격화된 파라오가 자신의 군대를 이끌고 전쟁터로 나간 것과 유사하게 행동하셨다. 물론 야웨야말로 파라오의 우상숭배적인 막사와는 대조적으로 자신의 성막 안에 거주하시는 참된 신이셨지만 말이다. 따라서 당연히 이스라엘의 성막은 주께서 모든 대적을 물리칠 때까지 자신의 군대를 지휘하시는 이동용 전쟁 사령부로 인식되었다.[80] 대적들이 격퇴되면 솔로몬의 통치 기간에 이루어졌듯, 대적으로부터의 하나님의 주권적인 "휴식"을 나타내는 보다 항구적인 처소를 건축할 수 있었다.

신들이 세상과 신전을 창조한 후 "휴식"을 취했다고 보는 고대 근동의 개념

월튼은 이스라엘 성전에서 이루어지는 하나님의 "휴식"이 고대 근동의 신전들이 가진 목적과 정확하게 일치함에 주목하는데, 이는 앞의 논의의 결론을 강화시킨다. 특히 「에누마 엘리쉬」는 신들의 휴식 결핍이 전쟁을 초래했다고 서술한다. 최고 신 압수는 하급 신들에 대해 티아맛(Tiamat)에게 이렇게 불평한다.

> 그들의 생활 방식은 내게 매우 고통스럽다.
> 낮에는 휴식을 취할 수 없고, 밤에는 잠을 잘 수가 없다.
> 나는 그들의 생활 방식을 없애고 그들을 쫓아내고 싶다.

---

80) 성막의 이집트적 배경에 관한 설명은 Homan 2000에 기반했다.

우리가 잠을 잘 수 있도록 평화가 지배하게 만들라(*Enuma Elish* 1.37-40).[81]

마르둑은 티아맛을 물리친 후 우주와 하급 신들을 자신의 통치 아래 두며, 신들이 휴식을 취할 수 있는 성소 모양의 신전으로 여겨지던 바벨론을 건축함으로써 끝을 맺는다.

우리는 "우리의 휴식처가 될 방"으로 불리게 될 성소를 건축할 것입니다.
우리는 그 안에서 휴식을 취할 것입니다.
그 성소를 설계하고 건립하도록 합시다.
그곳으로 가면…우리는 그 안에서 휴식을 취할 것입니다.
마르둑이 이 말을 들었을 때 그의 얼굴은 대낮처럼 크게 빛났다.
이제 너희가 요청한 과제인 바벨론을 건축하라.
벽돌 공사를 진행시키고 성소를 높이 세우도록 하라(*Enuma Elish* 6.51-58).[82]

마찬가지로 수메르의 구데아가 닌기르수 신을 위한 신전을 건축할 때, 신전 건축의 목적은 닌기르수와 그의 배우자 여신을 위한 처소를 마련하는 것이었다(Walton 2001: 151).[83] 수메르의 신 닌기르수가 자신을 위해 건축한 신전으로 들어갔을 때, 그는 "전사"와 "왕"으로 묘사된다(Cyl. B 5.1-19)

---

81) 여기서 Walton은 Dalley 1991: 234의 번역을 따른다. Heidel 1942: 19의 번역도 보라.
82) 여기서 Walton은 Foster 1995: 39-40의 번역을 따른다. Heidel(1942: 48)의 번역도 보라. Heidel은 51행과 58행에서 "shrine" 대신 "sanctuary"로 번역한다. J. Laansma는 똑같은 견해를 주장하기 위해 Walton과 마찬가지로 *Enuma Elish*의 첫째 토판과 여섯째 토판의 동일한 두 단편을 인용한다(1977: 71).
83) Cyl. B 14.21-23을 보라(이 텍스트에 대해서는 Jacobsen 1987: 438을 보라; Averbeck 2000: 430도 보라: "오 닌기르수여, 나는 당신을 위해 당신의 신전을 건축하였나이다.…나의 바바여, 나는 당신을 위해 당신의 침실[?]을 만들었나이다. [그리하여] 당신이 그 안에서 안전하게 머무실 수 있도록").

(Averbeck 2000: 431). 그의 당당한 비활동성은 당시에 혼돈의 세력이 지배하고 있었지만 그의 왕국에서는 안정이 이루어졌으므로, 그가 승리를 거두기 위해 또 다른 행동을 할 필요가 없었음을 보여준다.

이집트의 파라오 람세스는 프타(Ptah) 신을 위해 신전을 건축한 후, 프타의 형상을 만들어 그것을 가장 안쪽의 거룩한 방에 안치하고 이제는 이 신이 "[신전] 보좌에서 휴식을 취하고 있다"라고 선포했다(Breasted 1906: 3:181 §412). 이 주제는 이집트에서 반복해서 나온다.[84] 주석가들이 주목하지 못했던 것이 분명한 「에누마 엘리쉬」의 또 다른 구절(1.73-76)은 특정 신의 휴식에 대해 말하면서, 에아(Ea)가 자신을 대적하는 다른 신들을 물리친 후 성소에서 휴식을 취했다고 설명한다.

에아는 자신의 대적들을 정복하고 굴복시킨 후
원수들에 대한 승리를 이룩하고서
자신의 거처에서 평화롭게 휴식했으며,
그것을 압수라 칭한 후 (그것을) 성소로 지정했다.[85]

마찬가지로 「에누마 엘리쉬」의 또 다른 텍스트(6.8, 35-36)도 "에아가…인류를 창조한 후…그들은 신들을 섬기는 일을 인류에게 부과했다"라고 하면서, "신들로 하여금 휴식을 취하도록" 하기 위해서였다고 말한다.

결과적으로 "성경과 마찬가지로 고대 근동에서도 신전은 신들의 '휴식'을 위한 공간이며, 신들의 휴식은 성소나 거룩한 공간에서 발견된다"(Walton 2001: 151).[86] 이방 종교의 자료들은 하나님이 혼돈을 제압하고 세계

---

84) 신전이 특정 신의 "휴식" 장소라는 개념에 대해서는 Breasted 1906: 2:355 §881과 3:217 §510; 220 §517; 221 §521을 보라.
85) Heidel 1942: 21을 따랐다.
86) 고대 근동과 구약에 나타난 신들의 신전 "휴식"에 대한 확대된 논의를 보려면 추가적으로 Levenson 1988: 100-111을 보라.

를 창조하신 후, 그리고 이스라엘의 대적을 정복하고 성전을 건축하신 후, 위조된 거짓 신들—이교 숭배자들은 이들이 하나님과 똑같은 일을 했다고 믿는다—과는 대조적으로 자신의 보좌 위에서 참된 통치자로서 "휴식"을 취하셨다는 사실을 추가적으로 암시한다.

첫째 성전인 에덴동산의 반영이자 재현인 이스라엘의 지상 성막과 성전

요한계시록 22:1ff.은 지상의 성전이 하늘의 우주적인 성전을 반영한다는 개념에 더해서, 에덴을 성소로 이해하는 초기의 해석을 알았던 것 같다. 이 텍스트는 도시-성전에 대한 요한의 묘사 안에 삽입된 창세기 2-3장에 대한 그의 설명을 따르는데, 거룩한 역사에 대한 이 최초의 이야기로 되돌아가서 그것을 연구하는 데 도움을 줄 것이다. 이런 연구는 에덴동산이 최초로 인간이 하나님을 예배했던 첫 번째 원형 성전이었음을 암시해줄 것이다.[87]

하나님 임재의 유일한 장소인 에덴동산

이스라엘 성전이 제사장이 하나님의 독특한 임재를 경험하던 장소라면, 에덴은 아담이 하나님과 거닐면서 대화를 하던 곳이었다. 하나님이 동산에서 "거니시는" 모습(창 3:8)을 표현하는 데 사용된 히브리어 동사 형태 "*mithallēk*"(히트파엘 형)은 하나님의 성막 임재를 묘사하는 데에도 사용된다(레 26:12; 신 23:14[15]; 삼하 7:6-7).

---

87) 상당히 많은 부분을 다음 자료에 의존했다: Kline 1989: 31-32, 54-56; 1980: 35-42; Wenham 1994; Barker 1991: 68-103; Parry 1994: 126-151. 이보다는 덜하지만 Poythress 1991: 19, 31, 35에도 의존했다. 추가로 Davidson 2000: 109-111도 보라.

처음 제사장의 자리인 에덴동산

창세기 2:15은 하나님이 에덴에 아담을 두시고 "그것을 경작하며 지키게" 하셨다고 말한다. "경작하며 지키다"를 의미하는 두 히브리어 단어는 구약성경의 다른 곳에서 일반적으로 "섬기고 보존하다[또는 지키다]"로 번역된다.[88] 일반적으로 "경작하다"로 번역되는 히브리어 단어가 홀로 쓰일 때 농사짓는 일을 가리킬 수 있다는 지적은 옳다(예. 2:5; 3:23). 그러나 이 두 단어(동사형['ābad와 šāmar]과 명사형)가 구약에서 함께 나올 경우에는(대략 15번 단어 배열에서 나옴) 하나님을 "섬기고" 그분의 말씀을 "지키는[파수하는]" 이스라엘 백성을 가리키거나(10번 정도), 성막 "봉사"(또는 "책무")를 "지키는" 제사장(민 3:7-8; 8:25-26; 18:5-6; 대상 23:32; 겔 44:14 등을 보라)을 가리킨다.[89]

---

88) 참고로 Cassuto(1989: 122-123)는 창 2:15의 이런 의미를 선호한다.
89) 마찬가지로 Wenham 1987: 67을 보라. 사 56:6도 참조. Kline(1989: 54)은 이것을 제사장이 성전을 세속적인 것으로부터 "지키는" 행동하고만 관련시킨다(예. Kline은 민 1:53; 3:8, 10, 32; 8:26; 18:3ff.; 삼상 7:1; 왕하 12:9; 대상 23:32; 대하 34:9; 겔 44:15ff.; 48:11 등을 인용). 유사하게 Walton(2001: 173)은 다른 곳에 나오는 두 히브리어 단어의 용례와 에덴의 성전 분위기에 비추어볼 때, 아담의 직무가 제사장적인 것이었다고 결론짓는다(그의 탁월한 논의에 대해서는 추가로 같은 책 172-174쪽을 보라). 여기서 한 가지 유명한 문법적인 문제는 "동산"을 뜻하는 단어는 남성이지만 부정사 연계형에 붙어 있는 대명사 접미사는 여성이라는 점이다. Cassuto(1989: 122)와 Sailhamer(1992: 100-101)는 두 개의 부정사 연계형이 "그것을 경작하다, 그것을 지키다"라는 의미보다는 "섬기기[예배하기]와 지키기"라는 의미로 번역될 수 있는 가능성에 주목하는데, Hafemann(2001: 228)이 이를 따른다. 달리 말해서 두 개의 부정사 연계형이 여성 대명사 접미사를 가진 부정사라기보다는 부정사적 동명사로 번역될 수 있다는 것이다. 여기서 생기는 한 가지 질문은 마지막 알파벳 *he*에 있는 강점(mappiq)이 본래부터 의도되었느냐, 그렇지 않느냐 하는 것이다. 만일에 본래부터 의도되지 않았다면, Cassuto와 Sailhamer가 옳다(Cassuto는 강점을 가지지 않은 히브리어 사본이 몇 개 있다고 주장하지만 그 사본들의 목록을 제시하지는 않는다). 아마도 전통적인 번역이 옳을 것이다. 특히 주변의 컨텍스트에서 발견되는 두 개의 동사가 이런 의미를 가지기 때문이다(2:5; 4:2, 9, 12; 특히 3:23-24에 아주 가깝게 병렬되어 나오는 두 개의 동사를 주목하라. 이에 대해서는 Hugenberger[n.d.]를 보라). Hugenberger는 두 동사의 부정사 연계형이 구약 전체에 걸쳐 많이 발견된다고 보지만, Cassuto와 Sailhamer가 주장하는 형태는 독특한 사례다. 그럼에도 이 두 동사는 "제의적인 특성"을 가진 것으로 이

창세기 2:15의 아람어 번역본(Tg. Neofiti)은 아담이 "율법 안에서 수고하고 그것의 계명들을 지키도록"(앞에서 언급한 민수기 텍스트들과 놀랍도록 동일한 언어가 사용됨; Tg. Pseudo-Jonathan Genesis 2:15도 마찬가지) 동산에 거했다고 말함으로써 앞에서 말한 아담의 제사장적인 의미를 강조한다. 이 아람어 번역본의 19절도 아담이 동물의 이름을 지을 때 "성소의 언어"를 사용했다는 점을 주목한다.[90] 나중에 유대교 전승과 기독교 전승은 아담의 역할이 하나님을 예배하는 것이었다는 개념과 일치하는 주장을 분명히 내세운다.[91] 창세기 2:15의 아담의 직무에 대한 가장 좋은 번역은 "그것을 경작하고(일구고) 그것을[동산을] 지키게"로 옮기는 것이다. 그러나 정확한 번역과는 관계없이 앞서 언급한 관찰은 창세기 2장의 기록자가 후대의 이스라엘 제사장들에 대한 설명을 배경으로 깔고 아담을 묘사하고 있으며, 아담이 하나님의 최초의 성전에서 일하면서 그 성전을 지킨(또는 "보살핀"[92]) 원형(原型)적 제사장이었음을 암시한다.[93] 아담에게 맡겨진 직무의 상당

_____

해해야 한다. Hendel 1998: 44도 보라.

90) *Tg. Pseudo-Jonathan Genesis* 2:7은 하나님이 아담을 부분적으로 "성소 부지의 티끌"로부터 창조하셨다고 말한다. 아담이 나중에 이스라엘 성전의 건축 장소에서 창조되었다고 보는 유대교의 다른 언급에 대해서는 Scroggs(1966: 51)를 보라. 예를 들어 *Tg. Pseudo-Jonathan Genesis* 3:23을 보라. *y. Nazir* 7:2, IV.L, *Pirke de Rabbi Eliezer* 11과 12 및 *Midrash Rabbah Genesis* 14:8도 참조하라. 이들은 한결같이 아담이 나중에 성전이 건축된 자리에서 창조되었다고 분명하게 말한다. 이렇게 본다면 이 자리는 (후자의 텍스트가 암시하는 바처럼) 당연히 에덴이거나 에덴 가까이에 있었음이 분명하다.

91) *Midrash Rabbah Genesis* 16:5은 창 2:15의 아담의 역할이 나중에 모세의 율법이 요구하는 바와 같이 "희생제물"을 바치는 것이었다고 해석한다. 초기 기독교의 해석도 동일한 견해를 보인다. 교회에게 마귀의 "은밀한 공격"에 대해 경고하는 맥락에서 *Barnabas* 4:11은 이렇게 권고한다: "하나님을 위한 완전한 성전이 되도록 합시다. 능력껏 최선을 다하기 위해 하나님 경외를 장려하고[meletaō] 그의 계명들을 지키도록[phylassō] 합시다"(이어서 *Barnabas* 6은 이 성전을 창 1:28에 있는 아담의 직무와 연결시킴).

92) Walton 2001: 172-173의 번역이 그렇다.

93) 이 점은 제2장 마지막 부분에서 유대교 주석가들에 의해서 더욱 분명하게 반복되어 나타난다.

　　　　　　성전 신학

부분은 "경작하는" 일이요, 동산을 "지키기도" 하는 정원사의 일이라고 간주된다. 하지만 두 단어가 다른 곳에서는 예배의 맥락에 배타적으로 사용된다는 점과, 제2장에서 계속해서 주장했듯 동산이 곧 성소였다는 점은 아담의 모든 활동을 무엇보다도 제사장적인 것으로 이해해야 함을 암시한다. 만일 이런 주장이 옳다면, "동산을 돌보는" 육체노동은 제사장적 활동에 해당한다. 왜냐하면 이 육체노동은 성소를 유지하고 보존하는 일과 같기 때문이다.

하나님은 아담에게 창세기 2:15에서 "경작하고 보존하라/지키라"라고 말씀하신 후, 16절에서는 그에게 특별한 "명령"을 내리신다. 하나님이 "명하신다"(ṣāwâ)라는 개념이나 "계명들"(miṣwôt)을 주신다는 개념은 일반적으로 다른 곳에서 "보존하다/지키다"(šāmar)라는 단어를 따르며, "섬기다"와 "지키다"라는 단어와 함께 사용하는 열왕기상 9:6은 "계명들을 지키다"라는 개념을 염두에 두고 있다. 열왕기상 텍스트는 솔로몬이 "여호와의 성전 건축하기를 마친" 직후에(왕상 9:1) 왕과 그의 아들들에게 주어졌다. "만일에 너희가 나의 계명들을 지키지 아니하고…다른 신들을 섬기면…내가 이스라엘을…땅에서 끊어 버릴 것이요…이 집[성전]이라도 내 앞에서 던져버리리니"(왕상 9:6-7). 이 텍스트가 창세기 2:15-16과 관련되는 것은 과연 우연일까?

여기서 자연스럽게 따라오는 결론은 하나님이 동산을 "경작하고/섬기고 지키게/보존하게"(15절) 아담을 그곳에 두신 후, 곧바로 다음 절에서 아담에게 계명을 지키도록 명하신다는 것이다. "여호와 하나님이 그 사람에게 명하여 이르시되…." 첫 번째 "토라"는 바로 다음과 같은 명령이었다. "동산 각종 나무의 열매는 네가 임의로 먹되 선악을 알게 하는 나무의 열매는 먹지 말라 네가 먹는 날에는 반드시 죽으리라 하시니라"(창 2:16-17). 따라서 아담의 불순종은 이스라엘의 경우와 마찬가지로 그가 동산의 거룩한 땅에서 쫓겨나는 것으로 귀결된다. 이것은 창세기 2:15에 언급된 아담의 책무가 동산의 흙에서 이루어지는 단순한 삽질 이상을 포함했음을 암시한다. 여기서 분명해지는 것은 후대의 이스라엘 성전과 관련된 제사장의 책무가 성전 안으로 부정한 것이 들어가지 못하게 "지키는" 의무를 포함했다는 사실이다(참조. 민 3:6-7, 32, 38; 18:1-7). 그리고 이 지점은 아담에게도 똑같이 적용되는 듯하다. 특히 동산 주변에 숨어 있다가 그곳으로 들어가는 부정한 피조물을 염두에 둘 때 더욱 그렇다. 흥미롭게도 고대 이교 신전의 제사장도 "신전을 지키면서" 침입자들을 죽이는[94] 한편 거룩한 문서를 "보존하고" 계승하는 의무를 가지고 있었다(Finnestad 1997: 228).

동산 성소를 "지키는"(šāmar) 아담의 제사장적 역할은 "지키는 자들"(대상 9:23)이라는 이름으로 계속해서 성전 "문지기"로 통하던(역대기상하와 느헤미야서에서 반복적으로 나타남; 예. 대상 9:17-27) 이스라엘 제사장의 후기 역할에 반영된 듯하다. 제사장은 "무슨 일에든지 부정한 모든 자가 들어오지 못하게끔"(대하 23:19) "성문에서 파수하는[šāmar]"(느 11:19) 사람이었다. 이렇게 동산과 후대의 성전에서 이루어졌던 제사장의 역할은 질서를 유지하고 부정함을 막아냄으로써 그곳을 "관리하는" 데 있었다. 당시 상황에서 제사장은 "성전을 지키거나"(참조. 겔 40:45; 44:14), 거룩한 방을 관리하는(느 12:45의 AV은 성전 제사장들이 "하나님의 방을 지켰다"라고 함) "감독자"의 모습이다.[95]

흥미롭게도 두 번째 성전이 파괴되었을 때 제사장들은 하나님께 이렇게 말한 것으로 기록된다. "당신의 집을 스스로 지키소서. 왜냐하면 우

---

94) McMahon 1997: 219에 소개된 신히타이트 제국 이전 시대의 문서를 보라. *Sifre on Deuteronomy*, Piska 41은 창 2:15a의 "동산 경작"이 토라 연구를 가리키며 15b은 계명 준수를 가리킨다고 해석한다. 아담과 하와를 에덴 지킴이로 묘사하는 아담과 하와의 책(아르메니아어 역본), pericope 10.32(7).3; pericope 16[44](15).2; pericope 19[44] (17)2d-3 등을 보라.

95) 느 12:45의 "지키다"와 "관리하다"라는 단어는 공통적으로 šāmar 동사의 변화 형태로 되어 있으며, 창 2:15의 아담의 책무와 창 3:24의 그룹들의 책무를 가리키는 데 사용되는 단어와 동일하다. 이스라엘 바깥의 제사장들 역시 신전 관리자로서 "신전에 속한 땅을…관리할" 뿐 아니라 신전을 장식하고 건축하는 일에도 관여했다(Finnestad 1997: 228).

리는 거짓된 청지기임이 확인되었기 때문입니다"(바룩2서 10:18; *Midrash Rabbah Leviticus* 19:6도 참조). 따라서 초기의 한 유대교 주석은 아담의 역할을 이렇게 요약한다. "그리고 당신[하나님]은 이 세상을 위해 당신의[하나님의] 작품을 지킬 한 사람을 만드시겠다고 말씀하셨습니다"(바룩2서 14:18; 분명히 창 2:15을 가리킴).

창세기 2:15에서 하나님이 아담을 "동산에 두셨음"을 나타내는 데 사용된 단어가 "두다"(put)를 의미하는 일반적인 히브리어 단어(*śûm*)가 아니라, 흔히 "쉬다"(rest)로 번역되는 단어(*nûaḥ*)라는 사실도 중요하다. 창세기 텍스트가 "쉬다" 단어를 선택했다는 것은 아담이 앞에서 논의한 하나님의 주권적인 휴식을 반영하기 시작했으며, 동산을 "보살피고 지키는" 자신의 직무를 성실하게 수행한 후에 완전한 "휴식"을 취할 것임을 암시한다. 이 휴식은 나중에 하나님이 이스라엘에게 약속하신 "휴식"과 맥을 함께한다. 만일 이스라엘이 약속의 땅(나중에 보겠지만 이 땅은 계속해서 에덴동산과 비교된다)에서 신실한 삶을 영위한다면 말이다.[96] 이 "쉬다" 동사(히필이나 호팔 사역형)가 의도적으로 선택되었다는 사실은 이 단어가 다른 곳에서는 거룩한 가구를 설치하거나(대하 4:8), 신전 안에 각종 신상을 설치하는 행위(왕하 17:29; 슥 5:5-11), 특히 하나님의 하늘 왕궁-성전에 그의 "휴식처"(명사형)를 설치하는 행위(시 132:7-8, 14; 사 66:1)를 가리키는 데 사용된다는 점에 의해 추가적으로 증명된다.[97] 따라서 이는 하나님이 아담을 그분 자신의 제사장적 부섭정(副攝政) 자격으로 다스리도록 하기 위해 왕실 성전 안에 두셨음을 의미할 수 있다. 사실상 아담을 "제사장-왕"으로 칭하는 것은 타당

---

96) 출 33:14; 신 3:20; 12:10; 25:9; 삼하 7:1-6; 시 95:11 등이 그렇다. 히 4:3-5도 참조. 창 2:15의 동사의 의미에 대해서는 Ross(1988: 124)의 도움을 받았다. 히 4장이 창조 후의 하나님의 휴식과 이스라엘의 휴식을 비교하고 있음을 주목하라. 이는 하나님의 휴식과 아담의 휴식 사이에도 비슷한 유비가 가능하다는 사실을 암시한다.

97) 이 논의는 Beckerleg의 주장에서 찾아볼 수 있다. 그는 "휴식"의 동의어가 우가리트 문헌(Kirta Epic)과 이집트의 피라미드 문헌에서 즉위 장소를 가리키는 데 사용된다는 사실을 보여준다.

하다. 왜냐하면 제사장 직분이 왕권으로부터 분리되는 것은 "타락" 이후이기 때문이다. 하지만 이스라엘이 가진 종말론적인 기대는 메시아적인 제사장-왕을 겨냥하고 있다(예. 슥 6:12-13을 보라).

첫 번째 파수꾼 그룹의 자리인 에덴동산

아담은 범죄한 결과로 비열한 뱀이 성소를 오염시키도록 허용함으로써 성전을 지키는 데 실패했으며, 그 결과 자신의 제사장 역할을 상실하고 말았다. 그리하여 그룹들이 동산을 "지키는" 책임을 대신 떠맡게 되었다. 하나님은 "그룹들을 두어 생명나무의 길을 지키게 하시니라"(창 3:24; 겔 28:14, 16도 보라).[98] 그룹들의 지키는 역할은 아마도 동산을 가꾸는 것이 아니라 범죄로 더럽혀진 자들을 쫓아내는 것인 듯하다. 이것은 창세기 2:15에 설명된 아담의 본래 역할이 땅을 경작하는 것보다 훨씬 많은 것을 포함할 뿐 아니라 거룩한 공간을 "지키는" 것도 포함했음을 암시한다.

　　그룹들의 지키는 역할은 하나님이 모세에게 두 개의 그룹 형상을 만들어 "지성소"의 "언약궤"의 양편에 두라고 명하셨을 때(출 25:18-22) 성막에서 기념되었을 것이다. 솔로몬 성전의 설계도 비슷한 구조로 되어 있었다(왕상 8:6-7). 솔로몬 성전의 성소 내벽(왕상 6:29)과 문들(왕상 6:32-35)에 새겨진 그룹과 장식용 종려와 핀 꽃 등도 "생명나무"의 길을 지키던 태초의 그룹들을 반영했을 것이다(겔 41:18은 훨씬 더 구체적으로 묘사한다. 성소 입구와 벽에는 "그룹과 종려나무"가 새겨졌는데, "두 그룹 사이에는 종려나무 한 그루가 있었다"). 만일 성소의 등잔대가 옛 "생명나무"를 표상하려는 의도를 가졌다는 우리 가정이 옳다면 이 점은 더욱 중요한 의미를 가진다.[99]

---

98) 그리스어역 구약만이 아니라 히브리어 텍스트도 겔 28장의 "지키는" 자를 아담과 동일시했다(예를 들어 Callender 2000: 87-135, 179-189의 주장처럼).

99) Bloch-Smith(1994: 22-27)를 보라. 그녀는 그룹의 조각과 등잔대가 갖는 의미를 에덴과 관련시켜 관찰했다. 또한 그녀는 고대 근동의 신성한 나무 곁에 있는 그룹 형상의 조상(彫像)들에 대한 묘사를 기록함으로써 이 점을 입증한다.

첫 번째 수목 형상 등잔대의 자리인 에덴동산

"생명나무"는 "지성소" 바로 바깥에 있는 등잔대의 모델로 간주되는 유력한 후보다.[100] 성막과 성전에 있던 등잔대는 꽃이 핀 작은 나무 형상이었다. 이 나무는 중앙 몸체에 일곱 가지가 붙은 형태였다. 세 가지는 한쪽에, 다른 세 가지는 다른 쪽에 붙어 있었고, 마지막 한 가지는 몸통 중앙으로부터 위로 쭉 뻗어나가 있었다. 출애굽기 25:31-36의 묘사에 따르면 이 등잔대에는 "꽃받침과 꽃", "가지와 살구꽃"을 가진, 꽃이 피어 열매 맺는 나무가 만들어져 있었다(Josephus, *Ant.* 3.145도 마찬가지).

이스라엘 성전에 담긴 동산 표상의 기초인 에덴동산

에덴동산이 최초의 거룩한 공간이라는 사실은 솔로몬 성전이 동산 형태를 주는 식물과 수목의 표상을 가진 곳으로 묘사된다는 점을 통해서도 암시된다. 성전 구조물에 대한 열왕기상 6-7장의 설명은 실내 장식에 대한 묘사가 동산에 대한 설명과 아주 유사하다는 점을 보여준다. 그런데 이 실내 장식에 대한 묘사는 귀금속으로 덮어씌운 조각물이나 구조물, 물품 등에 대한 묘사로서 다음과 같다. 나무에 새겨진 "박과 핀 꽃"(왕상 6:18); "종려와 핀 꽃 형상"(왕상 6:29, 32, 두 번 언급됨); "두 기둥머리에 있는 그물 곁으로 돌아가며 각기 석류 이백 개가 줄을 지었더라"(왕상 7:20); 두 기둥 꼭대기에는 "백합화 형상"이 있었다(왕상 7:22); 그 가장자리 아래에는 돌아가며 두 줄의 "박들"이 있었고…그 가장자리는 "백합화 꽃처럼 만들었다"(왕상 7:24-26); 두 기둥머리 주변에 있던 "석류 사백 개"(왕상 7:42); 꽃나무 모양으로 만들어진 열 개의(!) 등잔대(왕상 7:49)는 결과적으로 작은 과수원과 유사하다(슥 1:8-11에서 예언자가 하늘의 "성막"에 있는 "나무들"을 보았다고 말하는 후대의 아담의 유언 4:7을 주목하라; 이스라엘 성소의 "삼림"에 대한 묘사인 시 74:3을 참조하

라; 마찬가지로 *y. Yoma* 4:4도 참조하라).[101]

따라서 구약성경의 다른 텍스트들은 솔로몬 성전(시 52:8; 92:13-15; 애 2:6)과 이스라엘의 종말론적인 성전(사 60:13, 21)을 에덴동산과 동일시하기 위해, 그것들을 "동산"이나 동산을 닮은 묘사와 동일시한다.[102] 이런 맥락에서 솔로몬이 이상적인 식물학자인 아담과 같은 인물로 묘사된 것은 적절하다. 왜냐하면 솔로몬은 "초목에 대하여 말하되 레바논의 백향목으로부터 담에 나는 우슬초까지" 했기 때문이다(왕상 4:33a).

최초의 물 근원인 에덴동산

에덴으로부터 한 줄기의 강이 흘러나온 것과 마찬가지로(창 2:10), 포로기 이후의 성전(아리스테아스의 편지, 89-91장)이나 에스겔 47:1-12과 요한계시록 22:1-2의 종말론적인 성전에는 그 중심부로부터 흘러나오는 강들이 있다(계 7:15-17, 슥 14:8-9도 마찬가지).[103] 에스겔은 원래 에덴에 내재하던 약속

---

101) 솔로몬 성전이 수목 형상을 포함한다는 점에서 에덴동산의 의도적인 복사판이라는 견해에 대해서는 Stager 2000: 36-47, 66; 1999: 183-193을 보라(구약 자료들의 연대에 대한 자신의 견해 때문에, 사실상 두 번째 논문에서는 성전을 에덴동산의 모델로 보면서도, 첫 번째 논문에서는 그 점을 분명히 밝히지는 않지만). 또한 Stager는 고대 근동의 다른 신전들과의 유사성에도 주목한다. 왜냐하면 이 신전들의 벽에도 에덴동산의 본질적인 특징을 반영하는 동산이나 동산에 대한 묘사가 있기 때문이다(양자 사이의 유사성에 대해서는 도상학적 사례들을 제시하는 Keel [1985: 124-151]과 Yarden [1971: 38]을 보라). Josephus(*Ant.* 3.124-126)도 보라. Josephus는 "두 번째 성전"에서 지성소를 성소로부터 구분하는 휘장이 "땅으로부터 생산된 꽃의 모든 모양을 본떠서" 만들어졌다는 점을 주목했다. 마찬가지로 "[성전] 건물 입구의 문은…그 위로 사람의 키만큼이나 큰 포도송이가 매달린 황금 포도 덩굴이…늘어져 있었다(Josephus, *War* 5.210; 거의 똑같은 Josephus, *Ant.* 15.395도 보라). *Midrash Rabbah Numbers* 13:2은 성막을 에덴동산에 있던 하나님의 처소의 복사판으로 이해한다.

102) Stordalen 2000: 411, 413-414, 435-436을 보라. 마찬가지로 Fishbane 1979: 111-120도 보라. Stordalen은 "성전"보다는 "거룩한 공간"이라는 표현을 더 많이 사용하지만 말이다.

103) 후기 유대교는 "생명나무"로부터 물이 흘러나온다고 이해했다(*Midrash Rabbah*

들이 그의 환상의 성취 속에서 실현될 것임을 보여주려고 시도하면서 마지막 날의 시온 산을 대체적으로 에덴과 비슷하게 묘사한다(Levenson 1976: 25-53). 시편 36:8-9에서는 풍요와 "강들"이 이스라엘 성전에 대한 묘사에 사용되기도 한다.

그들이 주의 집[성전]에 있는 살진 것으로 풍족할 것이라

주께서 주의 복락의 강물[문자적으로 "주의 에덴의 강물"]을 마시게 하시리이다

진실로 생명의 원천[104]이 주께 있사오니

주의 빛 안에서 우리가 빛을 보리이다[성소에 있는 등잔대의 빛에 대한 언어유희인 듯함].

예레미야 17:7-8도 "여호와를 의지하는" 자들을 "물가에 심긴 까닭에 그 뿌리가 강변에 뻗쳐 있는 나무"와 비교한다. 마침내 "그 나무의 잎이 청청할" 것이요, "결실이 그치지 아니함 같을" 것이다(시 1:2-3도 참조). 이어서 12-13절은 "우리의[이스라엘의] 성소"에 대해 언급하면서, 사실상 그것을 "생수의 근원이신 여호와"와 동일시한다.[105]

귀금속의 자리인 에덴동산

창세기 2:12은 "순금"과 "베델리엄과 호마노" 등이 에덴이나 적어도 에덴 가까이에 있던 "하윌라 땅"에서 발견되었다고 전한다. 성막의 다양한 물품뿐만 아니라 솔로몬 성전의 지성소 벽과 천정과 마루 등도 금으로 만들어졌다(왕상 6:20-22; 성막의 "금"에 대해서는 출 25:11-39을 보라). 그뿐 아니라 호

Genesis 15:6; 에녹2서 [J] 8:3, 5).

104) Levenson(1976: 28)은 이 구절이, 창 2:6-7의 언급처럼, 아담 창조의 재료가 된 "땅으로부터 솟아나와 땅 표면 전체를 적시는 물줄기"를 가리킨다고 본다.

105) 다른 주석가들 중에서 D. Callender는 특히 시 36편과 렘 17장이 이스라엘 성전을 에덴에 비유하는 사례라고 본다(2000: 51-52).

마노는 성막과 성전과 아울러 대제사장의 의복을 장식하기도 했다(출 25:7; 28:9-12, 20; 대상 29:2). 금과 호마노는 제사장의 의복에서도 똑같이 발견되며(출 28:6-27), 성전의 구성 요소로 함께 언급된다(대상 29:2). 나아가서 귀금속의 공통되는 특징은 에덴동산을 후대의 성전과 연결시키기도 한다.

최초의 산의 자리인 에덴동산

예언자 에스겔은 에덴을 산에 있는 장소로 묘사한다(겔 28:14, 16). 이스라엘의 성전은 시온 산 위에 있었는데(예. 출 15:17), 마지막 날의 성전 역시 산 위에 있게 될 것이다(겔 40:2; 43:12; 계 21:10).

최초의 지혜의 자리인 에덴동산

율법(지혜로 이끄는)을 담고 있던 지성소 안의 법궤는 선악을 알게 하는 나무(이것도 지혜로 안내함)를 반영하고 있다. 법궤를 만지는 행위나 선악과 열매를 맛보는 행동은 똑같이 죽음을 초래했다.

최초의 동향 공간인 에덴동산

에덴의 입구는 동쪽에 있었는데(창 3:24), 동쪽은 이스라엘의 성막과 후대의 성전으로 들어가는 방향이기도 했으며, 마지막 날의 성전으로 들어가는 방향과도 동일하다(겔 40:6).

거룩한 삼중 구조의 일부인 에덴동산

에덴에도 후대의 이스라엘 성전에 있었던 것과 거의 유사한 성소와 거룩한 공간이 있었으리라고 볼 수 있다. 에덴에 있는 동산은 그 자체가 물의 근원이 아니라 에덴에 인접한 곳으로 간주되어야 한다. 왜냐하면 창세기 2:10이 "강이 에덴에서 흘러 나와 동산을 적시고"라고 말하기 때문이다.

따라서 고대의 왕궁 곁에 동산이 있던 것과 동일한 방식으로 "에덴은 물들의 근원이요, 하나님의 [궁궐 같은] 거처이며, 그분의 거처 가까이에는 동산이 있다."[106] 마찬가지로 에스겔 47:1은 미래의 종말론적인 성전 안에 있는 지성소 아래로부터 물이 흘러나와 주변 땅을 적실 것이라고 말한다. 요한계시록 22:1-2도 마지막 때의 성전에서 "생명수의 강이…하나님과 어린 양의 보좌로부터 나와서" 동산과도 같은 작은 숲으로 흘러 들어간다고 묘사한다. 물론 이 장면은 에스겔서의 설명과 마찬가지로 창세기 2장의 최초의 낙원을 모델로 했다.

만일 에스겔서와 요한계시록이 최초의 동산-성전의 발전 단계에 대해 묘사하는 것이라면(여기 대해서는 나중에 분명하게 논증할 것임), 물의 근원이 자리한 에덴은 후대의 이스라엘 성전의 지성소나 성소에 인접한 동산에 비교될 수 있다.[107] 후대의 이런 성경 텍스트들과는 별도로 에덴과 그 부근의 동산은 구별되는 두 구역을 구성하고 있었다. 이 점은 앞으로 다룰 동일시, 즉 성전의 성소에 있는 등잔대와 하나님의 임재가 이루어지는 지성소 밖의 비옥한 땅에 심겨진 생명나무의 동일시와 상응한다. 그뿐 아니라 성소에 비치되어 제사장의 양식으로 제공되는 "진설병"은 아담의 생존을 위해 동산에서 생산되던 양식을 반영하는 것 같다(Walton 2001: 182).

여기에 더하여 나는 에덴 밖에 아담이 정복할 땅과 바다가 이스라엘의 후속 성전의 바깥뜰과 상응한다는 점을 추가하고 싶다. 이것은 이스라엘 성전의 안뜰이 온 세상의 땅과 바다를 상징한다고 본 앞의 견해를 추가적으로 확증한다.[108] 이로써 사람들은 동산 바깥으로부터 안쪽으로 들어감에 따라 점점 거룩함이 증가함을 느낄 수 있을 것이다. 동산 바깥 지역은 하나님과 관련되며 그분의 창조 세계(바깥뜰) 안에 포함된다는 점에서 하

---

106) Walton 2001: 167은 고대 신전 가까이에 동산이 있었음을 보여주는 자료로서 Gleason 1997: 2:383과 Cornelius 1997: 1:875-878을 인용한다.
107) 에덴과 에덴의 동산 사이의 차이에 대한 논의는 Walton 2001: 167-168, 182-183에 기반했다.
108) 다양한 방식으로 에덴동산을 성전이나 성소와 동일시했던 다른 주석가에 대해서는 Stordalen 2000: 307-312을 보라. 그는 이 견해를 뒷받침하는 증거를 추가로 제시한다(457-459쪽).

나님이 "보시기에 심히 좋았다"(창 1:31). 동산 자체는 바깥세상으로부터 구별되는 거룩한 공간(=성소)이다. 바로 이곳에서 제사장 역할을 하는 하나님의 종은 그분께 순종하고 땅을 갈고 지킴으로써 그분을 예배한다. 에덴은 하나님이 거주하시는 공간(=지성소)이요, 영적이고 육체적인 삶(물이 상징하는) 모두의 근원인 장소다.

최초의 성소 에덴동산에 대한 에스겔서의 견해

에덴과 이스라엘의 성막·성전 사이에 있는 이처럼 무수한 개념적이고 언어학적인 평행 관계에 비추어볼 때, 에스겔 28:13-14, 16, 18 등이 "하나님의 동산이요…하나님의 성산인 에덴"을 언급함과 동시에, 다른 곳에서는 에덴을 이스라엘의 성막(레 21:23)과 성전(겔 7:24; 렘 51:51도 보라)을 가리키는 복수형 표현인 "성소들"로 언급한다는 사실은 전혀 놀랍지 않다. 한 개의 성전에 대한 복수형의 언급은 아마도 성전 건축물 전체 안에 다수의 거룩한 공간들 또는 "성소들"(예. 안뜰, 성소, 지성소 등)이 있기 때문에 생겨났을 것이다.[109] 에스겔 28:14; 16에 대한 그리스어역 구약은 아마도 "타락한" 영화로운 존재를 아담으로 이해했을 것이다. "너는 창조되던 날로부터 그룹들 중에 있었다"(14절); "너는 범죄했다. 그러므로 너는 상처 입은 채로 하나님의 산[에덴이 있는 곳]으로부터 쫓겨났다"(16절). 에스겔 28:13은 아담이 제사장처럼 보석으로 장식한 옷을 입었다고 묘사하는데, 이는 에덴을 성소로 묘사하는 18절과 일치한다. 에스겔 28:18은 에덴동산을 성전으로 칭하는 정경 텍스트들 중에서 가장 분명한 언급에 속한다.[110]

---

109) 성전 건축물의 복합적인 전체 안에는 보다 작은 거룩한 영역들이 있었다. 예를 들어 솔로몬 성전(대상 28:11)과 제2성전(마카베오1서 10:43) 등이 그런 성전의 예다. Philo는 "지성소"를 "지성소들"(Leg. All. 2.56; Mut. Nom. 192)이나 "가장 깊은 곳에 있는 지극히 거룩한 장소들"(Som. 1.216)이라고 칭했다.

110) 에덴을 성전과 동일시하는 견해에 대해서는 추가로 민 24:5-6과 단 2장을 설명하는 동시에 Stordalen 2000: 352의 연구 결과를 요약 진술하는 나중 단락을 보라. Greenberg 1997: 591도 보라. 그는 겔 28:11-19이 에덴동산과 성전을 융합시킨다

동산 모양의 형상과 관련된 고대 근동의 신전 개념

고대 근동에서 동산은 일반적으로 성전 건축물 전체의 한 부분에 속했다 (Stager 1999: 193). 예를 들어 이집트의 람세스 3세는 신의 "집"에 "동산들"을 건설했으며(Breasted 1906: 4:148 §274), "당신의[신의] 신전에서 순전한 작은 숲이 자라나게 했고…정원사들에게 그것을 잘 관리하도록 시켰다."[111]

동산 같은 분위기와 관련해서 앞에서 언급한 요소, 즉 에덴과 이스라엘 성전에서 공통적으로 발견되는 강과 귀금속은 고대 근동에서도 발견된다. 여기서는 신전과 나무, 강과 지하수와 보석과 신들의 활동 이 모두가 하나의 제의 장소에 대한 언급에서 함께 표현되고 있다. 여기에 대한 적절한 사례는 수메르-아카드의 한 문헌에서 발견된다.

에리두(Eridu)에는 검은 고무나무가 자신이 창조된 한 정결한 장소에서 자라고 있었다. 그의 겉모습은 에아 [신]의 압수 [민물 또는 바다] 위에 청금석을 펼쳐놓은 형상으로서, 에리두에 있는 그의 풍요로운 산책로다. 그곳의 사당은 남무(Nammu)의 침대다. 어느 누구도 들어선 적이 없는 거룩한 신전 안에는 숲처럼 그림자가 드리워져 있고 그 한가운데, 그러니까 두 강의 입구 사이에는 샤마쉬와 담무스[신들]가 있다.[112]

고 보며, 이 구절이 다음 몇몇 요인 때문에 예루살렘 성전을 분명히 가리킨다고 본다. (1) 시온을 의미하는 "하나님의 성산"에 대한 언급. (2) "지키는 그룹"에 대한 언급(겔 28:14, 16)은 성전 휘장에 수놓아진, 언약궤 주변을 지키는 그룹 형상들을 가리킨다(예. 왕상 6:23-35). (3) 불타는 돌들 가운데 있는 그룹들(참조. 겔 1:13; 10:2; 28:14, 16). 아담과 하와의 책(아람어 역본), 5.16.2-3도 보라. 여기서는 사탄이 빛의 거처로 불리는 에덴으로부터 쫓겨난다.

111) Breasted 1906: 4:148 §272; 3:236-237 §567과 4:122 §215, 147 §271도 마찬가지. 이 집트의 동산과 신전 사이의 긴밀한 관계에 대한 참고 자료나 관련 논의에 대해서는 Brown 1999: 250-251을 보라.
112) 이 문서(=CT 16, 46:183-198)는 Callender(2000: 50)가 인용했다. Callender는 Thompson(1976: 1:200, lines 183-198)의 번역에 의존하며, 다른 번역도 참고했다.

옛 이교에 속한 이 문서는 고대 근동의 신들도 물이 풍부한 거처나 비옥한 지역을 적시는 강의 원류에 거주한다고 여겨졌음을 보여준다. 샤마쉬와 담무스는 "두 강의 입구 사이에 있는" "거룩한 신전"의 "한가운데" 거주했다. 가나안의 신 엘(El)도 이것과 관련된 훌륭한 사례를 제공한다 (Walton 2001: 167을 보라). 엘의 영원한 "장막" 거주지는 "유프라테스 강의 원류"에 자리 잡고 있었다.[113]

에덴과 이스라엘의 성전에서 공통적으로 발견되는 나무 형상의 표상에 대한 특별한 언급과 관련해서는 추가적 관찰이 가능하다. 고대 건축물과 신전의 나무 형상 기둥들에 관한 메소포타미아와 앗수르,[114] 이집트, 페르시아,[115] 시리아-페니키아[116] 등지의 증거에 비추어볼 때, 성소의 바깥 현관에 있는 두 개의 장대한 기둥은 거대한 나무를 표상하는 듯하다. 왜냐하면 앞에서 살핀 바처럼, 이 기둥들은 초목(꼭대기에 있는 석류와 백합 송이들)으로 장식되었기 때문이다. 아마도 두 기둥은 에덴동산에 있던 유명한 나무, 즉 생명나무와 선악과나무에 상응할 것이다.[117] 수메르의 「케쉬 신전 찬가」는 신전을 "열매로 인하여 푸른" 곳으로, "산과도 같이 … 하늘처럼 푸르고 … 포플러와 같이 하늘을 향한 화관을 지닌 회양목 나무"로 묘사한다(Sjoberg et al. 1969: 169, 171, lines 40, 67-69).

에덴과 동산 형태의 이교 신전 사이에 있는 이런 유사성은 에덴에 대한 하나님의 묘사가 이교 신들에 대한 유사한 설명에 대한 논쟁적 성격을 가짐을 보여주려고 의도된 것 같다. 더 정확하게 말해서, 이 논쟁적인 힘

---

113) 이 점은 가나안 신화 "Elkunirsa and Ashertu" 히타이트어 역본에서 발견된다: Hoffner 1990: 90-91.
114) Bloch-Smith 1994: 19, 22-27을 보라.
115) 다시 Frankfort 1954: 22-224을 주목하라. Frankfort는 초목이나 꽃 모양으로 장식된 다양한 건축물의 기둥들에 관한 페르시아의 증거를 인용한다.
116) Stager 1999: 186, 193을 다시 보라. Stager는 야자나무 머리 장식을 가진 레반트 지역의 기둥들이 "거룩한 또는 우주적인 나무를 상징"했다는 점을 주목한다.
117) Bloch-Smith 1994: 27.

은 참된 하나님을 위한 최초의 동산 형태의 성전에 대한 원래적 묘사에 초점을 맞추고 있다. 이 묘사와 관련된 이교의 설명들은 원래 설명을 단지 흐릿하게 모방할 뿐이다.

에덴동산을 최초의 성소로 보는 초기 유대교의 견해

앞에서 언급한 구약의 증거와 마찬가지로 유대교도 다양한 방식으로 에덴동산을 최초의 성소로 이해했다. 이런 증거의 일부에 대해서는 이미 앞에서 설명한 바 있다.

첫째, 아담은 에덴 성소에서 하나님을 섬기는 제사장으로 간주되었다. 희년서(주전 160)는 아담을 나무 표상을 가진 성전의 제사장으로 이해하는 유대교의 초기 해석을 대표하는 책이다. 에덴동산에서 추방당했을 때 아담은 틀림없이 이전에 드렸던 것과 같은 달콤한 향신료 제물(후대의 성전에서만 사용되던 것과 완벽하게 동일한 요소로 구성됨)을 바쳤다(희년서 3:27). 마찬가지로 희년서 4:23-25은 에녹이 "에덴동산으로" 취함을 입은 후 "성소(에서) 해질녘에…마음에 드는 향료"를 바쳤다고 묘사한다. 랍비들의 해석도 아담이 동산으로부터 추방된 사건을 성전으로부터의 추방 및 후대의 이스라엘의 성전 파괴와 연결시킨다(*Midrash Rabbah Genesis* 21:8).[118]

에덴을 성소와 동일시하는 유대교의 가장 초기의(주전 160) 명백한 사례는 희년서 8:19일 것이다. "그리하여 그[노아]는 에덴동산이 주님의 지성소요 거처임을 알았다. 그리고 시내 산은 사막 한가운데 (있었으며) 시온 산은 땅의 한복판에 있었다. 이 세 가지는 거룩한 장소로 서로를 마주보도록 창조되었다." 이런 설명은 매우 흥미롭다. 왜냐하면 이 설명은 성전으로서의 동산을 시내 산뿐만 아니라 예루살렘 성전과도 연결하기 때문이

---

118) 유사한 언급에 대해서는 Barker 1991: 68-72을 보라. 추가적으로 van Ruiten 1999: 218-220도 보라. 랍비 유대교의 다른 종파들도 아담을 제사장으로 이해했다(*Midrash Rabbah Genesis* 20:12; *Midrash Rabbah Numbers* 4:8; *Midrash Rabbah Genesis* 34:9; 추가로 Hayward 1996: 44-47, 88-95도 보라).

다. 레위의 유언 18:6, 10과 에녹1서 24-27장 역시 하나님의 성전을 에덴 동산의 표상과 긴밀하게 연결한다.[119]

또한 쿰란 공동체가 스스로를 "아담의 성전[또는 인류의 성전]"(miqdaš 'ādām)[120]; 공동체 역사의 미래에 관해 언급하는 QFlor 1.6에 나옴)으로, "[생명의] 열매를 [맺는] 영광의 에덴"(1QH 8.20; 8.4-23도 참조)[121]으로 간주한다는 사실도 놀랍다. 마찬가지로 1QS 8.5도 쿰란 공동체를 "이스라엘의 지성소"와 "아론의 지성소 무리"로, 또한 에덴동산에 대한 후대의 표현인 "영원한 정원"으로 부르고 있다.[122] 또 다른 사해 사본 텍스트(4Q418, frag. 81=4Q423 8+24?)는 아담과는 달리 하나님께 순종하면서 "영원[한] 정원"에서 살아갈 아담의 후손에 대해 언급한다(13-14행). 이 후손들은 "그가 당신들을 [온] 땅 [위][123]와 온 천사들 위에…지성소로 두셨다는 사실과 일치되도록 그에게 당신들을 봉헌함으로써" 하나님을 섬길 것이다(4행). 이 구절은 동산 형상의 경작지를 거기에 거주하는 자들과 그곳에 지성소로 두어진 자들, 자기들의 거룩한 영역을 온 땅으로 넓혀나갈 자들과 긴밀하게 연결하고

---

119) van Ruiten 1999: 34:9과 Baumgarten 1989: 1-6도 보라. Baumgarten은 이스라엘 성전을 에덴과 동일시하는 초기와 후기 유대교의 자료 일부를 검토했다. 성전을 에덴과 동일시하는 집회서의 견해에 대해서는 Himmelfarb(1991: 72-75)를 보라. 시내 산을 성전으로 보는 견해에 대해서는 Lundquist(1983)와 특히 Parry(1990: 482-500)를 보라.

120) Wise et al.(1996: 227)의 번역을 따랐다.

121) 4QFlor 1.2-6이 얼마나 많은 성전을 고려하는지에 대해서, 또한 miqdaš 'ādām의 번역에 대해서는 Schwartz 1979: 83-91을 보라. 이 표현은 "사람의 성소"나 "인류의 성소", "사람들로 이루어진 성소" 등으로 번역될 수 있다. 4QFlor 1.6의 번역 논란에 대해서는 Gärtner 1965: 34-35과 Brooke 1999: 292도 보라. 1QH 8.20의 번역 논란에 대해서는 Brooke 1999: 292를 보라.

122) CD 3.19-20도 보되, 이 자료에 대해서는 Brooke 1999: 292-293을 보라.

123) Martínez와 Tigchelaar의 히브리어-영어 편집본은 이 공백을 다음에 이어지는 "온 천사들[문자적으로는 '신들'] 위에"와의 평행 관계에 근거해서 "온…위에"(over all)로 채우고 있는데 이는 타당하다. 비록 Martínez가 초기 영역본에서는 그렇게 하지 않고, 히브리어 텍스트나 후대의 번역을 전혀 반영하지 않은 다른 번역을 제공하지만 말이다.

성전 신학

있다.

초기의 유대교 주석가들도 생명나무를 이스라엘 성전이나 에덴과 비교하거나 후대의 등잔대와 비교한 바 있다. 초기의 유대교 문서인 에녹1서는 생명나무가 "높은 산" 위에 있는 에덴으로부터 예루살렘의 "주님의 성전 곁의 거룩한 곳"(에녹1서 24-25장)으로 옮겨지리라고 말하는데, 이것은 이전에 생명나무가 에덴에 있을 때 이 장소가 성소로 간주되었음을 의미한다.[124] 또한 이것은 이 나무를 "거룩한 곳"의 등잔대와 동일시하는 견해와도 밀접하게 연결된다. 쿰란 문서 중 「찬양 두루마리」(*Hymn Scroll*)도 양자를 동일시하고 있다. "나는 당신이 당신 자신의 영광을 위해 [만]드신 에[덴][125]에 일곱 줄기 [빛]을 비추겠나이다"(1QH 7.24, 비일 강조). 쿰란의 의인은 에덴동산을 비추는 등잔대의 일곱 등불과 비견된다.

유대교의 자료들도 에덴이나 에덴 가까이에 있었던 하윌라의 귀금속을 이스라엘의 후기 제사장들 및 성전과 연결시킨다.[126]

---

124) Black 1985: 38-39, 171을 보라. 이 나무가 있던 산 가까이에 "아름답고 값비싼…돌들"이 있었다는 설명에 비추어볼 때, 나무는 분명히 에덴에 있었다(참조. 하윌라 땅에 있던 귀금속들, 창 2:11-12).

125) 내 번역은 Dupont-Sommer를 따랐다. 그는 이 텍스트의 두 번째 공백을 "에덴"으로 채워 넣은 유일한 번역자다. Martínez, Gaster, Wise 등은 "에덴" 대신에 "빛"을 집어넣고 있다. 여기서 "에덴"이 명시적으로 언급되지는 않는다 해도, "일곱 배의 빛"의 장소를 에덴으로 보는 것은 적절하다. 왜냐하면 "불"이나 "빛"과 함께 에덴동산을 묘사하는 것이 에덴을 분명하게 언급하는 맥락에서 서로 가깝기 때문이다(1QH 6.15-18과 8.4-22). 하나님이 "구원을 꽃처럼 피어나게 하시고 어린 가지를 자라게 하신다"라고 보는 7.19 바로 앞의 행들을 참조하라.

126) Pseudo-Philo, *Biblical Antiquities*, 25-26은 대제사장의 의복을 구성하는 것(출 28장을 보라)과 거의 똑같은 열두 개의 귀금속이 원래 아모리인들에 의해 "하윌라 땅으로부터" 취해졌고, 이스라엘이 그것을 취해 성전 법궤 안에 두기 전까지 우상숭배에 사용되었다고 주장한다. 훗날 이스라엘이 구속 받을 때에는 사람들이 와서 "내[하나님의] 이름을 위하여 집을 지을" 것이요(26:12), 그때가 되면 귀금속이 모든 의인들에게 회복될 것이다.

결론

창세기 2장의 에덴동산과 이스라엘의 성막 및 성전 사이에 있는 수많은 평행 관계는 에덴이 최초의 원형적인 성전—이스라엘의 모든 성전의 기초가 된—이었음을 암시하는 효과를 가진다. 양자 사이에 있는 어떤 유사성은 다른 것보다 덜 강할 수도 있다. 하지만 모든 유사성을 염두에 둘 때 이것들은 중요한 집합적 효과를 가짐으로써 에덴을 동산 형태의 최초의 성전으로 간주하게 만든다. 하지만 에덴이 얼마나 깊이 성전과 비교될 수 있는지를 보여주는 유사성들만 있는 것은 아니다. 에스겔 28장은 명시적으로 에덴을 최초의 성소로 부르고 있다. 이는 에덴이 "동산-성전"이기는 하지만 또한 최초의 성전이기 때문에 성전으로서 묘사되고 있음을 입증한다. 초기 유대교도 이런 동일시를 확증해준다. 이와 유사한 고대 근동의 신전도 그 뿌리를 태고의 동산으로 거슬러 올라가 찾을 수 있을 것이다.

제 3 장

구약성경에 나타난 성전의 확장되는 목적

The Temple and the Church's Mission
A Biblical Theology of the Dwelling Place of God

성전에서 하나님을 섬기는 사람의 왕적이고 제사장적인 역할

에덴과 이스라엘의 성전 사이의 제의적 유사점들 중 흔히 "경작하다"(ʿābad)와 "지키다"(šāmar)로 번역되는 단어 짝이 구약성경의 다른 곳에서도 병렬되어 나타나면서, 하나님을 "섬기고" 그분의 말씀을 "지키는" 이스라엘 백성의 행동을 가리키거나(대략 10회) 성막 "직무"(또는 "책임")를 "지키는" 제사장들을 가리킨다(5회)는 사실은 특히 흥미롭다. 창세기 1-2장은 아담을 왕적인 정원사와 파수꾼으로 묘사할 뿐만 아니라 경건한 순종의 개념과 잘 어울리는 언어로 그렇게 하고 있다. 결과적으로 우리는 제2장에서 아담이 이런 직무와 관련해서 제사장으로 묘사된다고 결론 내린 바 있다.

하나님의 형상을 가진 제사장-왕으로서의 아담의 역할을 통한 동산 성소의 우주적인 확장

아담은 에덴 성소의 초기 단계에서 제사장-왕으로 섬겼을 뿐만 아니라, 창세기 1:28에 따르면 땅 전체를 복종시켜야 할 자라고 확증되고 있다. "하나님이 그들에게 복을 주시며 ⋯ 생육하고 번성하여 땅에 충만하라 땅을 정복하라 바다의 물고기와 하늘의 새와 땅에 움직이는 모든 생물을 다스리라 하시니라." 창세기 1:27은 28절의 사명과 목표를 성취할 수 있는 수단을 제공하고 있다. 인류는 하나님의 형상이라는 수단을 통해 자신의 사명을 성취할 것이다.[1] 그들은 땅 위에서 하나님의 부섭정 역할을 함으

---

1) 동일한 관계는 1:26a과 1:26b에서도 발견된다. Dumbrell 1994: 118-20도 보라.

로써 그분의 왕권을 반영해야 했다. 아담과 하와는 "온 땅"을 정복하고 다스려야 했기 때문에, 에덴이 온 땅을 덮을 때까지 그들이 동산의 지리적인 경계를 넓혀야 했으리라고 추정하는 것은 타당하다.[2] 그들은 쾌적한 에덴의 태곳적 언덕 위에 있었고, 에덴 바깥에는 황량한 땅이 가로놓여 있었다. 그들은 살기에 알맞은 동산의 작은 땅을 넓혀야 했다. 바깥의 무질서한 지역을 쾌적한 공간으로 바꿈으로써 말이다.

사실 하나님의 부섭정인 아담과 그의 후손은 그분이 창조하신 세계(창 1장)를 사람이 살 만한 공간으로 만듦으로써 그것에 "끝손질"을 가해야 했다. 창조주의 둘째가는 목표는 창조 세계를 인간이 살 수 있는 공간으로 만드는 것이었다. 그럼으로써 인간이 하나님을 영화롭게 한다는 위대한 목적을 이루도록 말이다. 온 땅을 거주 가능한 공간으로 만드는 이 둘째 목표는 이사야 45:18에 의해 확증된다. "하나님이…땅을 지으시고 그것을 만드셨으며 그것을 견고하게 하시되 혼돈하게 창조하지 아니하시고 사람이 거주하게 그것을 지으셨으니"(시 115:16도 마찬가지). 하나님의 궁극적인 창조 목적은 그분의 형상을 지니고서 그분의 명령에 순종하면서 세상을 살아가는 신실한 자들을 통해 온 땅에 걸쳐 자신의 영광을 크게 확장하는 데 있었다.

나중에 살펴보겠지만, 이런 점은 바벨론과 이집트의 다양한 전승 중에서도, 사람들이 신전에서 자기들의 신을 섬기면서 보다 많은 신전을 건축하거나 기존 성전의 경계선을 넓힘으로써 신의 영화로운 빛을 널리 전하도록 창조되었다는 개념과 일치한다. 그러나 아담의 경우에는 그가 본래의 에덴 성전의 경계선을 바깥세상으로 넓힘으로써 하나님의 빛의 임재를 널리 전하도록 창조되었다고 보는 편이 더 옳을 것이다. 그뿐 아니라

---

2) Kline 1989: 55-56을 보라. 이런 추정은 이 책 제3장의 나머지 부분과 다음 장들에서 축적될 증거 자료, 특히 제3-4장과 계 21장에 대한 논의들(예. 제10장과 제12장을 보라)에 의해 강화될 것이다.

성전 신학

고대 근동의 설명과는 달리, 하나님은 자신이 해야 할 고된 일에 피곤함을 느꼈기에 아담과 하와를 창조한 것이 아니라 인류가 그분의 거룩한 임재를 세상의 더 넓은 지역으로 전하는 중에 그분의 영화로운 형상을 반영할 것이기에 그들을 창조하셨다(Walton 2001: 186).

이 점과 관련해서 창세기 1:26-27은 하나님이 아담을 자신의 "형상"이나 "모양"을 따라 만드셨다고 네 번씩이나 말하고 있으며, 창세기 2장은 그분이 아담을 동산과도 같은 성소에 두셨다고 말한다. 고대의 왕들은 직접 통치하기에 너무 먼 땅에 자신의 형상을 세우곤 했다. 자신의 주권적인 임재를 표상하도록 하기 위해서 말이다. 예를 들어 앗수르 왕 살만에셀은 새로운 영토를 정복한 후 "내 위엄을 반영할 거대한 형상을 만들었다." 검은 방첨탑(obelisk) 위에 "세워진" 이 왕의 형상은 그가 믿는 신인 "앗수르의 영광"의 형상과 사실상 동일시되었다(Frankfort 1954: 90 and plate 93). 마찬가지로 아담은 땅이 야웨의 다스림을 받고 있음을 보여주려는 목적에서 왕이신 하나님의 형상을 따라 창조되었다(von Rad 1962: 146-147). 창세기 1:26-28에 비추어볼 때 이는 하나님의 임재를 뜻했다. 처음에는 하나님의 임재가 에덴의 동산 성전에 한정되었지만, 나중에는 그분의 형상을 가진 자들에 의해 온 땅에 널리 퍼지게 되었다. 왜냐하면 이들은 하나님의 영화로운 임재와 속성을 표상하고 반영하기 때문이다.

앗수르와 이집트에서 발견되는 아래의 평행 자료들(나중에 논의됨)은 일반적으로 신들의 형상이 각 신의 신전에 비치되었고, 왕들은 특정 신의 살아 있는 형상으로 여겨졌음을 보여준다. 이런 배경에 비추어볼 때, 또한 창세기 1:26-28에 비추어볼 때, 제사장-왕으로서 "경작하고"("섬기다"는 의미가 함축됨) "지켜야" 할 아담의 사명(창 2:15)은 창세기 1:26-28의 사명의 일부였을 것이다.[3] 따라서 창세기 2:15은 하나님의 형상으로 창조된 인간

---

3) 나는 이런 연관성을 Cohen(1989: 18)에게서도 발견했다. Cohen도 James Barr와 Claus Westermann을 증거로 인용한다.

이 땅을 다스리고 가득 채운다는 주제를 계속 이어간다.[4] 이처럼 "온 땅"을 "다스리고 정복한다"는 것은 아담에게는 하나님의 형상이 가지는 기능적 정의의 한 타당한 측면이라 할 수 있다. 인간이 이 기능적 형상을 반영하려면 이 "형상" 개념에는 추가적인 존재론적인 측면이 있어야 하겠지만 말이다.[5] 하나님이 최초의 창조 사역 직후에 혼돈을 제압하고 정복하신 후 생명을 가진 모든 것을 창조하시고 그것들로 땅을 가득 채우신 것과 마찬가지로, 아담과 하와 역시 그들의 거주지인 동산에서 "온 땅을 정복하고 다스리고" "생육하고 번성"해야 할 사명(창 1:26, 28)을 완수함으로써 창세기 1장의 그분의 행위를 그대로 반영해야 했다.[6]

앞의 설명에 비추어볼 때, 동산에 거주하던 아담의 왕적이고 제사장적인 활동이야말로 창세기 1:28의 사명의 초기 성취이며, 이것이 동산의 본래적인 지상 경계선에 한정되지 않고 온 세상으로 확대될 수 있다는 결론도 가능하다. 예를 들어 아담이 말하면서 동물의 이름을 지어주었던 일(창 2:19)은 그가 부분적으로 창조 세계를 다스리고 있음을 표현하며, 하나님이 창세기 1장에서 창조의 말씀을 통해 이 세계에 속한 것들의 이름을 지어주신 일을 선명하게 반영한다.[7]

마찬가지로 창 2:24에서 보듯 아담과 하와가 "한 몸"이 되어야 한다

---

4) Dumbrell 1994: 24-26도 보라.
5) 창 1:26a, 27의 하나님의 "형상"이 존재론적인 측면과 기능적인 측면 모두를 가진다는 증거에 대해서는 Cohen 1989: 22-23을 보라. 물론 창 1장의 강조점은 기능적인 측면에 있지만 말이다. Walton 2001; 130-131도 이 점을 강조한다.
6) Gage 1983: 27-36을 따랐다. 창 1장이 하나님이 먼저 무로부터 혼돈을 창조하셨다고 묘사하는지, 아니면 그분의 창조 사역이 있기 전에 이미 혼돈이 있었다고 묘사하는지에 대해서는 논란이 있지만, 여기서는 전통적인 견해인 전자를 취한다. 여기서는 지면 관계상 자세한 논증은 피한다.
7) Gage 1984: 31. 흥미롭게도 *Midrash Rabbah Genesis* 17:4은 아담이 하나님의 형상으로 창조되었다는 사실(창 1:26a)이 동물의 이름을 지어주는 그의 능력을 통해 표현되었다고 말한다. 창 1장과 2장을 동일한 방식으로 연결시키는 다른 유대교 전승에 대해서는 Cohen 1989: 99을 보라.

는 사실은 "생육하고 번성하여 땅에 충만"해야 할 사명이 이루어질 초기 단계에 속함이 확실하다. 그럼으로써 이는 하나님의 형상 안에서 인간에게 주어진 "남자와 여자"의 기능(창 1:27)[8]이 계속해서 확대되어야 함을 추가적으로 강조한다. 땅이 이런 기능을 수행하는 사람들로 가득 찰 때까지 말이다. 그 결과 현저한 인구 증가 때문에 태초의 부부가 본래 살던 거룩한 주거지가 확장되어야 할 것이다.[9] 이 점에 관해서는 마태복음 19:4-6(= 막 10:6-9)이 창세기 1:27을 에덴의 아담과 하와에게 관련시킨 가장 초기의 텍스트 중 하나다.[10]

[4]예수께서 대답하여 이르시되 사람을 지으신 이가 본래 그들을 남자와 여자로 지으시고[창 1:27] [5]말씀하시기를 그러므로 사람이 그 부모를 떠나서 아내에게 합하여 그 둘이 한 몸이 될지니라[창 2:24] 하신 것을 읽지 못하였느냐 [6]그런즉 이제 둘이 아니요 한 몸이니 그러므로 하나님이 짝지어 주신 것을 사람이 나누지 못할지니라 하시니

예수는 사람을 하나님의 형상을 따라 만들어진 "남자와 여자"(창 1:27)로 이해하셨다. 그들은 서로 하나가 됨으로써 동산에서 그들의 사명을 감당하기 시작했다. 하나님의 형상을 닮은 자손을 생산하는 일은 자연스럽

---

8) 참조. Ross 1988: 113, 126.

9) Josephus, *Ant* 1.110이 부분적으로 이를 뒷받침한다. Josephus는 바벨탑을 쌓던 사람들이 "인구 증가 때문에" 창 1:26, 28의 사명의 성취를 위해 온 땅에 흩어지기를 하나님이 원하셨다고 말한다.

10) 창 1:26, 28을 창 2장과 관련시킨 또 다른 초기 문헌은 쿰란 4Q504=4QWords of Luminaries(frag. 8 Recto, lines 4-6)다: "당신은 우리의 [조]상 [아담]을…당신이 심으신 에덴 [동산에]…[당신의] 영광의 형상을 따라 지으셨으며, 그가 영화로운 땅에서 행할 수 있도록 그로 하여금…다스리게 하셨습니다"; "그는 지켰습니다"; 4Q423=4Q *Instruction*[8](frag. 2, line 2)도 마찬가지다: "다스리도록 한 것은…동산이 아니다.…그리고 그는 너(아담)에게 그곳을 다스리게 하시고 그곳을 경작하면서 지키게 하셨다."

게 최초의 부부가 하나 되었음을 암시한다.

내가 보건대 월튼은 아담이 정원사 이상의 역할을 수행했으며 거룩한 성소 공간의 창조 질서를 유지해야 할 책임을 지고 있었다고 주장함으로써 창세기 1:26-28과 2:15ff. 사이의 관련성을 분명하게 증명했다. 또한 월튼은 이런 유지의 책임이야말로 창세기 2:15의 "경작"하고 "지키는" 행동이 1장의 "다스리고 정복하는" 행동을 표현한다고 결론짓는다(Walton 2001: 174).[11]

결과적으로 앞서 살핀 바와 같이, 에덴에서의 아담의 제사장 역할은 동산의 질서를 유지하고 그곳을 부정함으로부터 지킴으로써 동산을 "관리"하거나 "보살피는" 것이었다. 이는 "정원사 역할"을 포함하지만, 그것을 넘어서서 하나님의 임재가 머무는 거룩한 공간의 제반사를 관리하고 무질서한 바깥 공간과는 대조적으로 동산의 질서를 유지하는 데까지 이르렀다. 이런 관리 책임은 에덴 안으로 들어와서 그곳을 더럽히려는 부정한 것들의 위협으로부터 에덴을 "지켜내는" 행동을 포함했다. 동시에 논리적인 측면에서 보아 이 책임에는 아담이 하와에게 하나님의 율법(창 2:16-17)을 가르침으로써 순종하는 삶을 위해 서로가 서로를 돕고 또 영적인 혼란이 침입하지 못하도록 하는 것도 있지 않았을까? 따라서 이 텍스트가 그리는 그림은 병실을 관리하는 "감독자"의 모습을 보여준다. 최초의 부부가 자녀를 가졌을 때, 동산 관리의 책임은 자녀에게까지 하나님의 율법을 가르치고 그 율법에 순종함으로써 그분을 섬기도록 하는 것으로 확대되었다. 나아가서 월튼은 이렇게 말한다.

만일에 인류가 [창 1장의 가르침에 따라] 땅을 가득 채우고자 했다면, 우리는 그들이 동산의 정적인 상황에 머무르려 하지 않았다고 결론 내릴 수밖에 없다. 하지만 동산 밖으로 나가는 일은 힘든 일이 될 것이다. 왜냐하면 동산 밖

---

11) Gorman 1990: 28-29과 Hornung 1982: 183이 이런 견해를 지지한다.

의 땅은 동산 안보다 쾌적하지 않기 때문이다(그렇지 않다면 동산은 차별성을 가진 공간이 되지 못하리라). 우리는 인류가 땅을 다스리고 정복하는 중에 점차 동산을 확대해갔으리라고 추정할 수 있다. 동산을 확대하는 일은 거룩한 공간을 넓혔을 뿐 아니라 식량 공급까지도 증대시켰을 것이다(바로 이것이 동산의 표상이기 때문이다; Walton 2001: 186).

이런 주장은 아담이 동산 성소의 질서를 쾌적하지 못한 바깥 공간으로 확장시킴으로써 서서히 행동반경을 확대하는 중에 동산의 경계선을 넓혀야만 했음을 의미하는 듯하다.[12] 동산 바깥으로의 확장은 하나님의 영화로운 임재를 확장하려는 목적을 포함한다. 이런 일은 특히 아담의 후손, 곧 그의 형상을 따라 태어났으며 하나님의 형상과 그분의 빛나는 임재를 반영하는 후손에 의해서 이루어졌다. 후손들이 부모 세대에게 주어진 명령에 계속 순종하면서 바깥세상을 정복하기 위해 밖으로 나아감으로써 말이다. 에덴의 확장이라는 원초적 목적은 제4장, 즉 구약성경과 초기 유대교에서 발견되는 다른 텍스트들을 추적하는 데 집중할 다음 장에서 입증될 것이다. 왜냐하면 구약성경이나 초기 유대교 모두 동산을 이런 방식으로 해석하기 때문이다.

시편 8편에서 아담과 인류의 목적을 설명하는 시편 기자도 인류의 궁극적인 목표가 온 땅을 하나님의 영광으로 가득 채우는 것임을 보여준다. 이 노래는 동일한 목표 진술로 1절을 시작하고 9절을 끝맺는다. "여호와 우리 주여 주의 이름이 온 땅에 어찌 그리 아름다운지요." 여기서 "아름답다"는 것은 하나님의 영화로운 "광채"를 뜻한다(1절 참조). 하나님의 광채가 목표로 하는 것은, 그분이 자신의 형상을 따라 창조함으로 "영화와 존귀

---

12) 이것이 사 45:18이 암시하는 바인 것 같다: 하나님이 "그것[땅]을 견고하게 하시되 혼돈하게 창조하지 아니하시고 [에덴이 처음에 그랬던 것처럼] 사람이 거주하게 그것을 지으셨으니."

로 관을 씌우신" 인간에 의해 "온 땅에서" 이루어져야 한다(5절). 특히 시편 8편은 하나님의 영광이 "주의 손으로 만드신 것"을 "다스리는" 인간에 의해 온 땅에 퍼져야 한다고 말한다(6-8절). 이런 다스림에는 "원수와 보복자들—아람어 역본에 의하면 "증오를 만들어 낸 자"인 마귀와 동일시되는—을 잠잠하게" 만드는 일도 포함된다(2절).

창세기 1:28은 명령으로 이해하는 것이 가장 적절하다. 아마도 이 명령에는 하나님이 인간으로 하여금 이것을 실행할 수 있는 능력을 주신다는 약속이 함축되어 있다.[13] 중세의 한 랍비 주석가는 이 구절에 담긴 "명령"의 측면을 이렇게 선명하게 표현한다.

---

13) 여기서는 창 1:28이 순전히 "복이요…특권에 대해 설명하는" 것인지(Walton 2001: 134), 아니면 명령을 포함하는 복인지 하는 문제는 다룰 수 없다. 전통적으로 이 구절은 "창조의 명령"으로 불렸다. 우리는 이런 견해에 근본적으로 동의한다. Joüon은 창 1:28의 "다섯 개의 명령법 모두가 다 직접적인 명령법이요", 분명한 직접 명령의 의미를 지닌다고 결론짓는다(1993: 373). Gesenius 등은 창 1:28을 명령으로 이해하되, "이 명령의 이행은 전적으로 그것을 받은 자의 권한 밖에 있다"라고 본다. 왜냐하면 이 명령은 "보증"이나 "약속"의 힘을 가지기 때문이다(1970: 324). Wenham은 앞의 두 견해를 결합시킨다: "이 명령은…하나님이 사람으로 하여금 그것을 이행할 수 있게 하신다는 암묵적인 약속을 수반한다"(1987: 33). Wenham의 결론은 이 명령법이 창 1:28의 재진술 형태로 아브라함(창 12:1-2: "너는 너의 고향을…떠나…너는 복이 될지라")과 야곱(창 35:11: "생육하며 번성하라")에게도 명령형으로 사용된다는 점을 관찰함으로써 확인된다. 어떤 학자들은 창 12:2의 "복을 주어"라는 동사를 기초 명령형으로 본다(자신의 견해를 증명하기 위해 다른 학자들을 인용하는 Carroll 2000: 22이 그렇다). 일부 문법학자들은 창 12:2이 약속의 일부분에 해당한다고 본다(예. Gesenius et al. 1970: 325를 보라). 반면에 다른 학자들은 이 텍스트가 목적이나 결과를 표현하는 "간접 명령형"이라고 본다(Joüon 1993: 385; 참조. 이 텍스트의 구조가 결과나 목적을 표현한다고 보는 학자들의 견해를 인용한 Carroll 2000: 22). 그러나 명령형의 이런 간접적 활용의 맥락은 이 활용 사례들이 "명령"의 개념을 유지하고 있음을 보여줄 수도 있다(예. 출 3:10은 창세기 등에서 예증으로 제시되는 사례다: "이제 내가 너를 바로에게 보내어 너에게 내 백성 이스라엘 자손을 애굽에서 인도하여 내게 하리라"; 출 3:11; 4:21-23; 6:10-13 등에 비추어 보라)(1970: 325). Ross(1988: 263)는 확실히 여기에 기초해서 창 12:2의 마지막 명령형이 하나님이 주시는 복의 목적을 강조하면서도 여전히 "명령형의 효력을 유지"한다고 본다(Carroll의 논의도 같은 결론에 도달함).

이 명령의 이론적 근거는 하나님이…세계의 안정을 원하셨기에 이 곳이 안정된 모습으로 잘 정돈되어 있어야 한다는 데 있다. 이는 이사야 45:18이 기록한 바와 같다. "그가 그것을 혼돈하게 창조하지 아니하시고 사람이 거주하게 그 것을 지으셨으니." 또한 이것은 다른 모든 계명의 근거가 되는 위대한 계명이다. 왜냐하면 이것들 전부는 섬기는 천사가 아니라 인간에게 주어졌기 때문이다.…그리고 이를 성취하지 못하는 자는 긍정적인 계명을 무효화시킨다.…왜냐하면 하나님은 세계를 안정되게 만들려는(*Sefer ha-Hinnukh*) 자신의 희망을 스스로 성취하고 싶어하시지 않기 때문이다.[14]

그러나 아담은 자신에게 부과된 과제―적대적이고 부정한 존재가 동산에 출입하지 못하도록 하는 일을 포함해서―를 수행하는 데 실패했다. 물론 창세기 2-3장은 아담의 "다스리고 정복하는" 과제가 사탄적인 뱀의 세력으로부터 동산을 지키는 것이라고 명시적으로 말하고 있지는 않다. 하지만 제2장의 결론과 함께, 제3장에서 이제까지 우리가 논의한 모든 내용은 이런 점을 가리킨다(Kline 1989: 54-55, 65-67을 보라). 이와 같이 아담은 동산을 지키지 못했으며, 부정한 뱀이 들어오도록 허용함으로써 죄와 혼돈과 무질서가 성소 안으로, 자신과 하와의 삶 속으로 들어오게 했다. 아담은 뱀을 "다스리고" 그를 동산으로부터 쫓아내지 못하고 도리어 뱀으로 자신을 "다스리게" 하고 말았다. 아담과 하와는 하나님의 동산 성소 임재를 확장하기보다는 그곳으로부터 쫓겨났다. 그 결과 아담과 하와는 창세기 1:28의 하나님의 명령에 불순종한 셈이 되었다(만일 1:28이 순종할 수 있는 능력을 그들에게 주리라는 암묵적인 약속을 포함한다 해도 그것은 성취되지 않은 것과 마찬가지다).

---

14) 이 단락을 인용한 Cohen(1989: 195)은 창 1:28a에 대한 Luther의 시각을 동일한 취지에서 이렇게 요약한다: "번성하라는 명령을 어기는 것은 하나님의 뜻에 반할 뿐 아니라 그분의 창조 질서를 뒤엎는 것이기도 하다. 그분의 자연적 명령은 우리의 텍스트에 잘 반영되어 있다."

신의 형상을 가진 제사장-왕의 통치를 통해 신전의 우주적인 확장이 이루어진다고 보는 고대 근동의 개념

제2장에서 언급한 바와 같이, 이스라엘 주변의 고대 문화권의 문헌에서 성경의 개념과 평행을 이루는 것들이 부분적으로 발견된다는 것은 놀랍지 않다. 자주 성경의 기록자들은 이교 문헌에 반영된 개념들을 알고 있었다. 그들은 의도적으로 자신의 비전을 이교의 비전과 대조를 이루거나 심지어는 모순되는, 진정한 비전으로 제시했다. 창조의 내러티브, 특히 인간 창조의 내러티브는 성경 계시의 유일한 증언을 밝히 드러내는 중요한 지점이었을 것이다. 다른 한편으로, 이 창조의 계시가 동일한 일반적인 이교 개념을 겨냥하고 있다는 사실은 서로가 서로를 해석해주는 양자 사이의 유사성도 약간 있음을 함축한다. 또한 앞에서 주목한 것처럼, 이는 불신앙에 빠진 인류도 왜곡된 형태이기는 하지만 여전히 하나님의 형상을 지니고 있음을 보여준다. 죄 많은 인류가 여전히 이런 진리의 일부를 어렴풋하게나마 간직한다는 점은 자연 계시 안에 드러나 있는 하나님의 은총이다 (예. 우상숭배의 맥락에 속한 롬 1:20을 보라).

예를 들어 아담이 하나님의 왕적인 "형상"으로서 성소 안에 배치되었다는 개념은 이스라엘 밖에서도 발견된다. 이와 관련된 아래의 사례는 신의 형상이 건축이 완료된 신전 안에 비치되는 것이 얼마나 자연스러운 일인지 보여준다.[15] 아슈르바니팔 2세(Ashurbanipal II, 주전 883-859)는 "…가장 귀한 돌들, 곧 귀한 금으로 이슈타르(Ishtar) 여신의 초상을 만들었고…(이로써) 그녀의 신성을 빛나게 만들었다." 아울러 그는 "(신전) 안에 (초상과 함께) 그녀의 [보좌 연단]을 영구적으로 세웠다"(Grayson 1996: 296-297). 이 형상의 빛나는 영광은 여신 자신의 빛나는 영광을 반영한다. 따라서 이슈타

---

15) J. Niehaus는 고대 근동의 "형상들"에 대해 나중에 인용할 자료로 관심을 돌리도록 내게 도움을 주었다.

성전 신학

르의 광채는 신전으로부터 나와 인류의 얼굴을 향해 비추었다. 결과적으로 앗수르의 우상들은 그것이 표상하는 신의 하늘 영광을 반영하기 위해 귀금속으로 만들어졌다.[16]

앞에서 우리는 파라오 세티 1세(주전 1302-1290)가 지하계의 신 오시리스를 위해서 "하늘과 같은 신전"을 건축했음을 보았다. "그곳의 아홉 신들은 하늘 안에 있는 별들과도 같으며, 신전의 광채는 아침 일찍 그곳에서 떠오르는 레(Re)의 지평선과도 같이 (사람들의) 얼굴을 비춘다."[17] 이집트인들은 태양신 레가 다른 군소 신들에게 권한을 주어 신전 안에 비치된 석상 속으로 들어갈 수 있게 허락한다고 믿었다(Budge 1951: 164-166). 그리하여 피라미드 시대의 한 비문은 창조신 프타가 행한 일에 대해서 이렇게 증언하고 있다. "그는 [군소] 신을 만들었으며…신들을 그들의 거룩한 곳에 머물게 했고…그들의 거룩한 곳에 필요한 것을 갖추어주었다. 그는 그들의 몸과 똑같은 것을 만들고…그 후로 신들은 온갖 나무와 돌과 금속 등으로 만들어진 자기의 몸 안으로 들어갔다"(Breasted 1959: 46).[18] 람세스 3세(주전 1195-1164)는 자신의 신전 안에서 태양신 레가 "금과 은과 모든 귀금속 등으로 신들의 신비로운 모양을 만들었다…"라고 말한 바 있다(Breasted 1906: 4:143 §250).[19] 참으로 "왕은 거룩한 형상이요, 위대한 신의 거룩한 형상 중에서도 가장 거룩한 자다…"(Faulkner 1969: 82 [Utterances 273-274, §407]).

이집트의 왕은 신의 "거룩한 형상"일 뿐만 아니라(Faulkner 1969: 82), 신의 살아 있는 형상이기도 하다.[20] 또한 이집트의 다른 문헌도 "호루스(Horus) 신이 그대[파라오] 안에 있는 자신의 영을 위해 행동하셨다"라

---

16) Niehaus(근간)의 주장에 따랐다.

17) Breasted 1906: 3:96-97 §232; 2:156 §375: "그것[신전]은 [사람들의] 얼굴을 자신의 광채로 환하게 비추었다." 3:97 §236도 거의 유사하다.

18) Budge 1951: 72, 82, 87, 93-94, 98, 102, 106, 304 등도 참조하라.

19) 람세스 3세에 대해서는 Breasted 1906: 4:114 §190; 15 §26과 491 §958K도 보라.

20) 마찬가지로 수메르인들은 신이 형상 안에 거할 뿐만 아니라, 인간 왕이야말로 신의 살아 있는 형상이라고 믿었다(Jacobsen 1976: 37-40, 66, 71).

고 하며(Faulkner 1969: 122 [Utterance 370, §647]), 어떤 왕은 "나는 본질적으로 신이요, 신의 아들이요, 신의 사자(使者)다"라고 말했다고 기록되어 있다(Faulkner 1969: 160 [Utterance 471, §920]).[21] 가장 놀라운 것은 자신과 신 사이의 관계에 대해 언급하는 람세스 2세(주전 1290-1224)의 진술인데, 왜냐하면 이 진술은 창세기 1:26과 매우 유사하기 때문이다.[22] "나는 당신이 당신의 보좌에 앉게 하신 당신의 아들입니다. 당신은 내게 나라를 맡기셨고, 나를 당신의 모양과 형상으로 만드셨으며, 당신의 모양과 형상을 내게 맡기시고 나를 창조하셨습니다"(Breasted 1906: 3:181 §411). 나아가서 람세스 2세는 신들을 위해 신전을 건축하기까지 해야 했다. 창조의 신 프타가 람세스 2세에게 "네가 그들의[군소 신들의] 성소들을 지을지니라…"라고 말했기 때문이다(1906: 3:179 §406). 신전과 관련된 다른 과제와 마찬가지로 이 과제에서도 이집트의 왕은 의례의 직분을 수행하는 제사장으로 봉사했다(Shafer 1997: 22-23; Finnestad 1997: 229). 아문(Amun) 신의 신전과 관련된 한 비문에는 프타가 아멘호텝(Amenhotep) 왕을 "나의 아들…나의 살아 있는 형상"으로 불렀다고 기록되어 있다(Lichtheim 1976: 46).

인간이 하나님의 형상을 따라 창조된 후 에덴 성소에 머물렀다는 창세기의 설명은 신의 형상들이 동산 형태의 신전에 안치되었다는 고대 근동의 관습과 대체적으로 일치한다. 메소포타미아에는 아주 매력적인 평행 자료가 존재한다. 왜냐하면 이곳에서는 "신의 형상들을 창조하고 그것들에 생기를 불어넣은 후 신전에 안치하는 일련의 과정이 엄격하게 정해진 의례를 따르고" 있었기 때문이다(Beckerleg 1999: 310). 장인들의 작업장, 강 기슭, 수목이 무성한 동산, 마지막으로는 신전 등에서 일련의 의례가 행해졌다. 이런 의례를 통해 생기 없는 신의 형상이 태어났고, 생기를 얻은 후 옷이 입혀졌으며, 마침내는 살아 있는 신을 드러내는 것으로 바뀌었

---

21) 이는 Faulkner 1969: 242(Utterance 589, §1609)과 거의 동일하다.
22) 여기서는 Niehaus(근간)의 견해를 따랐다.

다. 그리하여 이 형상은 신전에 놓이기에 이르렀다. 마찬가지로 하나님은 자신의 "작업장"(창 2:7a)에서 아담을 만드셨다. 아담은 하나님의 호흡으로 살아 있는 존재로 바뀌었으며(창 2:7b), 완전한 생명을 갖게 되었다(창 2:7c). 이어서 아담은 동산에 배치되었다(창 2:15; Beckerleg 1999: 310). 이런 배경은 아담이 거짓된 이방 신의 형상이 아니라 참된 하나님의 살아 있는 "형상"이며, 이런 형상으로 동산 성전에 배치되었음을 추가적으로 암시한다.

고대 근동의 제사장-왕들과는 대조적으로, 참된 하나님의 형상인 동시에 왕-제사장인 아담의 에덴 성전 사역 및 성전 확장 과제 역시 고대 근동 문헌에서 놀랍도록 평행되는 자료들을 가진다. 이런 유사성은 창세기 1-2장에 묘사된 진정한 과제의 불완전한 그림자일 뿐이다. 인간 제사장-왕으로서의 아담의 역할과 관련해서, 신전에서 신들을 섬기기 위해 인간 왕이 창조되었다는 개념은 신전의 기초석을 봉헌하는 데 사용되었던 아카드의 한 기도문에서 발견된다.

> 아누(Anu)와 엔릴과 에아는 하늘과 땅에 관한 처음 생각을 가졌을 때,
> 신들을 돕기 위한 지혜로운 수단을 발견했다.
> 그들은 땅 위에 쾌적한 주거지를 마련했다.
> 그리고 신들은 자기의 주요 신전인 이 주거지에 자리를 잡았다.
> 이어서 그들은 정기적으로 가장 귀한 제물을 바쳐야 하는 책임을 왕에게 부여했다.
> 자신들의 잔치를 위해 신들은 필요한 음식 제물이 드려지도록 했다!
> 신들은 이 주거지를 사랑했다!(Clifford 1994: 61)

바벨론의 「에누마 엘리쉬」는 마르둑이 "인간을 창조할 것이요 (그에게) 신들이 해야 할 일을 부과할 것"[23]이라고 단언한다(6.7-8; 인접한 문맥에는 에

---

23) 람세스 2세는 자신에 대해 "나는 그것[이집트]을 신전들과 함께 세웠다"(1906: 3.181 §

아가 "인류를 창조"했으며 "신들이 쉴 수 있도록 그들에게 신들이 해야 할 일을 부과했다"는 내용이 두 번 더 언급된다[6.33-36])(Heidel 1942: 46). 이런 "일"은 신들의 신전 안에서 수행된 것으로 인식되었을 가능성이 매우 높다. 왜냐하면 이 "일"이 신들로 하여금 "휴식"을 취할 수 있게 해주기 때문이다. 오로지 신전 안에서만 이루어지는 휴식 말이다(여기 대해서는 *Enuma Elish* 6.51-58에 대한 앞의 논의를 보라). 또 다른 아카드 문서는 에아가 한 일에 대해서 이렇게 분명하게 밝히고 있다. "그는 [신전들의 유]지를 위해 왕을 창조했다. [그는 신들의 일(?)을 행]하도록 인간을 [창조했다].["24)] 동일한 텍스트는 "인간을 창조하도록 합시다. 신들의 일이 그들의 몫이 될 것입니다"라고 말한다. 이 텍스트 다음으로는 인간이 해야 할 일의 유형에 대해 다음과 같은 설명이 나온다.

> 고귀한 성소가 되는 데 적합한
> 위대한 신들의 주거지를 위해서
> 괭이와 광주리를 그들의 손에 쥐어주시오.
> 들판을 구획하도록 하시오.…
> 땅의 네 지역(?)에 물을 주도록 하시오.
> 식물을 풍성하게 키우도록 하시오.…
> 곡물 창고를 가득 채우도록(?) 하시오.…
> 아눈나키(Anunnaki)의 들판으로 하여금 풍성한 수확을 거두게 하시오.
> 땅의 풍요가 불어나게 하시오.…
> 높은 곳에 있는 성소에 적합한 신들의 위대한 집에
> 차가운 물을 붓게 하시오(Heidel 1942: 69-70).

---

411)라고 말했다; "나는 그대에게 존귀한 신전을 만들어주었다…"(1906: 3:181 §412). 람세스 3세에 관한 내용도 참조하라(1906: 4:143 §250).
24) Heidel이 "아누가 하늘을 창조했을 때"라는 제목을 붙인 아카드 문헌의 37-38행.

성전 신학

이 텍스트는 신전 안에서 이루어졌던 농업 활동을 가리킬 수도 있고, 실제로 신전을 건축하는 행위를 지시할 수도 있다. 내가 보기에는 전자가 사실에 더 가까워 보인다. 왜냐하면 인간의 창조 이전에도 "높은 곳에 있는 성소"는 존재했기 때문이요(1942: 69, line 10), 앞의 인용문 바로 뒤에 이어지는 문맥이 원예 농업에 대해서만 언급하기 때문이다. 정말로 인간이 성소의 안과 밖에서 이런 "봉사 업무"를 했는지, 또는 온 땅이 지상 노동이 이루어지는 성소로 간주되었는지는 확실치 않다. 만일 후자가 옳다면, 성소에서의 봉사 업무는 지상 세계 전체에서 행해져야 한다. 만일 전자가 옳다면, 지상에서의 봉사는 어떤 식으로든 성소의 업무와 긴밀하게 연결되어야 한다. 이와 같이 바벨론 지역 문헌들은 에덴의 최초의 인간 아담의 농사 관련 역할이 성전 봉사와 관련된 왕적이고 제사장적인 기능과 동일하다는 개념의 배경을 제공한다.

앞의 문헌과 유사한 또 다른 텍스트는 바벨론의 「에누마 엘리쉬」(6.107-130)의 한 구절로, 최초의 성소에서의 제의적인 "봉사 업무"가 바벨론 전역의 다른 성소들과 바벨론을 넘어서는 곳에서의 성소 업무로 확대되었음을 분명하게 밝히고 있다.

그[마르둑]에게 [그의] 피조[물(?)]인 인류에 대한 목자 역할을 하도록 하시오.
그들에게 자기 생계를 스스로 마련하도록 하시(고) 그들에게 성소들을 보살펴도록 하시오.…
그가 하늘에 만든(?) 것과 비슷한 것을 [그에게 만들도록(?)] 하시오.
그에게 인류로 하여금 자기를(?) 두려워하도록 하시오.
신하들에게 그들의 신(과) 그들의 여신을 늘 생각하도록 하시오.…
그들의 신과 여신을 위한 제물이 드려지게 하시오.
그들의 신이 잊혀지지 않게 하시고 (도리어) 그들에게 (그를) 부양하도록 하시오.
그들에게 그들 자신을 위해 성소를 건축하게 함으로써 그들의 땅을 비추도록 하시오.

인류에게 우리의 신 앞에서 그를 (두려워하도록) 하시오.…

그의 길이 영광 중에 빛나게 하시오.…

그들에게 그의[마르둑의] 빛난 광채 안에서 계속 걷도록 하시오.

자신이 창조한 사람들(에게)…

그는 신들이 해야 할 일을 부과하였나이다.…

인류의 "성전 봉사"는 어느 한 곳의 성소를 넘어서서 다른 성소까지 확대되었을 뿐 아니라, 확대되는 과정에서 신의 영화로운 빛을 한층 멀리까지 비추게 했다. 종의 역할을 하는 자들은 자기의 신을 "두려워한" 까닭에, 신 앞에서 성실하게 자신의 제의적인 과업을 계속해서 수행했다.

신전 경계선의 유사한 확대가 제1중간기(주전 2200년경)와 그 이후의 이집트에서도 발견된다는 사실은 우연이 아니다. 무수한 성소의 건축에 의해 신전의 경계선이 확대되는 바벨론의 사례와는 달리, 이집트에서는 오직 하나의 신전의 경계선이 확대된다.

"사람들에게는 모든 경계선을 넘어섬으로써 그것을 해체하려는 욕구만이 아니라 해체의 욕구와 나란히 한계선을 지키려는 욕망도 함께 존재한다." 왕[파라오]은 신적인 제의 전체를 확대시킴으로써 이런 욕구의 갈등을 창조적으로 해소시켰다. 한편으로는 옛 한계선을 넘어서고, 다른 한편으로는 새로운 한계선을 설정함으로써 말이다. 모든 왕이 신전의 벽과 안뜰의 경계선을 이전의 세속 공간 쪽으로 점점 더 넓혀감에 따라서 거룩한 영역이 크게 확장되었다.[25]

신전 확장의 과정은 기존 질서의 공간을 바깥의 혼란스러운 영역으로 넓히려는 시도를 표상한다(Hornung 1992: 116-118). 이집트인들도 신전

---

25) Shafer 1997: 7. 여기서 Shafer는 E. Hornung의 글을 요약한다.

을 수평적인 차원에서 넓히는 동시에 하늘의 영역과 지하계의 영역을 향한 다양한 차원의 공간을 만들어냈다(Shafer 1997: 7). 이런 외적 확장 현상은 창조의 초기에 작은 언덕이 솟아올랐고, 그곳으로부터 피조 세계 전체가 생겨났다고 믿는 이집트인들의 믿음에 기인하는 것으로 보인다. 제1장에서 이미 본 것처럼, 신전은 우주 전체를 상징했다. 특히 지성소는 이 태고의 작은 언덕에 기초한다고 간주되었기 때문에,[26] 왕들이 태초에 창조주에 의해 확장된 우주를 모방해서 신전의 경계선을 계속 바깥으로 확장시키려 했음은 충분히 이해할 만하다. 태초의 작은 언덕을 표상하기 위해 신전의 바닥층은 사람들이 성소로 가까이 다가감에 따라 점점 높아지도록 건축되었다(Wilkinson 2000: 77).

이집트인들은 신전을 새 창조의 확장으로 묘사하기 위해 다른 건축적 특징을 활용했다. 신전의 탑문(塔門)은 신격화된 파라오가 대적을 무찌르는 장면을 담고 있었다. 세계의 창조주가 혼돈을 극복하고서 "우주의 영역을 넓혔던" 것과 마찬가지로 말이다(Finnestad 1997: 210). 본래적인 우주의 확장을 모방하려는 시도는 성전 구조물 전체에서 지성소를 가장 좁고도 가장 작은 곳으로 만들고 바깥뜰로 갈수록 거룩한 공간이 점점 넓어지게 했던 건축 방식에도 잘 반영되어 있다(1997: 210). 창조의 초기에 빛이 땅을 비춘 것과 마찬가지로 신전과 관련해서 신을 표상하는 왕-제사장의 역할은 신적인 빛을 지상 세계 전체에 두루두루 비추는 것이었다(1997: 205-206, 213). 이시스(Isis) 여신의 빛은 "그녀의 광채로 두 군데의 땅을 비추고 금분(金粉)으로 땅을 채우[고]" 그 결과로서 "그 광채가 모든 사람의 얼굴에 충만[하다고]" 묘사된다(1997: 213).

이런 신전 확장의 사례는 최초의 인간인 제사장-왕으로 하여금 땅을 정복하고 다스리며, 태초의 동산 성소를 넓혀나감으로써 땅을 하나님의 영광으로 가득 채우는 본래적인 사명을 불완전하게나마 반영한다. 창세기

---

26) Shafer 1997: 8. 물론 여기서 Shafer는 결론에 곧장 도달하지는 못한다.

1-2장은 참되신 하나님을 향한 신실한 봉사와는 무관하게 이런 사명을
완수하려는 모든 불완전한 시도에 대한 논박의 성격을 가진다.

제사장-왕으로서 다스리고 성전을 확장해야 할 아담의 사명이 다른 사람에게로 옮겨감

앞으로 살펴보겠지만 아담이 하나님의 명령을 수행하는 데 실패한 후, 그
분은 아담과 같은 다른 인물들을 세워서 그의 사명을 넘기신다. 우리는 죄
가 세상에 들어온 결과로 아담의 사명에 약간의 변화가 일어나고 있음을
볼 것이다. 그러나 아담의 후손 역시 그와 마찬가지로 실패할 것이다. 이
실패는 "마지막 아담"이 인류를 위해 궁극적으로 사명을 이루실 때까지
계속될 것이다.

사명의 본질과 성전 건축

일부 주석가들은 아담의 사명이 노아에게 넘어가고, 다음으로는 아브라함
과 그의 후손들에게 옮겨갔음을 주목했다.

창세기 1:28	하나님이 그들에게 복을 주시며 하나님이 그들에게 이르시되 생육하고 번성하여 땅에 충만하라 땅을 정복하라 바다의 물고기와 하늘의 새와 땅에 움직이는 모든 생물을 다스리라 하시니라
창세기 9:1, 7	하나님이 노아와 그 아들들에게 복을 주시며 그들에게 이르시되 생육하고 번성하여 땅에 충만하라…너희는 생육하고 번성하며 땅에 가득하여 그중에서 번성하라 하셨더라
창세기 12:2	내가 너로 큰 민족을 이루고 네게 복을 주어 네 이름을 창대하게 하리니 너는 복이 될지라

성전 신학

창세기 12:3	너를 축복하는 자에게는 내가 복을 내리고 너를 저주하는 자에게는 내가 저주하리니 땅의 모든 족속이 너로 말미암아 복을 얻을 것이라
창세기 17:2, 6, 8	내가 내 언약을 나와 너 사이에 두어 너를 크게 번성하게 하리라…내가 너로 심히 번성하게 하리니 내가 네게서 민족들이 나게 하며 왕들이 네게로부터 나오리라…내가 너와 네 후손에게 네가 거류하는 이 땅 곧 가나안 온 땅을 주어 영원한 기업이 되게 하고 나는 그들의 하나님이 되리라
창세기 22:17-18	내가 네게 큰 복을 주고 네 씨가 크게 번성하여 하늘의 별과 같고 바닷가의 모래와 같게 하리니 네 씨가 그 대적의 성문을 차지하리라 또 네 씨로 말미암아 천하 만민이 복을 받으리니 이는 네가 나의 말을 준행하였음이니라
창세기 26:3	이 땅에 거류하면 내가 너와 함께 있어 네게 복을 주고 내가 이 모든 땅을 너와 네 자손에게 주리라 내가 네 아버지 아브라함에게 맹세한 것을 이루어
창세기 26:4	네 자손을 하늘의 별과 같이 번성하게 하며 이 모든 땅을 네 자손에게 주리니 네 자손으로 말미암아 천하 만민이 복을 받으리라
창세기 26:24	그 밤에 여호와께서 그에게 나타나 이르시되 나는 네 아버지 아브라함의 하나님이니 두려워하지 말라 내 종 아브라함을 위하여 내가 너와 함께 있어 네게 복을 주어 네 자손이 번성하게 하리라 하신지라
창세기 28:3-4	전능하신 하나님이 네게 복을 주시어 네가 생육하고 번성하게 하여 네가 여러 족속을 이루게 하시고 아브라함에게 허락하신 복을 네게 주시되 너와 함께

	네 자손에게도 주사 하나님이 아브라함에게 주신 땅
	곧 네가 거류하는 땅을 네가 차지하게 하시기를 원
	하노라
창세기 35:11-12	하나님이 그에게 이르시되 나는 전능한 하나님이라
	생육하며 번성하라 한 백성과 백성들의 총회가 네게
	서 나오고 왕들이 네 허리에서 나오리라 내가 아브
	라함과 이삭에게 준 땅을 네게 주고 내가 네 후손에
	게도 그 땅을 주리라 하시고
창세기 47:27	이스라엘 족속이 애굽 고센 땅에 거주하며 거기서
	생업을 얻어 생육하고 번성하였더라

사실상 족장들에게 주어진 동일한 사명은, 이어지는 구약성경의 책들
에서 이스라엘을 향해, 그리고 하나님의 진정한 종말론적 백성을 향해 계
속 재진술된다. 아담처럼 노아와 그의 자녀들도 사명을 수행하는 데 실패
했다. 그래서 하나님은 창세기 1:28에 기록된 사명의 핵심을 아브라함(창
12:2; 17:2, 6, 8, 16; 22:18)과 이삭(26:3-4, 24)과 야곱(28:3-4, 14; 35:11-12; 48:3, 15-
16)과 이스라엘(신 7:13을 보라; 창 47:27; 출 1:7; 시 107:38; 사 51:2의 네 텍스트는 아브
라함에게 주어진 약속이 이스라엘 안에서 성취되기 시작했다고 말한다)에게 주셨다.[27]

---

27) 처음으로 내가 이 점에 관심을 가진 것은 앞에서 소개한 창세기 텍스트 목록의 기초를
제공한 N. T. Wright 1992a:21-26을 통해서였다. Wright는 아담에게 주어진 창 1:26-
28의 명령이 족장들과 이스라엘에게 적용되었다고 본다. 또한 그는 창 1:28이 이스라
엘에게 적용된 것으로 보이는 다른 텍스트들(출 32:13; 레 26:9; 신 1:10f.; 7:13f.; 8:1;
28:63; 30:5, 16)도 인용한다. 이후에 나는 Cohen(1989: 28-31, 39)도 같은 방식으로 G.
V. Smith(1977: 207-319)의 영향을 받아 동일한 결론에 도달했음을 발견했다. 왜냐하
면 두 학자는 똑같이 노아를 그 명령에 포함시키고 있기 때문이다. 아담에게 조건부로
주어진 복들이 이스라엘에게 주어진다는 개념에 대해서는 Dumbrell 1994: 29-30, 37,
72-73, 143도 보라. 마찬가지로 Gage는 "처음에 아담에게 선포된 하나님의 명령(또는
창조주의 위임, 창 1:28)이…세 명의 관리자(또는 세 중재자: 노아, 아브라함, 다윗)를
통해 언약으로 공식화되었음을 단순히 일반적인 차원에서만 확언한다(1984: 29). 참

창세기 1:28의 사명은 다음과 같은 요소를 포함했다.

1. "하나님이 그들에게 복을 주시며"
2. "생육하고 번성하여"
3. "땅에 충만하라"
4. "땅"을 "정복하라"
5. "온 땅…을 다스리라"(창 1:26과 1:28에서 반복된 부분).

예를 들어 이 사명은 아브라함에게 되풀이된다. "(1) 내가 네게 큰 복을 주고 (2) 네 씨가 크게 번성하여… (3-5) 네 씨가 그 대적의 성문을 차지하리라[='정복하고 다스리라']. 또 네 씨로 말미암아 천하 만민이 복을 받으리니…"(창 22:17-18).[28] 하나님은 "땅의 모든 족속"을 "축복"하는 것이 사명의 목적임을 강조함으로써, 이 사명이 전 인류를 대상으로 한 보편적 임무임을 분명하게 밝히신다. 이런 이유로 하나님은 창세기 12:1-3의 최초의 사명 진술에서 아브라함에게 이렇게 명하신다. "너는 너의 고향…을 떠나… 너는 복이 될지라…땅의 모든 족속이 너로 말미암아 복을 얻을 것이라."

여기에는 주석가들이 지금까지 발견하지 못한 대단히 흥미로운 대목이 있다. 바로 아담에게 주어진 사명이 소규모 성소들의 건축을 의미하는 듯 보이는 지점들과의 직접적인 관련성 안에서 반복된다는 사실이다. 창세기 1:28의 사명이 최초로 수목 성소의 경계선을 넓히는 방식으로 아담에 의해 특정 지역에서 수행된 것과 마찬가지로, 이스라엘의 족장들에

조. Carroll 2000: 27도 인류에게 복을 주시려는 하나님의 의도가 창 12:1-3에서 재확증됨을 간략하게나마 언급한다. Fishbane 1979: 112-113도 참조. 유대교 전승은 창 1:28의 사명을 노아와 아브라함에게 적용한다(*Midrash Tanhuma Genesis* 3:5; *Tanhuma Yelammedenu* 2:12도 마찬가지).

28) 이 사명에 포함된 다스림의 측면은, 아브라함의 경우 다른 곳에서 "왕권"의 역할로 표현되며(창 17:6, 16), 야곱과 관련해서도 같은 방식으로 표현된다(창 35:11).

게 주어진 같은 사명의 재진술이 다음과 같은 결론에 도달함은 우연이 아니다.

1. 하나님이 그들에게 나타나신다(창 12:8; 13:3-4은 예외).
2. 그들이 "장막(70인경에서 보듯 문자적으로는 '성막')을 친다."
3. 산 위에서.
4. 재진술의 장소에서 그들은 "제단들"을 세우고 하나님을 예배한다(즉 "주의 이름을 부름"; 이는 희생제물과 기도를 포함했을 것이다[Pagolu 1998: 62]).
5. 이런 행동이 이루어진 장소는 자주 "하나님의 집"인 "벧엘"에 위치한다(이런 요소들을 포함하지 않을 뿐 아니라, 창 1장의 사명과도 무관한 제단 건축의 유일한 사례는 창 33:20).

이상의 다섯 가지 요소의 결합은 구약성경의 다른 곳에서도 보이지만, 오직 이스라엘의 성막이나 성전을 묘사하는 곳에서만 나타난다![29]

따라서 "일반적으로 희생제사를 드리는 계기가 신현이며, 새로운 장소로 옮겨가는 특징을 가지고 있음"(Pagolu 1998: 85)에도 불구하고, 이런 희생제사의 장소를 건축하는 것에 더 큰 의미가 주어졌다. 또한 족장들은 이런 예배 지역을 성소의 내재적인 축소 형태로 건축했던 것 같다. 이 성소는 자손들이 창세기 1:26-28의 사명을 성취하는 과정에서 땅을 정복하기 위

---

29) "장막"(*ōhel*)과 "제단"(*mizbēaḥ*)의 결합은 출애굽기와 레위기에서 성막과, 성막과 연결된 제단과 관련해서만 이루어진다(예. 레 4:7, 18). "제단"(*mizbēaḥ*)과 "집"(*bayit*)은 성전 및 제단과 관련해서 구약에서 28번 사용된다. 이 결합에 있는 단어 중 어떤 것도 성막이나 성전 외에 다른 것은 거의 지시하지 않는다. 이런 예배 장소들을 산 위에 건축하는 일은 시온 산(전통적으로 모리아 산으로 알려짐)에 세워진 이스라엘의 후대 성전에서 절정에 이르는 양식을 대표하는 것 같다. 왜냐하면 이 성전은 성전을 지칭함에 있어 일부로써 전체를 나타내는 일종의 제유법이기 때문이다(194-195쪽). 그렇다고 해서 족장 역사에 나오는 "장막"이 후대의 성막과 대등하다는 의미는 아니다. 다만 이 장막은 예배 장소와의 근접성으로 인해 성막과 연결되는 듯한 특징을 가지고 있다.

해 하나님의 성소로부터 널리 퍼져야 한다는 개념을 상징적으로 표상한
다.[30] 족장들은 어떤 건축물도 짓지 않았지만, 그들의 거룩한 공간들은 에
덴동산의 첫 번째 비건축적 성소에 비견될 "성소들"로 간주될 수 있다. 나
중에 특정 지역의 거룩한 공간이나 신성한 영역이 참된 "성소"나 "신전"으
로 여겨질 수 있다는 점을 기억하는 것도 중요할 것이다. 비록 거기에 어
떤 건축물도 세워지지 않을 때조차도 말이다.

창세기의 이런 비공식적 성소들은 이스라엘의 후대 성막과 성전—이
스라엘이 온 땅으로 퍼져나가야 하던 때의 출발점—을 가리킨다. 많지는
않지만 일부 주석가들이 이런 견해를 취하고 있다. 제3장의 초고를 집필

---

30) 성전에 관한 후대의 미드라쉬 주석은 부분적으로 창 1:26-28로부터 영감 받았을 것이
다. 성전이 풍요의 복과 심지어는 자녀의 복까지 가져왔다고 이해하는 점에서 말이다.
이런 언급 중 일부는 탁상공론에 지나지 않지만, 그럼에도 창 1:28과 성전 사이에 모종
의 관계를 알고 있었음을 드러낸다. 예를 들어 어떤 미드라쉬 자료는 이렇게 말한다.
"왜 성소가 침상과 비교된 것일까? 침상이 풍요와 번식(=성관계)에 공헌하는 것과 같
이 성소도 그러하기 때문이다. 그 안에 있는 모든 것은 풍성해졌고 계속해서 번성했다"
(Patai 1967: 90에 인용됨). 그뿐 아니라 이 동일한 유대교 자료는 "삼림이 풍성하며 계
속해서 번성하는 것과 같이 성소도 그러하다. 그 안에 있는 모든 것은 풍성해졌고 계
속해서 번성했다"(Patai 1967: 90에 인용됨)라고 분명히 진술한다. *Midrash Rabbah
Numbers* 11:3; *b. Yoma* 39b도 마찬가지. "야웨의 궤가 오벧에돔의 집에 머물러 있
던 3개월 동안에 그의 여덟 며느리는 각각 2주 간격으로 아이를 낳았다. 야웨의 궤 안
에 풍요의 힘이 깃들어 있었기 때문이다"(Patai 1967: 90, *y. Yebamot* 6b을 인용; 참
조. *b. Berakoth* 63b-64a; *Midrash Rabbah Numbers* 4:20; *Midrash Rabbah Song of
Songs* 2:5). 마찬가지로 성전과 그곳에서 행해지던 의례는 이스라엘(암묵적으로 온 땅
도 포함됨; Patai 1967: 122-128)에게 복과 풍요를 가져왔다. 예를 들어 이런 설명이 그
렇다. "세계는…성전 예배 위에 서 있다. 어떻게 그러한가? 성전 예배가 유지되는 한, 세
계는 거주민에게 복이 되며 비도 제때에 내린다.…그러나 성전 예배가 유지되지 못하
면, 세계는 거주민에게 복이 되지 못하며 비도 제때에 내리지 않는다…"(*The Fathers
According to Rabbi Nathan* 4; 앞에서 말한 유대교 자료에 내가 주의를 기울이도록
한 Patai에게 감사한다). 이 자료가 성경적 개념을 전개한다는 것은, 이스라엘이 성전
을 건축하지 않음으로써 불순종하는 모습을 보였기에 풍요의 복을 누리지 못한다고 말
했던 학 1:9-11에 비추어볼 때 분명한 사실로 보인다. *Midrash Rabbah Song of Songs*
1:16 §3은 첫 번째 성전과 두 번째 성전의 건축이 이스라엘 인구의 급격한 증가를 가져
왔다고 본다.

한 후, 나는 파골루(A. Pagolu)야말로 이런 견해에 가장 확실하게 동의하는 학자임을 발견했다(1998: 70). 파골루는 이삭이 브엘세바에 제단을 건축한 이유가 일찍이 아브라함이 유사한 제의적 행위를 했던 까닭에, 이 장소가 이미 "족장 성소로서의 전통을 가지고 있었기" 때문이라고 말한다. 또한 파골루는 이후에 이어지던 야곱의 제의적 행위가 같은 점을 확증한다고 주장한다(아브라함의 브엘세바 활동에 대해서는 창 21:33; 22:19을 보라. 야곱의 활동에 대해서는 창 46:1-14을 보라). 파골루는 이삭이 하나님의 현현에 기초해서 브 엘세바 제단을 건축하고 예배를 위해 새로운 지역으로 옮겨간 것에 더하 여 "브엘세바 제단 건축이 그 땅에 대한 소유권 주장뿐 아니라 후대의 이 스라엘을 위한 성소의 적법성을 표상하기도 했을 것이라는 추론이 가능 하다"는 점을 추가로 언급한다(1998: 70).[31]

보스(G. Vos)는 이 제단 터와 관련된 신현이 좀더 항구적인 의미를 가지 는 예루살렘 성전의 신현을 예비했다는 데 동의한다. 보스는 이런 에피소 드들이 미래의 더 큰 성전을 가리킬 뿐만 아니라, "낙원 상황의 갱신을 표 상하며, 그 자체로서 미래의 완전한 낙원을 예고한다. 이것은 새로운 세계 를 가리킨다"라는 대단히 놀라운 동시에 내가 말할 수 있는 한에 있어서 매우 독특한 주장을 내세운다(2001: 85-86).[32]

---

31) 창 12:6-8과 관련해서는 Cassuto 1964: 328-329을 보라. Cassuto(1964: 325-326)는 아브라함이 만들었던 세겜의 "모레 상수리나무" 예배처가 적어도 야곱이 그곳에 가서 벧엘의 비슷한 다른 예배처를 만들기 위해 제의적인 행동을 취했을 무렵에는(창 35:1-15) "성소"로 바뀌었다고 주장한다. 또한 그는 그곳을 이스라엘이 나중에 제단을 쌓은 장소(신 27:5-7)와 동일시한다. 그런데 이 제단은 이스라엘의 성막과 불가분의 관계 를 가지고 있었다(참조. 수 8:30-35). Dillmann에 따르면 창 12:7(족장사에 나오는 다 른 제단 건축 에피소드들도 암묵적으로 이와 관련됨)과 관련해서 "성소(나중에 예루살 렘이나 벧엘에 만들어진)의 건축은" 족장들이 사용하던 "방식보다 더 복잡한 형식을 취 했으며", 족장들의 이런 활동은 "후대를 위한 표본으로 간주되었다"(1892: 15). Driver 1904: 143도 보라. 그는 이 장소들이 초기의 족장들의 제단 건축 활동으로 인해 "후대 에 이르러서는 성소로 간주되었다"라고 말한다.
32) 그는 아무런 주석적인 증거도 제공하지 않는다. 하지만 나는 그의 접근법이 여기서 주

이런 축소판 성소가 후대의 성전을 예견했다는 점은 "제단이 모세 이전에는 단순히 거룩한 장소를 표시하는 건축학적 특징일 뿐이며", 나중에는 "제단들이 더 큰 [건축 구조물인] 성소들과 성막 및 성전 등으로 통합되었다"라는 사실을 통해 암시되기도 한다(Longman 2001: 16).[33] 벧엘에 있던 작은 성소 역시 북왕국 이스라엘에서는 더 큰 성소로 바뀌었다. 나중에는 그곳이 우상숭배의 중심지가 되는 바람에 야웨 예배의 참된 성소로부터 배척당하기는 했지만 말이다.[34]

아브라함과 이삭과 야곱이 각각 세겜, 벧엘과 아이 사이, 모리아 부근에 제단을 건축한 결과, 이스라엘의 미래 지형은 여러 개의 성소로 표시되기에 이르렀다. 이처럼 순례자를 닮은 활동은 마치 "깃발을 꽂고서 땅의 소유권을 주장하는 것과도 같은" 행동이었다(Longman 2001: 20; Pagolu 1998: 70).[35] 그것은 하나님과 이스라엘의 미래 성전—하나님이 그 땅의 중심지에 자신의 항구적인 거처를 마련하실 장소인—에 대해서도 같은 의미를 가졌다.[36] 이와 같이 소규모 성소들은 모두 예루살렘에 세워질 더 큰 성

장하는 바와 거의 같음을 나중에 발견했다.

33) 어떤 주석가들은 족장들에 얽힌 에피소드 중 일부가 소규모 성소들의 건축을 포함함을 인정하면서도, 이 성소들을 후대 이스라엘의 대규모 성전과 연결시키지는 않는다(예. 창 28장과 35장에 대한 Leupold 1960: 781, 918).

34) 암 7:13을 보라. 아모스는 "다시는 벧엘에서 예언하지 말라 이는 왕의 성소요 나라의 궁궐임이니라"라는 말을 듣는다(Gunkel 1997: 313; Vawter 1997: 311; Towner 2001: 139 등을 보라; 왕상 12:28-29; 호 10:5도 보라).

35) 탈무드는 하나님이 "이스라엘 땅 전체를 몰아서…야곱의 관할하에 두시고 그곳이 그의 후손들에 의해 아주 쉽게 정복되게 할 것임을 [그에게 암시하셨다]"라고 함으로써 창 28:13의 내용을 확증했다(b. Chullin 91b).

36) 나중에 유대교는 동일한 견해를 내세웠다. 족장들의 제단 건축 장소가 미래의 성전 터였다거나, 족장들이 여기에 솔로몬 성전이나 종말론적인 성전에 대한 비전을 가지고 있었다고 말함으로써 말이다. 아브라함에 대해서는 Tg. Genesis 22:14; Sifre on Deuteronomy, Piska 352; Midrash Tanhuma Genesis 4:41; Midrash Rabbah Genesis 56:10; Pesikta Rabbati, Piska 39 등을 참조; 야곱에 대해서는 Sifre on Numbers §119; Midrash Tanhuma Genesis 7:9; Midrash Rabbah Genesis 69:7; Pirke de Rabbi Eliezer 35 등을 참조. 참조. 야곱의 사다리 5:8: "네[야곱의] 조상들의

소를 가리킨다.[37] 또한 이런 족장들의 행위는 자기 나라를 대표하는 등산가가 최초로 높은 산에 올라 그 산을 정복했음을 나타내는 표시로 국기를 꽂는 것과도 같았다.

벧엘과 모리아 산에서의 아브라함

창세기 1장의 약속과 함께 사명을 받은 후 아브라함은 "거기서 벧엘 동쪽 산으로 옮겨 장막을 쳤고…그곳에서 여호와께 제단을 쌓고 여호와의 이름을 불렀다"(창 12:8; 창 13:3-4도 마찬가지). 때때로 창세기 텍스트는 사명과 장막 및 제단 등에 대해서만 언급한다(창 13:18; 26:24-25). 오직 한 개의 제단만이 창세기 22:9-18에서 약속과 함께 언급된다. 이 텍스트에서 그 장소는 종종 제유법(synecdoche)에 의해 이스라엘의 성전을 지칭하는 데 사용되는 이름인 "하나님의 산"으로도 불리지만 말이다.[38] "모리아 산"이 아

소유지 주변에 네 조상들의 [하나님]…의 성전이 건축될 것이다."

37) 나중에 벧엘에 건축된 성전에 더해서 이스라엘의 성막은 이후로 오랫동안 실로에 머물렀다. 그런데 실로는 아브라함이 성소들을 세웠던 벧엘과 세겜 가까이에 있었다(삿 21:19). 적어도 성막은 여호수아와 사사들의 시대에는 그곳에 계속 머물러 있었다(여호수아서와 사사기, 사무엘상 등의 "실로" 언급을 보라). 이것은 소규모 성소에 이어서 더 큰 성소들이 건축되었음을 보여주는 또 다른 사례다. 실제로 그곳에 성전 건축물이 지어졌는지 아닌지에 대해서는 약간의 논란이 있다. 왜냐하면 사무엘상은 분명히 성막보다는 성전에 더 적합한 단어를 사용하기 때문이다. 예를 들어 삼상 1:9은 "그때에 제사장 엘리는 여호와의 전 문설주 곁 의자에 앉아 있었더라"(삼상 3:3; *hêkāl*이라는 단어는 이스라엘의 성전 건축물이나 하나님의 하늘 성전을 주로 가리키지, 성막에는 전혀 사용되지 않음)라고 말한다. 하지만 실로에는 성막만 있었을 가능성이 아주 높다. 왜냐하면 "여호와의 집"과 "하나님의 집"이라는 표현이 삼상 1:7, 24; 3:15에도 사용되며, 같은 표현이 성막에 대해서도 사용되기 때문이다(출 23:19; 34:26; 신 23:18; 수 6:24; 대상 6:48; 참조. 수 9:23의 "하나님의 집"). 또한 삼상 2:22은 "회막 문"이라는 표현을 사용하는데, 이는 아마도 1:9이 언급하는 장소와 동일할 것이다. 그뿐 아니라 시 78:60은 하나님이 실로의 성막에 거주하신다고 요약 설명한다. 하나님은 "사람 가운데 세우신 장막, 곧 실로의 성막을 떠나셨다." 설령 거기에 일종의 성전 건축물이 있다 하더라도, 삼상 2:35은 그분의 실로 거주지가 "영구적인 집"이 아니라 장차 만들어질 집으로 대체되리라고 말한다.

38) 예를 들어 사 2:2은 "여호와의 전의 산"을 언급하며, 2:3은 "우리가 여호와의 산에 오르

　성전 신학

브라함이 이삭을 제물로 바치려고 한 장소요(물론 하나님이 막았지만) 분명히 솔로몬 성전의 자리이기도 하다는 점(대하 3:1)은 "성전이 종국에는 예루살렘 부근에 자리 잡게 될 것임을 하나님이 오랫동안 의도하셨음"을 암시한다(Longman 2001: 45).[39] "모리아 산"이 구약성경의 다른 곳에서는 역대하 3:1에서만 언급된다는 점은 다음과 같은 사실을 강조한다. "솔로몬이 예루살렘 모리아 산에 여호와의 전 건축하기를 시작하니…"(Vawter 1977: 257).

벧엘 산에서의 야곱

야곱 내러티브에서 "산"이나 "언덕"이 벧엘과 직접적으로 관련되지는 않지만, 이 장소는 아브라함이 이전에 유사한 경험을 했던 곳과 동일하거나 적어도 거기서 가까웠을 것이다(야곱의 벧엘 체험 내러티브의 도입부인 창 35:1, 3에서 "벧엘로 올라가다"라는 표현이 두 번 나온다는 사실을 주목하라). 하나님의 축복의 약속이 맨 처음 야곱에게 주어졌을 때(창 28:13-14), 야곱은 약속에 앞서 하늘과 땅을 연결하는 "사닥다리"와 그 위로 오르락내리락하는 천사들, 그리고 그 위에 서신 하나님을 꿈속에서 본다(28:12-13). 이에 야곱은 "이것은 다름 아닌 하나님의 집이요 이는 하늘의 문이로다"(28:17)라고 응답한다. 이어서 그는 "기둥"을 세우고 "그 위에 기름을 부으며"(제단 건축에 상응하는 행동임), 그곳을 "벧엘"로 칭한다(28:18-19). 그는 "내가 기둥으로 세운 이 돌이 하나님의 집이 될 것"이라고 선언함으로써 자신의 일을 마무리한다(28:22). 이런 진술은 성소나 성전이 돌로부터 비롯되었음을 암시한다

며 야곱의 하나님의 전에 이르자"라는 구절로 동일한 대상을 가리킨다(미 4:1-2도 동일함). "하나님의 산"이라는 정확한 표현은 구약의 다른 곳에서 다섯 차례만 시내 산을 가리키며(출 3:1; 4:27; 18:5; 24:13; 왕상 19:8), 두 번은 에덴 산을 가리킨다(겔 28:14, 16). 앞에서 본 것처럼, 이 두 장소는 모두 성소같이 거룩한 장소다. 단 9:20에서 "내 하나님의 거룩한 산"은 이스라엘의 성전에 초점을 맞춘다(비록 Pagolu는 모리아를 예루살렘의 시내 산과 동일시하는 견해에 반대하지만[1998: 67]).

39) 이 점은 에덴이 모리아 산 근처에 위치했다고 주장하는 랍비 전승에 의해 강화된다고 볼 수 있다(*Pirke de Rabbi Eliezer* 20; *Midrash Psalms* 92:6).

(Westermann 1995: 459).[40] 나중에 야곱은 "벧엘"로 돌아오며(창 35:1-15), 텍스트는 세 번에 걸쳐 그가 거기에 "제단"을 건축했다고 말한다(35:1, 3, 7, 14; 14절에 의하면 야곱은 거룩한 "기둥"을 세우기도 함).

추가적으로 이 에피소드는 족장들의 제단 건축을 "성전" 개념과 연결시킨다. 왜냐하면 나중에 건축된 이스라엘의 성전, 특히 비가시적인 하나님의 천상적 임재를 표상하는 "지성소"야말로 전 세계에서 하늘과 땅을 가장 가깝게 연결하는 곳이었기 때문이다. 이 점과 관련해서는 지성소의 법궤가 하나님의 "발등상"으로 간주되었다는 사실을 상기하는 것이 도움이 된다. 하나님은 하늘 보좌에 앉아 계시고 그분의 발이 이스라엘의 지상 성전에 닿아 있는 모습을 그려보면서 말이다(사 66:1; 행 7:49; 참조. 시 99:5; 110:1; 솔로몬의 "보좌"에도 하나님의 보좌를 본뜬 "발등상"이 설치되었다[대하 9:18]). 벧엘은 사사 시대에 "여호와의 언약궤"의 자리가 되었는데, 이는 사무엘의 시대까지 지속되었음이 분명하다. 물론 이런 사실은 성막이 여전히 벧엘에 있었다는 의미다. 왜냐하면 아론의 손자인 비느하스는 벧엘에서 대제사장으로 섬겼고, 이스라엘은 그가 재직하던 중에 "번제와 화목제를 드렸기" 때문이다(삿 20:18-28; 삼상 7:16; 10:3 등을 보라).

야곱이 "하란" 근처의 벧엘에 세운 거룩한 장소(창 28장과 35장)는 족장들의 성소 건축 에피소드 중에서 가장 확실한 예다. 이 점은 그곳의 위치가 아브라함이 세웠던 두 번째 제단이거나 그 가까이에 있었다는 사실에 의해 강화된다(참조. 창 12:8; 여기서도 "벧엘"[하나님의 집] 부근과 "하란"[창 12:4]이 언급됨). 이와 관련해서 창세기 28:11은 야곱이 "한 곳[the place, māqôm]

---

40) 이 에피소드가 거대한 성전의 건축을 가리킨다는 점은 창 28:22이 "하나님의 집"의 "돌"과, "그분이 내게 주신 모든 것에서 십분의 일을 내가 반드시 하나님께 드리겠나이다"라고 서원한 야곱을 직접적으로 관련시킨다는 점을 주목할 때 더욱 분명하게 드러난다. 나중에 이스라엘 백성은 "십일조"를 성전이나 성전에서 봉사하는 사람들에게 바쳐야 했다(레위기와 민수기, 신명기, 히 7:5 등에서 대략 18번 언급됨). 아브라함이 멜기세덱에게 "십일조"를 바친 경우(창 14:20; 히 7:6)와 이스라엘 백성이 왕에게 "십일조"를 바친 경우(삼상 8:15, 17)는 주목할 만한 예외다.

에 이르렀다"라고 함으로써 내러티브를 시작한다. 이런 도입부는 거기가 이미 거룩한 곳으로 여겨졌음을 암시한다. 왜냐하면 일찍이 아브라함이 거기서 여러 차례 예배를 드렸기 때문이다. 창세기 13:3-4에서 벧엘은 두 번씩이나 "그곳[māqôm]"으로 불린다(예. 13:4의 "제단을 쌓은 곳"이라는 표현을 주목하라).⁴¹⁾

창세기 28장에서 성전과의 관련성은 하늘과 땅을 연결시킴으로써 천상의 존재들이 신전에서 오르락내리락할 수 있게 했던 고대 근동의 "계단 형식" 구조물에 의해 강화된다.⁴²⁾ 창세기 11장의 바벨탑은 성전과 유사한 이런 탑의 좋은 사례다. 사실상 바벨탑과 창세기 28장 사이의 유사점은 후자가 전자의 진정한 "대응물"임을 암시한다. 비록 바벨탑은 하나님의 임재를 경험하고자 하는 헛된 시도였지만 말이다.⁴³⁾

---

41) 이 점을 뒷받침하는 견해에 대해서는 Gamberoni, "Māqôm", TDOT, 8:538을 보라. 아브라함이 제단을 세운 최초의 장소는 "거룩한 곳"이라는 동일 개념과 연결되기 위해서 똑같은 단어로 표현되었을 것이다(Driver 1904: 146을 따름). 이런 주장은 28:11 이후에 "장소"를 뜻하는 히브리어 단어가 창 28장과 35장에서 일곱 번이나 더 나온다는 사실—하나님이 그곳에서 야곱에게 나타나셨다는 사실이나 야곱이 그곳을 "벧엘"("하나님의 집")로 칭했다는 사실과 관련해서—을 통해 한층 강화된다. 이처럼 "장소"를 특수한 성소 지역을 가리키는 용어로 사용하는 방식은, 이 동일한 단어가 나중에 구약에서 일반적으로 성막과 성전 또는 성전과 관련된 것을 가리킨다는 점을 염두에 둘 때 훨씬 더 중요한 의미를 가진다(Gamberoni, "Māqôm", TDOT, 8:537-543을 보라).

42) 메소포타미아 신화집에서 신들의 사자는 천상의 영역으로부터 지상이나 지하계의 영역으로 이동할 때 계단을 사용한다. "이 계단은 메소포타미아 도시의 신전 부근에 있던 유명한 지구라트들을 건축학적으로 묘사하는 데 사용되던 계단과 동일하다"(Walton 2001: 571; 마찬가지로 Skinner 1910: 377-378과 Speiser 1982: 219-220도 같은 견해를 보임). 일반적으로 계단의 꼭대기에는 하늘로 연결되는 문이 있었고, 맨 밑에는 신으로 하여금 하늘로부터의 여행 직후에 휴식을 취하면서 원기를 회복할 수 있도록 돕는 신전이 있었다(Speiser 1982: 373-374). "계단"을 뜻하는 히브리어 단어(sullām)는 신전과 연결된 하늘의 "계단"을 의미하는 아카드어 단어 simmiltu와 어원이 같다(Ross 1988: 488-489).

43) 참조. Fishbane 1979: 115. Fishbane은 창 28장의 에피소드가 바벨 "신전-탑"의 대응물에 해당한다고 본다. B. K. Waltke는 Fishbane의 결론에 "셈족은 바벨론이라는 이름이 '신의 문'을 뜻하는 bābilî(11:9)로부터 유래한 것으로 이해했다"라는 견해를 추가한

족장들의 성소가 최초의 성전 에덴을 상기시키는 동시에 성막과 성전을 예견한다는 주장과 함께, 족장들이 거룩한 장소를 건축한 일곱 사례 중 네 경우(창 12:6; 13:18; 22:13; 35:8)에서, "나무[들]"이 바로 그곳이거나 그곳 가까이에 있었다는 사실은 우연이 아니다.[44] 물론 일곱 경우 모두에서 수목에 관계된 의미 있는 특질이 발견되겠지만 말이다.[45] 앞서 언급한 창세기 1-2장과의 관련성에 비추어볼 때, 인간이 하나님을 경험하던 이런 예배 처소 옆의 나무가 가진 공통적 특징은 에덴동산의 "생명나무"를 연상시킨다(Longman 2001: 21).[46]

창세기 28장에서 야곱의 성전-건축 활동에 대한 유대교의 견해

희년서 32:16-32은 벧엘에서의 야곱의 건축 활동을 성전 건축과 동일시하는 가장 초기의 유대교 주석이다. "야곱은 그곳에 건물을 짓고 안뜰 주변으로 벽을 쌓은 다음, 그곳을 성별하는 동시에 영원히 거룩한 곳으로 만

다(2001: 392). 벧엘을 "하늘의 문"으로 보려는 태도는 그것을 "바벨론"의 짝으로 보려는 의도에서 비롯되었을 수도 있다. 물론 "바벨론"이라는 단어는 분명히 창 11:9의 "바벨"이라는 이름을 언급하는 "바벨탑" 에피소드와의 관련성에 기원을 둔다.

44) 창 22:13에서 "수풀"을 의미하는 히브리어 단어는 구약에서 여섯 번 나온다. 그중 세 번은 "삼림[또는 나무]의 숲"을 가리킨다(시 74:5; 사 9:18[MT=9:17]; 10:34).

45) 창 35:8의 "상수리나무"는 벧엘일 수도 있지만, 그 부근이었을 가능성이 더 높다. 창 12:8; 13:3-4; 28:11-22 등은 벧엘(이나 그 부근)의 나무를 언급하지 않지만, 창 35:6-15을 언급하는 것으로 보아 이 나무는 실재했을 가능성도 있다. 마찬가지로 이삭이 브엘세바에서 제단을 건축한 일(창 26:25)도 틀림없이 이 나무 바로 곁에서 이루어졌다. 왜냐하면 아브라함이 "브엘세바에 에셀 나무를 심고" 거기서 하나님을 예배했기 때문이다.

46) Westermann은 이 장소에 있던 나무가 "초기의 성소 유형"을 암시하지 성전을 암시하지는 않는다고 주장하면서, 여기에는 전혀 "제의적 제도나 제사장, 건축물"이 존재하지 않는다는 이유를 든다(1995: 154-157, 181). 그럼에도 앞에서 에덴이 성전의 기능을 가졌음을 입증하면서 주장한 것처럼, "성전"의 본질은 앞의 세 가지 공식적인 요소 없이도 가능하다. 아담이 제사장적 인물이었듯 족장들도 그랬을 것이다. 따라서 족장들의 예배 장소는 에덴과 마찬가지로 이스라엘의 후대 성막과 성전을 가리키는 초기의 불완전한 성소나 비공식적인 성전으로 간주하는 편이 낫다.

들려는 계획을 세웠다."[47]

이스라엘의 종말론적 성전과 관련해서, 쿰란의 「성전 두루마리」(*Temple Scroll*)는 이렇게 말한다. "[새] 창조의 날에 … 나[하나님]는 내 성전을 창조할 것이요, 벧엘에서 야곱과 맺었던 언약에 따라 그곳을 나 자신을 위한 처소로 영원히 세울 것이다!"(11Q19 29:8-9, 비일의 번역) 여기서 "언약"은 하나님이 벧엘에서 야곱에게 허락하신 삼중적인 약속을 가리킨다. 이것은 앞서 살핀 것처럼 아담의 사명을 다시 적용한다. (1) 하나님은 야곱과 그의 후손과 "함께하실" 것이요, 그들을 "지키시고 그들을 돌아오게" 하실 것이다. (2) 하나님은 그들로 약속의 땅을 소유하도록 하실 것이다(28:13, 15). (3) 후손들은 동서남북 사방으로 퍼져나갈 것이요, 이로써 "땅의 모든 족속이 너와 네 자손으로 말미암아 복을 받으리라"(28:14).

그리하여 쿰란 공동체는 장차 있을 이스라엘의 종말론적인 성전의 건축이 이런 삼중적인 약속 및 반복되는 아담의 사명을 성취할 것이라고 해석한다.[48] 그뿐 아니라 이 건축은 새 "창조"의 때 이루어질 것이다. 아담과 그의 자손이 온 땅에 퍼져나감으로써 그들의 사명을 실현할 최초의 에덴 성전의 재현으로서 말이다. 매우 흥미롭게도 1세기의 철학적 신학자인 필론은 벧엘에서의 초기 성소의 건축이 세계 전역에서 폭넓게 이루어지되, 하나님의 말씀에 의해 정결하게 되고 "그분의 집과 거룩한 성전과 지극히 아름다운 거처가 될" 모든 성도를 통해 이루어지리라고 이해한 바 있다 (*Som*. 1.148-149).[49]

이런 모든 이유 또는 일부의 이유로 인해 구약성경의 아람어 번역본

---

47) 계속해서 희년서의 텍스트는 한 천사가 그에게 "이곳에 건물을 세우지 말라. 그곳을 영원한 성소로 만들지 말라"라고 했다고 기록한다. 왜냐하면 이곳은 항구적인 성전에 정확하게 들어맞지도 않았으며, 항구적인 성전을 지을 때도 아니었기 때문이다.

48) 이 쿰란 텍스트가 하나의 성전에 대해 말하는지, 아니면 두 개의 성전에 대해 말하는지의 논쟁은 Kampen 1994: 85-97을 보라.

49) Michel, '*naos*', *TDNT*, 4:886을 보라.

은 하나님이 야곱에게 나타나신 장소를 "성소"와 동일시한다(Tg. Pseudo-Jonathan Genesis 28:11, 17; Tg. Neofiti 1 Genesis 28:22[문자적으로는 "거룩의 집"]). 후기 유대교는 야곱이 거룩한 "기둥"으로 세웠던 돌을 솔로몬 성전의 기초석(Pirke de Rabbi Eliezer 35) 및 이스라엘의 회복의 때에 세워지게 될 성전의 기초석(참조. Midrash Tanhuma Genesis 6:20; b. Pesachim 88a도 마찬가지)과 동일시한다.[50]

그리하여 유대교는 창세기 28장에 있는 야곱의 건축 활동이 성전 건축의 초기 단계라는 점을 한층 분명하게 밝히고 있다.

아라랏 산의 노아

노아는 아브라함과 그의 아들들보다 이전 시대에 속한다. 하지만 노아를 아브라함 앞에서 다루는 것보다는 지금 시점에서 다루어서, 아브라함과 그의 후손들에게 이루어졌던 일의 배경으로 이해하는 것이 우리 논의에 더 도움이 된다. 하나님이 아담의 사명을 재적용하신(창 9:1, 7; 참조. 8:17) 일과의 직접적인 관련성 속에서 "노아가 여호와께 제단을 쌓았다"(창 8:20)는 사실은 이것 역시 초기의 불완전한 성전 건축 사건일 수 있음을 암시한다. 다음의 몇 가지 관찰은 이런 가정을 강화시켜준다. 첫째, 노아는 "제단에 번제를 드렸다." 둘째, 이 제물은 여호와 앞에서 "향기로운 냄새"였다. "(개별적인) 번제들"이 하나님께 "향기로운 냄새"였음을 보여주는 유일한 다른 사례는 성막에서 드리는 제물뿐이다.[51] 셋째, 노아는 (아라랏 산맥의) 어느 산 위에서 이런 희생제사를 드린다. 넷째, 성경에서 처음으로 "정한 동물

---

50) b. Pesachim 88a은 야곱이 말하는 "하나님의 집"을 창 28:19을 통해 설명한다. 일부 유대교 전승은 하늘 사닥다리의 중간이나 꼭대기가 장차 세워질 예루살렘 성전 자리 위에 걸쳐져 있었다고 주장한다(Zlotowitz and Scherman 1977: 1238, 1240).

51) 출애굽기, 레위기, 민수기 등에서 13회 언급된다. "번제"를 지시하는 다른 히브리어 단어가 사용되지만 말이다. 오경과 에스겔서에서 성막 및 성전과 관련된 "향기로운 냄새" [rêaḥ niḥôaḥ]로서의 제물은 40회 이상 발견된다.

성전 신학

과 부정한 동물"의 구별이 이곳에서 이루어진다(창 7:2, 8). 오직 "정한" 동물만이 희생제물로 드려질 수 있다(창 8:20). "정한 동물과 부정한 동물"의 구별이 이루어지는 또 다른 유일한 상황은 성막 바깥뜰로 나아가기를 원하는 자들에게 무엇이 필요한지를 규정하는 부분이다(레 11:47; 20:25; 신 112:15, 22).[52]

시내 산 성소의 이스라엘

이스라엘이 시내 산에서 하나님을 만나는 사건도 성전 터와 유사한 장소에서의 또 다른 예배 경험을 암시하는 것 같다. 먼저, 시내 산에서도 족장들의 성소 건축으로 이해되는 것들 중 일부가 나타난다. 예를 들어 이스라엘은 산 위에서 예배를 드려야 한다(출 3:12). 비록 시내 산이 한 번도 "하나님의 집"으로 불린 적이 없지만 말이다. 더 나아가서 시내 산 에피소드는 일반적으로 이스라엘의 후대 성막이나 성전과 관련된 다른 특징들을 드러낸다.

첫째, 시내 산은 "하나님의 산"으로 불리는데(출 3:1; 18:5; 24:13), 이 이름은 시온 산의 이스라엘 성전과 관련된다.[53]

둘째, 성막이나 성전의 경우와 마찬가지로 시내 산도 거룩함의 증가에 맞추어 세 영역으로 나누어져 있었다. 이스라엘 백성 대부분은 시내 산 기슭에 머물러야 했고(출 19:12, 23), 제사장과 70장로(아마 장로는 제사장 역할을 수행했을 것임)는 일정 높이까지 산을 오를 수 있었다(출 19:22; 24:1). 하지만

---

52) 노아의 방주가 성전이었다는 흥미로운 주장에 대해서는 Holladay 1991: 328-354을 보라. 성전 안의 법궤와 노아의 방주를 똑같이 *kibōtos*로 번역함으로써 성전 법궤를 노아의 방주에 비추어 설명하려는 70인경의 의도에 대해서는 Haywood 1999: 37을 보라. 그뿐 아니라 노아의 방주는 이스라엘의 후대 성막 및 성전과 마찬가지로 세 개의 층으로 나누어져 있었다. 마찬가지로 구약의 다른 곳에 있는 상세한 건축 계획은 성막이나 성전에 대해서만 묘사한다(예. 출 25장ff.; 겔 40-48장; Kline 1989: 156-159을 보라).
53) 예를 들어 사 2:2; 미 4:2에서 "여호와의 산"이 "하나님의 집"과 실제적으로 동의어임을 주목하라. 거의 동일한 이름에 대해서는 아래의 설명을 보라.

산꼭대기에는 오직 모세만이 올랐고 그만이 하나님의 임재를 직접 경험할 수 있었다(출 24:2).

셋째, 성전의 가장 바깥 부분에 제단이 있었던 것과 마찬가지로 시내 산의 가장 낮고 덜 거룩한 영역에 제단이 건축되었다. 제단은 이스라엘이 "여호와께 소로 번제와 화목제를 드리고 모세는 피를 가지고 반은 여러 양푼에 담고 반은 제단에 뿌리는"(출 24:5-6) 장소였다. 이 텍스트에서 나타나는 성전 분위기는 "번제[들]"이라는 표현이 구약성경에서 "화목제"와 함께 대략 38회 나오고 그중 상당히 많은 경우가 성막이나 성전에서 드려지는 희생제사를 의미한다는 사실을 통해서도 확인된다(나머지 용례 중 일부는 성소 장치와 연결되겠지만; 예. 삿 20:26; 21:4; 삼상 10:8; 13:9). 마찬가지로 이 두 표현 각각의 무수한 용례 중 다수는 동일한 성전 컨텍스트를 가리킨다.

넷째, 시내 산 꼭대기는 지성소와 유사할 뿐만 아니라(이스라엘의 "대제사장" 모세만이 이곳으로 들어설 수 있음), 하나님의 현현을 나타내는 "구름"과 그분의 임재가 "거하는" 곳이기도 했다(출 24:15-17; 모세를 "대제사장"으로 보는 견해에 대해서는 Philo, *Vit. Mos.* 2.75을 보라). 의미심장하게도 구약 전체에서 하나님의 임재를 "구름이 머무는" 것으로 설명하는 유일한 다른 텍스트들은 성막 위에 머무는 그분의 임재(출 40:35; 민 9:17-18, 22; 10:12)와 관련된다. 더욱이 "거하다"(*šākan*)라는 단어는 "성막"(*miškān*)으로 번역되며, "성막" 단어 자체가 이 동사로부터 유래한다(*miškān*은 앞의 네 텍스트 중 세 경우에 동사 *šākan*과 함께 사용됨). 따라서 열왕기상 8:12-13에 따르면 하나님은 솔로몬이 완성한 성전의 "두꺼운 구름 가운데 거하신다." 그뿐 아니라 "십계명"과 "법궤"는 시내 산 꼭대기에서 만들어진다(신 10:1-5). 나중에 이것들은 하나님의 임재 장소인 성전 지성소에 다시 비치된다.

다섯째, 출애굽기 초반부에 하나님의 시내 산 임재는 이렇게 묘사된다. "떨기나무[*sĕneh* 또는 '덤불']에 불이 붙었으나 그 떨기나무가 사라지지 아니하는지라"(출 3:2). 앞서 언급한 평행 텍스트들에 비추어볼 때 "불이 붙었으나 사라지지 않는 나무"는 불이 계속 붙은 채로 있는 시온 산 성

성전 신학

소의 등잔 모양 나무를 예견하게 한다.[54] 여기에 상응하는 듯, 나무 주변의 땅은 "거룩한 땅"으로 불린다(출 3:5). 시내 산의 이 작은 구역과 후대의 "거룩한 곳" 사이의 상응 관계는 "성소"라는 히브리어 단어의 다른 용례들에서 발견되는데, 이 용례 중 네 경우는 "지성소" 바로 바깥의 성소 지역을 가리키며(레 7:6; 10:17; 14:13; 24:9), 나머지 둘은 성전 자체를 가리킨다(스 9:8; 시 24:3).

족장들이 만든 임시 성소처럼, 시내 산의 거룩한 곳도 창세기 1:28에서 발견되는 주제의 발전과 관련된다. 하나님은 모세를 보내 이스라엘을 이집트로부터 인도해내신다. 왜냐하면 태아와도 같은 야곱의 씨가 출산을 앞두고 있기 때문이다. 아브라함의 약속을 이룰 뿐 아니라, 약속을 포함하고 있는 아담의 사명을 실현한다는 점에서 말이다. "이스라엘 자손은 **생육하고 불어나 번성하고 매우 강하여 온 땅에 가득하게** 되었더라."[55]

가나안 땅을 정복하는 일도 이것과 관련해서 언급된다(출 3:8, 17). 이것이 "아브라함과 이삭과 야곱"에게 주어진 약속과도 연결된다는 것은 놀랍지 않다(출 3:6, 15-16).[56]

시내 산이 성전과 관련된다는 점에 비추어볼 때, 나중에 요한계시록 11:19이 역사의 마지막 순간에 하늘 지성소가 열리며 "언약궤"가 계시되리라고 하면서("번개와 음성들과 우레와 지진과 큰 우박이 있더라") 시내 산 신현을 언급한다는 사실은 우연이 아니다.[57]

---

54) 이는 개인적 대화에서 Hugenberger의 견해였다. Longman 2001: 57이 이를 지지한다. 시내 산의 나무 형상도 산 위의 에덴의 생명나무(겔 28:13-16)나, 산들 위에 있었던 족장 시대의 성소의 나무와 어느 정도 상응하는 것은 아닐까?

55) 출 1:7을 보라. 이 인용문에서 강조체로 된 부분은 창 1:28의 히브리어 표현과 동일하다. "불어났다"라는 단어는 창 9:7에서 창 1:28이 조금 더 진전된 형태로 바뀐 것을 의미한다. 아담의 사명은 창 9:7에서 노아에게 전달된다. 출 1:12도 마찬가지다.

56) Spatafora 1997: 28, 31을 보라. 앞에서 언급한 몇몇 관찰에 기반해서 Spatafora는 이스라엘의 성전이 시내 산의 상징물임을 인식하고 있다.

57) 계 11:19의 시내 산 언급에 대해서는 Bauckham 1993: 202-204을 보라. 마찬가지로

이런 관점에서 본다면, 시내 산은 하나님이 모세에게 "성막의 모양과 기구들의 모양"을 보여주시기에 적합한 장소였다. 이스라엘이 모세에게 "보여진" 대로 정확하게 그것들을 건축할 수 있도록 말이다(출 25:9; 참조. 25:40). 이스라엘이 시내 산의 고정된 성소를 일단 떠나게 되면서, 광야 유랑 기간 동안 하나님의 영화로운 임재가 계속 "그들 중에 거하도록" 이 백성에게는 이동용 성막을 건축할 사명이 주어진다(출 25:8). 많은 학자들은 성막 건축 자체가 시내 산의 삼중 구조에 들어맞는다는 사실을 발견했다.[58] 성막 건축은 예루살렘의 고정된 성전 건축을 향해 한 걸음 더 나아간 단계였다.

모리아 산의 다윗과 솔로몬

족장들과 시내 산의 모세에게 암시적으로 드러났던 내용이 이스라엘의 성막과 성전에서는 명시적으로 드러난다. 역대상은 솔로몬의 성전 건축에서 그 완성을 보게 될 다윗의 준비 작업을 이야기한다. 다윗의 준비 작업은 아브라함과 이삭과 야곱 등의 소규모 성전 건축에서 발견되는 것과 동일한 모든 요소를 포함하는데, 이것은 족장들의 건축 활동이 참으로 후대 성소의 축소판에 해당했거나 이를 지시했음을 확증한다.

1. 다윗은 산(모리아 산) 위에서 준비 작업을 시작한다.
2. 다윗은 신현을 경험한다(그는 "여호와의 천사가 천지 사이에 선" 것을 본다; 대상 21:16; 대하 3:1).
3. 바로 그 자리에서 "다윗은 여호와를 위하여 제단을 쌓고…
4. 번제…를 드려 여호와께 아뢰었다"(대상 21:26).

유대교 전통은 마지막 부활의 때 "법궤가 맨 처음으로 소생할 것이요…시내 산 위에 놓일 것임을" 믿었다(선지자들의 삶 2:15). 이는 저자가 시내 산 자체를 산에 있는 성전으로 이해했음을 의미한다.

58) 예를 들어 Douglas 1999: 59-64을 보라.

5. 더 나아가 다윗은 그곳을 "여호와 하나님의 성전"(대상 22:1)으로 칭한다. 왜냐하면 그곳은 다윗이 준비하고 솔로몬이 건축한 이스라엘의 미래 성전의 자리이기 때문이다(대상 22장; 대하 3:1).

이제 우리는 족장들의 제단 건축이 이스라엘 성전의 대규모 건축에서 절정에 도달하게 될 소규모 성소 건축이었음을 더욱 분명하게 알 수 있다. 역대상 21장의 에피소드는 하나님과 천사들이 나타났으며 "땅"과 "하늘"의 연결이 강조되었던 야곱의 에피소드를 반영한다.[59] 왜 다윗이 그곳에서 제사장 역할을 했는지에 대해서는 다음의 두 가지 이유가 있는 듯하다. 첫째, 그곳은 이스라엘의 성전이 건축되어야 하는 장소였다. 둘째, 역대상 21장에 이어지는 텍스트는 "…모세가 광야에서 지은…성막과 번제단이 그때에 기브온 산당에 있었다"(21:19)라고 말한다. 이 둘째 이유는 다윗이 정당하게 지정된 제의 장소에서 희생제사를 드리기 위해 그곳으로 여행할 수 없었음을 암시할 뿐 아니라, 이동용 성막으로부터 항구적인 성전으로 옮겨가는 일이 시작되었음을 보여주기도 한다. 이제 모리아 산은 희생제사를 위한 지정된 장소가 되어가고 있었다. 왜냐하면 이곳에 성전이 곧 건축될 것이기 때문이다.[60]

족장 내러티브와 마찬가지로 다윗 내러티브도 창세기 1:28과 연결된

---

59) *Tg. 1 Chronicles* 21:23-24과 *Tg. 2 Chronicles* 3:1은 창 28장의 야곱의 경험이 이루어진 장소와 아브라함이 이삭을 제물로 바치려고 준비했던 곳을 동일시한다. 이 둘 중 앞의 탈무드 텍스트는 하늘의 "성소-집"이 적어도 창 28장에 기록되어 있는 야곱의 소규모 건축 활동들이 이루어진 시대 이후로 그 장소 위에 존재하고 있었음이 분명하다고 말한다. 다윗과 솔로몬은 족장들과 함께 시작된 성전 건축 과정을 마무리하던 중이었다. 물론 지상의 성전은 하늘의 성전을 반영했다(이런 이유로 *Tg. 2 Chronicles* 6:2은 솔로몬이 "당신이 거주하고 계신 집의 보좌, 곧 영원토록 하늘에 있는 보좌와 일치하게 성소 집을 건축했다"라고 말한다).

60) *Tg. Pseudo-Jonathan Genesis* 2:7은 하나님이 아담을 부분적으로 "성소의 자리에서 취한 티끌"로 창조하셨다고 말하면서 그곳을 모리아 산과 동일시한다(*Tg. Pseudo-Jonathan Genesis* 3:23).

다. 역대상 29:10-12에 묘사된 성전 건축 준비와의 직접적인 관련성 속에서 다윗은 하나님을 이렇게 찬양한다. "…여호와여 주는 영원부터 영원까지 송축을 받으시옵소서…위대하심과 권능과 영광과 승리와 위엄이 다 주께 속하였사오니 천지에 있는 것이 다 주의 것이로소이다…주권도 주께 속하였사오니 주는 높으사 만물의 머리이심이니이다…주는 만물의 주재가 되사…모든 사람을 크게 하심과 강하게 하심이 주의 손에 있나이다."

다윗은 하나님을 찬양하면서 창세기 1:28과 동일한 단어를 사용한다. 왜냐하면 하나님은 자신의 인간 부섭정들을 "크게 하시고 강하게 하셔서" 그들로 하여금 그의 손아래에서 다스리도록 하시기 때문이다. 이어지는 구절에서 솔로몬은 이런 부섭정의 훌륭한 사례로 묘사된다. "솔로몬이 여호와께서 주신 왕위에 앉아…여호와께서 솔로몬을…심히 크게 하시고 또 왕의 위엄을 그에게 주사 그전 이스라엘 모든 왕보다 뛰어나게 하셨더라"(대상 29:23-25). 이보다 조금 앞선 텍스트에서 다윗이 자기 나라를 족장들과 분명하게 동일시한다는 점은 우연이 아니다. 다윗은 "우리 조상들 아브라함과 이삭과 이스라엘의 하나님께" 자기 백성의 경건한 소원을 지켜 주시고 "내 아들 솔로몬에게 정성된 마음을 주사 주의 계명과 권면과 율례를 지켜 이 모든 일을 행하게 하시고 내가 위하여 준비한 것으로 성전을 건축하게 하옵소서"라고 간구한다(29:18-19). 그의 이런 간구는 창세기 2:15-16의 최초의 성전 문맥을 반향하는 듯하다. 하나님이 "명하신" 일을 따름으로써 정원 성소를 "지키는" 일이 그렇다. 솔로몬은 아버지가 시작한 기초 공사를 마무리했다. "솔로몬이 예루살렘 모리아 산에 여호와의 전 건축하기를 시작하니…"(대하 3:1).

사무엘하 7장(=대상 17장)은 성전 건축의 필요성(7:2-13)을 창세기 1:28의 다음과 같은 차원들과 긴밀하게 연결시키고 있다. (1) 다스리고 정복함(삼하 7:9-16). (2) 왕적인 부섭정 인물을 향한 하나님의 복(7:29). 따라서 사무엘하 7:9의 "네 이름을 위대하게 만들어 주리라"가 창세기 12:2의 "네 이름을 창대하게 하리니"를 암시한다는 점도 우연이 아니다. 이런 관점에서 본다면, 이 텍스트의 전반적인 목표는 하나님이 이스라엘의 왕에게 대적으로부터의 "안식"을 주시는 일과 관련된다(7:1, 11). 그러나 이 예언은 솔로몬에게서는 부분적으로만 성취된다. 왜냐하면 사무엘하 7:10-16은 다가올 왕국과 성전이 영원토록 지속되리라고 말한 반면에[61] 솔로몬과 그의 후손들은 그렇지 못했기 때문이다(출 15:17-18도 미래의 왕국과, 암시적으로는 성전에 대해서 동일한 내용을 분명하게 전달한다. 성전에 대한 암시는 삼하 7:10, 12-13; 대하 8:16[70인경]도 참조).

포로기 이후의 이스라엘

노아와 족장들, 모세와 다윗 등이 초창기의 성전 구조물을 건축했다는 사실은 이스라엘의 남은 자들이 성전을 재건하기 위해 바벨론으로부터 돌아왔을 때 동일한 미발전 단계의 성전 건축 양식이 나타난다는 점을 주목함으로써 더욱 분명하게 드러난다. 그들은 (1) 시온 산의 초기 성전의 "터"에 "이스라엘 하나님의 제단을 만들었고"(스 3:2-3) (2) "번제를 드리기" 시작하고(스 3:2), 악기를 연주하면서 "찬송과 감사"로 예배했다(스 3:10-11). (3) 또한 이 구조물을 "우리 하나님의 성전"으로 칭했다(스 4:3). 그러나 이 상황에서는 창세기 1:28이나 아브라함에게 주어진 약속에 대한 분명한 언급이 전혀 나타나지 않는다. 심지어 에스겔 11:16은 포로기 이후 시대의 성전이 건축되기도 전에, 하나님이 유다와 베냐민을 바벨론으로 잡혀가게 하셨으나 "…내[야웨]가 잠깐 그들에게 성소가 되리라"라는 말씀을 주셨다고 말한다. 이는 성전에 대해 본질적 의미를 가지는 야웨의 임재가 포로기 시대의 신실한 남은 자들에게 계속됨으로써 그분이 비가시적인 참된

---

61) 때때로 히브리어 단어 'ôlām은 오랜 시간이나 "영원한" 기간을 뜻하기도 한다. 논란은 있지만, 삼하 7:13의 이 단어는 분명히 영원한 기간을 의미한다. 왜냐하면 이 단어는 족장들을 통해 더욱 발전되는 에덴의 목적과 관련되며, 나중에는 구약과 신약에 나오는 영원한 종말론적인 성전 및 왕국과 관련되기 때문이다(예. 히 1:5; 행 2:30; 13:23도 마찬가지).

성전이 되실 것임을 암시한다. 남은 자들이 예루살렘으로 돌아와서 두 번째 성전을 건축하기 시작할 때까지 말이다(Clowney 1972: 163).

하지만 이스라엘의 두 번째 성전은 솔로몬 성전처럼 출애굽기 15:17-18과 사무엘하 7:10-16의 예언을 성취하지 못했다.[62] 따라서 출애굽기 15장과 사무엘하 7장 및 이후의 예언자들은 종말론적인 성전을 예견해야 했다. 첫째 성전과 둘째 성전은 이 종말론적 성전에 대한 이상적인 묘사에 미치지 못했다(마카베오2서 1:27-29도 이를 따름; 참조. 마카베오2서 2:17-18).[63] 이 두 성전은 영원하지도 않았으며, 다른 이유들로 인해(나중에 살펴볼 것임) 종말의 기대를 성취할 수도 없었다.

마지막 때의 이스라엘

예언된 이스라엘의 종말론적 성전은 이전의 성전 건축물과 동일한 연관성을 가지고 있다. 레위기 26:6-12은 창세기 1:28을 이스라엘의 한가운데에 세워야 하는 성막과 직접적으로 관련시킨다. 만일 이스라엘이 신실함을 지킨다면 그들은 자기 땅에서 대적을 물리치며 "내가 너희를 돌보아 너희를 번성하게 하고 너희를 창대하게 할 것이며 내가 너희와 함께 한 내 언약을 이행하리라…내가 내 성막을 너희 중에 세우리니…나는 너희 중에 행하여 너희의 하나님이 되고 너희는 내 백성이 될 것이니라."[64]

에스겔 36-37장도 똑같은 연결 고리를 가진다. 하나님은 이스라엘을 회복시켜 "사람을 많게" 하고 그들을 "수가 많고 번성하게" 할 것과(36:10-11) 온갖 농작물의 "풍성함"도 약속하신다(36:29-30). 그럼으로써 이전에 황

---

62) 집회서 47:13과 49:12은 솔로몬 성전과 둘째 성전이 이스라엘의 유익을 위해 "영원히" 지속되고 "영원한 영광"을 위해 계획되었지만 어느 것도 성취되지 못했음을 잘 보여준다.

63) Kerr(2002: 305-307)는 요 14:2-3이 출 15:17을 종말론적 성전의 의미를 가지는 예수와 그의 공동체에게 적용한다고 본다.

64) Philo는 레 26:12이 "거룩한 성전"(Som. 1.148-149)이나 "하나님의 집"(Som. 1.148-149; Praem. 123)으로서의 인간 영혼 또는 정신을 가리킨다고 이해한다.

폐했던 이스라엘 땅을 "에덴동산같이 되게" 하시고 그곳에서 "그들의 수효를 양떼같이 많아지게" 하실 것이다(참조. 36:35-38). 이런 개념들과 레위기 26:6-12(!)[65]과의 직접적인 연결성 안에서, 에스겔 37:26-28은 "그들의 수효를 많아지게" 하겠다는 약속의 측면을 다시 언급하며 이를 이스라엘의 성전과 연관시킨다.[66] "…영원한 언약이 되게 하고 또 그들을…번성하게 하며 내 성소를 그 가운데에 세워서 영원히 이르게 하리니 내 처소[또는 '성막']가 그들 가운데 있을 것이며 나는 그들의 하나님이 되고 그들은 내 백성이 되리라 내 성소가 영원토록 그들 가운데에 있으리니 내가 이스라엘을 거룩하게 하는 여호와인 줄을 열국이 알리라 하셨다."[67]

놀랍게도 여기서는 종말론적 의미를 지닌 에덴과 마지막 때의 성전 사이의 연결성이 발견되는데(겔 36:35), 나중에 에스겔은 이 성전을 40-48장의 마지막 날의 성전과 동일시한다. 또한 이 성전은 에덴의 이미지를 가진 것으로 묘사된다(예. 43:7-12을 보라). 레위기 26장과 에스겔 37장은 성전 구조물에 있는 하나님의 성막 임재(tabernacling presence)를 예언한다고 읽힐 수도 있다. 동시에 이 두 텍스트를 성전이 사람의 손으로 만든 물리적인 집이 아니라 이전과는 달리 이스라엘(과 땅)을 가득 채울 하나님의 분명한 임재를 상징하게 될 때를 예언한다고 이해하는 것도 가능하다. 비록 권장할 만한 해석이 아닐 수도 있지만 말이다. 레위기 26:11-12은 동일한 내용을 암시하는 것 같다. "그뿐 아니라 내가 내 성막을 너희 중에 세울 것이요…또한 너희 중에 행하여(walking) 너희의 하나님이 되고 너희는 내 백성이 될 것이니라." 하나님의 성막 임재는 구속 받은 그분의 백성과 계속 함께할 것이다. 만일 하나님의 성막 임재가 물리적인 성소에 국한된다

---

65) 레 26장의 내용을 충분히 구체적으로 실증하는 작업으로는 Cohen 1989: 32-33을 보라.
66) Woudstra 1970: 98. 비록 Woudstra는 레위기를 직접적으로는 언급하지 않지만 말이다.
67) "너희는 내 백성이 되고 나는 너희 하나님이 되리라"라는 공통된 구절에 있는 겔 36:28-30과 37:27 사이의 추가적 관련성을 주목하라. 겔 11:16-20도 레 26장에 대해 언급한 텍스트일 수 있다.

면 그분이 자유롭게 자기 백성 "중에 행하시는" 일은 어려워질 것이다. 이 스라엘의 광야 유랑 중 하나님의 성막이 함께했을 때처럼, 이 임재를 비유적인 의미로 생각하지 않는 한 말이다.[68] 하지만 특히 에스겔 37장에서 구체적으로 서술되는 바에 비추어볼 때, 하나님이 "자기 백성 중에 행하실 것"이라는 약속은 그분이 닫힌 구조물 안에서 그들과 함께하신다는 의미보다는 궁극적으로 그들과의 인격적이고 친밀한 관계를 가리키는 것으로 보인다.

에스겔 37:27은 이 성막이 과거의 작은 물리적 구조물과 다름을 잘 보여준다. "내 처소가 그들 위에[전치사 'al; 역자 주-개역개정은 '가운데에'] 있을 것이며 나는 그들의 하나님이 되고 그들은 내 백성이 되리라." 적어도 새로운 성막은 "번성할" 모든 하나님의 백성 위에 펼쳐지며 "그 땅에 거주할 것"임이 틀림없다. 이는 성막이 약속의 땅 전체에 걸쳐서 거할 것임을 의미한다! (겔 37:24-28을 보라)[69] 28절은 전 세계에 미치는 성전의 목표가

---

68) "행한다"는 출애굽기, 민수기, 신명기 등에서 비유적인 의미로 사용된다. 광야 유랑 중에 하나님이 이스라엘과 함께하신 것(분명히 성막 안에 계신 것을 가리킴)을 가리키는 의미로 말이다(신 23:14[15]; 삼하 7:6-7). 레 26:12의 동사 형태는 히트파엘인데, 이는 에덴 성소를 "거니시는" 하나님을 묘사하는 단어(창 3:8)와 동일한 형태다.

69) Woudstra 1970: 98이 이런 견해를 보여준다. 겔 37:26-28이 하나님의 회집된 백성으로서의 교회를 가리킨다는 신약의 견해에 대해서는 나중에 볼 것이다. 백성이 땅(고후 6:16)에 거하건 하늘에 거하건(계 7:15) 또는 새로운 우주 공간에 거하건(계 21:3) 관계없이 말이다. D. I. Block(1998: 421)을 보라. 그는 전치사 'al을 "그들 위에"로 번역해야 한다는 견해에 동의하지만, 그것이 광야의 회막 위에 머물던 주의 영광을 반영하는 경우에만 가능하다고 본다. 논리적 연결("왜냐하면, 때문에" 등)의 의미가 아닌 경우, 이 전치사는 일반적으로 "위에, 위로, 위쪽에" 등으로 번역된다(BDB, 752ff.). "곁에, 옆에, 함께(together)" 등의 개념은 덜 보편적이지만, 컨텍스트에 기초해서 본다면 가능한 번역임이 분명하다. 겔 37:26-28의 이 컨텍스트는 일반적인 용례에 더 적합할 것이다. 물론 "함께"(with)라는 번역도 허용하지만 말이다. 이 전치사가 "성막"(miškān, 무엇인가의 "위에" 있음을 의미함)이라는 명사 바로 뒤에 사용되는 경우는 오직 여기뿐이다. 다른 곳(대략 36회 정도, 거의 출애굽기와 민수기에서 사용됨)에서 이 명사는 항상 전치사 바로 뒤에 나오는데, 무엇인가가 "성막 위에" 있음을 가리키며, 때로는 하나님의 영화로운 임재를 가리키기도 한다. 에스겔서에서 이처럼 독특한 사용법은 마지막 날에

성취되리라는 것을 이렇게 설명한다. "내가 이스라엘을 거룩하게 하는 여호와인 줄을 열국이 알리라"(자기를 믿는 자들을 심판하시고 그들에게 "복을 주시는" 일 모두가 여기에 포함됨).

예레미야 3:16-18은 비슷한 논조를 따라 창세기 1:28의 사명[70]을 마지막 날의 성전 개념과 결합시키며, 하나님의 성막 임재가 제의적 공간에 제한되지 않을 것임을 분명하게 말한다.

[16]여호와의 말씀이니라 너희가 이 땅에서 번성하여 많아질 때에는 사람들이 여호와의 언약궤를 다시는 말하지 아니할 것이요 생각하지 아니할 것이요 기억하지 아니할 것이요 찾지 아니할 것이요 다시는 만들지 아니할 것이며 [17]그 때에 예루살렘이 그들에게 여호와의 보좌라 일컬음이 되며 모든 백성이 그리로 모이리니 곧 여호와의 이름으로 말미암아 예루살렘에 모이고 다시는 그들의 악한 마음의 완악한 대로 그들이 행하지 아니할 것이며 [18]그때에 유다 족속이 이스라엘 족속과 동행하여 북에서부터 나와서 내가 너희 조상들에게 기업으로 준 땅에 그들이 함께 이르리라

마침내 이스라엘은 마지막 회복의 때에 "생육하고 번성하라"라는 창세기의 명령을 성취할 것이다(렘 3:16). 이방인들이 흘러 들어오리라는 사실은 이방인도 이 사명의 성취에 일종의 역할을 할 것임을 암시한다. 이런 성취가 미래 성전의 약속과 상응을 이루기는 하지만, 이 미래적 성전은 초기의 구조물들과 전혀 다를 것이다. 새로워진 예루살렘에서는 옛 성전의 중심물인 언약궤조차도 없을 것이다. 오로지 하나님의 임재만이 새로운 성소로서 존재할 것이다.

있을 하나님의 임재가 성막에 필적할 것이요, 이 임재가 온 백성 가운데뿐 아니라 그들 "위에"도 있음을 암시한다.

70) Cohen(1989: 31-32)은, 렘 3:16의 "너희가 이 땅에서 번성하여 많아질 때에는"이라는 구절이 창 1:28에 대한 언급임을 주목했다.

법궤는 하늘에서 땅으로 이어지는 하나님의 통치적 임재를 특별하게 나타낸다고 표상된다. 계속해서 법궤는 하나님의 "발등상"(대상 28:2; 시 99:5; 132:7)으로 불린다. 이스라엘 백성은 하나님을 하늘 보좌에 앉아 계시면서 자신의 발등상인 지상 성전의 법궤에 발을 뻗고 계신 분으로 묘사한다(사 66:1, "하늘은 나의 보좌요 땅은 나의 발판이니"; 왕하 19:15; 애 2:1). "발판"이 솔로몬의 "보좌"에도 부착되어 있었음을 상기하라(대하 9:18). 이 보좌는 법궤가 하나님의 하늘 보좌의 발등상이라는 개념을 따르고 있다.

이와 같이 법궤와 하나님의 하늘 보좌는 뗄 수 없이 긴밀하게 연결되어 있다.[71] 예레미야 3장은 예루살렘에 있을 미래의 성전 구조물이 하나님의 임재 장소가 되겠지만, 미래의 예루살렘 자체는 그 전부가 "야웨의 보좌"로 불릴 것이라고 말한다. 왜냐하면 옛 성전의 본질인 하나님의 통치적 임재가 마지막 때에는 지극히 자유로운 방식으로 표현되겠기 때문이다.

앞으로 보겠지만, 창세기 1:28의 사명이 마침내 성취되었을 때 성전 법궤의 중요성이 사라지게 되는 이유는 단순한 물질적 영화로움보다 더 큰 영광으로 가득한 성전이 존재할 것이기 때문이다. 이 성전은 예루살렘 전체뿐만 아니라(렘 3:17의 핵심), 성경의 다른 텍스트들이 증거하는 것처럼 온 세상 전체를 포함한다.[72]

아담의 사명과, 그의 후손에게 전해진 사명의 차이점

창세기 1장의 본래적인 사명과, 아브라함과 이스라엘 후손에게 주어진 사명 사이에는 많은 유사점이 있지만 몇몇 차이점도 존재한다. 불순종 이전에도 아담은 땅을 경작하고 지상의 모든 피조물을 지배하는 일을 통해 자신의 주권을 드러냄으로써 "다스리고 정복하는" 사명을 성취했다. 그가 지

---

71) Holladay(1986: 121)를 보라. 그는 구약 저자 중 일부가 법궤를 하나님의 보좌 자체로 간주했다고 말한다. 더 정확하게는 법궤를 보좌의 "발등상"으로 보는 편이 낫겠다.
72) 여기에 대한 충분한 논의를 위해서는 제4장을 보라.

배했던 피조물 중에는 동산 밖에서 지내다가 나중에 동산 안으로 들어온 사탄적인 "뱀"도 포함되어 있었다. 아담의 범죄 이후 그의 사명은 인류를 대적하는 악한 인간적인 힘들에 대해 새로운 통치를 포함하는 것으로 확대되었다. 따라서 텍스트에는 "대적의 성문을 차지한다"라는 표현이 추가되기에 이른다(창 22:17). 다른 곳에서 이 표현은 "땅을 정복한다"라는 의미로 언급된다(민 32:22을 주목하라: "그 땅이 여호와 앞에 복종하게 하시기까지"; 여기서도 창 1:28처럼 "정복"을 의미하는 동일한 단어[kābaš]가 사용됨; N. T. Wright 1992a: 23). "땅의 모든 족속"이 아브라함의 "씨"를 통해 복을 얻으리라는 언급은 갱신된 후손들과 함께 "땅을 가득 채우게 될", 하나님의 형상을 지니고 새롭게 변화된 인류 공동체를 가리킨다. 또한 이 인류 공동체는 하나님을 거역하지 않으면서 그분을 반영하게 될 "사람의 도성"의 다른 사람들을 향해 그분의 형상과 빛을 비출 것이다. 그리하여 이 새로운 개종자들은 하나님의 임재 은총으로 "복을 받으며" 계속 커져가는 그분의 나라의 구성원이 될 것이다.

창세기 1장의 사명의 반복에서 드러나는 또 다른 차이점은, 이제는 이 반복이 사명을 함축하는 약속으로 공식적으로 표현된다는 것이다.[73] "사명"의 측면이 여전히 유지된다는 것은 창세기 12:1-3이 이 사명을 소개하면서 명령형을 사용한다는 사실에 의해 확인된다. "너의 고향…을 떠나라…복이 될지라." 이는 인류가 자신의 힘으로는 이 사명을 이룰 수 없으며, 하나님이 인류로 하여금 어떤 형식으로든 그것을 수행하게 하실 것임을 의미한다(창 17:1-7; 18:18-19도 보라).

"내가 너와 함께 있으리라"라는 하나님의 보증은 아담이나 노아에게는 주어지지 않았으며, 같은 약속이 야곱에게 되풀이될 때까지는 공식화되지도 않았다. 이 보증은 하나님의 약속의 기초인 동시에 그분의 성막 임재가 널리 퍼지도록 땅을 가득 채우라는 사명의 기초다(이삭[창 26:24]과 야곱

---

73) N. T. Wright(1992a: 22)는 "생육"의 측면만이 약속으로 변형되었다고 본다.

[창 28:15] 및 모세[출 3:12] 등의 경우를 보라). "내가 너와 함께 있으리라"라는 하나님의 보증은 그분의 임재를 뜻하는 "성전"을 확장시키는 과제의 핵심을 이룬다. 이런 점은 함께하신다는 하나님의 보증이 이삭과 야곱과 모세에게 주어진 그분의 약속과 사명의 중심이라는 점을 주목할 때 분명해진다 (창 26:24; 28:15; 출 3:12 등을 다시 보라). 인간의 과제를 성취하고 약속의 성취를 보증하는 것은 바로 이런 하나님의 동행하심이다.[74] 하나님의 임재에 응답하는 차원에서 이스라엘은 최초로 아담에게 주어진 사명을 성취하기 위해 "그의 길로 행하며 그의 계명들을 지켜야" 했다. "그리하면 네가 생존하며 번성할 것이요 또 네 하나님 여호와께서 네가 가서 차지할 땅에서 네게 복을 주실 것임이니라"(신 30:16). 궁극적으로 하나님이 "그들의 마음에 할례"를 베푸실 때라야 비로소 그들은 그분을 사랑하고 그에게 순종하며, 그분의 임재를 계속 누리면서 약속을 유업으로 받아 참되게 "살아갈" 것이다(신 30:5-6, 16).

솔로몬에게도 본질적으로 동일한 양식(formula)이 반복된다. 다윗은 아들에게 이렇게 말한다. "여호와께서 너와 함께 계시기를 원하며 네가 형통하여 여호와께서 네게 대하여 말씀하신 대로 네 하나님 여호와의 성전을 건축하며 여호와께서 네게 지혜와 총명을 주사…네 하나님 여호와의 율법을 지키게 하시기를 더욱 원하노라"(대상 22:11-12). 솔로몬과의 직접적인 관련성에서는 성전 건축의 맥락 안에서 약속의 양식이 나타난다.

예레미야서에서도 동일한 상용구 양식이 나타나는데, 그것은 하나님이 예레미야에게 사명을 주시면서 그를 "여러 나라의 선지자"가 되게 하시어(1:5) "그것들을 뽑고 파괴하며 파멸하고 넘어뜨리며 건설하고 심게" 하시리라고 말씀하실 때(1:10; 이 양식에 대해서는 1:8, 19을 보라)다. 또한 하나님이 이스라엘에게 그들을 포로 상태로부터 해방시켜 다시 불러 모을 때의

---

74) 동일한 약속이 족장이 아닌 이스라엘 백성 개개인에게도 주어질 것이다. 예를 들어 대상 4:10을 보라.

목적이 "새 일"을 행하려는 자기 목적에 대해 이방 나라를 향한 "증인"이 되어야 하는 그들의 사명을 갱신하는 데 있다고 말씀하실 때도 동일한 양식을 사용하신다(사 43:5-21).

바벨론 유배로부터의 귀향 이후, 그 땅에 남은 자들에게 성전을 재건하도록 격려하기 위해 같은 양식이 두 번 적용된 것도 우연이 아니다(학 1:13; 2:4). 학개 2:5은 이 양식의 의미를 이렇게 상세하게 설명한다. "너희가 애굽에서 나올 때에 내가 너희와 언약한 말과 나의 영이 계속하여 너희 가운데에 머물러 있나니…"(마찬가지로 슥 4:6-9이 말하듯 "나의 영"이 스룹바벨 총독에게 두 번째 성전을 건축하도록 힘을 주실 것이다). 여기서 말하는 약속은 출애굽기 33:14-17의 내용을 가리키는 듯하다.

[14]여호와께서 이르시되 내가 친히 [너와 함께] 가리라 내가 너를 쉬게 하리라 [15]모세가 여호와께 아뢰되… [16]나와 주의 백성이 주의 목전에 은총 입은 줄을 무엇으로 알리이까 주께서 우리와 함께 행하심으로 나와 주의 백성을 천하 만민 중에 구별하심이 아니니이까
[17]여호와께서 모세에게 이르시되 네가 말하는 이 일도 내가 하리니…(출 34:9도 참조)

학개 2장도 출애굽기 19:5-6을 언급하는 듯하다. "너희는 모든 민족 중에서 내 소유가 되겠고 너희가 내게 대하여 제사장 나라가 되며…" 모든 이스라엘 백성은 하나님의 임재 중에 거하며 살며, 성전 임재 안에 서서 그분의 영화로운 빛을 반영하는 제사장처럼 될 것이다. 또한 그들은 하나님과 분리되어 어둠 속에서 살고 있는 이방 나라를 위한 중재자가 될 것이다.

이와 같이 학개 2장은 하나님이 자신의 영을 통해 자기 백성으로 하여금 성전을 건축할 수 있도록 하실 때를 언급한다. 이때는 출애굽기 33장의 약속이 성취되며, 출애굽기 19장의 약속과 사명이 이루어지는 때다. 달리

말해서 학개 2장은 앞의 두 출애굽기 텍스트의 약속이 마지막 때에 하나님의 성전이 그의 백성 중에 건축될 것임을 뜻하는 약속이라고 이해한다. 장차 건축될 성전에 대한 학개의 묘사는 두 번째 성전을 당연히 넘어선다. 이 건축 계획은 초기의 솔로몬 성전에 비해 덜 중요하게 보일 수 있겠지만, 그럼에도 하나님은 "이 성전의 나중 영광이…이전 영광보다 클" 것이라고 약속하신다(학 2:3-9). 두 번째 성전이 솔로몬 성전의 영광을 넘어서지 못할 뿐만 아니라, 에스겔이 예언한 종말론적인 성전의 기대(겔 40-48장을 보라)도 성취할 수 없었기 때문에, "중간기의" 유대교는 자연스럽게 미래의 종말론적 때를 기다릴 수밖에 없었다. 두 번째 성전은 솔로몬 성전보다 작았을 뿐더러 주후 70년에 파괴됨으로써 오래 지속되지도 못했다. 이 성전 파괴 사건은 그때 이후로 유대인들이 성전을 생각하는 방식에 위기를 가져왔다.

확실히 동산 성소에서의 아담의 순종은 하나님의 함께하심("동산에 거니시는" 그분의 모습을 생각해보라[창 3:8])을 통해 그분의 명령을 이행할 수 있도록 하는 열쇠였다. 그러나 성경에는 하나님이 아담의 명령 이행을 돕기 위해 항상 그와 함께할 것임을 약속하셨다는 기록이 전혀 없다. 사실상 하나님은 아담으로부터 자신의 임재를 거두셨다. 죄의 결과로 아담은 하나님의 영화로운 임재의 성소로부터 쫓겨났으며, 그분이 주신 사명을 성취할 수 없었다.

아담의 경우와 마찬가지로, 성전에 관해 규정하는 법에 대해 이스라엘이 "에덴동산" 안에서 이룰 순종은 집합적 아담으로서 그들이 수행할 새로운 사명의 한 부분이었다. 명시적으로 이스라엘 땅은 에덴동산에 비교되며(창 13:10; 사 51:3; 겔 36:35; 47:12; 욜 2:3 등을 보라), 에덴과의 상응성을 강화하려는 목적에서 아주 비옥한 땅으로 묘사된다(참조. 신 8:7-10; 11:8-17; 겔 47:1-12; Dumbrell 2002: 58-59을 보라). 약속의 땅 자체는 하나님의 "거룩한 땅"으로 불린다(시 78:54; 슥 2:12). 왜냐하면 이곳은 훨씬 더 큰 규모의 에덴동산 같았기 때문이다(Dumbrell 2002: 58-61). 최초의 에덴에서 아담의 역할을 통해 주어진 정복의 사명(창 1:26-28)은 하나님의 우주적인 통치를 표상하는 이스라엘 성전을 통해서도 표현된다(Clements 1965: 67-73).[75]

이 사명은 출애굽기 19:6에 잘 표현되어 있다. 앞에서도 언급했던 이 텍스트는 이스라엘 백성 전체를 대상으로 "너희가 내게 대해 제사장 나라가 되며 거룩한 백성이 되리라"라고 말한다. 그들은 어두운 세상의 나머지 영역에 하나님의 성막 임재의 빛을 널리 전하는 중재자가 되어야 했다. 창세기 1:28과 에덴 및 성전 사이의 이런 연결 고리는 쿰란 문서의 「찬양 두루마리」에 있는 다음과 같은 사상을 불러일으켰다. "저의 통치는 [땅의] 아들들에게 미칠 것입니다.…저는 당신이 당신 자신의 영광을 위해 [만]드신 에[덴][76]을 일곱 줄기 [빛]으로 비추겠나이다"(1QH 7.23-24, "일곱 줄기의 빛"의 형상 배후에는 일곱 등불을 가진 성전의 등잔대가 있었을 것이다).

그럼에도 아담처럼 이스라엘은 범죄했고 하나님의 임재와 약속의 땅으로부터 쫓겨났다. 동시에 하나님은 자신의 임재를 그들의 성전으로부터 거두셨다(겔 9:3; 10:4, 18-19; 11:22-23). 주후 70년, 회복되었던 이스라엘에게도 같은 일이 벌어졌다. 바로 로마인들이 예루살렘과 성전을 파괴했을 때다. 물론 오래전부터 하나님의 임재가 성전을 떠나 있기는 했지만 말이다.[77] 결과적으로 창세기 1장의 명령을 실현하도록 함께하시겠다던 하나

---

75) 성전에 관한 후대의 미드라쉬 주석은 부분적으로 창 1:26-28로부터 영감 받은 듯하다. 성전이 풍요의 복—예를 들어 자녀 출산의 복까지도—을 가져온다고 보는 견해에서도 말이다. 마찬가지로 성전과 거기서 행해지는 의례는 이스라엘(암묵적으로는 온 땅)을 위한 복과 풍성함을 가능하게 만들었다(예를 들어 Patai[1967: 122-128]는 The Fathers According to Rabbi Nathan 4을 인용한다). 앞에서 언급한 개념과 자료가 유대교 내에서 확장되는 현상에 대해서는 제3장, 각주 30)을 보라).

76) Dupont-Sommer의 번역을 따랐다. 물론 그의 번역은 두루마리의 공백 부분을 "에덴"으로 채운 유일한 사례지만 말이다. 논란이 많은 이 부분의 번역에 대한 상세한 설명은 105쪽을 보라.

77) 하나님의 임재는 적어도 그리스도의 초림 때까지 성전을 떠나 있었다. 왜냐하면 그리스도 자신이 성전 대신에 이스라엘 백성 한가운데에 거하시는 하나님의 특별한 임재의 자리가 되었기 때문이다. 앞으로 살펴보겠지만 학 2:5의 궁극적인 성취에서 보듯 말이

님의 약속은 아브라함을 통해서도, 그의 몸에서 난 후손을 통해서도 이루어지지 못했다. 또한 이스라엘의 성전 안에서도 이루어지지 않았으며, 여전히 성취되어야 할 것으로 남아 있었다.

증인이 되라는 명령으로서의 사명

앞에서 우리는 아브라함의 후손들이 새롭게 변화된 인류가 되어야 한다는 점을 간략하게 살펴보았다. 그들은 하나님의 형상을 가지고 그들의 자녀들로 "땅을 가득 채워야" 했다. 이 자녀들은 동일하게 하나님의 형상을 가지고 있으면서, 영적인 어둠 속에 살고 있는 다른 사람들에게 횃불이 되어야 했다. 그들은 하나님이 인간의 어두운 마음에 자신의 임재의 빛을 비추는 데 사용하시는 도구가 되어야 했다. 다른 사람들도 성전의 거룩한 공간과 하나님 나라의 점진적인 확장에 속할 수 있도록 말이다. 바로 이것이 온 세상에 하나님을 전하는 "증인" 역할이었다.

사실상 창세기 1:28이야말로 인류 공동체에게 반복적으로 적용되는 최초의 "위대한 사명"이라 할 수 있다. 이 사명은 땅을 축복하는 일이며, 이런 축복의 본질은 구원을 이루시는 하나님의 임재에 있었다. 타락 이전에 아담과 하와는 각각 하나님의 형상을 반영하면서 그분의 영광으로 땅을 가득 채우게 될 후손을 생산해야 했다. 타락 이후에는 남은 자들, 곧 하나님이 자신의 회복된 형상으로 창조하신 자들이 밖으로 나가서 그분의 영화로운 임재를 어두워진 인류 공동체의 나머지 영역에 널리 전해야 했다. 이런 "증인" 역할은 온 세상이 하나님의 영광으로 가득 찰 때까지 계속되어야 한다.

이스라엘이 아담을 대표하는 공동체적 인격으로서 수행해야 하는 "증인" 역할은 특히 중요한 의미를 가진다. 이와 관련해서 성막이 왜 때때로 "증거막"(5회: 예. 출 38:21) 또는 "증거의 성막"(5회: 예. 민 9:15)으로 불렸는지에

다. 하나님의 임재는 포로기 이후의 성전으로 되돌아오지 않았을 가능성이 매우 높다.

대해서는 약간의 설명이 필요하다.[78] 여기에 대한 가장 확실한 답변은 성막이 "증거궤"를 가지고 있었다는 것이다(14회: 예. 출 25:22; 26:33-34). 그렇다면 법궤는 왜 이런 방식으로 불렸는가? 왜냐하면 십계명이 자주 "증거"로 불렸기 때문이다.[79] 하나님은 시내 산에서 모세에게 계명을 주셨고, 모세는 그것을 법궤 안에 두었다. 십계명은 "하나님의 손가락"으로 기록되었기에(출 31:18), 또한 그분의 진리와 뜻의 가시적인 증거 자료였기에 "증거"로 불렸다. 율법은 "하나님의 인격과 목적에 친숙한 그분의 확실한 의사 표현이었기 때문에" 그분의 "증거"였다(Schultz 1980: 650). 그뿐 아니라 이 "증거"는 이스라엘 민족이 볼 때 하나님의 구원 행동들에 대한 "증언" 역할을 하기도 했다(van Leeuwen 1997: 844). 이 점은 법궤가 십계명의 유일한 보관 장소(출 25:16-22)요, 법궤 바로 앞에 이스라엘을 위한 하나님의 위대한 행동을 상기시키는 물품―만나 항아리(출 16:31-36), 모세가 만든 향의 일부(출 30:36), 싹이 난 아론의 지팡이(민 17장)―이 놓여 있었다는 점을 생각할 때 분명하게 드러난다.

이렇듯 십계명은 이스라엘에게 그들을 위한 하나님의 도덕적인 뜻을 상기시킬 뿐만 아니라, 애굽으로부터의 구원(출 20:2)과 그분의 세계 창조(출 20:11) 및 광야 동행과 보살핌의 섭리 등을 생각나게 했다. 이 모든 물품은 이스라엘에게 다양한 방식으로 분명하게 드러났던, 구원하시고 지켜주시는 하나님의 행동에 대해서 증언하는 법적인 "증거 자료"였다.[80] 법궤나 "증거"의 성막과 관련된 하나님의 임재는 법궤의 자리에 비치되어 있던 네 가지 물품이 각각 그분의 임재 안에 있었음을 말하는 반복적인 진술에

---

78) 이 텍스트에서 사용되는 히브리어 단어 'ēdût는 "증거"를 의미하며, "증언"뿐 아니라 때로는 "증인"을 뜻할 수도 있다. 여기에 대해서는 Leeuwen 1997: 844을 보라. 'ēdût는 "증인"을 뜻하는 'ēd와 밀접하게 관련된다.

79) 출애굽기에서 여섯 차례나 이렇게 언급된다. 예를 들어 출 25:16, 21을 보라. 시편에서 이 단어는 하나님의 율법을 가리키는 데 사용된다(대략 12회: 예. 시 78:5; 119편).

80) 예를 들어 민 17:10은 "아론의 지팡이는 증거궤 앞으로 도로 가져다가 거기 간직하여 반역한 자에 대한 표징이 되게 하라"라고 말한다.

의해 강조된다.[81] 이와 관련해서 출애굽기 30:36의 히브리어 텍스트는 "내가 너와 만날 회막 안 증거궤"에 대해서 언급한다(민 17:4도 마찬가지).[82] 그리스어역 구약성경이 "만남"을 "증거"로 대신한다는 사실은 하나님이 모세와 함께하신다는 점이 곧 그분이 자신과 자신의 율법 및 이스라엘을 위한 자신의 구속 행동에 대해 모세에게 "증거"하시는 것과 같음을 암시한다. 또한 이런 증거는 동일하게 온 이스라엘과 함께하시는 그분의 임재를 분명하게 드러냈다.[83]

"증거"의 법적인 성격은 어근이 같은 명사 "'ēd"가 거의 항상 "증인"으로 번역되며 일반적으로 법적인 문맥에서 사용된다는 관찰을 통해 분명하게 드러난다(예. 이스라엘에서는 누군가의 범죄를 입증하려면 "두 명의 증인"이 필요했음). "증인"(martys)은 어떤 진리를 확증하기 위하여 법정에서 "증언하는"(martyreō) 사람이다(예. 민 35:30의 70인경을 보라). 따라서 이스라엘이 하나님의 율법에 불순종하면 "언약궤 곁에 둔 율법책"이 이스라엘에 "대하여 증거"가 될 것이다(신 31:26). 이런 이유로 두 개의 율법 돌판은 야웨와 이스라엘 사이의 언약을 날마다 상기시키는 역할을 했다.

아마도 "증거의 성막"과 "증거궤"에 대한 반복적인 언급의 핵심은 이스라엘 자신이 하나님의 "증거"를 받아들여야 하고, 율법과 그들을 위해 행해진 다양한 구속 행위라는 그분 자신의 "증거"를 선포함으로써 과거에 이어 현재까지 지속되는 하나님의 구원 임재에 대해서 증언해야 한다는 것이다.[84] 그뿐 아니라 이스라엘 민족은 율법에 순종함으로써 "증거" 역

---

81) 출 25:22; 30:6 참조. 이 두 텍스트에 따르면 십계명과 향과 지팡이는 모두 "내[하나님]가 너[모세]와 만날" 곳에 비치되어 있다; 출 16:33에 의하면 만나도 "여호와 앞에" 두어야 한다. 그리스어역 구약은 히브리어 "회막"을 "증거의 장막[또는 성막]"(skēnē +martyrion; 160회 정도 이렇게 번역되며 대부분 오경에 나옴)으로 번역함으로써 하나님의 임재를 특히 강조한다.

82) Strathmann, 'martys ktl.', TDNT 4:482.

83) Ibid., 484.

84) Tanhuma Yelammedenu Exodus 11:2은 "성막이 거룩하신 분께서…금송아지 사건에

성전 신학

할을 해야 했다. 이 모든 것이 하나님 임재의 진리에 대해서 증거할 것이다.[85]

따라서 하나님의 임재가 지성소로부터 퍼져나가는 방식은 그분의 백성이 지성소에 비치된 증거에 관심을 기울이는 데 있었다. 이방 나라들 앞에서의 말과 순종적인 행동을 통해 백성이 하나님의 진리에 대한 증거를 보여줌으로써 말이다. 만일 이스라엘이 이렇게 행한다면 그들은 하나님이 자신들의 신실함을 가능케 하는 분으로 자기들과 함께하심을 보여줄 것이다. 신명기 4:5-7은 특히 하나님의 율법에 대한 이스라엘의 이해와 순종을 그분의 임재와 관련시킴으로써, 동시에 암묵적으로는 이스라엘의 증인 역할과 관련시킴으로써 이런 목적을 잘 표현한다.

[5]내[모세]가 나의 하나님 여호와께서 명령하신 대로 규례와 법도를 너희에게 가르쳤나니 이는 너희가 들어가서 기업으로 차지할 땅에서 그대로 행하게 하려 함인즉 [6]너희는 지켜 행하라 이것이 여러 민족 앞에서 너희의 지혜요 너희의 지식이라 그들이 이 모든 규례를 듣고 이르기를 이 큰 나라 사람은 과연 지혜와 지식이 있는 백성이로다 하리라 [7]우리 하나님 여호와께서 우리가 그에게 기도할 때마다 우리에게 가까이 하심과 같이 그 신이 가까이 함을 얻은 큰 나라가 어디 있느냐

같은 방식으로 이 텍스트는 출애굽기 33:14-17과도 긴밀하게 관련된다. 이 구절에 의하면 하나님은 모세에게 "내가 친히 [너와 함께] 가리라"라고 말씀하시며, 모세는 "주께서 우리와 함께 행하심"이 이스라엘을 "천하 만민 중에 구별"하시는 결과를 가져오리라고 응답한다. 바벨론으로부

___

도 불구하고 이스라엘과 화해하실 것임을 온 백성에게 증거"하고 있기에 "증거의 성막"으로 불리리라고 말한다.
85) 이는 나중에 "여호와께서 하나님이 되시는 증거"로서 르우벤 지파와 갓 지파에 의해 세워진 "제단"과 비슷하다(수 22:34).

터의 회복이 이루어진 후, 하나님은 이스라엘에게 다음과 같은 명령을 주신다. 즉, 이스라엘은 유일하신 참 하나님이요, 두 번째 속박으로부터 자신들을 다시 구원하고 약속의 땅을 향해 두 번째 출애굽을 행하심으로써 자신의 신적인 전능하심을 나타내실 하나님에 대한 "앎"과 "믿음"을 증거하는 "증인"[86]이 되어야 한다(사 43:10-12; 44:6-8).

이스라엘이 이방 나라에게 "증인"이 되어야 한다는 사실은 여러 텍스트에 암시되지만(참조. 사 43:9), 특히 이사야 55:4에 분명하게 언급되어 있다. 이 텍스트에서 하나님은 다윗을 "만민에게 증인으로" 세우셨다고 말씀하시는데, 이는 전체 이스라엘이 함께 나누어야 할 사명이다. 이스라엘 왕들은 이 "증거"를 수행하는 지도자여야 했다.[87] 이 사명은 이방 나라를 하나님께로 "불러내야" 하는 이스라엘의 과제를 뜻했다(사 55:5). 이 사명을 완수하기 위해서 이스라엘은 먼저 "여호와를 만날 만한 때에 찾고" 그분이 "가까이 계실 때에 그를 불러야" 했다(사 55:6).

그러나 아담이 "여호와 하나님의 낯을 피하여 … 숨은"(창 3:8) 결과로 자신의 사명을 완수하는 데 실패한 것과 마찬가지로, 그분의 참된 인류를 대표하는 이스라엘 역시 하나님의 임재로부터 자신을 분리시킴으로써 주어진 사명을 이행하는 데 실패했다. 따라서 이스라엘이 "아담이라는 공동체적 인격"으로 이해되었다고 보는 것은 과장된 진술이 아니다. 이스라엘 민족의 과제는 처음에 아담이 수행하도록 명령받은 것을 그대로 행하는 데 있었다. 그러나 이스라엘은 아담과 마찬가지로 실패하고 말았다. 동시에 아담처럼 이스라엘도 "동산과도 같은 땅"으로부터 추방당해 포로가 되었다. 이스라엘의 남은 자들은 포로 상태로부터 돌아오기는 했지만, 아담의 과제를 이행하지 못한 이스라엘의 실패는 주후 1세기 초까지 계속되었다.

---

86) 여기서 다시 그리스어역 구약의 *martys*에 해당하는 동일 어근의 'ēd가 사용된다.

87) 예를 들어 대하 23:11은 요아스가 왕이 되었을 때 그들이 그의 손에 "증거"(역자 주-개역개정은 "율법책")를 주었다고 말한다. 이는 그가 율법과 그것이 대표하는 모든 것을 떠받들어야 함을 의미한다. 대하 34:29-33도 참조.

제 4 장

구약 성전의 점차 확대되는
종말론적인 목적

The Temple and the Church's Mission
A Biblical Theology of the Dwelling Place of God

구약성경의 여러 곳에는 에덴과 성전이 지상 세계 전체로 확대될 때까지 성전의 경계선을 넓히라는 하나님의 명령을 의미했음을 보여주는 지시들이 발견된다. 이런 지시들은 나중에 유대인 주석가들에 의해 발전되었다. 때때로 이 개념은 더 넓은 에덴으로 인식되던 이스라엘 땅 전체가 점진적으로 확장되어야 한다는 내용으로 이해되기도 했다. 제4장의 중심 주제는 제3장에 소개된 우리 주장, 곧 에덴에 있던 동산 성소와 이스라엘 성전들의 경계선이 세계 전체를 포괄하려는 의도를 가졌음을 구체적으로 입증하는 가장 강력한 증거 자료 중 하나가 될 것이다. 이미 제3장에서 구약성경의 종말론적인 목적에 대해 논의했지만, 제4장에서는 이 목적에 좀더 분명하게 초점을 맞추고자 한다.

이를 위해 우리는 먼저 점차 확대되는 마지막 때의 동산이나 성전이 발견되는 다수의 구약 텍스트를 개관할 것이다. 이 텍스트들 중 일부는 창세기 1-2장과 함께 후대의 유대교 저자들의 설명에 영감을 줌으로써 이런 설명에 대해 선구자적인 역할을 했다. 유대교 저자들의 설명에 대해서는 제4장 마지막 부분에서 개관할 것이다.

구약성경의 견해

민수기 24:5-9

이 텍스트는 점차 확대되는 동산에 대한 압축된 묘사를 담고 있는데, 이는

제3장 초반부에서 간략하게 소개했던 에덴의 본래 목적[1]에 대한 설명과 유사하다.

> 5야곱이여 네 장막들이
> 이스라엘이여 네 거처들이 어찌 그리 아름다운고[2]
> 6그 벌어짐이 골짜기 같고
> 강가의 동산 같으며
> 여호와께서 심으신 침향목들 같고[3]
> 물가의 백향목들 같도다
> 7그 물통에서는 물이 넘치겠고
> 그 씨는 많은 물가에 있으리로다
> 그의 왕이 아각보다 높으니
> 그의 나라가 흥왕하리로다
> 8하나님이 그를 애굽에서 인도하여 내셨으니…
> 그의 적국을 삼키고…
> 9너를 축복하는 자마다 복을 받을 것이요
> 너를 저주하는 자마다 저주를 받을지로다

이 텍스트와, 성전을 복수형으로 칭하는 후대의 구약 텍스트들 사이의 유사성을 염두에 둔다면 5절의 경우도 마찬가지다.[4] 그뿐 아니라 "장막"

---

1) Brown(1999: 212-215)은 비유적인 차원에서 볼 때 민 24:5-9의 이스라엘 공동체가 또 다른 에덴동산에 해당한다고 본다.
2) *Tg. Neofiti*와 *Tg. Pseudo-Jonathan*은 본행의 히브리어 텍스트를 "회막이 얼마나 아름다운가"로 번역함으로써 "장막들"을 이스라엘의 성막과 분명하게 동일시한다.
3) 70인경은 이 부분을 "여호와께서 심으신 성막들[또는 장막들]"로 번역한다. 여기 대해서는 나중 설명을 보라.
4) 시 43:3; 46:4; 84:1-4; 132:5, 7 등. 레 21:23; 겔 7:24; 렘 51:51 등도 마찬가지. 예를 들어 시 84:1-4은 하나님의 "거처"를 그분의 "궁정"이나 "집"과 동일시한다. Stordalen(2000:

과 "거처"를 뜻하는 두 개의 히브리어 단어는 오경의 다른 모든 곳에서 함께 나올 때(민 24장까지 25회 사용됨), 단 한 번의 경우(민16:27, 복수형임)만 성막 주변에 있는 이스라엘의 거처를 가리키며, 나머지 24회에 걸쳐서는 "성막"을 가리킨다.[5] 만일에 민수기 24:5의 "장막들"과 "거처들"이 성막을 가리키는 복수형이라면 이것은 이스라엘의 임무를 설명하는 또 다른 텍스트라고 할 수 있다. 성막으로서의 이스라엘[6]에 대한 묘사를 온 세상에 널리 퍼지는 초목과 물에 대한 묘사와 연결시킴으로써 말이다. 이스라엘의 "성막"은 "그 벌어짐이 골짜기 같고" 강변을 따라 널찍하게 펼쳐진 "동산"과도 같다.

놀랍게도 그리스어역 구약성경은 6절의 히브리어 "여호와께서 심으신 침향목들 같고"를 "여호와께서 심으신 성막들[또는 장막들] 같고"로 번역한다. 이런 그리스어 번역은 "동산처럼 벌어진 나무들"(6a절)이 참된 "성막(들)"(6b절)을 구성한다고 해석하는 것으로 보인다. 동산 표상을 성막 표상과 긴밀하게 관련시키는 태도가 창세기 2장의 동일한 표상들 사이에 있는 불가분의 관계에 기인한다고 보는 것은 지나치게 사변적일까? 특히 다음

---

443)은 민 24:5의 복수형이 "성막과 그 주변의 진영"을 가리키며, 나중에 "시온에 있는 야웨의 집 주변의 이스라엘 거처들"과 동일시되었으리라는 결론을 내린다(특히 예루살렘을 가리키는 렘 30:18의 동일한 두 복수형에 비추어볼 때 그렇다). *ta hagia*("거룩한 것들")가 한 군데의 성소를 가리킨다는 것에 대해서는 유딧서 4:12; 16:20; 마카베오1서 3:43, 58-59을 보라(Ellingworth 1993: 400을 따랐음). Philo가 자주 "지성소"를 "지극히 거룩한 곳들"(*Leg. All.* 2.56; *Mut. Nom.* 192) 또는 "가장 안쪽의 지극히 거룩한 곳들"(*Som.* 1.216)로 칭한다는 점도 주목하라. 민 24:5에서 "장막들"과 "거처들"로 번역된 히브리어 단어는 각각 ʾōhel과 miškān인데, 이 단어들은 전형적으로 이스라엘의 성막을 칭한다. 대상 17:5는 솔로몬 이전 시기에 하나님이 "이 장막과 저 장막에 있으며 이 성막과 저 성막에 있었다"라고 말한다. 욥 21:28은 "악인이 살던 장막"을 언급한다.

5) 이런 용례는 모두 단수로 되어 있지만 말이다. 마찬가지로 다른 곳에서도 네 번(삼하 7:6; 시 78:60; 대상 6:32; 17:5)에 걸쳐서 단수가 사용된다. 사 54:2의 "장막터…처소"를 참조하라. 나중에 우리는 이 텍스트가 이스라엘의 종말론적 성막을 지시함을 볼 것이다.

6) 후기 유대교 전승은 민 24:5이 이스라엘의 후기 성전에 대한 언급을 포함한다고 보았다: *Tg. Pseudo-Jonathan*; *Neofiti 1 Numbers* 24:5; *Midrash Rabbah Exodus* 31:10; *Midrash Rabbah Numbers* 12:14(특히 강하게 주장함).

에 이어지는 구절들이 아담에게 주어진 사명과 아브라함에게 주어진 약
속을 반향한다는 사실을 볼 때 말이다.[7]

이런 관점에서 본다면, 구약을 넘어서서 이와 관련된 신약 텍스트들
을 간략하게 살펴보는 것은 적절하다. 민수기 24:6의 그리스어역 구약성
경이 "성막"에 대해서 계속 언급한다는 사실에는 주목할 만한 중요성이
있다. 왜냐하면 신약성경의 히브리서 텍스트(8:2)가 민수기 24:6을 하늘의
"참 성막"으로 옮기는 그리스어역 구약성경을 계속 언급하기 때문이다. 또
한 그리스어역 구약은 민수기 24:6을 민수기 24:5과 같이 성소에 대한 복
수형 언급에 해당하는 하늘 "성소들"과 동일시하기도 한다. 물론 히브리서
의 성소는 다음과 같이 천상의 차원을 가리키지만 말이다.[8] 메시아는 "성
소와 참 장막에서 섬기는 이시라 이 장막은 주께서 세우신 것이요 사람이
세운 것이 아니니라." 나중에 히브리서를 연구하면서 보겠지만, 그리스어
역 구약성경에 더하여 민수기 24:5의 동산 언어에 대한 신약성경의 분명
한 해석도 "성막"을 가리킴이 분명하다.

민수기 24:5-8의 묘사는 아브라함에게 주어진 약속과 관련되기도 한
다(7절이 말하는 "씨"의 증가와 9절의 "복과 저주"는 창 12:3b을 되풀이함). 이 텍스트는
태초에 아담에게 주어진 사명을 반영하는 듯하다(7절의 "왕"과 "나라" 및 19절
의 "주권자"를 주목하라).

유대교의 아람어 성경은 민수기 24:5을 그리스어역 구약성경과 같은
방식으로 다룬다. 놀랍게도 어떤 아람어 성경(Tg. Neofiti)은 "여호와께서 심
으신 침향목들 같고"라는 식물학적인 표현이 성막을 가리킨다고 이해한
다. "하나님이 그분의 셰키나(Shekinah)의 집[영화로운 거처]이 되도록 펼

---

7) 창세기에 대한 이런 반향은 창세기의 다른 텍스트에 대한 분명한 언급들을 주목함으로
   써 추가로 확증된다. 예를 들어 유다의 왕권(창 49:9)에 대한 민 24:9의 예언을 보라(민
   24:17에 있는 창 49:10의 인용을 보라).
8) 양자 사이의 또 다른 차이점은 민 24:5에서 복수형은 skēnai지만 히브리서에서는
   hagiōn이라는 점이다.

치신 하늘과 마찬가지로 이스라엘 역시 영원토록 아름답게 살고 지속될 것이요…그분의 피조물 중에서 높임 받을 것이다."[9] 여기서 우리는 하나님이 자신의 영광을 담기 위해 펼쳐두신 하늘 성막의 확장 부분과도 같이, 땅 위에 펼쳐져야 할 이스라엘의 사명에 대한 놀라운 그림을 보게 된다. 또 다른 아람어 성경(*Pseudo-Jonathan*)은 6절의 마지막 부분("물가의 백향목들 같도다")을 이런 방식으로 해석한다. "그들은 레바논의 백향목들처럼 모든 민족 위에 세움을 입고 일으킴을 받는다."

에스겔서

불경건한 나라들이 세상에 대해 행하는 새로운 통치는 때때로 에덴의 나무들의 성장과 관련된 표상으로 묘사되는데 이는 일종의 패러디(parody)다. 이런 나라들의 통치는 땅을 정복해야 할 인류의 사명이 왜곡된 것이기는 하지만, 이 나라들은 점점 자라가는 태곳적 동산의 언어로 묘사된다. 그들이 종말론적인 아담의 사명을 성취하는 데 실패했음을 강조하기 위해서 말이다. 이런 불신앙 제국들은 "도덕 없이 그저 즐기기 위한" 목적으로 동산을 심는다. 그들은 "언약 없는 공동체를 추구하려고…집단 행동을 취한다"(Gage 1984: 60-61). 범죄한 앗수르 제국을 향한 에스겔의 풍자(겔 31:3-16)는 이를 보여주는 가장 훌륭한 사례 중 하나다.

---

9) 이런 번역은 5절의 "장막들"의 영향을 받아 히브리어 *'ăhālîm*("침향목들")을 별다른 의도 없이 평소처럼, 아니면 의도적으로 *'ôhālîm*("장막들")으로 읽은 결과였을 것이다(참조. McNamara 1995: 137). 앞서 살핀 것처럼, 70인경도 거의 똑같이 "여호와께서 심으신 성막들[또는 장막들=*skēnē*] 같고"로 번역한다. 두 히브리어 단어 *'ăhālîm*과 *'ôhālîm* 사이의 발음의 유사성은 그리스어와 아람어 번역자의 해석을 용이하게 만들었다. 동산 전체를 대표하는 "장막들"(에덴을 성막과 동일시하는 견해를 상기시킴)이 제유법에 의해 동산의 일부인 "침향목"을 대신하게 되는 식으로 말이다("장막들"과 "동산들"에 대해서 언급하는 바로 앞 구절들을 주목하라). *Tg. Neofiti*와는 대조적으로 Etheridge는 *Palestinian Fragment Targum*의 약간 다른 번역을 인용한다: "*Memra*(역자 주-타르굼에서 "말씀"을 가리키는 전문용어)가 자신의 *Shekinah*의 거처를 위해 펼치신 하늘과 마찬가지로 이스라엘은…살지니라"(1968: 428-429).

³볼지어다 앗수르 사람은 가지가 아름답고

그늘은 숲의 그늘 같으며 키가 크고

꼭대기가 구름에 닿은 레바논 백향목이었느니라

⁴물들이 그것을 기르며 깊은 물이 그것을 자라게 하며

강들이 그 심어진 곳을 둘러 흐르며

둑의 물이 들의 모든 나무에까지 미치매

⁵그 나무가 물이 많으므로

키가 들의 모든 나무보다 크며

굵은 가지가 번성하며 가는 가지가 길게 뻗어 나갔고

⁶공중의 모든 새가 그 큰 가지에 깃들이며

들의 모든 짐승이 그 가는 가지 밑에 새끼를 낳으며

모든 큰 나라가 그 그늘 아래에 거주하였느니라

⁷그 뿌리가 큰 물가에 있으므로 그 나무가 크고

가지가 길어 모양이 아름다우매

⁸하나님의 동산의 백향목이 능히 그를 가리지 못하며

잣나무가 그 굵은 가지만 못하며

단풍나무가 그 가는 가지만 못하며

하나님의 동산의 어떤 나무도 그 아름다운 모양과 같지 못하였도다

⁹내가 그 가지를 많게 하여 모양이 아름답게 하였더니

하나님의 동산 에덴에 있는 모든 나무가 다 시기하였느니라

¹⁰그러므로 주 여호와께서 이같이 말씀하셨느니라 그의 키가 크고 꼭대기가 구름에 닿아서 높이 솟아났으므로 마음이 교만하였은즉 ¹¹내가 여러 나라의 능한 자의 손에 넘겨줄지라 그가 임의로 대우할 것은 내가 그의 악으로 말미암아 쫓아내었음이라 ¹²여러 나라의 포악한 다른 민족이 그를 찍어 버렸으므로 그 가는 가지가 산과 모든 골짜기에 떨어졌고 그 굵은 가지가 그 땅 모든 물가에 꺾어졌으며 세상 모든 백성이 그를 버리고 그 그늘 아래에서 떠나매 ¹³공중의 모든 새가 그 넘어진 나무에 거주하며 들의 모든 짐승이 그 가지에 있

으리니 [14]이는 물가에 있는 모든 나무는 키가 크다고 교만하지 못하게 하며 그 꼭대기가 구름에 닿지 못하게 하며 또 물을 마시는 모든 나무가 스스로 높아 서지 못하게 함이니 그들을 다 죽음에 넘겨주어 사람들 가운데에서 구덩이로 내려가는 자와 함께 지하로 내려가게 하였음이라…[16]내가 그를 구덩이에 내려가는 자와 함께 스올에 떨어뜨리던 때에 백성들이 그 떨어지는 소리로 말미암아 진동하게 하였고 물을 마시는 에덴의 모든 나무 곧 레바논의 뛰어나고 아름다운 나무들이 지하에서 위로를 받게 하였느니라

이 텍스트에서 앗수르는 에덴과 같은 방식으로 점점 자라나서 땅을 에워싸는 나무로 묘사된다(따라서 에덴의 나무들이 수목과도 같은 앗수르의 성장을 시기한다고 묘사된다). 그러나 앗수르가 성장을 이룩한 방식은 불의하고 죄된 것이었다. 따라서 세계를 뒤덮는 앗수르의 나무는 에덴처럼 심판을 받고 베어져야 했다. 다니엘 4:10-12은 바벨론의 세계 통치에 대해 동일하면서도 훨씬 압축된 그림을 사실적으로 보여준다. 바벨론은 "만민의 먹을 것"이 되는 거대한 나무로 묘사된다. 이 나무는 "땅끝에서도 보였고" 가지들은 땅에 걸쳐 있었다. 참으로 모든 "들짐승이 그 그늘에 있으며 공중에 나는 새는 그 가지에 깃들일" 정도였다. 앗수르처럼 이 나무도 교만과 하나님께 대한 불순종의 죄악으로 인해 심판받고 베일 운명에 처해 있었다.

에스겔서의 앗수르에 대한 묘사의 핵심은 그것을 이집트 왕국에 적용함과 아울러 이집트의 동일한 운명을 예고한다는 데 있다(겔 31:2, 18). 이처럼 세상을 향해 확장되는 동산의 그림을 이집트에 적용하는 것은 이미 제2장에서 살핀 바 있는 이집트 종교의 매력적인 특징에 비추어볼 때 아주 흥미롭다. 이집트인들은 스스로 창조의 첫 번째 언덕(그들에게는 에덴을 뜻함)이 이집트에 있었고, 모든 피조물이 자신의 나라로부터 확장되어 나갔다고 믿었다. 따라서 동산 같은 형상을 풍부하게 가지고 있던 이방 신전들은 이런 우주적인 확장을 상징했다. 그들은 자기 나라가 최초의 창조를

모방하는 과정에서 세계를 다스리고 총괄해야 한다고 믿었다. 이집트의 신전은 최초의 창조의 확장을 상징할 뿐만 아니라, 파라오의 지도력 아래에서 이집트 왕국을 확장시켜야 한다는 명령을 상징하기도 했다.

에스겔 17장과 19장은 이스라엘을 동일한 우주적인 나무, 즉 동산으로부터 크게 자라나다가 베어짐을 당하는 나무로 묘사한다. 앗수르나 바벨론, 이집트 등과는 달리 이스라엘은 자신에게 주어진 새로운 에덴동산을 확장시킴으로써 창세기 1:28의 과제를 수행하라는 하나님의 직접적인 명령을 받았다. 그런데 앞서 살펴본 바와 같이 에덴동산은 때때로 약속의 땅으로 불리기도 했다. 중간기에 속한 일부 유대교 저술가들(예. 집회서)의 낙관적인 성전 이해[10]와는 달리, 에스겔은 이스라엘 역시 아담의 갱신된 사명을 수행하는 데 실패했다는 하나님의 총괄적인 시각을 보여준다. 그들은 주변 나라와 마찬가지로 우상숭배에 빠지고 말았다.

> [22] 주 여호와께서 이같이 말씀하시되 내가 백향목 꼭대기에서 높은 가지를 꺾어다가 심으리라 내가 그 높은 새 가지 끝에서 연한 가지를 꺾어 높고 우뚝 솟은 산에 심되 [23] 이스라엘 높은 산에 심으리니 그 가지가 무성하고 열매를 맺어서 아름다운 백향목이 될 것이요 각종 새가 그 아래에 깃들이며 그 가지 그늘에 살리라(겔 17:22-23)

> [10] 네 피의 어머니는 물가에 심겨진 포도나무 같아서
> 물이 많으므로 열매가 많고 가지가 무성하며
> [11] 그 가지들은 강하여 권세 잡은 자의 규가 될 만한데
> 그 하나의 키가 굵은 가지 가운데에서 높았으며
> 많은 가지 가운데에서 뛰어나 보이다가
> [12] 분노 중에 뽑혀서 땅에 던짐을 당하매

---

10) 여기에 대해서는 제4장 마지막 부분에서 상세하게 살필 것이다.

성전 신학

그 열매는 동풍에 마르고

그 강한 가지들은 꺾이고 말라 불에 탔더니

13 이제는 광야, 메마르고 가물이 든 땅에 심어진 바 되고

14 불이 그 가지 중 하나에서부터 나와 그 열매를 태우니

권세 잡은 자의 규가 될 만한 강한 가지가 없도다(겔 19:10-14)

이런 점에 비추어볼 때, 또한 족장들의 제단 건축 활동에 대한 앞의 연구에 비추어볼 때, "모든 높은 산과 모든 무성한 나무" 위에 우상숭배의 제단들을 세우는 이스라엘의 반복적인 경향(겔 20:28; 왕상 14:23; 왕하 17:10; 렘 2:20; 3:6 등도 마찬가지)은 에덴의 상황을 되풀이하려는 왜곡되고 죄악된 시도라 할 수 있다. 이런 행동에는 오직 심판만이 뒤따랐다. 포로기 이전의 이스라엘은 하나님이 주신 사명을 수행하는 데 실패했으며, 이런 상황은 같은 명령을 이행해야 했던 포로기 이후의 이스라엘에서도 여전히 계속되었다. 흥미롭게도 이사야서는 종말론적인 이스라엘이 나무와 꽃의 특징들을 가진 에덴동산의 모습을 회복한다고 묘사한다. 그 결과 이스라엘은 참된 "성전 숲"이 될 것이다.[11]

이사야 54장

이사야 54장에는 가장 위대한 약속 중 하나, 즉 회복된 이스라엘이 마침내 하나님께 순종하고 세상의 유익을 위해 그분의 뜻을 행하리라는 약속이 나온다. 이 장에 의하면 바벨론 포로기 이후에 이스라엘이 회복될 것이요, 하나님의 참된 인류를 위해 계획된 사명을 완수할 것이다. 이사야 54:2-3은 잉태하지 못하는 여인과 같은 예루살렘을 향해 이렇게 말한다. "네 장막[*obolēk*] 터를 넓히며 네 성막[역자 주-개역개정은 '처소'로 번역함]의 휘장을… 널리 펴되 너의 줄을 길게 하며 너의 말뚝을 견고히 할지어다 이

---

11) Brown 1999: 241-248.

는 네가 좌우로 퍼지며 네 자손은 열방을 얻으며[70인경=기업으로 물려받으며]…." 이 텍스트는 이사야 51:2에서 일찍이 언급되었던 아브라함의 약속("그에게 복을 주어 창성하게 하였느니라"; 이 구절 자체가 창 1:28을 언급함)을 발전시킨 듯하다. 이사야 51:2에서 하나님은 이스라엘을 "에덴 같게…여호와의 동산 같게"(사 51:3, 창 2장에 대해 언급함) 회복시키고 창조하겠다고 약속하신다. 이사야 51:2-3이 아브라함의 약속(창 1:28을 반영하는)[12]과 창세기 2장의 동산에 대한 언급을 결합시킨다는 사실은 창세기 1:28과 창세기 2장 사이에 본래부터 존재했던 동일한 관련성—여기에 대해서는 제3장에서 이미 논의했음—을 반영하는 듯하다.

창세기 1-2장과 이사야 51장 사이의 상호 관련의 가능성에 더하여 창세기를 반영하는 추가적 자료는 이사야 54장에서도 발견된다. 족장들에게 주어진 모든 약속 중에서도 이사야 54장은 특히 창세기 28장을 추가로 상세하게 설명한다. 왜냐하면 이 텍스트는 아브라함의 "씨"가 널리 "퍼져서" 다른 민족에게 영향을 끼치리라는 정확한 표현을 포함한 유일한 약속이기 때문이다.[13]

창세기 28:14	이사야 54:3
"네 씨[zera'; 역자 주-개역개정은 '자손']가…서쪽과 동쪽과 북쪽과 남쪽으로 퍼져 나갈지며 땅의 모든 족속이 너와 네 씨[zera'; 역자 주-개역개정은 '자손']로 말미암아 복을 받으리라."	"이는 네가 좌우로 퍼지며[paraṣ] 네 자손[zera'; 역자 주-개역개정은 '자손']은 열방을 얻으며…."

12) 창 1:28에 대한 반영은 바로 이어지는 사 51:3이 직접적으로 창 2장을 언급한다는 사실을 통해 분명하게 드러난다.
13) Hartopo 2002: 58은 이런 특별한 관련성을 암시한다.

그뿐 아니라 창세기 28장은 벧엘 에피소드(28:10-22)를 야곱에게 주어진 약속, 곧 하나님이 그의 "씨"에게 복을 주시며 그럼으로써 "네가 거류하는 땅을 네가 차지하게"(창 28:4) 하시리라는 약속과 함께 소개한다. 그런데 이 약속은 창세기 28:14이 이사야 54:3("네 자손은 열방을 얻으며")에서 언급되고 있음을 추가적으로 확증한다.[14] 창세기 28:14에 대한 이런 구체적인 언급은 이사야서 텍스트가 성전 경계선의 확장과 관련될 것이라는 가능성을 제기한다. 왜냐하면 앞에서 살핀 바와 같이, 모든 족장 기사 중 창세기 28장의 벧엘 에피소드야말로 추가적 확장 계획을 가진 초기 성전 건축물의 가장 분명한 사례이기 때문이다. 이사야 51:2-3(아브라함의 복, 번성함, 에덴 동산)과 54:2-3[15] 사이에 관련성이 있음을 앞에서도 살폈기 때문에 우리는 하나님을 "너희[이스라엘]를 떠낸 반석과 너희를 파낸 우묵한 구덩이"로 칭하는 이사야 51:1이, 성전의 기초를 놓는 작업에 적합한 은유일 것이라고 제안하려는 유혹을 받을 수도 있다.[16]

---

14) 야곱의 "씨"가 땅을 "소유"할 것이라는 정확한 표현이 담긴 다른 구약 텍스트는 창 22:17; 24:60; 민 14:24; 사 65:9; 시 25:13 등이다. 창 22:17과 24:60은 이차적인 반향을 담고 있다. 왜냐하면 이 두 텍스트는 자손(씨)의 번성을 통한 확장을 언급하기 때문이다. 다른 가능한 평행 텍스트로는 출 34:24; 시 44:2이 있다. 출 34:24은 "네[이스라엘의] 지경을 넓히리니"(참조. 사 53:2)라고 말한다. 반면에 시 44:2은 창 28:14이나 사 54:3과는 다른 히브리어 표현을 사용하기는 하지만 "그들[이스라엘; 역자 주-개역개정은 '우리 조상들']을 번성하게 하셨나이다"라고 말한다.

15) "잉태하지 못하던 여인"이 아이를 낳는다는 이미지가 그렇다(참조. 사 54:1).

16) 왕상 6:7에 따르면 솔로몬 성전은 "돌을 그 뜨는 곳에서 다듬고 가져다가 건축했다." 열왕기상 텍스트가 돌을 마련하면서 "방망이"(maqqebet)를 비롯한 어떤 연장도 사용하지 않았다고 말함은 우연이 아니다. 문자적 의미에서 본다면, "방망이"를 의미하는 히브리어 단어는 "꿰뚫는 도구"나 "꿰뚫는 연장"으로도 번역될 수 있다. 이 단어는 사 51:1에서 발견되는 것과 동일한데, 문자적으로 볼 때 "너희를 파낸['꿰뚫어 만든' 또는 '두들겨 만든'] 우묵한 구덩이"라는 의미다(BDB, 666은 사 51:1의 명사를 "방망이"와는 다른 명사로 분류하지만, 결정적 근거는 없는 듯함). 사 51:1에서 사용되는 것은 원인과 결과를 나타내는 단순한 환유법인 듯하다: 건축의 요소를 강조하기 위해 파내는 작업을 나타내는 일반적인 히브리어 단어 대신에 방망이로 꿰뚫는 작업을 나타내는 단어가 사용되었을 것이다. 이 단어는 다른 곳에서는 사 44:12과 렘 10:4에서만 사용되며, 똑같이 "방

이사야 54:1-3은 이사야 49:19-22을 발전시킨 텍스트다. 이 두 텍스트는 똑같이 예루살렘을 포로 상태에 있기에 "잉태하지 못하는" 여인으로 묘사하면서도, 예루살렘이 그곳에서 많은 자녀를 낳으리라고 말하는데, 이는 예루살렘이 회복되고 열방이 함께 모이리라는 것을 암시한다. 또한 회복된 이스라엘 백성과 이방 민족들의 유입은 예루살렘이 급격하게 확장되어야 함을 의미한다. 이런 팽창은 49:20에 분명하게 언급되어 있다. 이 텍스트에 의하면 회복된 거주민들은 "이곳이 네게 좁으니 넓혀서 내가 거주하게 하라"라고 선언한다. 이사야 54:2-3은 이런 불평에 대해 다음과 같은 예언적인 답변을 제공한다. "네 장막터를 넓히며 네 처소의 휘장을 아끼지 말고 널리 펴라…이는 네가 좌우로 퍼지며…."[17]

"이곳이 네게 좁으니"라는 이사야 49:20의 표현은 예루살렘이나 이스라엘 땅을 가리킨다. 다른 한편으로 이스라엘의 "장막"(skēnē, 70인경)에 대한 이사야 54:2의 언급은 무엇보다도 "성막"(다른 곳에서도 흔히 이렇게 번역함)과 성막의 종말론적인 확장을 암시할 수 있는데, 이는 마지막 날에 이스라엘 전역으로 넓혀질 에덴동산의 확장에 상응한다고 볼 수 있다. 참으로 이스라엘 땅 자체는 이사야 51:3의 에덴과 분명하게 동일시된다. 아마도 이것은 성막의 범위가 확장되기 때문일 것이다(["장막"과 "성막"을 언급하는 히브리어 텍스트와는 달리, 사 54:2의 그리스어역 구약성경은 "skēnē"라는 단어만을 사용함으로써 앞의 두 단어가 동일한 실재를 가리킨다고 이해함). 이사야 54:2이 마지막 날의 성막을 염두에 두었다는 점은 구약의 다른 곳에 있는 복수형 "성막들"(사 54:2의 마소라 텍스트가 그러함)이 이스라엘의 한 군데 성막이나 성전을 가리킬 수 있음을 상기함으로써 추가적으로 확인된다(민 24:5에 대한 앞의 논의를 보라).

장막과 예루살렘 및 에덴 사이의 관련성은 이사야 33:20-21(70인경)에 의해 확증된다. 이 텍스트는 마지막 날의 "예루살렘"을 이렇게 묘사한다.

땅이"를 가리킨다.

17) 이는 사 49장과 54장을 연결시키는 *Tanhuma Leviticus* 2:16의 암시를 그대로 따랐다.

성전 신학

"그것은 부요한 성읍이요, 흔들리지 않을 장막들이다. 그 성막[아마도 이스라엘의 미래 성전]의 말뚝이 영영히 뽑히지 아니할 것이요, 그 줄이 하나도 끊어지지 않을 것이다. 왜냐하면 여호와의 이름이 너에게 크기 때문이다. 너는 한 장소[*topos*]를 가질 것이요, 강과 넓고 광활한 해협까지 가질 것이다." 이사야 54:2-3의 장막이 동산과도 같은 곳(51:2-3)이나 부요한 성읍(54:11-12)과 관련되는 것과 마찬가지로 이사야 33장(70인경) 역시 동일한 그림을 보여준다.

이사야 54:2-3이 성전에 대해 언급한다는 사실은 열 번에 걸쳐서 언급되는 "*topos*"("장소")의 대부분이 구약성경(그리스어역)의 "*skēnē*"("성막")와 직접 관련되어 나타난다는 점을 관찰함으로써 추가적으로 확인된다. 이 두 단어는 성막이나 성전과 동일시되며, 그것들을 가리킨다. 예를 들면 레위기 6:9, 19; 8:31; 사무엘하 6:17; 역대상 15:1; 시편 41:5(예. 대상 15:1을 참조: "다윗이…하나님의 궤를 둘 곳을 마련하고 그것을 위하여 장막을 치고") 같은 텍스트가 있다. 창세기의 다른 두 텍스트조차도 예배 처소와 관련해서 이 단어 쌍을 동일시한다. 왜냐하면 족장들은 "장막"을 친 "곳"에 제단을 쌓았기 때문이다(창 13:3; 33:17-20). 이 둘을 결합시키는 다른 텍스트는 예레미야 10:20이다. 이 텍스트도 두 단어를 동일시하면서 성전 파괴를 언급한다(이 점에서 70인경은 마소라 텍스트보다 더 명확함).[18]

마지막 때의 예루살렘을 야웨와 이제 막 결혼한 여인(사 54:1, 4)이나 귀금속으로 만들어진 성문과 기초 지대와 성벽 등을 가진 성읍(54:11-13)으로 묘사하는 방식은, 이사야 54:2-3이 성막과도 같은 종말론적인 성전을 가

---

18) 구약에서 *topos*는 단독으로 쓰일 때나 형용사와 함께 쓰일 때나(예. "거룩한 곳") 자주 성전을 가리킨다(히브리어 *māqôm*의 번역인 *topos*는 70인경에서 350번 이상 나오는데, 그중에서 40번 정도는 성전을, 10번 정도는 약속의 땅을 가리킨다. 또한 20번 정도는 약간이나마 성소와 관련된 약속의 땅을 가리킴). 마카베오2, 3, 4서에서 20번에 걸쳐 *topos*는 수식하는 형용사를 갖건 안 갖건, 성전을 가리키는 듯하다(70인경 자료에 대한 유사한 결론에 대해서는 Koester, '*topos*', *TDNT*, 8:195-199, 204-205).

리킬 가능성을 높여주며, 요한계시록 21장에 있는 요한의 도시-성전의 확대된 차원을 상기시킨다. 이로써 요한계시록은 이사야 54장이 부분적으로 마지막 때의 웅대한 도시-성전에 대해 예언하는 텍스트라고 이해한다.[19]

마찬가지로 후기 유대교 전승은 이사야 54:1-3이 부분적으로 이스라엘 성전을 가리킨다고 이해한다.[20] 또한 일부 유대교 전승은 이사야 54:2과 에스겔 41:7(계 21장은 이 두 텍스트의 문맥을 똑같이 언급함)에 기초해서, 새 예루살렘이 구속함을 입은 사람들을 수용하기 위해서 급격하게 확대된 차원을 가질 것이라고 기대했다(예를 들어 사 54:2을 참조함으로써).[21] 급격하게 확장된 마지막 때의 예루살렘에 대한 다른 기대들은 후기 유대교에서 찾아볼 수 있다.[22]

인구 증가에 따른 성막의 확장(사 54:2-3)은 제3장 서두에서 우리가 일찍이 논의한 내용, 즉 에덴의 동산 성소가 아담의 무수한 후손의 증가 때문에 확장되어야 했다는 점과 맥을 같이한다.

---

19) Beale 1999a: 1082-1087을 보라. 1109-1111도 참조.

20) *Pesikta de-rab Kahana*, Piska 20은 사 54:1의 "잉태하지 못하는" 여인 같은 예루살렘이 폐허가 된 성전을 가리킨다고 말한다. *Midrash Rabbah Genesis* 59:5은 이스라엘 땅의 종말론적인 분배에 대해 묘사하면서 사 54:3을 겔 48장과 결합시킨다. 겔 48장은 겔 40-47장의 종말론적인 성전과 직접적으로 관련된다. 마찬가지로 동일한 이사야서 텍스트는 예루살렘의 초자연적인 확장을 묘사하면서 겔 41:7("성전의 너비는⋯높아질수록")과 결합되기도 한다(*Midrash Rabbah Song of Songs* 7:5 §3이 그러함; *Pesikta de-rab Kahana*, Piska 20도 마찬가지).

21) 참조. *Midrash Rabbah Genesis* 5:7; *Midrash Rabbah Leviticus* 10:9; *Pesikta de-rab Kahana*, Piska 12.22과 Piska 20.7; *Tanhuma Leviticus* 2:16. 마찬가지로 겔 41:7과 관련해서는 *Sifre on Deuteronomy*, Piska 1; *Pesikta Rabbati*, Piska 41.2; *Midrash Rabbah Song of Songs* 7:5 §3을 참조하라.

22) *Midrash Psalms* 36:6; 48:4; *Pesikta Rabbati*, Piska 1.3; 21:8; *Pesikta de-rab Kahana*, Suppl. 5.4; *Pesikta de-rab Kahana*, Piska 21.4. 초기 유대교는 크게 확장된 새 성전을 기대하기도 한다(에녹1서 90:28-29[여기 대해서는 아래의 설명을 보라]; 토비트서 13:13-18과 14:5).

이사야 66장

이사야 66:1은 "여호와께서 이와 같이 말씀하시되 하늘은 나의 보좌요 땅은 나의 발판이니 너희가 나를 위하여 무슨 집을 지으랴 내가 안식할 처소가 어디랴"라고 진술한다. 이 질문에 대한 암시되지만 정확히 진술되지는 않은 답변은, 사람이 세운 어떤 건축물도 하나님이 거하시기에 적절치 않다는 내용이다. 이 텍스트는 역대하 6:18[23]의 솔로몬의 기도에 대해 언급하는 듯하다. 따라서 먼저 기도문 전체를 기록하는 역대기 텍스트를 개관할 필요가 있다. 역대하 6:18에 의하면 솔로몬은 이렇게 기도한다. "하나님이 참으로 사람과 함께 땅에 계시리이까 보소서 하늘과 하늘들의 하늘이라도 주를 용납하지 못하겠거든[24] 하물며 내가 건축한 이 성전이오리이까." 이 기도는 지상의 성전이 영원한 건축물로서가 아니라 단지 이스라엘의 신정 통치 기간에 하나님의 한시적인 거처로만 만들어졌음을 의미한다. 이 점은 32-33절의 내용을 관찰함으로써 암시받을 수도 있다. 이 두 구절은 이스라엘의 성전이 보편적인 목표를 가진다고 말한다. 성전은 "이방인들"로 하여금 "이 성전을 향하여 기도하게 함으로써…땅의 만민이 주의 이름을 알고…주를 경외하게 하기 위한" 목적을 가지고 있었다.

성전의 이런 목적은 이사야 56:7에 공식적으로 표현되어 있다. 이 텍스트는 마지막 때의 성전을 "만민이 기도하는 집"으로 부른다. 나중에 예수도 이스라엘의 두 번째 성전이 가지는 결점을 부각시키기 위해 이 텍스트를 인용하셨다. 이방 민족들을 위한 이런 보편적인 목적이 지역 성전을 황폐하게 만들 것이라는 점은 나중에 살펴보기로 하겠다. 창세기 1-2장을 위시해서 다른 텍스트에서 성전이 전 세계로 확장될 것임을 암시하는 내용은 앞에서 이미 살펴보았다.

---

23) 역대기하의 편집이 이사야 이후에 이루어진 것은 사실이지만, 이사야는 나중에 역대기 저자에 의해 기록된 솔로몬의 기도 내용을 보존하던 구두 전승 자료를 알고 있었던 것 같다.

24) 마찬가지로 바룩서 2:16을 3:24-25; Josephus, *War* 5.458과 함께 참조하라.

이사야 63:15은 현재의 참된 하나님의 성전이 오직 하늘에만 있음을 강조한다. "하늘에서 굽어 살피시며 주의 거룩하고 영화로운 높은 처소(zēbûl, 하늘의 성전)에서 보옵소서"(Koehler and Baumgartner 1994: 263). 지성소는 비가시적인 하늘의 성전과 하나님의 보좌를 표상하는데(=사 66:1a), 이 장소는 하늘의 차원이 지상 세계에까지 확장된 실제적인 장소요, 이사야의 용어를 빌자면 언약궤를 가리킴이 분명한 그분의 "발등상"이었다.[25]

이사야 64:1-2은 하나님의 하늘 성전이 땅으로 내려와 이 땅을 품고자 하는 열망을 표현하는 듯하다(특히 63:15에 비추어볼 때). "원하건대 주는 하늘을 가르고 강림하시고 주 앞에서[참조. 출 19:18!] 산들이 진동하기를…주의 원수들이 주의 이름을 알게 하시며 이방 나라들로 주 앞에서 떨게 하옵소서." 이것은 하나님의 임재가 새로운 계시의 차원에서 땅으로 내려올 것임을 간절히 바라는 탄원이다. 첫 번째 출애굽에 내재된 하나님의 계획을 마침내 이루기 위해서, 시내 산(앞서 주장한 것처럼 산에 있는 성전)과 첫 번째 출애굽 이후의 성막에서 이루어진 그분의 계시로부터 유추해서 말이다(Kissane 1943: 299). 하나님의 이런 계획 중 일부는 그분의 특별한 계시적인 임재가 성막(과 모세)에 한정되지 않고 그분의 참된 백성 모두에게 확장될 것임을 의미했다. 이런 계시의 보편적인 목표는 이사야 66:18-21에 잘 표현되어 있다. 이 텍스트에 의하면 하나님은 이방인들을 새롭게 확장된 성전에서 봉사할 "제사장"과 "레위인"으로 세우실 것이다(Young 1996: 535). 유사한 예언, 즉 외국인들이 성전의 제사장이 될 것이라는 예언은 이사야 56:3-8에서도 발견된다.

따라서 미래를 지향하는 이사야 63-66장(실제로는 사 40-66장)의 구속사적인 "새로운 출애굽" 맥락은 이사야 66:1을 강하게 지시한다. 이 텍스트는 단순히 현재의 우주 전체가 하나님이 거주하시는 성전임을 가리킬 뿐

---

25) "발등상"의 동일한 용례는 대상 28:2; 시 99:5; 132:7; 애 2:1 등에서도 발견된다. 추가로 Haran 1978: 255-257을 보라.

성전 신학

만 아니라(Levenson 1984: 296에게는 실례가 되겠지만), 그분이 창조하고 영원토록 거하실, 현재의 하늘 성전의 확장이라 할 미래의 새로운 우주와 성전이 도래할 것임을 의미하기도 한다.

이사야 57:15	이사야 66:1-2
"지극히 존귀하며 영원히 거하시며 거룩하다 이름하는 이가 이와 같이 말씀하시되 내가 높고 거룩한 곳에 있으며 또한 통회하고 마음이 겸손한 자와 함께 있나니 이는 겸손한 자의 영을 소생시키며 통회하는 자의 마음을 소생시키려 함이라."	"¹여호와께서 이와 같이 말씀하시되 하늘은 나의 보좌요 땅은 나의 발판이니 너희가 나를 위하여 무슨 집을 지으랴 내가 안식할 처소가 어디랴 ²나 여호와가 말하노라 내 손이 이 모든 것을 지었으므로 그들이 생겼느니라 무릇 마음이 가난하고 심령에 통회하며 내 말을 듣고 떠는 자 그 사람은 내가 돌보려니와."

이사야 57장은 성전에 관한 종말론적인 예언을 구성한다(56:3-8을 발전시키고 있음). 이 텍스트는 하나님이 하늘 성소로부터 내려오셔서 이 하늘 성소가 겸손한 성도들을 포함할 수 있도록 확장시키실 것임을 확증한다. 이처럼 이사야 66:1-2은 구속사로부터 분리된 일반적인 신학적 진술이 아니라 57:15을 부연 설명하는 내용이다. 다가올 미래에 하나님은 자신의 하늘 성전이 지상 세계로 내려와 "통회하고 마음이 겸손한 자"를 품게 하실 것이다.²⁶⁾ 따라서 이사야 66:2은 바로 앞에 나오는 66:1의 질문(두

---

26) Bruce(1990: 212-213)는 이사야서의 두 텍스트 사이의 평행 관계를 행 7:55-56이 아니라 행 7:48-50 및 히 9:11과 관련시킨다. 사 66:2의 "돌본다"는 하나님이 자신의 하늘

가지 다른 방식으로 제기된), 즉 사람이 만든 구조물이나 옛 창조에 속한 것 중 어떤 것이 영원하신 하나님의 항구적인 처소가 될 수 있겠느냐는 질문에 대해 부정적인 답변이 예견되는 두 가지 이유를 제시한다. 첫 번째 이유는 이렇다. "내 손이 이 모든 것을 지었으므로 그들이 [나에 의하여] 생겼느니라." 하나님은 창조주이시기에 그분이 만든 피조 세계 중 어떤 것도 그분의 임재를 포함할 만큼 충분히 크지 않으며, 죄로 오염된 옛 창조의 어떤 부분도 그렇게 할 수 없음이 분명하다.[27]

우상숭배의 성향을 가진 옛 세계와 장차 이루어질 하나님의 새로운 세계 및 성전 사이의 이런 괴리는 "마음이 가난하고 심령에 통회하는" 사람들(66:2)과 우상과 더불어 살기를 좋아하는 자들(66:3-5)을 대비시킴으로써 강조된다. 우상숭배자들은 나름의 신앙을 고백하면서도 참된 하나님의 백성을 미워한다. 따라서 그들은 하늘 성전에 계신 하나님의 심판을 받을 것이다(66:5-6). 모든 우상숭배는 새 창조가 오기 전에 제거되어야 한다. 옛 "하늘은 연기같이 사라지고 땅이 옷같이 해어지며"(사 51:6), 죄로 인해(참조. 51:6-8; 13:9-13; 34:1-6도 참조) "하늘의 만상이 사라질" 것이다(사 34:4). 대조적으로 하나님의 영원한 구원 임재는 새로운 "에덴동산"에서 숨김없이 다시 드러날 것이다(사 51:3 + 51:6-8).[28] 오직 완전한 새 창조만이 창조주의 임재

성막 임재로부터 내려오셔서 통회하는 자에게 은총과 복을 주실 것임을 의미한다(다른 곳에서 "돌본다"[nābat]는 하나님이 자신의 하늘 성전으로부터 복을 내려주심을 가리킬 수도 있다: 사 63:15; 64:9; 시 33:13; 80:14; 102:19; 하늘 성전으로부터 임하는 저주를 가리키는 사 18:4을 보라).

27) 옛 피조물의 상태를 부정적으로 묘사하는 사 65:16-23의 설명과, 옛 세계를 우상숭배와 관련시키는 65:2-12; 66:3-5의 설명을 주목하라!

28) 우주적인 재앙에 관한 언어가 문자적인 의미를 가지는지, 그렇지 않은지에 대한 논의에는 별로 큰 관심을 기울이지 않았다. 우리는 이 텍스트들이 적어도 범죄한 옛 세계 시대와 구별되는 혁신적이고 정화된 새로운 세계 체제를 확증한다고 보는 것에 만족할 것이다. 이 문제에 대한 우리의 최종적 판단은 이사야의 예언이 신약 시대에 "비물리적인" 방식으로 성취되기 시작했으며 물리적으로도 완전히 성취되었다는 것이다. 이런 언어의 본질에 대한 추가적 논의를 위해서는 아래의 사도행전 단락(282-286쪽)과, 앞

를 제대로 수용할 수 있다. 이런 이유로 이사야 66:1-2은 구약의 모든 텍스트 중 가장 잘 알려진 새 창조 텍스트인 이사야 65:17과 66:22 사이에 끼어 있다. 사실 이사야 66:1, 2은 65:16에서 이미 시작된 새 창조 예언을 어느 정도 이어간다고 할 수 있다.[29]

이사야 66:1의 질문에 대해 부정적인 답변이 암시되는 두 번째 이유는 57:15의 평행 텍스트에 비추어 살펴보아야 한다. 하나님은 새 창조를 통해 "통회하고 마음이 겸손한 자들"을 "소생시킴으로써"(아람어역은 이것을 57:16의 부활한 사람들로 해석한다) 그들로 자신의 새로운 질서에 속하도록 하실 것이다. 그 결과 하나님은 자신의 새 창조를 포함시키기 위해, 그리고 그 안에서 살게 될 사람들을 포함시키기 위해 하늘 성전을 확장하신 후 그들과 함께 "거하실" 것이다. 달리 말해서 옛 창조 질서 안에 있던 모든 것은 하나님의 임재를 담는 데 부적절하며, 옛 세계로부터 벗어나 그분과 함께 거주할 자들은 새롭게 창조되어 새 창조의 일부가 되어야 한다는 이야기다. 신약성경의 사건들을 기대하는 사람이라면 누구나 "통회하고 마음이 겸손한 자"이신 예수를 부활의 때 이 예언이 성취했음을 드러내는 훌륭한 사례로 인식하는 것이 얼마나 적절한지를 깨달을 수 있다. 고통당하던 그의 종 스데반도 마찬가지다.

이사야 66:1-2이 마지막 날의 성전을 가리킨다는 것은 사도행전 7장에 있는 스데반의 설교로 추가적으로 뒷받침된다. "이 거룩한 곳과 율법을 거슬러" 말한다는 사람들의 비난(행 6:13-14)에 대해 스데반이 "예수가 이곳을 헐고 또 모세가 우리에게 전하여 준 규례를 고치겠다"라고 하면서 이사야 66:1(행 7:49)을 인용한 것은 우연이 아니다. 이 비난은 예수를 향한 마가복음 14:58의 비난, 즉 "우리가 그의 말을 들으니 손으로 지은 이

서 언급했던 Beale 1999a의 계 6:12-14과 21:1, 4에 대한 설명을 보라.
29) 이런 관점에서 볼 때 사 65:22[70인경, 타르굼]이 마지막 날에 있을 사 51:3의 에덴 이미지를 반복하면서 "생명나무의 날들과도 같이 새로운" 상황을 가리킴은 우연이 아니다.

성전을 내가 헐고 손으로 짓지 아니한 다른 성전을 사흘 동안에 지으리라 하더라"와 평행을 이룬다. 이런 이유로 스데반의 설명은 예수의 지상 사역 및 특히 그의 부활과 함께 시작된 종말론적인 성전 건축과 관련된다(요 2:19-22이 그러함). 그런데 예수의 종말론적인 성전 건축은 이스라엘에게 주어졌던 회복의 약속이 서서히 시작되고 있음을 나타내는 사건이었다. 물론 이 약속은 일부 남은 자들이 바벨론으로부터 돌아옴으로써 다만 소규모로 이루어지기 시작했을 뿐이지만 말이다.[30]

스데반은 이스라엘의 물리적인 성전들이 "손으로 만든" 것이기에(행 7:44-47) 결코 하나님의 항구적인 처소가 될 수 없다고 선포한다. 그가 이사야 66:1을 인용한 주요 목적은 우상숭배로 얼룩진 첫 번째 우주를 자신의 손으로 직접 창조하셨던 하나님이(행 7:44-47을 7:50과 대조되는 7:41-43과 비교하라) 마찬가지로 새롭고도 영원한 피조 세계와 예루살렘도 사람의 손으로가 아니라 자신의 손으로 창조하실 것임을 분명하게 밝히는 데 있다(사 65:17-19; 66:22). 레벤슨은 이사야 65:17-19의 새 창조와 예루살렘이 새 성전에 상응한다고 주장했는데[31] 이런 견해는 틀리지 않다. 레벤슨의 결론은 이사야 66:21-23에 의해 추가로 확인된다. 이 텍스트에서 다가올 "새 하늘과 새 땅"(22절)은 하나님이 이방인들을 "제사장과 레위인"으로 "삼으시는" 이유로 제시된다(21절). 달리 말해서 이방인들이 제사장에 포함되는 이유는 이제 참된 예배와 성전 봉사의 자리가 지리적으로 볼 때 시간적 제약을 받는 옛 예루살렘이 아니라 지상 세계 전체가 될 것이요, 영원토록 "온 인류가 내 앞에 나아와 예배할 것"이기 때문이다(사 66:23).[32] 이것은 어떤 지상 건축물도 하나님의 임재를 포함하지 못한다고 말하는 이사야 66:1b에 암시된 이유이기도 하다. 왜냐하면 그분의 임재는 사람

---

30) 여기 대해서는 추가로 N. T. Wright의 여러 저작(예. 1992b)과 Watts 1997을 보라.
31) 제1장 서론 부분을 보라.
32) 이는 요 4:20-24의 요점이기도 하다. 예를 들어 "이 산에서도 말고 예루살렘에서도 말고 너희가 아버지께 예배할 때가 이르리라"(4:21)라는 말씀이 그렇다.

이 만든 어떤 처소에도 적합하지 않은, 사람들 한가운데 있을 것이기 때문이다.

앞서 논의한 바와 같이 우리는 하나님이 우주를 창조 사역 이후에 안식을 취하셨던 자신의 거대한 성전이 되도록 창조하셨다고 가정할 수 있다. 그럼에도 그분의 특별한 계시적인 임재는 지상 세계 전부를 채우지는 않는다. 왜냐하면 하나님의 의도는 동산에 세우신 자신의 인간 대리인이 그분의 임재 장소인 동산의 경계선을 전 세계에 확장시키는 목적을 성취하도록 하는 것이었기 때문이다. 물론 알다시피 아담은 이 명령에 불순종했다. 그 결과 인류는 더 이상 하나님의 동산 임재를 맛볼 수 없었고, 지상 세계 전체는 여전히 불완전한 상태에 머물러 있으면서 이전과는 전혀 다른 방식으로 죄와 우상숭배에 오염되었다.

따라서 하나님이 지상 세계의 어떤 구조물 안에도 거주하실 수 없다는 진술은 창조주의 초월성을 가리킬 뿐만 아니라, 정화와 재창조의 필요성을 언급한다. 이전에 하늘 및 땅의 지성소에 국한되었던 하나님의 셰키나 임재가 무수한 예배자들과 더불어 피조 세계에 보편적으로 거주할 수 있기 전까지는 말이다.

예레미야 3장과 관련 텍스트들

앞에서 우리는 예레미야 3:16-18이 창세기 1:28의 사명을 종말론적인 성전 개념과 결합시키는 동시에 하나님의 성막 임재가 더 이상 제의 공간 내부에 한정되지 않을 것임을 분명히 밝히고 있음을 살펴보았다. 여기서는 예레미야서의 이 텍스트를 다시 인용할 필요가 있다.

[16]여호와의 말씀이니라 너희가 이 땅에서 번성하여 많아질 때에는 사람들이 여호와의 언약궤를 다시는 말하지 아니할 것이요 생각하지 아니할 것이요 기억하지 아니할 것이요 찾지 아니할 것이요 다시는 만들지 아니할 것이며 [17]그 때에 예루살렘이 그들에게 여호와의 보좌라 일컬음이 되며 모든 백성이 그리

로 모이리니 곧 여호와의 이름으로 말미암아 예루살렘에 모이고 다시는 그들의 악한 마음의 완악한 대로 그들이 행하지 아니할 것이며 [18]그때에 유다 족속이 이스라엘 족속과 동행하여 북에서부터 나와서 내가 너희 조상들에게 기업으로 준 땅에 그들이 함께 이르리라

마지막 회복의 때에 이스라엘은 마침내 "생육하고 번성하라"라는 창세기의 명령을 이행할 것이다(렘 3:16). "모든 백성이 … 예루살렘에 모이고"라는 설명은 그들도 이 사명을 성취하는 데 모종의 역할을 할 것임을 암시한다. 이런 성취는 이스라엘의 이전 성전과 다를 미래 성전의 약속과 결합되어 있다. 그러나 갱신된 예루살렘에서는 옛 성전의 가장 중요한 물품인 언약궤조차도 존재하지 않을 것이다. 도리어 야웨의 임재만이 새로운 성전이 될 것이다. 언약궤는 하늘로부터 땅까지 펼쳐진 하나님의 주권적인 임재의 특별한 현현을 표상했다. 언약궤는 계속해서 하나님의 "발등상"으로 불린다(대상 28:2; 시 99:5; 132:7). 다양한 구약 텍스트는 하나님이 지상 세계의 성전에 있는 자신의 발등상, 곧 언약궤 위에 발을 얹으신 채 하늘 보좌 위에 앉아 계신다고 묘사한다. 예를 들어 이사야 66:1은 "하늘은 나의 보좌요 땅은 나의 발판이니"(왕하 19:15; 애 2:1도 마찬가지)라고 한다. "발등상"은 솔로몬의 "보좌"에도 부착되어 있었는데(대하 9:18), 이는 언약궤가 하나님의 하늘 보좌의 발등상이라는 개념을 따라 만들어졌다.

이렇듯 언약궤와 하나님의 하늘 보좌는 불가분의 관계에 있었다.[33] 예레미야는 거룩한 구조물이 예루살렘 안에 건축되겠지만, 미래의 예루살렘 전체가 "야웨의 보좌"로 불릴 것이라고 말한다. 왜냐하면 마지막 때에는 옛 성전의 본질인 하나님의 통치가 아무 제약 없이 자유롭게 표현되겠기 때문이다. "온 성읍이 보좌가 되고 따라서 **별도의 보좌**(즉 보좌를 대표하

---

33) Holladay(1986: 121)는 일부 구약 저자들이 언약궤를 하나님의 보좌 자체로 보았다고 말한다. 더 정확하게는 보좌의 "발등상"으로 보는 편이 더 낫겠지만 말이다.

는 '언약궤')가 더 이상 필요하지 않을 것이다"(Woudstra 1970: 97, 비일 강조). 아마도 에스겔 40-48장은 동일한 현실을 암시하는 듯하다. 이 텍스트에 의하면 언약궤는 더 이상 성전에 존재하지 않을 것이다. 에스겔이 본 환상은 새 예루살렘이 "야웨께서 거기 계시다"라는 이름으로 불리리라는 진술에서 절정에 도달한다(48:35). 이는 고대 근동에서 평행 자료가 발견되는 내용이기도 하다. 수메르의 "신전"에 대한 묘사에는 두 번에 걸쳐서 "참으로 이는 하나의 성읍인데, 누가 그 내부 구조를 알까?"라는 진술이 포함되어 있다(Keš Temple Hymn, lines 58-59 in Sjoberg et al. 1969: 170-171).

동일하게 이사야 4:5도 마지막 때에 시온 전역이 성소가 되리라고 한다. "여호와께서 거하시는 온 시온 산과 모든 집회 위에 낮이면 구름과 연기, 밤이면 화염의 빛을 만드시고 그 모든 영광 위에 덮개를 두시며." 이사야 4장이 성막이 될 예루살렘 전역을 가리킨다는 점[34]은 "불"과 "구름"이 시내 산(앞에서 살폈듯 산악 성전)에서나 성막에서 하나님의 임재를 表現하며, "덮개"(민 9:15-16)가 "성막"의 적절한 동의어라는 것(Woudstra 1970: 98-99)을 생각할 때 분명히 드러난다. 이사야 4:6은 "덮개"를 "성막"의 동의어(삼하 11:11; 참조. 시 31:20; 행 15:16-18, 암 9:11-12을 인용)일 수도 있는 "sukkâ"("초막")로 칭함으로써 이런 관련성을 추가로 보여준다.

초기 유대교 묵시문학인 바룩2서도 똑같은 현실을 다음과 같이 예견한다. 하나님은 모세에게 "마지막 때"를 보이며 "…그 후에는 현재 성소의 모양을 본떠 만든 시온의 모양을 구체적인 치수까지 보여주셨다"(바룩2서 59:4). 마지막 날의 시온[35]은 예레미야 3장에 표현된 개념과 유사한 성막의 양식을 따라 만들어질 예정이었다. 제3장에서 살핀 바와 같이 에스겔

---

34) *Midrash Rabbah Numbers* 21:22은 이 덮개의 광채가 "세계의 한쪽 끝에서 다른 쪽 끝으로 빛나리라"라고 말한다.
35) 갱신된 시온이 바룩2서 59장의 중심 주제라는 사실은 바룩2서 4:1-7의 뚜렷한 평행 자료를 통해서 분명하게 드러난다. 바룩2서 4:1-7은 옛 시온을 "건축물"로 부르며, 마지막 때의 시온을 모세에게 보여진 "성막의 모양"과 긴밀하게 연결시킨다.

37:24-28은 종말론적인 "성소"가 예루살렘까지뿐만 아니라, 이스라엘에게 주어진 약속의 땅 전역으로 확장될 것임을 암시한다(37:24-25이 암시하는 것처럼; 특히 37:27을 참조하라: "내 처소가 그들 위에[전치사 'al; 역자 주-개역개정은 '가운데에'로 번역함] 있을 것이며"; Woudstra 1970: 98). 에스겔 37:28은 성전의 전 세계적인 영향력에 관해 언급하기까지 한다. 왜냐하면 성전이 확립된 결과 "내가…여호와인 줄을 열국이 알게" 될 것이기 때문이다.

창세기 1:28의 사명이 마침내 성취될 때 성전에 있는 언약궤의 중요성이 약화되는 이유는 단순한 물리적인 성전보다 더 위대한 성전, 곧 예루살렘 전역을 포함할 뿐만 아니라(렘 3:17의 요점), 세계 전체를 포함할 위대한 성전이 확립될 것이기 때문이다. 이런 논지는 여기서 분석된 모든 텍스트가 증거하는 바다. 이 미래의 성전은 이전 성전과 비교가 안 될 만큼 크기 때문에 하나님의 백성은 "그것을 생각하지 아니할 것이요 기억하지도 아니할 것"이다(렘 3:16). 그뿐 아니라 소규모의 지역 성전에 있던 물품인 언약궤를 "다시는 만들지 아니할 것"이다. 왜냐하면 언약궤가 가리키던 모든 것이 이미 실현되었기 때문이다. 학개 2:9은 "이 성전의 나중 영광이 이전 영광보다 크리라"라고 함으로써 동일한 현실을 묘사한다. 바로 이런 점에서 예레미야 3장은 종말론적인 성전의 위대한 영광이 일단 현실화되고 나면 더 이상 사람들이 이전 성전의 덜한 영광에 초점을 맞추지 않을 것임을 확증하고 있다. 그들이 이전 성전을 재건하려고 하지 않을 것임도 물론이다.[36]

예레미야 3:16의 "그리고 그것이 생각나지 않을 것이요 그들은 그것을 기억하지 아니할 것"이라는 구절(약간의 텍스트 변형이 있음)은 다른 텍스트에서 다가올 새 창조의 위대함이 이전 성전인 예루살렘의 기억을 약화시킬 것이며, 옛 창조를 먼 옛날에 대한 때늦은 기억으로 축소시킬 것이라고 말

---

36) 대조적으로 유대교의 일부 분파는 언약궤가 감추어졌다가 마지막 때 성전으로 돌아오리라고 믿었다: 마카베오2서 2:1-18; 바룩2서 6:6-9; *Mishnah Sheqalim* 6.2.

하는 방식에 해당한다. 예를 들어 이사야 54:1-3은 성막의 전 세계적인 확장을 언급한 후 4절에서 다음과 같은 내용을 추가한다. "네가 네 젊었을 때의 수치를 잊겠고 과부 때의 치욕을 다시 기억함이 없으리니." 이것은 이스라엘의 포로 시기가 다가올 새 성전(54:1-3)과 새 성읍(54:11-12)의 회복, 이스라엘 자신의 새로운 창조(54:5과 54:9-10을 비교) 등과 비교될 수 없음을 의미한다. 이사야 65:17-18은 똑같은 현실을 다음과 같이 확증한다. "보라 내가 새 하늘과 새 땅을 창조하나니 이전 것은 기억되거나 마음에 생각나지 아니할 것이라 너희는 내가 창조하는 것으로 말미암아 영원히 기뻐하며 즐거워할지니라 보라 내가 예루살렘을 즐거운 성으로 창조하며 그 백성을 기쁨으로 삼고."

"기억하거나 마음에 생각나지 않는다"와 동일한 표현이 예레미야 3:16에서처럼 여기서도 사용되어 다가올 새 창조에까지 적용된다. 미래의 새로운 세계는 옛 세계와 옛 세계의 포로 상태와 비교될 수 없으므로 하나님의 백성은 더 이상 "이전 것들"에 집착하지 않을 것이다. 놀랍게도 이사야 65장의 이 구절들은 지리적으로 볼 때 새 예루살렘이 새 창조가 이루어지는 자리에서 창조되리라고 말하지 않는다. 도리어 17절이 예언하는 "새 하늘과 새 땅"은 18절에 있는 새 예루살렘의 창조와 동일시되는 듯하다(17a절과 18a절에 동일하게 있는 "보라 내가 창조하노라"라는 평행 구절을 주목하라).[37] 이사야 54:1-3에 대한 앞의 분석은 미래의 예루살렘이 확대되리라고 보는 견해(사 65:17-18)를 이처럼 확증해준다. 이사야 43:18-19a도 이전 창조를 새 창조와 대비시키기 위해 동일한 부정문을 사용한다. "너희는 이전 일을 기억하지 말며 옛날 일을 생각하지 말라 보라 내가 새 일을 행하리니 이제 나타낼 것이라 너희가 그것을 알지 못하겠느냐 반드시 내가 광야에 길을 사막에 강을 내리니."

---

37) 앞서 살핀 바처럼, 이런 동일시는 Levenson 1988: 89-90; 1984: 294-295에서 가장 설득력 있게 주장된다.

따라서 이전의 현실을 기억하지 못하리라는 강한 부정문이 회복의 문맥에서 사용될 경우, 그것은 다가올 새 창조(특히 확장된 새 예루살렘)의 위대함과 이스라엘의 이전 성읍이나 성전을 대비시키는 의미를 가진다. 예레미야 3:16-17이 이처럼 확장된 예루살렘을 함축한다는 사실은 이사야서의 새 창조 텍스트들과의 관계를 통해서뿐만 아니라, 옛 예루살렘의 크기가 마지막 날에 "한데 모일 모든 민족들"을 포함할 만큼 충분하지 못함을 깨달음으로써도 확인된다.[38]

우리는 제4장의 마지막 부분에서 초기 유대교 저작인 에녹1서 90장에서도 동일하게 발견되는 신구 대조 부정문의 의미와 마지막 때의 확장된 성전에 관한 설명을 살펴보고자 한다. 동일한 보편적인 신구 대조 부정문의 의미는 예레미야 3:16-17도 창세기 1:28의 사명이 마침내 성취되리라고 약속한다는 점을 상기할 때 분명하게 드러난다. "땅을 가득 채우고"(창 1:28) "온 땅을…다스리는"(창 1:26) 목표를 이루기 위해 이스라엘 백성과 "모든 민족"이 "번성하여 많아질" 때(16절과 17절을 비교하라) 말이다. 상당한 인구 증가를 위해 최초의 부부의 순종에 맞추어 에덴이라는 최초의 성전의 확장이 반드시 필요했던 것처럼, 마침내 하나님의 백성이 아담과 하와가 마땅히 해야 했던 바대로 행동할 때도 성전과 예루살렘의 확장이 요청될 것이다. 이런 결론은 이사야 4:5; 에스겔 37:26-28; 이사야 54:2-3 등에 관한 우리 판단과 일치한다. 이 세 텍스트는 각각 예루살렘을 넘어 확장되는 성막과 약속의 땅 및 지상 세계 전체 등을 가리킨다. 마지막 두 텍스트는 창세기 1:28의 첫 번째 사명을 발전시키고 있기까지 하다.

---

38) 마찬가지로 후기 유대교도 예레미야서 텍스트가 사 54:2과 함께 인구 증가로 인해 확장된 예루살렘을 예언한다고 보았다: *Midrash Rabbah Genesis* 5:7; *Midrash Rabbah Leviticus* 10:9; *Pesikta de-rab Kahana*, Piska 20.7; *Pesikta Rabbati*, Piska 21.8도 참조하라.

스가랴 1장과 2장

스가랴 1:16은 하나님이 "예루살렘으로 돌아오실" 것이요, 그분의 "집이 그 가운데에 건축되리니 예루살렘 위에 먹줄이 쳐지리라"라고 예언한다. 성전 건축에 대한 언급에 이어 "먹줄"이 쳐지리라는 예언은 성전이 이전보다 훨씬 큰 규모로 마지막 날의 예루살렘 전역에 걸쳐서 건축될 것임을 분명하게 의미한다. 이런 내용은 에스겔 40-46장과 잘 들어맞는다. 이 텍스트에 의하면, 한 천사 같은 인물이 나타나 예언자가 환상 중에 본 성전의 치수들을 계속해서 "측량"한다.[39] 스가랴 2장은 "측량줄을 손에 잡은 한 사람"에 관한 환상으로 시작한다. 이 사람의 목적은 "예루살렘을 측량하여 그 너비와 길이를 보고자" 함이다(2:2). 이 환상의 핵심은 4절의 "예루살렘은 그 가운데 사람과 가축이 많으므로 성곽 없는 성읍이 될 것이라"에 표현되어 있다. 확실히 옛 예루살렘의 경계선은 장차 거할 많은 사람과 그들의 소유를 모두 수용할 정도로 크게 확장될 것이다.

새 예루살렘에는 성벽이 더 이상 존재하지 않을 것인데, 왜냐하면 야웨께서 "불로 둘러싼 성곽이 되며 그 가운데에서 영광이 되실" 것이기 때문이다(슥 2:5). 이렇듯 스가랴는 예루살렘의 확장에 대해서만 말하는 것이 아니라 그곳 전체를 하나님의 불타는 영광이 거하게 될 거룩한 성소로 칭하기까지 한다. 예레미야 3:16-17과 매우 비슷하게, 이전에는 옛 지성소에 한정되었던 하나님의 셰키나 임재가 하늘 성소로부터 강하게 흘러나와 미래의 새 예루살렘 전체를 포함할 것이다. 스가랴 14:20-21도 과거에는 성전에 한정되었던 거룩함이 미래에는 새 예루살렘과 유다 전역에 퍼질 것임을 암시한다. "하나님의 불타는 임재는 성벽이 없는 한계 지역까지 영원한 성읍을 가득 채울 것이다.…그것 자체가 온전히 성전이 될 것이기에 그 안에는 더 이상 성전이 존재하지 않을 것이다"(Kline 2001: 76).

포로가 된 이스라엘은 이런 예언적 환상에 대한 응답으로 포로 상태로

---

39) 예를 들어 겔 40:5; 42:20. 나중에 보겠지만 계 11장; 21장에서도 성전이 "측량"된다.

부터 나오라는 권고를 듣는다(슥 2:6-7). 왜냐하면 그들이 시온으로 돌아오도록 하나님이 결정하셨기 때문이요, 그곳으로부터 "그들을 하늘의 네 방향으로 흩으실" 것이기 때문이다(Kline 2001: 79). 이런 명령은 공동체적 인격으로서의 아담을 대표하는 이스라엘이 다시 사방으로 흩어져서 땅을 정복하고 그곳을 하나님의 영광으로 가득 채워야 한다는 사명을 반영한다. 하나님은 이스라엘을 사로잡은 자들을 심판하실 것인데, 암묵적으로 이것은 그들의 구원을 의미한다(2:8-9). 이스라엘은 기뻐해야 한다. 왜냐하면 그들이 돌아올 때 하나님은 이스라엘 "가운데에 머무실" 것이기 때문이다 (2:10). 스가랴 2:4에서 예루살렘의 확장을 불가피하게 만들 "많은 사람들"이 이제 2:11에서는 "여호와께 속하여 내 백성[40]이 될" "많은 나라"로 규정된다. 그뿐 아니라 2:11은 2:10의 주제, 곧 "하나님이 네[이스라엘] 가운데에 머무시리라"는 주제를 되풀이한다. 여기서 반복적으로 나타나는 히브리어 동사 "šākan"("거하다")은 하나님의 성막 "거주"를 가리키는 특징적 단어다. 또한 이 동사의 명사형은 구약 전체에서 "성막"으로 번역된다.

여기서 말하는 핵심은 스가랴 2:11이 한 바퀴를 빙 돌아 성전에 관한 도입부(1:16)의 설명으로 되돌아왔다는 데 있다. 하나님은 미래의 성전을 큰 규모로 세우실 것이요, 그분의 성막 임재는 그분을 신뢰하는 유대인과 이방인들 모두와 함께할 것이다.[41] 스가랴 2장의 마지막 구절("여호와께서 그의 거룩한 처소에서 일어나심이니라")은 임박한 하나님의 심판이 이미 시작되었거나 곧 닥쳐올 것이요, 하늘에 있는 그분의 성막 임재가 다시 내려와서 이전보다 훨씬 더 훌륭한 방식으로 이스라엘을 가득 채울 것임을 암시하고 있다.

---

40) 이 단어는 구약에서 민족으로서의 이스라엘을 가리키는 데 사용되지만, 나중에는 하나님을 신뢰하는 모든 사람에게 적용될 수 있도록 바뀐다. 슥 8:22-23; 호 1:8-2:1; 롬 9:25-26; 벧전 2:10 등도 보라.

41) 바로 전에 언급한 구절들과 함께 슥 1-2장의 상세한 분석을 위해서는 Kline(2001: 71-94)을 보라. Kline은 미래의 예루살렘을 갱신된 에덴을 뜻하는 "우주적인 성전-도시"로 칭한다(76-78쪽).

다니엘 2장: 온 세계로 확장되는 나라

다니엘 2:34-35, 44-45도 살펴볼 필요가 있는 텍스트다. 여기에는 성전에 대한 분명한 언급은 없고, 하나님 나라에 대한 진술만 있지만 말이다.

> [34]또 왕이 보신즉 손대지 아니한 돌이 나와서 신상의 쇠와 진흙의 발을 쳐서 부서뜨리매 [35]그때에 쇠와 진흙과 놋과 은과 금이 다 부서져 여름 타작마당의 겨같이 되어 바람에 불려 간 곳이 없었고 우상을 친 돌은 태산을 이루어 온 세계에 가득하였나이다

다니엘은 왕이 본 환상의 절정이, 하나님이 마지막 악한 세상 나라를 파괴하고 자신의 나라를 영원토록 세우시리라는 것을 의미한다고 해석한다. "이 여러 왕들의 시대에 하늘의 하나님이 한 나라를 세우시리니 이것은 영원히 망하지도 아니할 것이요 그 국권이 다른 백성에게로 돌아가지도 아니할 것이요 도리어 이 모든 나라를 쳐서 멸망시키고 영원히 설 것이라"(단 2:44).

다니엘 2장은 하나님의 나라가 온 세상에 가득 스며들 것이라고 말한다. "돌"이 "태산을 이루어 온 세계에 가득하였나이다." 하나님의 나라가 "온 세상을 가득 채운다"라는 개념은 하나님이 아담에게 "땅을 가득 채우고 온 땅을 다스리라"라고 명하시는 창세기 1:26, 28을 반영한다. 다니엘 2장이 창세기 1:28을 언급하고 있음을 드러내는 추가적 증거는 다니엘 2:38에 있다. 이 텍스트에서 다니엘은 하나님이 바벨론 왕에게 "공중의 새들과 바다의 물고기"(역자 주-개역개정은 "사람들과 들짐승과 공중의 새들"로 번역함)를 다스리게 하셨다고 말하는데, 이는 창세기 1:28의 그리스어역 구약성경을 거의 그대로 반영하고 있다.[42] (이미 우리는 에스겔서가 창세기 1장과 2장

---

42) 이는 Lacocque 1979: 50을 따랐다. Lacocque는 시 8:8과의 평행 관계도 주목한다. 마찬가지로 창 1:28의 그리스어역 구약성경과 일치되도록, 두 번째 나라가 "온 세계를 다

의 언어로 앗수르와 이집트의 뒤틀린 제국들을 묘사하고 있음을 살펴보았다.) [43]

다른 구약 텍스트에 비추어본 다니엘 2장: 온 세계로 확장되는 성전

앙드레 라꼬끄(André Lacocque)는 다음과 같은 흥미로운 제안을 한 바 있다. 즉, 다니엘 2장의 "손대지 아니한 돌"이 "시온 산 곧 사람의 손으로 세우지 않은 성전"을 표상한다는 것이다(Lacocque 1979: 124; 49도 보라). 라꼬끄는 "산의 상징이 이스라엘에게 적용되는" 평행 텍스트들(예. 사 2:2-3; 겔 40:2)을 제시하기보다는, 자신의 주장을 뒷받침할 만한 실제적인 증거를 제시한다(1979: 49). 그럼에도 다니엘의 돌산(stone-mountain)이 참으로 거대한 성전과 밀접하게 관련되었을 수도 있음을 뜻하는 약간의 암시가 있다.

첫째, 이사야 2:2-3에서 "산"은 이스라엘의 상징으로 사용될 뿐만 아니라, 본질적으로 산의 이미지는 "여호와의 전의 산"인 성전과 관련된다.

둘째, 산과 성전 사이에 있는 이와 같이 긴밀한 관련성은 구약성경 전체에 잘 반영되어 있다. 그런 이유 때문에 시내 산은 단순히 "산"이나 "언덕" 또는 이와 비슷한 이미지를 가졌다고 자주 묘사된다. 시온 산에 대한 이런 표현 방식들은 시내 산을 성전과 긴밀하게 관련시키거나 양자를 사실상 동일시하고 있다. 일부로써 전체를 나타내는 제유법적인 표현법을 통해서 말이다(산 전체가 성전이 위치한 꼭대기 부분을 대신하고 있음). [44] 예를 들어

스릴 것"(단 2:39)이라는 언급도 나온다.

43) 단 2장과 창 1장 사이의 관련성은 파괴된 후 하나님의 영원한 나라로 대체된 신상의 네 부분과, 심판을 받아 역시 그분의 나라로 대체된 잔인한 네 나라(단 7장) 사이의 평행 관계를 인식함으로써 추가적으로 입증된다. 이와 관련해서 많은 주석가들은 단 7장의 설명이 이스라엘의 남은 자들을 하나님의 참된 인류, 곧 이전에 자신을 핍박했던 "짐승들"에 대한 통치권을 위임 받은 공동체적 인격으로서의 아담 같은 인물로 묘사한다고 본다(예를 들어 N. T. Wright 1992: 23; Lacocque 1979: 128-129, 132-133 등). 단 2장과 7장에서는 동일하게 하나님의 나라가 불경건한 나라들, 곧 그분이 맡기신 피조 세계에 대한 통치권을 남용한 나라들을 대신하기에 이른다.

44) 제유법은 전체가 부분을 대표하거나 반대로 부분이 전체를 대표하는 방식의 표현법이다.

이런 표현은 "성전의 산"(렘 26:18; 미 4:1), "거룩한 산"(16회 정도), "거룩한 언덕"(시 15:1; 43:3; 99:9; 렘 31:23), "성전 언덕"(마카베오1서 13:52; 16:20) 등으로 나타난다. 자주 이런 언급들은 다음과 같은 맥락에서 성전과 동일시된다. 이사야 66:20 "거룩한 산"="여호와의 집"; 시편 15:1 "거룩한 언덕"(역자 주-개역개정은 "성산")="주의 장막"; 시편 24:3 "여호와의 산"="그의 거룩한 곳"(시 43:3도 참조).

이렇듯 시온을 가리키는 "산"은 종종 성전에 대한 언급을 포함한다.[45] 이사야 2:2-3과 미가 4:1-2은 이런 점을 가장 잘 보여주는 증거 텍스트다. 이 두 텍스트는 "여호와의 전의 산"을 "여호와의 산…야곱의 하나님의 전"과 동일시한다(미 4:1-2도 동일함). 산에 대한 다니엘 2장의 묘사는 이사야와 미가의 묘사와 동일한 의미를 가진다.

구약성경에서 하나님의 백성과 관련된 모든 성전이 "산" 위에 있다는 사실에 대한 관찰은 이런 판단이 옳음을 확증한다. 에스겔 28:13-14, 16, 18 등은 "하나님의 동산 에덴…하나님의 성산"에 대해서 언급하며, 그곳이 "성소"를 포함한다고 말한다![46] 앞서 살핀 바와 같이, 족장들의 소규

---

45) 에스라4서 13:6-7, 35-36은 단 2장의 산을 "시온 산"이나 "시온"과 동일시한다. 여기에 대해서는 S. M. Bryan(2002: 194-195, 230)을 보라. Bryan은 에스라4서 13장의 "시온 산"이 성전의 존재를 의미한다고 주장한다.

46) "성소들"이라는 복수형이 성전을 가리킨다는 점에 대해서는 민 24:5에 대한 앞의 논의를 보라. 더 나아가서 겔 28:18의 복수형 "성소들"이 "한 군데의 성전을 가리키며 경내를 가진 단일 성소"를 가리킨다는 견해에 대해서는 Van Dijk(1968: 122)를 보라. 특히 "성소들"(*miqdāš*)이라는 복수형의 사용이 이스라엘의 한 군데 성막(레 21:23)이나 예루살렘 성전(겔 7:24)을 가리킨다고 보는 Stordalen(2000: 352)의 주장을 참조하라. 렘 51:51, "외국인이 여호와의 거룩한 성전에 들어가므로"는 가장 훌륭한 사례 중 하나다. 이것은 중요한 의미를 가지는데, 왜냐하면 겔 28:18은 "네 모든 성소를 더럽혔음이여"라고 말하기 때문이다. 무엇보다도 구약이 "더럽혀진"(*ḥālal*) "성소"(*miqdāš*)를 말할 때마다 항상 이스라엘의 성막이나 예루살렘 성전을 가리키기 때문이다(겔 28장 밖에서는 일곱 번에 걸쳐서 이렇게 사용되며, 그중 두 번은 앞에서의 관찰처럼 복수형으로 되어 있다. 이에 대해서는 Stordalen 2000: 352을 보라). 겔 28:18의 용례는 성전이 다수의 "거룩한 공간"이나 "성소들"—적어도 바깥뜰과 내부 성소 및 지성소 등이 여기에

모 성전은 모두 산 위에 있었으며, 시내 산은 성전으로 인식되었던 것 같다. 그뿐 아니라 성막의 양식은 시내 산에서 모세에게 주어졌으며(출 25:9, 40), 한시적인 성막은 시내 산의 마지막 성전을 지시하고 있었다.[47] 더 나아가서 종말론적인 성전도 산 위에 자리 잡고 있음이 분명하다(겔 40:2; 계 21:10). 다니엘 역시 이런 선례에 일치되도록, 마지막 때에 창조될 어떤 산을 묘사하고 있다.

셋째, 다니엘 2장과 이사야 2:2-3(=미 4:1-2)을 성전 텍스트로 연결하고자 하는 견해가 가진 또 다른 매력은 이 두 텍스트가 "마지막 날들에" 이루어질 사건들을 포함하고 있다고 소개된다는 점이다(단 2:28[70인경의 단 2:29도 마찬가지]; 사 2:2; 미 4:1). 미가는 "여호와의 전의 산"(4:1)을 하나님의 영원한 나라와 동일시하는데, 이 영원한 나라는 다니엘 2장에 언급된 산의 구성 요소임이 분명하다. "여호와가 시온 산에서 이제부터 영원까지 그들을 다스리리라…"(미 4:7). 출애굽기 15:17-18도 "주의 기업의 산"을 "주의 처소를 삼으시려고 예비하신 것…여호와께서 영원무궁 하도록 다스리실 성소"와 동일시한다.

넷째, 이사야 2:2-3과 미가 4:1-2은 동일하게 성전이 세워질 산이 점진적으로 확장된다고 묘사한다. "모든 작은 산 위에 뛰어나리니." 이것이 과연 산으로 변해 세상을 가득 채울 다니엘서의 바위 같을지는 확실치 않지만, 이 그림은 다니엘서의 그것과 멀리 떨어져 있지 않다. 다니엘서 텍스트

해당됨—을 포함한다고 보는 렘 51장의 용례와 같다(이런 이유로 사 62:9은 "나의 성소 뜰"을 언급한다. 마찬가지로 시 65:4도 사실상 같은 방식으로 "주의 뜰"을 "주의 집"이나 "주의 성전"과 동일시한다. 비슷한 용례인 시 84:3; 96:8도 보라. 이는 Van Dijk 1968: 122을 따랐음). 이상의 논리와는 달리 겔 28:18은 강조의 의미가 담긴 복수형일 수도 있다. 왜냐하면 이것은 "가장 중요한 성전을 수치스럽게 더럽힌 행동을 가리키는 데 사용되었기" 때문이다(Stordalen 1968: 352). 요 14:2도 참조: "내 아버지 집에 거할 곳이 많도다(monai pollai)."

47) 예를 들어 출 25:9, 40; 대상 28:19, 삼하 7:1-13 등 참조. 초기 유대교도 성막과 성전을 동일시했다. 솔로몬의 지혜서 9:8.

와 이사야-미가서 텍스트는 똑같이 새 창조에 대한 반향으로 가득 차 있다. 왜냐하면 이 텍스트들은 이런 종말론적인 경향성을 선명하게 가지고 있기 때문이다. 점차로 확장될 거룩한 산에 대한 묘사는 서서히 그 모습을 드러낼 새 창조의 이미지로 받아들여졌다. 왜냐하면 산들이 자기 모습을 드러내는 광경은 본래적인 창조의 한 특징이었음이 분명하기 때문이다.

이런 관점에서 볼 때, 낙원의 성격을 갖는 동산의 표상(미 4:4)이 마지막 날의 성전-산에 대해 묘사한 바로 전의 텍스트에서 갑작스럽게 생겨났다고 보기는 어렵다. 왜냐하면 특히 에덴이 산 위에 있는 동산이었기 때문이다(이는 바로 전에 겔 28:14, 16, 18 등에서 살펴본 바와 같으며 미 4:4과 비교될 만하다: "각 사람이 자기 포도나무 아래와 자기 무화과나무 아래에 앉을 것이라 그들을 두렵게 할 자가 없으리니"; Stordalen 2000: 426-428). 이렇게 원시 역사는 종말론적인 역사에서 되풀이된다(*Barnabas* 6:13은 "보라 나는 마지막 것들을 처음 것들과 똑같이 만드노라"라고 말함). 이사야도 종말론적인 수목 성전 개념에 익숙했을 것이다. "레바논의 영광 곧 잣나무와 소나무와 황양목이 함께 네게 이르러 내 거룩한 곳을 아름답게 할 것이며 내가 나의 발 둘 곳[언약궤]을 영화롭게 할 것이라"(사 60:13).

다섯째, 최종적 관찰 결과에 따르면 다니엘 2장의 돌은 산-성전의 기초가 될 것임이 분명하다. "타작마당"의 자리로부터 나오게 될 산에 대한 언급(단 2:35)은 역대하 3:1이 설명하는 에피소드를 미묘한 방식으로 말하는 것은 아닐까?[48] 역대기 텍스트는 이렇게 말한다. "솔로몬이 예루살렘 모리아 산에 여호와의 전 건축하기를 시작하니 그곳은 전에 여호와께서 그의 아버지 다윗에게 나타나신 곳이요 여부스 사람 오르난의 타작마당에 다윗이 정한 곳이라." 이 "타작마당"은 역대상 24:16-24에서 네 차례

---

48) 앞에서 살폈던 사 66:1, 대하 6:18의 관계와 같이, (보수적인 시각을 따른) 다니엘서의 저작 연대는 역대상의 저작 연대를 앞선다. 이런 이유로 우리 제안이 옳다면, 이것은 다니엘이 나중에 역대기 저자에 의해 기록된 전승을 알고 있었음을 의미한다.

언급되며, 평행 텍스트인 역대상 21:15-28에서는 다섯 차례 언급된다.[49)] 이곳에서 다윗은 "여호와의 천사가 천지 사이에 선" 것을 보았으며(대상 21:16), 거기서 "여호와를 위하여 제단을 쌓고 번제…를 드려 여호와께 아뢰었다"(대상 21:26). 그뿐 아니라 다윗은 그곳을 일컬어 "여호와 하나님의 성전"(대상 22:1)이라 부른다. 앞서 논의한 바와 같이, 이상의 지점들 모두는 아브라함과 이삭과 야곱의 소규모 성전 건축 활동에서도 동일하게 발견되는 요소다. 다윗과 관련된 이 에피소드는 특히 야곱 이야기를 반영하고 있다. 야곱 이야기에서도 하나님과 천사들이 그에게 나타나며, "땅"과 "하늘"의 연결이 강조된다.

제3장에서 살핀 바와 같이 다윗이 비공식적인 성소에서 제사장 역할을 한 데에는 두 가지 이유가 있다. 첫째 이유는 바로 그 자리에 이스라엘의 성전이 건축되었기 때문이요, 둘째 이유는 역대상 21장 텍스트에 이어 이렇게 말하기 때문이다. "옛적에 모세가 광야에서 지은 여호와의 성막과 번제단이 그때에 기브온 산당에 있었으나"(대상 21:29). 이 둘째 관찰은 상황의 급박함 때문에 다윗이 지정된 제의처에서 희생제사를 드리기 위해 기브온으로 갈 수 없었음을 암시할 뿐만 아니라, 성막으로부터 성전으로 옮겨가는 과정이 진행 중에 있었음을 암시한다. 모리아 산은 희생제사를 드릴 새로운 장소로 지정되어가던 중이었다. 곧 그곳에 성전이 건축될 것이기 때문이다.

다니엘 2:34-35의 돌-산을 염두에 둔다면, 아마도 이 동일한 에피소드가 진행되는 동안 다윗이 "석수를 시켜 하나님의 성전을 건축할 돌을 다듬게"(대상 22:2) 함으로써 성전 건축을 위한 준비를 시작했다는 것은 우연이 아니다.

---

49) 나는 이런 가능성을 제자 C. Thompson을 통해 처음으로 알게 되었다. Thompson도 단 2장과 사 2장이 똑같이 가지는 종말론적인 성전-산의 특징에 대해 앞에서 언급한 내용을 예견했다. 일부 주석가들은 사 2장(과 미 4장)을 아주 가까운 평행 텍스트로 이해한다(Collins 1993: 165과 Porteous 1965: 50). 비록 Russell 1981: 53은 다니엘서 텍스트야말로 이사야 2장을 "환기시킨다"고 이해하지만 말이다.

고대 근동과 유대교에 비추어본 다니엘 2장: 온 세계로 확장되는 성전과 새 창조

확장되는 산에 관한 다니엘서의 묘사는, 앞서 이집트의 신화에서 살핀 내용과 같이, 때때로 혼돈의 바다 한가운데로부터 새 창조의 전진 기지에 해당하는 작은 언덕이 솟아오른다고 묘사하는 고대 근동의 우주론과 비교될 만한 점을 가지고 있다.[50] 예를 들어 창조의 시초에 이루어지는 이집트 태양 신(레)의 통치 시작은 "태곳적의 작은 언덕"의 출현과 동일시된다. "레는 헤르모폴리스에 소재한 [태곳적의] 언덕에 있을 때…자신을 왕으로 드러내기 시작했다."[51] 이집트의 피라미드는 이런 태곳적 작은 언덕과 유사하다(Pritchard 1969: 3). 우리는 태곳적 작은 언덕이 온 세계를 이루도록 확장된 것처럼, 신전들도 이런 태초의 창조를 상징적으로 기억하도록 건축되었음을 상기해야 한다. 작은 언덕은 신전과 성전 구조물의 뒤쪽에 있다고 묘사되었으며, 바로 그 지점에서 성전을 계속 확장시키려는 의도가 생겨났다. 연이어 이집트를 다스리던 파라오들이 신전이 가진 거룩한 공간의 경계선을 실제적으로 확장시켰다는 점도 최초의 창조의 확장을 상징적인 차원에서 기념하는 행위였다. 우리는 앞서 제3장 서두의 바벨론의 신전 신화집에서 유사한 현상을 살핀 적이 있다.

이미 우리는 아담이 에덴 산에 있는 새 창조의 쾌적한 영역을 황량한 세상 속으로 확장시켜야 했음을 주장했다(산 위에 있는 에덴의 위치에 대해서는 겔 28:13-16을 보라). 동일한 원리가 두 번째 창조의 에피소드에 반영되어 있을 수도 있다. 이 에피소드에 의하면 물에서 모습을 드러낸 맨 처음 땅

---

50) 혼돈의 바다에서 신화적 성격을 갖는 작은 언덕이 솟아오른다는 개념이 헤르모폴리스와 헬리오폴리스에서 어떤 형태로 표현되는지에 대해서는 앞의 설명(124-125쪽)과 James(1969: 100-101)를 보라. Clifford(1994: 105-110)도 수메르와 메소포타미아의 우주론에 비슷한 태곳적 언덕의 개념이 있음을 주목했다(1994: 45-46, 62-64).
51) Pritchard(1969: 3-4)도 창조의 시초에 대한 비슷한 텍스트를 인용한다: "오, 아툼-케프레르 [신]이시여! 당신은 (태곳적) 언덕 위의 높은 곳에 계셨습니다. 당신은 헬리오폴리스의 높은 집[신전]에 있는 큰 돌로 된 고귀한 새로 모습을 드러내셨습니다."

은, 노아의 방주가 멈추어 섰고[52] 노아와 그의 가족이 다시금 땅을 채우기 시작한 산꼭대기로 이해된다. 유대교도 다음과 같이 주장한다. "하나님이 돌을 바다 안으로 던져 넣으시고 그 돌에 기초해서 세계를 세우셨을 때 세계는 시온으로부터 [시작했다] 창조되었다.…세계는 시온의 중심으로부터 창조되었다"(b. Yoma 54b). 이 돌은 "세계의 주관자인 야웨께서 태초부터 거대한 바다의 입을 봉인하는 데 사용하신 기초석"이 되었다(Tg. Pseudo-Jonathan Exodus 28:29). 그 돌로부터 새로운 땅이 생겨나서 창조의 주요 대륙이 형성될 때까지 계속 퍼져나갔다.[53] 역사적으로 볼 때 시온을 처음 창조의 땅이 확장되기 시작한 출발점으로 보기는 어렵겠지만, 유대교의 이런 언급은 이스라엘 성전의 건축이 새 창조의 시초를 이루었다는 개념을 반영하는 듯하다. 이 새 창조에서 이스라엘은 갱신된 에덴동산 안에서 아담을 대표하는 공동체적 인격의 역할을 해야 했으며, 그곳으로부터 세상으로 널리 퍼져나가면서 창세기 1:28의 명령에 순종하여 하나님의 영광을 반영해야 했다. 역사는 다시 새롭게 시작되었으며, 이스라엘은 인간 창조의 절정을 이루는 왕관이었다.

자주 고대 근동의 문서들은 성전 건축을 산이 돌로부터 자라나오는 것으로 묘사했으며, 그것을 성전 확장의 출발점이었던 왕국의 통치와 연결시켰다. 이 점은 수메르의 테라코타 원기둥들―라가쉬의 닌기르수 신을 위한 구데아 왕의 신전 건축과 봉헌을 기념하는―에 의해 충분히 입증된다. 여기에 대해서는 제2장에서 이미 간략하게 논의한 바 있다.

---

52) Levenson 1988: 74-75을 보라. 노아의 방주가 곧 성전이라는 흥미로운 견해에 대해서는 Holloway 1991: 328-354; Haywood 1999: 37을 보라.

53) 흥미롭게도 후기 유대교에서 지성소를 지탱하는 돌은 "하나님이 태초의 시점에서 세계를 창조하기 시작하셨을 때 온 세상의 기초를 이룬" 것으로 이해되었다(Midrash Rabbah Song of Songs 3:10 §4; Pirke de Rabbi Eliezer 35; Midrash Tanhuma Yelammedenu, Exodus 11:3; Midrash Tanhuma Qedoshim 10[Branham 1995: 325을 보라]도 마찬가지).

낮이 당신을 위해 신전을 건축할 것입니다.…

돌산으로부터, 산맥의 거대한 돌로부터

나[닌기르수 신]는 당신을 위해 돌덩이들을 잘라낼 것입니다(Cyl. A 12.1-9).

구데아는 진흙을 벽돌 형판(型板) 안으로 밀어 넣었다.

그는 신전의 [기초] 벽돌을 멋진 형태로 만들어냈다(Cyl. A 18.24-25).

그는 벽돌 형판 상자로부터 벽돌을 들어내어

거룩한 왕관(처럼) 그것을 하늘로 들어올렸다(Cyl. A 19.13-14).

하늘로 머리 부분이 들어 올려진 벽돌(처럼) 되어…

그는 그 벽돌을 두고서 신전을 산책했다.…

구데아는 신전 설계도를 잘 계획했다(Cyl. A 19.17-20).

그들은 신전을 산맥처럼 (높아지게) 만들었으며…

(그것의) 머리를 산들 위로 높이 세웠고…

신전으로 하여금 (그것의) 머리를 산맥처럼

하늘과 땅 위로 높이 세웠다(Cyl. A 21.19-23).

주이신 닌기르수 [신]께서

구데아 [왕]을 그의 보좌 위에 굳게 세우셨다(Cyl. B 23.25).

땅의 정신적 지주인 신전은 하늘과 땅 사이로 (높이) 세워지며…

놀랍도록 돋보이고 산들 위로 솟아오른 아름다운 산맥…

거대한 산과도 같은 신전이 하늘에 닿았으며

…하늘 한가운데를 가득 채웠고…

사람들은 그곳에 굳게 자리 잡고 있었다(Cyl. B 1.1-10).

여기서는 다니엘 2장과 이사야 2장의 모든 구성 요소와 거의 동일한 언어가 사용되고 있다. 이런 설명은 수메르의 신전 묘사 중에서 특이한 것도 아니다. 또 다른 신전 찬미가는 신전이 "높게 솟아오른 산"으로서 "하늘과 땅을 [연결한다]"라고 말한다(Janowski 2001: 236). 수메르의 또 다른 신전 묘사(Keš Temple Hymn)는 "케쉬 신전"을 "산처럼 솟아올라 하늘을 품는 기초"로, "하늘에 닿는 거대한 신전"(Sjoberg et al. 1969: 167, 169)으로 이해한다. 수메르의 이런 설명은 고대인들이 볼 때 "산에서 잘라낸 [신전의] 기초[석 또는 벽돌]"에 대한 언급을, 점진적으로 확장되어 우주 전체를 "채움"으로써 왕과 백성의 주권적인 통치를 암시하는 신전-산과 연결하는 것이 자연스러웠음을 보여준다.[54)]

구데아 왕의 신전에 대한 묘사와 마찬가지로 이스라엘 성전을 위해 "산에서 돌을 뜨는" 일에 대한 언급도 반복적으로 나타난다. 열왕기상 5:15-17이 그렇다. "산에서 … 왕이 명령을 내려 크고 귀한 돌을 떠다가 다듬어서 성전의 기초석으로 놓게 하매"(대상 22:2; 대하 2:18도 보라). 이스라엘의 두 번째 성전도 성전의 기초를 이루는 "머릿돌"을 놓는 작업과 함께 공사가 시작된다(슥 4:7). "산"이 이스라엘의 성전에 대한 언급이라면, "돌"이나 "바위"도 마찬가지다.[55)] 특히 바벨론에서도 산은 신전과 관계되기 때문에(지구라트를 주목하라), 제의적인 의미를 가지는 이런 산이 다니엘 2장에서 바벨론 왕에게 환상을 통해 계시됨으로써[56)] 그에게 참된 성전 산을 보여

---

54) Averbeck(2000: 428)은 수메르의 이런 구절을 시내 산(출 15:17; 사 2장; 미 4장)과 비교한다.

55) 예를 들어 시 27:5은 "여호와께서 환난 날에 나를 그의 성막(역자 주-개역개정은 '초막') 속에 비밀히 지키시고 그의 장막 은밀한 곳에 나를 숨기시며 높은 바위 위에 두시리로다"라고 말한다. 시 71:3도 참조. 때때로 "산"과 "돌"은 동의어로 사용되기도 한다. "여호와의 산으로 가서 이스라엘의 반석에게로 나아가는 자 같이"(사 30:29). 유대교는 슥 4:7에 예언된 성전의 기초석을 단 2:34-35의 돌과 동일시한다(Midrash Tanhuma Genesis 6:20).

56) 참조. Showers 1982: 21.

준 것은 적절하다고 할 수 있다. 이는 거짓된 바벨론의 왕위 요구자나 이집트의 유사한 왕위 요구자들의 경우와는 대조적으로 보인다.

신약성경에 비추어본 다니엘 2장: 마지막 날의 성전

다니엘 2장의 "돌"이 성전 같은 이미지와 연결되어 있음을 암시하는 또 다른 증거는 구약 텍스트에 대해 언급하는 복음서에서 발견된다. "건축자들의 버린 돌이 [성전] 모퉁이의 머릿돌이 되었느니라[57]…무릇 이 돌 위에 떨어지는 자는 깨어지겠고 이 돌이 사람 위에 떨어지면 그를 가루로 만들어 흩으리라"(눅 20:17-18=마 21:42, 44).[58]

다니엘 2장의 돌-산과 종말론적인 성전 사이의 또 다른 관련성은 아마도 양자가 똑같이 사람의 손으로 만들어지지 않았다는 데 있다. 또한 자주 신약성경은 마지막 때의 새로운 성전을 "손으로 짓지 아니한" 것으로 언급한다(막 14:58;[59] 고후 5:1; 히 9:11, 24; 참조. 행 7:48). 이것과 가장 가깝게 상응하는 구약성경의 이미지는 다니엘의 "손대지 아니한 돌"이다.[60] 예를 들어 히브리서 9:11은 그리스도께서 "손으로 짓지 아니한 것 곧 이 창조에 속하지 아니한 더 크고 온전한 장막으로 말미암아" 성소에 들어가셨다고 말한다. 그 결과 사도행전 17:24은 다음과 같은 사실을 확증한다. "우주와 그 가운데 있는 만물을 지으신 하나님께서는 천지의 주재시니 손으로 지은 전에 계시지 아니하시고." 바울은 그리스도와 그의 백성이 손으로 만든 이스라엘의 성전을 대신하기 시작한 때, 곧 위대한 구속사적인 분기점 이후에 이를 언급하고 있다. 이제는 사람의 손으로 만든 구조물이 하나님과 그분의 백성 사이를 나누는 일이 더 이상 없을 것이다. 하나님이 아무

---

57) "돌"을 성전과 동일시하는 견해에 대한 추가 논의는 이 책 241-249쪽을 보라.
58) 사 8:14도 단 2장의 언급과 연결될 수 있다.
59) Evans 2001: 445을 보라. 그는 막 14:58의 그리스도의 주장, 곧 "손으로 짓지 아니한 다른 성전을 사흘 동안에 지으리라"라는 주장이 단 2장의 언급을 가리킨다고 본다.
60) 여기서는 내 제자 C. Thompson의 제안을 따랐다.

런 속박도 받지 않은 채 그들과 완전히 함께 거하실 것이기 때문이다. 이런 이유로 하나님이 영원한 종말론적인 거처에 대해 던지는 이사야서의 질문에 어떤 인간도 긍정적으로 답하지 못한다. "너희가 나를 위하여 무슨 집을 지으랴"(사 66:1). 이렇게 하나님의 완전한 천상 거처는 마침내 땅으로 내려와서 온 세상을 품으며 결코 사람의 손에 의해 바뀌거나 변화되지 않을 것이다(솔로몬의 송시 4:1-3).

창조주이신 하나님의 의도는 미래의 어느 날, 피조 세계의 모든 부분을 자신의 임재로 가득 채우는 것이다. 하나님의 거룩한 임재는 옛 창조 안에서는 완전하게 머물지 못한다. 왜냐하면 그곳은 죄로 오염되고 우상 숭배로 가득한 세계이기 때문이다. 우리가 앞서 살핀 바와 같이 이는 이사야 66:1-2이 의도하는 내용이기도 하다. 따라서 그분의 특별한 계시적 임재는 사람의 손으로 만든 구조물 안에서 제한적이고 한시적인 방식으로 머물 수밖에 없다. 그러나 세상이 완전히 구속되고 재창조될 경우(롬 8:18-25), 하나님은 이전보다 더 완전한 방식으로 그 안에 거하실 것이다.

초기 기독교의 증거 이전에 이미 "손대지 아니한" 다니엘의 돌(단 2:34, 45)은 제의적인 의미로 가득 차 있었던 것 같다. 왜냐하면 "손대지 아니한 돌들"이 언급되는 구약성경의 다른 텍스트가 출애굽기와 신명기 및 여호수아서 등에 있기 때문이다. 이 텍스트에서 이스라엘은 "쇠 연장으로 다듬지 아니한 새 돌[문자적으로는 '온전한 돌']로 만든 제단"을 건축해야 했으며, 그 위에 "여호와께 번제물과 화목제물을 드렸다."[61] 마찬가지로 열왕기상 6:7은 솔로몬 성전이 "건축할 때에 돌을 그 뜨는 곳에서 다듬고 가져다가 건축하였으므로 건축하는 동안에 성전 속에서는 방망이나 도끼나 모든 철 연장 소리가 들리지 않았다"라고 말한다.

흥미롭게도 위경인 시빌의 신탁(주후 80년경)은 "손으로 짓지 아니한" 성

---

61) 출 20:25; 신 27:6의 성취에 해당하는 수 8:31이 그렇다. 출애굽기와 다니엘서는 똑같이 동일 어근 형태인 *temnō* + *lithos*를 사용한다.

　　　　　성전 신학

전에 대해 말하는 앞의 텍스트들과 비슷한 개념을 확증한다(마찬가지로 에스라4서 13:6-7, 35-36도 단 2:34, 45과 에녹2서 22:1에 대해 언급함). 아마도 이 저술의 저자는 주후 70년의 예루살렘 성전 파괴에 관해 묵상하던 중 다음과 같이 주장했을 것이다. "사람 손으로 만들어진 분이 아닌 위대하신 하나님은… 집, 곧 성전으로 세워진 돌을 가지지 않으신다.…도리어 그분은 사람의 손으로 만든 것이 아니기에 지상 세계에서 볼 수 없고 육신의 눈으로도 측량할 수 없는 집을 가지고 계신다"(시빌의 신탁 4:11). 따라서 하나님의 참된 백성은 "자기 눈에 보이는 모든 성전을 거부할 것이다. 말 못하는 돌로 만들어진 쓸모없는 기초석을 이루는 제단 역시 마찬가지다"(시빌의 신탁 4:27-28). 심지어 이교도조차도 이런 진리를 이해했던 듯하다. "과연 장인들이 건축한 집의 둘러싸인 벽이 신의 형태를 포함할 수 있을까?"(Euripides, *Fragment* 968).[62]

앞에서 언급한 증거에 비추어볼 때, 다니엘 2장은 거대한 산-성전으로 묘사되기도 하는 영원한 나라를 말하는 것 같다.

시편 72편: 온 세계로 확장되는 나라

마지막으로 시편 72편은 성전에 대한 구체적인 언급은 없지만, 대적을 물리치고(72:9-11) 온 세계에 자신의 통치 경계를 확장시키는 이스라엘의 이상적인 종말론적 왕에 관해 말한다. "그가 바다에서부터 바다까지와 강에서부터 땅끝까지 다스리리니"(72:8; 시 2:6-9도 마찬가지!). 17절(71:17, 70인경)은 창세기 28:14과 12:2-3("내가…네 이름을 창대하게 하리니…너를 축복하는 자에게는 내가 복을 내리고…땅의 모든 족속이 너로 말미암아 복을 얻을 것이라")에 대해 언급한다. "그의 이름이 영구함이여…사람들이 그로 말미암아 복을 받으리

---

62) 이 인용문을 처음으로 내게 알려준 이는 Bruce(1954: 357)다. 이 저술의 번역본을 쉽게 찾아보려면 Charlesworth 1983: 827을 보라.

니 모든 민족이 다 그를 복되다 하리로다."[63] 왕의 통치와 복의 보편적인
확장(72:8, 17)도 창세기 28:14에 대한 언급의 일부다. "네 자손이 땅의 티끌
같이 되어 네가 서쪽과 동쪽과 북쪽과 남쪽으로 퍼져나갈지며 땅의 모든
족속이 너와 네 자손으로 말미암아 복을 받으리라"(창 13:15도 참조).

　　대적을 향한 왕의 세계적인 통치와 지배에 관한 진술도 하나님의 축복
과 함께 창세기 1:28을 반영한다.[64] 시편 72:19은 왕의 통치와 복의 궁극
적인 목표에 대해서 언급한다. "온 땅에 그의[하나님의] 영광이 충만할지
어다." 그런데 이 목표는 우리가 앞서 주장한 바와 같이 창세기 1:28의 최
종 목표와 일치하며, 그것을 구약 전체에 걸친 하나님의 백성에게 재적용
하는 것과도 일치한다. 이 시편 텍스트는 성소에 대해서는 언급하지 않지
만, 그것이 창세기 1:28; 12:2-3; 28:14 등을 발전시킨다는 점에서 종말론
적인 성소의 보편적 특징에 관한 우리 견해와 놀랍도록 일치한다.

초기 유대교 주석가들의 견해

앞에서 언급한 구약성경의 언급에 더해서 초기 유대교 저자들도 에덴과
성전의 경계선이 어떻게 확장되고 온 세상에 퍼져나가는지에 대해 명시
적으로든 암묵적으로든 상세하게 설명하고 있다. 제4장의 앞부분에서는
이런 유대교 저작의 일부만을 언급했지만, 이 단락에서는 이 책들에 초점
을 맞추는 것을 목표로 할 것이다. 아래에 소개할 유대교 저술들은 앞서
논의했던 일부 구약 텍스트와 주제들에 대한 해석적인 통찰과 유기적인
발전 과정을 대표한다.

---

63) Bauckham 1993: 319-322이 그러함. 70인경은 시 72:17을 창 12장과 28장에 훨씬
　더 긴밀하게 연결시킨다. 왜냐하면 이 세 텍스트는 똑같이 "땅의 모든 민족"[pasai hai
　phylai tēs gēs]이라는 표현을 가지기 때문이다.
64) 단 7:13-14, 27도 마찬가지다. 이는 N. T. Wright 1992a: 23을 따랐다.

사해 두루마리(주전 2세기-주후 1세기)

첫째, 초기 유대교 공동체의 「찬양 두루마리」의 여섯 번째 칼럼에 속한 아래의 중요한 텍스트를 고찰해보도록 하자.

> [12]...모든 나라가 당신의 진리를 알게 되며,
>
> 모든 민족이 당신의 영광을...
>
> [14]...당신께서는
>
> [15]새싹을 영원토록 필 꽃으로 보내셨으며,
>
> 그것의 가지가 영원한 나뭇가지로 자라게 하셨습니다.
>
> 또한 그 가지의 그늘이 온 [땅]으로 퍼져나갈 것입니다.
>
> [그리고] 그것의 [꼭대기가]
>
> [16]하[늘]에 닿을 것이요,
>
> 뿌리는 심연으로 내려갈 것입니다.[65]
>
> 에덴의 모든 강들이 그것의 [가]지에 [물을 주어] [거]대한
>
> [17]삼림이 되게 할 것입니다.
>
> [그리고] 그 [삼]림의 [영광이] 끝없이 전 세계로,
>
> 스올에 이르기까지 [영원토록] 퍼져갈 것입니다.
>
> [그리고] 그것은 빛의 원천이 될 것입니다.
>
> [18]사라지지 않는 영원한 샘으로 말입니다.
>
> 그곳의 빛나는 불꽃으로 인해
>
> 모든 [어둠의] 아들[들]이 사라질 것이며...
>
> [19]...그리고 나의 증언에 참여한 그들은...
>
> [...] 의의 봉사를 [굳게 붙들지 않았습니다.]

---

65) Pseudo-Philo, *Biblical Antiquities* 12.8은 시내 산의 이스라엘을 1QH 6.14-16과 비슷한 방식으로 묘사한다.

이 텍스트(1QH 6.12-19)는 쿰란의 성도들을 "빛의 원천"과 "빛나는 불꽃"을 가진 에덴의 나무와 비교하며, 이 나무를 의의 교사의 "증언"(!)과 직접적으로 관련시키고 있다(1QS 8.5-6도 사해 문서 공동체를 "영원한 나무와…이스라엘과 지성소 회의에 필요한 거룩한 집"으로 묘사한다. 물론 여기서 말하는 이스라엘과 지성소 회의는 "진리의 증인"이 되어야 할 자들을 가리킴). 몇 단락 후에 「찬양 두루마리」는 쿰란 공동체를 "구원"과 "꽃"과 "가지가…자라는" 곳과 동일시하며(1QH 7.19), "[영원토록 열]매 맺을" "풍성한 나무" 및 "영화로운 에덴"과 동일시하기도 한다(1QH 8.20; 에덴의 풍요로움에 대한 많은 언급을 포함한 8.4-23의 모든 내용도 참조).

따라서 또 다른 쿰란 문서(4QFlor 1.6)는 "아담[또는 인류]의 성소"(miqdaš 'ādām)가 쿰란 공동체의 한가운데 건축되리라고 말한다.[66] 이와 관련해서 앞서 우리는 성전 등잔대의 일곱 등불이 1QH 7.24에 있는 다음과 같은 시인의 확증에 영감을 주었으리라는 점을 살핀 바 있다. "저는 당신이 당신 자신의 영광을 위해 [만]드신 **에[덴]**을 **일곱 줄기 [빛]으로** 비추겠나이다"(비일 강조).[67] 여기서 "비춘다"라는 것은 "[땅의] 아들들을 향한…통치권"을 확립했음을 의미하는 표현인데(1QH 7.23), 이는 동산과 함께 보편성의 주제를 다시 암시하고 있다. 이렇게 마지막 날의 에덴 성전은 쿰란 언약자들 중에서 이미 확립된 바 있었다. 또 다른 사해 두루마리 문서는 이것이 에스겔 40-48장의 성전 예언의 성취임을 입증한다. 하나님은 "그들을 위해 옛날부터 지금까지 한 번도 존재한 적이 없었던 확실한 집을 이스라엘에 건축하셨다. 그것에 대한 애착심을 가지고 있는 자들은

---

66) miqdaš 'ādām 번역의 논란에 대해서는 제2장(103-104쪽)을 보라. 이 표현은 "인간의 성소"나 "인류의 성소", "사람들로 이루어진 성소"로 번역될 수도 있다.

67) 우리 번역은 Dupont-Sommer를 따랐다. Dupont-Sommer는 여백 부분을 "에덴"으로 채워놓은 유일한 번역자다. 이 문제에 관한 충분한 논의를 위해서는 제2장(104-105쪽)을 보라. 여기서 우리는 전후 문맥 모두가 에덴을 염두에 두고 있기에 우리 주장이 이런 번역에 의존한 것이 아님을 지적했다.

아담의 모든 영광을" 갖게 될 것이다(CD 3.19-20).[68]

바로 앞에서 인용한 「찬양 두루마리」(1QH 6.15-17)에서 특히 주목할 점은 이 텍스트가 에세네파 공동체를 하나님이 과거에 심으셨던 에덴의 나무에 비유할 뿐만 아니라, 그 나무와 관련해서 이렇게 말한다는 점이다. 이 나무의 "그늘이 온 [땅]으로 펴져나갈 것입니다. [그리고] 그것의 [꼭대기가] 하[늘]에 닿을 것이요…그리고 에덴의 모든 강들이 그것의 [가]지에 [물을 주어] [거]대한 삼림이 되게 할 것입니다. [그리고] 그 [삼]림의 [영광이] 끝없이 전 세계로 펴져갈 것입니다." 새 에덴의 나무는 지구 전체에 자기 가지들을 펼쳐나갈 것이요, 그로 인해 이 나무의 그늘은 땅이 거대한 나무와도 같은 성막 아래에 놓일 때까지 펴져나갈 것이다. 또한 이 성막은 문자적인 의미에서의 그늘이 아니라 하나님의 영광으로 가득 차게 될 것이다. 이 나무의 성장에 관한 은유적인 표현은 쿰란의 "증언"과 "증거"에 관련될 뿐만 아니라, 앞서 언급한 개념, 즉 "모든 나라가 당신의 진리를 알게 되고 모든 민족이 당신의 영광을 알게 될 것"이라는 개념에 대한 설명(1QH 6.12)과도 관련된다.

마찬가지로 1QH 8.20-22은 명시적이지는 않지만 6.12-19의 설명을 반복한다.

[20]…그러나 그 풍성한 나무는 [번성할 것이요]
[그것은] 영화로운 에덴을 위해 영원한 [샘]이 [되고]
[영원히] 열[매]를 맺을 것입니다.
[21]그리고 당신은 나의 손으로 [강]의 한가운데에 그들의 샘을 여셨으며,

---

68) Gartner 1965: 81-84의 논의를 보라. "아담"은 "인간"으로 번역될 수도 있지만, 전자가 더 도리에 맞는 것 같다(Vermes와 Martínez-Tigchelaar도 이렇게 번역함). 왜냐하면 CD 2.17-3.4이 이스라엘 과거의 위대한 인물들을 역사적으로 개관하기 때문이다. CD 3.21-4.2은 도입부에서 "하나님이 그들에게 예언자 에스겔을 통해 맹세하신 것 같이"라는 예언 성취의 형식을 사용해서 특히 겔 44:15을 인용한다.

[당신은]…그 나무를 없애셨습니다.
²²그들의 나무 중에서…[그것을 강화]시키고
영화로운 가지로 하여금 [자]라게 [하려고]….

이런 초기의 유대교 찬양 문헌집에서 우리는 생명나무에 관한 하나의 해석을 발견할 수 있다. 즉 에덴이 앞으로 살펴볼 요한계시록의 마지막 환상에 있는 묘사(계 22:1-5을 21:1-27과 비교)와 유사한, 보편적이면서도 종말론적인 의미를 가진다고 보는 해석[69]이 바로 그것이다. 쿰란 공동체는 진리에 대한 증언을 통해, 그리고 그 진리의 빛을 전 세계 모든 나라로 확대함으로써 이 나무가 가지는 비유적 경계선을 확장시킨다.

사해 문서 두루마리의 마지막 문서들 중 하나가 특히 주목할 만하다 (4Q418, frag. 81 = 4Q423 8 + 24?). 이 문서는 하나님이 "아담의 자손들 중에서 너의 분깃이요 너의 기업이 되실 것이요, 자신의 [기]업에 [대한] 지배권을 그들에게 주실 것"이라고 말한다(3행). 이렇게 쿰란 공동체의 구성원들은 하나님이 "기업"에 대한 지배권을 부여하신 참된 "아담의 자손들"이다. "땅을 기업으로 받는" 자들은 "영원[한] 농장"에서 "행할" 것인데(13-14행), 이 농장은 거대한 에덴과도 같은 온 세상을 가리키는 것 같다.[70] 그들은 "[땅을 확실하게] 가득 채울 것이요…좋은 것들이 풍성함으로 인해 배부를 것이다"(19행). 지금까지 인용한 쿰란 공동체에 대한 묘사는 창세기 1:26, 28의 사명을 선명하게 반영하고 있다. 또한 그들은 하나님을 "영화롭게" 할 것이다. "그가 너희를 지극히 거룩한 자들로서 [온] 땅과[71] 모든

---

69) 쿰란 문서 4Q433a(4QHodayot-like text B), frag. 2도 참조.
70) 이와 밀접하게 관련된 4Q475(4Q Renewed Earth)의 한 구절은 온 땅이 에덴으로 바뀔 것임을 확증하는 가장 분명한 쿰란 텍스트다: 모든 죄가 땅으로부터 사라진 후, "온 세상은 에덴과 같이 되고, 온…땅은 영원토록 평화를 누릴 것이다. 그리고…사랑하는 아들이…모든 것을 기업으로 받을…것이다."
71) Martínez-Tigchelaar의 히브리어-영어 대역본은 이어지는 평행 구절 "모든 천사들 위에"에 맞추어 공백 부분을 "온…위에"(over all)로 채우고 있다. 비록 초기 영역본에서

천사들…위에 세우셨다는 사실에 맞추어 그를 위해 너희 자신을 성별함으로써" 말이다(4행).[72] 놀랍게도 쿰란 공동체는 온 땅으로 퍼져나갈 종말론적인 "지성소"로 이해되고 있다! 그 자체로서 본다면 그들은 "아담의 자손들"이요, 마침내는 아담이 자신의 옛 동산 성소에서 마땅히 행해야 했던 일을 행하게 될 것이다. 이미 앞에서 창세기 1:26-28의 사명이 창세기 2장의 동산 성소에서 시작되었음을 살핀 바와 같이,[73] 이 쿰란 문서도 창세기의 첫 두 장 사이의 관계와 유사한 상관관계를 반영하고 있다.

쿰란 문서의 이 마지막 텍스트는 굉장하다. 왜냐하면 이 책의 서론에서 이미 보았던 것처럼 그리고 결론에서 다시 살펴보겠지만, 사도 요한은 요한계시록 21장의 새 창조를 거대한 지성소로 묘사하기 때문이다. 하나님은 전 세계에 걸친 지성소를 통해 "당신의 영광을 놀랍도록 크게 만드셨다"(5a행). 이로써 하나님의 영광은 더 이상 이스라엘의 물리적인 성전 안의 은밀한 방에 한정되지 않으며, 마지막 때에 있을 그분의 이미지 운반자들을 통해 온 세계로 확장될 것이다. 하나님은 "자신을 위해" 그들을 "장자로 세우셨다"(5b행). 이는 아담을 대표하는 진정한 공동체적 인격인 그들에 대한 또 다른 언급이다. 그들은 온 세상으로 널리 퍼져나감으로써 하나님의 영광을 반영하게 될 것이다. 왜냐하면 그들이야말로 바로 그분의 형상을 반영하고 있기 때문이다(5b행). 그들은 제사장-왕으로서, 앞서 우리가 창세기 1-2장에 내재되어 있다고 본 종말론적인 목표를 이룰 것이다.

유대교를 다루는 이 단락이 적합한 논의의 자리는 아니겠지만, 초기

Martínez는 이렇게 하지 않고, 이와는 전혀 다른 번역—히브리어 텍스트뿐만 아니라 후기 번역도 반영하지 않은—을 시도하지만 말이다.

72) 마찬가지로 4Q511(frag. 35)은 "하나님이 자신을 위해 (어떤 이들을) 영원한 성소처럼 거[룩]하게 만드신다.…그러면 그들은 제사장이 될 것이요…"(3-4행)라고 한다. 그 자체로 볼 때 그들의 과제는 "하나님 경외를 모든 시대에 퍼뜨리는" 것이다(6행).

73) 제3장(109-117쪽)을 보라. 사해 두루마리에 있는 동산과 성전의 은유와 그것들의 신학적인 상호 보충적 관계의 분석에 대해서는 P. N. W. Swarup(2002)의 미출간된 박사 학위 논문을 보라. 내가 참고한 것은 다만 이 논문의 요약본이다.

유대교-기독교 문헌(주후 100년경)인 솔로몬의 송시(11-12장)에 대해서도 언급할 필요가 있다. 왜냐하면 이 작품은 당시에 현존하던 다른 어떤 작품보다도 앞서 소개한 쿰란 문서의 묘사들과 유사한 점을 독특하게 더 많이 가지고 있기 때문이다.

11:1내 마음의 불필요한 부분이 가지치기 하듯 잘려졌고
그 꽃이 모습을 드러내더니 주님을 위해 열매를 맺었습니다.…
5그리고 나는 진리의 반석 위에 세움을 입었습니다.…
6그리고 말하는 물들이 주님의 샘으로부터 나와
나의 입술을 만졌습니다.…
7그리하여 나는 마르지 않는 살아 있는 물을 마셨고…
11그리고 주님께서는…그의 빛으로 나를 소유하셨습니다.
12또한 그는 위로부터 나에게 불멸의 휴식을 주셨고
나는 꽃이 피어 열매를 맺음으로 기뻐하는 땅과도 같이 되었습니다.
13그리고 주님께서는 태양과도 같이 땅 표면 위에…
16이어서 그는 나를 그의 낙원으로 이끄셨으며…
16a(나는 꽃이 피어 열매 맺는 나무에 관해 깊이 생각했습니다.…
16b그것의 가지는 번성했고,
열매는 빛나고 있었으며,
뿌리는 불멸의 땅에 속해 [있었습니다.]
16c그리고 기쁨의 강이 그것을 적셔주었고,
그것 주변 지역은 영원한 생명의 땅에 있었습니다.)…
18그리하여 나는 말했습니다.
"주여,
당신의 땅에 심긴 나무들과
당신의 낙원에 자리 잡은 나무들은 복이 있습니다.
19그리고 당신의 나무들과 함께 자라고

성전 신학

어둠으로부터 빛으로 옮겨간 나무들은 복이 있습니다.

[20]보소서, 당신의 모든 일꾼은 공정합니다.

그들은 선한 일을 행하며…

[21]…그들은 당신의 땅에 심겼고…

[22]…[당신의 물을 위해 일하는 자들은 복이 있습니다]…

[23]참으로 당신의 낙원에는 넉넉한 공간이 있으며,

모든 것이 열매로 가득 차 있습니다.

[24]오 하나님, 낙원의 영원한 기쁨이신 당신을 찬미하나이다."

[12:1]그는 나를 진리의 말씀으로 가득 채우셔서

나로 하여금 그를 선포하게 하셨습니다.

[2]그리고 물이 흘러가듯이 진리가 내 입으로부터 흘러나가며

내 입술은 그의 열매들에 대해서 증거합니다.…

[12]왜냐하면 말씀의 거처는 인간이고

그의 진리는 사랑이기 때문입니다.

이 텍스트는 쿰란 문서에서 발견되는 주제들을 그 이전에 생겨난 일부 주제들—앞서 살핀 바에 따르면, 에덴 성소와 관련된—과 결합시키고 있다. (1) 에덴동산, 특히 그곳에서 자라나는 나무에 대한 반복된 묘사와 동산의 확장에 관한 언급(솔로몬의 송시 11:23). (2) 사람들이 동산에서 "반석" 위에 세움을 입는다(11:5). (3) 성막의 이미지(12:2)와 증거에 관한 개념들 (12:1-2). (4) 하나님의 빛이 동산에 있는 사람들을 비춘다(11:13, 19). (5) 동산에 있는 사람들이 거기서 일하는데 이는 "선한 일"로 해석된다(11:20-22). (6) 그들이 동산에서 "안식"을 얻는다(11:12). (7) 생명을 주는 물로부터 주어지는 이익. "낙원"이 계속 확장된 결과, 이제 그곳에는 "넉넉한 공간"이 있다(11:23). 왜냐하면 그곳은 이 텍스트 전체에 걸쳐서 동산에 속했다고 언급되는 다수의 신자를 포함하기 때문이다(11:18-23).

솔로몬의 송시 38장에 있는 또 다른 텍스트도 유사하다.

^{38:16}그러나 나는 사기꾼들의 꾀임에 빠지지 않을 만큼 지혜롭게 만들어졌습
니다.

그리고 진리가 나와 함께 가기 때문에 나는 즐겁습니다.

¹⁷왜냐하면 나는 세움을 입었고…주님의 손이 내 기초를 놓았기 때문입니다.

그가 나를 심으셨기 때문입니다.

¹⁸왜냐하면 그가 뿌리를 굳히셨고 그것에 물을 주셨으며…복을 주셔서

그 열매가 영원히 있을 것이기 때문입니다.

¹⁹그것은 깊이 침투했고 힘차게 솟아올라 넓게 펼쳐졌으며

충만해졌고 크게 자라났습니다.

²⁰그리고 오직 주님만이 찬양을 받으셨으며,

그가 씨를 뿌리고 경작하는 중에….

이 텍스트도 성전 건축 언어를 동산 확장의 이미지와 결합시킨다. 화
자는 자신이 속임 당하지 않고 진리 안에 계속 머물러 있었다고 말한다.
왜냐하면 하나님이 화자를 잘 가꾸어진 동산으로 세우셨기 때문이다. 이
는 쿰란 공동체의 「찬양 두루마리」(1QH 6.15-17)와 매우 유사하다. 앞서 살
핀 바와 같이 이 「찬양 두루마리」 텍스트도 성전과 확장되는 동산 및 진리
등의 동일한 이미지들을 결합시킨다.

집회서(주전 2세기)

집회서 24장의 한 흥미로운 텍스트에는 쿰란 공동체의 「찬양 두루마리」
와 매우 비슷한 표상이 나온다. 앞서의 논의에서 쿰란 문서의 묘사가 무엇
보다 창세기 2장에 의존하고 있음을 보았던 것과 마찬가지로, 방금 말한
집회서 텍스트도 부분적으로 민수기 24:5-7에 기초하고 있다. 제4장의 시
작 부분에서 살핀 바와 같이, 이 민수기 텍스트는 한층 압축되기는 했지만
비슷한 방식으로 확장되는 동산을 묘사하고 있다. 이 집회서 텍스트는 "지
혜"를 "창조 질서 위에 놓인" 것으로, "아담을 위해 마련된 자리에 상응하

는" 참된 인류의 모델로 의인화한다.[74] 아담은 지혜로운 통치자가 되게 하는 이런 지혜를 소유해야 했지만 그렇게 못했다. 집회서 24:28은 이렇게 말한다. "처음 인간은 그녀를[지혜를] 완전히 알지 못했다"(역자 주-공동번역 개정판은 "지혜를 완전히 터득한 사람은 일찍이 아무도 없었으며"라고 번역함). 우리 목표와 관련해서 이것이 우리에게 주는 놀라운 사실은 "지혜"의 역할이 주로 성전과 에덴동산의 언어를 통해 설명된다는 점이다. "지혜"는 맨 처음에 창조된 지상 세계 어디에선가 "안식처를 구한다"고 묘사되며(24:7), 다음과 같이 설명된다(역자 주-공동번역 개정판을 인용함).

[8]온 누리의 창조주께서 나에게 명을 내리시고 나의 창조주께서 내가 살 곳을 정해 주시며, '너는 야곱의 땅에 네 집을 정하고 이스라엘에서 네 유산을 받아라.' 하고 말씀하셨다.…

[10]그분이 계신 거룩한 장막 안에서 나는 그분을 섬겼다. 이렇게 해서 나는 시온에 살게 되었다.

[11]주님은 사랑하시는 이 도읍에 나의 안식처를 마련하셨고, 예루살렘을 다스리는 권한을 주셨다.

[12]주님께서 고르시어 차지하시고, 영광스럽게 만드신 그 백성 안에 나는 뿌리를 내렸다.

[13]나는 레바논의 송백처럼, 헐몬 산의 삼나무처럼 자랐고,

[14]엔게디의 종려나무처럼, 예리고의 장미처럼 자랐으며, 들판의 우람한 올리브 나무처럼, 또는 물가에 심어진 플라타너스처럼 무럭무럭 자랐다.

[15]나는 계피나 아스파라거스처럼, 값진 유향처럼 향기를 풍겼다. 풍자향이나 오닉스 향이나 또는 몰약처럼, 장막 안에서 피어오르는 향연처럼 향기를 풍겼다.

[16]나는 테레빈 나무처럼 영광과 자애의 가지를 뻗었다.

---

74) N. T. Wright 1992a: 25-26도 이를 지지하는 증거로서 집회서와 바룩2서의 다른 텍스트들을 제시한다.

¹⁷나는 포도나무의 어여쁜 첫순처럼 돋아나서, 꽃을 피웠으며 영광과 부귀의 열매를 맺었다.…¹⁹나를 원하는 사람들은 나에게로 와서, 나의 열매를 배불리 먹어라.…

²³이 모든 것은 지극히 높으신 하느님의 계약의 글월이며, 우리 야곱 가문의 유산으로 모세가 제정해 준 율법이다.…

²⁵율법은 비손 강물처럼, 추수 때의 티그리스 강처럼 지혜를 넘치게 하며 ²⁶유프라테스 강물처럼, 추수 때의 요르단 강처럼 깨달음을 넘치게 하고, ²⁷나일 강처럼, 포도철의 기혼 강처럼 교훈을 넘치게 한다.

²⁸지혜를 완전히 터득한 사람은 일찍이 아무도 없었으며…³⁰나[지혜]로 말하면 강에서 흘러나오는 운하와 같고 낙원으로 흘러가는 물줄기와 같다.

³¹내가, '나의 정원에 물을 대고 화단을 흠뻑 적시리라' 하고 말하자 나의 운하는 곧 강이 되고, 강은 또 바다가 되었다. ³²나는 교훈을 아침 해같이 빛나게 하여, 그 빛을 멀리까지 뻗게 하리라.

³³나는 가르침을 예언과 같이 널리 펴며, 미래의 세대에까지 물려주리라.

³⁴진실로 나는 나 자신을 위해서가 아니라 지혜를 찾는 모든 사람을 위해 수고했다.

이런 설명은 신적인 "지혜"가 이스라엘 안에서 행해야 했던 바에 대한 이상화일 수 있다. 하지만 더 적절하게는 "지혜"가 이스라엘 안에서 행하는 것으로 인식되었으나 아직 완성되지 못한 과제에 대한 확증일 수 있다. 이 텍스트의 앞 절반 정도(24:7-19)는 "지혜"가 성전 안에 거하며 그 자체로서 풍요롭고 동산과도 같은 존재(나무와 포도덩굴 및 그 열매 등에 비교됨)라고 묘사한다. 이 두 이미지의 결합은 창세기 2장이 에덴을 동산 성소로 간주했다는 우리의 초기 주장에 비추어볼 때 자연스럽다. 특히 에덴 이미지를 발전시킨 민수기 24:5-7은 집회서의 표상이 가지는 영감에 부분적으로 영향을 준 듯하다.

⁵야곱이여 네 장막들이,

이스라엘이여 네 거처들이 어찌 그리 아름다운고

⁶ 그 벌어짐이 골짜기 같고

강가의 동산 같으며

여호와께서 심으신 침향목들 같고

물가의 백향목들 같도다

⁷그 물통에서는 물이 넘치겠고

그 씨는 많은 물가에 있으리로다

그의 왕이 아각보다 높으니

그의 나라가 흥왕하리로다

앞서 살핀 바와 같이 민수기 텍스트는 확장되는 성막과도 같은 동산을 강하게 암시하며, 그리스어역 구약성경과 아람어역 성경 및 히브리서의 저자도 이 텍스트가 이스라엘의 성막을 가리킨다고 해석했다. 놀랍게도 집회서 텍스트(24:8-17)는 구약성경의 그리스어역이나 아람어역과 마찬가지로 민수기 24:6(성장하는 "침향목"과 "백향목" 및 동산에 관한 다른 묘사)의 동산 이미지가 성막과 성전을 묘사한다고 본다. 실제로 민수기 24:5-6과 마찬가지로 집회서 24:8-17은 먼저 "성막"과 "거처"에 대해 분명하게 언급하고(비록 단수 형태이기는 하지만), 그런 다음 동산 언어를 사용할 뿐만 아니라 풍부한 물에 관해서도 묘사한다(민 24:6-7을 집회서 24:25-31과 비교).

앞에서 인용한 집회서 텍스트의 후반부(24:25-32)는 "지혜"를 하나님의 율법과 동일시하는 동시에 풍요의 근원에 비유하고 "빛"에 비교함으로써 끝맺는다. 이 텍스트의 핵심은 "지혜"야말로 하나님을 향한 이스라엘의 충성스러운 순종의 근원이라는 내용이다. 이런 순종은 영적인 열매(예. "영광과 부귀", "깨달음", "교훈" 등)를 맺으며, 이스라엘뿐만 아니라 온 땅까지 가득 채울 것이다.

따라서 하나님의 목표는 "만물을 그의 지혜로 가득 채우는" 것이다

(24:25). 물이 에덴에서 흘러나와 동산을 적신 후에 네 강으로 나누어져서 땅을 적시는 것처럼, "지혜"도 이 물과 같아야 한다. 땅은 온갖 물질적인 풍요뿐만 아니라 영적인 풍성함으로도 가득 채워질 것이다. 자주 물질의 풍성함이 하나님의 백성이 행하는 영적인 신실함을 상징한다는 사실은 이미 잘 알려져 있다. 이스라엘의 땅 경험이야말로 그 훌륭한 사례가 될 것이다. 이런 관련성은 여기에서도 똑같이 적용된다. 특히 "지혜"를 "동산으로 흘러 들어가는 통로와도 같은…시냇물"로 묘사하는 부분은, 에덴의 물 근원이 수목이 무성한 지성소에 거하시면서 동산과 같은 주변의 "거룩한 곳"으로 확장되는 하나님의 임재 자체와 동일시된다는 우리의 초기 관찰에 기초한다. 이런 묘사가 이제는 예루살렘 성전에 그대로 적용되는 것이다.

게다가 "지혜"가 "만물을 가득 채우고" "시내"에서 "강"을 거쳐 "바다"로 확장된다는 것은 "지혜"가 온 땅을 가득 채울 정도로 확장된다는 이미지와 같으며, 그 자체로서 하박국 2:14을 가리키는 듯하다. "이는 물이 바다를 덮음 같이 여호와의 영광을 인정하는 것이 세상에 가득함이니라"[75](여기 대해서는 아래 설명을 보라).

에덴의 성격을 가지는 지혜의 시냇물이 바다로 확장되는 그림은 아담의 원래 과제가 동산 성소의 경계선을 온 땅까지 확장시키는 것이었다는 우리의 초기 결론과 잘 부합된다. 그렇게 되면 하나님의 임재는 과거에 한 번도 그런 적이 없을 정도로 땅을 가득 채우게 될 것이다. 집회서 텍스트의 결론은 "교훈을 아침 해같이 빛나게 하고" "그 빛을 멀리에까지 뻗게 하며" "가르침을…미래에 세대에까지 물려주는" "지혜"의 활동이 전 세계를 뒤덮는 대홍수와도 같다고 묘사한다. 그 목표는 이스라엘의 성전 안에 있는 하나님의 지혜가 온 땅을 가득 채우는 것이지만, 이것은 "아직" 이루어지지 않은 목표이기도 하다(24:32과 24:33 진술 도입부에 나오는 "아직"['eti]이라는

---

75) 사 11:9; 집회서 39:22도 동일한 현실을 반영하는 것 같다: "그분의[하나님의] 축복이 강물처럼 넘쳐 메마른 땅을 홍수처럼 적신다."

표현을 주목하라).

의미심장하게도 이 텍스트의 마지막 행은 아담을 통해 마땅히 이루어져야 했던 "지혜"가 이제는 "지혜를 찾는" 사람들에 의해 널리 퍼져야 함을 보여준다(24:34). "지혜"는 그런 사람들 안에 "뿌리를 내리며"(24:12), "영광…의 가지를 뻗을" 것이요(24:16), "그 빛을 멀리까지 뻗을" 것이다(24:32). "나[지혜]의 명령대로 일하는 사람은 죄를 짓지 않을" 것이요(24:22), 도리어 피조 세계의 모든 구석과 틈새 안으로 하나님의 빛을 비출 것이다. 피조 세계가 하나님의 성막 임재로 가득 찬 거룩한 강당이 될 때까지 말이다.

"깨달음"과 "지혜"가 성전으로부터 나오며 시냇물로부터 강으로 흘러든다고 보는 집회서의 설명(24:30-31; 참조. 24:25-27)과 놀랍도록 유사한 표현을 찾기 위해서는 초기 유대교-기독교 저술인 솔로몬의 송시 6장을 살펴보는 것이 적절할 것이다.

6주께서는 자신의 지식을 증가시키셨으며…
8왜냐하면 그곳에서 개울이 흘러나왔고,
그것이 큰 강과 호수로 변했기 때문입니다.
참으로 그것은 모든 것을 휩쓸어갔고
(그것을) 부수어 성전으로 가게 했습니다.
9그리고 사람들의 자제력은 그것을 억제하지 못했으며…
10왜냐하면 그것[물]이 온 땅에 퍼졌고
만물을 가득 채웠기 때문입니다.
11이어서 지상의 모든 목마른 자들이 마심으로써
갈증이 사라지고 제거되었습니다.
12왜냐하면 지극히 높으신 분으로부터 마실 것이 제공되었기 때문입니다.[76]

---

76) 이 텍스트에 주의를 기울이도록 해준 제자 Kevin Cawley에게 고마운 마음을 전한다.

솔로몬의 송시의 이런 텍스트는 집회서를 지시하는 것 같다. 텍스트의 이런 그림은 물이 땅으로 흘러들다가 다시 성전으로 되돌아온다는 점에서만 차이를 보이는데, 이는 하나님의 지식이 지상의 사람들을 정복한 후, 그들을 그분의 성전과 관계하도록 두셨음을 의미한다.

에녹1서(주전 2세기)

에녹1서 90:28-36은 이스라엘의 옛 성전이 "꺾이고 부수어져서 옮겨진" 후에 "첫 번째 것보다 더 크고 더 높은" 새로운 집으로 대체되고, 그 집이 "크고 넓고 충만해서" 구속된 전 인류가 "그 집에 모여 있는" 모습을 그리고 있다. 이것은 이 성전 구조물의 범위가 전 세계에 걸쳐 있음을 암시하는 듯하다.[77] 특히 종말론적인 성전이 구속함을 받은 피조물들을 수용하는 장소로 묘사되기 때문에 더욱 그렇다. 여기서 이 피조물들은 "그 집에 모인" 존재로서, "들의 모든 짐승들과 하늘의 모든 새들"을 가리킨다.

필론(주후 1세기)

성전 확장의 주제와 관련된 필론의 증거는 확실하지 않다. 하지만 필론은 성전 의례들이 온 세상을 위해 유효한 영향력을 행사하고 있다고 주장하는데, 이는 성전이 마지막 때에 보편적인 의미를 가짐을 추가적으로 지시하는 듯하다. 필론은 이스라엘 땅의 첫 열매를 제단에 드리는 일이 "민족과…온 인류 모두에 대해" 유효한 목적에 기여한다고 말한다. "왜냐하면 유대 민족과 사람들이 살고 있는 온 세상 사이의 관계가 제사장과 국가 사이의 관계에 해당하기 때문이다"(Spec. Leg. 2.162-163). 이것은 성전과 이스라엘 사이의 관계가 이스라엘과 온 세상 사이의 관계에 해당함을 암묵적으로 확증하는 듯하다. 필론에게 제사장이 입는 옷의 우주적인 상징성

---

77) Spatafora 1997: 64은 에녹1서 90:28-36의 성전이 새 예루살렘 바깥으로만 확장된다고 본다.

은 제사장이 이스라엘을 위해 기도할 뿐만 아니라, "온 인류를 위해서" "자연과 땅과 물과 공기와 불 등을 위해서도" 기도함을 의미한다. 이런 기도의 궁극적인 목적은 하나님께 "피조물을 그분의 쾌적하고도 자애로운 자연의 동반자로 만들어"달라고 간구하는 것이다.[78]

시빌의 신탁(주후 100년경)

시빌의 신탁 5:414-432은 거대한 성전이 이전의 유대교 문헌에서 살펴본 일부 다른 성전들과 다르지 않다고 설명한다.

> 왜냐하면 복을 받은 한 사람이 하늘의 평원으로부터 내려왔기 때문이다. 하나님은 그의 손에 왕의 홀을 들려주셨는데, 그는 그 홀을 가지고서 내려왔다. 그는 모든 것…과 도시[예루살렘]에 대한 공정한 지배권을 행사했고…그는…세상의 보석을…배치했으며, 정의로운 성소를 가진 성전을 지극히 공정한 곳으로 만들었으며, 그것을 구름에 닿는 거대한 탑을 가진 상당한 펄롱(furlong)[79]의 크기로 만들어 누구나 볼 수 있게 했다. 모든 신실하고 의로운 자들이 눈에 보이지 않는 하나님의 영광을 볼 수 있도록 말이다.…성도들의 마지막 때에 하나님은 이런 일들을 이루신다.…하나님은…거대한 성전의 창조자[이시다].[80]

에녹1서 90장에서 보듯, 다시 우리는 직경이 수 킬로미터에 이르는 마

---

78) *Spec. Leg.* 2,97. *Som.* 1,215과 *Rer. Div. Her.* 205도 참조. 나로 하여금 처음으로 Philo의 이런 언급에 주목할 수 있도록 해준 Barker(1991: 113-116)에게 감사를 표한다. 또한 솔로몬의 지혜서 18:24도 대제사장의 의복과 보석이 우주 전체를 상징한다고 본다: "발끝까지 늘어진 그의 옷에는 온 세상이 그려지고, 네 줄로 된 보석에는 조상들의 영광스러운 이름이 새겨져 있었다." "조상들의 영광"에 대한 언급도 아브라함의 씨에게 임할 복—온 세상을 향한 복으로 귀결될(18:22도 보라)—을 우주적인 차원에서 이야기한다.
79) 1펄롱은 약 200미터 길이를 의미한다.
80) 여기서는 Charles 1977: 405의 번역을 따랐다.

지막 날의 거대한 성전을 보게 된다. 이 성전의 탑은 세상의 모든 의로운 거주자들이 다 볼 수 있을 정도로 아주 높다. 당연히 우리는 여기서 성전 건축과 직접 관련해서 창세기 1:26-28의 사명이 반영되어 있음을 발견할 수 있다. "복을 받은" 한 "사람"이 "만물에 대한 통치권"을 얻는다(참조. 단 7:13-14). 이미 우리는 아담의 사명과 창세기 2장의 동산 성소 사이에 동일한 관련성이 있음과, 족장들과 포로기 이전의 이스라엘 및 포로기 이후의 이스라엘과 마지막 날의 이스라엘 등의 경우에도 동일한 관련성이 있음을 발견했다. 보편적인 통치와 정복의 사명 안에는 성전 건축과 그 경계선의 확장이 포함된다. 시빌의 신탁에 묘사되어 있는 성전의 기초는 직경이 수 킬로미터에 이르며, 탑은 전 세계의 모든 성도가 볼 수 있을 만큼 높다.

베냐민의 유언(주전 2세기경의 문서로, 후에 추가된 그리스도인들의 보충 설명을 포함)

베냐민의 유언 9:3(그리스도인들의 보충 설명으로 보임)은 "성전의 휘장이 갈라질 것이요, 마치 불이 쏟아지는 것처럼 하나님의 영이 이방인들에게 임할 것이다"라고 말한다. 여기서 "휘장"은 특별 계시의 차원에서 하나님이 제한된 영역에서 이스라엘과 함께 거하심을 상징하는데, 이 휘장은 역사의 마지막 때에 온 세상을 위해 제거될 것이다.

확장되는 동산이나 성전에 관한 구약성경과 유대교의 견해에 대한 결론적 생각

마지막 날의 성전이 갖는 포괄성의 주제는 민수기 14:21("그러나 진실로 내가 살아 있는 것과 여호와의 영광이 온 세계에 충만할 것을 두고 맹세하노니")이나 하박국 2:14("이는 물이 바다를 덮음같이 여호와의 영광을 인정하는 것이 세상에 가득함이니라" = 사 11:9)과 일치한다. 성전은 이스라엘 지혜의 축소판이나 다름없는 율법을 보관하는 장소를 상징하기 때문에, 성전의 보편적인 확장은 우주가 하나

성전 신학

님의 지혜와 지식으로 가득 차는 현상을 수반할 것이다. 제4장의 결론 부분에서 논의했던 집회서 텍스트와 마찬가지로 말이다.

이스라엘 성전의 다양한 건축자와 감독자들은 시온 산에 있는 성전을 확장시켜야 할 필요성을 어느 정도 인식하고서 그것을 어떤 형태로든 표현하고자 했을 것이다. 왜냐하면 매번 지어지는 성전이 특히 바깥뜰과 관련해서 다음과 같이 점점 큰 규모로 변해갔기 때문이다. 성막→솔로몬 성전[81]→두 번째 성전 및 "여인들의 뜰"과 "이방인들의 뜰" 추가로 인한 확장[82] → 에스겔 40-48장의 성전(안뜰과 바깥뜰 포함)[83] = 안뜰과 바깥뜰을 가지고 있는 쿰란 성전 두루마리의 성전. 이것들 중 마지막 두 성전은 예루살렘의 주거 지역 전체를 포괄했다.[84] 이런 성전 확장 건축 프로젝트는 에덴의 동산-성전이 확장되어야 한다고 보는 원래 의도에 기초한 예술적 본능일 수도 있고, 비슷한 신전 건축 프로젝트에 참여하도록 파라오들을 자극한 직관일 수도 있다.

---

81) 솔로몬 성전의 길이와 너비는 대략 성막의 두 배이며, 높이는 훨씬 더 많은 차이를 보였다(예. Homan 2000: 24-26을 보라).

82) 여기서는 예를 들어 Wightman, 1995: 277, 282-283을 보라. Josephus(War 1.401)는 헤롯 통치 "제15년에" "그가 성전을 회복시켰으며" "이전 크기의 두 배로 주변 지역을 확장시켰다"라고 말한다. S. M. Bryan(2002: 199-206)은 바깥뜰의 바깥 부분에 이방인들을 위한 공간을 할당한 것이 사 56:6-7(성전의 목적이 이방인 예배를 포함하는 것으로 확장되리라는 예언)의 영향 때문이라고 주장한다.

83) 에스겔서의 성전의 규모에 대해서는 논란이 많다(겔 40-48장에 관해서는 제5장을 보라). 어떤 이들은 이 치수가 쿰란의 성전 두루마리에 묘사된 성전과 비교될 만하다고 본다.

84) 쿰란의 성전 두루마리에 묘사된 성전의 치수는 이전 성전들의 크기와 비교할 때 가장 크다. 아마도 에스겔서의 성전을 제외하고서 말이다. 에스겔서의 성전에 대해서는 Broshi 1987: 36-37과 Shiffman 1989: 267-284을 보라.

제 5 장

그리스도와 그의 백성 안에서 이루어지는 마지막 성전의 "이미 그러나 아직 아닌" 차원의 성취: 복음서

The Temple and the Church's Mission
A Biblical Theology of the Dwelling Place of God

서론

신약성경은 아담과 노아와 이스라엘 등이 전 세계에 걸친 하나님의 임재를 상징하는 성전의 확장을 통해서 이루지 못했던 과제를 그리스도와 교회가 마침내 성취했다고 묘사한다. 누가복음 2:32과 사도행전 26:23은 그리스도가 땅끝까지 가서 "빛"이 되라는 사명(사 49:6에 있는 종 이스라엘의 사명을 언급함)을 완수했다고 묘사한다. 바로 이런 이유로 마태복음 28:18은 인자이신 예수가 "하늘과 땅의 모든 권세를 내게 주셨으니"라고 말씀하셨다고 설명한다. 이것은 다니엘 7:13-14의 예언을 가리킨다. 이 예언은 "인자"에 대해 "그에게 권세가 주어지고…땅의 모든 나라가…그를 섬기게 했다"(70인경)라고 말한다. 예수는 이런 권세에 기초해서 다음과 같은 유명한 사명을 주신다. "그러므로 너희는 가서 모든 민족을 제자로 삼아…베풀고 내가 너희에게 분부한 모든 것을 가르쳐 지키게 하라 볼지어다 내가세상 끝날까지 너희와 항상 함께 있으리라." 여기서 하나님이 구약 시대의 자기 백성에게 땅을 지배하고 정복하라는 사명을 주실 때와 똑같은 동반 양식(accompaniment formula)을 그리스도 역시 사용하고 있음을 주목하라. 그분의 임재는 그들로 하여금 땅을 정복하고 하나님의 임재로 땅을 가득 채우는 "위대한 사명"—아담과 노아와 이스라엘 등이 성취하는 데 실패한—을 성취할 수 있도록 만들 것이다.

제5장의 다음 단락에서 더 분명하게 살피겠지만, 바로 이 점에서 예수는 마지막 아담과 같은 인물이다. 예수가 제자들에게 보편적인 사명을 주실 때 암묵적으로 자신을 다니엘서의 "인자"와 동일시하신 것도 부분적으로 바로 이 이유 때문이다. 그는 "아담의 아들"(son of Adam)이다. 이는 다

니엘이 말하는 "인자"(Son of Man)와 같은 개념이다. 그는 첫 아담이 마땅히 해야 했던 일을 성취하셨으며, 다니엘이 예언한 바와 같이 메시아로 오신 마지막 아담으로서 그 일을 성취하셨다.

요한계시록 22:1-3의 도시-성전에 관해 묘사하는 에덴의 표상도 창세기 2장에서 시작되었으나 중간에 포기되었던 성전 건축이 다시 시작될 것이요, 그리스도와 그의 백성 안에서 완성됨으로써 새로운 피조 세계 전체를 포괄할 것임을 보여주려는 의도를 반영한다. 성전의 폭넓은 삼층 구조가 우주를 반영하고 있었다는 사실은 암묵적으로, 그것이 온 세상을 포괄하게 될 미래의 한 시점을 가리키려는 목적을 가짐을 의미한다. 따라서 이스라엘의 성전은 건축가가 새롭게 설계한 모델과 매우 비슷한 기능을 가지고 있었다. 이스라엘 성전은 미래에 훨씬 큰 규모로 건축될 성전에 대한 조그만 모형과도 같았다. 이상적인 관점에서 본다면 이스라엘 백성은 이 성전을 바라보며 거기에 대해 묵상하는 중에 이 성전 자체가 끝이라고 생각해서도 안 되며, 이것을 단지 선택된 민족의 표지로만 생각해서도 안 되었다. 도리어 그들은 하나님의 임재의 빛을 온 땅에 널리 전하는 위대한 목표를 생각해야 했다. 온 세상이 하나님의 성막 임재 아래 있을 때까지 말이다. 구약의 성전은 하나님의 특별한 계시적 지상 임재를 상징하는 지역적 거처였기 때문에, 우주에 상응하는 성전의 상징적 의미는 온 땅에 가득한 하나님의 성막 임재의 종말론적인 목표를 가리켰다. 요한계시록 21:1-22:5이 설명하는 바로 그 종말론적 목표 말이다(참조. 계 21:3).

구약이나 신약성경에서 성전의 확장되는 우주적인 상징성이 갖는 구속사적인 의미를 이 책이 시도한 것과 같은 방식으로 상세하게 설명한 예는 지금까지 거의 없었다.[1] 이제 우리는 다음과 같은 질문을 던져야 한다.

---

1) 하지만 내 견해와 유사한 Levenson의 관점도 보라(Levenson 1986: 32-61; 1984: 296-298; 1985: 182-184). Dumbrell은 내 결론과 부분적으로 동일한 결론을 내렸다. 특히 아담이 성소의 전 세계적인 확장을 위해 에덴 성소에서 "왕-제사장"으로 세워졌다는 점에서 그렇다(2002: 53-56). 그렇게 하면서 Dumbrell은 자신의 작업이 내가 쓴 초기 주

그리스도를 "성전"으로 묘사하는 것이 왜 특별히 적절한 의미를 가질까? 이 표현은 성전을 창조의 상징으로 보거나 피조 세계를 채울 만큼 확장되는 유기적인 거룩한 구조물로 보는 구약성경의 배경과 어떻게 관련되는가? 이 질문들에 대한 간략한 답변은, 신약성경이 적절하게도 그리스도를 성전으로 칭한다는 데 있다. 그리스도야말로 새 창조의 시작이기 때문이다. 바울이 강력하게 증언하는 바와 같이, 예수의 부활은 첫째가는 위대한 새 창조의 행동이었다. "죽었다가 다시 살아나신 이…그런즉 누구든지 그리스도 안에 있으면 새로운 피조물이라…"(고후 5:15, 17; 갈 6:15-16; 골 1:18; 계 3:14 등도 마찬가지. 물론 이 개념은 신약 전체에서 발견된다). 예를 들어 이것은 왜 복음서가 반복해서 그리스도를 "하나님의 [옛] 성전을 헐고 사흘 동안에 지을 수 있는" 분으로 칭하는지를 가장 잘 설명해주는 사례다(마 26:61; 27:40; 막 14:58; 15:29; 요 2:20-21; 참조. 행 6:14). 나중에 살펴보겠지만, 예수의 제자들도 "하나님의 성전"에 관해서 동일한 표현을 사용한다. 왜냐하면 그들은 공동체적 인격의 차원에서 새 창조를 이루신 부활의 주님에 의해 대표되기 때문이다.

이 책의 나머지 대부분에서 우리는 그리스도와 그의 백성을 하나님이 세우실 마지막 성전의 초기 형태로 보거나, 그 완전한 성취의 한 부분으로 묘사하는 신약성경의 관련 부분을 살필 것이다. 또한 우리는 책의 앞부분에서 살핀 주제들, 곧 에덴과 아담의 사명 및 이스라엘 성전 등의 주제가 신약성경의 성전 개념—특히 성전의 확장 본질과 관련된—에 어떤 빛을 던져줄 수 있는지를 살피려고 노력할 것이다.

석의 권말 부록(Beale 1999a: 1109-1111)과 내가 사용했던 자료 중 일부(예. Wenham 1987; 1994)에 의존했음을 밝힌다. 여기서 Dumbrell은 실제로 자신의 초기 저작(1985: 37-38, 41-42)에 드러난 것과 비슷한 논의를 전개하고 있다. 마찬가지로 Kline 1989: 55-56, 62-63을 보면, 그가 이 주제를 나보다 약간 빨리 다루었음을 알 수 있다. 몇 년 전에 읽은 Kline과 Dumbrell의 초기 저작이 이런 개념의 씨앗을 내 생각 속에 심어놓았을 가능성이 높다.

마지막 아담이면서 새 창조의 성전으로 묘사되는 공관복음서의 예수

마지막 아담이면서 새 창조의 창시자인 예수

복음서는 예수를 새 창조를 시작하는 아담과 같은 인물로 묘사한다. 마태복음의 족보는 "*biblos geneseōs*"라는 그리스어 표현으로 시작하는데, 이 표현은 "족보의 책" 또는 "시작의 책", "기원의 책" 등으로 번역될 수 있다. 이는 똑같이 "*biblos geneseōs*"라는 표현이 있는 창세기 2:4을 언급하는 듯하다. "이것이 천지가 창조될 때에 하늘과 땅의 내력(또는 '기원')이니 여호와 하나님이 땅과 하늘을 만드시던 날에." 창세기 5:1-2에도 같은 표현이 나온다. "이것은 아담의 계보를 적은 책(*biblos geneseōs* 어떤 이들은 '족보'로 번역함)이니라 하나님이 사람을 창조하실 때에 하나님의 모양대로 지으시되 남자와 여자를 창조하셨고 그들이 창조되던 날에 하나님이 그들에게 복을 주시고 그들의 이름을 사람이라 일컬으셨더라." 이어서 마태복음 1장에서와 같이 아담으로부터 시작하여 노아로 끝나는 족보(성경에서 최초의 족보)가 언급된다. 마태복음이 창세기 2장과 5장을 언급한다는 사실은 이 두 텍스트가 그리스어역 구약성경 전체에서 "*biblos geneseōs*"라는 표현이 나오는 유일한 두 곳이라는 관찰에 의해 한층 더 강화된다. 이 표현을 사용하는 마태복음의 의도는, 이 복음서가 예수 그리스도의 오심과 죽음 및 부활 등을 통해 시작된 새 시대와 새 창조의 기록을 서술한다는 사실을 선명하게 밝히는 데 있다.

예수의 잉태와 관련된 성령에 대한 언급(1:18-20)도 그를 새 창조의 시작으로 이해하고 있다. 창세기 1:2에서 성령이 첫 창조를 이루고 있다고 언급되는 것처럼 말이다. 마태복음 1:18, 20은 이렇게 말한다. "예수 그리스도의 나심(기원)은 이러하니라…그에게 잉태된(*gennēthen*) 자는 성령으로 된 것이라."

아브라함과 다윗에서 시작해서 예수의 시대로 계속 이어지는 마태복음의 족보와는 달리, 누가복음의 족보는 예수의 시대로부터 시작한 후 아

     성전 신학

담으로 거슬러 올라가서 이렇게 끝난다. "그 위는 아담이요 그 위는 하나님이시니라"(눅 3:38). 누가복음의 이런 족보는 예수가 마지막 아담임을 확인하려는 목적을 가지고 있다(Glickman 1980: 55-58). 마가복음의 경우에는 "예수 그리스도의 복음의 시작(archē)"이라는 구절로 시작한다(참조. *en archē*, 창 1:1).

예수가 "사십 주야"를 지낸 후 광야에서 시험 받으신 일은 이스라엘의 40년 광야 유랑 생활을 반영한다. 참 이스라엘인 예수는 대-이스라엘 민족(macro-national Israel)을 대신하는 소-이스라엘(micro-Israel)이다. 따라서 년(years) 단위의 세월은 자연스럽게 비유적인 의미에서 날(days)로 축소된다. 예수가 사탄에게 주신 모든 답변은 모세가 이스라엘의 광야 실패에 대해 보인 반응으로부터 취한 것이다(신 8:3과 마 4:4; 신 6:16과 마 4:7; 신 6:13과 마 4:10). 예수는 이스라엘이 굴복했던 동일한 시험들을 성공적으로 이겨내신다.

하지만 누가의 족보가 "하나님의 아들인 아담"으로 끝나는(눅 3:38) 이유는, 예수를 하나님의 참된 아들로서 아담과 하와가 굴복했던 유혹에 맞서는 종말의 아담과 동일시하려는 데 있다. 누가가 에덴의 유혹들을 염두에 두고 있다는 사실은, 예수가 광야의 유혹들을 성공적으로 이기신 후 "들짐승과 함께 계시니 천사들이 수종 들더라"라는 마가의 설명에서 분명하게 드러난다(사실상 이 텍스트는 예수가 시 91:11-12에서 약속된 자임을 보여준다; 시 91:13과 비교하라).

광야에서 있었던 사탄의 패배도 이차적으로는 참 이스라엘이신 예수가 "약속의 땅에서" 마지막 날의 "가나안 족속"을 정복하셨던 첫 번째 행동으로 간주될 수 있다. 이렇게 말하면 아마도 사람들은 이 유혹 이야기에 과연 이런 개념이 들어있는지 의심할 것이다. 왜냐하면 앞서 살핀 바와 같이, 이 텍스트의 중심 주제는 예수가 이스라엘이 굴복했던 죄의 유혹에 저항하셨다는 것이기 때문이다. 유혹의 주제는 신명기에서 가져온 세 인용문이 각각 이스라엘이 자기에게 닥친 유혹에 올바르게 응답해야 했으나 그렇게 하지 못했음을 언급한다는 사실을 주목함으로써 확실하게 드러난다. 하지만 신명기 텍스트 각각을 면밀하게 살펴보면, 만일에 이스라엘이 닥친 유혹에 신실하게 응답했더라면 어떤 일이 발생했을지 그 결말을 분명하게 알 수 있다. 그들은 "그 땅에 들어가서 여호와께서 모든 대적을 네 앞에서 쫓아내시겠다고 네 조상들에게 맹세하신 아름다운 땅을 차지"했을 것이다(신 6:18-19).[2] 아마도 예수는 세 텍스트 각각에 담긴 이런 공통의 목적을 염두에 두셨을 것이다.

따라서 유혹에 대한 예수의 승리는 그에게 가나안 족속과 모든 악한 나라를 상징하는 사탄의 세력[3]을 이길 수 있게 함과 아울러 이스라엘이 과거에는 할 수 없었던 방식으로 그 땅을 정복할 수 있도록 해주었다. 예수가 사탄의 유혹에 맞섰다는 사실 자체야말로 마귀에 대해 그가 거둔 승리의 시초였다. 귀신을 쫓아내는 예수의 사역은 참 이스라엘이신 그분의 거룩한 전쟁을 계속 이어간다. 귀신을 쫓아내는 그리스도의 활동은 아담과 하와를 속임으로써 피조 세계를 장악하려 했던 사탄을 확실하게 패배시키는 사역의 출발점이었다. 바로 이것이 강한 자의 결박 비유(마 12:29)의 의미다. 예수는 마귀와 그의 세력을 쫓아내심으로써 아담이 맨 처음 동산에서 이루어야 했던 사탄 추방 사역을 마지막 날에 완성하셨다.[4] 마귀는

---

2) 마찬가지로 신 6:15은 만일 이스라엘이 가나안 땅에서 다른 신들을 따른다면 어떤 일이 벌어질지에 대한 내용과 바로 이어지는 텍스트다: "여호와께서 네게 진노하사 너를 지면에서 멸절시키실까 두려워하노라." 이것은 그들이 땅을 소유하지 못할 것임을 의미한다. 신 8:3의 도입부는 다음과 같은 내용으로 되어 있다: "내가 오늘 명하는 모든 명령을 너희는 지켜 행하라 그리하면 너희가 살고 번성하고 여호와께서 너희의 조상들에게 맹세하신 땅에 들어가서 그것을 차지하리라"(신 8:1).

3) 복음서 어디에서든 사탄이 가나안의 "Baal"과 관련된 신들의 다른 이름인 *"Beelzebul"*(마 10:25)이나 "Beelzebub"(예. 왕하 1:2-3, 6, 16에 묘사된 블레셋의 신으로서 "파리들의 대왕"으로 번역되는 "Baalzebub"을 보라)으로 칭해진다는 사실을 염두에 둔다면, 이런 개념은 한층 강화될 것이다. 추가로 Lewis 1992: 638-640을 보라.

4) McCartney 1994: 10. McCartney도 예수의 하나님 나라 선포가 첫 번째 아담에게서 사라진 대리인 자격을 새롭게 선포하고 있으며, 자연에 대한 그분의 권능이 하나님의 부섭

성전 신학

성경 텍스트를 인용하여 예수를 시험하려고 한다. "네가 만일 하나님의 아들이어든 [성전 꼭대기에서] 뛰어내리라 기록되었으되 그가 너를 위하여 그의 사자들을 명하시리니 그들이 손으로 너를 받들어 발이 돌에 부딪치지 않게 하리로다 하였느니라"(마 4:6). 이 텍스트는 시편 91:11-12을 인용하고 있다. 하지만 이어지는 시편 91:13은 천사들의 보호를 받는 의인이 "사자와 독사를 밟으며 젊은 사자와 뱀을 발로 누르리라"라고 말한다. 시편 91:13은 창세기 3:15의 이런 위대한 약속을 가리키는 것 같다. "여자의 후손은 네 머리를 상하게 할 것이요 너는 그의 발꿈치를 상하게 할 것이니라." 광야의 유혹을 받는 동안 그리스도가 사탄의 조언을 거부하신 것은 시편에 예언된, 사탄에 대한 승리의 시초였다. 마태의 의도는 독자로 하여금 앞서 언급한 신명기의 세 텍스트와 함께, 반대 세력에 대한 예수의 승리라는 주제를 추가적으로 드러내는 시편의 더 넓은 컨텍스트를 알게 하려는 것이었다.

예수는 약속의 땅에서 마귀를 물리치신 후, 이스라엘의 회복에 관한 이사야서의 약속들을 다시 성취하기 시작하시는 분으로 간주된다(마 4:12-16). 그리하여 마태복음 4:18-22에서 예수는 열두 제자를 부르심으로써 이스라엘 지파들을 다시 모으기 시작하신다. 열두 제자는 지도자인 예수(야웨) 휘하의 소우주와도 같은 참 이스라엘을 표상한다. 비록 예수가 마지막 날의 모세로 묘사되기도 하지만 말이다(Allison 1993). 이런 회복에는 다양한 종류의 치유가 포함된다. 이스라엘이 하나님을 향한 마지막 때의 참된 회복을 경험할 때 이루어지리라고 예언되었던 바로 그 치유 말이다(마

정으로서의 땅에 대한 통치권—처음 아담이 마땅히 행사해야 했던—을 선명하게 드러낸다고 말한다(1994: 10). Kline(1989: 65-67)도 창 2장의 "선악을 알게 하는 나무"가 선과 악 사이를 분별함으로써 뱀이 동산에 들어왔을 때 그 뱀을 행악자로 정죄해야 했던 아담의 책임을 암시한다고 말한다. Kline은 "선과 악"의 분별을 "법과 재판에 관련된 분별력"의 실천으로 보는 다른 텍스트들(사 5:20, 23; 말 2:17), 예를 들어 "왕이 사법적인 결정을 내리는 데 관여하는" 텍스트(삼하 14:17; 왕상 3:9, 28)를 인용함으로써 이 점을 부분적으로 뒷받침한다.

4:23-25; 11:4-6; 사 32:3-4; 35:5-6; 42:7, 16).

또한 이런 치유는 피조 세계가 타락한 상태로부터 회복되리라는 것을 표상하기도 했다. 타락의 물리적인(그리고 영적인) 저주는 예수께서 새 창조와 새 왕국—아담이 마땅히 이루어야만 했던—을 재건하심으로써 제거되기 시작한다. 새 창조의 틀에서 본다면 그리스도의 치유 이적은 마지막 날의 왕국을 새롭게 시작할 뿐만 아니라, 새 창조의 시작을 알리기도 했다. 왜냐하면 이런 치유 이적은 타락한 옛 세계의 저주가 뒤집어지기 시작했음을 의미하기 때문이다. 치유의 기적은 인간이 완전히 치유될 새 창조가 침투해 들어옴을 뜻했다. 그분이 치유하신 사람들, 특히 죽음으로부터 부활한 자들은 예수 자신의 부활을 예표했다. 그리스도의 부활은 모든 신자의 첫 열매였다. 마찬가지로 신자들도 새로운 세계가 침투해 들어오는 마지막 때에 완전히 회복된 몸으로 부활할 것이다. 복음서에서 자주 반복되는 하나님 나라 개념은 복음서 저자들이 새 창조에 대한 개념을 표현하는 주요 방식 중 하나다. 그런데 이 개념은 창세기 1-2장의 아담의 왕권과 새 창조 사이의 분리될 수 없는 관계와 일치한다.

앞서 살핀 바와 같이 예수가 구약 시대의 아담과 이스라엘 모두를 반영하는 이유는 이스라엘과 족장들이 창세기 1:26-28의 아담과 동일한 사명을 받았기 때문이다. 따라서 이스라엘을 "에덴동산"[5]에서 실패했던 집단적 인격인 아담으로 이해하는 것은 과장된 설명이 아니다. 이스라엘은 그들의 원조가 최초의 동산에서 실패했던 것과 거의 똑같은 방식으로 실패했다. 이런 이유에 비추어볼 때 예수를 "하나님의 아들"로 칭한다는 것은 이해할 만하다. 부분적으로 이것은 처음 아담(눅 3:38; 참조. 창 5:1-3)과 이스라엘(출 4:22; 호 11:1)의 이름이기도 했기 때문이다. 마찬가지로 다니엘 7:13의 "인자"라는 표현은 마지막 때의 이스라엘을 가리키며, 짐승들을 다

---

5) 이스라엘에게 약속된 땅을 "에덴동산"으로 칭하는 구약 테스트들(창 13:10; 사 51:3; 겔 36:35; 욜 2:3)을 다시 주목하라.

성전 신학

스리는 아담의 후손으로서 이스라엘을 대표하는 왕을 가리키기도 한다("인자"가, 짐승들로 묘사되는 이전의 악한 제국들을 다스리신다는 점을 상기하라). 이런 배경에서 본다면, 예수가 자신을 칭하는 데 "인자"를 즐겨 사용하셨다는 점은 자연스럽고 이해하기 쉽다.

예수의 부활은 새 창조의 계속적인 발전에 속한다(예. 마 27:57-28:15). 부활은 완전히 성숙한 새 창조의 개념이다. 왜냐하면 의인이 새 하늘과 새 땅으로 들어가 그곳의 구성원이 되는 일은 그들의 몸을 재창조하시는 하나님을 통해서 이루어지기 때문이다. "하늘과 땅의 모든 권세를 내게 주셨으니"(마 28:18)라는 예수의 주장은 다니엘 7:13-14에 대한 암시다. 이 다니엘서 텍스트는 "인자"에게 영원한 "권세와 영광과 나라"가 주어지리라고 예언했다.[6] 제5장의 도입부에서 살핀 바와 같이, 곧 이어서 예수는 제자들에게 이른바 "위대한 사명"을 전하신다. "그러므로 너희는 가서 모든 민족을 제자로 삼아…가르쳐 지키게 하라 볼지어다 내가…너희와 항상 함께 있으리라"(마 28:19-20). 이 명령은 다니엘 7장을 계속 언급할 뿐 아니라(14절, "모든 백성과 나라들과 다른 언어를 말하는 모든 자들이 그를 섬기게 하였으니"), 아담에게 주어진 창세기 1:26-28의 명령을 갱신하기도 한다.

앞서 살핀 바와 같이 하나님이 함께하실 것이라는 표현 양식("내가 너희와 함께 있으리라")은 마태복음 28:20에도 나온다. 이는 제자들에게 명령을 이행할 수 있도록 어떤 힘이 주어질 것인지도 보여준다. 우리는 앞에서 이미 아담의 사명이 나중에 족장들과 이스라엘에게 어떻게 적용되는지를 보았다. 사실상 "모든 나라들"(*panta ta ethnē*)에 대한 언급은 창세기 22:18을 반향하며(창 18:18도 마찬가지), 앞서 살핀 바와 같이 초기의 성소 건축 이야기 중 하나에 해당한다. 아브라함에게 주어진 약속에 대한 기억은 마태복음의 첫 절(1:1)에서 발견되는 다음과 같은 주제로 되돌아간다. "아브라함에게 약속되고 그를 통해 땅의 모든 족속에게 주어질 복(창 12:3)이 이제

---

6) France(1971: 142-143)도 보라. 그도 예수의 말씀이 단 7장에서 빌려왔다고 본다.

는 메시아이신 예수 안에서 성취되었다."[7]

이렇듯 그리스도는 아담의 아들 또는 "인자"로서 처음 아담이 마땅히 해야 했던 일을 행함과 아울러 하나님의 형상 안에 반영된 영광을 포함해서 처음 아담이 가져야 했던 것을 물려받기 시작하셨다. 예수의 세례가 "모든 의를 이루려는"(마 3:13-17) 그의 사역에 속한다는 점은 이스라엘과 아담이 잘못 행한 것들을 바로잡기 위해 그분이 오셨음을 의미하는 듯하다. 예수는 과거의 이스라엘의 불순종과는 달리 하나님께 성공적으로 순종하기 위해 오셨다.

새 성전으로서의 예수

아담이 마땅히 행해야 했던 것을 예수가 행하심에는 새 성전을 건축하고 순종하면서 그 성전을 확장시키는 일도 포함되었다. 사실상 예수 자신이 성전과 다름없었다. 왜냐하면 그분 자신이, 특히 그의 부활이 바로 새 창조의 시작이었기 때문이다. 그리스도를 "성전"으로 칭하는 것은 그분을 새 창조로 칭하는 또 다른 방식이다. 왜냐하면 성전은 창조를 상징했기 때문이다!(우리는 제2장에서 이 점을 입증하는 데 많은 노력을 기울였다)

우리는 앞서 창세기에 관한 논의에서 창세기 1장의 아담의 사명이 에덴 성전에서의 그의 섬김을 통해, 그리고 그곳을 올바른 방식으로 관리하고 그 경계선을 확장시킴으로써 수행되어야 했음을 살핀 바 있다. 실제로 우리는 아담의 사명이 노아와 족장들과 이스라엘과 마지막 때의 이스라엘 등에게 재적용되었다는 점 역시 성전 건축과 성전 확장의 시작과 불가분의 관계를 가짐을 이미 보았다. 따라서 그리스도가 새 성전의 건축을 시작하심으로써 처음 아담과 이스라엘이 이루지 못한 의무를 다시 수행하셨다는 점은 전혀 놀랍지 않다. 다양한 복음서의 텍스트에서 그리스도는 옛 성전이 쓸모없게 되어 그것을 새로운 성전으로 대체했다고 말씀하신다.

---

7) Carson 1995: 596을 보라. 70인경은 창 12:3을 "땅의 모든 지파들"로 번역한다.

여기서의 논의를 위해 먼저 출발할 지점은 마태복음 28장에 대한 앞선 우리의 논의를 다시 살피는 것이다. 이 텍스트에 대해서는 바로 앞 단락에서 결론을 내린 바 있다. 다니엘 7:13-14에 더해서 제자들을 향한 예수의 "위대한 사명"은 역대하 36:23도 암시하는 듯하다. "바사 왕 고레스가 이같이 말하노니 하늘의 신 여호와께서 세상 만국을 내게 주셨고 나에게 명령하여 유다 예루살렘에 성전을 건축하라 하셨나니 너희 중에 그의 백성 된 자는 다 올라갈지어다 너희 하나님 여호와께서 함께하시기를 원하노라 하였더라." 이 텍스트는 마태복음 28:18-20과 세 가지 공통점을 가지고 있다. (1) 고레스와 예수는 똑같이 온 땅에 대한 권세를 주장한다. (2) "가라"라는 명령. (3) 사명의 이행을 위한 하나님의 임재에 대한 확신. 그러나 예수의 사명은 고레스의 사명을 한 단계 앞선다. 예수가 "땅"뿐 아니라 "하늘"에 대해서도 권세를 가지며, 그가 자신이 말한 사람들과 함께하겠다고 말씀하신다는 점에서 그렇다. 게다가 예수의 사명은 옛 예루살렘이 아니라 온 세상 "나라들"을 겨냥한다. 더 나아가서 만일 예수의 사명이 역대하에 기록된 성전 건축을 염두에 두고 있다면, 그것은 온 땅에 흩어져 있는 예배자들로 이루어진 새 성전을 재건함으로써 제자들에게 창세기 1:26-28의 명령을 성취하도록 암묵적으로 명령한다고 볼 수 있다.

마태복음 28장에는 역대하를 가리킨다고 보이는 세 가지 요소가 추가적으로 발견된다. 첫째, 히브리 정경에서 역대하는 구약의 마지막 책이었다. 따라서 역대하 36:23은 구약 전체의 마지막 구절이다. 이 텍스트는 성전 재건의 명령으로 마무리됨으로써 마태복음의 한층 강화된 성전 건축 명령으로 나아가는 훌륭한 정경적인 연결 고리가 된다. 둘째, 마태복음은 예수의 족보를 부분적으로 역대상 1-3장의 족보에 기초해서 서술한다. 셋째, 이사야는 고레스를 "메시아"로 칭한다(사 44:28-45:1). 왜냐하면 고레스가 이스라엘로 하여금 성전을 재건할 수 있도록 돕기 때문이다.

이런 사실을 염두에 두고서 "모든 민족"에 대한 예수의 언급(마 28:19)이 마태복음 1:1을 상기시킨다는 점을 생각한다면, 역대상하와 마찬가지로 마태 역시 자신의 복음서가 부분적으로 역대기의 처음과 마지막을 반영하되 이 족보의 초점이 예수께 맞추어지도록 구성했으리라고 보는 견해는 충분히 매력적이다. 이렇게 결론부의 명령은 이방 왕이 신정 공동체인 이스라엘에게 말한 것이 아니라 신적인 왕인 예수가 참 이스라엘의 맨 처음의 남은 자들, 곧 "열두 지파"에게 말씀하신 것이다. 이런 관점에서 역대하 텍스트는 성전 건축을 위탁하는 역사적인 사건으로 간주될 수 있다. 물론 예표론적 관점에서 이 사건은 예수의 "위대한 사명"—더 큰 성전을 건축하라는—이라는 훨씬 더 큰 사건을 예고한다.[8]

위대한 사명 안에 함축된 성전 재건에 더해서 자신이 죄를 용서할 수 있다는 예수의 다양한 진술도 그가 성전을 대신함을 암시한다(눅 7:49-50). 유대인 청중은 죄를 용서할 수 있다는 예수의 주장이 하나님의 독특한 주권에 속함을 알고 있었기 때문에, 그를 신성모독죄로 고발했다(마 9:3). 이는 이 텍스트의 핵심이 죄를 용서할 수 있는 예수의 신적인 기능을 강조한다는 사실을 보여준다. 아마도 이 이야기에는 성전의 기능에 관한 반향도 함축된 것 같다. 성전은 죄 용서를 위해 희생제물을 드리도록 하나님이 정해주신 장소였지만, 예수는 하나님이 죄 용서를 발견할 수 있는 곳으로 정하신 분이다. 왜냐하면 예수 자신이 바로 속죄제물이기 때문이다. 마태복음 9:2-6(=막 2:1-12; 눅 5:18-26)은 "인자가 세상에서 죄를 사하는 권능이 있는 줄을 너희로 알게 하려 하노라"라고 말한다. 이 말씀은 예수의 죄 용서가 제사장 역할을 수행했던 마지막 아담으로서의 사역임을 암시한다. 여기서 우리는 다시 성전의 기능(거기에 반향되어 있기는 하지만)이 온 땅에 대

---

8) 대하 36:23에 대한 이런 논의는 Vance 1992에 기초했다. 이런 관점에서 본다면 후기 유대교가 사 41:25(예루살렘과 성전을 회복하려는 고레스의 노력; 사 44:28; 45:1을 통해서 알 수 있음)을, 성전을 재건할 메시아와 동일시했다는 점은 더욱 이해될 만하다(*Midrash Rabbah Numbers* 13:2; *Midrash Rabbah Leviticus* 9:6; *Midrash Rabbah Song of Songs* 4:16, §1).

한 권세를 갖도록 하는 아담의 사명과 긴밀하게 관련됨을 알 수 있다.[9] 왜냐하면 예수는 제자들을 보내 이처럼 새로운 죄 용서의 기초를 선포하게 하셨기 때문이다(마 16:19; 요 20:23).

마태복음 12:6은 예수가 "성전보다 더 큰 이가 여기 있느니라"라고 말씀하심으로써 자신을 성전과 동일시하셨음을 강조한다. 예수는 예언자로서 "요나보다 더 크시며" 그의 구원도 한층 더 클 것이다. 왜냐하면 예수는 실제로 사흘 동안 죽으셨다가 다시 살아나실 것이기 때문이다(마 12:39-41). 예수는 "솔로몬보다 더 크시다." 왜냐하면 그는 더 위대한 왕으로서 더 많은 지혜를 가지고 계시기 때문이다(마 12:42). 마찬가지로 예수는 성전보다 더 크시다. 왜냐하면 "하나님의 임재가 성전보다 그에게서 더 분명하게 드러나기 때문이다. '셰키나'의 영광은 성전이 아니라 그에게 머물러 있다"(Cole 1950: 12). 과거에 성전 안에 머물러 있던 영광보다 훨씬 더 크게 말이다(학 2:9의 예언을 반향함: "이 성전의 나중 영광이 이전 영광보다 크리라"). 이렇게 예수는 희생제사 제도의 역할을 감당하기 때문에 성전과 동일시될 뿐만 아니라, 성전 대신에 하나님의 계시적인 임재가 머무는 지상의 유일한 장소가 되기까지 하신다. 하나님은 자신의 영화로운 임재를 예수 안에서 분명하게 드러내신다. 유형적인 성전 구조물에서 드러난 임재보다 훨씬 더 훌륭한 방식으로 말이다.

성전보다 더 크신 예수에 대한 이런 진술은 아담과 타락한 그의 후손에 의해 빼앗겼던 종말론적인 안식일의 쉼을 그가 사람들에게 주시는 문맥(마 11:28-30)에서 발견된다(Laansma 1997: 159-251). 실제로 마태복음 12:7은 호세아 6:6("나는 인애를 원하고 제사를 원하지 아니하며")을 인용하며, 호세아서의 바로 다음 진술은 "그들은 아담처럼 언약을 어기고"(호 6:7)라고 말한다.[10] 이렇듯 그리스도가 호세아서의 이 텍스트를 언급하신 것은 우연이

---

9) 이런 설명은 N. T. Wright 1996: 406-412에서 영감을 받았다.
10) 아마도 "아담"은 일반적으로 "사람들" 또는 "인류"(이스라엘의 과거 세대 또는 인류 전

아니다. 그가 자신을 성전에 비교한 후 두 절밖에 지나지 않은 곳에서 스스로를 "사람[아담]의 아들"로, 안식일의 주인으로 칭하셨음(마 12:8)도 마찬가지다. 앞서 우리는 성전이, 하나님이 이스라엘에게 대적으로부터의 "안식"을 주신 후에 스스로 "안식"을 취하신 공간임을 살핀 바 있다.[11] 우리는 마태복음 11:28-12:8에서 종말론적인 안식, 아담과 아담의 아들, 성전 등의 개념이 서로 합쳐지고 있음을 알 수 있는데, 다른 곳에서 그리스도가 아담이나 성전의 주제와 관련된다는 점을 고려할 때 이는 전혀 놀랍지 않다.

예수가 이른바 성전을 "정결하게" 하신 일도 옛 성전을 새 성전으로 대체하시는 그의 사역을 가리킨다(마 21:12-13과 평행 텍스트들).[12] 유대인들은 성전을 예배의 장소가 아니라 경제적인 이득을 얻기 위한 사업의 장소로 만들어버리고 말았다. 성전 안에서 행한 그리스도의 과격한 행동은 성전 심판의 비유에 해당한다. 왜냐하면 유대인들은 성전을 악용했을 뿐 아니라, 그들의 행동 자체가 하나님—궁극적으로는 예수 자신—의 말씀과 계명을 거역한 이스라엘의 행동을 표상했기 때문이다(N. T. Wright 1996: 413-427). 예수는 이사야 56:7("내 집은 기도하는 집이라 일컬음을 받으리라")을 인용하시는데, 이 텍스트는 성전이 "집회의 장소"요, 마지막 날에 이방인들을 위한 기도의 장소가 되리라고 예언한다(사 56:3-8을 보라). 여기서 예수가 강조하는 것은 성전이 대체되어야 한다는 사실이다. 왜냐하면 당시 성전이 "하나님이 정하신 역할, 곧 이방 나라를 향한 증인 역할을 성취하는 곳이 아니라 첫 번째 성전과 마찬가지로 그분이 자기 백성을 지키시고 모으시되, 그들이 하나님의 뜻을 실천하는 것과는 무관하게 그렇게 하시리라는 미

체를 가리키는)로 번역되며, 통탄할 죄가 범해진 장소의 이름으로도 번역될 수 있다. Andersen and Freedman 1980: 435-439을 보라.
11) 여기 대해서는 80-88쪽을 보라. Laansma 1997: 58-76도 보라.
12) 이 논의는 Fitzmyer 1985: 1266-1267의 주장에 반대된다. Fitzmyer는 예수의 성전 "정결"이 성전 심판 개념이나 성전 재건 개념을 수반하지 않는다고 본다.

성전 신학

신적인 신앙의 으뜸가는 상징이 되었기" 때문이다(Carson 1995: 442).[13] 두 번째 성전은 애초에 건축되었을 때 계획했던 마지막 날의 목적을 성취하는 데 실패하고 말았다(추가로 S. M. Bryan 2002: 199-225을 보라).

이 텍스트에 언급되어 있지는 않지만, 성전 안에서 이루어진 예수의 과격한 행동은 짐승들을 가져와서 제물로 바치는 절차를 중단시킴으로써 일시적으로나마 희생제사 드림을 중단시켰을 것이다. 만일 이 텍스트에서 희생제사의 일시적인 중단을 조금이라도 추론해낼 수 있다면, 예수는 이런 행동을 취하시면서 죄 용서를 위해 희생제사를 드리는 성전의 목적이 사라지고 도리어 성전이 심판을 기다리는 곳이 되었음을 암시하셨을 것이다.[14] 이 사건 직후에 예수는 장애 때문에 성전 출입이 금지된 사람들을 받아주신다. "맹인과 저는 자들이 성전에서 예수께 나아오매 고쳐주시니"(마 21:14). 이것은 종말론적인 성전을 위한 길이 열리기 시작했음을 추가로 암시한다. 왜냐하면 구약성경이 미래의 성소에서는 환관이나 내쫓긴 자들이 이방인들과 함께 예배할 수 있으리라고 예언하기 때문이다. 이전에는 부정하다고 여겨졌던 사람들이 이제는 참된 성전에서 예배를 드릴 수 있는 정결한 자로 간주된다(사 56:3-8).

성전에서의 치유 사역은 예수가 성전의 참된 역할을 맡으셨음을 반영하는 또 다른 사례다. 왜냐하면 앞서 살핀 바와 같이 예수의 치유 사역은 그가 친히 죄 용서를 통해 영적인 질병을 고치실 수 있으며(예. 막 2:1-12의 중풍병자), 이스라엘의 성전을 대신해서 용서의 근원이 되셨음을 입증하기 때문이다. 그의 죽으심과 부활은 이런 성전 건축 역할의 절정이다. "그는 성전의 기능을 종말론적인 차원에서 성취하심으로써, 즉 모든 사람을 위해 자기 생명을 속죄제물과 언약 세움의 제물로 바침으로써 새 성전을 건

---

13) 참조. Hooker 1991: 268.
14) N. T. Wright 1996: 423을 보라. 하지만 Wright의 주장에는 주석적인 실증 작업이 추가적으로 필요하다. 왜냐하면 마태복음과 다른 공관복음서의 평행 텍스트에서는 희생제사의 중단에 대한 언급이 생략되어 있기 때문이다.

축하신다."[15] 옛 성전(그의 몸, 희생제사 제도)이 죽고 새 성전(모든 이방 나라를 위한 공동체적 기도의 집이 된 그의 몸)이 새롭게 살아난 것이다.[16]

추기: 아담의 사명을 건축 중인 성전으로서의 그리스도와 교회에 연결하는 초기 교부들의 문서

아담의 사명을 그리스도에게, 교회를 성전 건축에 연결시키는 초기 기독교의 비정경 문서로는 「바나바의 편지」(*Epistle of Barnabas*, 주후 95년경)가 있다.

[11]그리하여…그는 죄의 용서를 통해 우리[그리스도인들]를 새롭게 하셨다.… 마치 그가 우리를 완전히 새롭게 창조하신 것처럼 말이다.

[12]왜냐하면 그가 다음과 같이 말씀하실 때…성경이 우리에 대해 말하고 있기 때문이다. "우리의 형상을 따라 우리의 모양대로 우리가 사람을 만들고, 그들로 바다의 물고기와 하늘의 새와 가축과 온 땅과 땅에 기는 모든 것을 다스리게 하자." 그리고 [새롭게] 창조된 우리가 좋다는 것을 보신 주께서는 "생육하고 번성하여 땅에 충만하라"라고 말씀하셨다.…

[13]그는 마지막 날들에 두 번째 피조물을 창조하셨다. 이어서 주께서 말씀하신다. "보라, 내가 만물을 새롭게 하노라." 따라서 다음과 같은 예언자의 말씀은 이와 관련된다. "젖과 꿀이 흐르는 땅으로 들어가서 그곳을 다스리라."

[14]그러므로 이제 우리가 새롭게 창조되었음을 주목하라. 그가 이렇게 말씀하신 것처럼 말이다. "내가 이들에게서…돌같이 굳은 마음을 제거하고 부드러운 마음을 줄 것이다." 왜냐하면 그가 육체 안에서 자신을 드러내시고 우리 안에

---

15) Kim 1987: 143. 그의 글 전체가 이런 개념을 지지한다.
16) 특히 Heil 1997: 76-100을 따랐다. 비록 Heil의 설명이 마가복음과 마태복음에 초점을 맞추고 있지만 말이다.

거하실 것이기 때문이다.

¹⁵내 형제들아, 우리 마음의 처소는 주께 바쳐진 거룩한 성전이다.

¹⁶…"나는 내 형제들의 모임에서 당신을 고백할 것입니다."…따라서 우리는 그가 좋은 땅으로 인도하신 자들입니다.

¹⁷…약속에 대한 믿음과 말씀으로 양육을 받은 우리도 생명을 얻어 온 땅을 다스릴 것입니다.

¹⁸이미 우리는 이렇게 말했습니다. "그들을 생육하여 번성하게 하고 물고기를 다스리게 하자." 그러나 현재의 상황에서 과연 누가 짐승이나 물고기나 공중의 새들을 다스릴 수 있을까?…

¹⁹그러나 만일에 이것이 지금 실상에 부합되지 않는다면, 그는 이것이 언제 제대로 될지, 언제 우리 자신이 완전하게 되고 그럼으로써 주의 언약의 상속자가 되는지 우리에게 말씀하셨다(*Barnabas* 6:11-19).

이 텍스트는 아담의 사명과 가나안 땅의 이스라엘에게 갱신된 동일한 사명을 새 피조물이요 새 성전인 그리스도와 교회에게 적용한다. 그리스도와 교회는 이 사명을 성취하기 시작했다(*Barnabas* 6:11-17). 이 사명은 장차 교회가 "완전해질 때" 최종적으로 성취될 것이다(6:18-19). 이 텍스트의 도입부인 6:3은 그리스도를 "부숴뜨리는 돌[단 2:34-35, 45]…귀한 돌, 특별하게 선택된 머릿돌"(사 28:16)이라고 칭한다.[17] 여기서 암묵적으로 그리스도는 머릿돌이나 성전의 시작으로 불리는데, 이는 그리스도를 "우리 안에 거하시고…주께 바쳐진 거룩한 성전"으로 칭하는 6:14-15에서 더욱 발전된다. 나중에 이 텍스트는 종말론적인 성전이 교회 시대 전체에 걸쳐 계속해서 그리스도로부터 장성해간다고 이해한다(이런 생각의 배후에는 아마도 그리스도를 최초의 기초석으로 보는 견해가 여전히 자리함). "그가 건축하시고 완성하시는 [것]은 사실 하나님의 성전"이며, "마지막 때에는 하나님의 성

---

17) 그리스도를 "기촛돌"로 칭하는 표현은 시 118:22에 대해 언급하는 6:4에서 되풀이된다.

전이 영화롭게 건축될" 것이다(16:6). 「바나바의 편지」 16장의 나머지 부분 (16:7-10)은 성전이 "우리의 처소 안에 거하시는" 하나님에 의해서 어떻게 "주를 위해 건축되는지"를 설명한다. "죄 용서"를 믿고 "희망"을 그리스도에게 두며 "그의 의로운 명령"과 "계명"을 신뢰하는 사람들을 매개로 해서 성전은 건축될 것이다.

「바나바의 편지」 6:15은 "우리 마음(즉, 신자의 마음)의 처소"를 "주께 바쳐진 거룩한 성전"과 동일시하는데, 이 성전은 이 책에서 지금까지 논의한 마지막 날의 대규모 성전 주제보다는 소규모의 개별적인 성전 개념에 초점을 맞추고 있다. 그럼에도 이 편지는 보다 폭넓은 구속사적인 관심사에도 분명히 관심을 둔다. 특히 성전 건축의 점진적인 과정과 마지막 날에 있을 그 성전의 영화로운 완성을 언급하는 16:7-10이 그렇다.

에스겔 11:19에 대한 「바나바의 편지」 6:14의 언급도 이와 관련해서 중요한 의미를 가진다. "'내가 이들에게서…돌같이 굳은 마음을 제거하고 살처럼 부드러운 마음을 줄 것이다.' 왜냐하면 그가 육체 가운데 자신을 드러내시고 우리 안에 거할 것이기 때문이다." 이런 표현 방식도 포로기와 포로기 이후의 종말론적 시기에 대규모로 이루어지던 하나님의 집단적인 성막 임재 개념—에스겔서 인용문의 전후 맥락이 강조하는—으로 가득 차 있다.[18] 아마도 바나바가 볼 때, 신자들 안에 거주하면서 그들을 개별적인 성전으로 만드시는 그리스도라는 개념 이면에는 그리스도 자신이 성전이라는 개념이 있었을 것이다(*Barnabas* 6:3). 따라서 사람들은 그리스도를 믿을 때 성전으로서의 그리스도와 자신을 동일시하게 된다. 그리고 이 성전은 사람들이 점점 그 속에서 세워질수록 커져간다.

성전에 관한 보다 넓은 시각이 바나바의 논의에 포함된다는 점은, 성전 논의가 신자들로 하여금 창세기 1:26-28의 전 세계를 포괄하는 아담의

---

18) 여기 대해서는 겔 36:27이나 37:26-28과 비교되는 겔 11:16-20을 보라. 에스겔서를 다루는 제5장 아래 부분에서 이 텍스트들을 다룬 논의도 보라.

사명을 행하도록 "만드시는" 하나님의 사역과 관련된다는 점을 상기할 때 분명히 드러난다(*Barnabas* 6:11-12). 예수를 성전으로 묘사하는 복음서의 입장을 성전에 관한 개인주의적인 시각이 담긴 것으로 이해할 수도 있는 데 이는 어느 정도 맞는 이야기다. 왜냐하면 이 입장은 성전 건축의 초기 단계를 염두에 두고 있기 때문이다(즉, 그리스도는 성전의 개별적인 머릿돌이라는 의미다). 그러나 그리스도를 성전으로 이해하는 복음서의 증언과 사도들의 숙고는 이런 개인주의적인 메시아 개념을 그의 대표자 역할과 결합시키고 있다. 예를 들어 베드로전서 2:4-9은 그리스도를 살아 있는 돌과도 같은 신자들이 그 위에서 "신령한 집으로 세워지는" 생명 있는 머릿돌로 묘사한다(엡 2:19-22도 마찬가지).[19] 「바나바의 편지」 6:3이 그리스도를 "귀한 돌, 특별하게 선택된 머릿돌"(사 28:16)로 칭하는 것은 베드로전서에서 발견되는 어법이나 암시와 동일하며, 점차 자라나는 집단적 성전 개념과 잘 들어맞는다.

옛 성전을 파괴하고 새 성전을 재건하시는 예수

예수는 옛 성전의 역할을 맡기 시작하셨을 뿐 아니라 그 성전의 임박한 운명, 즉 하나님이 옛 성전을 파괴하시리라는 것을 예언하신다(마 24장과 평행 텍스트들). 왜냐하면 이 장소는 쓸모없어졌을 뿐만 아니라 잘못 사용되고 있으며, 이스라엘은 성전이신 예수를 배척했기 때문이다. 성전을 정결하게 하신 사건 직후에 실제로 이루어진 다음과 같은 비유는 예수의 성전 거부의 상징적 의미를 추가로 드러낸다. 즉 예수는 열매 없는 무화과나무를 보시고 "이제부터 영원토록 네가 열매를 맺지 못하리라"라고 말씀하셨다. 이에 "무화과나무가 곧 말라버리고" 말았다(마 21:19). 열매 없는 무화과나무는 이스라엘의 영적인 황폐함을 상징하며, 그 나무가 말라버린 것은 하나님이 성전과 이스라엘 민족을 거부하고 심판하실 것임(이 텍스트가 언급

---

19) 이 책의 뒷부분에서 이 텍스트 모두를 다시 고찰할 것이다.

하는 렘 8:11-13에서처럼)을 암시한다(N. T. Wright 1996: 421-422).[20] 다음에 나오는 "이 산"과 "바다에 던져진다"라는 말씀은 단순히 기도를 가르치는 것이 아닌 듯하다. 이것은 성전 심판의 말씀일 수도 있다.[21] 왜냐하면 제4장에서 살핀 바와 같이 자주 성전은, 성전이 놓인 장소인 산과 동일시되기 때문이다.

포도원 비유가 "머릿돌"이신 예수와의 관계 속에서 가지는 의미

마태복음 21:33-46(과 비유들)은 악한 소작농들의 비유를 언급함으로써 이스라엘의 거부라는 주제를 계속 이어간다. 어떤 땅 주인이 포도원을 만들어 몇몇 농부들에게 세를 주었다. 그러나 세를 거둘 때가 되었을 때 농부들은 세를 받으러 온 땅 주인의 종들을 학대했다. 그들은 땅 주인의 아들을 포함해서 일부 종들을 죽이기까지 했다. 예수는 땅 주인이 "그 악한 자들을 진멸하고 포도원은 제 때에 열매를 바칠 만한 다른 농부들에게 세로 줄" 것이라고 말씀하심으로써 비유를 마무리하신다(마 21:41). 이 비유에서 예수는 이사야 5:1-6을 암시한다. 이사야서 텍스트는 이스라엘을 하나님이 심으신 포도원에 비유한다. 하나님은 이스라엘의 불성실함 때문에 그 포도원을 무너뜨리신다. 초기 유대교의 아람어 성경(Targum)은 이사야 5:2의 "포도원"을 무엇보다도 이스라엘의 성소와 동일시했다. "포도원"과 관련해서 아람어 성경은 "내가 그들 중에 나의 성소를 건축했고, 심지어 그들의 죄를 속하기 위해 나의 제단을 주기까지 했다"라고 말한다. 유대교의 다른 분파들도 유사한 동일시의 경향을 보였다.[22] 이사야서 타르굼은

---

20) 무화과나무 사건이 이스라엘의 성전에 대해 부정적인 의미를 가짐을 추가로 드러내는 이론적 근거에 대해서는 248-249쪽을 보라.
21) N. T. Wright(1996: 422)는 문맥에 비추어볼 때 "이 산"이 성전 산 아닌 다른 어떤 것을 가리킬 수 없다고 강조한다.
22) Davies와 Allison(1991: 176, 180)은 마 21:33의 포도원 "망대"가 성전과 동일시된다고 본다. 특히 다음과 같은 유대교 자료들에 기초해서 말이다: b. Sukkah 49a은 사 5:2의 "극상품 포도나무"가 성전을 가리킨다고 해석한다; 에녹1서 89:41-77은 그 "집"(=예루살

성전 신학

이스라엘이 범죄했기 때문에 하나님이 자신의 영화로운 임재를 성전에서 거두어가실 것이요, "그들의 성소들이 있는 자리를 무너뜨리실" 것이라고 말한다(*Tg. Isaiah* 5:5).[23] 이런 배경은 예수와 복음서 저자들이 예수의 비유 안에 있는 "포도원"을 성전과 긴밀하게 관련된 것으로 이해했음을 암시한다. 물론 양자를 동일시하지는 않았다 하더라도 말이다. 이 비유 바로 다음에 이어지는 내용은 이런 암시를 추가로 뒷받침해준다.

예수는 이 비유가 이스라엘이 자신을 배척한 결과 파멸에 이르게 되며(암묵적으로 성전도 여기에 포함됨), 새 성전이 건축될 것임을 뜻한다고 해석하신다. 이렇게 함으로써 예수는 자신을 이스라엘 중에 건축되는 새 성전의 "머릿돌"과 동일시하시는 듯하다. "건축자가 버린 돌이 집 모퉁이의 머릿돌이 되었나니." 시편 118:22의 인용인 이 텍스트는 하나님에 의해 압제자들로부터 구원받은 의로운 수난자를 지시한다. 하나님이 그를 구원하신 결과로, 그는 "주의 문"을 통해 성전 안으로 들어간다. 이 시가 나중에 "주의 집에서" 복을 받은 자를 언급하고(26절), "밧줄로 절기 제물을 제단 뿔에" 매는 행동을 묘사(27절)하는 것으로 보아, 이 문은 성전 안뜰에 있는 문을 가리킨다.

따라서 시편 118:22이 언급하는 "머릿돌"은 성전의 기초 지대를 가리키는 듯하다. 뭇 나라들(10절)과 언약 공동체 안에 있는 자들(은유적인 차원에서 볼 때 "머릿돌"과 같은 그를 "배척"한 성전 "건축자들"을 가리킴)에 의해 압제당하던 의로운 수난자에 대한 은유로서 말이다. 이 경건한 희생자는 이스라엘 역사 안에서 발견되는 왕적 인물―아마도 다윗 자신―을 가리킨다. 그는 주변 나라뿐만 아니라 이스라엘 안에 있는 자들에 의해서도 압제를 당했다.

렘)의 "망대"를 성전과 동일시한다(예. Black 1985: 269, 273을 보라); 4Q500은 사 5:2의 "술틀"을 시온 산의 성전 문 앞에 있는 것으로 본다(Baumgarten 1989: 1-6도 마찬가지; Baumgarten은 에덴의 위치가 예루살렘 성전 산의 위치와 결합되어 있다고 본다).

23) 앞서 살핀 바와 같이, "성소들"은 자주 성전 안의 거룩한 복합 공간들을 가리키는 한 가지 방식이다. 예를 들어 렘 51:51; 겔 28:18이 그렇다.

예수는 이 시가 언급하는 성전의 "머릿돌" 이미지를 자신에게 적용하신다. 그가 이런 자기 정체성을 염두에 두셨다는 점은 마태복음 21장 역시 성전의 맥락 안에 놓여 있음을 주목함으로써 금방 알 수 있다. (1) 그는 성전을 정결하게 하신다(마 21:12-13). (2) 신체적인 장애를 가진 자가 성전 안에 있는 그에게 나아와 고침을 받는다(21:14). (3) 그는 자신의 치유 사역으로 인해 성전에서 칭송을 받는다(21:15). (4) "성전에 들어가신" 후 그는 소작농의 비유를 말씀하신다(21:23ff.). 따라서 성전의 "머릿돌"이신 예수를 거부하는 행동("건축자들이 버린 돌")은 건축 중에 있는 참 성전이신 예수("집 모퉁이의 머릿돌이 되었나니")를 거부하는 행동과 똑같다. 시편 118편의 머릿돌은 왕을 가리키는 은유적인 표현이지만, 여기서 이 표현은 단순히 비유적인 인물이 아니라 이스라엘의 왕이요 새로운 성전의 기초석이 되는 예수를 실제적으로 가리킨다.[24]

사실상 예수가 자신을 성전과 동일시한다는 점은 나중에 바울과 베드로가 예수를 교회-"성전"의 "머릿돌"과 동일시한다는 것을 통해서도 선명하게 드러난다. 예수라는 머릿돌 위에 교회의 나머지 부분이 놓이며, 그분으로부터 교회는 점점 완성되어갈 것이다(엡 2:20-22; 벧전 2:4-8, 이 두 번째 텍스트도 시 118:22을 인용함). 앞서 살핀 바와 같이, 신약성경 밖에서 성전이신 그리스도를 그의 제자들과 동일시하는 텍스트는 「바나바의 편지」 6:14-15이다. 이 텍스트도 일찍이 그를 돌로 칭했던 시편 118편을 발전시켰다고 볼 수 있다(Barnabas 6:3-4).

예수가 자신을 새 성소의 시작으로 묘사한다는 사실은 마태복음 21:44의 다음과 같은 진술에 의해 한층 더 강화된다. "이 돌 위에 떨어지는 자는 깨지겠고 이 돌이 사람 위에 떨어지면 그를 가루로 만들어 흩으

---

24) Davies and Allison(1991: 185-186)도 "머릿돌"을 새 성전과 동일시하면서, 솔로몬의 유언 22-23장을 부분적인 증거 자료로 인용한다. 왜냐하면 이 위경 자료는 시 118편의 돌을 솔로몬 성전을 완성한 자로 언급하기 때문이다.

리라." 어떤 주석가들은 돌에 관한 이 두 번째 진술 역시 구약적 배경을 가진다는 점을 적절하게 지적했다. 다니엘 2:34-35이 바로 이런 배경에 해당하는 텍스트다.[25] "손대지 아니한 돌이 나와서 신상의 쇠와 진흙의 발을 쳐서 부서뜨리매⋯여름 타작마당의 겨같이 되어 바람에 불려⋯."

다니엘 2장에 대한 앞서의 견해, 즉 이 신상은 하나님의 백성을 압제하는 악한 세계 제국들을 표상하며, 돌은 이런 불신 왕국들을 파멸시킬 이스라엘의 하나님 나라를 상징한다는 견해를 상기해보라. 그런데 이제는 불신앙에 빠진 이스라엘이 이방 나라와 동일시되며, 이방과 함께 심판받을 자로 묘사된다. 다니엘서의 신상을 구성하는 "돌"이 악한 나라들을 상징하는 거대한 우상을 깨뜨린 후에 "태산을 이루어 온 세계에 가득했다"라는 점도 기억하라. 앞에서 나는 이런 진술이 성전의 기초를 이루는 "돌"—온 땅을 가득 채울 정도로 커지는—을 묘사한다고 강하게 주장한 바 있다.[26] 만일 이 주장이 옳다면, 왜 예수가 시편 118편의 성전 "머릿돌"에 이어 다니엘 2장의 동일한 성전 "돌"에 대해 계속 언급하는지 쉽게 이해할 수 있다.[27] 시편 118편과 다니엘 2장의 성전 이미지들은 그리스도의 부활을 통해 이루어진 새 창조의 승리 행동에 대한 묘사와 잘 들어맞는다. 왜냐하면 구약의 성전은 옛 창조를 상징하고, 돌에 대한 다니엘서의 묘사는 첫 창조가 널리 퍼져나가기 시작한 태초의 작은 언덕과 관련되기 때문이다(이른바

---

25) 예를 들어 Fitzmyer 1985: 1282, 1286; Nolland 1993: 953, 955; Bock 1996: 1604-1605을 보라. Evans 2001: 445도 보라. Evans는 막 14:58의 그리스도의 주장, 즉 "손으로 짓지 아니한 다른 성전을 사흘 동안에 지으리라"라는 주장이 단 2:44-45에서 나왔다고 본다. 어떤 사본에는 마 21:44이 생략되어 있다. 이 텍스트가 원래 텍스트였겠지만 말이다. 하지만 설령 그렇지 않다 할지라도, 대조적으로 눅 20:18은 사본들 간에 아무런 차이 없이 이 텍스트를 포함한다.

26) 제4장을 보라.

27) Kim(1987: 134-148)은 예수가 이 구약 텍스트들을 즉 4장이나 6장 같은 다른 텍스트와 함께, 자신의 희생적인 죽음이라는 성전 건축 활동에 의해 성취된 것으로 이해하셨다고 주장한다.

"두 번째 창조"를 뜻하는 노아 홍수 이후 그 언덕으로부터 광대한 땅이 생겨났음).

주석가들은 마태복음 21:33-44의 건축가 이미지와 농부 이미지 사이에 어떤 논리적 상관성도 없어 보인다는 점을 주목했다.[28] 그러나 공통된 성전 이미지에는 상관성이 있어 보인다. 시편 118편과 다니엘 2장에 있는 제의적인 돌에 관한 텍스트들이 이사야서의 포도원 비유에 대한 설명으로 덧붙여졌으리라는 것은 단순히 우연의 일치일까? 이사야 5장에 있는 이스라엘의 포도원이 초기 유대교에 의해 성전을 표상한다고 간주된 사실에 비추어볼 때 말이다. 또한 이런 "포도원" 이미지는 다음에 이어지는 성전에 관한 돌 관련 텍스트들로 자연스럽게 흘러 들어간다. 왜냐하면 우리는 이미 구약성경과 초기 유대교가 공히 에덴동산을 성전으로 간주했으며, 이스라엘 성막과 성전의 내부 장식이 동산을 상기시키도록 꾸며졌다는 점을 보았기 때문이다. 여기서 우리가 말하려는 것은 성전이 동산과 같다는 구약성경의 개념이 예수의 마음 한가운데 있었다는 점이 아니라, 이 구약 개념이 포도원 그림으로부터 성전 이미지로 옮겨가는 것을 어느 정도 용이하게 했으리라는 점이다.

왜냐하면 예수는 마태복음 21:43에서 "하나님의 나라를 너희는 빼앗기고 그 나라의 열매 맺는 백성이 받으리라"라고 말씀하신다. 앞의 포도원 비유의 맥락에서 본다면 그의 말씀은 왕국 개념과 제의적인 포도원 개념을 결합시키고 있다. 이 두 개념은 동전의 앞뒷면과도 같다. 다니엘 2장의 "돌"이 명시적으로는 "왕국"을 상징하고(단 2:44-45), 함축적으로는 성전을 암시하는 것처럼 말이다.[29] 이것은 시들어버린 "무화과나무" 이미지가 포도원 비유 앞에 나오는 이유이기도 하다. 왜냐하면 무화과나무의 이미

---

28) 예를 들어 Snodgrass 1998: 203을 보라. 여기서 Snodgrass는 자기 주장을 지지하는 다른 학자들의 견해를 인용한다.

29) Fitzmyer(1985: 1282, 1286)는 예수를 눅 20:17-18에 언급된 "하늘 성소의 머릿돌"과 동일시하며, 단 2:34-35, 44-45에 대한 언급이 부분적으로 돌 이미지의 배후에 놓여 있다고 본다.

지는 구약 전체에서 이스라엘의 부요한 땅을 정원으로 묘사하는 곳에서 발견되는 공통적인 수목 이미지이기 때문이다.[30] 그 첫 번째 사례는 창세기 3:7에서 발견된다. 특히 이스라엘 땅은 태곳적 성소의 의미를 가진 "에덴동산"으로 자주 간주되기 때문에, 무화과나무는 마태복음 21장에서 포도원 이미지와 성전 이미지를 함께 포함시키기에 적절한 대상이었을 것이다.

구약의 성전이 하나님의 지상 임재를 표상한다면, 이제 예수는 제자들 중에 거하시는 하나님의 임재를 표상한다. 예수는 마태복음 24장(과 평행 텍스트들)에서 이스라엘 성전이 파괴될 것임을 분명하게 밝히신다. 하지만 그것을 대신하는 또 다른 성전이 예수와 그의 제자들의 형태로 생겨날 것이다.

아마도 마태복음 21장의 "돌" 텍스트들은 16장에 있는 예수의 "반석" 언급에 의해 예고된 듯하다. "또 내가 네게 이르노니 너는 베드로라 내가 이 반석 위에 내 교회를 세우리니 음부의 권세가 이기지 못하리라"(마 16:18). 이 "반석"이 누구를 가리키는지에 대해서는 논란이 많다. 먼저 이것은 예수를 가리킬 가능성이 있다.[31] 하지만 더 가능성이 높은 것은 이 "반석"이 예수를 "그리스도요 살아 계신 하나님의 아들"이라고 말한 베드로의 신앙고백(16절), 혹은 더 적절하게 베드로 자신을 가리킨다고 보는 입장일 것이다.[32] 여기서 예수는 기초석은 아니지만 새 성전의 건축자임에 틀

---

30) 이런 묘사는 구약에 네 번 나온다. 더 나아가서 "각기 포도나무 아래와 무화과나무 아래에서 평안히 살았더라"라는 일반적인 표현은 다섯 번 나오며, 가나안 땅에서의 번성함을 가리킨다(다섯 용례 중 두 개는 종말론적인 상황에 속함: 미 4:4; 슥 3:10; 참조. 욜 2:22). 대조적으로 포도나무와 무화과나무를 파괴하는 것은 이스라엘에 임할 심판을 의미한다(약 8회 나옴).

31) 이 점은 일찍이 솔로몬의 송시 22:12(주후 100)에 의해 입증되었다. 이 텍스트는 마 16:18의 "반석"을 새 성전의 기초석과 동일시한다: "만물의 기초는 당신의 반석입니다. 당신은 그 위에 당신의 나라를 세우셨고 그 나라는 거룩한 자들의 처소가 되었습니다."

32) "반석"의 정체에 대한 논쟁으로는 Caragounis(1990)를 보라. Caragounis 자신은 그

림없다.[33] 그는 자신의 교회를 사도들의 가르침이라는 기초석 위에 세우신다(나중에 바울이 엡 2:19-22에서 주장한 바와 같이). 물론 이 가르침은 예수 자신에 관한 것이다. 마태복음 전체에 비추어볼 때 예수는 자신과 제자들이라는 기초석 위에 교회를 세우신다. 이런 관점에서 본다면, 다음 절(19절)이 묘사하는 죄 용서의 자리가 이스라엘의 옛 성전으로부터 교회라는 새 성전—예수의 죄 용서가 세상에 선포되는—으로 옮겨간다는 사실은 자연스럽다.[34] 마태복음 16:19에서 예수는 "내가 천국 열쇠를 네게 주리니"라고 말씀하심으로써 새 시대에 이루어지는 용서의 수단을 소개하시고, 죄를 다루는 데 필요한 권세의 기초가 옛 성전으로부터 새로운 교회 공동체—여기서는 새 성전을 가리킨다고 받아들여질 수 있는—로 옮겨왔음을 보여주신다.[35]

만일 마태복음 16:19이 이사야 22장에 대한 암시라면 이것은 예수가 성전에 대해 말씀하고 계실 가능성을 강화시킨다. 이사야 22:22은 히스기야 왕의 고위 관리인 엘리아김을 일컬어 "어깨 위에 다윗의 집의 열쇠"를 가진 자로 묘사한다. 왜냐하면 그는 누가 왕의 처소에 나아가 섬길 수 있는지를 결정하는 자였기 때문이다. 왕을 보좌하는 엘리아김의 행정 업무는 제사장적 의미를 가지는데, 왜냐하면 이사야 22:21이 그를 긴 옷을 입고 허리띠를 띤 자로 묘사하기 때문이다. 이사야 22:22의 아람어 번역은 하나님이 "성소의 열쇠와 다윗 집의 권세를 그의 손에 두실 것"이라고 말한다. 이어서 (아람어 역본의) 이사야 22:24은 엘리아김의 친족들까지도 "에

리스도에 관한 베드로의 신앙고백이야말로 "반석"이라는 견해를 선호한다. 대조적으로 Carson 1995: 367-370과 Hagner 1995: 470-472은 베드로를 "반석"과 동일시한다.

33) Davies와 Allison(1991: 626-627)도 마 16:18의 "반석"을 성전의 기초석으로 이해한다.

34) 추가로 마 18:15-18을 보라. 이 텍스트에 의하면, 교회는 권위를 가지고 죄 용서를 선포하며 죄 용서가 불가능함을 선포하기도 한다. 그리스도를 향한 믿음의 일관된 표현으로 나타나는 개인의 삶에 기초해서 말이다. 요 20:23도 보라: "너희가 누구의 죄든지 사하면 사하여질 것이요 누구의 죄든지 그대로 두면 그대로 있으리라."

35) 마 16:18-19의 의미에 대한 보다 완전한 설명을 위해서는 Carson 1995: 367-374을 보라.

봇을 입은 제사장들"이 될 것이라고 말한다. 엘리아김처럼 그리스도 역시 마태복음 16:18에서 자신을 새 성전에서 권세 있는 자리에 세우며, 자신의 제사장적 권위를 제자들에게로 확장시키신다. 제자들도 그분처럼 제사장적 권위를 가질 수 있도록 말이다. 마태복음 18:15-18과 요한복음 20:23에 비추어볼 때, 마태복음 16:19은 제자들이 누가 용서받고 누가 용서받지 못하는지를 선언함으로써 자신의 제사장 직무를 표현한다고 말한다. 요한계시록 3:7은 그리스도를 이사야 22:22의 "열쇠들"을 가지신 분으로 묘사하며, 그를 따르는 자들로 하여금 마침내 "내 하나님 성전에 기둥"이 되도록 하기 위해 그 "열쇠들"을 주신다고 묘사한다(참조. 계 3:8-9, 12). 역대상 9:27과 바룩2서 10:18에 의하면 "성전의 열쇠들"은 제사장들의 소유로 간주된다. 이사야 22장과 바룩2서에서 이 열쇠들은 이스라엘의 부적절한 소유자에게서 다른 곳으로 옮겨진다고 묘사된다. 마태복음 16장에서도 상황은 마찬가지다. 이런 사실은 참된 성전을 열 수 있는 열쇠가 옛 이스라엘로부터 참 이스라엘인 예수와 제자들에게로 옮겨진다는 개념을 표현하는 것은 아닐까?[36]

앞의 증거에 비추어본다면 마태복음 16:18-19 전후의 직접적인 맥락에서 예수가 자신을 세 차례에 걸쳐 "인자"와 동일시하시고(16:13, 27-28), 베드로가 그를 "하나님의 아들"(16:16)로 칭한다는 점은 그리 놀랍지 않다. 앞서 살핀 바와 같이 이 호칭들은 예수가 아담과 이스라엘이 마땅히 해야 했던 바를 행하고 계심을 보여준다. 예수는 "아담의 자손"으로서 자신의 인간 조상이 실패한 일을 행하신다. 그는 "하나님의 아들"이신데, 이 호칭은 과거에 아담에게뿐만 아니라 집단적 인격으로서의 아담, 곧 이스라엘―아버지 하나님께 불순종했던―에게 주어진 이름이기도 했다.

---

36) 역대상과 바룩2서의 텍스트 및 이 텍스트들의 의미에 대해서는 내 동료 S. J. Hafemann 의 미출간된 논문으로부터 도움을 받았다.

그리스도가 죽으셨을 때 성전 휘장이 찢어진 사건의 의미

옛 성전을 대체하신 새 성전의 시작으로서의 예수에 관한 마태복음 21장의 이런 논의는 마태복음 27:40을 이해하도록 돕는 가장 좋은 맥락이다. 이 텍스트에 의하면, 예수를 조롱하는 자들은 실제로 26:61을 되풀이하면서 이렇게 말한다. "성전을 헐고 사흘에 짓는 자여 네가 만일 하나님의 아들이어든 자기를 구원하고 십자가에서 내려오라"(막 14:58과 15:29의 평행 텍스트들을 보라).[37] 십자가 위에서 예수의 "영혼이 떠나시고" 나자 마태복음은 다음과 같은 사실을 밝힌다. "이에 성소 휘장이 위로부터 아래까지 찢어져 둘이 되고 땅이 진동하며 바위가 터지고 무덤들이 열리며 자던 성도의 몸이 많이 일어나되 예수의 부활 후에 그들이 무덤에서 나와서 거룩한 성에 들어가 많은 사람에게 보이니라"(마 27:50-52).

이 텍스트에는 일종의 역설(irony)이 정교하게 짜여 있다. 예수는 성전을 헐고 그것을 사흘 안에 다시 짓겠다고 말한 것 때문에 조롱당한다. 동시에 마태복음은 예수가 실제로 자신이 죽을 때 성전을 파괴하는 중이었다고 말한다. "성소 휘장이 위로부터 아래까지 찢어져 둘이 되었다"라는 51절의 설명은 그의 죽음(50절)의 직접적인 결과다. 성전 휘장은 성전의 일부이기에, 이 휘장이 둘로 찢어졌다는 것은 성전 파괴를 상징한다. 지금까지도 주석가들은 찢어진 성전 휘장에 대한 언급이, 왜 뒤에 바로 이어지는 주변 세계의 붕괴를 이야기하는 마태복음 27장의 언어를 구성하는지에 대해 성공적으로 설명하지 못했다.

하지만 구약성경과 초기 유대교에 기초해서 볼 때 휘장 위에 하늘의 별이 수놓아졌음을 상기한다면, 휘장의 찢어짐은 성전(성전 자체가 전체적으로 우주를 상징함) 파괴의 시작에 대한 적절한 상징일 뿐만 아니라, 우주 자

---

37) 주석가들은 이 텍스트들이 예수를 새 성전의 건축자로, 새로운 기독교 공동체로서의 성전 자체로 확증한다고 보는 경향을 가진다(마가복음의 진술에 대한 대표적 주석가들의 명단을 확인하려면 Juel 1977: 145을 보라).

체의 파괴를 의미하는 상징이다. 따라서 비록 텍스트가 독자에게 성전 휘장에 새겨진 우주를 명시적으로 가리키지는 않지만, 그것의 암시적인 실재는 휘장의 파괴가 태양의 어두워짐(눅 23:44-45도 마찬가지), 지진, 바위의 터짐, 신자들의 부활(51-53절) 등에 대한 언급과 놀랍게 맞아떨어진다는 사실을 드러낸다.[38] 누가복음 23:44-45은 "성소의 휘장 한가운데가 찢어질" 무렵에 "해가 빛을 잃고 온 땅에 어둠이 임했다"라는 점을 추가함으로써 우주적인 대화재의 언어를 덧붙인다. 이것들은 우주의 최종 파멸의 징조가 아니라 예수의 죽음과 함께 시작된 징조요, 그의 부활(53절)이야말로 새 창조의 시작을 나타내는 징조였다.[39] 누가복음 23:43의 예수의 말씀, 곧 신앙심을 가진 행악자와 자신이 죽음 직후에 "낙원[또는 동산]"에 함께 있을 것이라는 말씀은 예수의 죽음이 새롭게 창조된 에덴—태초의 동산 성소의 의도를 성취하기 시작했음이 분명한—으로 인도하는 길임을 추가적으로 보여준다.[40] 얼마 후에 나오는 새 창조의 의미를 가진 그의 부활은 공식적인 성전 재건이었다.

또한 텍스트는 찢어진 성전 휘장에 대한 보다 전통적인 해석, 즉 하나님의 거룩한 임재 안으로 곧바로 들어갈 수 있게 되었다는 의미도 염두에 두고 있다. 그럼에도 휘장 위에 수놓아진 문양처럼 이런 개념은 복음서의 수난 텍스트들 중 어디에서도 언급되지 않는다. 하지만 구약성경에서는

---

38) 막 15:30-39에 비추어볼 때 휘장의 찢어짐은 그리스도의 죽음 직후에 이루어졌으며, 삼일 후에는 51절 마지막에 언급된 지진이 그리스도 사건 및 성도들의 부활과 함께 발생했다(52-53절; 마 27:54은 51절에 언급된 땅의 진동을 그리스도가 죽은 자들로부터 부활하신 후에 발생한 "지진"과 동일시한다).

39) 이것이 세계의 완전한 종말이나 마지막 새 창조가 아니기에 무덤으로부터 부활한 성도들(52-53절)은 아마도 나사로같이 훗날 어느 시점에 이르러 다시 죽을 수밖에 없으며, 역사가 끝날 때에야 비로소 다시 살아날 것이다.

40) 구약성경에서 "낙원"을 뜻하는 그리스어는 33회의 용례 중에서 21회가 에덴"동산"을 가리킨다. 이 단어는 신약의 다른 곳에서 두 번밖에 나오지 않는다. 고후 12:4은 눅 23:43의 하늘 "낙원"과 동일한 곳을 가리키며, 계 2:7은 에덴동산을 가리킴이 분명하다.

휘장과의 연결이 명시적으로 반복해서 발견되며, 따라서 복음서의 내러티브 속에 그것이 함축되어 있음은 분명하다. 이렇게 휘장의 찢어짐은 우주적이고도 제의적인 실재를 암시한다. 옛 창조의 파멸과 새 창조의 시작이 바로 이런 실재다. 이 두 실재는 모든 신자로 하여금 옛 창조 때에는 불가능했던 방식으로 하나님의 거룩한 임재로 나아갈 수 있게 해준다.

이 성전 휘장이 성소 입구를 덮는 바깥 휘장인지, 아니면 성소와 지성소를 구별하는 휘장인지를 확실히 하는 것은 어렵다. 하지만 이 두 휘장은 동일하게 하늘의 상징을 포함한다.[41]

그럼에도 몇 가지 사항들을 고려한다면 텍스트의 휘장은 후자인 것 같다. 지금까지 우리는 이 책에서 옛 성전의 목표가 하나님의 임재가 지성소로부터 나와서 가시적인 우주의 나머지 부분을 모두 포괄하도록 하는 데 있었음을 주장해왔다. 성전 바깥의 두 영역이 표상하는 내용을 보면 알 수 있듯이 말이다. 어떤 이들은 이 텍스트가 바깥 휘장을 염두에 두었다고 주장한다. 왜냐하면 유대교 자료와 유대-기독교 자료들이 헤롯 성전이 파괴되기 전에 성전의 바깥문에서 발생한 놀라운 사건을 언급하기 때문이다.[42] 다른 한편으로 "휘장"(*katapetasma*)이라는 단어는 그리스어역 구약성경에서 바깥 휘장이나 안쪽 휘장을 다 가리킬 수 있지만, 후자의 가능성이 더 높은 듯하다. 왜냐하면 이 휘장의 찢어짐은 "예수의 죽음이 지성소로 나아갈 수 있는 길을 열어주었음"을 의미하기 때문이다. 즉 안쪽 휘장

---

41) 성전의 모든 휘장에 담긴 하늘 상징에 대한 Josephus와 Philo의 설명을 보려면 60-62쪽을 보라. 하지만 Ulansey(2001: 123-125)는 막 1:10의 하늘 갈라짐이 15:38의 휘장 찢어짐과 연결된다고 보는 이전 연구들에 의존하고 있으며, 이 두 사건이 예수 사역의 시작과 끝을 가리키는 수미상관 구조(*inclusio*)를 이룬다고 본다. 이어서 Ulansey는 이 텍스트의 성전 휘장이 바깥 휘장이라고 주장한다. 왜냐하면 Josephus(*War* 5.212-215)가 바깥 휘장에 "우주를 상징"하고 "하늘의 전경을 묘사"하는 문양이 수놓아져 있다고 말하기 때문이다.

42) Michel, '*naos*', *TDNT*, 4:885, n. 21. 성막의 가장 바깥 입구에도 바깥 휘장(*katapetasma*)이 있었다(민 3:26).

은 바깥 휘장에 대한 언급보다 더 분명한 신학적 의미를 가지고 있다.[43]

안쪽 휘장이 더 큰 신학적 의미를 가진다는 사실은 성전 입구에는 문과 휘장이 둘 다 있었지만, 성소와 지성소—하나님의 임재가 머무는 곳—를 구분하는 기능은 안쪽 휘장만 가진다는 점을 상기함으로써 뒷받침된다. 오직 대제사장만이 그것도 일 년에 한 번만 안쪽 휘장을 통과할 수 있었다(Hooker 1991: 377을 보라). 이렇게 가장 안쪽 휘장이 찢어진 것은 하나님과 인간 사이를 가로막는 장벽이 제거되었음을 분명하게 상징한다. 따라서 안쪽 휘장이 성전 전체에서 가장 거룩한 곳인 지성소 바로 다음에 있으며, 그런 이유로 더 중요한 의미를 가진다는 점은 분명해 보인다. 초기 기독교 저술에서 그리스도의 죽음을 "휘장"(katapetasma)과 관련시켜 사용하는 유일한 다른 용례들(히 6:19; 9:3; 10:20)도 안쪽 휘장에 대해서 언급하고 있다. 이것 또한 공관복음에서 동일한 개념이 논의되고 있음을 암시한다(콥트어로 된 Gospel of Philip 85도 안쪽 휘장을 언급함). 하지만 어느 휘장이 찢어졌는지 하는 문제는 궁극적으로 보다 넓은 논의에서는 별 영향을 끼치지 않는다. 왜냐하면 안쪽 휘장과 바깥 휘장이 똑같이 우주의 상징물을 포함하기 때문이다.

이런 관점에서 볼 때 백부장들이 그리스도의 무덤이 열리는 것을 목격하고 그를 "하나님의 아들"로 고백했다는 사실은 마침내 예수가 그를 조롱하던 자들이 비꼬는 투로 말했던 바로 그 사람으로 고백되었음을 암시

---

43) Schneider, 'katapetasma', TDNT, 3: 628-630. Gurtner(2003)는 가장 안쪽 휘장이 갖는 분리 기능—바깥 휘장에는 없는—의 세 가지 신학적 측면을 상세히 설명함으로써 Schneider의 주장을 한층 발전시켰다. (1) 지극히 거룩한 것과 덜 거룩한 곳 사이의 구별. (2) 속죄제의 피가 갖는 속죄 효과(참조. 레 4:6, 17)를 차단함으로써 피 뿌림이 "속죄소"로 나아갈 수 없게 함. (3) 하나님의 지극히 거룩한 임재의 물리적이고 가시적인 접근 가능성을 막는 기능. 마태복음 텍스트는 이 세 기능이 그리스도의 죽음으로 중단되었음을 보여준다. Gurtner에 따르면 70인경에서 사용되는 katapetasma의 34회 용례 중 32회가 가장 안쪽 휘장을 가리키는 pārōket의 번역이라는 사실은, 이 텍스트에 나오는 성전 휘장이 가장 안쪽 휘장에 대한 언급임을 뒷받침한다.

한다. 이 고백은 성전의 궁극적인 목표가 예수의 부활로 인해 성취되기 시작했음을 추가로 보여준다. 야웨의 계시적인 임재는 이스라엘 민족의 울타리를 넘어서서 이방인들을 포함하는 쪽으로 확대되었다.[44] 백부장의 고백은 종말론적인 성전이, 이방인들이 "인도되어"(사 56:7) "만방이 모여들" 곳이 되리라는(사 2:2-3; 미 4:1-3) 하나님의 예언이 성취되기 시작했음을 의미했다.

초기 유대교는 "성전 휘장이 찢어진다"라는 것이 이스라엘의 불순종을 뜻한다고 이해했으며(레위의 유언 10:3; 참조. 선지자들의 삶 12:12), 초기 기독교 전통은 "성전 휘장이 찢어질 때…마치 불이 쏟아지듯 하나님의 영이 모든 민족 위에 임하시리라"라고 믿었다(베냐민의 유언 9:3에 있는 기독교 계통의 삽입문).[45] 이런 언급은 찢어진 성전 휘장이 이스라엘의 불순종이나 이방인들이 참된 믿음으로 들어옴을 의미한다고 이해했다. 이것은 복음서의 이야기에도 그대로 적용된다. 그리스도는 성전을 자신 안에 재창조하심으로써, 이 성전으로 하여금 마침내 세계를 포괄하는 목표를 이루실 것이다.[46]

---

44) 이 점은 십자가 아래 있던 백부장이 기대하던 바였다. 그는 성전 휘장이 찢어진 직후, 예수가 "하나님의 아들"임을 고백했다(막 15:38-39). 아마도 이 백부장은 나중에 마태복음 기사에서 같은 사실을 선포했던 백부장과 동일 인물일 것이다.

45) 마찬가지로 고대 유대교 저술인 요셉과 아스낫(주후 2세기 초)은 요셉의 아내 아스낫에 대한 이야기를 언급하면서, 결혼하기 전에 그녀가 이방 신전에서 살았다고 말한다. 야웨 신앙으로 개종했을 때, 그녀는 "가죽(휘장을 위해 거기 걸려 있던) 휘장을…끌어내렸다"(10:2). 요셉과 아스낫 2:10(17)-12(20)에 묘사된 바깥뜰의 성전 특징에도 주목하라. 아스낫이 살았던 이방 신전의 정황을 보려면 Bohak 1997: 1-71, 특히 67-74을 보라. Bohak은 휘장의 찢어짐을 막 15:38과 비교한다.

46) 이 목표는 시빌의 신탁(8:303, 305[주후 175년경])에 이렇게 설명되어 있다: 그리스도는 [십자가에 있는] 자신의 손을 내밀어 온 세상을 측량하실 것이요…성전 휘장이 찢어질 것이다." 이 단락 전체에서 내가 성전 주제를 탐색하면서 마태복음 텍스트에 초점을 맞춘다는 사실에 주목하라. 막 11:1-15:41에 대한 탁월한 분석을 보려면 Heil 1997을 보라. 여기서 Heil은 어떻게 예수와 제자들에게 성전 폐기나 파괴, 성전 대체 등이 내러티브 전략의 핵심이 되는지를 보여준다! Heil의 주장을 요약할 지면이 없어서 아쉽지만, 그의 논의 중 많은 부분이 앞에서 언급한 결론을 추가로 확증한다.

요한복음에 나타난 새 창조의 성전으로서의 예수

마태복음 26-27장처럼 요한복음 2장도 마태복음 21장의 분석, 즉 "포도원"과 "돌"이 새 성전에 의해 대체되는 옛 성전 개념을 전달한다는 사실을 확증하고 있다. 요한복음 2:14-22도 성전 정화 사건(14-17절)으로 시작된다. 18절에서 유대인들은 예수께 그가 무슨 권위로 성전을 정결케 했는지를 입증할 만한 "표적을 우리에게 보여달라"라고 요청한다. 여기에 대해 예수는 "너희가 이 성전을 헐라 내가 사흘 동안에 일으키리라"(19절)라고 응답하신다. 그러자 유대인들이 "이 성전은 사십육 년 동안에 지었거늘 네가 삼 일 동안에 일으키겠느냐?"(20절)라고 답변한다. 요한은 "예수는 성전된 자기 육체를 가리켜 말씀하신 것이라"(21절)라고 결론지으며, 그리스도가 부활하신 후에야 비로소 그들은 성전을 일으키겠고 한 예수의 약속을 그의 부활과 연결시켜 생각하게 되었다고 해설한다(22절).

그리스도가 성전을 "헐라"라고 말씀하셨을 때, 그는 전혀 이스라엘의 옛 성전을 가리키지 않았다. 오히려 예수는 성전을 대체하기 시작한, 그리고 죽음으로 파괴된 후 다시 재건될 자신의 몸을 가리키는 듯하다. 만일 그렇다면 그의 부활은 십자가 처형 전 사역 기간 동안에 예수 안에 머물기 시작했던 새 성전의 확대된 형태를 가리킬 것이다. 그러나 성전을 헐고 다시 일으키는 것에 관한 예수의 말씀은 이중적인 의미를 가질 가능성이 더 높다. 한편으로 그는 자신이 헐고 새로운 형태로 다시 일으킬 옛 성전에 관해 말씀하셨다. 그러면서도 다른 한편으로 예수는 성전인 자신의 몸—다시 일으킴을 받게 될—이 파괴될 것임을 염두에 두셨다.[47] 이스라엘 성전의 영적인 파괴가 예수의 죽음과 부활의 때에 확실하게 이루어졌다면, 같은 성전의 물리적인 파괴는 주후 70년에 마침내 이루어졌다.

---

47) Marshall 1989: 211은 예루살렘 성전의 파괴가 근본적인 의미요, 예수의 몸의 파괴는 이차적인 의미라고 본다. Walker 1996: 165-166도 마찬가지다.

마가복음 14:58도 예수가 이스라엘의 옛 성전과 성전인 자기 몸의 파괴와, 옛 성전이 부활의 몸인 새 성전으로 대체된 사실 양쪽을 의미하셨음을 암시하는 텍스트다. 이 텍스트에서 마가는 예수에 대해 나름대로 의미가 있으면서도 잘못된 증거를 부각시킨다. "우리가 그의 말을 들으니 손으로 지은 이 성전을 내가 헐고 손으로 짓지 아니한 다른 성전을 사흘 동안에 지으리라 하더라." 마가복음 15:23-38은 교차대구법(chiasm)을 선명하게 사용하는 텍스트다. 이 텍스트는 다섯 겹의 교차대구법을 사용함으로써 예수를 새 성전으로 보는 주제를 발전시키고 있다. 자기 해석적인 이 다섯 개의 평행 쌍 중 하나를 소개하면 다음과 같다.

포도주를 줌	신 포도주를 줌
십자가 처형	그리스도께서 십자가에 매달려 돌아가심
그리스도의 옷이 나누어짐	성전 휘장이 둘로 찢어짐
(23-27절)	(36-38절)

만일 이런 교차대구법이 텍스트 안에 실제로 존재한다면, 마가는 예수의 "벌거벗음"(옷을 벗김)을 성전의 "벌거벗음"으로 해석하는 것이 된다. 따라서 십자가 처형은 성전인 그리스도의 몸이 파괴됨을 뜻할 뿐만 아니라, 옛 성전 자체가 파괴되고 하나님의 임재가 지성소로부터 해방됨(비록 그분의 임재는 훨씬 더 일찍 이스라엘의 성소를 떠났겠지만)을 의미한다. 그 첫 열매가 바로 백부장의 회심인 것이다(39절).[48] 이렇게 부활에 의한 새 성전의 공식적인 건축 이전에조차 십자가 처형이 옛 성전의 파괴였음을 우리는 과감히 말할 수 있다. 이 성전의 한가운데 새 지성소가, 저 로마 군인 면전에서

---

48) 교차대구법의 존재와 그것이 갖는 해석상의 의미에 대해서는 Bailey 1990-91: 102-105을 보라. Bailey의 제안에는 논쟁의 여지가 있지만 말이다.

눈에 보이지 않는 방법으로 모습을 드러내기 시작한 것도 물론이다.[49] 나중에 요한 자신은 예수의 십자가 처형 현장에 있던 두 백부장에 대해 이야기하면서 바로 이 군인을 염두에 두고 있었다(요 19:32-37을 보라).[50]

부활이야말로 성전 재건의 가시적인 첫 행위다. 사도행전 6:13-14도 사도행전 7:47-50과 함께 예수의 부활이야말로 새 성전의 재건이라는 공관복음과 요한복음의 해석을 겨냥하고 있다(Barnabas 16장도 마찬가지).[51] 마가복음과 사도행전의 텍스트들은 요한복음 2:19과 평행을 이루는 마태복음 26:61; 27:40; 마가복음 15:29의 더 짧은 진술에 동일한 빛을 던져준다.[52]

더 넓은 의미에서 본다면 부활을 통한 예수의 새 성전 "건축"은 스가랴 6:12-13의 성취다. 비록 이 구약 텍스트가 신약성경 어디에서도 명시적으로 인용되지 않았음에도 불구하고 말이다. 스가랴서 텍스트는 "싹"이라는 메시아적 인물이 "성전을 건축"하고 영광 속에서 다스릴 것이라고 예언한다.[53] 사무엘하 7:12-13에 있는 초기의 약속, 곧 "하나님의 집이 다윗의 아

---

49) Chronis 1982: 108-114도 동일한 해석 경향을 보인다. 비록 Chronis는 예수가 물리적인 성전의 파괴를 예언하셨음을 부정하지만 말이다.

50) 추가로 Michaels 1967: 102-109을 보라.

51) 추가로 행 7장에 대한 아래 논의를 보라.

52) Gundry 1993: 885-907은 막 14:58의 어법을 순전히 잘못된 증언으로 이해하며, 예수는 성전을 헐고 다시 세우겠다는 주장을 한 적이 결코 없다고 본다. 그러나 Carson 1995: 554과 France 1985: 378-379이 주장한 바처럼 이 증언이 잘못된 이유는, 예수가 이런 진술을 하지 않았기 때문이 아니라 유대인들의 악한 의도로 인해, 그리고 그들이 요 2:19(Gundry는 실제로 예수가 이 말씀을 하셨다고 믿지 않는다)에 기록된 예수의 말씀의 참된 의미를 무시했기 때문이다. 한편 Juel 1977: 124, 169, 205-206과 Chronis 1982: 108, 112은 다른 시각에서 마가복음의 전체적인 이야기 구조 속에서는 잘못된 증언이, 역설적이게도 예수가 죽고 부활하셨을 때는 성취된 예언이 되었다고 말한다.

53) Clowney 1972: 171도 마찬가지다. 타르굼의 스가랴서 텍스트는 "싹"을 성전을 건축할 메시아와 동일시한다. 성전 건축자로서의 메시아에 대해서는 Tg. Isaiah 53:5; Midrash Rabbah Numbers 13:2; 18:21; Midrash Rabbah Leviticus 9:6; Midrash Rabbah Lamentations 1:16 §51; Midrash Rabbah Song of Songs 4:16 §1; Pirke de Rabbi Eliezer 48 등을 보라. 이런 유대교 문서 대부분에 대한 논의로는 S. M. Bryan 2002:

들에 의해 건축될 것"이라는 약속조차도 자연스럽게 다윗의 아들인 "메시아의 직무로서의 마지막 성전 건축"을 가리키고 있다(Clowney 1972: 171). 놀랍게도 이사야 53:5의 아람어 역본은 메시아가 "우리의 죄악으로 인해 오염된 성소를 건축할 것"이라고 말한다(시빌의 신탁 5:415-424도 마찬가지). 이 약속의 첫 성취는 예수의 부활한 몸 자체가 건축 계획의 초기 단계에 속한 재료임을 보여준다. 따라서 어떤 이들의 주장처럼 예수가 단순히 성전과 같은 분일 뿐이라는 결론은 잘못되었다. 예수가 참으로 성전과 "같다"는 진술은 옳지만, 이것은 그가 마지막 때와 관련된 성전 건축 예언들의 초기 성취이기 때문에 그렇다.

예수를 성전으로 묘사하는 요한복음 2장의 언급은 아마도 요한복음 1:14이 발전된 결과일 것이다. "말씀이 육신이 되어 우리 가운데 거하시매(tabernacled) 우리가 그의 영광을 보니 아버지의 독생자의 영광이요 은혜와 진리가 충만하더라." 성막과 성전의 지성소에 한정되어 있었던 하나님의 특별한 계시적인 임재가 이제는 성육신하신 하나님이신 예수 그리스도의 형태로 세상 안에 뚫고 들어왔다. 그리하여 예수는 요한복음 1:51에서 이렇게 말씀하신다. "하늘이 열리고 하나님의 사자들이 인자 위에 오르락내리락 하는 것을 보리라." 이 말씀은 창세기 28:12을 암시한다. 이 텍스트에 의하면 하나님은 벧엘에서 야곱에게 나타나셨으며, 이에 대한 응답으로 야곱은 작은 성소를 건축했다. 거기서 야곱은 하늘로 연결된 사다리와 그 위로 천사들이 오르락내리락하는 모습을 보았다. 이런 환상의 핵심은 이것이 하늘과 땅을 연결하는 것으로서 한시적인 의미를 갖는 성소였다는 데 있었다. 이 작은 벧엘 성전은 예루살렘에 세워질 큰 성전—나중

193-199을 보라. Bryan도 4Q174, 1.3-7과 에스라4서 13:6-7, 35-36이 메시아가 마지막 때의 성전을 건축할 것임을 확증한다고 주장하는데, 이것은 마지막 때의 성전이 될 단 2장의 돌산에 대한 앞서의 우리 분석에 의해 증명된다(제4장을 보라). 슥 6:12의 "싹"이 가진 메시아적인 의미—슥 6:12을 메시아적 텍스트로 이해하는 유대교 전통을 포함해서—에 대해서는 Clowney의 입장을 따르는 Pusey 1885: 374-375을 보라.

에 이스라엘의 항구적인 처소가 된—의 전조이며, 하나님의 하늘 임재가
땅과 연결되던 옛 세계를 상징했다(이와 관련된 보다 충분한 논의를 위해서는 제3
장을 보라).

이렇게 예수가 자신을 창세기 28장의 성전 사닥다리와 동일시하신 것
은 예루살렘 성전이 아니라 바로 그가 하늘과 땅을 이어주는 우선적인 연
결 고리임을 다른 방식으로 주장한다.[54] 따라서 창세기 28장에 있는 야곱
의 작은 성소는 단순히 한시적인 예루살렘 성전을 가리키지 않고, 궁극적
으로는 그리스도가 세우신 항구적인 성전을 가리킨다. 사람들은 하나님
의 계시적인 임재에 가까이 나아가기 위해 굳이 예루살렘 성전으로 갈 필
요가 없다. 예수의 임재를 경험하기 위해서는 단순히 그를 믿기만 하면 된
다. 바로 이런 이유로 예수는 참된 예배가 예루살렘 성전이나 다른 어떤
거룩한 장소에서 드려지는 것이 아니요, 오직 다가올 종말론적인 예수의
영의 자리에 계신 아버지께로(동시에 암암리에 메시아를 통해) 향하기만 하면
되는 때가 되었다고 말씀하신다(요 4:21-26). 이제는 그리스도를 신뢰하는
곳이면 어디에서나 하늘과의 연결이 성령에 의해 가능하게 될 것이다. 그
리고 그리스도를 신뢰하는 자들은 그분과 그분의 영으로 이루어진 참된
성전의 영역 안으로 들어가게 될 것이다.

예수가 자신을 하늘과 땅 사이의 사닥다리에 있는 "인자"와 동일시하
신다는 것은 마침내 그가 아담과 이스라엘이 마땅히 행해야 했던 바를 행
하심을 보여주는 한 가지 방식이다. 예수는 하늘을 땅에 연결하기 시작한
항구적인 성전을 건축하시고 있다. 노아에 관한 앞서의 연구에서 우리는
족장들과 이스라엘에게 주어진 사명, 즉 번성하여 땅을 채우고 정복하고
다스릴 뿐만 아니라 복이 되라고 아담에게 주어진 사명의 재적용이 그들

---

54) 나중에 나는 Marshall 1989: 211-212이 동일한 주장을 한다는 사실을 발견했다.
Spatafora 1997: 111-112도 마찬가지다. 그러나 Kerr 2002: 136-166은 이 텍스트의 성
전 언급이 적절하지 않다고 보는데, 나는 이런 견해에 동의하지 않는다.

의 불완전한 성전 건축 활동과 연결되어 있음을 보았다. 우리는 성전을 건축하고 그 성전이 온 세상을 포함할 때까지 경계선을 확장시킴으로써 이 사명을 성취해야 함을 올바로 이해했다. 두 번째로 주어진 이 사명은 창세기 28장에 있는 성소 건축 이야기의 핵심적인 특징이었다(28:13-15을 보라). 그리스도는 자신이 참된 아담("사람[아담]의 아들")이요 참된 이스라엘(즉, 야곱의 후손)임을 확신하셨다. 동시에 그는 자신이 마침내 창세기 1:26-28의 사명을 성취하기 시작했으며, 참된 성전을 세우고 그 경계선을 온 땅으로 확장시킴으로써 야곱의 초기 소규모 건축 활동을 완성하기 시작했음도 확신하셨을 것이다. 예수의 오심으로 인해 새 성전의 기초석이 옮겨졌기에 이제 그 무엇도 성전의 건축 과정을 방해하지 못한다.

예수가 야곱의 우물가에 있던 사마리아 여인에게 자신이야말로 "생수"의 근원이요, 그 생수가 자신으로부터 마시는 이들에게 "영생하도록 솟아난다"라고 말씀하셨을 때, 여기서는 성전 표상이 사용된 듯하다(요 4:10-14). 물이 에덴의 최초의 성소에서 발원하여 계속 흘러내리면서 생명을 주었던 것처럼, 에덴동산을 언급하는 에스겔서도 새 예루살렘에 세워질 마지막 때의 성전과 관련해서 유사한 일이 벌어지리라고 예언한다(겔 47:1-12). "그가 나를 데리고 성전 문에 이르시니 성전의 앞면이 동쪽을 향하였는데 그 문지방 밑에서 물이 나와 동쪽으로 흐르다가 성전 오른쪽 제단 남쪽으로 흘러내리더라"(1절). "이 강이 이르는 각처에 모든 것이 살 것이며"(9b절; 12절도 마찬가지).[55] 요엘 3:18("여호와의 성전에서 샘이 흘러 나와서")과 스가랴 14:8("그날에 생수가 예루살렘에서 솟아나서")도 동일한 현실을 예언한다. 요한계시록은 에스겔서와 요엘서, 스가랴서 등의 예언이 장차 완전히 성취되며, 확장된 에덴도 회복되리라고 본다. 이 회복된 에덴에서는 "수정 같이 맑은 생명수의 강"이 "하나님과 및 어린 양의 보좌로부터" 나온다(계

---

55) 강물 역시 이스라엘 성전의 지성소에서 발원해서 그곳으로부터 흘러나온다고 이해되었다: 96-97쪽을 보라.

22:1). 물론 하나님의 보좌는 바로 몇 절 앞에서 "성소"로 언급된 바 있다(계 21:22).

요한복음의 이런 배경과 새 성전으로서의 예수에 관한 이제까지의 논의에 비추어볼 때, 사마리아 여인을 향한 예수의 "생수" 제공은 예수를 참된 성전—하나님의 임재 안에 있는 참된 삶의 출발점인—의 초기 형태로 칭하는 또 다른 사례로 보아야 한다. 요한복음 7:37-39은 양자 사이의 이런 관련성을 확증한다. 예수는 초막절 마지막 날에 성전에서 사람들을 가르치시면서 "누구든지 목마르거든 내게로 와서 마시라 나를 믿는 자는 성경에 이름과 같이 그 배에서 생수의 강이 흘러나오리라"라고 말씀하신다. 여기서 그가 주신 말씀은 성령에 관한 것이다. 그를 믿는 자들은 성령을 받을 것이다. 왜냐하면 예수가 아직 영광을 받지 못하신 탓에 성령이 아직 사람들에게 주어지지 않은 상황이었기 때문이다.

38절에서 예수는 물이 성전으로부터 흘러나온다는 에스겔서, 요엘서, 스가랴서 등의 예언을 언급하신다.[56] "생수의 강이 흘러나오는" "배"(innermost being)는 예수 믿는 사람이 아니라 새로운 지성소이신 예수 자신을 가리킨다.[57] 첫째, 이 점은 구약의 예언이 생수의 원천을 성전의 가장 깊숙한 곳(=지성소)으로부터 나오는 것으로 본다는 점을 생각할 때 분명하게 드러난다. 야웨의 임재는 과거에 그곳에 머물러 있었고, 마지막 날의

---

56) 일반적으로 주석가들은 여기에 구약의 예언 텍스트들이 언급되고 있음을 인정한다. 특히 에스겔서 텍스트가 그렇다(최근 연구로는 Spatafora 1997: 114, 292을 보라).

57) "배"가 예수를 가리키는지 아니면 신자를 가리키는지의 문제는 꼭 해결해야 할 핵심적 쟁점은 아니다. 왜냐하면 37절이 분명하게 예수를 궁극적인 생수의 근원으로 묘사하며, 39절은 암묵적으로 예수를 물이 상징하는 성령의 근원으로 보기 때문이다(특히 20:22에 비추어볼 때 예수는 성령의 근원임이 분명하다). "배"가 38절에서 신자를 가리킨다고 할지라도, 예수는 여전히 신자의 마음으로부터 물이 넘치도록 흘러나오게 하시는 생수의 궁극적 근원이다. 어쨌든 나로서는 예수야말로 38절의 생수가 흘러나오는 원천이라는 견해를 선호한다. 이와 관련된 논쟁을 보려면 Carson 1991: 322-329을 보라. Carson은 "배"가 신자를 가리킨다는 견해를 선호한다.

성전에서도 다시 그곳에 머물게 될 것이다. 예수는 하나님의 이런 지상 임재를 뜻한다. 둘째, 요한복음 7:39은 "생수"가 그를 믿게 될 모든 사람에게 오순절 때 예수 자신에 의해 부어질 성령을 가리킨다고 해석한다(행 2:32-38을 보라).

요한복음 7:37은 예수가 초막절 "명절 끝날 곧 큰 날에" 요한복음 7:37-39의 말씀을 하셨다고 우리에게 말한다. 이 절기 때에는 특별한 물을 길어서 붓는 의식이 있었다(*m. Sukkah* 4.9-10).[58] 예수가 설교하신 이런 시점은 자신을 새 성전의 물과 동일시하는 견해를 추가로 밝히게 만들었을지도 모른다.

예수가 마지막 성전에 있는 생수(=성령)의 근원이라는 점은 요한복음 20:22에 의해 추가로 확증된다. 부활하신 그리스도가 "그들을 향하사 숨을 내쉬며(breathed) 이르시되 성령을 받으라"라고 말씀하셨다는 이 텍스트는 오순절을 예견한다. 일부 주석가들이 이처럼 "숨을 내쉬는" 행동이 창세기 2:7을 반향하고 있음을 주목한 것은 우연이 아니다. 이 창세기 텍스트에 의하면, 하나님은 아담에게 "생명의 숨"을 "불어넣으셨고"(breathed; 요 20장과 똑같은 그리스어임), 아담은 "살아 있는 존재가 되었다." 바로 앞절(21절)에서 그리스도는 "아버지께서 나를 보내신 것 같이 나도 너희를 보내노라"라고 말씀하신다. 이것은 마태복음 28:18-20의 "대위임령"과 비슷한 또 다른 사건이다. 앞서 살핀 바와 같이, 이 대사명은 아담에게 주어진 사명의 갱신으로 이해되었을 것이다. 이런 관점에서 볼 때, 이 사건은 나중

---

58) 여기 대해서는 Edersheim 1994: 220-227을 보라. 축제의 마지막 날에는 성전 바깥뜰 한쪽에서 커다란 화롯불을 피웠는데, 그 불의 "빛이 가지 않은 안뜰이 예루살렘에 없을 정도"로 강하게 피웠다(*m. Sukkah* 5.2-3). 화롯불을 피운 다음날 아침 일찍 예수는 성전에서 이렇게 선포하신다: "나는 세상의 빛이니 나를 따르는 자는 어둠에 다니지 아니하고 생명의 빛을 얻으리라"(요 8:12). 그는 자신을 성전의 빛으로 규정하심으로써 다시 자신과 성전을 동일시하신다. 마찬가지로 Walker 1996: 167-170을 보라. Walker도 요한이 예수를 유월절과 관련된 신학적인 이념들을 성취하신 분으로 묘사한다는 점에 주목한다(요 13:1; 18:28; 19:14, 26을 보라).

에 더 많은 사람들이 성령을 받는 오순절 사건과 다르다.

따라서 창세기 2:7을 암시하는 이 표현은 더 중요한 의미를 가진다. 예수는 제자들에게 아담의 경우처럼 육체적인 생명이 아니라 영적인 힘을 부어주신 것이다. 아담과 다른 사람들이 실패했던 일을 할 수 있도록 말이다("내가 너희와 항상 함께 있으리라"라는 마 28:20의 동일한 능력 부여 양식을 주목하라). 열두 제자는 새 인류, 곧 새 이스라엘의 전진 기지를 대표하는 자들로서 사명을 받는다.[59] 오순절은 이런 전진 기지가 매우 큰 규모의 성령 부으심에 의해 추가로 확장되고 있음을 보여준다.

그렇다면 과연 요한복음 20:22은 요한복음 7장에 있는 성령 약속―앞서 논의한 바처럼 예수 안의 새 성전과 관련된(요 7:39)―의 발전으로 볼 수 있을까? 이 질문에 대한 긍정적인 답변은 예수의 제자들에게 사용된 "성령 받음"이라는 언어가 요한복음 7:39("이는 그를 믿는 자들이 받을 성령을 가리켜 말씀하신 것이라") 이후 처음 나왔다는 사실을 주목함으로써 얻어진다. 요한복음 7장과의 관련성은 요한복음 7:39이 예수가 영광을 받기까지는 성령이 주어지지 않을 것임을 확증하고 있다는 사실("예수께서 아직 영광을 받지 않으셨으므로 성령이 아직 그들에게 계시지 아니하시더라")을 주목함으로써 추가로 암시된다. 사람들은 예수의 영광 받으심이 부활과 더불어 시작되었다고 말할 수도 있을 것이다.[60] 비록 승천 시의 완전한 영광 받으심은 아직 이루어지지 않은 상태였지만 말이다(아니면 적어도 부활은 승천 시의 영광 받으심과 불가분의 관계를 가지는 과정의 시작이었음). 만일에 요한복음 7장과의 이런 관련성이 유지될 수 있다면, 예수가 제자들에게 성령을 불어넣으신 행동은 그들

---

59) 이 점은 "숨을 불어넣음"이 겔 37:7을 암시한다는 점에 의해 추가로 증명된다. 왜냐하면 이 에스겔서 텍스트는 마지막 때에 있을 이스라엘의 창조를 묘사하면서 창 2:7과 동일한 그리스어(*emphysaō*, "불어넣다")를 사용하기 때문이다.

60) 부활이 요 7:39에 언급된 예수의 영광 받으심에 관한 약속의 시작이었다는 점은, 하나님이 예수의 십자가 처형 당시 그를 "영화롭게 하셨다"는 점을 생각함으로써 추가로 입증된다(12:23, 28; 13:31; 17:1, 5; 이 텍스트들은 암묵적으로 부활을 염두에 두는 것 같다).

로 새 성전이 되라는 사명으로 이해될 수 있으며, 그들에게 새 성전의 일부가 됨과 아울러 세상에 있는 다른 사람들까지도 포함시킬 수 있도록 그 경계선을 넓혀나갈 힘을 주는 것으로 간주될 수 있다(요 17:18-23을 보라).[61] 그들이 사명감을 가지고 선포해야 할 중심 메시지는 죄의 용서다(23절). 공관복음서에서 이미 살핀 바와 같이, 죄 용서는 예루살렘 성전의 직무가 아니라 예수의 직무가 되었다. 사실 우리는 마태복음 16:19의 사죄 선언이 예수를 "새 성전의 머릿돌"과 동일시한 결과로서 그의 제자들에게 주어진 메시지와 동등할 수 있음을 살핀 바 있다. 마찬가지로 이제는 예수의 제자들이 동일한 이유 때문에 동일한 메시지를 선포할 수 있는 권세를 가지게 되었다. "너희가 누구의 죄든지 사하면 사하여질 것이요 누구의 죄든지 그대로 두면 그대로 있으리라"(요 20:23).[62] 하나님이 아담에게 숨을 불어넣으신 것이 그를 첫 창조의 일부가 되게 함으로써 그로 하여금 동산-성전 안에 자리 잡게 한 것처럼, 예수가 제자들에게 숨을 불어넣으신 행동은 그들을 새 창조[63]와 새 성전 안으로 통합시키신 것으로 간주된다. 제자들은 성전의 일부가 되며, 생명을 주는 용서를 선포한다. 당연히 이 용서는 성전과, 옛 성전이 상징하는 새 창조의 중심과 기초가 되시는 그리스도로부터

---

61) 예수가 제자들에게 숨을 불어넣으신 행동은 오순절 직후 그들이 받게 될 성령의 비유를 실행에 옮긴 것일 가능성이 높다(Carson 1991: 649-655). 만일 그렇다면, 요 20:22의 시점에서는 제자들이 성령을 받은 것이 아니라 성령 받을 것을 보증 받았다고 할 수 있다. 어느 경우에든 우리 주장은 여전히 타당하다.

62) 이와 평행을 이루는 마태복음 텍스트는 이렇게 말한다: "내가 천국 열쇠를 네게 주리니 네가 땅에서 무엇이든지 매면 하늘에서도 매일 것이요 네가 땅에서 무엇이든지 풀면 하늘에서도 풀리리라"(마 16:19).

63) Beasley-Murray 1987: 380-381을 보라. 그는 이 텍스트의 새 창조가 갖는 의미를 창 2:7과 겔 37:9-10에 대한 언급에 기초해서 인식했다. 물론 여기서 에스겔서 텍스트는 이스라엘이 회복될 때 이루어질 그들의 종말론적인 부활을 예언한다(이 텍스트는 이스라엘을 위한 마지막 때의 "에덴동산"에 대한 초기 언급을 발전시킴). 또한 고전 15:45에서 부활과 성령과의 관련성 속에서, "첫 번째 아담"과 "마지막 아담"인 그리스도를 연결시키는 창 2:7의 인용을 살펴보라.

성전 신학

만 나올 수 있다.

이렇게 비록 "성전"에 대한 언급이 나타나지는 않지만, 요한복음 20장은 요한복음 7장의 예언과 공통되는 독특한 언어와 개념들을 가지고 있다. 왜냐하면 제자들을 향한 예수의 말씀은 요한복음 7장과 연결되기 때문이다. 이것뿐만 아니라 요한복음 20장도 어느 정도는 새 성전과 관련되어 있는 듯하다. 왜냐하면 요한복음 7장의 초기 약속 자체는 성전에 관한 구약성경에 나타난 마지막 때의 예언들에 기초해서 만들어졌기 때문이다.[64]

---

64) 마지막 때의 성전을 언급하는 요한복음의 또 다른 텍스트는 14:2-3이다. 여기 대해서는 Beale 1999a: 648-649과 S. M. Bryan의 책(근간)을 보라. 특히 Bryan은 복수형 "거처들"이 미래의 성전 안에서 모든 성도가 자신의 거처를 가질 것이라는 초기 유대교의 기대를 반영한다고 주장한다. 또한 Kerr(2002)도 보라. 여기에는 요 14:1-2에 대한 논의 (2002: 293-313)뿐만 아니라, 요한복음 전체에 나타나는 성전 주제에 대한 철저한 분석도 담겨 있다. 또한 이 단락에서 다루지 못한 구절들에 대한 논의와 이 책에서 언급하지 못한 관련 참고 문헌도 들어 있다. 나는 Kerr가 내린 결론의 많은 부분에 동의한다.

제 6 장
사도행전에 나타난 새 성전의 시작

The Temple and the Church's Mission
A Biblical Theology of the Dwelling Place of God

오순절 성령의 형태로 묘사되는 새 성전의 지상 임재[1]

만일 요한복음 20장에 있는 오순절 기대감이 새 성전의 초기 형태인 예수와 그의 제자들과 연결되어 있다면, 실제의 오순절 사건도 예수와 관련된다는 점을 쉽게 확인할 수 있다. 다음의 몇 가지 관찰은 이런 점을 잘 보여준다.

바벨탑의 언어들과 오순절 방언 사이의 관계

오순절의 방언(tongues) 현상은 무엇보다도 성경 전체의 구속사적인 맥락에서 볼 때 가장 잘 이해된다. "방언"의 결과로 옛 세계의 서로 다른 지역에서 온 사람들이 제각기 자기가 "난 곳 방언으로 듣게" 되었다(행 2:8). 오순절 때의 디아스포라 유대인들이 대표하던 다른 나라의 목록(행 2:9-11)은 다음과 같이 압축된 형태로 창세기 10장의 "민족 목록"을 암시하고 있다. "바대인과 메대인과 엘람인과 또 메소보다미아, 유대와 갑바도기아, 본도와 아시아, 브루기아와 밤빌리아, 애굽과 및 구레네에 가까운 리비야 여러 지방에 사는 사람들과 로마로부터 온 나그네 곧 유대인과 유대교에 들어온 사람들과 그레데인과 아라비아인들이라."[2]

창세기 10장에 대한 언급은 누가복음 10:1-12에서 예견된 바 있다. 누가복음 9:1-6이 열두 제자(이스라엘의 열두 지파를 대표함, 눅 22:30) 파송에 관

---

1) 이 단락에 대한 보다 충분한 논의를 위해서는 Beale의 강연(2004 Tyndale Biblical Theology Lecture)과 같은 제목으로 출판될 책을 보라.
2) Scott 1995: 162-180을 보라. 그의 주장은 이 목록이 창 10장뿐 아니라 창 10장과 관련된 초기 유대교 목록들과 유사하다는 사실에 기초한다.

해 설명한 후에 이 텍스트는 예수가 칠십 명(또는 칠십이 명)의 증인을 파송하셨다고 말한다. 그들은 복음화되어야 할 세상 모든 민족을 대표한다. 왜냐하면 70(또는 72)민족은 창세기 10장에 나열된 민족의 숫자와 관련된 전통적인 숫자를 반영하기 때문이다(Scott 1995: 162-163).[3] 이들은 "생육하고" "땅에 충만"하고 "땅을 가득 채워야" 하는 사명에 불순종한 민족이었다(창 1:28을 발전시키는 창 9:1, 6-7을 보라).[4] 그들은 바벨 지역에서 힘을 합해 하나님으로 하여금 자기에게 내려오도록 만들려고 애쓴다. 그에 대한 응답으로 하나님은 바벨 지역에 내려오셨지만, 도리어 그들의 "언어를 혼잡케" 하심으로써 그들을 심판하셨다(시빌의 신탁 3:105; Josephus, Ant. 1.117, 120). 그 결과 그들은 서로의 말을 알아들을 수 없었다. 또한 하나님의 심판은 그들을 "온 지면에 흩으시는" 것으로 귀결되었다(창 11:1-9). 그들은 창세기 1:28과 9:1, 6-7에 따라야 했지만 거부했으며, 그렇기 때문에 하나님은 그들을 강제할 수밖에 없었다.[5] 그들이 아담에게 주어진 사명[6]을 이행하기 위해 자발적으로 온 땅에 퍼진 것은 아니었지만, 남은 자들 곧 아브라함과 그의 후손은 이런 명령에 순종하기 시작했다.

이 민족들을 대표하는 자들이 예루살렘에 모였고 "혀"(tongues, 행 2:3)와

---

3) Metzger 1971: 150에 의하면, 눅 10:1 텍스트를 "70"으로 읽느냐 "72"로 읽느냐의 문제는 해결이 어렵다. 왜냐하면 창세기의 히브리어 텍스트는 70민족을 언급하는 반면에 70인경은 72민족을 언급하기 때문이다.

4) Walton 1995: 166의 그럴듯한 논지에도 불구하고 그는 이들을 바벨탑 사건에 나오는 창세기의 명령에 불순종한 민족들로 보지 않는다. 창 1:28과의 관련성 속에서 바벨탑 사건을 보는 나의 견해는 대부분의 주석가들을 충실하게 따랐다. 내 견해로는 이들의 주장은 상당히 설득력 있다. 특히 창 1:28이 구약 전체에 걸쳐서 발전된 모습을 가지거나, 바벨탑 사건을 전후한 시기의 인류가 그 명령에 불순종하는 모습에 비추어볼 때 그렇다.

5) 창 1:26-28과 관련된 바벨탑 사건의 의미에 대해 본질적으로 동일한 견해를 보이는 Cohen 1989: 61-63과 Ross 1981: 119을 보라. 바벨탑 사건에 대한 이런 초기 해석 중에는 Josephus, Ant. 1.110-112이 포함되어야 한다.

6) Josephus Ant. 1.110-112은 바벨 지역에 모인 사람들이 "거류민들을 내보냄으로써…많은 땅을 개간하고 그 풍성한 열매를 즐기라는 하나님의 명령"을 거역했으며, 그 명령에 "순종하기를 거부했다"라고 말한다.

성전 신학

서로 다른 "방언"(dialects, 행 2:6-8)이 있었다는 사도행전 텍스트의 언급은 창세기 10-11장과의 관련성을 한층 강화시킨다. 왜냐하면 바벨 지역에서도 서로 다른 언어가 당시 상황에서 매우 중요한 역할을 했기 때문이다.[7] 바벨에서의 신현은 사도행전 2:2과 마찬가지로 강한 "바람"(Josephus, *Ant.* 1.118; 시빌의 신탁 3:101-102)과 "다양한 소리들"(시빌의 신탁 3:106)을 동반했다고 한다. 왜 누가는 독자들이 창세기 10-11장과의 관련성을 보기를 원했을까? 하나로 뭉치려 했던 바벨의 죄악과 그 후의 언어 혼잡 및 사람들이 온 땅에 흩어지는 것으로 귀결된 심판은 오순절 때 역전된다. 하나님은 온 땅에 흩어져 있던 여러 민족 대표자들을 예루살렘에서 하나가 되게 하심으로써 그들이 다른 언어를 이해하는 복을 받게 하신다. 마치 이 모든 언어가 본래부터 하나였던 것처럼 말이다.

바벨의 역전은 "혼잡"(confusion)을 유발했던 언어들의 공통 요소에 의해 암시되기도 한다(참조. 행 2:6, "그들이 소동하여"[they were confused]). 바벨에서는 알아듣지 못할 언어 때문에 혼란이 초래되었지만, 오순절 때에는 알아들을 수 있는 언어들이 너무도 놀랍고 예상치 못한 것이어서 감탄하는 혼란 상황이 연출되었다.[8] 통일된 이해를 갖게 하는 것의 목적은 예수의 죽음과 부활 및 우주의 왕으로서 통치하기 위해 하늘 보좌로 승천하심 등에서 입증된 종말론적인 성령의 권능을 보여주는 데 있다. 예수의 왕권 아래에서, 그리고 성령의 권능을 통해 이 민족들의 대표자들은 다시 "흩어져서" 온 땅을 하나님의 임재로 가득 채움으로써 악의 세력을 굴복시켜야 했다. 칠십 명으로 구성된 예수의 더 작은 규모의 증인들이 그의 지상 사

---

7) 행 2장의 거의 동일한 언어를 창 11장에 대한 Josephus의 해설과 비교하라: "그들이 다 성령의 충만함을 받고 성령이 말하게 하심을 따라 다른 언어들[*heterais glōssais*]로 말하기를 시작하니라"(행 2:4); "우리가 우리 각 사람이 난 곳 방언[*hekastos tē idia dialektō*]으로 듣게 되는 것이 어찌 됨이냐"(행 2:8; 2:6도 마찬가지); 그들은 "다른 언어들"[*allo glōssous*]로 말했다(*Ant.* 1.117; *Ant.* 1.120도 마찬가지); 하나님은 "각자에게 그 자신의 언어[*idian hekastō phōnēn*]를 주셨다"(*Ant.* 1.118).
8) Barrett 1994: 119의 제안을 따르는 Witherington 1998: 136이 그렇다.

역 기간 동안 그렇게 하기 시작했던 것처럼 말이다. 그들은 이런 일을 행함에 있어 정확하게 성령의 권능을 통해 예수 그리스도를 위한 말씀과 행동으로 "증거"하는 방식을 사용했다(행 1:8을 보라).

오순절 사건이 예루살렘 성전에서 발생했을 것이라는 추론은 적절하다(참조. 행 2:1-2, 46). 바벨에서의 심판은 사람들이 모여 신전 탑을 건축함으로써 하나님을 강제하여 복을 받으려 했기 때문에 생겨났다. 이런 제의적인 탑들은 당시 고대 메소포타미아에서 흔히 발견되었다. 이 탑들의 목적은 신이 하늘로부터 내려와서 지상의 신전으로 가는 길에 원기를 회복할 수 있도록 하늘과 땅 사이의 출입구 역할을 하는 것이었다.[9] 바벨의 신전 탑과 마찬가지로, 예루살렘 성전은 하늘과 땅을 연결하려는 의도를 가지고 있었다. 그러나 이스라엘의 죄로 인해 그들의 지상 성전은 심판을 받을 수밖에 없었다. 우리는 이미 이 내용이 복음서에서 예수에 의해 예언되었음을 살핀 바 있다. 이스라엘은 자신의 성전이야말로 자기들이 하나님의 선민임을 나타내는 상징물이라고 믿었다. 그러나 사실상 하나님의 임재는 그들의 배역함과 우상숭배 및 변절 등으로 인해 오래전부터 성전을 떠나 있었다(겔 11:22-25, *Tg. Isaiah* 5:5; *Midrash Rabbah Numbers* 15:10; *Midrash Rabbah Lamentations*, Proem 24; *b. Yoma* 21b도 이 점을 가리키는 듯함. 비록 마 23:21; 집회서 24:8-34; Josephus, *War* 6.299, *m. Sukkah* 5:4; *Midrash Rabbah Exodus* 2:2 등이 다른 쪽을 가리킬 수도 있지만 말이다. 여기 대해서는 Davies 1991: 32-36을 보라). 앞으로 보겠지만 스데반 집사는 이런 심판을 되풀이 선포하며, 예수와 마찬가지로 그 일로 인해 죽임 당한다(행 6:11-15; 7:48-50). 복음서도 예수가 친히 자신의 사역 기간 동안, 그리고 보다 극적으로는 부활의 때에 옛 성전을 대체하기 시작하셨음을 확증한다(요 2:19-22; 마 26:61; 27:40; 막 14:58; 15:29).

---

9) Walton 1995: 155-175에는 "바벨탑"이 성전 구조물의 일부임을 보여주는 충분한 증거가 있다.

예수의 성전 예언 성취로서의 오순절

새로운 영적인 성전에 대한 암시는 사도행전 2장에서도 확인된다. 만일 요한복음 20:21-23의 오순절 예견을 예수의 성전 예언 성취에서 보는 새 성전 표현(요 7:37-39)과 동일시하는 우리의 견해가 옳다면 이런 암시는 놀랍지 않다. 요한복음 20장에서처럼, 성령 강림은 구속사의 흐름이 변하고 있음을 보여준다. 예를 들어 죄 용서가 물리적인 성전 대신에 예수에게서 비롯되며, 이스라엘의 성전 제사장 대신에 예수의 제사장적 제자들에 의해 선포된다는 점이 그렇다(예. 행 2:38: "너희가 회개하여 각각 예수 그리스도의 이름으로 세례를 받고 죄 사함을 받으라 그리하면 성령의 선물을 받으리니").

마지막 날 시내 산 성소에서 나타나는 신현으로서의 오순절 방언

"불의 혀"(tongues of fire)가 나타난다는 것은 성령 강림을 가리키는 표현으로서 하늘 성전과 관련된 신현을 반영한다. 많은 고려 사항들이 이 점을 가리키고 있다. 첫째, "하늘로부터 급하고 강한 바람 같은 소리가 있었다"라는 설명과 "불의 혀"처럼 갈라지는 것이 보였다는 설명은 구약성경의 전형적인 신현 장면을 연상시킨다. 하나님은 이런 신현 장면에서 천둥 같은 소리와 불의 형상으로 자신을 드러내셨다. 구약성경에서 최초의 위대한 신현은 시내 산에서 이루어졌다. 그곳에서 하나님은 "우레와 번개와 빽빽한 구름" 및 "불" 가운데 나타나셨다(예. 출 19:16-20; 20:18). 이것은 후대에 나타나는 유사한 구약적 신현의 모델이 된다고 할 수 있다. 또한 하나님의 시내 산 임재는 어느 정도 오순절 성령 강림의 배경을 이룬다.[10] 오순절이 농산물 수확의 첫 열매를 경축하는 절기일 뿐만 아니라, 주전 2세기 초에는 하나님이 시내 산에서 모세에게 율법을 주신 것을 기념하는 절기이기도 했다는 사실은 그분의 시내 산 임재가 사도행전 2장의 이런 배경을 이

---

10) Niehaus 1995의 여러 부분과 특히 371쪽에서 이렇게 설명한다. Niehaus의 저술은 신구약 전체에 걸쳐 나타나는 시내 산 신현의 성경신학적인 발전 과정을 추적하고 있다.

루고 있음을 추가로 보여준다.[11]

만일 시내 산을 성소로 본 우리의 초기 분석이 옳다면, 오순절 신현 역시 사라져가는 옛 예루살렘 성전 한가운데서 새롭게 드러나는 성전의 갑작스런 등장으로 이해될 수 있다. 이런 설명과 초기 유대교에서 그것이 진술되는 방식은 오순절에 대한 설명과 비슷하다. 왜냐하면 오순절 때 사람들은 "불의 혀처럼 갈라지는 것이⋯각 사람 위에 하나씩 임함"을 보았기 때문이다(행 2:3).[12] 사실 누가의 오순절 설명은 시내 산의 신현에 대한 직접적인 언급을 포함하지 않는다.[13] 하지만 누가의 오순절 묘사 안에는 그가 시내 산 배경을 알고 있었음을 보여주는 더 많은 관련성과 "간접적인 언급들"이 있다.[14]

하늘 성소로부터의 신현: 구약성경에 나타나는 "불의 혀"

시내 산은 불 가운데서 주어지는 말씀을 묘사하는 장면의 유일한 배경을 이루고 있다. "불의 혀"라는 구절은 실제적으로 구약성경의 두 텍스트에서 나타난다. 이사야 30:27-30은 하나님을 그의 성전("원방"과 "여호와의 산")으로부터 "내려오시는" 분으로, "빽빽한 연기⋯그의 혀는 맹렬한 불"(테오도티온 역: bē glōssa autou hōs pur esthion) 같고 "그의 장엄한 목소리를 듣게 하시

---

11) 여기 대해서는 Lincoln 1990: 243-244을 보라. Lincoln도 출 19-20장과 민 17-18장이 회당 예전에서 오순절 기간 동안 낭독되었음을 지적한다.

12) 이와 관련해서 하나님의 시내 산 임재에 대한 주후 1세기의 Philo의 묘사는 우연의 일치라고 보기 어렵다: 하나님의 계시는 "하늘로부터" "불꽃"(pyr와 pylox)같이 임했으며, 마침내 "방언"(dialektos)이 되어 사람들을 놀라게 했다(Philo, Decal. 46, 몇몇 주석가들이 주목한 평행 텍스트임; 행 2:3과 2:6의 동일한 표현을 주목하라). Philo의 번역은 출애굽기의 설명과 가깝다. 왜냐하면 출애굽기 텍스트에서는 "큰 소리들"(역자 주-개역개정은 "우레")이 "횃불"(역자 주-개역개정은 "번개")과 긴밀히 연결되기 때문이다: "뭇 백성이 우레와 번개와 나팔 소리와 산의 연기를 본지라"(출 20:18; "횃불"은 겔 1:13에서 하늘 성전의 모습을 묘사하기도 함).

13) 행 2:3은 예외인 것 같다.

14) Fitzmyer 1998: 234도 이런 견해를 보인다.

는" 분으로 묘사한다. 이런 표현 자체는 원형적인 시내 산 신현을 암시한
다(마찬가지로 "불의 혀"[아퀼라 역, 심마쿠스 역, 테오도티온 역 등은 *glōssa puros*로 읽
음]는 사 5:24-25에서 시내 산 신현의 언급과 함께 심판의 상징으로 사용됨).[15] "맹렬한
불과도 같은 혀"는 하나님의 심판을 의미하며, 사도행전 2장의 동일한 이
미지(*glōssai bōsei puros*)와는 다른 듯하다. 왜냐하면 사도행전 2장에서 이
혀는 오직 복의 상징으로만 나타나기 때문이다. 그러나 시내 산 배경에 비
추어본다면 사도행전에 있는 동일한 불의 이미지는 복과 심판 모두를 가
리킬 수도 있다. 사실 시내 산에서 불과도 같은 신현은 복(율법 수여)과 심
판(신현 장소에 너무 근접하거나 반역하는 무리를 향한 심판: 참조. 출 19:12-24; 32:25-
29) 모두와 관련되어 있었다. 아래에서는 사도행전 2장의 배경인 요엘 2장
이 복과 저주의 이중적인 주제를 확증하고 있음을 살펴보고자 한다. 따라
서 이사야가 "불의 혀"를 성전에서 이루어지는 하나님의 신현 임재와 연
결시킨다는 것은 사도행전 2장에 있는 동일한 상호 관련성을 추가로 보여
준다고 할 수 있다.

하늘 성소로부터의 신현: 유대교에 나타나는 불의 혀

초기 유대교 문헌 중에는 구약성경의 "불의 혀" 이미지—하늘 성전이나 지
상 성전에서의 신현과 연결된—를 어느 정도 알고 있었거나 그 이미지로
부터 영감 받았음을 보여주는 텍스트가 존재한다. "불의 혀"라는 구절도
이 문헌들에서 언급된다. 아마도 에녹1서 14:8-25은 사도행전 2:3에 나오
는 불 같은 "혀"와 평행을 이루는 텍스트일 것이다.[16] 이 텍스트에 의하면

---

15) Niehaus 1995: 307-308. 사 6장의 하늘 성전 장면은 복(6:6)과 심판(6:13) 모두를 가
   능케 하는 하나님의 임재가 갖는 불의 이미지를 포함한다. 또한 "불"의 이미지(사 6장의
   불에 대해서는 Ziegler 1983: 143을 보라)를 입과 관련된 용어("혀"와 "입"/"입술")와 함
   께 사용하는 사 5:24; 6:6-7의 용례도 주목하라. 이런 관점에서 볼 때, 사 5:24-25은 하
   늘 성전으로부터 비롯되는 하나님의 심판과 관련된다.
16) 쿰란 동굴에서 발견된 에녹1서의 이 부분을 위해서는 4Q204 6.19-29을 보라. 이 쿰
   란 문서에서도 "불의 혀"라는 구절이 언급된다(비록 공백 부분을 재구성하기는 했지만;

에녹은 환상 중에 하늘 성전으로 올라간다. 에녹은 "불의 혀로 둘러싸인" 바깥뜰의 벽에 도착한 후 "불의 혀 안쪽으로 들어간다"(14:9-10). 이어서 그는 성소를 통과하여 "불의 혀로 세워진" 지성소를 바라볼 수 있는 자리에 이른다(14:15). 마찬가지로 에녹1서 71:5에서 에녹은 성전처럼 생긴 "수정 건축물"을 본다. "그 수정 사이에는 살아 있는 불의 혀"가 있다. 이렇게 "불의 혀"는 하늘 성전의 일부를 구성하며, 지성소에서 이루어지는 불타는 신현의 전체적인 효과에 공헌하고 있다. 그곳 지성소에서는 "타는 불이 그를 둘러싸고 있었으며, 커다란 불이 그 앞에 세워져 있었다"(14:22).

이런 하늘 장면은 사도행전 2장에 묘사된 오순절의 지상 장면과 어떤 관계를 가지는가? 에녹서의 "불의 혀"라는 구절은 순전히 우연의 일치로 사도행전 2장과 평행을 이룰 수도 있다. 다른 한편으로 에녹서 구절의 문맥상 용례는 사도행전 2장에 있는 동일 구절의 용례와 어느 정도 일치할 수도 있다. 어쩌면 에녹서의 텍스트는 앞서 언급한 출애굽기와 이사야서의 텍스트—두 텍스트 자체는 시내 산 신현의 표상을 발전시킨 듯함—를 창조적으로 발전시킨 결과인 듯하다. 에녹서 텍스트에 비추어볼 때 오순절 때 "불의 혀"의 모습으로 "하늘로부터" 내려온 성령은 하늘 성전으로부터 성막 임재로 내려오신 하나님의 모습일 수 있지 않을까?[17] 하늘 성전이 부분적으로 "불의 혀"로 묘사되기 때문에 이 성전의 강림을 동일한 모습으로 묘사한다는 것은 적절해 보인다. 따라서 하늘 성전이 "불의 혀"로 만들어진 것처럼, 하늘로부터 내려온 지상의 새 성전(성령의 생기를 받은 하나님의 백성)도 동일한 불의 형상으로 만들어지기 시작했음은 충분히 이해할 만하다. 이런 주장은 이 단락 전체에 걸쳐서 언급되는 다른 관찰, 즉 다른 시각에서 오순절을 하나님의 성전 임재를 표현하는 현상으로 이해하는

Martínez-Tigchelaar DSS Study Edition을 보라).

17) 에녹1서 14:9과 15절(거의 동일한 14:10도 마찬가지)의 그리스어 *glōssais pyros*("불의 혀")는 사실상 행 2:3의 *glōssai bōsei pyros*("불 같은 혀")와 같다.

성전 신학

견해에 비추어볼 때 한층 강화된다.

그뿐 아니라 사해 두루마리는 우림과 둠밈을 "불의 혀"로 영화롭게 빛나는 돌들로 해석한다(1Q29). 우림과 둠밈은 대제사장의 가슴 주머니 안에 넣어두던 두 개의 돌을 가리킨다(출 28:30; 레 8:8). 대제사장은 이 돌을 "성소에 들어갈 때⋯여호와 앞에서⋯항상 그의 가슴에 붙여야만 했다"(출 28:29-30). 아마도 이것들은 하나님의 예언적 계시를 전달하는 수단 중 하나였을 것이다. 제사장은 의례적인 차원에서 돌들을 던지거나 가슴 주머니로부터 끄집어내는 방식을 취했음이 분명하다. 또한 돌들 중 어느 것이 나타나느냐에 따라 당면한 문제에 대한 "예"나 "아니오"의 답변이 주어졌다.[18] 쿰란(1Q29; 4Q376)에 따르면 어떤 예언자가 참인지 거짓인지를 묻는 대제사장의 질문에 대해 하나님이 신현의 구름 가운데에서 예언적인 답변을 주셨을 때, 우림과 둠밈이 "불의 혀"로 빛났다고 한다.[19]

따라서 우리는 "불의 혀"가 성전의 "지성소"나 어쩌면 "성소"에서 하나님의 계시적인 임재를 드러내는 현상임을 다시 한 번 확인한다(제5장에서 우림과 둠밈을 담은 가슴 주머니가 지성소를 상징한다고 설명한 것을 연상시킴). 그러나 이번 논의의 핵심은 하늘 성전이 아니라 지상 성전에 있다. 한층 더 놀라운 것은 그 "혀"(tongues)가 하나님의 계시적인 임재뿐만 아니라 그분의 예언적인 의사소통을 나타내기도 한다는 점이다. 물론 이것은 오순절 때 이루어진 일을 가리킨다. "불의 혀"는 하나님의 성령 임재를 분명하게 보여주며, 이 임재는 사람들로 하여금 "예언하게" 만들었다(나중에 행 2:17-18이 분명하게 보여주듯). 누구나 알고 있듯 하나님의 성령은 오순절 때 "하늘로부

---

18) 구약에 나타난 우림과 둠밈의 기능에 대한 상세한 설명으로는 Motyer 1996: 1219을 보라. 우림과 둠밈의 예언적 기능에 대해서는 예를 들어 삼상 28:6을 보라: "사울이 여호와께 묻자오되 여호와께서 꿈으로도 우림으로도 선지자로도 그에게 대답하지 아니하시므로."
19) 쿰란 문서의 묘사에 따르면 대제사장은 성전(아마도 지성소나 성소)에서 우림과 둠밈의 예언적인 계시를 발견한 다음, 안뜰에 있던 이스라엘 회중에게 예언적인 답변을 알려주었다.

터” 지상으로 강림했을 뿐만 아니라, 하늘의 지성소나 성전으로부터 강림하기도 했다. 특히 이사야 5장과 30장, 그리고 이런 이미지가 후대에 발전한 형태로 나타나는 에녹1서 14장과 71장 및 쿰란 문서 등의 시내 산 신현 묘사에 비추어볼 때 그러하다. 앞에서 열거한 모든 텍스트는 전체적으로 하나님의 하늘 성전—자기 백성에게 내려와 그들을 성전의 일부로 만드는—과 닮은 모습에 다양한 긍정적 방식으로 기여하고 있다.

요한계시록의 다음과 같은 두 텍스트는 오순절과 유사한 모습을 그리고 있다. 비록 여기에는 “불의 혀”라는 구절이 나오지 않지만 말이다. 요한계시록 4:5은 “보좌 앞에 켠 등불 일곱”을 묘사하는데, 이는 “하나님의 일곱 영”(즉 하나님의 성령)으로 해석된다. 이 환상은 하나님이 보좌에 앉아 계시는 하늘 성전의 전체적인 장면 안에서 주어진다.[20] “등불” 자체는 성전 등잔대에서 불타는 것으로 이해된다. 이미 요한계시록은 등불을 여러 교회와 동일시한 바 있다.[21] 이것은 아마도 오순절과 비슷한 현실을 묘사하는 요한만의 표현 방식일 것이다. 하나님의 성령이 하늘 성전으로부터 내려와 지상에 있는 하늘 성전을 구성하는 그분의 백성, 즉 등잔대 위에 머물렀다. 요한계시록 11:3-5은 지상의 등잔대에 해당하는 교회의 목적이 “이 땅의 주 앞에 서” 있으면서 “예언하는 증인”이 되는 것이라고 말하기까지 한다. 또한 그들이 전하는 예언의 말씀은 “그들의 입에서 나오는 불”로 묘사된다! 놀랍게도 이것은 사도행전 2장과 밀접하게 관련된다. 사도행전 2장에 의하면 성령은 하늘 성전으로부터 불 가운데 내려오며, 하나님의 백성 위에 머문다. “증인”(행 1:8; 2:40)과 “예언”(행 2:17-18)의 역할을 감당할 수 있는 능력을 주기 위해서 말이다.

오순절에 이루어진 새로운 영적 성전의 건축은 모든 민족의 상징적인

---

20) 예를 들어 “바다”(=성전 안뜰의 주조된 바다)의 존재와 하늘 성전에 있는 하나님의 보좌를 지키는 그룹 모양의 스랍들(겔 1장; 10장; 사 6:1-4 등을 암시함)을 주목하라.

21) 계 4-5장이 성전의 모습을 담은 텍스트라는 점은 다음에 이어지는 환상들이 이 첫 장면에 기초해서 확장된다는 사실로 더 분명히 드러난다(예. 8:3-5; 11:19; 15:5-8).

대표자들을 포함했다. 왜냐하면 이 성전은 에덴 성전과 이스라엘 성전의 의도, 즉 온 땅을 하나님의 발 아래 둘 때까지 경계선을 확장시키는 의도를 성취하는 데 실패하지 않을 것이기 때문이다.

세례 요한의 성령 예언 성취로서의 오순절

마태복음 3:11은 세례 요한이 "물로 세례"를 베풀면서 "성령과 불로 너희에게 세례를 베푸실" 분이 자기 뒤에 오시리라고 선포했다고 기록한다. 이어서 세례 요한은 예수께 세례를 베풀었으며 "하늘이 열리고 하나님의 성령이 비둘기 같이 내려 그 위에 임하심"을 보았다(마 3:16). 이것은 예수의 개인적인 오순절이었다. 이로써 성령은 예언 사역을 하는 데 필요한 힘을 그에게 주셨다. 나중에 공동체 전체를 포함하는 오순절이 되자, 동일한 유형의 성령 강림이 동일한 예언 권능을 부여하려는 목적에서 이루어졌다. 우리는 오순절 때 성령이 불 가운데 내려오시고 "하늘이 열림"으로써 마태복음 3:11이 성취되었다고 추정할 수 있다.

유대교는 제사장적 메시아를 기대하면서 마태복음 3:16과 동일한 언어를 사용한 바 있다. "하늘이 열릴 것이요, 영광의 성전으로부터 거룩함이 그에게 임할 것이다.…그리고 이해의 영이…[물 가운데] 그의 위에 머물 것이다"(레위의 유언 18:6-7). 마태복음 3장에서도 성령의 근원은 하늘 성전이다. 마태복음 3장에서 하늘 성소와 예수의 성령 받으심이 암묵적으로 연결된다는 사실은 오순절의 성령도 하늘 지성소로부터 내려오셨다는 우리 주장에 비추어볼 때 우연의 일치가 아니다.

요엘의 성령 예언 성취로서의 오순절

사도행전 2:1-12에서 베드로는 방언과 관련된 하나님의 현현이 요엘의 예언, 곧 하나님이 자신의 "영을 모든 육체 위에 부어주시며" 언약 공동체 안에 있는 모든 계층의 사람이 "예언"하리라는(욜 2:28-29) 것의 첫 성취라고 설명한다. 요엘 2:28 인용문의 서두에서 베드로는 요엘의 "그 후에"

(meta tauta) 대신에 "말세에"(en tais eschatais hēmerais)라는 구절을 사용한다. 이런 대체 용법은 이사야 2:2에서 비롯된다(Pao 2000: 156-159을 보라). "말일에 여호와의 전의 산이 모든 산꼭대기에 굳게 설 것이요 모든 작은 산 위에 뛰어나리니 만방이 그리로 모여들 것이라." 이로써 베드로는 요엘 예언의 성취인 성령 강림이 마지막 때의 성전에 관한 이사야 예언—사도행전 이야기를 살펴보면 알겠지만 민족들이 이 성전의 영향 아래 놓이게 되리라는—의 초기 성취이기도 하다고 해석한다.

모세 시대에는 예언자와 제사장, 왕에게만 성령의 선물이 주어졌다. 전반적으로 성전에서 봉사하거나(제사장) 성전과 관련해서 봉사하도록(왕과 예언자) 말이다. 요엘서와 사도행전은 성령의 갱신 기능을 염두에 두기보다는, 사람들로 하여금 다양한 재능으로 봉사할 수 있게 하는 기능을 염두에 둔다. 하지만 요엘은 이스라엘의 모든 사람이 이런 선물을 받게 될 때를 예견했다. 요엘 2장과 사도행전이 새 성전에서 봉사할 수 있도록 선물을 주는 것을 염두에 둔다는 추론은, 요엘의 예언이 초기 텍스트인 민수기 11장을 발전시키고 있음을 인식함으로써 분명하게 드러난다.[22]

모세는 하나님께 자신이 지고 있는 "백성의 짐을 담당"할 수 있도록 도와달라고 요청한다(민 11:11, 17; 출 18:13-27). 하나님은 모세에게 이스라엘의 노인 중 칠십 명을 모아서 회막으로 데려오라고 말씀하심으로써 응답하신다. "이스라엘 노인 중에…칠십 명을 모아 내게 데리고 와 회막에 이르러 거기서 너와 함께 서게 하라 내가 강림하여…네게 임한 영을 그들에게도 임하게 하리니"(민 11:16-17). 모세는 하나님께 다음과 같이 순종한다. "모세가…백성의 장로 칠십 인을 모아 장막에 둘러 세우매 여호와께서 구름 가운데 강림하사…그에게 임한 영을 칠십 장로에게도 임하게 하시니 영이 임하신 때에 그들이 예언을 하다가…"(11:24-25). 이어서 그들은 예언을 중단했지만, 다른 곳에 있던 두 명의 장로는 예언을 계속했다. 여호수

---

22) Dillard 2000: 87-93은 요엘이 민 11:1-12:8을 발전시키고 있음을 구체적으로 보여준다.

성전 신학

아가 이런 상황을 모세에게 보고하면서 그들을 말리라고 요청하자, 모세는 거절하면서 이렇게 답변한다. "여호와께서 그의 영을 그의 모든 백성에게 주사 다 선지자가 되게 하시기를 원하노라"(11:26-29).

따라서 요엘 2장은 모세의 예언자적인 희망을 공식적인 예언으로 변형시킨다. 베드로는 요엘의 예언을 인용하면서 자기 시대의 오순절 때 마침내 그것이 성취되었음을 보여준다. 이전에는 성전과 관련된 봉사를 돕기 위해 예언자와 제사장과 왕에게만 한정적으로 주어졌던 성령의 선물이, 이제는 남녀노소를 불문하고 하나님의 모든 인종과 모든 민족에게 보편적으로 적용된다. 사도행전 2장에 언급된 성령의 선물이 성전과 관련된 봉사를 위해서라는 점은 민수기 11장에서 암시된다. 이 텍스트는 "칠십 명의 장로들"이 "장막"(성막) 주변에 모여 있을 때 성령을 받았음을 두 번 반복해서 설명한다. 사실상 "불의 혀처럼 갈라지는 것들이…각 사람 위에 하나씩 임하여 있더니"와 "그들이 다 성령의 충만함을 받고 성령이 말하게 하심을 따라 다른 언어들로 말하기를 시작하니라"(2:17-18은 이를 "예언"으로 설명함)는 민수기 11:25을 암시하는 듯하다. "영이 임하신 때에 그들이 예언을 하다가."[23] 그뿐 아니라 민수기 11:25은 하나님이 "그[모세]에게 임한 영을 칠십 장로에게도 임하게 하셨다"라고 말한다. 마찬가지로 사도행전 2:33은 예수를 "약속하신 성령을 아버지께 받은" 첫 인물로, 그리고 오순절 때 그들에게 성령을 "부어주신" 분으로 칭한다. 이 점에 비추어본다면 예수는 제2의 모세에 해당한다고 할 수 있다.

심지어 민수기 11장의 "칠십 명" 예언은 사도행전 2장에서 예언하는

---

23) 민 11:29도 보라. NA[27]은 이 텍스트를 행 2:18b을 암시하는 것으로 인용한다. 행 2:3b-4a도 "영이 장로들에게 임했다"라고 설명하는 민 12:25-26, 29(12:17도 참조)를 암시한다. "영"이 임해서 "예언"하게 한 것은 삼상 10:6, 10; 19:20, 23; 눅 1:67; 벧후 1:21에서도 발견된다. 이 텍스트들은 각각 이스라엘 왕과 그의 공식 관리들, 성전 제사장, 구약시대의 예언자 등에게 성령이 선물로 주어졌음을 말함으로써, 구약에서는 성령의 선물이 오직 이런 세 계층의 사람에게만 주어졌음을 보여준다.

사람들과 관련된다. 앞서 우리는 오순절 때 모인 나라들의 목록(행 2:9-11)이 창세기 10장에 있는 칠십 민족의 목록을 압축해서 암시했으며, 사도행전 이야기가 예수의 "칠십" 제자 파송—온 세상을 향한 증인 역할의 시초를 상징하는—을 전하는 누가복음의 앞선 이야기(눅 10:1-12)를 좀더 발전시켰음을 살펴본 바 있다. 이렇게 사도행전 2장의 칠십 나라와 민수기 11장의 "칠십 명" 사이의 관련성은 우연의 일치가 아니다.

하나님의 임재가 성막과 성전 및 교회를 가득 채우는 방식은, 누가가 오순절을 새로운 시대에 필요한 성전으로 묘사했을 가능성을 한층 높여준다. 모세가 성막 건축을 마치자 "구름이 회막에 덮이고 여호와의 영광이 성막에 충만"하게 되었으며(출 40:34),[24] 솔로몬이 성전 건축을 마치자 "구름이 여호와의 성전에 가득"했고 "여호와의 영광이 여호와의 성전에 가득"했다(왕상 8:6-13). 지상의 새로운 하늘 성전의 시작을 말하는 사도행전 2장의 이야기에 대해 지금까지 말한 내용에 비추어볼 때, 사도행전 2:2-3은 구약 텍스트들을 발췌 언급하는 중에 출애굽기 40장과 열왕기상 8장을 포함시키고자 했을 것이다. "홀연히 하늘로부터 급하고 강한 바람 같은 소리가 있어 그들이 앉은 온 집에 가득하며 마치 불의 혀처럼 갈라지는 것들이 그들에게 보여…."[25] 특히 솔로몬의 이야기에는 흥미로운 데가 있다. 왜냐하면 역대하 7:1-3의 평행 텍스트는 신현을 이렇게 묘사하기 때문이다. "불이 하늘에서부터 내려와서…여호와의 영광이 그 성전에 가득하니…여호와께 감사하여." 이 두 텍스트도 구경꾼들의 찬양의 응답으로 끝맺는다(대하 7:3, "그들이 여호와께 감사하여"; 참조. 행 2:11, "우리가…하나님의 큰일을 말함을 듣는도다").

사도행전 2:19-21에서 요엘 2장 후반부 인용은 또 하나의 상호 관련성

---

24) 출 40:35은 34절의 내용을 거의 똑같이 되풀이한다.
25) 여기서 나는 출 40장과 왕상 8장이 오순절 때 있었던 하나님의 강림과 그분이 자신의 새로운 백성을 충만케 하시는 일을 예고한다고 주장하는 Niehaus 1995: 202-203, 243-244을 따르고자 한다.

을 드러내는 텍스트다.

> 또 내가 위로 하늘에서는 기사를
> 아래로 땅에서는 징조를 베풀리니
> 곧 피와 불과 연기로다
> 주의 크고 영화로운 날이 이르기 전에
> 해가 변하여 어두워지고
> 달이 변하여 피가 되리라
> 누구든지 주의 이름을 부르는 자는
> 구원을 받으리라

어떤 주석가들은 이 인용문이 오순절 때 성취되기 시작한 것이 아니라 역사의 마지막 때 이루어질 것이라고 생각한다. 그럼에도 이 인용문의 언어는 심지어 이런 예언조차도 성취되기 시작했음을 암시하는 듯하다. 왜냐하면 베드로가 "이는"(행 2:1-13에 묘사된, 바로 앞의 오순절 사건을 가리킴) "곧 선지자 요엘을 통하여 말씀하신 것이니"(2:16)라고 말하기 때문이다. 이렇게 이 인용문 전체는 오순절 때 시작된 것으로 이해되어야 마땅하다. 만일에 그렇지 않다면 다른 증거 자료를 달리 확보하지 않으면 안 된다.[26]

이 마지막 인용문의 후반부가 첫 번째 부분과 마찬가지로 똑같이 오순절 사건에 적용될 수 있다는 사실은, 사도행전 2:21의 요엘서 인용문 마지막 행("누구든지 주의 이름을 부르는 자는 구원을 받으리라")이 오순절 때 "구원받기" 시작한 사람들에 대한 묘사라는 점을 관찰함으로써 분명하게 드러난다(베드로는 "구원을 받으라"라고 말하며[2:40] 중요한 의미를 갖는 한 무리의 사람들이 긍정적인 반응을 보인다. "주께서 구원받는 사람을 날마다 더하게 하시니라"[2:47]). 또한 사도행전 2:39의 마지막 구절("주 우리 하나님이 얼마든지 부르시는 자들")은 요엘

---

26) 다음 단락에서는 이런 묵시문학적 언어가 어떻게 이해되어야 하는지를 살필 것이다.

2:32의 마지막 구절("남은 자 중에 나 여호와의 부름을 받을 자가 있을 것임이니라")에 기초하고 있다. 베드로는 이 구절을 사도행전 2:21에서 인용하지는 않는다. 사도행전 2:39의 이런 요엘서 언급은 이 예언의 마지막이 정말로 오순절 때 시작되었음을 보여준다. 마지막으로 요엘이 말한 "위로 하늘의 기사와 아래로 땅의 징조"에 대한 언급은 "불"에 대한 언급과 함께(행 2:19) 부분적으로 "하늘로부터" 내려온 "급하고 강한 바람 같은 소리"와 "불의 혀"를 가리키는 것 같다(행 2:2-3).

옛 세계의 파괴와 새 질서의 형성에 관한 요엘서 예언의 성취로서의 오순절

요엘서 예언의 결론부에 관한 또 다른 관찰은 그것이 구약성경의 상투적인 우주 붕괴 언어라는 사실을 우리에게 가르쳐준다. 요엘서의 묘사는 이사야 13:10-13; 24:1-6, 19-23; 34:4; 에스겔 32:6-8; 요엘 2:10, 30-31; 3:15-16; 하박국 3:6-11(암 8:8-9; 렘 4:23-28; 시 68:7-8도 마찬가지) 같은 유사한 텍스트 무리에 속해 있다. 이 동일한 구약 텍스트들은 요한계시록 6:12-14의 극적인 묘사에 영향을 준 묵시문학 텍스트의 일부를 이루는 마태복음 24:29과 마가복음 13:24-25의 묘사에도 영향을 주었다.[27] 이 모든 텍스트는 적어도 요엘 2장과 사도행전 2장에서 발견되는 네 가지 요소, 즉 땅(산도 포함)의 흔들림, 달과 별과 해와 하늘의 어두워짐 또는 흔들림, 피의 쏟아짐을 포함한다.

이 텍스트의 언어는 우주의 파멸을 묘사한다. 특징적이게도 이 언어는 범죄한 나라가 하나님의 심판을 통해 역사적인 종말을 맞이할 것이며, 그후 승리를 거둔 나라의 새로운 통치가 시작될 것임을 비유적으로 표현하고 있다. 하나님은 한 나라를 사용해서 다른 나라를 전쟁 중에 패배시킴으로써 심판을 집행하신다. 심판의 어조가 강하기는 하지만, 때때로 신실한 남은 자의 구원이나 정화를 가능하게 하는 긍정적인 측면도 발견된다(특히

---

27) 모세의 유언 10:3-6과 에스라4서 5:4-8(참조. 7:39-40)도 동일한 구약 전승에 속한다.

이스라엘이 심판의 대상인 경우). 이런 비유적 언어는 예언자들이 역사의 종말에 관한 문자적 개념을 가지고 있었기 때문에 생겨났다. 구약 시대에 예언자들은 이 개념을 은유적인 차원에서 다양한 시대나 왕국의 종말에 적용했다.[28]

마태복음 24:29과 마가복음 13:24-25이 동일한 구약 텍스트를 인용한다는 사실도 이스라엘의 종말을 비유적인 차원에서 암시한다. 왜냐하면 구약성경의 표현들도 동일한 비유적인 종말을 보여주기 때문이다(사 2:19-21; 5:25; 렘 4:23-28; 암 8:7-10). 일찍이 바벨론이 이스라엘을 멸망시킨 것처럼, 로마도 같은 일을 행할 것이다.[29] 예를 들어 예레미야 4:23-28은 바벨론에 의한 이스라엘의 파멸이 "혼돈하고 공허"하게 될 땅이나 "빛이 없어 어두워질" 하늘 또는 "진동하는 산들"과 비교된다고 묘사한다. 이스라엘이 패배를 겪는 날은 "흐리고 캄캄한 날"이 될 것이다(겔 34:12). 왜냐하면 하나

---

28) 예를 들어 바벨론(사 13:10-13), 에돔(사 34:4), 이집트(겔 32:6-8), 이스라엘의 적대 국가들(합 3:6-11), 이스라엘 자신(욜 2:10, 30-31; 참조. 시빌의 신탁 3:75-90) 등을 주목하라. 구약에서 비유적인 차원에서 우주적인 파멸의 언어를 가지는 다른 사례는 다음과 같다: 대적에 대한 다윗의 승리를 비유적으로 표현하는 삼하 22:8-16(=시 18:7-15); 인간의 죽음을 언급하는 전 12:1-2; 사 2:19-21; 5:25, 30; 겔 30:3-4, 18; 암 8:7-10; 렘 4:23-28; 미 1:4-6. 동일한 언어가 문자적으로 이해될 수 있는 텍스트도 있다: 사 24:1-6, 19-23; 51:6; 64:1; 시 102:25-26; 겔 38:19-20; 학 2:6-7. 또한 이런 언어는 시내 산의 과거의 신현 사건을 묘사하기도 한다(출 19:18; 신 4:11; 시 68: 7-8; 77:18). 흥미롭게도 *Midrash Psalms* 104:25은 "성경에서 '지진'이라는 단어가 나타날 때마다, 이 단어는 어떤 왕국[의 멸망]과 또 다른 왕국[의 발흥] 사이에 있는 혼란 상황을 의미한다"라고 말한다.

29) 공관복음서의 이 두 텍스트는 주후 70년에 이스라엘에 임할 심판을 암시한다. 비록 두 텍스트가 그리스도의 재림 때 이루어질 역사의 종말을 가리킬 수도 있지만 말이다. 공관복음서의 텍스트에 대해서는 France 1971: 227-239을 보라. 그는 이 텍스트들을 주후 70년에 있을 일에 적용한다. 반면에 Carson 1995: 488-509은 그리스도의 재림 쪽을 선호한다. 비록 Carson은, 우주적인 파멸의 언어가 정치적 왕국의 종말을 가리키는 비유적 언어일 수도 있음을 인정하지만 말이다. 아마도 이 두 견해가 다 옳을 것이다: 주후 70년의 사건은 예표론적 관점에서 세계의 종말에 있을 사건들을 가리킨다. 여기서는 지면의 부족 때문에 이 난해한 문제에 대한 논의를 생략한다.

님이 "해를 대낮에 지게 하여 백주에 땅을 캄캄하게 하실" 것이기 때문이다(암 8:9; 참조. 렘 15:9). 이 텍스트들이 비유적인 성향을 현저하게 가지는 것은 사실이지만, 파멸될 사람들에 대한 문자적인 개념도 포함하는 듯하다. 이로써 우주의 빛은 이런 사람들에 대해 더 이상 비치지 않을 것이다(예를 들어 전 12:1-2을 보라). 지상 나라들의 이런 파괴적인 종말은 우주 전체의 종말에 대한 소우주 차원의 사례를 의미한다.

따라서 베드로는 요엘 2:30-31의 언어가 오순절 때 비유적인 차원에서 성취되기 시작했다고 이해한 것 같다. 비록 그 일부는 사도행전 2:2-3에 서술된 신현을 문자 그대로 묘사했을 수도 있지만 말이다. 만일 이런 유형의 언어에 대한 구약성경의 용례가 베드로에게 중요한 의미를 가진다면, 여기서 이 구절은 한 나라의 파멸과 또 다른 나라의 발흥을 의미하기도 한다. 물론 파멸을 앞두고 있는 나라는 이스라엘인데, 이번에는 이스라엘의 최후 종말이 이루어질 것이다. 로마 제국이 주후 70년에 예루살렘과 그곳의 성전을 파괴할 것이기 때문이다. 사도행전 2장에 묘사된 땅의 파멸에 관한 요엘의 언어 역시 성전 파괴에 관한 비유적인 묘사로서 적절하다. 왜냐하면 앞서 살핀 바와 같이 성전 자체와 성전을 구성하는 부분들은 우주를 상징하기 때문이다.[30] 이미 우리는 하늘의 별들이 수놓아진 성전 휘장이 찢어졌을 때 그것이 옛 창조의 파괴가 시작되었음을 상징했다는 것을 살핀 바 있다. 사도행전 2장은 옛 성전의 파괴에 대한 비슷한 상징적 묘사를 이어가고자 했으며, 신자들을 하늘로부터 내려오는 새 성전의 일부로 묘사했던 것 같다. 왜냐하면 이 신자들은 부활하신 그리스도와 동일시되기 때문이다. 만일 그들이 새 성전의 일부를 구성한다면 동시에 그들은 새 창조의 일부를 구성하기도 한다. 왜냐하면 제2장의 구약성경 분석에서 입증된 것처럼 이 두 개념은 동일하기 때문이다.

---

30) Fletcher-Louis 1997: 156-164은 막 13:24-25, 31과 사실상 동일한 언어에 대해 동일한 결론을 내린다.

그러나 이스라엘과 성전의 파괴는 그리스도의 죽음과 부활 및 오순절 때 이미 이루어진 심판의 외적인 표현에 불과했다. 이스라엘이 예수를 배척한 일은 국가로서의 그들의 파멸을 확증한다(마 23:29-38에 상세히 설명된 것처럼). 요엘 2:30-31의 그림이 이스라엘의 마지막 파멸에 대한 비유적 표현으로서 강조하는 바는, 완전히 똑같은 언어가 요엘 2:10b에서 구약의 시대에 임박한 이스라엘의 파멸을 선명하게 나타내는 데 사용되었다는 점이다("해와 달이 캄캄하며"; 참조. 욜 2:1-5, 10a, c에 있는 완전한 우주적 대화재의 이미지). 요엘서의 언어가 사도행전 2장에서 상징적인 차원에서 사용된다고 말하기보다는, 그것이 이스라엘과 성전이 대표하는 옛 세계의 참된 파멸—영적인 영역에서 시작된—을 암시한다고 보는 편이 나을 것이다. 달리 말해서 예수(예. 마 23:29-39)와 오순절의 때에 불신앙에 빠진 이스라엘과 성전이 영적인 정죄를 받아 심판을 받았고, 한 세대 후에는 성전 파괴가 초기의 영적 심판의 표현으로 이루어졌다는 이야기다. 요엘 2장의 완전한 성취는 성전이 상징하는 물리적인 우주 전체가 파멸될 때 이루어질 것이다.

요엘 2:10에서 발견되는 것과 동일한 표현이 요엘 3:15a("해와 달이 캄캄하며")에서 다시 나타나는데, 이 텍스트는 요엘 2:30-31이 언급하는 것과 동일한 현실을 가리킨다. 이 부분에서 주의 나타나심은 "성산 시온"과 "여호와의 성전"[31]으로부터 비롯된다(욜 3:16-18). 요엘 3장은 이미 요엘 2장이 우주 파멸 계시의 근원에 대해 두 차례에 걸쳐 암시한 것을 분명하게 밝히고 있다. 왜냐하면 요엘 3장에서 이 근원은 "내 성산 시온"과 관련해서 언급되기 때문이다(참조. 2:1-11; 2:31-32도 마찬가지). 여기서 우리는 다시 요엘 2:30-31과 관련된 신현 계시가 하늘 성전으로부터 비롯됨을 암시하는 또 다른 증거를 발견하는데, 이 증거는 사도행전 2장의 신현도 하늘 성소로부터 비롯됨을 추가로 암시한다.

---

31) 타르굼은 이것(=욜 3:16-18)을 "여호와의 성소"로 읽는다.

또한 요엘 2:30-32은 신현 계시로부터 생겨나는 심판과 복을 언급한다. 이미 살핀 바와 같이 우주 파멸의 언어는 심판이 임할 것임을 의미하며, 신실한 남은 자들이 그 심판을 면할 것임을 종종 언급하기도 한다. 요엘 2:32은 이렇게 말한다. "누구든지 여호와의 이름을 부르는 자는 구원을 얻으리니…피할 자가 있을 것임이요 남은 자 중에 나 여호와의 부름을 받을 자가 있을 것임이니라." 앞서 살핀 바와 같이 사도행전 2장에서 어떤 사람들은 그리스도를 향해 믿음으로 응답함으로써 "구원을 얻는다." 이 신실한 남은 자들이야말로 하나님의 새로운 백성의 시작이요, 참 이스라엘의 연속이요, 새로운 영적 성전의 첫 공동체 형태라 할 수 있다. 다른 한편으로 (앞서 살핀 바처럼) 복의 표지인 "방언" 현상은 심판의 전조가 되기도 한다. 요엘서의 우주적 대화재 언어와 마찬가지로 말이다. 방언이 갖는 심판의 의미는 이사야 28:9-13이 분명하게 밝히는 것처럼, 통역되지 않은 방언이 심판의 표지라고 주장하는 고린도전서 14:21-25에서 분명하게 드러난다. 이사야서 텍스트에 따르면 이스라엘에서 다른(foreigners, 앗수르 사람들의) "방언"이 들린다는 것은 이스라엘을 폐허로 만들기 위한 이방인들의 침략을 통해 이 나라에 임할 심판이 시작될 것임을 암시한다.[32] 동일한 심판의 표지가 오순절 방언에서도 분명하게 드러난다. 이번에 이 방언은 이스라엘과 성전의 완전 파멸을 암시하지만 말이다. 이스라엘이 들은 소리는 그들의 땅을 파괴하려고 준비하는 앗수르 병사들의 것이 아니라 새 성전의 건축이 시작되었다고 주장하는 갈릴리 사람들(행 2:7)의 것이다.

새 성전의 머릿돌이신 그리스도

사도행전 4:11은 사도행전 전체에서 가장 직접적인 방식으로 그리스도

---

32) Robertson 1975-76: 43-53과 Grudem 1982: 194-199은 고전 14:20-25에서 "방언"이 이사야서 텍스트의 배경으로 인해 부분적으로 심판을 암시한다고 본다.

를 새 성전의 시작과 동일시한다. 그리스도는 "너희 건축자들의 버린 돌로서 집 모퉁이의 머릿돌이 되었느니라." 앞서 마태복음 21:42과 마가복음 12:10에 관한 논의에서 주목한 바처럼 이런 구절은 시편 118편을 암시하며, 이 시편 텍스트의 본래적인 맥락과 공관복음의 맥락에서 그것은 성전의 머릿돌을 가리킨다. 이제 그리스도는 참된 성전의 머릿돌이시다. 사도행전 4:10은 그리스도의 죽음을 "버림받은 돌"이신 그분의 모습과 동일시하며, 부활을 "머릿돌"이신 그분의 모습과 동일시한다. 바로 몇 절 앞에서 누가는 창세기 22:18을 인용함으로써 예수의 부활을 "조상들"에게 약속된 "복"의 초기 성취와 동일시한 바 있다. 하나님이 "아브라함에게 이르시기를 땅 위의 모든 족속이 너의 씨로 말미암아 복을 받으리라 하셨으니"(행 3:25-26, 창 22:18을 인용함). 앞서 우리는 창세기 전체에서 아담과 족장들에게 주어진 약속이 성전 건축과 결합됨을 살핀 적이 있다. 그중에서도 창세기 22장은 주요한 사례다. 이런 결합 형태가 그리스도와 관련해서 다시 발견된다는 것은 당연하다. 왜냐하면 그분은 이처럼 반복된 약속의 참된 성취의 시작이기 때문이다.

새롭게 만들어진 성전이신 그리스도: 스데반의 증거

성전에 관한 또 다른 중요한 언급은 사도행전 6:13-14에서 발견된다. 이 텍스트에 의하면 유대인들은 스데반을 "산헤드린" 법정으로 끌고 가며, 증인들은 그가 "이 거룩한 곳…을 거슬러 말했다"라고 증거한다. 그러면서 증인들은 "그의 말에 이 나사렛 예수가 이곳을 헐고 또 모세가 우리에게 전하여 준 규례를 고치겠다 함을 우리가 들었노라"라고 말한다.

옛 성전과 대조되는 새 성전으로서의 그리스도에 대한 스데반의 변호

스데반은 하나님이 아브라함에게 나타나신 것에 호소함으로써 자신의 변호를 시작하는데, 여기에는 창세기 12:7a이 포함되어 있다. 하나님은 "이 땅을 아직 자식도 없는 그와 그의 후손에게 소유로 주신다고 약속"하셨다 (행 7:5; 창 17:8도 보라). 이것은 아담에게 주어진 사명으로, 창세기 12:1-3에서 아브라함에게 반복되었다. 또한 창세기 12:7은 아담에게 주어진 약속형 사명과 연결해서 족장들이 최초로 소규모 성소를 만든 일을 보고한다! 창세기 12:7b은 이렇게 마무리된다. "자기에게 나타나신 여호와께 그[아브라함]가 그 곳에서 제단을 쌓고." 이로써 아브라함에게 주어진 약속은 마침내 그의 후손이 성소 건축 활동을 확장해나가리라는 내용으로 이어진다.

그렇다면 아브라함에 관한 도입부의 논의(행 7:1-7)는 이스라엘의 성전 배척에 관한 결론부의 내용(행 7:48-50)과 어떻게 연결되는 것일까? 이와 관련해서는 사도행전 7장에 관한 킬갈렌(John Kilgallen)의 연구가 도움을 줄 것이다. 왜냐하면 킬갈렌은 스데반이 아브라함에게 주어진 하나님의 약속이 본질적으로 성전에 관한 것임을 믿었기에 그를 언급했다고 주장하기 때문이다! 이 학자는 성막과 관련해서 스데반이 아브라함에게 보이는 관심이 사도행전 7:7에 언급된 두 가지 목표, 곧 출애굽의 목표와 아브라함의 후손에게 땅을 주겠다는 하나님의 약속의 목표에 분명하게 드러난다는 점을 주목한다. 아브라함의 후손이 "[애굽으로부터] 나와서 이곳에서 나를 섬기리라." 참으로 "성전에서의 하나님 예배는 아브라함(과 그를 통해 생겨난 이스라엘 민족)이 왜 부름 받았는지를 설명해주는 최종적인 이유다. 요컨대 이 예배는 이스라엘 민족 자신의 근본적인 존재 목적이면서 본질이었다"(Kilgallen 1976: 94). 따라서 스데반의 설교에 나타나는 아브라함의 역할은 "이스라엘이 자신의 국가적인 목표를 성취할 장소인 성전이야말로 이런 본질과 목표에 반함"을 입증하는 데 있었다(1976: 94). 이 성전에 있는 우상숭배와 불순종 때문에 말이다.

아브라함 이야기 이후로 스데반은 요셉과 모세를 배척한 이스라엘의 행동을 요약, 정리한다. 이스라엘은 이집트에서 종살이하는 동안 하나님을 거역했을 뿐만 아니라, 광야 체류 기간에도 우상숭배의 경향을 보였다.

성막 건축과 약속의 땅 진입 덕분에 다윗은 이스라엘 안에 하나님의 항구적인 처소를 만들려는 소원을 가지게 되었다. 이런 소원은 솔로몬의 성전 건축에서 열매 맺기에 이르렀다. 따라서 "솔로몬이 그를 위하여 집을 지었느니라"(행 7:47)라는 진술은 스데반의 역사적 내레이션의 결론이요 정점이라 할 수 있다.

하나님을 위한 솔로몬의 성전 건축이라는 정점에 이르러 스데반은 "그러나 지극히 높으신 이는 손으로 지은 곳에 계시지 아니하시나니"라고 말하면서, 이를 뒷받침하는 텍스트로 이사야 66:1-2을 인용한다. "하늘은 나의 보좌요 땅은 나의 발등상이니 너희가 나를 위하여 무슨 집을 짓겠으며 나의 안식할 처소가 어디냐 이 모든 것이 다 내 손으로 지은 것이 아니냐." 이런 이사야서 텍스트의 인용은 스데반이 솔로몬의 성전 건축을 하나님의 약속—다윗의 아들이 하나님께 성전을 건축해서 바치리라는(삼하 7:12-13, 26에 선포된)—의 충분한 성취로 믿지 않았음을 암시한다.[33] 물론 이것은 솔로몬이 "네 몸에서 날" 다윗의 "씨를 세워 그의 나라를 견고하게 하리라"라는 하나님의 약속(삼하 7:12)의 궁극적인 성취가 아니라고 보는 사도행전 2:29-33의 분명한 가정의 당연한 결과다.

그리스도는 다윗에게 주어진 이 약속이 장기간에 걸쳐 성취된 결과로서 오셨다. 사도행전 13:22-36은 사도행전 2장의 이런 확증을 반복한다(참조. 행 13:23, "하나님이 약속하신 대로 이 사람[다윗]의 후손에서 이스라엘을 위하여 구주를 세우셨으니 곧 예수라"). 동일한 개념이 누가복음 1:32-33(부분적으로 삼하 7:12-16을 암시함)에 의해 예견된 바 있다.[34] 마찬가지로 그리스도는 스가랴 6:12-13을 성취하신 분이기도 하다. 이 텍스트는 메시아에 해당하는 "싹

---

33) 이는 Bruce 1954: 158을 따랐다.
34) Bruce 1954: 158-159의 비슷한 결론을 보라. 반면에 Witherington 1998: 273은 스데반이 행 7장에서 예수 또는 교회를 새 성전으로 본다고 생각하지 않는다. 그러면서 Witherington은 자신이 동의하는 Marshall의 견해를 인용한다. 그러나 Marshall은 곧 출간될 책(2006년경)에서 Bruce의 견해와 일치하는 입장을 보인다.

이…여호와의 전을 건축할 것이요" 그가 "그의 보좌에 앉아서 다스릴 것이요 또 제사장이 될 것"이라고 말한다.[35]

사도행전 7:46-52의 목적은 "모세를 배척함으로써 이스라엘 백성의 예배가 신성모독의 성격을 갖게 되었고[7:20-43], 마찬가지로 그리스도를 배척함으로써 그들의 성전 예배는 신성모독의 성격을 갖게 되었다"라는 결론을 내리는 데 있다(Kilgallen 1976: 94). 그러나 여기에는 그 이상의 것이 있다. 이 구절에서는 옛 성전의 자리에 세워진 새 성전에 대한 희망도 발견할 수 있다.

참된 성전이신 그리스도를 변호하기 위해 이사야 66장에 호소하는 스데반

이사야 66:1-2을 인용하는 스데반의 생각을 더 잘 이해하기 위해서는 이사야서의 보다 폭넓은 맥락에 대한 연구가 필요하다.[36] 이사야 63:15은 지금 하나님의 참된 성전이 오직 하늘에만 있다는 개념을 강조한다. "하늘에서 굽어 살피시며 주의 거룩하고 영화로운 처소(하늘에 있는 성전을 가리킴)에서 보옵소서"(Koehler and Baumgartner 1994: 263). 지성소는 비가시적인 하늘 성전과 하나님의 보좌(=사 66:1a)를 표상했으며, 이런 하늘의 차원이 지상 세계로 확장된 실제적인 장소이기도 했다. 이사야서의 언어에 비추어 볼 때 이곳은 정확하게 언약궤를 가리키는 하나님의 "발등상"을 뜻했다.[37] 이사야 64:1-2(특히 63:15에 비추어볼 때)은 하나님의 하늘 성전이 아래로 내려와 지상 세계 전역에 퍼져나가기를 원하는 희망을 표현한다. "원하건대 주는 하늘을 가르고 강림하시고 주 앞에서 산들이 진동하기를[참조. 출

---

35) 마찬가지로 *Tg. Isaiah* 53:5은 고난 받는 종이 "우리의 죄로 인해 오염된 성소를 건축할 것"이라고 말한다.

36) 이 단락과 다음 단락에 나오는 설명은 사 66:1과 단 2장에 대한 초기의 논의(각각 179-185쪽과 193-205쪽을 보라)를 요약하고 재적용했다.

37) 추가로 Haran 1978: 255-257을 보라. "발등상"에 대한 동일한 용례는 대상 28:2; 시 99:5; 132:7; 애 2:1 등에서도 발견된다.

성전 신학

19:18]…주의 원수들이 주의 이름을 알게 하시며 이방 나라들로 주 앞에서 떨게 하옵소서." 이것은 시내 산 계시와 첫 번째 출애굽 때의 성막과 유사하게 하나님의 임재가 새롭게 지상 세계에 내려와서 마침내 첫 번째 출애굽의 때에 본래부터 계획되었던 그분의 의도를 성취하기 바라는 마음을 잘 표현하고 있다(Kissane 1943: 299). 본래적인 하나님의 의도는 자신의 영화로운 임재가 성막(과 모세)에 한정되지 않고 그분의 참된 백성 모두에게 확장되도록 하는 데 있었다(앞서 논의한 민 11:24-30을 참조).

앞서 우리는 오순절이 하늘 성전이 지상으로 내려오는 시내 산 계시와 같은 신현 사건임을 살핀 바 있다. 이로써 이사야가 예언한 마지막 날의 시내 산 현현은 오순절 때 성취되기 시작했다. 이사야 66:18-21은 이런 계시의 보편적인 목표에 대해 언급하는 듯하다. 이 텍스트에 의하면 하나님은 이방인들을 새롭게 확장된 성전에서 봉사할 "제사장"과 "레위인"으로 만드실 것이다(예. Young 1996: 535). 마찬가지로 이사야 56:3-8에도 외국인들이 성전에서 제사장이 되리라는 유사한 예언이 나온다.

따라서 이사야 63-66장(사 40-66장 중에서도)의 미래 지향적이고 구속사적인 "새로운 출애굽"의 맥락은 이사야 66:1이 현존하는 우주 전체를 하나님이 거주하시는 그분의 성전으로 칭하고 있을 뿐만 아니라(Levenson 1984: 296에게는 실례지만), 그분이 창조하시고 그 안에 영원토록 거하실 미래의 새로운 우주와 성전—현존하는 하늘 성전의 확장 형태가 될—이 있으리라는 것을 의미하는 텍스트임을 확실하게 가르쳐준다.

사도행전 7장의 스데반의 설교는 이런 사상의 흐름을 추가로 뒷받침한다. 공교롭게도 스데반은 자신을 향한 비난에 대한 답변의 정점으로서 이사야 66:1을 인용한다(행 7:49). 그들의 비난에 의하면, 스데반은 "예수가 이곳을 헐고 또 모세가 우리에게 전하여 준 규례를 고치겠다"라고 말함으로써 "이 거룩한 곳과 율법을 거슬러" 말했다(행 6:13-14). 그들의 이런 비난 자체는 마가복음 14:58의 예수를 향한 비난을 암시한다. "우리가 그의 말을 들으니 손으로 지은 이 성전을 내가 헐고 손으로 짓지 아니한 다른 성전을 사흘 동안에 지으리라 하더라." 따라서 스데반의 설명은 예수의 지상 사역과 특히 그의 부활을 통해 시작된 종말론적인 성전 건축을 포함할 수 밖에 없다(요 2:19-22도 그러함).[38]

스데반은 돌에 맞아 죽기 직전에 새로운 하늘 성전을 어렴풋이 인식했다. "스데반이⋯하늘을 우러러 주목하여 하나님의 영광⋯을 보고 말하되 보라 하늘이 열리고 인자가 하나님 우편에 서신 것을 보노라 한대"(행 7:55-56). 이사야 63장에 관한 앞의 논의에 비추어볼 때, 아마도 이사야 64:1에 있는 이런 예언자의 탄원은 스데반에게서 이루어졌을 것이다. "원컨대 주는 하늘을 여시고"(70인경이 이렇게 번역함). 여기서 말하는 하늘이 이사야서에서는 하늘 성전을 가리킨다는 것을 우리는 앞서 살핀 바 있다. 성경의 다른 곳에서는 "하늘이 열렸다"라는 표현이 하나님의 "영광"에 대한 언급과 함께 항상 하늘 성전의 환상을 소개하는 역할을 한다.[39]

여기서는 이사야 57장과 66장에 대한 앞서의 논의가 어느 정도 의미 있을 수 있다(181-184쪽을 보라). 우리는 이사야 66:1-2이 57:15을 발전시킨

---

38) 이 사건들은 이스라엘에게 주어진 회복의 약속이 시작되었음을 강조한다고 이해되었다. 그런데 이 약속의 성취는 소수의 남은 자들이 바벨론으로부터 돌아옴으로써 다만 소규모로 시작되었을 뿐이다. 여기 대해서는 N. T. Wright(예. 1992b)와 Watts(1997)의 저술을 보라.

39) 예를 들어 계 15:5, 8이 그렇다. "또 이 일 후에 내가 보니 하늘에 증거 장막의 성전이 열리며⋯하나님의 영광과 능력으로 말미암아 성전에 연기가 가득 차매⋯." 계 11:19(참조. 11:13)과 겔 1:1(1:2-28, 특히 28절과 비교)도 마찬가지다. 거의 비슷한 계 4:1도 보라(4:3, 11과 비교). 요 1:51도 보라. 앞서 살핀 바에 의하면, 이 텍스트는 성전과 밀접하게 관련된다(그리스도가 "거하시고" 그의 "영광"이 눈에 보였다고 말하는 요 1:14와 비교). 마 3:16("하늘이 열리고 하나님의 성령이 비둘기 같이 내려 자기 위에 임함을 보시더니")과 아주 가까운 평행 구절인 레위의 유언 18:6-7도 보라: "하늘이 열리면서 영광의 성전으로부터 거룩함이 그에게 임할 것이요⋯." 레위의 유언 2:6-10도 레위가 3층 하늘에 들어서기 직전에 "그리고 보라, 하늘이 열렸다"라고 말했다고 묘사한다. 여기서 말하는 3층 하늘은 하늘 성전을 가리키는 듯하다. 왜냐하면 마지막 층에서 레위가 "주의 곁에 서" 있고 "그의 제사장"이었기 때문이다. Dumbrell 1985: 68도 스데반이 하늘 성전에 계신 그리스도를 보았다고 이해한다.

것 같다는 점을 살핀 바 있다.

이사야 57:15	이사야 66:1-2
"[15a]지극히 존귀하며 영원히 거하시며 거룩하다 이름하는 이가 이와 같이 말씀하시되 내가 높고 거룩한 곳에 있으며 [15b]또한 통회하고 마음이 겸손한 자와 함께 있나니 이는 겸손한 자의 영을 소생시키며 통회하는 자의 마음을 소생시키려 함이라."	"[1]여호와께서 이와 같이 말씀하시되 하늘은 나의 보좌요 땅은 나의 발판이니 너희가 나를 위하여 무슨 집을 지으랴 내가 안식할 처소가 어디랴 [2]나 여호와가 말하노라 내 손이 이 모든 것을 지었으므로 그들이 생겼느니라 무릇 마음이 가난하고 심령에 통회하며 내 말을 듣고 떠는 자 그 사람은 내가 돌보려니와."

사도행전 7:48("그러나 지극히 높으신 이는 손으로 지은 곳에 계시지 아니하시나니 선지자가 말한 바")이 이사야 57장을 암시하지는 않는다 하더라도,[40] 이사야 57장은 스데반의 이사야 66장 인용(행 7:49-50에서)으로 옮겨가는 것을 강조하는 듯하다. 이사야 57장은 스데반의 이사야 66:1-2 인용이 어떻게 "하늘이 열리는" 환상과 관련되는지를 설명해주는 중요한 의미를 갖는다. 이것은 성전에 관한 종말론적인 예언(56:3-8을 발전시킴)에 속한다. 확실히 하나님은 자신의 하늘 성소로부터 나와서 겸손한 성도들을 포함할 수 있도록 성소를 확장시킬 것이다. 이사야 66:1-2은 막연하게 신학적이거나 플라톤적인 진술도 아니고 구속사와 관련된 것도 아니다. 도리어 이 텍스트는 이사야 57:15을 발전시키고 있다. 때가 되면 하나님이 자신의 하늘 성전을 지상으로 내려오게 하실 것이요, "마음이 가난하고 심령에 통회하

---

40) Richard 1978: 133은 행 7:48이 사 57:15을 암시한다고 주장한다.

는"자들을 포함시키실 것이다.[41]

이사야 66:2은 이사야 66:1의 질문에 대해 부정적인 답변이 준비될 수밖에 없는 두 가지 이유를 제시한다. (1) 피조 세계의 어떤 부분도 하나님을 제대로 담지 못한다. 특히 죄로 오염된 피조물은 그렇게 하지 못한다(사 66:21). (2) 이사야 57장에 비추어볼 때, 하나님은 오직 새 창조 안에만 거하실 수 있다. 자신의 하늘 성전을 새 창조로 확장시키고 "마음이 가난하고 심령에 통회하는" 다수의 사람들을 "살아 있게 하는" 동시에 그들로 하여금 새 창조에 참여하게 하심으로써 그것을 확장시키는 방식을 통해서 말이다(66:2b). 스데반은 "마음이 가난하고 심령에 통회하는" 자가 됨으로써 마지막 날에 있을 하나님의 성막 임재—이사야 57장과 66장에 표현된—를 심중에서 경험하기 시작한다. 아마도 스데반과 누가는 이사야 66:2의 마지막 부분을 인용하지 않을 것이다. 왜냐하면 사도행전 7:54-60에 있는 그의 경험이 그것의 성취이기 때문이다!

이렇게 사도행전 7장뿐만 아니라 사도행전 2장과 4장도 이사야서 후반부 장들을 배경으로 할 때 더 잘 이해된다. 레벤슨은 이사야 65:17-19에 묘사된 새 창조와 예루살렘이 새 성전에 상응함을 보여준 바 있다(33, 189쪽을 보라). 레벤슨의 결론은 이사야 66:21-23에 의해 추가로 증명된다. 이 텍스트에 의하면, "새 하늘과 새 땅"의 도래(22절)는 하나님이 이방인들을 "택하여" "제사장과 레위인"을 삼으시는(21절) 이유로 주어진다. 달리 말해서 이방인들이 제사장직에 포함되는 이유는 참된 예배의 장소와 성전이 이제는 지리적인 측면에서 볼 때 사람이 만든 성전, 곧 시간의 제약을 받는 옛 예루살렘에 국한되지 않고 도리어 새롭고 영원한 땅 전체에 있을 것이기 때문이다. 물론 여기서 말하는 새 땅은 "모든 혈육이 내 앞에 나아와" 영원

---

41) Wiens 1995: 80의 거의 동일한 판단을 보라. 사 66:2의 "돌보심"이 하늘 성전에서 비롯되는 하나님의 복과 관련된다는 개념을 포함하는 추가적 분석으로는 사 66:1-2에 관한 앞의 논의를 보라(Bruce 1990: 212-123을 발전시킴).

히 "예배할" 곳을 가리킨다(23절, 이 구절은 요 4:20-24의 요점에 해당함).

　사도행전 2장에 묘사된 성령의 민주화 현상(democratization) 배후에는 이사야 57:5이나 66:1-24 같은 텍스트가 놓여 있다. 사도행전 2장은 오순절 때 성령을 받은 사람들이 당시에 알려진 세계의 여러 민족 집단을 대표한다는 점을 기억한다. 요엘 2장의 성취로서 맨 처음 성령 세례를 받은 자들은 팔레스타인 유대인과 디아스포라 유대인과 이방인 개종자였지만, 나중에 은사를 주는 성령의 사역은 사마리아인(행 8:14-17)과 다른 이방인 (행 10:44-48; 19:1-7)을 포함했다. 요엘 2:28-32의 텍스트에 나오는 대명사 ("너희")가 구체적으로 보여주는 것처럼, 이 텍스트가 이스라엘 모든 사람에게 성령을 부어주시리라는 예언임을 인식하는 것은 중요하다. 왜냐하면 이 대명사는 요엘 2:18-27에서 이스라엘을 칭하는 데 사용된 것과 동일한 대명사를 가리키기 때문이다. 오순절을 요엘 2:28-32의 성취로 본 베드로의 설교에 기초해서 볼 때, 이것은 인종적인 유대인 그리스도인뿐만이 아니라 이방인 그리스도인까지도 마지막 날에 이스라엘이 성령으로 충만케 되리라는 예언 성취의 시작임을 암시한다. 이들이 함께 마지막 때의 이스라엘과 동일시되는 이유는 그들이 예수 그리스도—참 이스라엘로서 요엘 2:32이 예언하는 남은 자의 대표이신—와 동일시됨과 동시에 예수 그리스도를 대표하기도 하기 때문이다. 요컨대 그리스도는 요엘의 예언을 최초로 성취한 자요, "성령 충만한" 첫 번째 이스라엘 사람의 대표자였다. 왜냐하면 그는 최초로 마지막 때의 성령을 받았고 그 성령을 자신의 제자들에게 전했기 때문이다(행 2:33; 마 3:16과 평행 텍스트들도 마찬가지).

마지막 때의 영원한 하나님의 성전이 "손으로 만든 것"일 수 없다는 스데반의 주장

스데반의 이사야 66:1 인용은 적절하기도 하다. 왜냐하면 이 구약 텍스트 자체는 열왕기상 8:27을 암시한다고 보이기 때문이다. 열왕기상 8:27에 의하면, 성전 봉헌식 때 솔로몬은 "하늘과 하늘들의 하늘이라도 주를 용납하지 못하겠거든 하물며 내가 건축한 이 성전이오리이까"라고 선포한다. 이 구절은 솔로몬의 성전 건축에 대해 말하는 사도행전 7:47-48로부터 이사야 66:1을 인용하는 사도행전 7:49-50으로 옮겨가는 부분의 연결고리 역할을 했을 것이다. 성전이 처음 시작된 때부터 하나님이 지상의 성전 안에 사실 수도 있고 그렇지 않을 수도 있다는 문제가 미해결의 역설로 존재했다. 스데반의 이야기는 이런 역설이 해결되었다고 설명한다. 솔로몬 성전은 하나님의 지상 체류가 "손으로 만든" 집에 한정되지 않는 때를 의미할 뿐임을 인식함으로써 말이다. 이스라엘의 물리적인 성전은 "손으로 만들었기에"(행 7:44-47) 결코 하나님의 항구적인 거주지가 될 수 없었다. 이사야 66:1을 인용하는 스데반의 중심 생각은 하나님 자신의 손이 우상숭배로 오염된 첫 번째 우주를 창조하신 것처럼(행 7:44-47을 7:50과 대조를 이루는 7:41-43과 비교), 그분이 사람의 손으로가 아니라 자신의 손으로 친히 새롭고 영원한 피조 세계와 예루살렘을 창조하시리라는 것을 보여주는 데 있었다(사 65:17-19과 66:22도 마찬가지). 바로 이런 이유로 솔로몬 성전조차도 다윗의 아들이 하나님을 위해 성전을 건축하리라는 약속의 궁극적인 성취는 아니다. 왜냐하면 솔로몬 성전은 "손으로 만든" 것이기 때문이다.

이사야 66:3-6은 이사야(와 스데반)의 중심 생각이 사람이 만든 성전의 부적절함이라는 것을 더욱 분명하게 밝힌다. 그 이유는 두 가지인데, 하나는 하나님의 초월성이고, 다른 하나는 본질적으로 죄와 관련된 인간이다. 우상숭배에 빠진 옛 세계와 다가올 하나님의 새로운 세계와 성전 사이의 불연속성은 "마음이 가난하고 심령에 통회하는" 자들(66:2)과의 대조에 의해 강조된다. 그들은 우상과 함께 거하기를 좋아하는 자들과 함께 미래의 성전에 거할 것이다(66:3-5). 이 우상숭배자들은 믿음을 고백하면서도 하나님의 참된 백성을 미워하기에 하늘 성전에서 내려오신 그분의 심판을 받을 것이다(66:5-6). 모든 우상숭배는 새 창조가 밀려들기 전에 제거되어야 한다. 사도행전 7:51-52은 이사야 66:4-5을 반향하는 듯하다. 스데반은 회개하지 않는 유대인들을 "마음과 귀에 할례를 받지 못한 사람들"로, "항상 성령을 거스르는" 자들로 부른다. 그들은 자기 조상처럼 하나님의 참된 예언자(특히 예수)를 "박해했다." 마찬가지로 이사야는 이스라엘 백성을 "하나님이 부르실" 때 "듣지 않고"[42] 언약을 향한 충성심을 고백하면서도 그분의 참된 백성을 "미워하고 쫓아내는" 자들로 칭한다. 만일 스데반의 설교가 이사야 66:4-5을 반향한다면, 스데반을 대적하는 유대인들도 이사야 66:3의 우상숭배자들과 동일시될 수 있다. 이런 점은 스데반이 이전의 이스라엘을 우상숭배자로 묘사하면서(행 7:42-43), 현 세대를 그들의 범죄한 조상들과 동일시한 것(7:52)과 잘 들어맞는다.

스데반이 사용하는 용어는 신약성경의 나머지 부분, 즉 "손으로 만든"이라는 표현이 옛 창조를 가리키고 "손으로 만들지 않은"이라는 표현이 새 창조─특히 새 창조의 시작인 부활의 상태─를 가리키는 부분과 일치한다. 이것을 가장 분명하게 표현하는 텍스트는 마가복음 14:58이다. 스데반의 설교 내러티브는 이 말씀에 기초해서 시작된다(행 6:14). 그 말씀은 나중에 마가복음에 이렇게 기록되기에 이른다. "손으로 지은 이 성전을 내가 헐고 손으로 짓지 아니한 다른 성전을 사흘 동안에 지으리라"(막 14:58). 마찬가지로 히브리서 9:11은 부활하신 그리스도가 "손으로 짓지 아니한 것 곧 이 창조에 속하지 아니한…장막(새 창조에 속한 장막)" 안으로 들어가셨다고 말한다. 사실상 히브리서 9:24은 동일한 어조로 다음과 같이 주장한다. "그리스도께서는 참 것의 그림자인 손으로 만든 성소에 들어가지 아니하시고." 사도행전 17장에서 바울은 "손으로 지은 전에 거하는" 우상들(17:24)과 "죽은 자 가운데서 다시 살아나신" 그리스도(17:31) 사이의 궁극적인 대조를 인용한다. 그리스도와 일체가 된 신자도 새 창조의 상태 안에서 존재

---

42) 놀랍게도 타르굼은 히브리어 텍스트 "내가 불러도 대답하는 자가 없으며 내가 말하여도 그들이 듣지 않고"를 "내가 예언자들을 보냈을 때 그들은 회개하지 않았으며 예언자들이 예언했을 때 주의를 기울이지 않았다"로 번역한다. 이런 번역은 행 7:51-52과 놀랍도록 유사하며, 둘 다 반역으로 가득한 이스라엘의 역사를 잘 요약한다.

하기 시작한다. "하나님께서 지으신 집 곧 손으로 지은 것이 아니요 하늘에 있는 영원한 집이 우리에게 있는 줄 아느니라"(고후 5:1).

신약성경에서 이런 용어를 사용한 유일한 다른 사례는 에베소서와 골로새서에서 발견된다. 이 두 텍스트는 [부활하신] 그리스도 예수 안에서 창조된 하나님의 작품과는 대조적으로 불신앙에 빠진 유대인들을 "손으로 육체에 행한 할례"를 받은 자들로 칭한다(엡 2:10-11; 참조. 2:5-6, 15). 이와는 달리 신자들은 다음과 같이 소개된다. "너희가 손으로 하지 아니한 할례를 받았으니…그리스도의 할례니라 너희가 세례로 그리스도와 함께 장사되고…믿음으로 말미암아 그 안에서 함께 일으키심을 받았느니라"(골 2:11-12).[43] 양자 사이의 이런 차이는 다니엘서가 말하는 "손대지 아니한 돌"(단 2:34, 45)과 옛 창조, 곧 "사람의 손으로 지은 옛 성전"에 속한 사람들과 하나님의 강력한 임재를 통해 "새롭게 다시 창조된" 자들을 대비시키는 「바나바의 편지」 16장에 의해 추가로 확증된다(다니엘서와 *Barnabas*에 대해서는 아래 설명을 보라).[44]

스데반의 설교 후반부는 지상의 성전에 거하실 수도 있고 그렇지 않을 수도 있는 하나님의 역설적인 실존을 받아들이지 못하는 자들을 비판한다. 이런 사람들은 하나님의 지상 체류가 예루살렘 성전에 한정된다고 믿었다. 사실 이처럼 일면적인 시각은 우상숭배와 같았다. "손으로 만든"(행 7:48)이라는 단어는 그리스어역 구약성경에서 항상 우상을 가리키며, 신약성경에서도 예외 없이 부정적인 의미로만 사용된다.[45] 사실 사도행전에서

---

43) 이런 설명은 Ellis 1994: 201에서 영감 받았다. 마찬가지로 두 종류의 상이한 현실이나 질서를 가리키는 표현(특히 막 14장에 묘사되는 성전의 경우), 곧 "손으로 만든" 것과 "손으로 만들지 않은" 것 사이의 차이에 대해서는 Juel 1977: 154-155를 보라.

44) *Midrash Psalms* 90:19은 "사람의 손으로 만들어진 성전은 파괴되었지만…때가 되면 내[하나님]가 친히 그것을 만들고, 결코 다시는 파괴되지 않을 것이다"라고 말한다.

45) *cheiropoiētos*("손으로 만든")는 그리스어역 구약에서 14회 나오며, 항상 우상을 가리킨다! 신약에서 행 7:48 밖에서는 이 단어가 다섯 번 나온다. 그중 한 번(행 17:24)은 이방 신전과 관련해서 나오고, 세 번(막 14:58; 히 9:11, 24)은 금방 사라지는 예루살렘 성

이 단어의 유일한 다른 사례는 우상숭배에 해당하는 이교 신전을 가리킨다. "하나님은 천지의 주재시니 손으로 지은 전에 계시지 아니하시고"(행 17:24).[46] 더 나아가서 사도행전 19:26은 "사람의 손으로 만든 것들은 신이 아니라고 하는" 바울의 말을 인용하면서 비슷한 표현을 사용한다. 바울의 이 말은 작은 "신상 모형들"(naous)에 대한 정죄를 포함한다(행 19:24). 스데반이 불과 몇 절 앞에서(행 7:41) 금송아지 우상을 "자기 손으로 만든 것"이라고 칭한 것은, 48절에서 그가 우상숭배를 염두에 두었으리라는 추측을 가능케 한다(Kilgallen 1976: 90).

구약 용례에서 "손으로 만든"이라는 표현과 마찬가지로 스데반의 용례도 우상숭배적인 것을 비하하려는 의도를 가진다.[47] 제사장들까지도 이방 민족의 우상으로 솔로몬 성전을 "더럽혔다"는 사실(대하 36:14)을 기억한다면 이것은 중요한 의미를 갖는다. 이런 개념은 이사야 66:1을 성전 안에 우상을 세운 므낫세 왕의 행동에 대한 이사야의 반응으로 이해한 유대교 전승에 의해 강화된다.[48] 사람이 만든 구조물이 본질적으로 하나님의 항구적인 처소가 될 수 없다는 사실에 더해서 이 구조물이 "손으로 만든" 우

전을 가리키며, 나머지 한 번(엡 2:11)은 참된 할례가 아닌 육체에 행한 할례를 가리킨다. 그리스어역 구약에서 "사람의 손으로 만든 작품"이라는 표현은 예외 없이 우상을 가리킨다(Moule 1950: 34를 따랐음). "손으로 만든 작품"이라는 히브리어 표현(ma'āseh + yād)은 약 54회 나오는데, 그중 거의 절반은 우상과 관련된 작품을 가리킨다: 신 4:28; 27:15; 31:29; 왕하 19:18; 22:17; 대하 32:19; 34:25; 시 115:4; 135:15; 사 2:8; 17:8; 37:19; 렘 1:16; 10:3; 25:6-7, 14; 32:30; 호 14:3; 미 5:13; 계 9:20; 참조. 사 44:9-10.

46) Kilgallen 1976: 93은 행 17:24ff.이 "7장의 배경을 제공하는 가장 근접한 사상 영역일지도 모른다"고 주장한다.

47) Walker 1996: 10, 66-67을 보라. 나는 사 66:1과 관련된 왕상 8:27의 의미에 대한 그의 논의 대부분을 그대로 따랐다.

48) Thornton 1974: 432-434은 사 66:1에 대한 후기 아람어 미드라쉬를 이런 취지로 인용한다. 이 미드라쉬 텍스트도 이런 예언을 선포한 것 때문에 이사야가 죽었다고 말한다. Thornton은 만일 미드라쉬 전통이 주후 1세기에도 존재했다면, 그것은 성막에서 성전으로 옮겨가는 과정을 설명하는 행 7:44-50의 내용과 예언자들에 대한 박해를 설명하는 52절의 내용에 도움을 주었으리라고 생각한다.

상으로 더러워졌을 경우에 그분은 이 안에 거하지 못할 뿐만 아니라, 우상은 마침내 파괴되지 않으면 안 된다(예. 왕하 22:17; 사 2:5-22; 렘 25:6-14; 미 5:13).[49]

앞서 우리는 다니엘 2장의 돌산과 예언된 종말론적인 성전이 둘 다 똑같이 사람의 손으로 만든 것이 아니라는 점에서 서로 관련됨을 발견한 바 있다. 또한 이미 살펴본 바와 같이 신약성경은 반복해서 마지막 때의 새 성전을 "손으로 만들지 않은" 것으로 칭한다(행 7:48에 더해 막 14:58; 고후 5:1; 히 9:11, 24을 보라). 이와 가장 근접하게 상응하는 구약성경의 이미지는 다니엘서가 언급하는 "손대지 아니한 돌"이다(단 2:34, 45). 그리스도가 자신을 참된 성전, 곧 다니엘서가 말하는 돌과 동일시하신 것이 놀라운 일이 아님을 우리는 이미 살펴본 바 있다(눅 20:17-18=마 21:42). 따라서 바울은 "우주와 그 가운데 있는 만물을 지으신 하나님께서는 천지의 주재시니 손으로 지은 전에 계시지 아니하시고"(행 17:24)라고 단언한다. 바울은 그리스도와 그의 백성이 "손으로 만든" 이스라엘의 우상숭배용 성전을 대신하기 시작

---

49) Sylva(1987)는 행 7:45-46이 성전을 매도하거나 성전이 그리스도에 의해 대체되어야 함을 말한다기보다, 다만 "성전에 대한 하나님의 초월성"을 확증할 뿐이라고 주장한다. 다른 한편으로 나는 행 7:45-46이 이 세 가지 모두를 염두에 두었다고 주장한다. 이런 내 주장과 Sylva의 주장 사이의 중요한 불일치점은 다음과 같다. (1) Sylva는 행 7:49-50의 왕상 8:27(=대하 6:18b) 사용을 이해하되, 그곳의 사 66:1-2 인용문을 이해하려는 어떤 시도도 거부한다. (2) 그는 행 6:14의 막 14:58 사용이 그리스도의 부활에 대한 마가복음 텍스트의 암묵적인 언급을 전혀 다루지 않는다고 믿는다(이 점은 받아들이기 어렵다. 왜냐하면 특히 막 14:62; 16:19이 그리스도의 부활을 언급하기 때문이다[마 16:64; 눅 22:69도 참조]). (3) "손으로 만든" 것과 "손으로 만들지 않은" 것의 대립 관계가 가진 신약의 역사적-구속사적 함축. (4) 행 7:45-46과 행 15:16-18; 17:24-25 사이의 유기적 상관관계. 여기 대해서는 아래 설명을 보라. 다른 한편으로 Simon 1951: 127-142은 다른 쪽으로 너무 멀리 간 나머지 스데반이 성전의 존재 자체가 하나님의 명에 따른 것이 아니요, 솔로몬 성전의 건축 초기부터 그것이 우상숭배 성향을 가지고 있었음을 주장했다고 믿는다. Marshall(근간, 2006년경)은 Sylva의 견해가 가능함을 인정하면서도, 그것이 스데반을 향한 비난—그리스도가 성전을 파괴할 것이라는(행 6:14)—에 대해 타당한 답변이 된다고 보지는 않는다. Marshall은 옛 성전을 대신할 새 성전이 지어지리라는 주장이야말로 더 훌륭한 답변이라고 본다.

했을 때를 기점으로 구속사를 나눈 후에 그렇게 말했다. 하나님과 그의 백성을 나누는, 사람이 만든 구조물은 이제 더 이상 존재할 수 없다. 왜냐하면 하나님은 이런 구조물의 제약을 받지 않은 채로 완전하게 거하시기 때문이다. 바로 이런 이유로 어떤 인간도 종말론적이고 영원한 거주 공간에 관한 하나님의 질문("너희가 나를 위하여 무슨 집을 지으랴", 사 66:1)에 긍정적으로 답하지 못한다.

기독교의 초기 증거 이전에 이미 "손대지 아니한" 다니엘의 돌(단 2:34, 45)은 제의적인 의미를 충분히 가지고 있었을 것이다. 왜냐하면 "손대지 아니한 돌들"에 대한 유일한 다른 언급이 출애굽기와 신명기와 여호수아서 등에 나오기 때문이다. 이 텍스트들에 의하면 이스라엘은 "쇠 연장으로 다듬지 아니한 새 돌[문자적으로는 '완전한 돌']로 제단"을 만들어야 했으며, "무리가 여호와께 번제물과 화목제물을 그 위에 드렸다"(출 20:25의 성취인 수 8:31).[50] 마찬가지로 열왕기상 6:7은 솔로몬 성전이 "건축할 때에 돌을 그 뜨는 곳에서 다듬고 가져다가 건축하였으므로 건축하는 동안에 성전 속에서는 방망이나 도끼나 모든 철 연장 소리가 들리지 아니하였으며"라고 말한다. 이처럼 솔로몬 성전이 건축되는 동안에 인간의 연장이 침묵했다고 보는 설명은 사람의 손을 완전히 배제한 채로 만들어질 궁극적인 성전을 교묘하게 가리키는 듯하다.

또한 다니엘서의 돌은 그것이 부서뜨린 신상과 정반대되는 성물을 표상한다. 그 돌은 "순금과 은과 놋과 쇠와 진흙" 등으로 만들어졌을 뿐 아니라(단 2:31-45) 불경건한 나라들을 상징하기도 하는 신상을 부서뜨린다. 이 네 가지 원소가 함께 언급되는 유일한 다른 사례는 다니엘 5:4, 23에서 발견된다. 이 텍스트에서 네 요소는 바벨론의 우상을 가리킨다! 바로 앞 단락과 제5장에서 우리는 "손대지 아니한" 돌이 새 성전의 초기 형태라고 주

---

50) 신 27:6과 출애굽기 및 다니엘서 등은 모두 어근이 같은 형태인 *temnō* + *lithos*를 사용한다.

장한 바 있다. 만일 이런 동일시가 옳다면, 다니엘 2장은 세상 나라의 불순한 우상숭배를 대신할 더럽혀지지 않은 하나님의 성전을 가리킨다.

흥미롭게도 유대교 저술(주후 80년경)인 시빌의 신탁은 유사한 개념을 분명하게 언급한다. 아마도 이런 개념은 가까운 과거인 주후 70년에 있었던 예루살렘 성전의 파괴를 묵상한 결과로 생겨났을 것이다. "사람의 손으로 만들지 않은 위대하신 하나님은…성전으로 세워진 집과 돌을 가지고 계시지 않으며…지상에서는 볼 수 없고 사람의 눈으로 측량할 수 없는 집을 가지고 계신다. 왜냐하면 그것은 사람의 손으로 만든 것이 아니기 때문이다"(시빌의 신탁 4:6-11). 따라서 하나님의 참된 백성은 "자기들이 보는 모든 성전을 거부할 것이다. 무익하게도 말을 못하는 돌들로 기초를 세운 제단도 마찬가지다"(시빌의 신탁 4:27-28). 마찬가지로 필론도 피조된 구조물이 하나님의 임재를 수용하지 못함을 분명하게 밝히고 있다. "어떤 집이 하나님을 위해 준비되려는 것일까?…그것은 돌로 만들어질까, 아니면 나무로 만들어질까"(Cherub. 100). 이교도조차도 이런 진리를 인식하고 있는 듯하다. "장인이 만든 어떤 집이 그 바깥벽 안에 신적인 형태를 수용할 수 있겠는가?"(Euripides, Fragment 968).[51]

지금까지 진행된 단락의 요점을 요약하면, 하나님의 의도는 어느 날엔가 창조 세계의 모든 부분을 자신의 임재로 가득 채우는 것이다. 왜냐하면 그분은 창조주이시기 때문이다. 하나님의 거룩한 임재는 사람이 만든 옛 창조의 구조물 안에서는 충분히 거하지 못한다. 첫째 이유는 그분의 초월성이요, 둘째 이유는 죄로 오염된 세계다. 이런 이유로 그분의 특별한 계시적인 임재는 제한된 방식으로나마 사람이 만든 구조물 안에 머물 수밖에 없었다. 그러나 하나님이 세상을 완전히 구속하시고 재창조하실 때(롬 8:18-25), 그분은 창조 세계 전체를 자신의 임재로 가득 채우시고, 이전보

---

51) 이 인용문을 위해서는 Bruce 1954: 357을 보라. 이 글의 번역본을 쉽게 접하려면 Charlesworth 1983: 827을 보라.

성전 신학

다 훨씬 더 완전한 방식으로 그곳에 거하실 것이다.[52]

앞서 논의한 바와 같이 우리는 하나님이 우주를 창조 사역 이후 안식을 취하셨던 자신의 거대한 성전으로 창조하셨다고 가정할 수 있다. 그럼에도 그분의 유일한 계시적인 영광이 온 땅을 가득 채운 것은 아니었다. 왜냐하면 하나님의 의도는 성소 안에 둔 자신의 인간 대리인이 그분의 임재의 제의적인 경계선을 온 세상으로 확장하는 것이었기 때문이다. 물론 아담은 이 명령에 불순종했고, 그 결과 인간은 에덴에서 누렸던 하나님의 임재를 더 이상 누릴 수 없었다. 그뿐 아니라 온 세상은, 새롭게 창조되었으나 여전히 불완전한 상태에 머물러 있던 과거보다 훨씬 더 심한 방식으로 죄와 우상숭배로 오염되기에 이르렀다. 성전의 경계선과 하나님 임재의 빛을 온 세상으로 확장시키지 못한 이스라엘의 실패(참조. 사 42:6; 49:6)는 본래 하나님이 의도하신 성전의 목표를 성취하지 못한 실패와 같다. 그리고 그들의 불순종은 우상숭배에 빠진 그들의 배역 행위와 밀접하게 관련되어 있었다. 따라서 아담과 이스라엘의 실패에 비추어볼 때 하나님이 지상 구조물에 거하실 수 없다는 진술은, 우상숭배로 오염되었을 뿐만 아니라 그분의 정화 작업과 재창조를 요청하기도 하는 옛 창조와 옛 성전에 관한 언급을 포함하는 듯하다. 이런 정화 작업은 이전에는 하늘과 지성소에 국한되었던 하나님의 영화로운 임재를, 그분이 만드신 성전을 매개로 하여 창조 세계 전체에 보편적으로 머물 수 있게 하는 길을 예비할 것이다.[53]

---

52) 이교도들도 이런 진리를 부분적으로 인식했다: "우주는 지극히 거룩한 신전이요, 신에게 가장 어울리는 공간이다"(Plutarch, *Ethical Essays* 477:C); "세계 전체는 신들의 신전이요, 참으로 그들의 위엄과 존귀에 어울리는 유일한 공간이다"(Seneca, *On Benefits* 7.7.3). Cicero, *On the Nature of the Gods* 3:26도 참조.

53) 이런 시각은 Michel, '*naos*', *TDNT* 4:886과 크게 다르지 않다. *TDNT*는 손으로 만든 성전이 종말론적인 성전일 수 없다고 보는 Schlatter의 견해를 인용하고 따른다(특히 막 14:58; 행 7:48; 계 21:22에 비추어볼 때).

스데반의 설교에 나타난 이사야 66장의 해석을 확증하는 초기 기독교의 증거

「바나바의 편지」도 "손으로 만든 것"이라는 개념과 관련해서 이사야 66:1을 인용하며, 스데반의 입장을 따르는 해석을 한층 분명하게 드러낸다.

> 나는 너희에게 성전에 관해서도 말하고자 한다. 또한 이 가엾은 인간들이 어떻게 타락했는지, 그리고 자기를 창조하신 하나님께 희망을 두지 않고서, 성전 건물 자체가 마치 그분의 집인 듯 거기에 희망을 두는지 말하고자 한다. 왜냐하면 그들은 이교도와 마찬가지로 성전을 매개로 해서 그분을 성별했기 때문이다. 그러나 주께서는 그것을 멸하시면서 무슨 말씀을 하셨을까? 그것을 배우도록 하라. "누가 손바닥으로 바닷물을 헤아렸으며 뼘으로 하늘을 쟀으랴[사 40:12] 하늘은 나의 보좌요 땅은 나의 발판이니 너희가 나를 위해 무슨 집을 지으랴 내가 안식할 처소가 어디랴"[사 66:1]. 이제 너희는 그들의 희망이 헛되었음을 알고 있다. 그뿐 아니라 주는 다시 이렇게 말씀하신다. "보라, 이 성전을 무너뜨린 자들이 그것을 스스로 세울 것이다." 지금 이 일이 이루어지고 있다(*Barnabas* 16:1-3).

이 편지의 저자는 이사야 66장의 암시, 곧 이스라엘의 옛 성전이 우상숭배의 자리로 바뀌었기에 제거되어야 한다는 암시를 분명하게 한다. 심지어 저자는 "너희가 이 성전을 헐라 내가 사흘 동안에 일으키리라"(예를 들어 요 2:19)라는 예수의 말씀을 부연 설명하면서, 이 말씀을 주후 70년에 예루살렘 성전을 파괴한 후 그리스도 안에서 교회를 재건할 이방인들의 행동과 관련시킨다. 이런 생각은 이 편지의 다음 단락과 곧바로 연결되는 듯하다.

> 그러나 하나님의 성전이 실제로 있는지를 알아보도록 하자. 그는 자신이 하나님의 성전을 짓고 있으며 완성할 것이라고 친히 말씀하신다!…이런 이유로 나는 성전이 실제로 존재함을 깨달았다. 그렇다면 어떻게 그 성전이 주님의

이름으로 건축될 것인가? 배우라! 우리가 하나님을 믿기 전에 우리 마음의 처소는 부패하고 연약했다. 우리 마음은 참으로 사람의 손으로 지은 성전과 마찬가지였다. 왜냐하면 그것은 우상숭배로 가득했으며, 귀신의 본고장이었기 때문이다. 우리는 하나님의 뜻에 반하는 일을 행했다. "그러나 그것은 주님의 이름으로 지어질 것이다."…그것이 어떻게 가능할까? 배우라! 우리는 죄를 용서받고 우리 희망을 그의 이름에 둠으로써, 처음부터 새롭게 다시 창조되기에 이르렀다. 그리하여 이제는 하나님이 참으로 우리 처소, 곧 우리 안에 거하신다. 어떻게? 성전 문에서 죽음에게 묶여 있던 우리에게 열린 믿음의 말씀…그는 부패하지 않는 성전 안으로 우리를 인도하신다(*Barnabas* 16:6-9).

이 텍스트는 이스라엘의 성전이 우상숭배의 장소가 되어 파괴될 운명에 처해 있다고 말한 후, 참으로 하나님의 백성이 아닌 자들은 "사람의 손으로 만든"(아마도) 이스라엘이나 이교도들의 "신전"과 마찬가지로 우상숭배의 성향을 가진다고 주장한다. 왜냐하면 그들은 믿음이 없는 자들이요, 불순종하는 자들이요, "부패하고 연약한" 옛 창조에 속한 자들이기 때문이다. 그런 사람들은 주님을 믿음으로써, 그리고 "죄 용서를 받음으로써" 하나님이 지으신 새 성전의 구성원이 될 수 있다. 그런 다음 그들은 "다시 창조되어" 하나님의 "부패하지 않는 성전"의 구성원이 될 것이다.

「바나바의 편지」 텍스트는 사도행전 7:48-51의 확대된 해석인 것 같다. 저자가 사도행전 6:14의 "성전 파괴"에 대해 언급하기 때문이다(*Barnabas* 16:2-3). 「바나바의 편지」는 하나님의 초월성이 인간 구조물 거주를 허용하지 않는다는 개념을 그렇게 많이는 반영하지 않는다. 도리어 이 저술은 옛 성전이 우상숭배의 성향 때문에 하나님의 거주 공간으로 적절치 않다는 스데반의 주장에 초점을 맞추고 있다. 이 저술이 사도행전 7장을 직접적으로 반영하지는 않는다 할지라도 사도행전 7장의 개념, 특히 성전의 우상숭배 성향 때문에 그것의 계속적인 타당성이 부정되는 부분과는 놀랍도록 유사하다. 「바나바의 편지」는 이스라엘 성전을 포기해야 한다는 점을 보여주기 위해 이사야 66장을 인용하기도 한다. 왜냐하면 그곳은 "손으로 만들어졌을" 뿐 아니라 우상숭배의 장소가 되었고 사람들이 하나님께 불순종했기에, 그 성전 대신에 그리스도와 그의 백성이 새로운 성전을 이루게 되었기 때문이다.

하나님의 임재를 위한 항구적인 성전이 "손으로 만든" 것일 수 없다는 바울의 주장

앞서 우리는 바울의 아테네 설교에 대해 간략하게 언급했다. 그런데 이 설교는 더 상세히 설명할 필요가 있다. 사도행전 17:24-25은 현 세대의 사람들이 물리적인 성전 구조물을 만들고 그곳에서 하나님을 발견하고자 하는 방식으로는 창세기의 사명을 성취하지 못한다고 설명한다. "우주와 그 가운데 있는 만물을 지으신 하나님께서는 천지의 주재시니 손으로 지은 전에 계시지 아니하시고 또 무엇이 부족한 것처럼 사람의 손으로 섬김을 받으시는 것이 아니니 이는 만민에게 생명과 호흡과 만물을 친히 주시는 이심이라."

사람이 만든 성전은 하나님의 임재를 항구적으로 수용하는 데 적절하지 않을 뿐만 아니라(24절), 이런 구조물은 그분이 "사람의 손으로 섬김을 받으실" 필요가 있는 것처럼 암시한다. 그러나 이런 일은 불가능하다. 왜냐하면 하나님은 스스로 만족하시는 만물의 창조자이시기 때문이다(25절). 그뿐 아니라 사람들은 하나님의 임재가 "금이나 은이나 돌에다 사람의 기술과 고안으로 새긴" 우상들(29절) 배후에서 발견될 수 있다고 크게 잘 못 생각하는 경향을 가진다. 왜냐하면 인간은 하나님의 아들들(즉, "하나님의 소생")이 되도록 창조되었기 때문이다. 자녀들이 부모의 이미지를 반영하는 것처럼, 하나님의 자녀들도 그분을 반영해야 한다. 인간은 스스로 만든 우상의 현세적인 성격을 반영함으로써가 아니라 "하나님의 성품"(참조. 창 1:27)의 영화로운 속성을 반영함으로써 그렇게 할 수 있다. 바울의 논리는 간단하다. "부전자전(父傳子傳)이라는 말이 맞다면, 살아 있는 인간 존재

308　　　　성전 신학

를 창조하신 하나님의 본질을 무생물로 만들어진 형상과 같다고 가정하는 것은 비논리적이다"(Larkin 1995: 259).

사도행전 17:26-31은 인간이 타락 이후의 세상[54]에서 성전 건축(비록 이 텍스트는 부정적으로 평가되는 이교도의 신전 건축을 염두에 두고 있기는 하지만[24절])과 관련해서 자신에게 주어진 아담의 사명을 어떻게 성취해야 하는지를 적절하게 요약한다.

> 인류의 모든 족속을 한 혈통으로 만드사 온 땅에 살게 하시고 그들의 연대를 정하시며 거주의 경계를 한정하셨으니 이는 사람으로 혹 하나님을 더듬어 찾아 발견하게 하려 하심이로되 그는 우리 각 사람에게서 멀리 계시지 아니하도다…알지 못하던 시대에는 하나님이 간과하셨거니와 이제는 어디든지 사람에게 다 명하사 회개하라 하셨으니 이는 정하신 사람으로 하여금 천하를 공의로 심판할 날을 작정하시고 이에 그를 죽은 자 가운데서 다시 살리신 것으로 모든 사람에게 믿을 만한 증거를 주셨음이니라

바울은 하나님이 인류로 하여금 널리 퍼지도록 하심으로써(아마도 바벨탑 사건 이후로)[55] "그들이 하나님을 찾게" 하셨다고 말한다. 또한 그리스도의 초림 이후로 그들이 회개하는 중에 부활하신 그리스도를 신뢰함으로써 그를 "찾아 발견"할 수 있을 것이라고도 말한다. 만일에 그들이 이렇게 한다면, 하나님은 그들을 심판하지 않으실 것이다.

만일 "모든 지역의 모든 사람이 회개한다면" 아담의 사명은 마침내 성

---

54) Larkin 1995: 257은 행 17:26이 "하나님의 계획…다양한 문화를 위해…땅의 표면을 덮도록…"(창 1:28; 9:1, 7; 10:5, 20, 31-32 등을 인용함)을 암시한다고 본다.

55) Witherington 1998: 527은 행 17:26의 후반부가 바벨탑 사건과 신 32:8("지극히 높으신 자가 민족들에게 기업을 주실 때에, 인종을 나누실 때에 이스라엘 자손의 수효대로 백성들의 경계를 정하셨도다")을 반향한다고 이해한다. 팔레스타인 타르굼(Etheridge 1968)의 신 32:8은 바벨탑 사건을 분명히 언급한다.

취될 것이다. 이 텍스트의 배후에 창세기 1:28의 사명이 있다는 점은, 사도행전 17:25이 창세기 1:29과 2:7을 암시한다는 사실을 주목함으로써 확증된다(그리스어역 구약을 보라). "나[하나님]는 너희에게 씨 맺는 채소를 주었다"(창 1:29). 하나님은 "그의 얼굴에 생명의 호흡을 내뿜으셨다"(창 2:7).[56] 이 두 창세기 텍스트는 창세기 1:28을 상세히 설명한다고 볼 수 있다.

"우리가 그의 소생이라"(행 17:28)라는 구절은 그리스 시인 아라투스(Aratus, *Phenomena* 5)의 글을 인용했다. 그런데 놀라운 것은 아라투스의 글 전후 문맥이 아담의 사명의 목표, 곧 하나님의 임재로 우주 전체를 가득 채우는 목표와 매우 유사하다는 사실이다. "모든 길은 제우스와 사람들의 모든 집회소로 가득 차 있으며, 바다와 항구는 제우스로 가득 차 있다. 사방에서 우리 모두는 제우스와 관련된다."[57] 바울은 거짓된 신에 관한 이교도들의 확신을 빌려와서, 그것이 진짜로 묘사하고 있는 참된 하나님과 그분이 우주 전체에 대해 본래부터 가지고 계시던 의도에 그것을 적용하는 것 같다.[58] 이렇게 성경 기록자들은 자주 이런 방식으로 "이집트인들을 약탈"한다.[59]

이런 관점에서 본다면 사도행전 17장이 창세기의 사명 언급과 성전 주

---

56) 행 17:25의 언급은 창 9:3을 포함하는 듯하다. 이 텍스트에 의하면 노아에게 주어진 아담의 사명에 대한 재진술(창 9:1-7)은 "모든 산 동물은 너희에게 주노라"라는 표현을 포함하고, 그 사명을 성취하는 수단으로 언급되며(9:3), 도입부(9:1)와 결론(9:7)에서 "생육하고 번성하여 땅에 충만하라"라는 동일한 표현을 사용한다! Larkin 1995: 257은 창 1:29; 2:7과 9:3을 평행 텍스트로 인용한다. Witherington 1998: 526도 행 17:26이 창 1:27-28과 2:7을 언급한다고 본다.

57) Loeb 대신에 Bruce의 번역(1954: 360)을 인용했다.

58) Aratus의 인용문은 제우스의 편재성을 가리킨다. 하지만 행 17장의 전후 문맥에 있는 창 1장 언급에 비추어볼 때, 당연히 바울도 제우스에 관한 보편적인 묘사들을 온 땅에 자신의 영화로운 통치가 가득 차게 하려는 하나님의 궁극적인 의도에 맞추어 변형했을 것이다.

59) 이 표현은 그리스도인이 하나님의 자비로운 손길 아래 이루어지는 불신 세계의 노동력을 이용하는 경우를 가리키는 관용구가 되었다.

제들을 결합시킨다는 사실은 놀랍다. 우리는 이런 결합 형태를 자주 구약 성경과 복음서에서 발견할 수 있다. 이와 관련해서 또 한 가지 주목할 만한 지점은 이 텍스트가 이스라엘의 옛 성전과 종말론적인 성전을 이야기하는 텍스트들, 즉 사도행전 7:46-50 및 15:16-17과 독특한 방식으로 연결된다는 것이다.[60] 이처럼 사도행전 17장은 이 초기 텍스트들의 주제를 한층 발전시키는 것 같다. 지금까지 우리는 사도행전 15장을 직접 다룬 적이 없다. 하지만 다음 단락에서는 논의의 방향을 바꾸어 이 텍스트에 관심을 집중할 것이다.

새롭게 만들어진 성전이신 그리스도: 야고보의 증거

사도행전에서 새 성전을 가리킨다고 볼 수 있는 또 다른 증거는 사도행전 15:16-17의 아모스 9:11-12 인용문에서 발견된다. "이 후에 내가 돌아와서 다윗의 무너진 장막을 다시 지으며 또 그 허물어진 것을 다시 지어 일으키리니 이는 그 남은 사람들과 내 이름으로 일컬음을 받는 모든 이방인들로 주를 찾게 하려 함이라."[61] 아모스는 이스라엘이 포로로 사로잡혀간 후 하나님이 그들을 회복시키실 때 하실 일을 예언한 바 있다. 예루살렘의 재건은 희망에 지나지 않지만, 또한 이것은 이스라엘 성막이나 성전의 재건을 의미하기도 한다. 야고보의 아모스서 인용은 이방인이 "주 예수의 은혜로 구원받으며"(11절), 옛 율법이 아니라 "믿음으로 그들의 마음을 깨끗하게 하시는"(9절) 하나님에 의해 구원받는다는 베드로와 바울 및 바나바

---

60) Hemer 1990: 190은 하나님이 "손으로 지은 성전"에 거하신다는 생각을 비판하는 스데반의 설교(행 7:48)에 주목한다. 스데반의 이런 비판은 이교 신전에 대한 바울의 사실상 동일한 비판(행 17:24)에 영향을 주었다. 또한 "하나님[주]을 찾는" "사람들"과 "모든 이방인"의 결합 형태(70인경의 해당 텍스트도 마찬가지)는 행 15:17과 17:25-26에만 나온다.

61) 왜 사도행전이 여기서 히브리어 텍스트를 따르지 않고 70인경을 따르는지에 대한 논의는 아래를 보라. 물론 모든 해결책에는 문제가 따르지만 말이다.

등의 초기 증거를 뒷받침한다. 그뿐 아니라 "이방인 중에서 행하신 표적과 기사"(12절)는 하나님이 믿음 있는 유대인들에게와 같이 "그들에게도 성령을 주셨음"(8절)을 나타내는 증거였다. 이는 그들의 믿음도 그들을 "깨끗하게" 했기 때문이다(9절). 정결함과 부정함을 다루는 모세의 율법에 대한 순종이 더 이상 사람들을 "깨끗하게" 만들 수 없다는 사실은 베드로에게 환상 중에 알려졌으며(행 10:11-16), 로마 사람 고넬료와의 경험을 통해 입증되었다(행 10:17-48).

야고보는 베드로의 증거(15:7-11)가 "하나님이 처음으로 이방인 중에서 자기 이름을 위할 백성을 취하시려고"(15:14)에 대한 설명이라고 해석한다. 이방인들은 율법을 지키지 않고도 믿음으로 요엘이 예언한 성령을 받음으로써 "깨끗하게" 되며 마지막 때의 참된 이스라엘 백성이 될 수 있다(5, 10절). 이렇게 야고보는 율법 전체를 염두에 두는 듯하지만, 실제로는 정결함과 부정함에 관한 율법을 가장 크게 의식하고 있다. 야고보가 이방인들이 "우상의 더러운 것과 음행과 목매어 죽인 것과 피를 멀리하지 않으면" 안 된다고 말할 때(20절; 29절도 보라), 그것은 이방인들에게 모세의 음식 규례를 강요하는 것이 아니라 새로운 시대에 영적으로 "깨끗해지기" 위해서는 우상숭배를 멀리해야 한다고 말하는 것이다. 이방인들이 멀리해야 하는 네 가지는 한결같이 우상숭배와 관련되어 있다. 특히 첫째와 셋째와 넷째는 우상에게 바치는 동물 희생제사를 가리키고 있다("음행"은 성창 제도를 가리킬 수도 있고, 단순히 모든 그리스도인이 관여해서는 안 될 부도덕성만을 가리킬 수도 있음).

그렇다면 야고보의 아모스 9장 인용은 이방인들의 마음이 "믿음으로 깨끗해지는" 것이지, 부정함에 관한 구약의 율법에 순종함으로써 그렇게 되지 않는다는 이전 주장을 어떻게 뒷받침하는 것일까? 부정함에 관한 율법은 주로 어떤 사람이 이스라엘 진영 주변에 거주할 수 없을 정도로 깨끗하지 못한지, 또는 그가 하나님을 예배하기 위해 성막 바깥뜰로 들어올 수 있는지를 분별하려는 목적을 가졌다. 야고보의 인용문은 이방인들

성전 신학

이 이제는 부정함에 관한 모세의 율법—베드로가 "우리 조상과 우리도 능히 메지 못하던 멍에"(10절)로 표현하는—을 지키지 않고도 "성막" 안으로 들어와서 예배할 수 있을 만큼 깨끗한 자로 간주되었음을 분명하게 밝힌다. 왜냐하면 그리스도 안에서 "믿음으로 그들의 마음이 깨끗하게 되었기" 때문이다. 그리스도는 그들에게 있는 부정함의 죄가 가져다줄 형벌을 친히 담당하셨다. 그리스도를 통해 "죄 사함이 선포되며…또 모세의 율법으로 너희가 의롭다 하심을 얻지 못하던 모든 일에도 이 사람을 힘입어 믿는 자마다 의롭다 하심을 얻는 이것이라"(행 13:38-39). 따라서 신자들은 "그리스도와 함께 죽었고" 그 안에서 깨끗하게 되었기 때문에 "붙잡지도 말고 맛보지도 말고 만지지도 말라는 규례에…순종하는"(골 2:20-21) 것을 더 이상 걱정할 필요가 없다.

이스라엘의 무너진 성전의 재건으로 간주되는 그리스도의 부활

그리스도의 부활은 하나님이 "인류의 남은 자들로 하여금 주를 찾도록 하기 위하여…다윗의 무너진 장막을 일으키실" 것이라는 아모스 9:11-12 예언의 초기 성취로 대부분 여겨진다. 예수는 우주 전체에 있는 유대인 신자와 이방인 신자 모두가 예배드릴 수 있는 마지막 날의 우주적인 성막이다. 모든 사람이 부정함에 관한 모세의 율법에 의해서가 아니라 예수 안에서 "깨끗해졌기" 때문에 그들은 성전이신 그분 안에서 예배드릴 수 있는 깨끗한 자로 간주된다. 마찬가지로 이제는 육체에 행하는 할례도 참된 이스라엘의 구성원이 되거나 "사람의 손으로" 만들지 않은 성전(행 7:48)에 들어갈 자격으로 필요하지 않다. 왜냐하면 신자들은 "손으로 하지 아니한 할례를 받았고 그리스도의 할례[그의 죽음을 가리킴]를 통하여 육의 몸을 벗었기"(골 2:11) 때문이다.

그리스도의 부활이 하나님이 "다윗의 장막을 재건"하실 것이라는 예언의 성취라는 사실은 몇 가지 관찰을 통해 분명하게 드러난다. 사도행전의 다른 텍스트에 있는 누가의 "다윗" 언급은 항상 메시아의 도래, 특히 예수 안에서 성취된 부활에 관한 예언적인 기대와 연결되어 있다. 사도행전 13:22-23은 "하나님이 약속하신 대로" 다윗의 "후손에서 이스라엘을 위하여 구주를 세우셨으니 곧 예수"라고 말함으로써, 사무엘하 7:12-13의 약속이 솔로몬보다 더 궁극적인 성취를 이루었음을 보여준다. "내가…네 씨를 네 뒤에 세워…그의 나라 왕위를 영원히 견고하게 하리라." 또한 몇 절 후인 사도행전 13:34에서 다윗에게 주어진 "약속"의 성취는 예수의 부활에 초점을 맞춘다. "또 하나님께서 죽은 자 가운데서 그를 일으키사 다시 썩음을 당하지 않게 하실 것을 가르쳐 이르시되 내가 다윗의 거룩하고 미쁜 은사를 너희에게 주리라 하셨으며"(사 55:3의 예언을 인용함). 다윗의 시인 시편 16:10은 그리스도의 부활을 예견한 텍스트로 인용된다(행 2:27에서 베드로가 동일한 주장을 전개하면서 이미 인용했음). "주의 거룩한 자로 썩음을 당하지 않게 하시리라"(행 13:35). 마찬가지로 사도행전 2장의 다윗 언급은 그의 씨가 죽은 자들로부터 부활한 후에 다스리리라는 다윗의 예언을 예수가 성취하셨다고 말한다(행 2:24-36; 이와 관련해서 누가는 "다윗"을 세 번에 걸쳐 분명하게 언급함).[62]

따라서 앞에서 언급한 사도행전 텍스트에서 "다윗"의 이름은 주로 예언 성취로서의 예수의 부활과 관련된다. 마찬가지로 예수의 죽음을 둘러싼 사건들도 발견되지만 말이다. 사도행전 15장 바깥에서 다윗을 마지막으로 언급하는 텍스트는 7:45-47이다. 앞에서 간략하게 살폈던 이 텍스트에서 우리는 사도행전 13장과 15장의 관점에서 볼 때 추가되는 의미들을 이끌어낼 수 있다. 앞서 우리는 솔로몬의 성전 건축이 스데반의 설교에 나오는 구약 역사 개관의 정점임을 살핀 바 있다(행 7:47). 그러나 스데반은 솔로몬 성전을, 다윗의 "씨"가 "내 이름을 위하여 집을 건축"할 것이라

---

62) 다윗의 이름이 나오는 사도행전의 다른 두 텍스트는 1:16과 4:25-28이다. 이 두 텍스트는 각각 메시아의 무리 중 한 사람이 그를 배반할 것이요, 열방과 이스라엘의 언약 공동체가 똑같이 그를 반대하리라는 다윗의 예언을 언급한다.

는 하나님의 약속(삼하 7:12-13, 26)의 마지막 성취로 보지는 않는다. 사람이 만든 어떤 구조물도 종말론적인 성전 안에 나타나는 하나님의 임재를 포함하지 못한다(행 7:48). 이를 확증하기 위해 스데반은 이사야 66:1-2에 의존한다. 이 텍스트의 "너희가 나를 위하여 무슨 집을 지으랴"라는 수사학적인 질문에 대해서는 부정적인 답변이 주어질 수밖에 없다. 왜냐하면 죄인인 인간은 어느 누구도 영원한 새 창조 안에 나타나는 창조주의 임재를 제대로 수용할 수 있는 거처를 만들지 못하기 때문이다.

그리스도의 부활이 하나님이 다윗의 "몸에서 날 씨를…세워 그의 나라를 견고하게 하리라"(삼하 7:12)라는 약속의 장기적인 성취였던 것처럼, 성전을 건축할 이 후손에 관한 사무엘하 7장의 같은 구절 안에 있는 약속 또한 오랜 세월이 지난 후 그리스도의 부활을 통해 성취된 셈이다. 솔로몬의 성전과 나라가 예언의 완성일 수 없는 이유는 예언이 약속의 성취가 "영원히" 지속되리라고 말하고 있기 때문이요(삼하 7:13),[63] 그 성전이 인간의 개입 없이 하나님 자신에 의해 만들어질 것이기 때문이다(삼하 7:11b: "여호와가 너를 위하여 집을 짓고"). 다른 한편으로 솔로몬의 나라와 성전은 사람의 손으로 만들어졌기에 "영원히" 지속되지 못한다. 초기의 유대인들은 그러리라 믿었지만 말이다![64] 사무엘하 7:11-13은 출애굽기 15:17-18을 발전시키고 있다. 그런데 이 출애굽기 텍스트도 하나님의 "손으로 세우신" "성소"에 대해 예언하며 "여호와께서 영원무궁 하도록 다스리실" 것임을 예고하고 있다.[65] 성전이 사람의 손에 의해서가 아니라 하나님의 "손"에 의

---

63) 이미 나는 히브리어 단어 'ôlām이 길건 짧건 간에 한정된 기간을 가리킬 수 있음을 주목했다. 이 텍스트에서는 "영원한"으로 번역하는 편이 더 낫지만 말이다(147쪽을 보라).

64) 집회서 47:13; 토비트 1:4. 어떤 이들은 두 번째 성전도 영원히 지속되리라고 믿었다(집회서 49:12).

65) 삼상 2:35도 이 텍스트에 반향되어 있다: "내[하나님]가 나를 위하여 충실한 제사장을 일으키리니…내가 그를 위하여 견고한 집을 세우리니 그가 나의 기름 부음을 받은 자 앞에서 영구히 행하리라."

해 만들어지며 그분의 통치가 그곳에서 영원토록 계속되리라는 강조점을 다시 주목하라. 새로운 창조 세계에서는 사람의 도움 없이 이루어질 하나님의 성전 건축이 영원토록 지속될 것이다.[66] 사람이 세우는 것은 본래부터 한시적이다.

이전에 누가가 "다윗"을 그리스도의 부활과 관련시킨 것처럼, 하나님이 "다윗의 장막을 다시 지으시리라"라는 예언을 야고보가 인용한 것(행 15:16)도 그리스도의 부활을 가리킨다. 이 부활은 "인류의 남은 자들로 하여금 주를 찾도록 하는" 문을 열어주었다(행 15:17). 아모스서 인용문의 사용은 아마도 사도행전 13장의 직접적인 발전이라 할 수 있다. 이미 살핀 바와 같이 사도행전 13장은 "다윗"을 네 차례에 걸쳐서 언급한다. 특히 다윗의 예언이 예수의 부활에 의해 성취되었다는 견해를 가지고서 말이다. 그리스도의 부활과 승천 사건은 그의 하늘 통치가 시작되도록 했으며, 그의 유대인 제자와 이방인 제자를 포함하는 새 성전 건축도 가능하게 했다. "다윗의 장막을 다시 짓는다"라는 진술은 사도행전 7:49(와 사 66:1)의 "너희가 나를 위하여 무슨 집을 짓겠느냐"라는 질문에 대한 답변인 듯하다. 어떤 인간도 영원한 새 질서 안에 있는 하나님의 임재를 수용하기에 적절한 구조물을 지을 수 없으며 오직 하나님만이 그렇게 하실 수 있다. 하나님은 예수를 죽은 자 가운데서 일으키시고 새로운 우주를 출범하심으로써 이 일을 시작하셨다. 다시 우리는 사도행전 15:16에서 새 창조에 해당하는 예수의 부활을 "성전 건축"과 동일시하는 견해를 발견한다. 이런 동일시의 가장 타당한 근거는 구약 시대의 성막과 성전이 하나님이 완전히 거하실 수 있는 새로운 우주의 도래를 상징함을 기억하는 데 있다.

사도행전 15:16이 언급하는 "다윗의 장막"이 새로운 성전을 가리킴은,

---

66) 유대교는 하나님이 "자신의 두 손으로…성전을 건축[출 15:17]"하실 것이라고 말함으로써 이 점을 강조한다(*Mekilta de-Rabbi Ishmael, Tractate Shirata* 10.40-42). *Midrash Psalms* 90은 "사람의 손으로 만들어진 성전은 파괴되었다.…그러나 때가 되면 나 자신이 그것을 만들 것이요…그것은 결코 다시 파괴되지 않을 것이다"라고 말한다.

"장막"(*skēnē/skēnōma*)에 대한 사도행전의 유일한 다른 용례가 다음과 같은 세 가지 중 하나를 가리킨다는 사실에 의해 추가로 확인된다. (1) 이스라엘의 광야 성막(행 7:44). (2) 그 후에 더 항구적인 의미를 가진 것으로 만들어진 성전(행 7:46). (3) 우상숭배를 위한 성막(행 7:43). 특히 흥미로운 것은 사도행전 7:46에서 다윗이 "야곱의 집을 위하여 하나님의 처소[*skēnōma*]를 준비하게 해달라고 [하나님께] 청했다"라는 점이다. 그러나 다윗의 요청은 허락되지 않고 솔로몬에게 허락되었다. 그럼에도 솔로몬의 성전은 무너졌다. 궁극적으로 볼 때 하나님을 위해 항구적인 성전을 짓게 해달라는 다윗의 요청은 솔로몬에게 허락된 것이 아니라, 다윗의 가장 위대한 후손으로 항구적인 성전을 세운 예수에게 허락된 것이다.[67] 사도행전 7:46-50과 15:16 사이의 이런 유기적인 관계는 유사한 개념 논의에 의해서, 그리고 이 두 텍스트가 똑같이 "짓다"와 "장막"이라는 단어를 "다윗"의 이름과 함께 자주 사용한다는 사실에 의해 암시된다.[68] "*skēnē*"라는 단어도 그리스어역 구약성경에서 "성막"을 가리키는 전문용어다. 특히 이런 의미로 자주 쓰이는 오경에서 그렇다.[69]

마찬가지로 히브리서에서 사용되는 동일한 단어 "*skēnē*"는 이스라엘의 성막(히 8:5; 9:2-3, 6, 8, 21)을 가리키거나 그리스도와 관련된 새로운 하늘 성막을 가리킨다. 지상의 물리적인 성막은 다만 하늘 성막의 "모형과 그림

---

67) Cole 1950: 46-50을 보라. 예수도 하나님과 함께 성전 재건에 참여했다는 사실은 다른 텍스트들 중에서도 요 10:18에 의해 분명하게 드러난다. 이 텍스트에 의하면 예수는 자신의 부활에 대해 "나는 [내 생명을] 버릴 권세도 있고 다시 얻을 권세도 있으니 이 계명은 내 아버지에게서 받았노라 하시니라"라고 말씀하신다. 그러나 아버지도 예수를 죽은 자들 가운데서 일으키셨다.

68) *skēnōma*는 행 7장, *skēnē*는 행 15장에 나오지만, 70인경에서도 이 두 단어는 하나님의 성막을 칭하면서 동의어로 쓰인다(예. 왕상 1 [3] 2:28; 8:4). 또한 행 7:47-49에서 두 번 사용되는 *oikodomeō*와 15:16에서 두 번 사용되는 *anoikodomeō*도 주목하라.

69) 암 9장에서 "오두막"이나 "장막"으로 번역되는 히브리어 *sukkâ*는 하나님의 지상 장막(삼하 11:11)이나 하늘 장막(사 4:5-6; 7절과 비교되는 삼하 22:12도 마찬가지)을 가리킨다.

자"일 뿐이다(히 8:5; 9:11; 13:10; 또한 계 13:6도 보라). 히브리서 8:1-2은 사도행전 7장과 15장에 대한 우리 해석과 놀랍도록 유사한 방식으로 그리스도가 "하늘에서…보좌 우편에 앉으셨음"을 "주께서 세우신 것이지 사람이 세운 것이 아닌 참 장막"과 직접 연결시키고 있다! 이 히브리서 텍스트는 예수의 부활과 승천을 그가 제사장으로 섬길 성전의 건축으로 이해하는 것 같다. "주께서 세우신 것이요 사람이 세운 것이 아니니라"라는 구절은 새 성전이 "손으로 짓지 아니한 것 곧 이 창조에 속하지 아니한 더 크고 온전한 장막"(히 9:11)임을 강조한다. 이미 시작된 새 창조에서 하나님에 의해 건축된 장막 말이다. 히브리서의 이런 논의는 사도행전 7장과 15장의 분석과 놀랍게 일치한다. 이 두 텍스트에 의하면 솔로몬 성전은 사람이 만든 것으로, 다윗의 자손이 성전을 건축할 것이라는 예언의 불완전한 성취로 이해된다. 이 예언은 그리스도의 부활에 의해 더 큰 규모로 성취된다.

쿰란도 아모스 9:11의 예언이 마지막 때의 성전 건축에 관한 것임을 분명히 이해했다. "이는 율법을 찾는 자와 함께 일어날 다윗의 가지다. '그 날에 내가 다윗의 무너진 장막을 일으키고'라고 기록된 바처럼, 그는 마지막 날에 시온의 보좌에 앉을 것이다. 이 무너진 다윗의 장막은 이스라엘을 구원하기 위해 일어날 자(다)"(4QFlor 1, 11b-13). 놀랍게도 이 문서의 저자는 메시아를 종말론적인 새 성전과 동일시하고 있다.[70] 특히 놀라운 것은 동일한 쿰란 문서[71]가 아모스 9장 예언의 미래 성취를 출애굽기 15:17과 사무엘하 7:11-13에 있는 성전 예언의 성취와 동일시한다는 점이다. 앞서 우리는 이 두 텍스트가 사도행전의 아모스서 인용과 연결되어 있음을 살

---

70) 쿰란의 *Damascus Document*(CD 7.15-16)도 암 9:11을 인용하면서, "무너진 다윗의 장막"을 이스라엘에서 회복될 율법과 동일시한다. 이는 처음에 드러난 것처럼 4QFlorilegium의 동일시 작업과 무관하지 않다. 왜냐하면 앞 단락에서 이미 논의했듯, 율법의 "지혜"는 모든 윤리적인 삶을 규정하는 성전 안에 거한다고 이해되었기 때문이다. 이 두 텍스트 사이의 또 다른 상관관계는, 4QFlorilegium에서 "율법을 찾는 자 또는 해석하는 자"가 일어날 때 성전 건축도 가능하게 된다는 데 있다.

71) 4QFlor 1.2, 10-11.

핀 바 있다.

> 이는 마지막 날[에 세워질] 집이다. [모세]의 책에 기록된 바와 같이 말이다. [오 주여,] 당신의 손이 세우신 성소에서 야[웨]께서 영원토록 다스릴 것입니다(4QFlor 1.2).

> [그리고] 야웨께서 네게 이르노니 그가 너를 위하여 집을 짓고, 네 씨를 네 뒤에 세워 그의 나라를 [영원]히 견고하게 하리라(4QFlor 1.10-11).

누가와 마찬가지로 쿰란도 이 두 예언[72]이 아모스 9:11처럼 솔로몬 성전뿐만 아니라 훨씬 더 먼 마지막 날의 성전까지도 기대한다고 이해했다.[73] 후기 유대교도 아모스 9:11이 종말론적인 성전을 가리킨다고 해석했다.[74]

이방인들과 그리스도의 재건된 성전 사이의 관계에 대한 구약적 배경

야고보가 아모스 9:11 인용문을 소개하면서 "선지자들의 말씀이 이와 일치하도다 기록된 바"(행 15:15)라고 말했음은 중요한 의미를 갖는다. 이것은 야고보가 한 개 이상의 구약 텍스트를 염두에 두고 있었음을 암시한다. 사실상 그는 아모스서 인용문 안에 적어도 두 개의 다른 구약 텍스트를 엮어 넣었음이 분명하다. 호세아 3:5(70인경)과 예레미야 12:15-16(70인경)이 그 텍스트다.

> 그리고 이 일들 후에 이스라엘 자손이 돌아와서 그들의 하나님 여호와와 그들

---

72) 비록 누가가 출 15장을 명시적으로 염두에 두지는 않지만 말이다.
73) 하지만 한 가지 중요한 차이는, 쿰란이 마지막 때의 성전조차도 "사람의 (손으로 만든) 성소"일 것이라고 믿었다는 것이다(4QFlor 1.6). 쿰란의 *Temple Scroll*도 보라.
74) *Midrash Psalms* 76:3; *Pesikta Rabbati*, Piska 20/30B.

의 왕 다윗을 찾고(호 3:5의 70인경)

그리고 내가 그들[이방인들]을 뽑아낸 후에 내가 돌이켜 그들을 불쌍히 여겨서 각 사람을 그들의 기업으로, 각 사람을 그 땅으로 다시 인도하리니 그들이 내 백성의 도를 부지런히 배우며 살아 있는 여호와라는 내 이름으로 맹세하기를 자기들이 내 백성으로 하여금 바알로 맹세하게 한 것 같이 하면 그들이 내 백성 가운데에 세움을 입으려니와(렘 12:15-16의 70인경)

호세아 3:5은 이스라엘과 왕의 회복을 약속하는데 이는 암묵적으로 성전 재건을 포함한다. 왜냐하면 4절의 설명처럼 이스라엘은 포로 기간 동안 성전 "없이" 지내겠지만, 5절의 회복 약속에 의해 이런 상황이 종결될 것이기 때문이다. 이것은 추가로 사도행전에 언급된 "다윗 장막"의 "재건"이 새로운 다윗 왕조의 재건뿐만 아니라 새 성전의 재건을 의미함을 보여준다. 예레미야서는 이방인들이 "내 백성 가운데에 세움"을 입으리라고 말한다는 점에서 흥미를 끈다. 여기에 사용된 언어는 이방인들이 참된 성전으로 세워짐으로써 참 이스라엘의 구성원이 될 것이라는 개념에 충실하다. 사도행전 15:14-18의 이런 이해는 이방인들이 메시아 시대의 성전 안에 있는 하나님의 임재 안으로 들어설 것임을 확증하는 구약의 몇몇 예언과 일치한다(시 96:7-8; 사 2:2-3; 25:6; 56:6-7; 66:2-3; 렘 3:17; 미 4:1-2; 슥 14:16).[75]

앞에서 우리는 이방인들에게 주어진 명령, 곧 "우상의 더러운 것과 음행과 목매어 죽인 것과 피를 멀리하라"라는 명령(행 15:20; 29절도 보라)이 구약성경의 음식 규례를 강요한 것이 아니라 그들에게 우상숭배를 멀리할 것을 명한 것임을 주목한 바 있다. 이방인들이 멀리해야 할 네 가지는 모두 우상숭배와 관련되어 있다.

---

75) 내가 알고 있는 한, Bauckham은 이런 다른 구약 텍스트의 존재와 의미를 암 9장과 함께 강조한 최초의 학자다(1995: 452-462).

여기서는 이런 시각을 상세히 설명할 필요가 없다. 일반적으로 주석가들은 네 가지 금기 사항이 구체적으로 레위기 17-18장에 기초했음을 인정한다. 이렇게 레위기를 금기 사항에 끌어들인 이유는 예레미야 12:16(행 15:16-17의 암 9:11 인용문에 엮여 있는 텍스트 중 하나임)[76]과 레위기 17-18장에 나오는 "내 백성 가운데에"(en mesō tou laou mou)라는 경구 때문이다. 레위기 텍스트에서는 이 표현이 다섯 번 나온다(레 17:8, 10, 12, 13; 18:26). 이 구절은 이스라엘 백성뿐만 아니라 "너희/그들 중에 거류하는 거류민"까지도 지켜야 하는 네 가지 명령을 구성하고 있다. 이 네 가지 금기 사항은 사도들이 규정한 사도행전의 규례에 상응하며, 동일한 순서로 되어 있다.[77]

1. "우상에게 바쳐진 제물"(=레 17:8-9)은 번제물이나 예배자가 먹을 수 있는 제물을 가리킨다. 이 제물은 적절한 장소로 가지고 와서 "여호와께 바쳐진" 적이 없다. 왜냐하면 이 제물은 불법적으로 우상에게 바쳐졌기 때문이다("그들은 더 이상 헛된 신들에게 제사하지 말 것이니라"라고 규정하는 레 17:7[70인경]에 비추어볼 때).

2. "피"에 대한 언급(=레 17:10, 12)은 "피"를 먹는 행동의 금지를 포함한다. 왜냐하면 이런 행위는 이교도의 우상숭배이기 때문이다.

3. "목매어 죽인 것"(=레 17:13-14)은 먹기 위한 제물로 사용하려고 죽인 모든 것의 피를 먼저 땅에 쏟아버릴 것을 명하는 율법을 가리킨다(따라서 피를 땅에 쏟지 않는 것은 "그것의 피로 질식사" 시키거나 "목매어 죽인" 것을 뜻한다). 이런 금지 규정을 둔 이유는 이교도들의 우상숭배 제물에 관한 본래 규정이 희생제물을 먹기 전에 그것의 피를 쏟아버리지 말아야 한다고 명하기 때문인 듯하다.

---

76) 이와 밀접하게 관련된 또 다른 예언은 슥 2:11a(70인경)이다: "그리고 그날에 많은 나라가 피난처를 구하여 여호와께 도망할 것이요 그에게 한 백성이 되어 너희 가운데 거할 것이다." 슥 2:10은 하나님이 "너희 가운데 거하실" 성전을 가리키며, 그 결과 11절과 똑같은 제의적 배경을 목표로 한다(191-192쪽에서 주장한 바처럼).

77) 행 15:29이 그렇다. 행 15:20은 다른 순서를 보이지만 말이다.

4. "음행"(*porneia*)에 대한 언급(레 18:26)은 레위기 18:6-25에 묘사된 성적으로 부도덕한 모든 관계를 압축한다(예를 들어 근친상간, 간통, 동성애, 수간 등).[78]

레위기의 맥락에서 이런 부도덕한 관계가 금지되는 한 가지 이유는 그것이 우상숭배 관습과 관련되기 때문인데, 이는 앞에서 사도행전 15:20, 29의 네 가지 금기 사항을 우상숭배 전체의 금지와 동일시한 것을 확증한다. 음행은 이집트와 가나안의 우상숭배와 관련되어 있다. 이와 관련해서 레위기 17:7은 도입부의 일반적인 진술이며, 8-16절에 의해 구체적으로 서술된다. 마찬가지로 레위기 18:1-5과 18:24-30은 6-29절을 동일한 방식으로 소개하고 요약하는 문학적 북엔드(literary bookends; 텍스트의 시작과 끝을 지지함) 역할을 한다. 이스라엘은 다른 민족들의 우상숭배 관습을 행하지 말라는 가르침을 받는다. 예를 들어 레위기 18장의 마지막 구절은 "그러므로 너희는 내 명령을 지키고 너희가 들어가기 전에 행하던 가증한 풍속을 하나라도 따름으로 스스로 더럽히지 말라 나는 너희의 하나님 여호와이니라"라고 말함으로써 18장을 마무리한다.[79] "가증한 풍속"과 "가증한 것들"(레 18:22, 26, 27, 29)이 우상숭배 풍습을 가리킨다는 점에는 의심의 여지가 없다. 왜냐하면 "*tōʿēba*"("가증함")라는 단어는 무엇보다도 구약성경과 특히 오경에서 우상숭배를 가리키기 때문이다.[80]

그렇다면 사도행전 15:20, 29은 왜 레위기 17-18장을 언급하는 것일까? 왜냐하면 이 텍스트는 이방인 개종자나 이스라엘 백성을 위한 율법의

---

78) 레 17-18장의 의미에 대한 지금까지의 논의는 Bauckham 1995: 458-459에 기초했다.

79) 네 절 바로 후에 "나는 너희의 하나님 여호와이니라"라는 구절은 이스라엘이 "헛된 것들에게로 향하지 말며 너희를 위하여 신상들을 부어 만들지 말라"(19:4)라는 금지 명령의 이유로 제시된다.

80) 레 18:22, 26, 27, 29 밖에서는 약 60회의 구약 용례가 우상숭배를 가리키며, 약 20회 정도만(잠언의 포괄적인 용례는 포함하지 않음) 우상숭배에 대한 언급 없이 일반적인 의미로 사용되었다. 신 20:17-18은 이렇게 말한다: "그들을 네가 진멸하라…이는 그들이 그 신들에게 행하는 모든 가증한 일을 너희에게 가르쳐 본받게 하여…"(왕하 21:2-9; 신 18:9-11도 보라).

궁극적인 목적 중 하나가 그들에게 우상숭배를 경계시키려는 것임을 보여주기 때문이다.[81] 지금은 모세 율법의 세부적인 내용이 하나님의 백성에게 더 이상 적용되지 않지만, 그럼에도 그들은 여전히 우상숭배 및 그와 관련된 음행을 멀리하라는 요청을 받는다. 달리 말해서 우상숭배를 금지하는 율법 규정은 모세 시대에 그랬던 것처럼, 새 시대를 맞는 하나님의 백성에게도 계속해서 포괄적으로 적용된다는 이야기다. 레위기 17장도 우상숭배를 행해서는 안 되는 이유를 설명하고 있다. 예배와 제사는 이스라엘에 거류하는 "거류민"과 이스라엘 백성이 고백하는 참된 하나님께만 드려져야 하기 때문이다.[82] 그리고 참된 하나님의 임재는 성막에서 분명하게 드러났다. 레위기 17장은 "거류민"과 이스라엘 백성에게 그들의 제물을 성막 문으로 가져가야 한다고 말한다. 그렇게 하지 못하는 것은 우상에게 제물을 드리는 것과 같음을 의미했다. 왜냐하면 성막은 합법적인 제사를 드리는 유일한 장소이기 때문이다. 레위기 17장은 이런 제사를 "회막 문으로" 가져가야 한다는 말을 네 번씩이나 반복하는데(4, 5, 6, 9절), 그리스어역 구약성경은 이곳의 "회막"을 사도행전 15장(16절)과 공통적으로 가지는 또 다른 요소인 "skēnē"로 번역하고 있다.

따라서 이스라엘의 이방인 "거류민"이 우상숭배를 멀리하면서 성막에서 예배를 드려야 했던 것처럼, 교회 안의 이방인 예배자들도 우상숭배를 멀리하면서 새로운 성막(skēnē)에서 예배를 드려야 한다. 하나님의 성막임재가 우상숭배를 멀리해야 하는 이유가 되었던 것처럼, 참된 성막이신 그리스도의 마지막 임재 역시 우상숭배에 참여하지 말아야 하는 이유가된다. "참되게 예배하는 자들은 영과 진리로 예배할 때가 오나니"(요 4:23). 신자들을 우상숭배와 모든 부정함으로부터 정결케 하고(행 15:8-9) 그들을

---

81) 다른 텍스트들도 이것이 율법의 주요 목적 중 하나임을 증명한다(예. 왕하 17:34-41).
82) 이런 이유가 레 18장의 첫 부분과 마지막 부분에 언급됨을 주목하라: "나는 여호와 너희의 하나님이니라"(18:2, 30).

우상숭배로부터 지켜주는 것은 더 이상 모세의 율법이 규정하는 의례들이 아니라 그리스도의 영이다.[83] 이런 정결함은 정통 유대인과 이방인 모두를 예수 그리스도의 참된 성막 예배에 참여할 수 있게 함으로써 더 이상 그리스도 안에서 사람들 사이에 "차별"이 없게 만든다(행 15:8-9). 바로 이런 이유로 다음과 같은 일이 가능했다. "성령과 우리[예루살렘 공의회]는 이 요긴한 것들[우상숭배 금지와 관련된 필수 사항들] 외에는 아무 짐도 너희[이방인들]에게 지우지 아니하는 것이 옳은 줄 알았노니"(행 15:28).

이제 사도행전 15장의 구약적인 배경 및 이방인들과 회복된 성전 사이의 관계에 대한 한 가지 중요한 결론적인 관찰을 정리해야겠다. 사도행전 15:16이 하나님이 돌아오신 후에 "다윗의 무너진 장막"을 재건하시리라고 말한 직후에 이어지는 아모스 9장의 인용문 후반부는 히브리어 텍스트와는 다르면서도 기본적으로 그리스어 구약 번역본과 일치한다.

아모스 9:12(히브리어)	사도행전 15:17; 아모스 9:12(그리스어 번역본)
"그들이 에돔의 남은 자와 내 이름으로 일컫는 만국을 기업으로 얻게 하리라…."	사도행전: "이는 인류의 남은 자들과 내 이름으로 일컬음을 받는 모든 이방인들로 주를 찾게 하려 함이라." 아모스서: "이는 인류의 남은 자들과 내 이름을 부르는 모든 민족들로 [주를] 찾게 하려 함이라."

---

83) 행 15:29 마지막 부분의 다른 사본(D와 Irenaeus)은 이렇게 기록한다 : "만일에 너희가 이런 것들[우상숭배의 풍속]을 멀리하면, 너희는 잘하는 것이다. 성령으로 거듭날 것이다." 이렇게 서기관의 삽입 부분은 우상숭배로부터 신자들을 지키는 성령의 역할을 강조한다.

이것은 매우 복잡한 텍스트 확정의 문제를 의미하는데, 이 책에서는 연구의 한계로 인해 철저한 분석을 하기에는 무리가 있다. 어쨌든 몇몇 학자는 아모스서와(/또는) 사도행전의 그리스어 텍스트가 구약성경을 잘못 번역했으리라고 재빨리 추정한다. 어쩌면 히브리어 텍스트에 오류가 있거나, 그리스어역 구약성경과 사도행전이 원본인 히브리어 텍스트를 보존하고 있다고 보는 편이 나을 것이다. 아니면 히브리어 텍스트가 원본이고 그리스어역 구약성경과 사도행전은 히브리어 텍스트에 대한 해석을 담고 있다고 보는 편이 훨씬 나을 수도 있다.[84] 하지만 어떤 견해가 옳은지를 입증한다는 것은 쉽지 않다.

만일 히브리어 텍스트가 원본이라면 이것은 족장과 이스라엘에게 주어진 초기의 약속, 곧 대적 "국가들"의 땅을 "소유"하리라는 약속(신 7:1; 9:4-5; 사 54:3; 참조. 창 15:7-8; 22:17; 24:60; 신 8:1)을 발전시켰다고 할 수 있다. 더 정확히 말해서, 아모스 9:12은 민수기 24:17-19을 암시하는 것 같다.

민수기 24:17-19	아모스 9:11-12
"한 규가 이스라엘에게서 일어나서… 에돔은 그들의 유산이 되며…주권자가 야곱에게서 나서 그 성읍에서 멸절하리로다…."	"내가 다윗의 무너진 장막을 일으키고…그들이 에돔의 남은 자와 내 이름으로 일컫는 남은 자들을 만국을 기업으로 얻게 하리라…."

이 민수기 텍스트는 이스라엘의 다른 민족 지배를 아브라함에게 주어진 약속의 언어를 통해 표현하는 몇 절 앞의 내용을 계속 이어간다. "씨"의

---

84) 텍스트비평상의 복잡한 문제에 대한 논의로는 Braun 1997: 114-117과 미묘한 차이를 보이는 Bauckham 1995: 455-456의 분석을 보라. Bauckham은 히브리어 텍스트에 친숙한 그리스도인 주석가가 암 9:12의 그리스어 텍스트에 대한 해석상의 가능성을 "그 구절의 히브리어 텍스트를 읽는 합법적인 방법으로" 보려 했을 것이라고 주장한다.

증가(24:7)와 민수기 24:9b이 창세기 12:3b을 거의 문자 그대로 되풀이한다는 점을 주목하라. "너를 축복하는 자마다 복을 받을 것이요 너를 저주하는 자마다 저주를 받을지로다." 그뿐 아니라 민수기 24장은 이스라엘의 탁월함을, 그들의 "장막"이 강변을 따라 넉넉하게 커져가는 "동산 같고 펴져가는 종려나무" 같다는 은유를 통해 묘사한다. 이런 묘사는 첫 번째 장막인 에덴동산을 반향하고 있다.[85] 그렇다면 아모스서도 자신의 회복 예언을 이스라엘의 장막과 관련해서 시작한다는 것이 과연 우발적일까? 그렇지 않은 듯하다. 그뿐 아니라 "다윗의 장막을 일으키는 일"에 관한 아모스의 계속적인 예언은 이스라엘의 폐허가 "재건되리라"는 점을 반복적인 원예학적 언어로 묘사한다(암 9:13-15). 또한 이것은 민수기의 예언과 보조를 잘 맞추고 있다. 왜냐하면 민수기의 예언은 아모스서 텍스트의 결론 부분이 분명하게 보여주는 것과 동일한 이미지들의 결합을 사용하기 때문이다.

> 그때에 파종하는 자가 곡식 추수하는 자의 뒤를 이으며
> 포도를 밟는 자가 씨 뿌리는 자의 뒤를 이으며
> 산들은 단 포도주를 흘리며…
> 그들이…포도원들을 가꾸고 그 포도주를 마시며
> 과원들을 만들고 그 열매를 먹으리라
> 내가 그들을 그들의 땅에 심으리니
> 그들이 내가 준 땅에서 다시 뽑히지 아니하리라(암 9:13-15)

이렇게 아모스서의 그리스어 역본과 특히 사도행전은, 이스라엘의 군사적인 지배에 관한 예언이 적어도 "주를 찾고" 믿음으로 기꺼이 주에게 순종하며 마지막 날의 성전 예배에 참여하는 민족들을 통해 부분적으로

---

85) 민 24:5-7에 대한 보다 충분한 분석을 보려면 165-169쪽을 보라.

성취되었다고 해석하는 듯하다.[86] 동시에 이것은 아브라함에게 주어진 약속의 성취를 설명하기도 한다. 궁극적으로 이것은 동산 성막에 있던 아담의 본래적인 의도—자손 번성을 통해, 그리고 경건한 후손들로 땅을 가득 채움으로써 에덴 성막을 확장시키는—가 성취되었음을 의미한다. 따라서 사도행전 15장은 그리스도의 새 성전에 대한 신약성경의 증언이다. 이 성전은 자신의 문을 열어 경계선을 넓힘으로써 모든 나라 백성을 포함시킬 정도로 확장된다.[87]

결론

사도행전은 그리스도와 성령과 초기 그리스도인들이야말로 마지막 때에 있을 성전의 시초를 이룬다는 복음서의 확증을 추가로 상세하게 설명한다. 앞으로는 바울과 신약성경의 다른 저자들이 이 주제에 대해 어떤 생각을 가지고 있는지를 살펴보기로 하자.

---

86) 이런 해석은 "내 이름으로 일컫는 만국"이라는 구절에 대한 묵상으로부터 자극받았을 것이다. 왜냐하면 "내 이름[또는 주의 이름]으로 일컫는"이라는 구절은 구약 전체에서 예외 없이 긍정적인 의미를 가지기 때문이다. 항상 이스라엘을 하나님의 백성으로 칭하면서 말이다(신 28:10; 대하 7:14; 사 43:7; 렘 14:9을 보라; 참조. 사 63:19). 암 9:12의 이 구절은 이방인들이 하나님의 백성이 될 것임을 의미한다. 그리하여 이스라엘이 이방인들을 "소유"하리라는 히브리어 텍스트의 개념은 영적 회심이라는 보다 긍정적인 의미를 갖게 된다.

87) Van Aarde 1991: 60-61도 보라. Van Aarde는 누가복음-사도행전의 "성전 확장"을 언급하면서, 예수를 믿음으로써 성전 구조물 및 그와 관련된 율법 밖에서 이루어지는 하나님의 "성전 임재"를 경험할 수 있는 이방인과 사회적으로 멸시당하는 사람들이 이에 해당한다고 본다.

제 7 장
바울 서신에 나타난 새 성전의 시작

The Temple and the Church's Mission
A Biblical Theology of the Dwelling Place of God

바울은 그리스도와 성령 및 신자들이 마지막 날에 세워질 성전의 초기 형태라는 복음서와 사도행전의 주장을 한층 발전시킨다.

고린도전서 3장

제7장의 첫째 단락에서는 교회의 지도자가 그 구성원들과 어떤 관계를 맺는지를 다룰 것이다. 이를 설명하기 위해 바울은 두 개의 그림을 사용한다. 첫 번째 그림(고전 3:5-9a)에서 바울은 교회 지도자를 밭에서 일하는 농부로, 교회를 밭으로 묘사한다. 지도자가 노력한 결과로 "자라나게" 하시는 분은 오직 하나님뿐이시다. 따라서 고린도교회 성도들은 바울이나 아볼로 같은 특정 지도자에게 극단적인 충성심을 바치는 분파를 교회 안에 만들어서는 안 된다. 이런 충성심은 하나님과 그리스도에게 초점이 맞추어져야 한다. 두 번째 그림(9b-15절)에는 기초 공사 후 건물을 짓는 건축가와 건설업자가 일꾼으로 나온다. "건물"(building; 역자 주-개역개정은 "집"으로 번역함)은 건축가나 건설업자의 "작품"인 교회이고, 그들이 건물을 지어야할 기초는 그리스도다.

이어서 바울은 교회가 "하나님의 성전"이요, "그분의 성령이 그 안에 거하시는" 곳이라고 말한다(고전 3:16; 고전 3:17도 마찬가지: "하나님의 성전은 거룩하니 너희도 그러하니라"). 신자들이 성전인 것은, 그들이 그리스도의 영(3:16) 및 그리스도 자신(3:23)과 동일한 존재이기 때문이다. 비록 고린도서에서는 그리스도 자신과의 동일시가 분명하게 표현되지는 않지만 말이다. 하지만 성전의 주제가 앞 문맥에서 예고되었음은 충분히 분별된다.

동산 - 성전으로서의 교회?

바울은 자신이 고린도교회를 "심었고" 아볼로는 "물을 주었으되 오직 하나님께서 자라나게 하셨다"라고 말한다(고전 3:6; 3:7도 마찬가지). "심는 이" 와 "물 주는 이"(교회를 세우는 자와 교회를 목양하는 자)는 "각각 자기가 일한 대로 자기의 상을 받을" 것이다(3:8). 이들이 "상"을 받는 이유는 하나님의 밭에서 그분을 위해 "일했기" 때문이다. 그리하여 그분은 신실한 일꾼들에게 상을 주실 것이다. "우리는 하나님의 동역자들이요 너희는 하나님의 밭(또는 포도원)"이다(3:9a).[1] 고린도교회 성도들을 "하나님이 일구신 밭/포도원" 으로 칭한 후, 갑자기 바울은 그들이 "하나님의 건물"이라고 말한다(3:9b).

이것은 바울에게서 발견되는 낯설고 갑작스런 은유적 변화 중 하나일까?[2] "일구어진 밭"은 "건물"과 어떻게 관련되는 것일까? 나중에 살펴보겠지만, 이를 면밀히 분석해보면 바울은 포괄적인 "건물"이 아니라 "건물"로서의 성전에 대해 말하고 있다. 만일 그렇다면, 성전을 "일구어진 밭"이나 "포도원"으로 칭하는 농업 은유로부터의 방향 전환은 구약성경과 복음서에 관한 앞의 연구에 비추어볼 때 자연스럽다고 간주된다. 앞의 연구에서 우리는 에덴동산, 이스라엘의 동산과도 같은 약속의 땅, 동산 같은 땅에서 장차 이루어질 이스라엘의 회복 등이 성전과 동일시되거나 연결된다는 점을 발견한 바 있다.[3] 그렇다고 해서 바울이 "일구어진 밭"을 성전으로서

---

1) *geōrgion*은 "일구어진 밭"이나 "포도원"으로 번역될 수 있다(예. 창 26:14; 잠 6:7; 9:12; 24:5의 70인경을 보라; 잠 24:30[Rahlfs 1971]과 31:16에서는 이 단어가 "포도원"과 동일시되지만). 흥미롭게도 *geōrgos*라는 단어는 공관복음서에서 "포도원"을 보살피는 자들과 관련해서 반복적으로 사용된다(자주 "포도원지기"나 "포도원 농부"로 번역됨 예. 눅 20:9-16). BDAG, 196은 *geōrgos*를 "농업이나 정원 관리에 종사하는 자"로 규정한다.

2) 예를 들어 갈 4:19을 보라: "나의 자녀들아 너희 속에 그리스도의 형상을 이루기까지 다시 너희를 위하여 해산하는 수고를 하노니."

3) 이와 가장 가까운 평행 텍스트는 초기 기독교 저술인 솔로몬의 송시 38:17-21이다. 이 저술은 성도가 "이미 놓인 기초" 위에 "세워졌다"라고 하며, 하나님이 그를 "심으셨고" "물을 주셨으며" 따라서 그는 그분의 "경작지"라고 말한다. 아마도 이 텍스트는 고전 3장 보다는 구약이나 초기 유대교를 발전시킨 결과였을 것이다. 후기 유대교는 솔로몬 성전

의 교회에 대한 다음에 오는 묘사와 분명하게 동일시한다고 제안하는 것은 아니다. 도리어 구약성경과 유대교에서 발견되는 "동산"과 "성전"의 긴밀한 관계가 바울의 마음속에 있는 동일한 관련성에 영향을 주었으리라는 의미다. 만일 그렇다면 이런 관련성이야말로 그것이 의도되었건 그렇지 않건 간에, 고린도전서 3장에 있는 동일 이미지들의 결합에 대해 지금까지 제시된 어떤 설명보다도 나은 설명이라 할 수 있다.

고린도전서 3:10-15에서 바울이 하나님의 백성을 성전에 비교한다는 사실은 그 건축물에 대한 상세한 묘사를 살펴볼 때 분명하게 드러난다. 바울은 그곳의 "터를 닦아두었는데…그 터는 곧 예수 그리스도"를 가리켰으며 "다른 이가 그 위에 세우기도" 했다. 만일 누구든지 "금이나 은이나 보석이나 나무나 풀이나 짚으로 이 터 위에 세우면" 심판 날의 불이 각 건축자가 세운 작품의 품질을 드러낼 것이다. 값비싼 돌은 소멸되지 않고 남겠지만 "나무와 풀과 짚"은 "불에 탈" 것이다.

성경 안에서 건축물의 "기초"가 놓이고 "금이나 은이나 보석"을 그 기초 위에 "세우는"[4] 것을 묘사하는 유일한 다른 텍스트는 솔로몬 성전에 관해서다. "이에 왕이 명령을 내려 크고 귀한 돌을 떠다가 다듬어서 성전의 기초석으로 놓게 하매"(왕상 5:17). "그 내소의 안은…정금으로 입혔고…솔로몬이 정금으로 외소 안에 입히고"(왕상 6:20-21). 또한 솔로몬은 제단(왕상 6:20)과 법궤 주변의 그룹들(왕상 6:28), 성전 마루(왕상 6:30)와 성전 문짝에 새겨진 것들(왕상 6:35; 대하 3-4장도 보라)을 금으로 입혔다. 성전 전체의 건축을 위해 자그마치 "금 십만 달란트와 은 백만 달란트"가 "준비되었다"(대상 22:14; 대상 22:16; 29:2-7도 마찬가지). 역대상 29:1-7은 "금…은…보석"(2-7절)

을 "밭"으로 칭했던 것 같다: *Tg. Pseudo-Jonathan Genesis* 27:27과 *Pesikta Rabbati*, Piska 39.

4) "세우다"(*oikodomeō*)라는 단어는 솔로몬 성전 건축을 묘사하는 데 반복적으로 사용된다(70인경의 왕상 6장과 대하 2-3장을 보라). 바울은 *epoikodomeō*를 고전 3:10-12에서 세 번 사용한다.

등이 성전의 모든 다양한 부분과 가구와 기구들에 사용되었음을 반복해서 언급한다.[5] 바울은 역대상 27장의 두 절을 언급하고 있음이 분명하다.

역대상 29:2(특히 70인경)	고린도전서 3:12
"내가 이미 내 하나님의 성전을 위하여…금과 은과 놋과 철과 나무와…보석과…."	"만일 누구든지 금이나 은이나 보석이나 나무…로 이 터 위에 세우면."

　　바울은 자신을 건물의 터를 닦는 "지혜로운 건축자"(sophos architektōn)로 칭하는데, 이는 이스라엘의 성막 건축을 돕던 자들에게 적용된 동일한 단어 용례를 반향한다. 예를 들어 출애굽기 35:31-32은 숙련된 성막 건축자에 대해 이렇게 묘사한다. "하나님이 주신 지혜[sophias]의 영으로 충만하여…금과 은의 모양을 만들기 위한 건축자[architektonias]의 모든 일들과…돌로 하는 일들에 능한 건축자[6]가 되도록[architektonein]…."[7]

　　또한 솔로몬 성전이 고린도 성도들의 새 성전과 마찬가지로 귀금속뿐만 아니라 동산 형상의 물품, 즉 나무에 새긴 "박과 핀 꽃"(왕상 6:18), "종려와 핀 꽃 형상"(왕상 6:29, 32[두 번 언급됨]), 출입구 두 기둥의 "머리 주변에 줄을 지어 만들어진 석류 이백 개"(왕상 7:18-20["석류"가 두 번 언급됨])로 가득 찬 곳이었음을 기억하라. 솔로몬 성전의 두 기둥 꼭대기에는 "백합화 형상"이 있었다(왕상 7:22). 또한 안뜰의 청동 바다에는 "가장자리 아래로 돌아가며"

---

5) "보석과 금"에 대해서는 대하 3:6도 보라.
6) Jon Laansma는 나로 하여금 출애굽기의 이 단어의 용례와 고전 3장에 있는 그것의 명사 형태에 관심을 가지게 해주었다.
7) 출 31:4도 마찬가지다. 비록 "건축자"라는 표현은 한 번만 나오지만 말이다! 출 35:35에도 "성소"의 "건축자"라는 표현이 나온다. Lanci 1997: 59-60은 성전같이 큰 건물의 건축을 돕는 자들과 관련해서, 고전 3:10에 있는 바울의 용례가 architektôn의 성경 바깥의 초기 용례에 영향 받았다고 주장한다.

"백합화의 양식으로 만들어진" 두 줄의 "박"이 있었으며(왕상 7:24-26), 두 기둥머리 주변에는 "사백 개의 석류"가 새겨져 있었다(왕상 7:42). 꽃이 핀 나무 형상으로 만들어진 열 개(!)의 등잔대(왕상 7:49-50)는 작은 숲과 비슷하게 생겼다. 앞서 우리는 동산 형상에 대한 설명의 목적이, 에덴동산의 태곳적 성소를 반영하는 것이었음을 살핀 바 있다. 이스라엘의 성전 안에 있는 귀금속과 식물학적 묘사들의 결합은 바울로 하여금 "일구어진 밭/포도원" 이미지로부터 성전 이미지로 빠르게 이동하도록 만들기에 충분했을 것이다.[8]

바울은 새 성전의 "터"를 예수 그리스도와 동일시한다. 바울은 고린도교회 성도들이 처음 믿었을 때 그들 중에 이 터를 "닦았으며", 아볼로와 다른 사람들은 하나님의 말씀에 기초해서 회중을 가르치고 목양함으로써 "그 위에 세우는" 일을 했다. 예수의 구속 사역을 통해 이해된 것처럼 말이다. 따라서 귀금속을 가지고서 "그 터 위에 세우는" 일은 고린도교회 성도들을 믿음 안에서 "세상의 지혜"로 세우는 것을 의미하지 않는다(고전 1:18-21; 2:1, 4-5; 3:18-23). 도리어 그것은 성경 안에 있는 하나님의 지혜로 그들을 가르치고, 이런 성경 텍스트들이 어떻게 새로운 신앙 공동체와 관련되는지를 가르침으로써 그리스도 안에서 세우는 것을 가리킨다(고전 10:11; 롬 15:4-13). 이런 가르침에서 교회 지도자들은 구약성경이 새로운 시대에 어떻게 이해되는지에 비추어보면서 "기록된 말씀을 넘어가서는 안 되었다"(고전 4:6). 구약성경은 하나님의 말씀을 "금과 은"에 비교한다. 지상의 일용품 중에서 가장 귀한 것들이 하나님의 지혜가 가지는 가치보다 못하다는

---

8) 이미 제4장에서 겔 17장(70인경)이 이스라엘에 관해 에덴동산 이미지를 통해 말하고 있음을 주목했다. 이는 고전 3장에 있는 바울의 "경작"(cultivation) 언어와 유사점을 가진다: "또 그 땅의 종자를 취하여 많은 물을 준 경작지에 심었더니"(겔 17:5). 또한 이 경작지는 "농작물의 성장"을 위해서 "물을 줄" 필요가 있었다(17:7). 여기서 "심다"나 "성장" 또는 "물을 주다" 등의 표현은 고전 3장과 유사하다. 에스겔서의 "경작지"(pedion)와 "성장"(bōlos)은 각각 바울의 geōrgion과 auxanō와 동의어지만 말이다.

것이다(시 119:72; 잠 3:14; 8:10; 16:16). 온 우주에서 가장 소중한 것은 하나님의 말씀이다. 왜냐하면 이 말씀은 항구적으로 참되며 결코 사라지지 않기 때문이다(사 40:6-8). 믿음으로 확실하게 구원을 얻고 그 믿음 안에서 세움을 입은 자들은 하나님의 말씀으로 세워지며, 그분의 성전에 항구적으로 속하게 된다. 따라서 베드로전서 1:23-2:7은 이렇게 말한다.

²³너희가 거듭난 것은 썩어질 씨로 된 것이 아니요 썩지 아니할 씨로 된 것이니 살아 있고 항상 있는 하나님의 말씀으로 되었느니라
²⁴그러므로 모든 육체는 풀과 같고 그 모든 영광은 풀의 꽃과 같으니 풀은 마르고 꽃은 떨어지되
²⁵오직 주의 말씀은 세세토록 있도다 하였으니 너희에게 전한 복음이 곧 이 말씀이니라
²:¹그러므로…
²…순전하고 신령한 젖을 사모하라 이는 그로 말미암아 너희로 구원에 이르도록 자라게 하려 함이라…
⁴…하나님께는 택하심을 입은 보배로운 산 돌이신 예수께 나아가
⁵너희도 산 돌같이 신령한 집으로 세워지고…⁶성경에 기록되었으되 보라 내가 택한 보배로운 모퉁잇돌을 시온에 두노니 그를 믿는 자는 부끄러움을 당하지 아니하리라 하였으니
⁷그러므로 믿는 너희에게는 보배이나…

이런 이유로 바울은 베드로처럼 자신의 양 무리를 하나님 말씀의 지혜로 세우는 신실한 목회자가 신도들을 하나님의 성전—그리스도의 터에 확고하게 세워진—에 속하게 만들리라고 말한다. 베드로와 바울의 텍스트는 시편 92:12-15과 놀랍게 유사하다. 시편의 이 텍스트는 성전을 동산과 동일시하며, 신자들을 바위처럼 견고한 터 위에 "심겨" 자라는 나무로 이해한다.

^{12}의인은 종려나무같이 번성하며 레바논의 백향목같이 성장하리로다

^{13}이는 여호와의 집에 심겼음이여 우리 하나님의 뜰 안에서 번성하리로다

^{14}그는 늙어도 여전히 결실하며 진액이 풍족하고 빛이 청청하니

^{15}여호와의 정직하심과 나의 바위 되심과 그에게는 불의가 없음이 선포되리
로다

이 노래는 성도들이 동산과도 같은 성전으로서 바위 위에 머물러 있다
는 개념이 구약성경으로부터 비롯되며, 따라서 고린도전서 3장의 유사한
그림이 돌출적이 아니라는 것을 보여준다.[9] 물론 농사 은유와 건축 은유
사이의 이런 대략적인 평행 관계가 에덴과 동산에 관한 이 책의 대주제를
정당화하지는 않는다. 도리어 이 평행 관계는 왜 "성전" 묘사가 고린도전
서 3:9b-17의 바로 이 지점에서 바울의 마음에 떠올랐는지 하는 이유를
보여준다. 왜냐하면 바울은 아마도 구약성경의 다른 곳에서도 발견되고
초기 유대교 저술가들에 의해서도 발전된 이 주제를 어느 정도 알고 있었
을 것이고, 이런 이유로 사도는 서로 분명히 별개인 두 이미지를 연결시키
도록 자극받았을 것이기 때문이다. 따라서 이것은 사람들이 흔히 생각하

---

9) 시 52:8도 "그러나 나는 하나님의 집에 있는 푸른 감람나무 같음이여"라고 말한다. 또
한 이스라엘의 "성막"이 "강가의 동산 같으며 여호와께서 심으신 침향목들 같다"라는 내
용도 생각해보라(민 24:5-7; 70인경도 보라; 호 14:5-8). Gärtner 1965: 65은 자신의 공
동체를 성전과 농작물로 묘사하는 쿰란의 개념이 바울의 묘사에 영향을 주었다고 본다.
Gärtner는 이런 결합 형태가 구약에서도 발견되고, 동산의 표상이 성전에 관해 말하는
또 다른 표현 방식이며, 바울이 이런 방식을 잘 알고 있었음을 인식하지 못했다. 이와 관
련된 쿰란의 가장 적절한 텍스트로는 1QS 8.5-8; 11.4-5, 7-8과 1QH 6.15-19, 26-27을
보라. 또한 레위가 하늘의 성전과 그 안에 계신 주를 함께 본 후, 한 천사가 그에게 나타
나 "네 생명이 주의 분깃으로부터 비롯될 것이다"라고 말했음을 주목하라. 천사의 이 말
은 부분적으로 지성소에서 제사장 자격으로 하나님과 긴밀한 관계를 맺고 있는 레위의
상황을 가리킨다. 이어서 천사는 하나님이 "너에게 밭과 포도원과 열매와 은과 금이 되
실 것"(레위의 유언 2:12을 Beale이 번역함; 3:1-10도 참조)이라고 말하는데, 이는 농사
은유와 귀금속 은유를 결합시킨 바울의 표현과 거의 동일하다.

는 것처럼 그렇게 갑작스런 장면 전환이라고 보기 어렵다.

말라기서의 배경으로서의 성전

마지막 심판 때의 불은 성전의 터 위에 세워진 "각 사람[목회자]의 공적을 시험"할 것이다. 이것은 곧 하나님이 양 무리의 "참된 재료"를 검사하실 것임을 뜻한다(고전 3:13). "만일 누구든지[목회자] 그 위에 세운 공적이 그대로 있으면 그[목회자]는 상을 받고"(고전 3:14). 달리 말해서 만일에 양 무리가 심판의 불을 성공적으로 잘 통과하면, 목양 지도자는 구원받은 영혼들을 상으로 받을 것이다.[10] "누구든지[목회자] 그 공적이 불타면 해를 받아" 그의 회중(일부 또는 전부; 고전 3:15a)을 잃을 것이다. 이런 경우에 기독교 지도자 "자신은 구원을 받되 불 가운데서 받은 것 같을" 것이다(고전 3:15b).

바울이 고린도에 있는 성전으로서의 교회의 건축에 관해 말하고 있음은 3:16-17에 분명히 드러난다. 이 텍스트에서 바울은 고린도교회 성도들을 세 차례에 걸쳐서 "하나님의 성전"이라고 부른다. 고린도전서 3:10-17은 솔로몬 성전의 배경에 더해서 말라기 3-4장의 구약적인 배경까지도 담고 있다. 말라기서 텍스트는 바울이 신실한 고린도교회 성도들이야말로 불 같은 마지막 심판의 폭풍우를 이겨냄으로써 마지막 때의 성전에 속하리라고 생각했음을 암시한다.

> ^{3:1}보라 내가 내 사자를 보내리니…또 너희가 구하는 바 주가 갑자기 그의 성전에 임하시리니…²그가 임하시는 날을 누가 능히 당하며 그가 나타나는 때에 누가 능히 서리요 그는 금을 연단하는 자의 불과…같을 것이라.[11] ³그가 은

---

10) 마찬가지로 계 3:10에 따르면 "나[그리스도]의 말씀"을 성실하게 "지킨" 자들(참조. 3:3, 8)은 다가올 "시험"을 잘 통과하고 "승리"를 거둘 것이요(3:10, 12), "내 하나님 성전에 기둥이 되게 하리니 그가 결코 다시 나가지 않을" 것이다(3:12).

11) 말 3:2의 70인경은 주께서 "불처럼 [아마도 성전으로] 들어가실" 것이라고 묘사한다.

을 연단하여 깨끗하게 하는 자같이 앉아서 레위 자손을 깨끗하게 하되 은[70 인경은 "금"을 추가함]같이 그들을 연단하리니 그들이 공의로운 제물을 나 여 호와께 바칠 것이라…⁴ʼ¹보라 용광로 불 같은 날이 이르리니…악을 행하는 자는 다 지푸라기 같을 것이라 그 이르는 날에 그들을 살라 그 뿌리와 가지를 남기지 아니할 것이로되

말라기는 바울의 언어와 유사한 언어로 주께서 마지막 날에 "그의 성 전에 임하시고" 성전의 제사장들[12]을 "은과 금같이…불"로써 "연단"하시 며, 악을 행하는 자들을 "지푸라기"와 땔나무용 가지처럼 "태우시리라고" 예언한다(참조. 잠 17:3). 바울이 말라기서를 염두에 두었다는 점은 예견 가 능하다. 왜냐하면 그리스도가 이미 말라기 3:1을 자신에게 적용하셨기 때 문이다(마 11:10; 막 1:2도 마찬가지). 비록 말라기는 제사장들을 연단하는 일이 성전에서 이루어지리라고 묘사하지만, 바울은 성전에 속한 신자들이 귀 금속과 같이 연단받을 것이라고 봄으로써 이런 표상을 변형시킨다. 바울 이 마지막 때의 성전에 관한 예언을 끌어들였으리라는 것은, 그가 고린도 전서 3:9-17에서 성전에 몰두하고 있다는 사실에 비추어볼 때 충분히 이 해할 수 있다. 바울은 말라기의 예언이 성취될 때가 다가오고 있음을 믿는 다. 하나님이 의인은 보존하시고 악인은 심판하는 방식으로 "의인과 악인 을 분별"하기 위해(말 3:18) 성전, 곧 교회의 "금속"을 시험하심으로써 말이 다. 보존되는 자들은 그리스도와 그의 백성으로 이루어진 참된 종말론적 인 성전으로서 자기에게 닥친 시련을 이겨낼 것인데, 이 점은 요한계시록 21:1-22:5에 잘 묘사되어 있다.

바울은 세 차례에 걸쳐서 "터 위에 세우는" 것에 대해 말한다(3:10, 12,

---

12) 신자들을 제사장으로 보는 바울의 견해에 대해서는 롬 12:1을 보라(히 13:15; 벧전 2:5, 9; 계 1:6; 5:10; 20:6도 보라). 또한 바울은 자신을 제사장 역할을 하는 자로 본다(롬 15:16; 빌 2:17; 딤후 4:6).

14). 바울의 이 말씀은 세월이 흘러가면서 자라게 되는 구조물의 개념을 분명하게 함축한다. 이것은 에덴 성소와 족장 성소, 솔로몬 성전과 제2성전 등의 성장 개념과 잘 들어맞는다. 이 모든 성소와 성전은 본래의 경계선이나 크기로부터 우주 전체를 포괄할 정도로 확장될 예정이었다. 거기에는 성장 개념뿐만 아니라 성전이 지리적인 이스라엘의 경계를 넘어서서 성전과 참 이스라엘의 참된 기초석인 그리스도 위에 세워질 이방인들을 포함할 정도로 확장되리라는 암묵적인 개념도 포함된다.

고린도전서 3:6-7의 "성장" 개념이 그리스어역 구약성경에서 아담에게 주어진 사명으로 자연스럽게 사용될 뿐만 아니라, 나중에 노아와 족장들에게 전달되고 소규모 성전 건축의 이야기들과 결합된다는 사실은 우연의 일치가 아니다.[13] 하나님의 백성을 위한 성전이 건축되고 있음을 바울은 알고 있었다. 하지만 사도는 교회의 사역자들이 가시적인 성전의 규모가 커지는 것이 진정한 성전을 가리키지 않을 수도 있다는 점을 깨닫기를 원했다.

몇 장 후에 바울은 교회가 "성령의 전"(고전 6:19)이라는 주장을 재개한다. 바울은 고린도교회 성도들에게 왜 그들이 음행을 피해야 하는지를 상기시키기 위해 이 점을 강조한다. 성도들은 마지막 날에 있을 성전에 속한다. 구약의 성전이 부정함으로부터 정결케 되어야 한다면, 성도들은 훨씬 더 자기 몸을 깨끗하게 하고 음행을 멀리해야 한다(6:18). 구약의 성전이 하나님의 영광이 머무는 자리로서 그 영광을 보여주어야 했던 것처럼, 바울은 그들에게 "너희 몸으로 하나님께 영광을 돌리라"(6:20)라고 명한다. 하나님의 영광이 이스라엘의 옛 성전에 독특한 방식으로 거하시는 것처럼, 그분의 영화로운 속성들도 고린도교회 성도 개개인과 그들의 공동체

---

13) 예를 들어 창 9:7이 그렇다: "너희는 생육하고[성장하고] 번성하며 땅에 가득하여 그 중에서 번성하라 하셨더라." 이 동사의 39회 용례 중 약 20회는 일정한 양식을 가진 사명과 관련되어 나타난다. 흥미롭게도 대상 17:10-12(70인경)은 하나님이 "심으시고" 이스라엘을 "자라게" 하시며, 다윗의 씨가 나[하나님]에게 집[=성전]을 "건축할" 것이라고 말한다(앞에서 따옴표로 묶인 그리스어 단어 세 개는 대상 3:6-10에서도 발견됨).

안에서 분명하게 드러나야 한다. 왜냐하면 바로 그들이 새로운 성전이기 때문이다. 마찬가지로 새 창조에서 완성되는 성전은 "하나님의 영광"을 완전하게 반영할 것이요(계 21:11) "무엇이든지 속된 것…은 결코 그리로 들어가지 못할" 것이다(계 21:27).

고린도후서

일부 주석가들은 고린도전서의 성전이 다만 은유일 뿐이라고 말한다. 교회는 단순히 성전과 "같을"(like) 뿐이지, 구약성경에 있는 종말론적인 성전 예언의 초기 성취는 아니라는 것이다.[14] 하지만 고린도전서 3장이 말라기 3:1-2과 4:1을 언급한다는 우리 주장은, 교회가 구약성경에 예언된 종말론적인 성전의 실제적인 초기 성취라는 것이다. 바울이 고린도후서에서 성전에 대한 논의를 계속한다는 점은 그가 교회를 성전에 비교하고 있음을 추가로 암시한다. 왜냐하면 바울은 교회야말로 마지막 날에 있을 성전의 초기 성취라고 이해하기 때문이다.

바울의 모든 저작 중에서 신학적으로 가장 의미심장한 진술은 고린도후서 1:20a에서 발견된다. "하나님의 약속(promises)은 얼마든지 그리스도 안에서 예가 되니." 여기서 말하는 "약속"(promises)은 무엇보다도 그리스도 안에서 성취되기 시작한 구약성경의 약속들을 가리킴이 분명하다. 그렇다면 바울은 구체적으로 어떤 약속을 염두에 두는 것일까? 아마도 하나님이 예언을 통해 주신 모든 약속이 다 포함되겠지만, 바울이 가장 크게 염두에 두는 약속은 이 편지의 다음 문맥, 특히 1:21-7:1에서 언급되는 약속일 것이다. 고린도후서 1:20과 7:1이 똑같이 "약속들"을 가리킨다는 사

---

14) Fee(1987: 147)는 이런 표본적 가설을 내세운다: 고전 3장이 종말론적인 성전을 염두에 둔다는 개념은 "결코 확실하지는 않지만 있음직하다." 그러면서도 Fee는 각주에서 이런 종말론적 견해가 **"아마도 옳을 것"**(Beale 강조)이라고 말한다.

실(7:1은 "그런즉"으로 시작함)은 적어도 그것이 이 단락에서 예언의 성취를 언급함을 나타내는 표지 중 하나로 이해된다. 확실히 바울은 하나님이 이스라엘과 맺으신 "새 언약"(3:1-18), 이스라엘의 부활(5:14-15), 새 창조(5:16-17), 포로 상황으로부터의 회복(5:18-6:18) 등의 약속에 대해 생각하고 있다. 제6장에서 살핀 바와 같이 새 성전의 건축은 이스라엘의 회복에 속한다(예. 겔 37:26-28; 40-48장). 이런 이유로 바울은 성전을 구약 예언의 초기 성취 중에 포함시키고 있다.

마지막 때의 성전으로서 교회(고후 6:16-18)

고린도후서 6:16a은 신자들이야말로 종말론적인 성전을 이루는 자들임을 가장 분명하게 언급하는 바울의 진술이다. 사도는 이 구절을 회복 약속들의 초기 성취라고 간주한다. "우리는 살아 계신 하나님의 성전이라 이와 같이 하나님께서 이르시되." 바울은 이런 선언을 뒷받침하기 위해 몇몇 구약 텍스트를 인용하는데, 그중 첫째 텍스트는 미래의 성전에 관한 예언을 담고 있다.

레위기 26:11-12; 에스겔 37:26-27	고린도후서 6:16b
레위기: "내가 내 성막을 너희 중에 세우리니…나는 너희 중에 행하여 너희의 하나님이 되고 너희는 내 백성이 될 것이니라." 에스겔서: "내가…내 성소를 그 가운데에 세워서 영원히 이르게 하리니 내 처소가 그들 가운데에 있을 것이며 나는 그들의 하나님이 되고 그들은 내 백성이 되리라"(참조. 출 29:45).	"내가 그들 가운데 거하며 두루 행하여 나는 그들의 하나님이 되고 그들은 나의 백성이 되리라."

구약성경의 이런 설명이 다가올 성전에 관한 예언이라는 점은 바울이 성전 개념과 그리스도인 개념 사이에 있는 유비를 언급한다는 사실뿐 아니라, 그리스도인이야말로 마지막 때의 성전에 관한 예언의 실제적인 초기 성취임을 암시한다.[15]

바울은 이 예언에다가, 이스라엘이 바벨론 포로 상태로부터 귀향할 때 성전이 건축되리라는 구약의 약속에 대한 두 가지 추가적인 언급을 덧붙인다. 첫째 언급은 이사야 52장을 가리킨다.

이사야 52:11; 에스겔 11:17; 20:34, 41	고린도후서 6:17
이사야서: "너희는 떠날지어다 떠날지어다 거기서 나오고 부정한 것을 만지지 말지어다 그 가운데에서 나올지어다 여호와의 기구를 메는 자들이여 스스로 정결하게 할지어다." 에스겔서: "내가 너희를…영접하며"[16] (70인경).[17]	"그러므로 너희는 그들 중에서 나와서 따로 있고 부정한 것을 만지지 말라 내가 너희를 영접하여."

이사야는 이스라엘 백성 전체를 향해 바벨론을 "떠나라"고 명하지 않는다. 도리어 예언자는 성전의 거룩한 "기구들"—느부갓네살이 솔로몬 성전으로부터 가져와서 포로 기간 동안 바벨론에 보관해두었던—을 메는 제사장들에게 명한다. 그들은 "기구들"을 재건 중인 성전으로 가지고 와야

---

15) 고후 6:16에 대해 유사한 견해를 취하는 Clowney(1972: 185-186)도 보라.

16) 겔 11:17(마소라 텍스트)은 "너희를"로 표현하지만, 70인경은 "그들을"로 표현한다.

17) 포로 상태로부터 돌아오는 이스라엘을 하나님이 "영접"하시는 것을 언급하는 다음의 텍스트도 유사한 의미를 전달하는 것 같다: 미 4:6; 습 3:19-20; 슥 10:8, 10; 렘 23:3. 이 텍스트들 중 처음 두 개도 성전으로의 복귀를 염두에 둔다(참조. 미 4:1-3, 7-8; 습 3:10-11).

한다. 에스겔은 포로 상태로부터 돌아오는 이스라엘을 "영접하시는" 하나님에 대한 메시지를 되풀이하면서 성전의 회복을 염두에 두는 것 같다. 예를 들어 에스겔 20:40-41(70인경)은 이렇게 말한다. "…내 거룩한 산 곧 이스라엘의 높은 산에서…내가 그들을 기쁘게 받을지라 거기에서 너희 예물과 너희가 드리는 첫 열매와 너희 모든 성물을 요구하리라…너희가 흩어진 여러 민족 가운데에서 모아 낼 때에 내가 너희를 향기로 받고…."

흥미롭게도 에스겔 11:16은 이스라엘이 포로로 살 때 하나님이 "그들이 도달한 나라들에서 잠깐 그들에게 성소"가 되셨다고 말한다. 이런 주장은 에스겔 10:18과 직접적으로 관련된다. 왜냐하면 이 텍스트는 "야웨의 영광이 (예루살렘에 있는) 성전 문지방을 떠났다"라고 말하기 때문이다 (겔 10:18; 겔 11:23도 마찬가지). 하나님의 영화로운 임재가 성전을 떠나 포로로 잡혀간 남은 자들과 함께한다는 것은 우연의 일치가 아니다. 그분의 임재는 회복된 백성과 함께 돌아오며, 또 다른 성전을 다시 거처로 삼을 것이다. 그러나 이 일은 이스라엘의 귀향 이후에 지어졌던 두 번째 성전에서 이루어지지 않은 것 같다. 하나님의 성막 임재는 그리스도의 오심을 통해 현실화되었다. 그는 "육신이 되어" 이스라엘 중에 "거하셨으며" 그들은 "그의 영광을 보았다"(요 1:14). 그리스도와 일체가 된 자들은 참된 성전에 속한 고린도교회 성도들과 같이 된다.

고린도교회 성도들이 "살아 계신 하나님의 성전"이라는 주장을 뒷받침하는 바울의 마지막 언급은 사무엘하 7:14에서 가져왔다.

사무엘하 7:14	고린도후서 6:18
"나는 그에게 아버지가 되고 그는 내게 아들이 되리니."	"너희에게 아버지가 되고 너희는 내게 자녀가 되리라 전능하신 주의 말씀이니라."

사무엘하서가 원래 텍스트이기는 하지만, "아들"은 이스라엘의 "아들들과 딸들"의 회복을 예언하는 이사야서의 세 텍스트(사 43:6; 49:22; 60:4)의 영향을 받아 "아들들과 딸들"로 확대되었다. 이 세 텍스트 중 마지막 텍스트는 이스라엘이 회복된 성전에서 다시 예배를 드리게 되리라는 약속을 자신의 문맥 안에 포함하고 있다(사 60:7, 13). 사무엘하서의 예언은 미래의 왕과 성전에 관심을 기울인다. "그[다가올 왕]는 내 이름을 위하여 집을 건축할 것이요 나는 그의 나라 왕위를 영원히 견고하게 하리라"(삼하 7:13).[18] 사도행전에 대한 우리 논의는 사무엘하서의 이 예언이 솔로몬과 그의 성전에서 완전히 이루어진 것이 아니라 마지막 성전의 첫 창조에 해당하는 그리스도의 왕권과 그의 부활에 의해 최종적으로 성취되었음을 입증한 바 있다. 사도행전 15장에서처럼, 우리는 교회도 사무엘하서에 예고된 성전을 구성한다는 사실을 발견한다. 사도행전에서처럼 새 성전은 이스라엘 주변에 사는 민족들을 포함하는 것으로 확장되는데, 고린도의 그리스인들이 이 경우에 해당한다. 복음서나 사도행전에서처럼, 새 성전은 그리스도의 부활로부터 비롯된 새 창조에 대해 말하는 또 다른 방식이다. 이와 관련해서 고린도후서 6:16-18은 5:15-17에서 시작된 논의를 계속 이어간다.[19] 그리스도는 "그들을 대신하여 죽었다가 다시 살아나신 분이다.…그런즉 누구든지 그리스도 안에 있으면 새로운 피조물이라 이전 것은 지나갔으니 보라 새 것이 되었도다." 결국 그리스도와 그의 백성은 옛 성전의 소우주 상징이 예고하던 존재대로 되었다고 할 수 있다.

이로써 "하나님의 약속은 얼마든지 그리스도 안에서" 성취되기 시작한다. 마지막 성전에 관한 예언을 포함해서 모든 약속이 "예가 된다"는 이야기다(고후 1:20). 고린도후서 7:1a은 성전 예언이야말로 이 약속들 중에서 가장 중요한 것임을 강조한다. 왜냐하면 그것이 바로 앞의 문맥에서 언급되

---

18) 고후 6:16-18의 언급에 대한 보다 상세한 분석으로는 Beale 1989: 235-239을 보라.
19) 5:17에서 6:16-18로 이어지는 유기적인 연결 고리에 대해서는 Beale 1989을 보라.

기 때문이다(고후 6:16-18). "그런즉 사랑하는 자들아 이 약속을 가진 우리는." 그리스도가 맨 처음으로 성전 약속을 성취하셨고(참조. 1:20), "이 약속을 가진" 독자들도 그 성취에 참여한다(7:1). 그들과 바울이 그리스도가 성취하신 동일한 약속을 성취하는 이유는, 하나님이 신자들을 "인치시고 보증으로 우리 마음에 성령을 주심"으로써 "우리를 너희와 함께 그리스도 안에서 굳건하게 하시기" 때문이다(1:21-22). 그들은 단지 종말론적인 성전 예언을 성취하기 시작할 뿐이지만, 그들이 이런 희망을 완전하게 현실화시킬 때가 올 것이다. 또한 고린도교회 성도들이 바울과 함께 새 성전을 구성하고 있기에, 바울은 그들에게 새 성소를 정결하게 잘 관리하라고 명한다. 하나님이 구약의 성전을 섬기던 제사장들에게 명령하셨던 것과 마찬가지로 말이다. "하나님을 두려워하는 가운데서 거룩함을 온전히 이루어 육과 영의 온갖 더러운 것에서 자신을 깨끗하게 하자"(고후 7:1b).

마지막 때의 성전의 시작과 끝으로서 교회(고후 4:16-5:5)

고린도후서 5:1-5에서 바울은 성전으로서의 고린도교회 성도들에 관한 6장의 명시적인 논의를 예고한다.

> 5:1 만일 땅에 있는 우리의 장막 집이 무너지면 하나님께서 지으신 집 곧 손으로 지은 것이 아니요 하늘에 있는 영원한 집이 우리에게 있는 줄 아느니라
> 2 참으로 우리가 여기 있어 탄식하며 하늘로부터 오는 우리 처소로 덧입기를 간절히 사모하노라
> 3 이렇게 입음은 우리가 벗은 자들로 발견되지 않으려 함이라
> 4 참으로 이 장막에 있는 우리가 짐 진 것같이 탄식하는 것은 벗고자 함이 아니요 오히려 덧입고자 함이니 죽을 것이 생명에 삼킨 바 되게 하려 함이라
> 5 곧 이것을 우리에게 이루게 하시고 보증으로 성령을 우리에게 주신 이는 하나님이시니라

성전 신학

"땅에 있는 장막 집"(1절)은 죽을 수밖에 없고 그럼으로써 언젠가는 파멸에 이르게 될("무너지면") 신자의 몸을 가리킨다. 그러나 죽음 이후에 그리스도인은 "하나님이 지으신 집 곧 손으로 지은 것이 아니요 하늘에 있는 영원한 집"을 갖게 될 것이다(1절). 이것은 장차 있을 그들의 부활 및 새 "하늘"과 땅을 구성하게 될 그들의 변모를 가리키는데, 이는 앞서 살폈고 또 앞으로 살펴볼 하나님의 성전이 되는 것과 동일하다. "덧입는" 것이 마지막 때의 부활을 가리킨다는 점은 4절에 명시적으로 드러난다. 바울이 성전을 염두에 둔다는 점은[20] "손으로 지은 것이 아니라"라는 구절을 통해 금방 확인된다. 사실상 이 구절은 성경 어디에서나 종말론적인 새 성전에 관해 전문적으로 말하는 방식이다.[21] 그뿐 아니라 "지으신 집"과 "집"(1절), "처소"(2절) 등의 표현은 바울 서신의 다른 곳에서 이스라엘의 성전 또는 성전으로서의 교회와 관련해서 언급된다.[22]

고린도후서 5:1-5은 장차 있을 성전의 완전한 형태를 그리고 있지만, 고린도후서 6:16-18이 보여준 것처럼 그것의 현실화는 이미 시작된 것과 같았다. 이 점은 바로 앞 문맥인 4:16-18에서도 분명하게 드러나며, 그 안에 담긴 사상은 5:1 이하로 계속 이어진다.[23]

---

20) Ellis(1959-60: 217-218)는 여기서 바울이 성전으로서의 교회를 염두에 둔다는 견해를 대표하는 학자다. 고후 5:1-4에 묘사된 실제 모습이 성전을 가리킨다는 그의 견해는 부분적으로 의심스럽지만 말이다.

21) 이 구절이나 비슷한 표현들에 관한 앞의 논의를 보라(297-305쪽). 이와 관련된 인용문으로는 출 15:17; 사 66:1-2; 단 2:34, 35(70인경); 막 14:58; 행 7:48-49; 17:24; 히 9:11, 24; 시빌의 신탁 4:11; Euripides, *Fragment* 968(여기 대해서는 Bruce 1954: 357을 보라) 등이 있다. 골 2:11은 "손으로 하지 아니한 할례"에 대해 언급한다.

22) "지으신 집"(*oikodomē*)은 이스라엘의 성전(마 24:1; 막 13:1-2)이나 성전으로서의 교회(고전 3:9; 엡 2:21)를 가리킨다. 바울은 다른 곳에서도 "집"(*oikos*)이라는 단어를 성전을 가리키는 것으로 사용하지 않는다. 물론 구약(예. 삼하 7:6-7, 13)과 신약(예. 눅 19:46; 벧전 2:5)의 다른 곳에서 이 단어는 성전 의미를 가지지만 말이다. "처소"(*oikētērion*)는 고후 2장 외에는 오직 유다서에서만 성전을 지시하지 않는 단어로 사용되지만, 바울이 단 한 번만 사용한 유사어 *katoikētērion*은 엡 2:22에서 성전으로서의 교회를 가리킨다.

23) 여기 대해서는 Hafemann 2000: 206-207을 보라.

^{4:16}그러므로 우리가 낙심하지 아니하노니 우리의 겉사람은 낡아지나 우리의 속사람은 날로 새로워지도다

¹⁷우리가 잠시 받는 환난의 경한 것이 지극히 크고 영원한 영광의 중한 것을 우리에게 이루게 함이니

¹⁸우리가 주목하는 것은 보이는 것이 아니요 보이지 않는 것이니 보이는 것은 잠깐이요 보이지 않는 것은 영원함이라

16-17절은 이처럼 계속 진행되는 내적인 갱신이 현재의 점증하는 "영원한 영광의 무게"에 상응한다고 설명한다. 여기서 말하는 영광은 5:1-4에 언급된 마지막 부활의 때에 마침내 "지극히 크고 영원한 영광"으로 마무리될 것이다. 독자들은 마지막 때에 "[부활의] 생명에 삼킨 바" 되겠지만(고후 5:4), 이런 "생명"은 이미 그들 안에서 "역사"하고 있었다(고후 4:12). 성령은 4:12-13에서 믿음 안에 있는 부활 생명의 기원과 연결되는 것과 마찬가지로 장차 있을 부활 생명의 절정을 위한 "보증"(5:5)이기도 하다(Hafemann 2000: 186-187).

성령 자신은 새 창조의 초기 증거다. 새 창조 안에는 부활의 실존이 있으며, 우주적인 의미를 갖는 성전의 자리도 있다.[24] 고린도후서 5:5은 "바로 이런 목적을 위해" 우리로 하여금 부활 생명을 누리고 영원한 성전에 속한 자들이 되도록 준비하신 하나님이 미래를 위한 "보증으로 성령을 우리에게" 주셨다고 말한다. 성령은 이런 현실의 예고 또는 약속일 뿐 아니라, 이 현실의 초기 형태이기도 하다. 고린도후서 1:20-22은 이 점을 훨씬 분명하게 밝히고 있다. "[구약성경에 있는] 하나님의 약속은 얼마든지 그리스도 안에서 예가 된다." 이것은 이 약속이 그리스도의 첫 번째 오심을 통해 성취되기 시작했음을 의미한다. 이어서 바울은 하나님이 "우리를 너희와 함께 그리스도 안에서 굳건하게 하시고…보증으로 우리 마음에 성

---

24) 성령에 관한 유사한 진술로는 엡 1:14; 롬 8:23을 보라.

령을 주셨다"라고 말한다.[25] 달리 말해서 성령은 마지막 날에 있을 약속들이 그리스도와 그의 백성 안에서 이미 성취되기 시작했음을 나타내는 초기 증거라고 할 수 있다. 성령은 장차 있을 "우리 몸의 속량"의 "첫 열매"다 (롬 8:23). 마찬가지로 에베소서 1:13-14은 신자들이 마지막 때에 있을 완전한 "기업"의 "보증이신 약속의 성령으로 인치심을 받았다"라고 주장한다.

부활의 "갱신" 과정(고후 4:16)이 영광을 세우는 과정과 같음은 타당하다. 왜냐하면 역사 전체를 통틀어 볼 때 성전은 하나님의 영광이 머물기에 적절한 곳이었기 때문이다. 이제 적절하게도 하나님의 영광은 새 아담이요 새 성전인 그리스도 안에 있는 자들 사이에 머물게 된다. 바울은 고린도전서 6:19-20에서 똑같은 이야기를 한다. "너희 몸은 너희가 하나님께로부터 받은 바 너희 가운데 계신 성령의 전인 줄을 알지 못하느냐…그런즉 너희 몸으로 하나님께 영광을 돌리라." 여기서 바울이 말하는 영광은 새 창조의 성전 안에 영원토록 완전하게 반영되어 있는 영광을 일컫는다 (예. 계 21:11; 참조. 계 15:8). 이미 이 세상 속으로 들어와 존재하게 된 새 성전은 옛 성전처럼 "손으로 지은 것이 아니기" 때문에 눈으로 볼 수 없다. "보이는 것은 잠깐이요 보이지 않는 것은 영원함이라"(고후 4:18).

영광이 성전 안에서 자라가는 방식에는 반어적인 데가 있다. 그것은 신자가 고통을 통해 보전되는 것과 같다. 하나님의 영화로운 "능력은 약한 데서 온전하여진다"(고후 12:9). 실제로 눈에 보이는 참된 교회의 약함을 통한 영광의 증가는 성전 자체의 성장과 같다. 그리스도인들이 시련과 약함 속에서 하나님을 신뢰할 때, 그분은 자신의 영광을 우리 안에서 빛나도록 하신다. 하나님은 우리로 하여금 그의 영광의 "보배를 [연약한] 질그릇에 갖게" 하셨다. "심히 큰 능력이 하나님께 있고 우리에게 있지 아니함을 알

25) 헬레니즘 계통의 그리스어에서 *arrabōn*이라는 단어는 "담보" 또는 "나중에 완전하게 주어질 것의 선금(先金) 일부"를 가리키는 듯하다(Moulton and Milligan 1972: 79). 예를 들어 이 단어는 상거래를 이루기 위해 미리 지불하는 보증금을 의미한다. 약속된 돈의 나머지는 거래가 성사된 후 지불된다.

게 하기" 위해서 말이다(고후 4:6b-7).

에베소서

에베소서 2:19-22은 신약성경의 모든 책 중에서 성전으로서의 교회를 가장 확실하게 묘사하는 텍스트 중 하나다.

> [19]그러므로 이제부터 너희는 외인도 아니요 나그네도 아니요 오직 성도들과 동일한 시민이요 하나님의 권속이라
> [20]너희는 사도들과 선지자들의 터 위에 세우심을 입은 자라 그리스도 예수께서 친히 모퉁잇돌이 되셨느니라
> [21]그의 안에서 건물마다 서로 연결하여 주 안에서 성전이 되어 가고
> [22]너희도 성령 안에서 하나님이 거하실 처소가 되기 위하여 그리스도 예수 안에서 함께 지어져 가느니라

여기서 바울이 성전으로서의 교회를 묘사한다는 것은 명백한 나머지 입증할 필요도 없다. 그럼에도 바울이 단순히 교회를 성전과 유사한 것으로 인식하는지, 또는 실제로 교회를 마지막 때에 있을 성전에 대한 구약 예언의 초기 성취라고 생각하는지 하는 질문에는 답변이 필요하다. 복음서와 사도행전뿐만 아니라 고린도전후서에 대한 우리 연구에 기초해서 볼 때, 이런 질문에 대한 답변은 바울이 참으로 교회가 성전과 "같을" 뿐만 아니라 마지막 날에 있을 성전에 대한 구약 예언의 실질적인 초기 성취라고 믿었을 가능성이 매우 높다는 것이다.

에베소서 2장의 직접적인 문맥도 긍정적인 답변이 가능함을 보여준다. 에베소서 2:17은 이사야 57:19의 회복 예언을 인용한다. "또 오셔서 먼 데 있는 너희에게 평안을 전하시고 가까운 데 있는 자들에게 평안을 전하셨으니." 이 인용문은 17절 바로 앞에 있는 바울의 주장, 곧 그리스도의 죽

음과 부활이 유대인과 이방인들을 하나님과 화목하게 만들었고, 그럼으로써 그들 서로까지도 화목하게 만들었다는 주장을 뒷받침한다. 만일에 유대인과 이방인들이 한 분이신 그리스도 안에 있음으로 하나님과 화목하게 된다면, 그들은 서로에 대해서도 화목과 평화를 누리게 된다. 왜냐하면 그리스도 안에 있는 "새 사람"으로서의 그들의 정체성이 이전에 서로에 대해 서로를 소원하게 만들었던 어떤 민족적 정체성도 뛰어넘기 때문이다(2:15-16). 만일에 그들이 그리스도께 속하고 그의 안에 있는 새로운 피조물이라면, 그들은 "한 성령"에 속한 자들로서 아버지께로 쉽게 "나아갈" 수 있다(2:18). 그들이 성령 안에서 이처럼 쉽게 아버지께 나아갈 수 있음은, 19-22절에서 그들이 그리스도를 모퉁잇돌로 가지는 하나님의 성전이요 성령의 전이기에 가능하다고 이해된다.

그리스도는 자신의 사역과 죽음 및 부활 등을 통해 자신을 성전의 "모퉁잇돌"로 만드셨다.[26] 교회는 이 "모퉁잇돌" 위에, 그리고 "사도들과 선지자들의 터" 위에 세워지기 시작했다. 이로써 "그리스도 안에서"(즉 "그 안에서", 2:15), "한 새 사람 안에서"(2:15) "한 성령 안에서"(2:18) "성전이 되어가고"(2:21) 등의 표상은 모두 동일한 의미를 가진다. 이 표상들은 그들이 새 창조의 시작이라 할 하나님의 임재 안에 거하고 있다는 한 가지 현실을 의미한다. 새 창조에 관한 이상의 모든 평행 구절 안에 "성전"이 포함된다는 사실은 자연스럽게 이해될 만하다. 구약의 성전이 우주 전체의 작은 모델이라는 점을 상기한다면 말이다.

이사야 57장 인용문은 이스라엘이 포로 상태로부터 해방되어 돌아오리라는 예언을 담고 있는데, 바울은 유대인과 이방인들이 믿음 안에서 이스라엘의 참된 상속자인 그리스도께로 돌아옴으로써 이 예언이 성취되었

---

26) 마 21:42과 평행 구절들도 같은 내용을 말한다. 여기 대해서는 앞의 논의(241-250쪽)를 보라.

다고 이해한다.[27] 이사야 57:19 앞에 있는 구절들도 이스라엘의 회복에 관해 말하면서, 그들이 새롭게 창조된 하나님의 성전에 거주하게 된다고 말함은 우연의 일치가 아니다.

> [13b]나를 의뢰하는 자는 땅을 차지하겠고
> 나의 거룩한 산을 기업으로 얻으리라
> [14]그가 말하기를
> 돋우고 돋우어 길을 수축하여
> 내 백성의 길에서 거치는 것을 제하여 버리라 하리라
> [15]지극히 존귀하며 영원히 거하시며
> 거룩하다 이름하는 이가 이와 같이 말씀하시되
> 내가 높고 거룩한 곳에 있으며 또한 [내가] 통회하고 마음이 겸손한 자와 함께 있나니 이는 겸손한 자의 영을 소생시키며 통회하는 자의 마음을 소생시키려 함이라

바울이 이사야 57장을 성전과 관련해서 언급한다는 것은 놀랍지 않다. 왜냐하면 앞서 우리는 이사야 66:2이 57장을 발전시켰고, 스데반이 성전에 관한 자신의 설교에서 이 텍스트를 인용했음을 관찰한 바 있기 때문이다.[28] 이스라엘이 하나님이 회복시키신 성전으로 돌아와 거하게 되리라는 약속(사 57:13-15)은 이사야 56:3-8의 동일한 약속을 그대로 받아들이고 있다.

---

27) 이런 이유로 엡 3:6은 "이는 이방인들이 복음으로 말미암아 그리스도 예수 안에서 [유대인 그리스도인들과] 함께 상속자가 되고 함께 지체가 되고 함께 약속에 참여하는 자가 됨이라"라고 말한다. 성도들은 이스라엘 공동체 전체를 대표하는 동시에 참된 이스라엘의 우두머리인 메시아(역자 주-그리스어로는 "그리스도") 예수와 일체가 됨으로써 이스라엘에게 주어진 마지막 때의 약속에 참여하게 된다. 이 텍스트에 대한 이런 해석 경향에 대해서는 추가로 Beale 1998: 242-246을 보라.
28) 스데반의 사 66장 인용에 관한 논의로는 292-297쪽을 보라.

³여호와께 연합한 이방인은 말하기를 여호와께서 나를 그의 백성 중에서 반드시 갈라내시리라 하지 말며 고자도 말하기를 나는 마른 나무라 하지 말라
⁴여호와께서 이와 같이 말씀하시기를 나의 안식일을 지키며 내가 기뻐하는 일을 선택하며 나의 언약을 굳게 잡는 고자들에게는
⁵내가 내 집에서, 내 성 안에서 아들이나 딸보다 나은 기념물과 이름을 그들에게 주며 영원한 이름을 주어 끊어지지 아니하게 할 것이며
⁶또 여호와와 연합하여 그를 섬기며 여호와의 이름을 사랑하며 그의 종이 되며 안식일을 지켜 더럽히지 아니하며 나의 언약을 굳게 지키는 이방인마다
⁷내가 곧 그들을 나의 성산으로 인도하여 기도하는 내 집에서 그들을 기쁘게 할 것이며 그들의 번제와 희생을 나의 제단에서 기꺼이 받게 되리니 이는 내 집은 만민이 기도하는 집이라 일컬음이 될 것임이라
⁸이스라엘의 쫓겨난 자를 모으시는 주 여호와가 말하노니 내가 이미 모은 백성 외에 또 모아 그에게 속하게 하리라 하셨느니라

이 구절은 구속된 유대인과 이방인들이 똑같이 새 시대에 하나님의 성전 안에서 함께 예배드릴 것임을 명시적으로 밝히는데, 바울은 에베소서 2장에서 동일한 주장을 내세우고 있다. 심지어 이사야는 "여호와께 연합한 이방인"이 "그의[하나님의] 백성 중에서 갈라지지" 않을 것이라고까지 한다(56:3). 기독교 이전의 유대인 독자의 관점에서 이것은, 이전에 그랬던 것처럼(즉 이스라엘로 주거지를 옮김으로써, 할례 받음을 통해서, 성전 구조물에서 예배드리고 이스라엘의 율법을 따름으로써) 이방인들이 종말론적인 이스라엘에 속하게 됨을 의미한다고 이해되었다. 하지만 에베소서의 강조점은 유대인과 이방인들이 지리적인 이스라엘이 아니라 그리스도께로, 참된 이스라엘과 참된 성전과 참된 율법의 핵심과 참된 할례 등으로 "옮겨감으로써" 이사야의 예언을 성취하리라는 데 있다(히 12:18-24을 보라). 이것은 "다른 세대에서는 사람의 아들들에게 알리지 아니하셨으나 지금은 너희에게 알려진 그리스도의 비밀"에 속했다(엡 3:4-5). 특히 이방인의 경우, 참된 이스라엘

백성이 되고 참된 성전에서 예배드리기 위해 이제 더 이상 이스라엘 민족의 율법과 관련된 관습과 외적 표지가 필요하지 않게 되었다. 이방인들이 그리스도와 연합했다는 것은 그들이 참된 이스라엘과 마지막 날의 진정한 성전에 속하게 되었음을 의미한다.[29] 구약성경은 메시아가 오실 때 이스라엘의 신정 공동체가 복원되고, 그로 인해 이 신정 공동체가 단순히 메시아의 새로운 조직체로서만 지속될 것인지에 대해 명시적으로 밝히지는 않는다. 계시된 "비밀"의 핵심은 메시아 안에서 유대인과 이방인들이 완전히 대등한 관계로, 한 분이신 그리스도 안에서의 연합과 일치를 통해 하나가 되리라는 것이다(Beale 1998: 242-244).

이사야 57장의 배경은 바울이 교회의 은유로서의 성전을 염두에 둘 뿐 아니라,[30] 교회야말로 종말의 때 나타날 마지막 성전의 건축 초기 단계임을 염두에 둔다는 사실을 보여준다. 왜 바울은 이방인들이 이전에는 이스라엘의 "약속" 밖에 있었으나(엡 2:12) 지금은 그 "약속"에 함께 참여하는 자들이 되었다(3:6)고 말하는 것일까? 왜냐하면 그것은 부분적으로 이방인들이 오래도록 기다렸던 성전—이사야와 다른 예언자들이 약속했던—과 연

---

29) 사 56:6은 심지어 이방인들이 성전에서 제사장처럼 주를 "섬기리라고"까지 하며, 사 66:18-21은 이 점을 한층 명시적으로 밝힌다. 구약 독자들이 이런 일을 어떻게 받아들였는지는 파악하기 어렵다. 왜냐하면 이스라엘의 율법은 오직 레위 지파에 속한 자만이 성전 제사장으로 봉사할 수 있음을 분명히 밝히기 때문이다. 아마도 일부 이방인들은 이스라엘의 신앙과 율법으로 개종함으로써 레위 지파에 합류했다고 간주되었을 수도 있다.

30) Feinberg(1971: 99)는 여기서 "교회가 성전의 은유 아래 제시된다"는 점만을 지적한다. 역설적이게도 Feinberg는 신약이 성전에 관한 종말론적인 예언을 언급하는 곳에서는 이런 예언을 "문자 그대로" 받아들여야 한다고 주장한다. 만일 에베소서가 성전에 관한 종말론적인 예언을 언급한다는 것을 Feinberg가 알았다면, 과연 엡 2장에 관한 은유적인 해석을 바꾸었을지는 의문이다. 아마도 그는 바울이 성전에 관한 종말론적인 예언의 요소를 염두에 두지 않았고 성전의 표상만을 받아들여 그것을 유비적인 차원에서 사용하기를 원했을 뿐이라고 말할 것 같다. 이런 견해의 문제점은 바울이 구약 텍스트의 맥락에 속한 중심 개념에 주의를 기울이지 않고, 그것의 예언적이고 구속적인 의미를 중화시켰다고 보는 데 있다.

합하게 되었음을 강조하기 위해서였다(엡 2:19-22).

마지막으로, 주목할 가치가 있는 에베소서 2장의 또 다른 특징은 새 성전의 건축이 진행 중에 있음을 강조하는 데 있다. 그리스도 안에서 "건물마다 서로 연결하여 주 안에서 성전이 되어 가고 너희도 성령 안에서 하나님이 거하실 처소가 되기 위하여 그리스도 예수 안에서 함께 지어져 가느니라"(21-22절).[31] 이미 우리는 성전의 건축이나 성장에 대한 유사한 개념을 고린도전서 3장(6-7, 10, 12, 14절)에서 살핀 바 있다. 이처럼 성전의 규모가 점점 커진다는 개념은 앞에서 보았던 개념이다. 에덴과 그 후에 생긴 모든 성전의 경계선은 하나님의 편재적인 임재와 함께 지구 전체를 둘러쌀 때까지 확대될 예정이었다. 그러나 이런 목적은 그리스도 안에서 다시 성취되기 시작할 때까지 결코 제대로 이루어지지 않았다. 고린도전서 3장에서 살핀 바처럼 여기서도 성전의 확장이 현실화되기 시작한다. 성전의 경계선이 온 세상의 이방인들을 포함할 때까지 말이다. 성전은 종말의 때 하나님의 임재가 땅 전체를 가득 채울 때까지 점점 더 많은 사람을 포함하며 계속 확장될 것이다(참조. 엡 4:13).

이런 개념은 초기 기독교 저술가들에게도 지속적으로 영향을 미쳤다. 예를 들어 「바나바의 편지」를 쓴 저자에게 그렇다. 그는 하나님이 그리스도 안에서 "썩지 않는 성전"을 "건축하시고 완성하신다"라고 말한다(*Barnabas* 16:6을 보라; 16:7-10도 보라). 제7장 도입부에서 살핀 바처럼 베드로전서 2장도 동일한 그림을 그리고 있다(334-335쪽을 보라). 바울과 베드로는 똑같이 이 그림을 그리스도로부터 직접 받았던 것 같다. 왜냐하면 두 사도는 동일하게 그리스도를 성전 "모퉁이의 머릿돌"로 칭하기 때문이다. "모퉁이의 머릿돌"이라는 표현은 시편 118편에 기초하는데, 앞서 살핀 것처럼 복음서 기사에서는 그리스도에게 적용된다(예. 마 21:42).

때로는 그리스도가 성전 "모퉁이의 머릿돌"로 칭해지고, 또 때로는 성

---

31) 거의 비슷한 성장 이미지가 엡 4:13-16에서 계속된다.

전 자체가 일관성을 가지고 나타난다. 전자의 그림이 그리스도가 종말론적인 성전의 기초임을 강조한다면, 후자의 그림은 그가 성전 예언들의 성취요, 구약의 성전들이 예시하는 본질임을 확증한다.

골로새서[32)

골로새서 1:1-2의 인사에 이어 바울은 도입부의 전형적인 감사(3-8절)로 편지를 시작한다. 이 편지에서 구약성경에 대한 첫 번째 언급은 1:6, 10에 나온다. 구약 텍스트가 1:6에서는 감사의 내용으로, 1:10에서는 감사에 기초한 기도의 내용으로 언급된다.

창세기 1:28	골로새서 1:6, 10
"생육하고[*auxanō*] 번성하여 땅에 충만하라…모든 생물을 다스리라."	"이 복음[진리의 말씀]이…온 천하에서도 열매를 맺어 자라는도다 [*auxanō*]"(6절). "모든 선한 일에 열매를 맺게 하시며… 자라게[*auxanō*] 하시고"(10절).

몇몇 주석가들은 6절과 10절이 창세기 1:28(1:22도 마찬가지)을 언급한다는 점을 주목한 바 있다. 여기서는 히브리어 텍스트가 논의의 핵심인 것 같다. 왜냐하면 그리스어역 구약성경은 히브리어 "*pārâ*"("열매를 맺다")를 "*auxanō*"("자라다")로, "*rābâ*"("번성하다")를 "*plēthunō*"("번성하다")로 번역하기 때문이다. 바울은 "*pārâ*"를 "*karpophoreō*"("열매를 맺다")로 번역함으로써 그리스어역 구약성경보다 좀더 문자적 번역을 시도하는 것으로 보

---

32) 이 단락에 대한 보다 완전한 설명과 분석으로는 곧 출판 예정인 Beale의 책을 보라.

인다.

어쩌면 이런 언급이 골로새서 1장에 있다는 사실 자체가 의심스럽게 여겨질 수도 있다. 왜냐하면 창세기 1장은 "온 땅"에 인간이 번성하고 그들이 온 땅을 다스릴 것이라고 하는 반면에, 골로새서 1:6은 복음의 말씀이 "온 천하에서" "열매를 맺어 자랄" 것이라고 말하며, 1:10은 선한 일들을 "열매 맺는" 것으로, 그리스도인들이 하나님을 아는 것 안에서[즉, 하나님의 말씀 안에서] 자라는 것으로 설명하기 때문이다.

그럼에도 골로새서 텍스트에는 창세기 1:28을 의도적으로 언급했을 것이라는 가정을 증명하는 언어학적 증거가 충분해 보인다. 그뿐 아니라 골로새서 1:10의 동일 어구 반복은 이전에 유사한 어구가 사용되었을 것임을 분명하게 보여주며, 바울이 창세기 1:28을 잘 알고 있었으리라는 추론까지도 가능케 한다.

앞서 살핀 것처럼 심지어 창세기 1-3장에서조차 이미 하나님의 말씀에 대한 순종이야말로 창세기 1:26, 28의 과제를 성취함에 있어 결정적으로 중요한 의미를 가진다는 사실이 분명하게 드러난다(하나님의 말씀에 대한 불순종은 과제 수행을 실패로 이끈다: 창 2:16-17과 3:3-4에서는 창 2장에 있는 하나님의 말씀을 잘못 인용하거나 의도적으로 왜곡하는 세 가지 사례가 발견된다). 하나님의 명령을 수행한다는 것은 부분적으로 2:16-17의 그분의 말씀을 기억하고 신뢰함으로써 악한 뱀을 물리치고 그것을 지배하는 행동을 포함한다(2:16-17과 관련해서 2:15; 3:1a, 1b, 3에서 하나님이 "말씀하셨다"거나 "하나님의 말씀에"라는 표현이 강조됨에 주목하라). 그럼에도 결과적으로는 뱀이 거짓말로 아담과 하와를 속임으로써 두 사람을 지배하기에 이른다.

창세기 1:28의 "생육하고 번성한다"라는 것은 아담과 하와의 후손이 늘어남을 의미한다. 후손들도 하나님의 영화로운 형상을 반영하는 자들로서, 온 땅을 그분의 영광으로 가득 채우는 목표를 가지고 널리 퍼지는 선구자 역할을 해야 했다. 이것은 아담과 하와의 자녀 양육에서 본질적인 부분이 하나님의 말씀—부모 자신이 기억하고 전승해야 하는—을 통한 영적인 교육임을 암시한다.

바울은 성경에 있는 구속사 이야기의 가장 중요한 흐름 중 하나 안으로 들어간다. 제3장에서 살핀 것처럼 사실상 창세기 1:28의 명령은 구약성경 전체에서 (주로 약속의 형태로) 되풀이된다. 예를 들어 창세기 9:1, 6-7; 12:2; 17:2, 6, 8; 22:17-18; 26:3, 4, 24; 28:3-4; 35:11-12; 47:27; 출애굽기 1:7; 레위기 26:9; 시편 107:38; 이사야 51:2; 예레미야 3:16; 23:3; 에스겔 36:10-11, 29-30 등에서 그렇다. 이 텍스트들 중 대부분은 "생육과 번성" 이라는 실질적인 이중 용어를 포함한다(대상 29:10-12도 참조).

족장들에게 주어진 명령의 반복 속에서 "땅의 모든 족속"이 아브라함의 "씨"로 말미암아 "복을 얻을 것"이라는 언급은 하나님의 형상을 간직한 갱신된 인류 공동체를 가리키는데, 이 공동체는 똑같이 그분의 형상을 반영하는 새로운 후손들로 "땅을 가득 채우는" 역할을 한다. 그리하여 이 새로운 개종자들은 하나님의 영화로운 임재의 "복을 받으며" 계속해서 번성하는 그분 나라의 구성원이 되어 첫 번째 아담이 빼앗겼던 통치를 회복하기에 이른다. 따라서 창세기 1:28의 "정복과 다스림"은 땅 위에 번성했지만 거듭나지 못한 사람들의 마음속에 있는 악의 영향력을 영적으로 극복하는 행동을 포함한다. 창세기 1:28의 본래적인 명령에서 신체적으로 새롭게 태어난 자녀들의 "생육과 번성" 개념은, 옛 생활 방식을 버리고 영적으로 새롭게 태어나 하나님의 영화로운 임재의 형상을 반영함과 동시에 창세기 1:26-28의 명령의 확산에 참여하게 된 사람들을 내포한다(유사한 개념이 골 1장에도 표현됨).

"생육과 번성"의 이런 사용법은 예수 그리스도를 "종말론적인 마지막 아담"으로 보는 개념을 기본적으로 전제한다. 예수 그리스도는 처음에 "보이지 아니하는 하나님의 (참된) 형상"으로 오셨고(골 1:15), 그 사명을 최초로 완수하심으로써 마침내 그의 백성으로 하여금 하나님의 명령에 순종하기 위해 계속해서 그의 발자취를 따를 수 있도록 하셨다(참조. 계 14:4).

앞서 우리가 골로새서 1장에서 살핀 것처럼 창세기 1:28에 대한 이런 해석은, 특히 하나님의 말씀에 대한 강조점과 관련해서 초기 유대교나 후기 유대교에서 분명하게 받아들여진 적이 없었다. 유대교 주석가들이 창세기 1:28을 인간의 번성함과 관련해서만 "문자적으로" 이해했는데, 이를 보여주는 많은 사례가 있다(예. 희년서 6:5; 10:4; 32:17b-19; 시빌의 신탁 1:55-58, 272-274; 에녹1서 67:1-3; 89:49; 에스드라2서 3:12-14a; 집회서 44:21; 이삭의 유언 3:7-8; *Barnabas* 2:34).

그럼에도 골로새서에서 발견되는 창세기 1:28에 대한 해석은 유대교에 약간의 전례가 있고 초기 기독교의 다른 곳에서도 입증된다는 점―특히 창세기 1:28의 언어를 창세기 2장의 동산 표상(자주 성장 개념을 포함하는)과 결합시키는 방식을 통해서―을 주목한다면 한층 적절하게 보인다. 일부 유대교 문헌은 창세기 1:28의 "생육"이 구체적으로 하나님의 "말씀"(골 1:5-6)이나 새로워진 "지식"(골 1:10)의 증가임을 확증한다는 점에서 골로새서와 매우 유사하게 보인다. 종말의 때에는 "땅 위에 있는 민족들의 지식이 늘어날 것"이요, "성도들"은 불멸의 "생명"을 소유함과 아울러 "의의 옷을 입을" 것이다(레위의 유언 18:9-10, 14). 특히 놀라운 것은 쿰란 문서(4Q158 [1-2단편])가 하나님이 야곱에게 주신 "복"(창 32:29b)을 이렇게 해석한다는 사실이다. "야[웨]께서 너에게 많은 자녀를 주시고 너를 [번성케 하시기를] 원하노라.…[그가 너를 지]식과 깨달음으로 [가득 채워주시기를 원하노라]"(골 1:9-10을 주목하라: "너희로 하여금 모든 신령한 지혜와 총명에 하나님의 뜻을 아는 것으로 채우게 하시고…하나님을 아는 것에 자라게 하시"; 쿰란의 「찬양 두루마리」의 한 텍스트[1QH 6.12-19과 8.20-22]도 이와 관련됨; 4Q433a [1-2단편]; 4Q418 [81단편=4Q423 8+24?]도 마찬가지; 초기 기독교 문헌에 대해서는 *Barnabas* 6:11-19을 보라).

사도행전은 네 차례에 걸쳐서 창세기 1:28을 언급하며, 골로새서 1:6-10이나 초기 유대교처럼 "말씀"에 초점을 맞춘 해석의 경향과 함께 나중에 창세기와 다른 부분에서 반복되는 명령과 약속을 한꺼번에 언급하는 것 같다. "하나님의 말씀이 점점 왕성하여 예루살렘에 있는 제자의 수가 더 심히 많아지고 허다한 제사장의 무리도 이 도에 복종하니라"(행 6:7);

"하나님의 말씀은 흥왕하여 더하더라"(행 12:24); "이와 같이 주의 말씀이 힘이 있어 흥왕하여 세력을 얻으니라"(행 19:20).

이 세 구절이 반복되는 약속과 명령을 염두에 두고 있을 가능성이 높다는 점은, 사도행전 7:17이 사실상 출애굽기 1:7, 20의 되풀이되는 명령들 중 하나를 인용한다는 점을 주목함으로써 명백하게 확인된다(Pao 2000: 167-169을 보라). "번성하여 많아졌다"라는 두 개의 동사는 창세기 1:28에 나오는 동사와 동일하다(70인경; plēthunō 대신 icthuō를 사용하는 19:20의 "세력을 얻으니라"는 예외; 비록 출 1:20에는 icthuō가 쓰이고, 출 1:7에는 접두사가 붙은 형태가 쓰이지만). 실제적으로 이 구절들은 골로새서 1:6과 의미가 같다. 이 텍스트들은 모두 후손에 관한 문자적인 명령이 새로운 시대에는 하나님의 말씀을 받아들이는 새로운 신자의 수가 늘어날 뿐만 아니라 전반적으로 신자의 수가 불어날 것임을 뜻하는 명령으로 이해되어야 한다고 본다. 또한 앞서 살핀 바처럼 골로새서 1:10의 의미도 매우 유사하다.

놀라운 것은 그리스도가 골로새서 1:15("보이지 아니하는 하나님의 형상")에서 종말론적인 아담과 동일시되는가 하면, 3:10에서는 그리스도를 믿는 자들도 "새 사람을 입은" 자로, "…자기를 창조하신 이[하나님]의 형상을 따라 지식에까지 새롭게 하심을 입은" 자로 묘사된다는 점이다. 이런 동일시는 마지막 아담 및 그의 사명과 동일시되는 1:6, 10의 신자들에게 창세기 1:28의 명령을 적용하는 바울의 해석 원리가 무엇인지를 잘 보여준다. 이보다 훨씬 더 놀라운 것은 골로새서 1:9이다. "이로써 우리도 듣던 날부터 너희를 위하여 기도하기를 그치지 아니하고 구하노니 너희로 하여금 모든 신령한 지혜와 총명에 하나님의 뜻을 아는 것으로 채우게 하시고." 마지막 구절은 부분적으로 출애굽기 31:3(35:31도 사실상 동일함)에 기초한다. "하나님의 영[pneuma]을 그에게 충만하게 하여 지혜[sophia]와 총명[synesis]과 지식[epistēmē]과 여러 가지 재주로." 출애굽기 텍스트는 성막 건축의 능력에 대해서 묘사하고 있다. 이 텍스트의 언급은 창세기 1:28의 두 가지 언급과 놀랍도록 일치한다. 왜냐하면 이 책을 관통하는 우리 주장은 하나님의 성전이 확장되어가면서 창세기 1:28이 성취된다는 것이기 때문이다. 사실상 창세기 1:28을 언급하는 사도행전 6:7도 동일한 개념을 표현하는 듯하다. 사도들의 "말씀" 전파를 돕는 과제를 수행해야 하는 사람들, 곧 "성령과 지혜가 충만한"(출 31:3; 35:31에서 가져옴; 사 11:2도 참조) 사람들에 관한 사도행전 6:3의 언급도 마찬가지다. 스데반은 이런 사람들 중 하나였다(6:10을 보라). 이 모든 것은 그리스도가 성전을 무너뜨리고 새로운 성전을 위한 길을 열 것이라는 스데반의 답변에 어울리는 도입부다(행 6:13-7:60; 여기 대해서는 제6장의 논의를 보라).

또한 골로새서 1:19은 그리스도를 마지막 때의 성전으로 부른다.

시편 67(68):16-17(70인경)	골로새서 1:19
"하나님은 기꺼이[eudokeō] 그곳 [en autō(시온)]에 거하셨으며 [katoikoō]…여호와께서는 거룩한 곳에…[거기에] 영원히 계시리로다."	"아버지께서는 기꺼이[eudokeō] 모든 충만으로 그[예수] 안에[en autō] 거하게[katoikoō] 하시고"(또는 "그는 기꺼이 그 안에 모든 충만이 거하게 하시고").

바울은 하나님이 이스라엘의 성전 안에 거하신다는 시편 기자의 설명을 이제는 그분이 자신의 아들 안에 거하신다는 개념에 적용한다. 바울이 말하는 그의 아들은 하나님의 임재가 충만하게 머무는 마지막 날의 성전을 가리키는 표현임이 분명하다.

이렇게 보면 신자들을 9절의 성전 건축과 동일시하는 견해가 한층 이해하기 쉬워진다(그들은 성전의 기초이신 그리스도 위에 세워짐). 창세기 1:28을 성도들에 의한 하나님 말씀의 확장을 포함하는 개념으로 이해했던 초기 유대교의 언급 중 일부도 쿰란 성도들을 확장되는 성전과 비교한 바 있다!(4Q158 [1-2단편] 7-8; 1QH 6.12-19과 8.20-22; 4q433a [1-2단편]; 4Q418, 81단편 = 4Q 423 8 + 24?; *Barnabas* 6:11-19도 마찬가지) 이렇게 바울과 쿰란은 공통적으로 창세기 1:28을 비슷한 방식으로 성전과 관련시켜 해석했다.

제 8 장
데살로니가후서 2장에 나타난 성전

The Temple and the Church's Mission
A Biblical Theology of the Dwelling Place of God

제8장[1]에서는 다른 장에서보다 하나의 텍스트를 좀더 상세히 연구하는 방식을 취할 것이다. 왜냐하면 많은 주석가와 교회 안의 사람들이 데살로니가후서 2:4을, 신약성경에서 미래의 성전이 그리스도의 재림 직전에 이스라엘 안에 세워질 것임을 확증하는 가장 확실한 텍스트 중 하나로 간주하기 때문이다.

데살로니가후서 2:4은 "신이라고 불리는 모든 것과 숭배함을 받는 것에 대항하여 그 위에 자기를 높이고 하나님의 성전에 앉아 자기를 하나님이라고 내세우는" 적그리스도에 대해서 언급한다. 이것은 큰 재앙의 때에 이스라엘 안에 세워질 미래의 실제적인 성전 건축물을 가리킬까? 아니면 주후 70년에 군대로 이스라엘 성전을 파괴했던 로마 황제를 가리킬까? 또는 이것은 정확한 역사적 확인 작업과는 무관한 막연한 묵시록적 언급에 불과한 것일까? 이 텍스트의 구체적인 의미를 더 잘 이해하기 위해서는 먼저 이런 언급이 생겨난 상황을 간략하게 살필 필요가 있다.

데살로니가에서 유행하던 그릇된 가르침의 내용

데살로니가후서 2:1-12에서 바울은 만일 하나님의 백성이 진리 안에 확고하게 서 있다면 그릇된 가르침이 그들을 미혹하지 못할 것임을 강조한다. 그는 그리스도의 마지막 "강림"(*parousia*)의 주제를 언급함으로써 2장

---

1) 다음에 이어질 살후 2:1-7의 분석에 대한 보다 확대된 논의로는 Beale(2003: *in loc.*)을 보라.

의 말문을 연다. 그것은 그리스도의 영화로운 재림의 본질과 시기에 관한 잘못된 이해에 대한 바울의 응답이다. 초기 교회에는 그리스도의 마지막 강림에 관한 몇 가지 형태의 그릇된 가르침이 있었다. 이는 전체적으로 잘못된 교리가 초기 기독교 공동체 안에 널리 퍼져 있었음을 암시한다.

이 잘못된 가르침은 그리스도의 임박한 재림에 관한 부정확한 시간표와 관련된 것이 아니었던 것 같다. 오히려 이 왜곡된 가르침은 종말론적인 사건들이 이미 발생했다고 주장했다. 이 점은 바울이 다른 편지에서 "*enistēmi*"("현존하다", "오다")를 당대의 전형적인 그리스어 용례에 맞추어 (Moulton and Milligan 1972: 215) 미래와 대비되는 현재를 가리키는 개념으로 사용한다는 점을 관찰함으로써 분명하게 드러난다(예. 롬 8:38; 고전 3:22; 7:26).[2] 따라서 데살로니가후서 2:2의 완료 시제 사용은 과거에 발생한 후 현재까지 그 효과가 지속되는 한 사건에 관한 고전적인 "완료 의미"를 가지는 듯하다. 여기서 말하는 그릇된 주장은 그리스도의 재림과 마지막 부활이 이미 발생했기에 이 두 사건이 장차 발생하리라고 기대해서는 안 된다고 가르쳤던 것이다.

데살로니가에 퍼져 있던 이런 거짓된 가르침은 죽은 자들의 마지막 육체 부활을 부인하던 고린도의 그릇된 가르침(고전 15:12-24)과 비슷하다. 거짓 교사들이 믿었던 바는 죽은 자들의 영적인 부활이야말로 이미 시작된 종말 사건으로서 모든 개종자에게 이루어진 것으로 바울이 확증했으며, 이것이 이 세상에 존재하는 유일한 부활이라는 것이었다.[3] 그들의 이런 믿음은 그리스도의 마지막 재림이 결코 있지 않으리라는 믿음을 동반했을 것이다. 바울은 그리스도가 역사를 마무리하기 위해 오시는 마지막 때에 모든 죽은 신자가 육체의 부활을 경험하리라고 주장함으로써 이런 개

---

2) Best(1972: 276)도 롬 8:38과 고전 3:22을 강조하며, 이차적으로 갈 1:4과 고전 7:26을 언급한다. 비록 이 두 텍스트가 궁극적으로는 히 9:9처럼 똑같이 대조적인 의미를 가지지만 말이다.
3) 예를 들어 롬 6:1-9; 골 2:12; 3:1 등이 그렇다. 요 5:25도 마찬가지다.

넘을 반박한다(참조. 고전 15:20-58). 초기의 다른 기독교회 중에도 비슷한 문제가 있었다(딤후 2:18; Ignatius, *Letter to the Philadelphians* 7:1; 벧후 3:3-13; 도마복음 52[51]장).

다른 곳처럼 데살로니가에도 장차 있을 예수의 재림이 이미 어느 정도 영적인 방식으로 발생했다고 주장하는 거짓 교사가 있었음이 분명하다. 예수가 인격체인 자신의 영을 통해서 오시거나(아마도 오순절 때) 또는 성도들의 마지막 (영적인!) 부활과 관련해서 오시는 방식으로 말이다. 데살로니가후서 2:1이 그리스도의 오심과 성도들의 부활 모두를 염두에 두고 있으며, 이 두 가지가 똑같이 2절에 묘사된 "주의 날"의 실제 내용이기도 하다는 사실은 1절의 설명에서 각각 확인된다. "우리 주 예수 그리스도의 강림하심과 우리가 그 앞에 모임에 관하여"라는 표현은 그리스도가 마지막 부활의 때에 오셔서 성도들을 한데 모으실 것이라는 첫 번째 편지의 내용을 가리킨다(살전 4:14: "예수 안에서 자는 자들도 하나님이 그[예수]와 함께 데리고 오시리라"). 이곳에 공통적으로 나타나는 단어들과 주제는 데살로니가후서 2:1 이하가 데살로니가전서 4:14-17을 좀더 자세하게 풀어쓴 것이요, 거짓 가르침이 바울의 첫 번째 편지에 실린 그 부분을 크게 왜곡한 것임을 보여준다.

그리스도인들이 자신에게 있는 믿음의 진실성에 대해 "흔들리거나" 불안함을 느끼면 "두려움에 사로잡히게"(*throeō*) 된다. 바울은 그들에게 진리의 견고한 바위를 굳게 붙들라고 지시한다. 바울 자신이 하나님의 영감을 통해 얻은 참된 "말씀"이나 "편지"는, 그에게서 비롯되었다고 주장되는 모든 거짓된 "예언이나 보고서 또는 편지"(NIV)를 격퇴하는 일종의 만병통치약과도 같다.

미래의 마지막 배교의 표지에 관한 예언

데살로니가후서 2:3에서 바울은 바로 앞 1-2절에서 말한 내용을 요약한다. "누가 어떻게 하여도 너희가 미혹되지 말라"(3a절). 2절의 거짓된 가르침에 직면한 참된 성도들은 이 명령에 대해 긍정적인 반응을 보인다. 그들이 이런 가르침에 미혹되지 말아야 하는 이유는 무엇인가? 첫 번째 이유는 "먼저" 믿음을 저버리는 "배교"(falling-away; apostasia)가 있을 때까지는 그리스도가 강림하지 않으실 것이기 때문이다. "apostasia"라는 단어는 정치적이거나 종교적인 위기를 가리킬 수도 있지만,[4] 후자의 의미야말로 그리스어역 구약과[5] 신약[6]에서 나타나는 유일한 용례이며, 3절에 담긴 의미이기도 하다(Frame 1912: 251도 마찬가지). 이런 의미는 거짓된 가르침에 관한 전후 문맥(1-2절과 9-12절)에서 선명히 나타나며, 마지막 대적자—하나님의 백성 사이에 대규모의 타협을 조장하려는—에 관한 다니엘의 예언을 명시적으로 언급하는 대목에서도 드러난다.[7] 프레임(Frame 1912: 251)의 생각처럼, 배교가 불신자들의 세계가 아니라 우선적으로 언약 공동체 내부에서 발생할 것이라는 사실은 다음과 같은 네 가지 관찰을 통해서 분명하게 확인된다.

1. "배교"는 "하나님께 나아가던 이전" 행동을 전제한다.[8]
2. 앞에서 주목했던 구약성경의 "apostasia"의 용례.
3. 교회 안의 속임수를 언급하는 부분의 전후 문맥.
4. 이사야의 순교 2:4-5에 있는 가장 근접한 평행 텍스트. 이 텍스트에 의하면 "죄악의 사자"가 사악한 므낫세에게 "배역[apostasia]을 초래하고 예루살렘에 널리 퍼진 불법[anomia]을 초래할 수 있는" 능력을 준다.[9]

---

4) 전자의 의미에 대해서는 Schlier, 'apostasia', TDNT, 1:513-514을 보라.
5) 수 22:22; 대하 29:19; 렘 2:19; 마카베오1서 2:15.
6) 행 21:21; 참조. 딤전 4:1; 히 3:12의 동사 형태.
7) 다니엘서의 배경에 대해서는 아래의 추가 설명을 보라.
8) Schlier, 'apostasia', TDNT, 1:513.
9) 일부 주석가들은 다음 자료가 살후 2:4의 모델 역할을 했다고 본다: 솔로몬의 시편 17:11-22; 로마 황제 Gaius Caligula 관한 Josephus의 설명(War 2.184-185); 시빌의 신탁에서

그리스어역 구약성경과 신약성경의 "*apostasia*"는 항상 "믿음으로부터 떠나는 행동"(departure from faith)을 가리키지, "육체의 부활"을 결코 가리키지 않는다. 이 단어가 재난 이전의 "휴거"(rapture)를 가리킨다고 생각하는 어떤 이들의 주장처럼 말이다.[10] 또한 "배교"는 부정적인 측면에서 신앙의 의미를 가질 수 있다. 왜냐하면 3절에서 이 단어는 "불법의 사람"과 연결되고, 8-12절에서는 속임수와 배교도 "불법한 자"와 연결되어 나타나기 때문이다.

장차 성전 안에 나타날 적그리스도의 표지에 관한 예언

"배교"의 표지에 더해서, 왜 독자들이 그리스도가 이미 오셨다는 잘못된 믿음에 미혹되어서는 안 되는지 하는 둘째 이유는, 마지막 때에 있을 적그리스도의 출현도 메시아의 마지막 재림에 앞설 것임이 분명하기 때문이다. 따라서 그리스도는 아직 강림하실 수가 없다. 왜냐하면 앞에서 언급한 두 가지 표지는 아직 완전한 형태로 나타나지 않았기 때문이다. 아마도 "먼저"는 "배교"가 "불법의 사람" 이전에 앞서 발생할 것을 의미하는 듯하다. 하지만 "먼저"가 공식적으로는 단순히 예수의 마지막 강림 이전에 발생할 두 가지 사건 전부를 가리킨다고 보는 주석가들의 전반적인 견해가 더 옳을 것이다.

따라서 믿음으로부터의 "배교"가 있는 바로 그 동일한 시기에 적그리스도가 역사 속으로, 특히 미래의 성전 안에 나타날 것이다. 다른 한편으로 "먼저"의 공식적인 의미에도 불구하고 "배교"가 먼저 발생한 다음에 적그리스도가 나타나서 "배교"의 이득을 보려고 할 수도 있다.[11] 아니면 다

네로 황제의 자기 신격화 경력을 요약하는 부분(시빌의 신탁 5:29-34, 150).

10) Feinberg(1995: 310)가 확증한 결론이 그렇다. 내가 아는 한에서 "육체의 소거"를 가리키는 이 명사의 용례는 고대 그리스 세계 어디에서도 나타나지 않는다.

11) Schlier, '*apostasia*', TDNT, 1:513을 보라. Schlier는 먼저 배교가 이루어짐으로써 적그

니엘 8장과 11장에서처럼 적그리스도의 출현이 "배교"를 부추길 가능성이 더 높다. 이런 견해는 안티오쿠스 에피파네스(Antiochus Epiphanes)가 이스라엘의 "배교"(apostasia)를 부추겼다는 사실에 의해 뒷받침된다(예. 마카베오 1서 2:15과 전후 문맥). 이 점은 중요한 의미를 가진다. 왜냐하면 많은 사람들이 그의 활동이야말로 다니엘 11:31 이하에 있는 예언의 첫 번째 성취라고 믿기 때문이다.

3-4절이 제기하는 한 가지 중요한 문제는, 이것이 과연 이스라엘 땅에서 이루어질 미래의 배교와 장차 재건될 이스라엘 성전을 더럽히기 위해 오는 적그리스도의 출현을 가리키는지, 아니면 주후 70년에 이스라엘 성전을 더럽힌 로마 황제의 행동을 가리키는지 하는 의문이다. 이처럼 양자택일을 요구하는 견해와는 대조적으로 다음에 소개할 분석 자료는 이 구절들이 전 세계 모든 교회에서 발견될 미래의 배교 행위에 대해서 언급하며, 적그리스도가 마지막 때에 있을 하나님의 성전의 시초인 교회에 대해 미치는 영향력을 다루고 있음을 주장할 것이다. 물론 이런 논의는 이 책의 중심 주제, 곧 구약 시대의 성전과 재림을 기다리는 시대 및 그 정점 사이의 관계에 대해 매우 중요한 의미를 가진다.

구약의 적그리스도 예언에 대한 바울의 언급

데살로니가후서 2:4에서 바울은 다니엘 11장의 적그리스도 예언을 발전시킨다.[12]

리스도가 활동할 수 있는 적당한 상황이 조성되며, 그 후로는 적그리스도의 기만행위를 통해 배교의 상황이 한층 강화되리라고 본다.

12) 4절이 다니엘서의 영향을 받았다고 보는 학자로는 Betz 1963: 282-284; Bruce 1982: 168; Marshall 1983: 190-191; Wanamaker 1990: 246-247; Hartman 1966: 198-205 이 있다.

다니엘 11:31, 36	데살로니가후서 2:3-4
"³¹군대는 그의 편에 서서 성소 곧 견고한 곳을 더럽히며 매일 드리는 제사를 폐하며 멸망하게 하는 가증한 것을 세울 것이며"(단 9:27; 12:11도 마찬가지). "³⁶그 왕은…스스로 높여 모든 신보다 크다 하며 비상한 말로 신들의 신을 대적하며….'"	"³저 불법의 사람은… ⁴대적하는 자라 신이라고 불리는 모든 것과 숭배함을 받는 것에 대항하여 그 위에 자기를 높이고 하나님의 성전에 앉아 자기를 하나님이라고 내세우느니라."¹³⁾

그뿐 아니라 "불법의 사람"이라는 표현(anthrōpos tēs anomias)은 다니엘 12:10-11을 반영한다(테오도티온 역). 다니엘서의 이 텍스트는 다니엘 11:29-34과 놀랍도록 유사하며, "불법의 사람들[anomoi]이 불법을 행하고[anomēsōsin] 모든 불법의 사람들[anomoi]이 아무것도 깨닫지 못할 때"(즉, 그들이 미혹하거나 미혹당할 때) 닥쳐올 마지막 날의 시련에 대해 언급한다. 불법 행함에 대한 다니엘서의 이런 언급은 성전 안에 있는 마지막 날의 원수가 "매일 드리는 제사를 폐하며 멸망하게 할 가증한 것을 세울 때"(단 12:11; 참조. 11:31)와 직접적으로 관련된다. 물론 이 부분에 의해 설명되지는 않는다 할지라도 말이다.¹⁴⁾

다니엘 11:30-45의 예언에 따르면 하나님의 마지막 원수는 언약 공동체를 공격하는데, 이 공격은 다음과 같은 두 형태로 이루어질 것이다. 첫째, "거룩한 언약을 배반하고"(30절) "언약을 향하여 악하게 행동하는"(32절;

---

13) 용어상의 평행 관계에 대해서는 Frame 1912: 255를 보라.
14) 단 7:25도 마찬가지다. 이 텍스트는 이스라엘을 핍박하는 자가 하나님의 "법"을 대적할 것이라고 말한다(Hendriksen 1979: 176도 마찬가지).

역자 주-개역개정은 "언약을 배반하고 악행하는"으로 번역) 공동체 구성원의 일부를 "부드러운 말"로 속이는 교묘한 공격이 있을 것인데, 이것은 3절에서 바울이 언급하는 "배교"의 배후에 놓여 있다(Vos 1979: 111). 적그리스도는 이들에게 영향을 미쳐 "불경건한" 자들이 되게 하고(32절; 역자 주-개역개정은 "타락시킬 것"이라고 번역), 다른 사람들 사이에 타협과 속임수를 조장하도록 할 것이다. 다니엘은 "많은 사람들이 위선(역자 주-개역개정은 '속임수'로 번역)으로 그들[신실한 자들]과 결합"함으로써 자기가 신실하다고 주장하겠지만, 실제로는 그렇지 않다(34절)고 말한다. 둘째, 마지막 때의 원수는 하나님의 언약에 충실한 자들을 핍박할 것이다(33-35, 44절). 마지막 때의 대적자는 공동체 앞에 공공연히 나타나 "스스로 높여 모든 신보다 크다 할" 것이요(36절), 심판하시는 하나님의 수중에서 최후를 맞이하게 될 것이다(45절). 그리하여 바울은 다니엘 11-12장의 예언을 3-4절과 그 후의 내용에서 발전시키고 있다.

하나님의 백성을 대적하는 마지막 때의 원수가 "하나님의 성전에 앉아" 남을 속이는 일을 하게 되리라는 것은 무엇을 의미하는가? 바울은 다니엘이 문자적이고 실제적인 성전의 더럽혀짐을 예언한 것이라고 믿었을까? 많은 사람들은 이것이 마지막 때에 예루살렘에서 이스라엘을 위한 유형적인 성전 구조물이 재건될 것이요, 적그리스도가 사람들을 미혹함으로써 자신을 숭배의 대상으로 만들 것임을 가리킨다고 믿는다.

배교 문제에 비추어 성전을 유형적 구조물로 보려는 견해의 문제점

미래의 성전 건축물을 "유형적"(有形的)인 것으로 보는 견해는 많은 문제점을 안고 있다. 첫째, 데살로니가후서 2:3은 지리적인 의미에서 실제 이스라엘 안에서 발생할 "배교"를 말하는 것 같지 않다. 다수의 이스라엘은 항상 "배교의 모습"을 보였고, 구약 시대와 그리스도의 시대에도 늘 불신앙에 빠져 있었으며, 이후의 역사를 통틀어서도 그러했다. 하지만 미래 전체를 염두에 두는 시각에 따르면 이 구절을 이스라엘 민족의 배교로 본다는

성전 신학

것에는 무리가 있다. 왜냐하면 다수의 이스라엘은 적그리스도가 나타나 활동할 때까지 불신앙에 빠져 있을 것이기 때문이다(미래 전체를 염두에 둔다면, 다수의 이스라엘은 역사의 종말에 이르러서야 비로소 믿음의 길로 들어설 것이다).[15] 또한 3절이 민족들 중에 있는 불신자들—가시적인 교회에 속하지 않은—의 배교를 가리킨다고 보기도 어렵다. 왜냐하면 그들 중 다수는 초림과 재림의 중간 기간 내내 불신자로 남아 있을 것이기 때문이다.[16] 도리어 3절은 장차 전 세계 신앙 공동체인 교회 안에서 이제까지 발생했던 것과는 비교가 안 될 정도로 크게 나타날 미래의 대규모 집단 "배교"를 가리키는 것 같다.

확실히 사람에 따라서는 3절이 이스라엘 민족 안에서 발생할 배교를 가리킨다는 견해를 선택하면서, 이 책에서 채택된 대안적인 견해(Best 1972: 282-283)를 거부할 수도 있다. 그들이 이런 견해를 선호하는 이유는 다음과 같다. 즉 당시는 기독교가 이제 막 확산되기 시작하던 매우 이른 시기여서, 바울이 볼 때 초기 교회 안에 불신앙이 이처럼 널리 퍼져 있으리라고는 생각하기 어려웠기 때문이요, 사도가 이른바 자신의 "친필" 편지 중 어느 곳에서도 그처럼 널리 퍼진 배교에 대해 언급하지 않기 때문이다. 그러나 이런 반대 견해에는 결함이 있다. 바울이 기독교 공동체를 참된 이스라엘의 연속으로 이해했다는 점을 염두에 둔다면 말이다. 물론 이 공동체 안에는 거짓으로 언약을 지키는 자들이 존재했을 수 있다. 바로 이런 이유로 바울은 이스라엘에 관한 예언들을 자신의 저작 전반에 걸쳐

---

15) 또는 이스라엘 민족 안에서 발생할 배교를, 이스라엘 역사가 지속되는 동안 꾸준히 존재해왔던 참된 이스라엘의 남은 자들이 집단 회심 직전의 종말의 때에 훨씬 더 작은 규모의 숫자로 줄어들리라는 의미로 이해할 수 있다. 그러나 이것은 학문적인 시각에서 볼 때 매우 이상한 견해다.

16) 어떤 이들은 다수의 이스라엘인이 마지막 때에 구원받으리라는 견해와 유사하게, 많은 민족이 그리스도의 마지막 강림 때 구원받으리라고 믿는다(Bauckham 1993: 238-337).

서 적용할 수 있었다.[17] 이스라엘의 종말론적인 배교에 관한 다니엘 11장의 예언을 포함해서 말이다.[18]

복음서에 비추어 성전을 유형적인 구조물로 보려는 견해의 문제점

더 나아가서 데살로니가후서 2:3이 역사의 종말 무렵에 이스라엘 내에서가 아니라 교회 내에서 발생할 집단적인 배교 운동을 가리킨다는 점은 4절에 언급된 "하나님의 성전"이라는 구절에서 분명하게 드러난다. 또한 "성전"에 대한 이런 언급은 교회 공동체야말로 이스라엘과 성전에 관한 종말의 예언들이 성취될 곳임을 보여준다. "하나님의 성전"이라는 실제 구절은 데살로니가후서 외에 신약성경에서 열 차례 발견되는데, 한 번을 제외하고는 모두 교회를 가리킨다.[19] 오직 한 차례만 이 표현은 문자적으로 과거나 미래의 이스라엘 성전을 가리킨다. 마태복음 26:61은 다음과 같이 예수의 말씀을 인용한다. "내가 하나님의 성전을 헐고 사흘 동안에 지을 수 있다." 여기에 사용된 표현은 중요한 의미를 갖는다. 왜냐하면 이 표현은 미래의 종말론적인 성전에 관한 구약의 예언들로부터, 예수가 이런 예언들을 성취하기 시작했다고 보는 방식으로 옮겨가는 과도기적 견해를 제공하기 때문이다.[20] 예수가 유형적인 성전을 언급하신 것은 구속사의 흐름

---

17) 예를 들어 Beale 1989a: 89-96; 1989b: 550-581; 1999b: 1-26 등을 보라.

18) 초기 그리스도인도 이스라엘에 비슷한 배교가 있으리라고 예상하는 유대교 전승들을 유사한 구속사적인 변형 렌즈를 통해 바라보았을 것이다(예. 희년서 23:14-23; *b. Sanhedrin* 97을 참조).

19) 마 26:61; 고전 3:16, 17a, 17b; 고후 6:16a, 16b; 계 3:12; 7:15("그의[하나님의] 성전"); 11:1, 19. 그중 일곱 번은 정관사를 가지고 나타나며, 나머지 세 번은 정관사 없이 나타난다. 이와 유사한 다음 텍스트도 보라: 고전 6:19("성령의 전"); 계 15:8("하나님의 영광과 능력으로 말미암아 [하늘의] 성전에 연기가 가득 차매"); 21:22("성[새 예루살렘] 안에서 내가 [유형적인] 성전을 보지 못하였으니 이는 주 하나님 곧 전능하신 이와 및 어린 양이 그 성전이심이라").

20) 삼하 7:13; 슥 6:12-13; *Tg. Isaiah* 53:5 등과 같은 텍스트는 다가올 메시아가 미래 성전을 건축하리라고 예언한다.

이 종말의 성전을 향해 나아감을 보여주기 위해서였다. 마태는 물질적인 성전이 파괴되고 난 후에[21] 예수의 부활의 몸에서 그 성전이 재건되리라고 본다.

예수의 부활이 최초의 성전 재건을 표상한다는 점은 요한복음 2장에서 한층 선명하게 드러난다. 이 텍스트에 의하면 예수는 마태복음 26:61(2:19-22)과 본질적으로 동일한 내용을 말씀하신다. 복음서 기자는 예수가 성전을 재건한다거나 "일으킨다"라고 말씀하실 때 "그가 성전 된 자기 육체"와 자신의 부활을 "가리켜 말씀하신 것"이라고 추가한다. 예수의 부활은 마지막 날에 있을 "하나님의 성전" 재건 작업이 시작되었음을 나타내는 사건이었다.[22] 이스라엘에 있던 이전의 유형적인 성전은 성전인 그리스도와 그의 백성의 전조가 되었다. 왜냐하면 성전의 핵심은 그곳이 하나님의 영화로운 임재가 지상의 그의 백성에게 분명하게 드러나는 장소라는 데 있기 때문이다. 예수가 성육신하신 하나님으로 세상에 오셨기 때문에, 이제 그는 하나님의 임재가 세상에 분명하게 드러나는 장소가 되신다. 이런 이유로 요한복음 2장의 진술 이전에서조차 요한복음 1:14은 이렇게 말한다. "말씀이 육신이 되어 우리 가운데 거하시매[또는 '성전이 되시매'] 우리가 그의 영광을 보니 아버지의 독생자의 영광이요 은혜와 진리가 충만하더라."

---

21) 아래에서 보겠지만, 성전 파괴에 대한 언급은 이미 이스라엘의 성전 구조물을 대신하기 시작한 예수 자신의 몸에 대한 언급을 포함했다.

22) 앞에서 살핀 것처럼 "너희가 이 성전을 헐라 내가 사흘 동안에 일으키리라"(요 2:19)라는 예수의 말씀은 이중 의미를 가지는 요한복음의 다른 텍스트와 유사한 듯하다. 한편으로 예수는 자신의 부활의 몸이 표상하는 종말론적인 참 성전에 의해 대체될 옛 성전의 파괴를 언급한다. 다른 한편으로 "이 성전을 헐라"라는 표현은 이미 옛 성전을 대체하기 시작함으로써 새로운 성전의 출현을 표상하는 예수 자신을 가리킬 수도 있다. 설령 유대인들이 새 성전을 파괴하려 한다 해도, 이 성전은 그의 부활의 몸의 형태로 다시 세워질 것이다.

바울의 다른 저술에 비추어 성전을 유형적인 구조물로 보려는 견해의 문제점

제7장에서 살핀 것처럼 바울은 다른 곳에서도 신자들을 "하나님의 성전"으로 칭한다. 왜냐하면 그들이 성전이신 예수를 믿기 때문이요, 성전이신 그와 연합하여 그의 몸에 속한 자가 되었기 때문이다. 바울은 고린도전서 3:16-17에서 두 번씩이나 신자들이 하나님의 성전이라고 말한다. 마찬가지로 고린도후서 6:16은 두 번에 걸쳐 신자들이 "하나님의 성전"임을 확증한다. 고린도후서 1:20은 "하나님의 약속은…그리스도 안에서 예가 되니"라고 말한다. 이것은 이 약속들이 "그리스도 안에" 있는 고린도교회 성도들을 통해 성취되기 시작했음을 의미한다. 성취되기 시작한 예언 중에는, 고린도후서 7:1이 6:16-18을 이어받아 설명을 계속하는 부분에서 보듯, 종말론적인 성전에 관한 예언이 있다. "우리는 살아 계신 하나님의 성전이라…이 약속을 가진 우리는…자신을 깨끗하게 하자"(엡 2:19-21; 벧전 2:4-7; 계 3:12 등도 참조).[23]

데살로니가후서 2장에 언급된 "하나님의 성전"이 교회를 가리킨다는 사실은, 일찍이 바울이 데살로니가 교회를 데살로니가전서 4:8의 표상과 언어로 묘사한 것에서 추가적으로 확인된다("너희에게 그의 성령을 주신 하나님"). 그런데 이 텍스트는 고린도전서 6:19의 제의적인 표상과 평행을 이룬다. "너희 몸은 너희가 하나님께로부터 받은 바 너희 가운데 계신 성령의 전인 줄을 알지 못하느냐.[24] 이런 이해는 이스라엘을 지시하는 구약의 다양한 호칭을 교회에 적용하는 사도 바울의 경향과 일치한다. 예를 들어 "하나님의 이스라엘"(갈 6:16),[25] "하나님이 택하사"(골 3:12), "하나님의 성령

---

23) 고후 6장과 엡 2장에 관한 확대된 논의를 보라(339-344, 348-354쪽).

24) 마찬가지로 두 텍스트의 핵심은 독자가 "부도덕성"(porneia)을 멀리해야 한다는 것이다. 참조: "음행[porneia]을 피하라"(고전 6:18)와 "음란[porneia]을 버리고"(살전 4:3). 결론적으로 바울은 "성전"이 "거룩해지기"를 원하고 있음이 분명하다(고후 6:16-7:1을 살전 4:3-7과 비교하라. 두 텍스트는 똑같이 독자를 배려하는 차원에서 *hagios* 단어 군을 사용한다).

25) Beale 1999c: 204-223을 보라.

성전 신학

으로 봉사하는…할례파"(빌 3:3) 등이 그런 예다(Findlay 1904: 170).

요한계시록에 비추어 성전을 유형적인 구조물로 보는 견해의 문제점

데살로니가후서 2:4과 비교해서 특히 놀라운 것은 요한계시록 13:6의 묵시적 텍스트다. 이 텍스트의 묘사에 따르면 적그리스도는, "장막"(tabernacle; 그리스어로는 skēnē)으로 묘사되는 신자들과 거짓에 둘러싸인 채 그 한가운데서 살아가는 신자들을 공격한다(참조. 계 13:3-8). 제9장에서 나는 요한계시록 11:1-7이 동일한 그림을 그리고 있음에 대해 논의할 것이다. 요한계시록 13:6에서는 "그의 장막"에 뒤이어 곧바로 "하늘에 사는 자들"이 나오는데, 이 구절은 각각 다니엘 8:10-13의 "성소"와 하늘 "군대"를 상기시킨다. 마지막 날의 압제자가 "그[하늘] 군대와 별들 중의 몇을 땅에 떨어뜨리고…또 스스로 높아져서 군대의 주재를 대적하며…그의 성소를 헐었다"(단 8:11). 그런데 요한계시록 13:6에서는 짐승에 의해 비방당하는 "그의 장막"이 아무런 접속사 없이 곧바로 "하늘에 사는 자들"과 동일시된다. 다니엘 8:10-11에서는 짐승의 행동이 하늘의 성도[26]와 지상의 성도 모두를 겨냥하고 있었다. 대조적으로 데살로니가후서에서는 지상 공격에만 초점이 맞추어져 있다. 마찬가지로 요한계시록 11:1-7도 지상 공격에 초점을 맞추고 있다(비록 여기서는 짐승의 공격이 "성소"와 "촛대"[역자 주-등잔대]로 묘사되는 성도들을 겨냥하지만 말이다).

데살로니가후서와 요한계시록 텍스트를 긴밀한 비교의 대상으로 만들어주는 것은 이 두 텍스트가 본질적으로 묵시록적이요, 종말론적인 대적자에 대한 다니엘의 예언들을 언급하면서 그것들을 해석한다는 데 있다. 그뿐 아니라 아래에서 논의하겠지만(살후 2:6에 관한 논의), 다니엘 11장 예언의 성취는 뜻밖에도 교회 안에서 시작되며(구약 독자의 유리한 시각에서 볼 때), 그럼으로써 추가로 교회를 성전과 동일시한다. 왜냐하면 다니엘은 이 사

---

26) 교회 전체가 하늘에 앉아 있다고 묘사하는 엡 2:6과 골 3:1을 보라.

건들이 성전과 밀접하게 관련되어 있음을 예견하기 때문이다.[27]

교회를 성전으로 보는 견해에 대한 반대와 그에 대한 응답

어떤 이들은 데살로니가후서 2:4의 성전이 기독교회가 아니라고 결론 내린다. 왜냐하면 "현재의 문맥에서는…고린도전서에서처럼 신자와 그 안에 내주하시는 하나님의 영에 대한 언급이 전혀 없기 때문이다."[28] 그러나 두 편지의 문맥에는 다른 종류의 성전에 대한 암시가 없다. 따라서 2:4을 해석할 수 있는 가장 적절한 문맥은 하나님의 새 성전인 교회를 언급하는 다른 편지(역자 주-고린도전서를 가리킴)에서 찾을 수밖에 없다. 데살로니가후서 2:4 바로 앞의 문맥에 대한 현재까지의 논의도, 지상의 교회가 바로 성전이라는 견해를 뒷받침한다. 성전을 "하늘에 있는 하나님의 거룩한 성전"과 동일시하는 견해는 이차적으로 옳다.[29] 하나님의 성전은 예수를 가리키며, 그와 연합한 자 모두를 가리키기도 한다. 이로써 제의적인 종말론의 무게 중심은 예수가 계신 하늘과 그의 영화로운 성도들에게로 옮겨가지만, 하늘의 성전이 지상으로 확대되는 오순절 이후로는 하나님의 영이 어디에서든 그의 백성 안에 거하는 상황이 전개된다. 그러나 데살로니가후서 2장은 이런 성전의 지상 형태를 향한 적그리스도의 공격에 더 큰 관심을 가지고 있다. 요한계시록에서 이와 관련된 구절 대부분은 성전의 천상적 형태를 묘사하지만 말이다.[30]

아마도 브루스(F. F. Bruce)는 "하나님의 성전"을 교회와 동일시하는 견

---

27) 계 11장과 13장 텍스트에 대해서는 앞서 인용한 Beale 1999a을 보라.

28) Wanamaker 1990: 246이 이런 주장을 한다.

29) Frame 1912: 256. Richard 1995: 328-329도 Frame의 견해를 따르지만, Frame은 하나님의 백성으로 이루어진 성전에 초점을 맞추지 않는다.

30) 여기 대해서는 앞서 인용한 Beale 1999a을 보라. 계 7:15; 11:19; 14:15, 17; 15:5-6, 8; 16:1, 17 등에 대한 설명이 그렇다. 지상의 관점에 대해서는 계 11:1-2에 대한 설명을 보라. 계 1:12-13, 20과 11:4의 "촛대" 언급도 참조하되, 새 창조 내에서 성전의 위치에 관해서는 3:12과 21:22에 대한 설명을 보라.

해에 반대하는 대표적 신학자일 것이다. 그의 반대 이유는 이런 개념이 "그처럼 이른 시기, 곧 강한 권력의 기초를 제공할 수 있는 통일된 교회 조직이 아직 존재하지 않던 시기에 들어맞지 않기 때문이다"(Bruce 1982: 168-169). 그러나 브루스의 주장은 다음과 같은 몇몇 중요 쟁점을 고려하지 않는 약점을 안고 있다.

1. 참 이스라엘의 자리는 이미 신정 공동체적 국가로부터 그리스도와 그의 제자들에게로 옮겨갔다(만일 우리가 복음서의 증언에 의존한다면 말이다).

2. 마찬가지로 이미 데살로니가전서(2:16)에서 살핀 것처럼 바울은 하나님의 선민으로서의 이스라엘 민족이 종말에 이르렀다고 믿었다. 아마도 이스라엘 성전의 종말도 바울의 이런 믿음에 포함되어 있었을 것이다. 왜냐하면 그리스도가 이 성전의 파괴를 예언하셨기 때문이다(예. 눅 21:6, 32). 이것은 바울이 이스라엘의 성전을 "하나님의 [참된] 성전"으로 간주할 수 없었음을 의미한다. 주후 70년에 그것이 실제로 파괴되기 전에도 말이다. 또한 바울은 4절의 이 표현을 사용하면서, 불법의 사람이 들어서기 직전의 이스라엘 성전과 같은 "하나님의 성전"을 지시하려 한 것 같지 않다(Findlay 1982: 170을 따름). 이런 견해는 적그리스도가 하나님의 참된 백성(그리스도인들)을 속이는 데 성공하지 못하리라는 것을 이해함으로써 증명된다. 설사 적그리스도가 신실하지 못한 이스라엘 사람들의 지배를 받는 성전을 자신의 종교 활동의 중심지로 만들었더라도 말이다. 그뿐 아니라 이 표현을 참된 성전에 대한 지시로서 부적합하게 만드는 것은 성전 관리의 불경건함뿐만 아니다. 참된 성전과 제사장 및 희생제물(히 7:11-10:22)로 오신 그리스도는 1세기의 성전을 구속사적인 측면에서 쓸모없게 만드셨다. 예를 들어 특히 히브리서 9:11, 24을 보라. "그리스도께서는…대제사장으로 오사 손으로 짓지 아니한 것…더 크고 온전한 장막으로 말미암아…참 것…바로 그 하늘…." 마찬가지로 히브리서 10:19-21은 신자들이 "예수의 피를 힘입어 성소에 들어갈 담력을 얻었다"라고 하면서 이렇게 주장한다. "그 길은 우리를 위하여 [성전의] 휘장 가운데로 열어 놓으신 새로운

살 길이요 휘장은 곧 그의 육체니라 또 하나님의 집 다스리는 큰 제사장이 계시매…."

3. 데살로니가후서 2:3-4의 요점은 성전이 무엇과 동일시되건 간에, 그것이 눈에 보이는 언약 공동체에 속한다는 것이다. 참된 신자들이 그 안에 거하고 있으며, 불법의 사람도 들어가고자 하는 그 언약 공동체 말이다. 이런 점에 비추어볼 때 팔레스타인과 그리스 및 소아시아 전역에서 이제 막 자라나기 시작한 작은 교회야말로 당대 세계 중 작은 나라인 이스라엘 안에 한정되어 있던 유형적인 성전으로서의 "성전"과 동일시될 수 있는 타당한 후보라 할 수 있다.

4. 이 점은 3-4절의 가짜 그리스도가 참 그리스도와 평행을 이룬다는 사실을 인식함으로써 한층 강화된다. 바로 이런 이유로 그리스도인들을 속이는 목적을 가진 적그리스도의 거짓된 메시아적 주장들은, 예루살렘에 있는 옛 언약 공동체의 제의적 중심지(Hamann 1953: 428)나 장차 회복될 미래의 제의적 장소가 아니라 주로 그리스도인들이 존재하는 새로운 언약 공동체 안에서 이루어졌을 가능성이 높다. 그뿐 아니라 4절에 요약된 불법한 자의 행동들은 8-12절에서 한층 상세하게 설명되어 있다. 8-12절에 의하면, 미혹당한 사람 중에는 자신을 교회 공동체의 구성원으로 간주하는 자들도 있었을 것이다(예. 미혹당한 자들은 "진리의 사랑을 받지 아니하여 구원함을 받지 못한" 사람이다).

또한 성전이 교회일 수 없다는 반대 주장이 옳지 않아 보이는 이유는 "불법한 자의 행동반경이 교회보다 훨씬 더 넓은 것 같기" 때문이다(Martin 1995: 236). 오직 "성전"이 신자와 불신자 모두의 세계로 이해될 때만 이런 반대 의견은 유지될 수 있다. 한편으로 보면 마지막 때 임할 대적자의 활동이 전 세계에 걸쳐서 이루어지리라는 지적은 옳다. 왜냐하면 성전으로서의 교회는 전 세계에 걸쳐 발견되기 때문이다. 또한 신약 텍스트들(계 16:12-16; 19:19-20; 20:7-10)에 비추어볼 때, 적그리스도의 속이는 행동 중 일부가 교회의 영역을 넘어선다는 지적도 옳다. 그러나 마지막 때 임할 대적자의 활동이 이루어지는 유일한 장소(살후 2:4)는 앞에서 내가 교회라고 주장한 바 있는 "성전"이다. 비록 적그리스도가 교회 밖의 많은 사람을 미혹하겠지만, 그의 미혹함이 "배교"로 이어지는 곳은 오로지 전 세계에 걸쳐서 존재하는 교회 안에서뿐이다. 왜냐하면 우선적으로 교회 밖의 사람들은 믿음을 고백하는 자들이 아니기 때문이다.

모리스(Leon Morris)도 두 가지 추가적 이유를 근거로 교회가 "성전"이라는 견해에 반대한다(1959: 223). 첫째, 마지막 대적자가 교회 안에서 자신의 권위를 세우고 자신을 신으로 칭할 수 있다는 것은, 교회가 기독교회로 간주되는 것을 불가능하게 만든다. 이런 논리는 충분히 옳다. 그러나 이스라엘의 유형적인 성전(Morris는 이런 동일시를 선호함)에 대해서도 똑같은 이야기를 할 수 있을 것이다. 이런 성전은 참된 목적에 따르는 역할을 수행하지 못할 것이다. 만일에 적그리스도가 그 성전 안에 굳건하게 자리 잡고서 하나님의 권위를 사칭하도록 허용된다면 말이다. 그뿐 아니라 바울이 강조하는 점은 가시적인 교회 공동체—참된 성도들이 그 안에 존재하는—가 배교의 죄에 빠짐으로써 자신을 그리스도인이라고 고백하지만 실제로는 그렇지 못한 자들로 가득 차게 되리라는 것이다.[31] 교회는 자신의 기독교 신앙을 계속해서 주장하겠지만, 그 안에 있는 대부분의 사람은 사실상 참된 그리스도인이 아닐 것이다.

둘째, 모리스는 신약성경이 마지막 때의 배교에 대해 언급하는 반면에, 교회가 배교할 것이라고 보지는 않는다고 믿는다. 그러나 예수는 친히 이렇게 말씀하셨다. "그때에 많은 사람이 실족하게 되어 … 거짓 선지자가 많이 일어나 많은 사람을 미혹하겠으며 불법이 성하므로 [하나님을 향한] 많은 사람의 [언약적인] 사랑이 식어지리라"(마 24:10-12). "노아의 시대"와 유사한 전 세계적인 불신앙이 예수의 마지막 강림 직전에 발생할 것이다

---

31) 이는 "거룩한 언약을 배반하는" 자와 "불경건한" 자 및 "위선자들"이 늘어나리라고 말하는 단 11:30-34의 예언이 성취된 것을 가리킨다.

(마 24:38-39; 눅 17:26-27). 예수는 신앙 공동체 안에 있는 자들에게 배교와 재림을 준비하라고 경고하시면서, 어떤 이들은 부단히 경계하지 않음으로써 심판받게 되리라고 분명히 밝히신다(마 24:40-25:46; 눅 17:28-37). 이것은 교회 밖에 있는 자와 교회 안에 있는 많은 사람(대부분은 아니라 하더라도) 모두가 불신앙에 빠질 수 있음을 암시한다. 요한계시록 11:7-13과 20:7-10도 마지막 때에 대규모의 광범위한 미혹함이 있으리라고 예언하는데, 이것은 교회 밖의 이미 완악해진 사람들과 특히 교회 안의 "배교자들" 사이에 불신앙이 확산되리라는 것을 의미한다.[32]

여기서 우리가 기억해야 할 지점은 광범위한 "배교"가 전 세계에 널리 퍼져 있는 언약 공동체 안에서만 발생할 것이요, 교회 밖의 불신자들은 더욱 완악해진 채로 미혹된 나머지 살아남은 참된 신자들을 멸하려고 애쓰리라는 것이다. 앞에서 언급한 것처럼 데살로니가후서가 말하는 "배교"는 정확히 말해 불신 세계가 아니라 거의 교회 안에서 발생한다. 왜냐하면 이 배교는 하나님과 "친밀하게" 지내던(적어도 이런 신앙고백을 가리킴) 이전의 상태에서 "떨어져나가는" 경우이기 때문이다. 만일에 바울이 배교를 데살로니가 사람들에게 있을 가능성으로 열어두었다면, 어떻게 사도는 동일한 현상을 마지막 때에 전 교회에서 생겨날 가능성으로 간주하지 않을 수 있었겠는가?(Martin 1995: 234) 만일에 바울이 자신의 죽음 이전에조차 "아시아[의 교회]에 있는 모든 사람이 나를 버렸다"(딤후 1:15)라고 말할 수 있었다면, 마지막 때에는 이런 현상이 얼마나 더 심하겠는가? 따라서 사데 교회의 그리스도인들이 사실상 영적으로 "죽었음"에도 불구하고 "살아 있다고" 알려진 것처럼(계 3:1; 참조. 마 7:21-23!), 마지막 때에는 신자임을 자칭하는 전 세계 모든 교회도 마찬가지다. 이런 예상은 신앙 공동체 안에서 대규모의 배교가 발생했던 초기 유대교의 신앙 세계와 일치한다.[33] 이스라

---

32) 앞서 인용한 Beale 1999a을 보라.
33) 희년서 23:14-23; 바룩2서 41:3; b. Sanhedrin 97. 불신앙이 전 세계에 걸쳐 나타나며

성전 신학

엘의 "많은 사람"이 다니엘 11:31 이하의 예언이 성취되는 첫 번째 시기에 배교했던 것과 같이(마카베오1서 1:11, 15, 43; 2:15), 또한 다수의 사람들이 두 번째 성취 시기(주후 30-70)에 불신앙에 빠져든 것과 같이, 예수가 마지막 으로 강림하시기 직전의 마지막 성취 시기에도 새 언약 공동체 안에서는 훨씬 더한 상황이 벌어질 것이다(Hendriksen 1979: 169).

적그리스도의 "앉음"은 문자적인가, 비유적인가?

적그리스도가 "하나님의 성전에 앉을" 것이라는 데살로니가후서 2:4의 표현은 무엇을 의미하는가? 지금까지 우리는 이 텍스트가 이스라엘 안에 있을 미래의 한 성전을 염두에 두지 않는다고 주장해왔다. 또한 이 텍스트는 예루살렘 성전을 모독했던 과거의 특정 사건을 가리키는 것 같지도 않다. 그렇게 보는 것은 적절치 않다. 만약 이것이 적절한 설명이라면 바울은 그렇게 예언했을 것이다(어떤 이들은 이를 주후 70년의 로마의 정복과 동일시함).[34] 주후 1세기 당시에는 어떤 성전 모독도 염두에 둘 수가 없었다. 왜냐하면 데살로니가후서 2:3-4은 바울의 시대에 아직 발생하지 않았던 "배교", 아마도 20년 후인 주후 70년에만 국한되어 발생하는 것이 아닌 점증하던 "배교"에 대해 말하기 때문이다.[35] 그뿐 아니라 적그리스도의 마지막 출현은 주후 90년대의 요한이 여전히 예고하는 바이기도 했다.[36]

마샬(I. H. Marshall)은 이 텍스트가 어떤 특정 성전도 염두에 두지 않는다고 결론지음으로써 정반대 입장을 취한다. 대신 마샬은 4절이 단순히

분명히 이스라엘을 넘어선다고 보는 에녹1서 91:4-11; 에스라4서 1-2장도 참조하라.

34) 하지만 Wanamaker 1990: 246-249은 바울이 주후 70년의 예루살렘 성전 파괴와 같은 어떤 사건을 잘못 예언했다고 본다.

35) 이스라엘은 주후 70년뿐 아니라 바울의 시대에도 배교에 빠져들었다. 이처럼 광범위한 배교는 초기 교회 안에서 발생했던 특정 사건을 묘사하는 것 같지 않다.

36) 요일 2:18-22; 3:4; 4:16 등에서 선명히 드러나듯, 이는 살후 2:3-7이나 다니엘서의 적그리스도 예언과 유기적으로 연관된 텍스트다(예. 요한1서와의 관련성에 대해서는 Brown 1982: 400을 보라).

"하나님을 향한 악의 저항을 표현"하기 위해 은유적인 방식으로 말할 뿐이라고 주장한다.[37] 이런 견해도 가능하겠지만 이 텍스트가 언급하는 성전은, 지금까지 논의해왔던 바와 같이, 참된 성전의 연장선상에 있는 교회를 좀더 구체적으로 언급할 가능성이 높다. 여기서 이 내용을 요약하면 다음과 같다.

1. 바울 서신의 다른 곳에서 "하나님의 성전"이라는 구절은 예외 없이 교회를 가리킨다. 요한계시록의 "성전"은 지상이나 천상에 있는 참된 신자 모두를 가리킬 수 있다.

2. 다니엘 11:30 이하의 예언과 그 첫 성취(안티오쿠스 에피파네스와 로마 제국)는 언약 공동체 안에서 이루어지며, 이 공동체 안의 성전을 중심으로 움직인다. 그뿐 아니라 만일 주전 2세기의 안티오쿠스 에피파네스가 다니엘 11:31-36의 첫 성취라고 한다면, 이 성취는 이스라엘의 두 번째 성전 건축물—마지막 때의 영적 성전인 교회의 예표론적인 예언이 되었던—과 관련된 한 사건으로 간주되었던 것 같다.

3. "배교"와 성경의 다른 책들에 나오는 이 단어의 용례는 모두 언약 공동체 안에 있는 자들이 하나님을 향한 이전의 신앙 고백으로부터 "떨어져 나가는" 것과 관련된다.

따라서 "하나님의 성전에 앉는다"라는 것은 문자적으로 적그리스도가 가시적인 성전의 의자에 직접 앉는다는 것을 가리키지는 않는 듯하다. 도리어 이 텍스트는 신약성경의 다른 은유적인 사용법과 마찬가지로 은유적인 차원의 "앉는" 행동을 염두에 둔다. 예를 들어 마태복음 23:2은 "서기관들과 바리새인들이 모세의 자리에 앉았으니"(권위 있는 성경 해석자 계층을 표현하는 구절)라고 말한다. 또한 신약성경은 "하나님의 우편에 앉아 계신 그리스도"에 관해 계속 언급하는데, 이는 그분의 "통치"를 은유적인 차원

---

37) Marshall 1983: 192. Stott 1991: 160도 Marshall을 따른다. Hoekema 1979: 160도 마찬가지다. Giblin 1990: 462도 참조.

에서 언급한다.[38] 왜냐하면 하늘에는 이런 가구가 문자적으로 있을 것 같지 않기 때문이다.[39]

"성전에 앉는다"라는 개념을 문자적으로 이해할 수 없다는 견해는, 데살로니가후서 2장이 본질적으로 묵시문학에 속한다는 많은 주석가의 관찰에 의해 추가로 증명된다. 요한계시록에서 "보좌에 앉는다"(*kathizō* 또는 *kathēmai*와 함께 쓰임)라는 표현은 종종(약 15회) 권위의 자리에 있는 하나님이나 예수 그리스도 또는 성도들을 가리킬 때 비유적으로 쓰이는데, 이는 예수가 하늘의 구름 위에 "앉으셨다"라고 묘사하는 명백히 은유적인 표현에 의해 한층 강화된다(계 14:14-15). 하지만 데살로니가후서 2:4과 가장 비교될 만한 텍스트는, 바벨론을 부정적인 의미에서 제사장의 옷을 입고(계 17:4; 18:16) "많은 물 위에 앉은" 큰 음녀(계 17:1)로 묘사하는 부분이다. 여기서 바벨론이 입고 있는 제사장의 옷은 "백성과 무리와 열국과 방언들"에 대한 통치권으로 이해된다(계 17:15, 18; 18:7).[40] 이런 결론은 요한계시록 19:15에서와 같이 동일한 이사야 11:4 텍스트에 기초하는 데살로니가후서 2:8의 묵시록적 표상과 일치한다. 그런데 이 두 신약 텍스트는 공통적으로 마지막 원수를 심판하시는 예수의 모습을 그리고 있다. 요한계시록 텍스트가 원수 집단과 그들의 지도자를 격퇴시키는 예수의 모습을 그리는 반면에, 데살로니가후서 텍스트는 종말론적인 원수를 "그 입의 기운으로 죽이시는" 그리스도의 모습을 그린다. 이 두 묵시록적 텍스트는 예수가 불순종의 대상이 된 하나님의 율법을 가지고서 원수의 유죄를 밝히고 그들을 벌하시는 모습을 강조한다(8절에 대한 아래 설명을 보라). 데살로니가후서 2:4의 은유적인 성격도 2:15과 맥을 같이하는데, 2:15에서 바울은 데살로니가 사람들에게 문자적으로 병사들처럼 열중쉬어 자세로 "서" 있으

---

38) Callow 1982: 63을 따랐다.
39) 그리스도가 하나님의 오른편에 앉아 계신 하늘 보좌에 대해서는 마 26:64; 막 16:19; 행 2:30-36; 엡 1:20; 골 3:1; 히 1:3; 8:1; 10:12; 12:2; 계 3:21 등을 보라.
40) 이상의 모든 설명에 대해서는 앞서 인용한 Beale 1999a를 보라.

라거나 무엇인가를 양손으로 굳게 "붙들라고" 명한 것이 아니라 계속해서 진리를 믿으라고 명한다!(Callow 1982: 81-82)

따라서 데살로니가후서 2:3-4은 마지막 날의 공격자가 "하나님의 성전"인 교회 한가운데로 들어올 것이요, 교회로 하여금 크게 배교하여 불신앙에 빠지게 할 것임을 의미한다. 그 후에 그는 교회 안에 거짓을 퍼뜨림으로써 교회를 통제하려고 시도할 것이다. 마지막 날의 대적자가 "자기를 하나님이라고 내세우리라는" 설명은, 그가 자신을 신격화할 것임을 의미하는데 이는 신성모독의 전형이다. 이런 신성모독 행위는 그리스와 로마의 통치자들이 이스라엘과 성전을 정복하고 나서 우상을 숭배하도록 성전 안에 신상들을 직접 세웠던 행위와 맞먹는다.

다른 한편으로, 이 텍스트는 적그리스도가 전 세계에 퍼져 있는 신앙 공동체 안에서 엄청난 영향력과 권세를 과시함으로써 자신을 하나님으로 칭할 정도가 되리라는 것을 의미할 수도 있다. 이것은 다니엘 11장에 있는 종말론적인 대적자에 대한 묘사와 더 많이 일치한다. 왜냐하면 다니엘 11장은 그가 "스스로 높여 모든 신보다 크다 할" 것이요, 자신을 거짓된 신으로 위장할 것이라고 말하기 때문이다(단 11:36-39a). 따라서 그가 자신을 진짜 신으로 주장하는 것은 아니다. 왜냐하면 그 자신이 여전히 거짓 신이나 우상을 숭배하고 있기 때문이다. 여기서 중요한 것은 그가 크게 범죄함으로써 자신을 하나님의 자리에 놓는 몇 가지 방식이 있다는 점이다. 예를 들어 그는 성경 안에 있는 하나님의 율법을 변형시켜 그분이 계시하신 진리와 반대되는 다른 율법을 가르친다(단 7:25; 8:11-12, 25; 11:30-32 등이 이를 확증함). 바로 이 한 가지 이유 때문에 그는 "불법의 사람"으로 불린다. 이렇게 하는 과정에서 그는 하나님처럼 행동한다. 본질적으로 적그리스도는 자신이야말로 궁극적인 입법자라고 주장하지만, 그가 주는 율법은 성경의 율법이 가르치는 하나님을 대적한다.[41]

---

41) "불법의 사람"이 "하나님의 성전"인 교회 안에 침투해서 사람들을 미혹하리라는 주장

적그리스도가 데살로니가 교회의 성전을 모독하리라는 예언의 초기 성취

데살로니가후서 2:3-4에서 바울은 독자들이 그리스도의 강림이 이미 이루어졌다고 생각하는 식으로 미혹되어서는 안 된다는 점을 밝혔다. 왜냐하면 교회 안에서 발생할 마지막 배교의 두 가지 표징과 적그리스도의 마지막 출현이 아직 이루어지지 않았기 때문이다.[42] 5절에서 바울은 이 문제와 관련해서 미혹되어서는 안 되는 세 번째 이유로, 자신이 바로 전에 성도들에게 말한 내용이 새로운 정보가 아니기 때문이라고 강조한다. 바울은 장차 닥쳐올 배교와 적그리스도에 대해 그들에게 계속해서 말한 바 있다. "내가 너희와 함께 있을 때에 이 일을 너희에게 말한 것을 기억하지 못하느냐." 3-4절은 그들이 이미 알고 있는 내용을 상기시킨다. 3-4절이 상기시키는 내용은, 독자들이 거짓된 가르침에 넘어가기 쉽다는 것을 바울이 알고 있었음을 의미한다. 왜냐하면 그들은 이미 그가 가르친 진리를 잊어갔기 때문이다.

바울은 적그리스도의 마지막 출현이 아직 미래에 속함을 강조하면서도, 6-7절에서 그들에게 지금 당장 적그리스도의 미혹하는 힘에 대한 긴장감과 경계심을 가져야 함을 경고한다. 사실상 바울은 그들이 미혹당할

과 맥을 같이하는 가장 초기 자료는 *Barnabas* 4장이다(주후 90년대 중반). 이 편지 텍스트는 마지막 날의 폭군에 관한 단 7장의 예언에 의존하며, 그를 "불법의 행위"나 "불법의 시대"와 관련시키는 동시에 교회를 성전과 동일시한다!(교회를 성전으로 이해하는 *Barnabas* 6장과 16장도 보라) 마찬가지로 계 11장과 13장도 단 7장; 8장; 11-12장과 동일한 예언을 언급하며, 핍박받는 성도들을 성전과 동일시하기도 한다(11:1-2, 7과 13:1-7에 대해서는 앞서 인용한 Beale 1999a을 보라).

42) 살후 2:1-4을 살전 5:1 ff.과 관련시키는 방식에는 한 가지 신학적인 문제가 있다. 전자는 그리스도 강림의 전조가 되는 표징들이 있음을 분명하게 밝히지만, 후자는 아무런 표징도 없이 그리스도의 강림이 모두에게 예기치 않게 이루어지리라고 말한다. 현재의 논의 범위상 더 상세한 설명은 할 수 없지만, 이 문제의 가능한 해결책으로는 앞서 인용한 Beale 2003을 보라.

위험에 있어 적그리스도가 실제로 나타났을 때보다 결코 더 안전하지 않다는 것을 강력한 어조로 말하고 있다! 따라서 성도들은 적그리스도가 아직 오지 않았기 때문에, 현재로서는 자기들이 그릇된 길로 인도되지 않으리라고 생각해서는 안 된다.

우리는 데살로니가후서 2:3-4에서 하나님의 마지막 원수가 마지막 때에 언약 공동체를 공격할 것이라고 말한 다니엘 11:30-45의 예언을 살핀 바 있다. 이 공격은 세 가지 형태, 즉 박해와 성전 모독과 신적인 진리의 왜곡을 통한 속임수로 이루어질 예정이었다. 바울은 먼저 6절에서 이 대적자가 아직 모습을 완전히 드러내지 않았다고 말한다. "지금 그로 하여금 그의 때에 나타나게 하려 하여 막는 것이 있기" 때문이다. 그의 나타남을 막는 힘은 불법한 자의 출현을 막으려는 의도를 가지고 있다. 그의 출현에 적합한 시점이 도달할 때까지 말이다. 성도들은 이런 사실도 알고 있어야 한다. 왜냐하면 이 내용은 이전에 사도가 성도들을 방문했을 때 그들에게 전한 교훈의 일부이기 때문이다(5절).

한시적으로 적그리스도의 출현을 "막는 자"

데살로니가후서 2:6-7의 "그것을 저지하는 자"(7절의 *ho katechōn*에 대한 NIV의 번역임; "막는 자"로도 번역할 수 있음)가 무엇을 의미하는가에 대해서는 주석가들의 견해가 크게 나누어진다. 하지만 어떤 해석이건 간에 직면해야 하는 과제는 6절의 중성 분사 "막는 것"(*to katechon*)이 7절에서는 남성 분사(*ho katechōn*)로 변한 현상을 설명하는 것이다. 학자들이 제안하는 해결책의 대부분은 6절의 비인격적인 힘을 분리시켜 7절의 인격적인 힘과 결합시키려고 시도한다. "막는 자"의 의미에 대해서는 적어도 일곱 가지의 상이한 해석이 있다.[43]

---

43) Marshall 1983: 196-200의 훌륭한 요약과 평가를 보라. "막는 자"가 천사 미가엘이라는 견해에 대해서는 앞서 인용한 Beale 2004을 보라.

성전 신학

"막는 자"("소유자"도 가능한 번역)의 정확한 실체를 어느 정도의 개연성을 가지고 확인하는 것은 어렵다. 그럼에도 가능하다고 생각되는 것은 그것/그가 악하지 않고 선하다는 점이다. 왜냐하면 텍스트 안에 두 적대 세력 사이의 경쟁이나 긴장이 감추어져 있다고 보는 견해야말로 텍스트의 의미를 가장 잘 이해한다고 보이기 때문이다.[44] 더 나아가서 이 텍스트가 역사 안의 어떤 특정 대리인을 염두에 두고 있건 간에, 그 배후에 있는 궁극적인 힘은 하나님임이 분명하다.[45] 이 점은 적그리스도가 "적절한 때에" (NIV, 문자적으로는 "그[막는 자나 적그리스도 또는 하나님] 자신의 때에"; 이 세 선택지에 대해서는 Best 1972: 276을 보라) 나타날 때까지 "막는 자"가 그를 막을 것임을 관찰함으로써 분명하게 드러난다. 이 "때"는 확실히 하나님이 정하신 것이다. 왜냐하면 6-12절 단락 전체가 예언-성취의 틀 속에 놓여 있기 때문이다.[46] 하나님은 자신이 정하신 때에 역사의 종말을 이루실 것이다. 9절은 사탄이야말로 불법한 자의 나타날 때를 결정한다는 점을 암시하는 듯하다(Wanamaker 1990: 254). 그러나 이 구절은 마지막 폭군이 나타나는 때보다는, 그의 활동에 "기운을 실어주는" 힘에 더 많은 관심을 기울이고 있다(전반적으로 계 13:2, 4과 일치함; Bruce 1982: 173). 이와 가장 가까운 바울의 평행 구절은 디모데전서 6:14-15이다. "우리 주 예수 그리스도께서 나타나실 때까지…기약이 이르면(in His own time, *kairos idiois*) 하나님이 그의 나타나심을 보이시리니." 디모데전서의 이 구절은 하나님을 역사적인 사건들의 주권자로 보는 바울의 견해를 추가로 보여준다(살후 2:6의 *heautou kairō* 를 딤전 6:15의 *kairois idiois*와 비교하라).

그 사이에 "막는 자"는 마침내 적그리스도가 모습을 드러낼 때까지, 곧

---

44) Marshall 1983: 199. Giblin도 대담한 제안을 하고 있지만 말이다.
45) 앞에서 소개한 해석 외에도 다른 대안적 해석으로는 Wanamaker 1990: 251-252을 보라.
46) 이 점은 하나님이 성도들을 "환난에 처하도록 세우시고"(살전 3:3), 그들을 "구원에 이르도록 세우시며"(살전 5:9), "구원에 이르도록 선택하신다"(살후 2:13)라는 초기 증언과 일치한다.

"자신[막는 자]이 그중에서 옮겨질 때까지" 마지막 대적자의 출현을 계속해서 저지할 것이다(7b절).[47]

적그리스도가 성전에 나타나리라는 다니엘의 예언이 어떻게 이미 성취되기 시작했는지의 "비밀"

바울은 예언된 "불법의 사람"이 아직 완전히 인간의 모습으로 나타나지는 않았지만, 그럼에도 그가 이미 왔음을 느낄 수 있다고 주장한다. "불법의 비밀[mystērion]이 이미 활동하였으나"(살후 2:7). 신약성경의 "비밀"(mystērion)의 용례 대부분이 그렇듯, 7절의 이 비밀은 구약 텍스트와 긴밀한 관계 속에 있다. 여기서 데살로니가후서 2:4은 다니엘 11장을 언급하고 있다. 구약 텍스트와 같은 방식으로 연결되는 다른 곳에서 이 "mystērion"은 예언자들의 예언이 성취되기 시작했음을 가리키는 데 사용된다. 즉 이 단어는 예언들이 어떻게 성취될 것인지에 대해 구약 독자들이 기대하던 바와 비교하면서, 그것이 전혀 예기치 않은 방식으로 성취되기 시작했음을 가리키는 데 사용된다(Beale 1998: 215-272을 보라).

바울이 7절에서 "비밀"이라는 단어를 사용한 이유는, 그가 다니엘서의 적그리스도 예언이 데살로니가 교회에서 다니엘도 분명하게 예견하지 못한 수수께끼 같은 방식으로 성취되기 시작했다고 이해하기 때문이다. 다니엘은 마지막 적그리스도가 큰 권세를 가지고 모든 사람의 눈앞에 자신을 공개적으로 드러낼 것("자기를 높이고 스스로 크다 하고")이라고 말한다. 사람들을 속이고 박해하기 위해서 말이다. 바울은 마귀가 역사의 마지막 때처럼 눈에 보이도록 온 것은 아직 아니지만, 그럼에도 이 마귀가 언약 공동체 안에서 미혹자인 거짓 교사들을 통해 "이미 활동하고 있음"을 알고

---

47) 문자적인 측면에서 볼 때 7b절은 다음과 같이 불완전한 문장으로 읽힌다. "지금은 그것을 막는 자가 있어 그중에서 옮겨질 때까지 하리라." 7b절에 관한 추가 논의—특히 다른 가능한 번역들—에 대해서는 앞서 인용한 Beale 2004를 보라.

있다. 우리는 이 마귀의 미혹자들이 역사의 무대에 모습을 드러낼 때 마귀역시 자신을 드러낼 것임을 다니엘의 예언으로부터 예상할 수 있다. 데살로니가 교회 안에서 드러난 "비밀"은 다니엘 11장의 예언이 뜻밖의 방식으로 이루어지기 시작했음을 의미한다. 왜냐하면 이 악마 같은 원수가 아직은 육신의 형태로 나타나지 않았지만, 그가 이미 거짓 교사들을 통해 자신의 "불법한" 일을 퍼뜨리고 있기 때문이다!

다니엘의 예언이 성취되는 방식에는 예상치 못한 요소가 하나 더 있다. 다니엘은 마지막 때의 압제자가 이스라엘의 예루살렘 성읍 안에 있는 실제 성전을 더럽힐 것이라고 예언한다. 그러나 이 예언은 "적그리스도의 몸체"라 할 거짓 예언자들을 통한 성취로 시작된다. 그들은 새 언약의 공동체요 이방인의 성읍에 있는 새로운 성전인 교회 안으로 침투해 들어간다! 요한1서 2:18, 22도 적그리스도가 요한이 편지를 쓰고 있는 교회 안에서 이미 활동 중이라고 말한다. "지금은 마지막 때라 적그리스도가 오리라는 말을 너희가 [다니엘과 예수께로부터] 들은 것과 같이 지금도 많은 적그리스도가 일어났으니 그러므로 우리가 마지막 때인 줄 아노라…예수께서 그리스도이심을 부인하는 자가…적그리스도니"(요일 4:3; 요이 7절도 마찬가지!). 따라서 데살로니가의 그리스도인들과 우리는, 적그리스도의 미혹함이 그가 마지막에 육체를 입고서 나타날 때에만 이루어질 것이라고 생각해서는 안 된다. 도리어 우리는 그가 자신의 사자인 거짓 교사 무리를 통해 새 언약의 교회 안으로 은밀하게 들어와서 사람들을 미혹하지 않도록 지금 주의를 기울여야 한다!

예수도 바울이 참고한 다니엘서의 동일한 예언에 대해 언급하신다(마 24:4-5, 10-13, 23-26을 보라). 데살로니가후서 2:1-7의 핵심이 "누가 어떻게 하여도 너희가 미혹되지 말라"(3절)라는 가르침인 것처럼, 마태복음 24장 텍스트의 핵심은 어느 누구도 예수의 재림과 관련해서 제자들을 미혹하지 못한다는 데 있다(3-4절). 예수는 자신이 오시기 전에 참으로 많은 적그리스도가 나타나리라고 예언하신다. 그는 적그리스도의 마지막 도착에 초점을 맞추지 않고, 하나님의 마지막 대적자에 대한 예언의 절반 성취이거나 선구자들인 많은 적그리스도의 교회 침투에 초점을 맞춘다(마 24:5, 10-15, 24). 이들은 요한1서 2:18과 데살로니가후서가 언급하는 거짓 예언자들과 동일하다. 심지어 예수는 마태복음 7:21-23에서 교회의 교사들로 간주되던 자들이 마지막 심판의 때에 거짓 교사로 정죄받으리라고까지 말씀하신다. 예수가 그들을 일컬어 "불법"(anomia)을 행하는 자들로 부르고 계심을 주목하라. 그런데 여기서 "불법"은 데살로니가후서 2:7의 "불법의 비밀"에서 사용되는 것과 동일한 단어다.

바울은 다니엘과 예수가 예언하신 거짓 교사들(참조. 마 24:4-5, 23-24 등)이 지금도 우리와 함께 있다고 말한다. 이것은 마지막 때의 "큰 시련"이 이미 부분적으로 시작되었음을 뜻한다! "배교"에 관한 예언과 "불법한 자"가 새 언약의 성전인 교회 안으로 들어왔다는 예언이 이미 성취되기 시작한 것이다!

참으로 예수의 죽음에 관한 표징은 요한1서 2:18과 데살로니가후서 2:6-7의 내용과 함께 적그리스도가 올 때 큰 시련이 이미 시작되었음을 명시적으로 밝힌다. 예언된 마지막 날의 성전도 교회 공동체의 형태로 그 모습을 드러내기 시작했다(4절을 보라). 그런데 7절은 적그리스도가 이미 교회 안으로 들어가 교회를 더럽히기 시작했다고 말한다. 다니엘은 큰 시련이 있을 것임을 암시하는 세 가지 뚜렷한 표징, 즉 박해와 성전 모독 및, 성전과 언약 공동체 안에 있는 거짓 교사들의 미혹이 있으리라고 예언했다. 성전 모독과 교회 성소 안에서의 미혹은 1세기에 시작되어 그 이후로 계속 진행되고 있다. 성전 모독은 하나님의 법을 바꾸려고 시도하는 적그리스도의 부정한 미혹의 영이 거룩한 신앙 공동체 안으로 들어왔음을 뜻한다. 따라서 큰 시련은 교회의 모든 시대를 거쳐서 지금까지 계속 진행된다고 할 수 있다(데살로니가에서 발생한 박해에 대해서는 행 17:5-8; 살전 1:6; 2:14; 3:3-4을 보라). 확실히 이 큰 시련은 아직 절정에 도달하지 않았다. 종말의 시간에 적그리스도가 사람의 모습으로 나타날 때, 현재적인 시련은 점점 더 심해질 것이다. 그때가 되면 이전에 역사 전체에 걸쳐서 교회의 일부에만 영향을 주었던 박해와 미혹이 성전을 뜻하는 전 세계의 모든 교회 안에 발생할 것이요, 바로 그때 그리스도가 재림하실 것이다(계 11:1-13; 20:1-10을 보라). 이 점에 비추어볼 때 데살로니가후서 2:4의 "하나님의 성전"이라는 표현은 예외적이지 않다. 도리어 이 표현은 동일한 표현을 다른 지역 교회에 적용하는 신약성경(바울을 포함하는)의 다른 아홉 사례 모두와 자연스럽게 맥을 같이한다.

결론: 바울은 다니엘서의 성전 예언을 영적으로 이해했을까? "문자적" 접근법과 "구속사적" 접근법의 비교

어떤 이들은 앞의 논의에 대해 확실한 반대 의견을 표현하는 것 같다. 앞의 논의가 적그리스도와 특히 성전에 관한 다니엘의 예언을 "영적으로 해석"한다는 점에 기초해서 말이다. 많은 이들은 예언자 다니엘이 마지막 날에 이스라엘에 있을 실제적인 성전을 염두에 두고 있음이 틀림없다고 믿는다. 따라서 이 예언이 그리스도와 교회 안에서 성취되었다고 말하는 것은 성경 전체를 해석하는 데 사용하는 "문자적 해석"의 원리를 깨뜨리는 것이 된다.

　여기 대해서는 다수의 반응이 생겨나는데, 그중 일부는 이미 앞의 논의에서 예견되었으며, 이 책을 마무리하는 장인 제12장 "신학적 결론"에서 더 많이 소개될 것이다. 첫째, "문자적 해석"이 성경 해석을 설명하는 최선의 길은 아니다. 아마도 정경의 맥락 안에서 폭넓은 문자적 의미를 추구하는 "문자적 해석"이 성경 해석을 설명하는 차선의 방법일 수 있다 (Vanhoozer 2001: 312-314을 보라). 우리는 성경 저자의 본래적인 의도를 밝히려는 목적을 가진 해석 방법론을 따르고자 노력해야 한다. 이런 의도가 서로를 배척하지 않는 다층적인 의미들을 가질 수 있음을 의식하면서 말이다. 이런 본래적인 의도는 실제 현실에 한층 부합되는 의미를 가질 수도 있으며(이런 이유로 이른바 "문자적 해석"이라 불림), 또 다른 의도는 "문자 그대로" 영적인 실체를 가리킬 수도 있다.

둘째, 계시의 과정은 초기 성경 텍스트들의 확대된 의미를 선명하게 드러낸다. 후대의 성경 기록자들은 초기 텍스트를 부연 설명하는 방법으로 초기의 성경 기록물을 추가로 해석한다. 후대로 이어지는 이런 해석 작업은 초기 저자들이 염두에 두지 않았을지라도 본래적이고 본질적이며 근원적인 의미와 상충되지 않는 의미들을 발견해낼 수 있다. 그렇다고 해서 본래적인 의미가 "많은" 내용을 가진다거나, 원래 저자들이 이런 내용의 완전한 범위를 충분히 알지 못했을 것이라는 의미는 아니다. 이와 관련해서 예언의 성취는 종종 예언자 자신조차도 충분히 인식하지 못할 수 있는 예언의 세부적인 내용을 "아주 구체적으로" 보여준다.

셋째, 데살로니가후서 2:1-7에 대한 우리 해석은, 바울이 성전을 모독하는 마지막 때의 대적자에 관한 다니엘 11장의 예언이 자기 시대에 이루어지기 시작했다고 이해했음을 보여준다. 어쩌면 내 해석이 잘못되었을 수도 있다. 그러나 다니엘서에 대한 "문자적인" 해석이 아니라는 사실에 기초해서 내 해석이 잘못되었다고 말하는 것은 내 분석 결과를 뒤엎기에는 불충분하다. 또는 바울이 부적절하게 "영적인 해석"에 치우쳤다고 말할 수도 있다. 성경에 대한 고차원적인 견해를 가진 자들에게는 이것이 매력적인 선택이 아니겠지만 말이다. 이런 결론 역시 현대적인 해석 방법론으로 옛 해석 방법론의 정확성을 궁극적으로 판단하면서, 이런 현대적 기준을 지나치게 신뢰하고 있음을 보여준다.

만일 데살로니가후서에 대한 내 분석이 바른 길에 서 있다면, 바울은 점진적인 계시라는 개념에 비추어 다니엘 11-12장에 대한 해석 작업을 전개한 것이 된다. 다니엘의 예언이 그리스도와 교회 안에서 성취되기 시작했다는 점이 그렇다. 우리는 그리스도야말로 마지막 때의 참된 성전이요, 믿음으로 그와 더불어 하나가 된 자들은 누구나 참된 성전의 일부가 된다는 점을 이미 앞에서 살핀 바 있다. 물론 세상에는 사이비 신자면서 자신이 참된 성전의 일부라고 주장하는 자들이 있다. 사람의 몸을 입은 적그리스도는 역사의 마지막 날들이 진행되는 동안에 바로 이런 성전 한가운데로 들어간다. 언약에 충실한 자들과 언약에 불성실한 자들이 뒤섞인 성전 한가운데로 말이다.

하나님은 자신의 종말론적인 백성 중에 있는 성전 안에 거하겠다고 약속하셨다. 구약성경에 묘사되어 있는 성전의 주된 목적과, 마지막 날에 세워질 것으로 기대되는 성전의 목적은 하나님의 영광을 받아들이는 것이었다. 그리고 그분의 백성은 그 영광 앞에서 예배를 드려야 했다. 당연히 많은 이스라엘 사람들은 다니엘 11장의 예언이 적그리스도가 자신을 드러낼 실제적인 성전을 가리키며, 그가 죽은 다음에는 하나님의 영광이 이런 성전 안에서 이전보다 훨씬 더 광범위하고 구체적으로 드러나리라고 이해했을 것이다. 그러나 우리는 앞에서 성전에 관한 구약성경의 몇몇 명시적인 마지막 예언이 구체적인 건축물이 없고 사람의 손으로 만들지 않은 실체를 예견하고 있음을 살핀 바 있다(예. 사 4:5-6; 57:15; 66:1-2; 단 2장; 슥 1-2장). 그뿐 아니라 에덴동산(창 2장; 겔 28:18), 족장들의 소규모 성소들, 시내 산, 이스라엘 포로민들과 함께하시는 하나님(겔 11:16; 사 8:14도 참조) 등에 관해서도 비슷한 관찰을 한 바 있다. 종말론적인 성전 건축물에 대해 예언한다고 보이는 다니엘 11:30-39 같은 텍스트와[48] 건축물 없는 성전에 관해 예언하는 텍스트들을 어떻게 같이 묶어서 이해할 수 있을까? 전자가 후자를 이해하는 열쇠 역할을 수행하는가? 아니면 그 반대가 옳은가? 또는 이 두 종류의 예언 텍스트들이 서로를 배척하며, 인간 해석자의 시각으로는 조화를 이룰 수 없는 것일까?

우리는 건축물 없는 성전에 관한 예언이 건축물 있는 성전에 관한 예언을 해석해야 한다고 믿는다. 왜냐하면 이런 견해야말로 구약 예언에 관한 신약성경의 해석에 가장 잘 들어맞기 때문이다. 여기서뿐만 아니라 책

---

48) 단 8:11-14; 12:11도 보라.

의 앞부분에서도 우리는 신약성경이 다음과 같은 점을 보여주려 함을 설명했다. 즉 신약은 성전 예언들이 이스라엘 땅 안에서 그리스도의 영광을 통해 이루어지기 시작했으며, 그 최고의 성취는 우주 전체에서 선명하게 드러날 하나님과 그리스도의 영광임을 보여주려 한다. 성전 약속으로 이해될 수 있는 성전의 구체적인 건축물 형태는 하나님의 광대한 현존이라는 보다 큰 문자적 현실의 성취에 의해 극복되었다. 이런 현상에 대한 구약성경의 무수한 전례에 비추어 신약성경이 새로운 성전을 건축물 없는 것으로 인식할 수 있었으리라는 점은 별로 놀랍지 않다!

이것은 점진적인 계시가 건축물로서의 성전을 예견하던 예언들의 의미를 분명하게 밝혀주었음을 의미한다. 다니엘의 예언과 성취에 대해서는 이런 예를 들 수 있겠다. 1900년에 어떤 아버지가 어린 아들에게 그가 장성하여 결혼하게 되면 말과 마차를 주겠다고 약속했다고 하자. 30년 후 아들이 결혼하자, 아버지는 아들에게 말과 마차 대신 자동차를 준다. 그 30년 동안 과학자들은 자동차를 발명했으며, 곧 자동차는 대량 생산의 길로 들어섰던 것이다. 아버지는 자신의 약속을 아들에게 문자적으로 지키지 않은 것일까? 운송 수단에 관한 이 약속은 구체적인 형태는 바뀌었지만, 그 약속의 본질—개인적인 운송 수단의 편리한 형태—은 변하지 않았다고 보는 편이 옳다. 참으로 과학기술의 발전은 애초에 이해된 것보다 훨씬 더 큰 약속의 성취를 가능하게 만들었다.[49]

새 성전의 중요한 본질은 하나님의 영광에 있다. 이 영광은 더 이상 유형적인 건축물 안에 갇혀 있지 않고, 그리스도 안에서 온 세상을 향해 숨김없이 계시되었다. 그 이후로 하나님의 영광은 성전과 다름없는 전 세계 교회 안에 성령을 통해 거주한다.[50] 하나님의 계시의 증가는 건축물을 가

---

49) 이런 실례는 Satterthwaite 2000: 43-51에서 영감 받았다.
50) 살후 2:4에 묘사된 "하나님의 성전"이 교회와 같다는 결론을 내린 후 나는 Findlay
(1982: 170-174)야말로 현대 주석가 중 동일한 견해를 내세우는 최초의 학자였으며 그
의 뒤를 이어 Lenski 1934: 414-415; Hamann 1953: 178; Giblin 1967: 76-80(나중에

성전 신학

진 성전에 관한 예언이 원래 사람들의 생각보다 훨씬 더 크게 성취되도록 만들었다. 학개 2:9은 이런 점을 잘 표현한다. "이 성전의 나중 영광이 이전 영광보다 크리라."

성전인 오늘날의 교회에 관한 이런 논의의 실질적인 유익은, 교회 지도자들이 하나님의 말씀을 변질시키고 그 의미를 부정할 때 적그리스도의 영이 이미 여기에 맴돌고 있다고 발견하는 데 있는 것 같다. 예를 들어 오늘날 많은 교회 지도자들은 다른 신앙을 받아들일 필요가 있다고 말하면서, 어떤 종류의 믿음이건 간에 그 안에 있는 진정성은 하나님께로 가는 적법한 길일 수도 있다고 주장한다. "오직 우리만이 유일한 진리를 가지고 있다고 말하는 우리는 대체 어떤 사람인가?" 많은 사람에게 기독교의 배타적인 주장은 편협하고 귀에 거슬리는 것으로 들린다. 그러나 예수 자신은 이렇게 말씀하셨다. "내가 곧 길이요 진리요 생명이니 나로 말미암지 않고는 아버지께로 올 자가 없느니라"(요 14:6). 제자 베드로도 이렇게 말한 바 있다. "다른 이로써는 구원을 받을 수 없나니 천하 사람 중에 구원을 받을 만한 다른 이름을 우리에게 주신 일이 없음이라"(행 4:12). 이런 다른 가르침들은 다니엘이 예언한 적그리스도의 "불법"—마지막 날의 성전을 더럽히는—을 대표한다. 참된 신자들은 이런 종말론적인 타락에 미혹되지 않도록 주의해야 한다. 교리적으로나 윤리적으로 순전한 "하나님의 성전"을 지키기 위해서 말이다.

참으로 "적그리스도의 영"(요일 4:1-3)이 믿음 없는 거짓 교사에게만 영향을 미친다고 생각해서는 안 된다. 참된 그리스도인 지도자와 그의 인도를 받는 성도들도 이런 영향력에 미혹되고 세상적인 사고방식에 사로잡힐 수 있다. 정도의 차이가 있겠지만 교회 안에 있는 자들은 누구나 이런

Giblin은 1990년의 한 논문에서 이 견해를 거부했지만); LaRondelle 1989: 345-354 등이 그를 지지했음을 발견했다. Calvin[1984: 330-331]도 같은 견해를 취했으며, 더 이르게는 Chrysostom과 안디옥의 다른 교부들도 마찬가지다(Milligan 1908: 100-101을 보라).

세상적인 영향력을 마주 대하고 있으며 그것에게 미혹당하기도 한다. 바로 이런 이유로 우리는 정신을 바짝 차리고 맞서야 할 필요가 있다.

성전 신학

제 9 장

히브리서에 나타난 새 성전의 시작

The Temple and the Church's Mission
A Biblical Theology of the Dwelling Place of God

———

히브리서는 신약성경의 다른 어떤 책보다도 성막이나 성전에 대해 더 많이 논의하고 있다. 아마도 하늘 성전에 관한 긴 묘사들을 보여주는 요한계시록을 제외하고서 말이다. 히브리서 저자는 "성전"보다는 "성막"에 대해 더 많이 말하지만, 그가 성막에 대해 말하는 내용은 성전에도 똑같이 적용된다. 앞서 우리는 예루살렘 성전이 이동용 성막의 항구적인 형태이며 이 둘이 밀접하게 관련된 나머지, 그 의도와 목적에서 동일하고 기능에서도 같다는 점을 살핀 바 있다.[1) 히브리서가 성전보다 성막을 더 많이 강조하는 것은 구약성경(출애굽기)에서 성막의 전체적인 모양과 그곳의 비품들이 훨씬 더 상세하게 묘사되는데다가, 구약에서 성막은 성전보다도 하늘 "양식"과 더 분명히 관련되기 때문이다(출 25:9, 40을 보라). 어쩌면 이런 강조점은 저자로 하여금 지상의 성막과 현존하는 하늘 성막이나 성소에 대한 자신의 개념을 훨씬 더 비교하기 쉽게 만들어주었을 것이다.

성전에 초점을 맞추기 전에 먼저 우리는 히브리서의 주요 강조점들을 살펴볼 필요가 있다. 히브리서에서 성전에 대한 논의는 이런 강조점들 안에서 이 책의 우선적인 관심사에 예속되는 주제로 나타난다. 구약 시대와 관련해서 예수는 어떤 분이신가? 히브리서는 천사나 사람보다 절대적으로 우위에 있는 예수를 강조함으로써 시작된다(히 1:3-2:16). 또한 그리스도는 모세보다 더 위대하시다(3:1-6). 부분적으로 그 이유는 모세의 지도력이 하나님의 백성을 위한 궁극적인 "안식"으로 귀결되지 못했기 때문이다(3:7-19). 또한 똑같은 이유로 그리스도는 여호수아보다 위대하시다

---

1) 예를 들어 41-42쪽을 보라.

(4:6-11). 예수는 탁월한 대제사장이며(4:14-5:10) 레위 계열보다 우월한 제사장 계열인 멜기세덱의 반차를 따르는 제사장으로 옛 언약의 희생제사보다 더 뛰어난 희생제사를 드린다(7:1-28). 사실 레위 계열 제사장직과 그들의 임시적인 희생제사, 제사장이 봉사하는 성소 등은 새로운 언약에 대한 옛 언약의 그림자일 뿐이다. 새 언약 안에서는 그리스도가 영원한 대제사장인 동시에 항구적인 성막에서 드리는 영원한 희생제물이 되신다(8:1-10:22).

히브리서에는 독자에게 그리스도를 향한 신앙고백 안에서 꾸준히 앞을 향해 나아가도록 권면하는 설교 단락이 전체에 걸쳐 나온다. 저자의 의도는 독자에게 그리스도에 대한 믿음 및 그의 제사장 사역, 그들을 위한 희생 등에 대해 계속 믿음을 지키도록 권면하는 것이다. 왜냐하면 성도들이 이런 믿음으로부터 떨어져서 배교할 위험에 처해 있기 때문이다.

지금까지는 히브리서의 중심 주제들[2]을 간략하게 살피고 어떻게 성막이 이런 주제들 중 하나가 되었는지를 개관했다. 다음 논의에서는 어떻게 히브리서의 성막 개념이 성전에 관한 성경 전체의 관점—지금까지 이 책에서 연구해왔던—과 일치하거나 그것에 기여하는지를 살펴보고자 한다.

히브리서 8장이 말하는 성전

성전에 관한 히브리서의 첫 번째 중심 논의는 8:1-5에서 제사장직의 역할이라는 주제와 관련해서 나타난다. 특히 1-2절은 다음과 같은 내용을 확증하고 있다.

[1]지금 우리가 하는 말의 요점은 이러한 대제사장이 우리에게 있다는 것이라

---

2) 히브리서의 주요 사상과 중심 주제의 발전을 개관하려면 Carson, Moo and Morris 1992: 391-394, 404-404을 보라. Beale의 논의는 부분적으로 이들의 연구에 의존한다.

그는 하늘에서 지극히 크신 이의 보좌 우편에 앉으셨으니

²성소와 참 장막에서 섬기는 이시라 이 장막은 주께서 세우신 것이요 사람이 세운 것이 아니니라

그리스도는 부활과 승천의 결과 하나님의 하늘 보좌 우편에 앉게 되신 새로운 대제사장이다. 그러나 하늘에 있는 이 통치 보좌는 단순한 왕궁이 아니다. 그것은 "성소와 참 장막"(2절)이기도 하다. "성소"는 그리스어 "hagios"의 복수형을 번역한 것으로, 문자적으로는 "거룩한 것들"(holies) 또는 "거룩한 곳들"(hagiōn)을 뜻한다. 이미 앞에서 우리는 이 복수형이 거룩한 영역들을 다수 가지고 있는 지상의 성전 건축물 전체를 말하는 구약의 방식임을 살펴보았다(예. 레 21:23; 겔 7:24; 렘 51:51).[3] 따라서 이 단어는 아마도 "지성소"에 대한 특별한 표현인 듯하다. 왜냐하면 다음에 이어지는 히브리서 9:3의 "거룩함들"이 지성소를 염두에 두고 있기 때문이다(역자 주-개역개정은 9:3의 "거룩함들"을 "지성소"로 번역함). "또 둘째 휘장 뒤에 있는 장막을 지성소라 일컫나니." 마찬가지로 이 단축 형태인 "거룩함들"은 9:8; 10:19; 13:11 등에서도 지성소를 가리킴이 분명하다(Ellingworth 1993: 400을 따랐음).[4] 8:2은 지상의 성소 대신에 하늘의 성소에 초점을 맞추며, 저자는 이것을 "참 장막"으로 부른다.

히브리서는 성막을 영적인 의미로 해석하는가? "문자적인 건축물"로 보는 견해와 "구속사"의 틀로 보는 견해

히브리서 8장이 말하는 하늘 성소는 "참 장막"으로 불린다. 왜냐하면 지상의 성소는 단지 "하늘에 있는 것의 모형과 그림자"일 뿐이기 때문이다

---

3) 이 책 98-99, 166-167쪽을 보라.
4) Philo는 때때로 "지성소"를 "지극히 거룩한 곳들"(*Leg. All.* 2.56; *Mut. Nom.* 192), 또는 "가장 깊숙한 곳에 있는 거룩한 곳들"(*Som.* 1.216)로 부른다.

(8:5a). 5b절의 요지가 바로 이 점을 확증한다. "모세가 장막을 지으려 할 때에 지시하심을 얻음과 같으니 이르시되 삼가 모든 것을 산에서 네게 보이던 본을 따라 지으라 하셨느니라"(출 25:40을 인용함). 히브리서는 출애굽기에서는 분명하게 드러나지 않는 것을 우리에게 가르쳐준다. 모세가 시내 산에서 본 양식은 참된 하늘 장막의 것임이 분명한데, 이것은 나중에 그리스도와 함께 내려와서 마침내 온 세상을 가득 채웠다. 모세는 바로 이런 종말론적인 성소에 대한 소형 지상 모델을 만든 것이다. 종말론적 성소는 "참된 물품"이요, "문자적"이면서 진정한 것이었기에 "참 장막"이었다. 대조적으로 지상의 장막은 다만 "모형과 그림자"일 뿐이다. 이런 표현은 문자 그대로의 하늘 장막, 곧 "더 크고 온전한 장막"(히 9:11)을 비유적으로 묘사했다고 볼 수 있다(히 9:24도 마찬가지). 하늘은 "가치론적 측면에서 볼 때…모든 현실과 가치의 근원인, 땅을 초월하는 하나님 임재의 '자리'"로 간주된다(Lane 1991: 210-211).

지금 그리스도가 거하시는 새 장막의 "참된" 본질과 이스라엘의 광야 유랑 기간에 하나님이 거하셨던 "비유적인" 장막을 부각시키는 일은 중요하다. 몇몇 그리스도인 해석자들은 문자적인 것은 오직 물질적일 뿐이고, 비문자적인 것은 비물질적이어야 한다고 믿는다. 그러나 히브리서 저자는 정반대 견해를 내세운다. 문자적인 성소야말로 하늘의 것이요, 비유적인 성소는 지상의 것이라는 것이다. 심지어 히브리서 9:8-9은 옛 "성막"(더 정확하게는 성소)을 마지막 때에 있을 성막의 "상징"이나 "비유"로 부르기까지 한다(예를 들어 9:11). 이전의 성막이 궁극적으로 참된 것이 아니라는 점을 강조하기 위해서 말이다(Walker 1996: 204). 히브리서가 이런 견해를 취하는 부분적인 이유는 "참된"(alēthinos)이라는 단어를 사용하는 저자의 의도에 있다. 히브리서 8:2; 9:24이 성막을 "참된" 것으로 칭한다는 사실은 (1) "참"되거나 현실의 "실제 정황"[5]을 표상함을 의미하며 (2) 예언자들이 말하는

---

5) Bultmann, 'alētheia, alēthinos, ktl.', *TDNT*, 1:238-251을 보라.

성전 신학

예표론적인 성취를 의미한다.

"참"의 유사한 용례들 중 가장 훌륭한 사례는 요한계시록 3:14에서 발견된다. 이 텍스트에서 그리스도는 자신을 "충성되고(faithful) 참된(true) 증인"으로 칭하며, 거짓 증인인 세속적인 이스라엘과는 대조적으로 자신이 진실하고 믿을 만한(authentic) 증인이라고 하신다.[6] "참된"이라는 단어가 도덕적이고 인식론적인 진리 이상을 의미하며, 구속사적인 의미에서 볼 때 예수가 "믿을 만한" 분이라는 개념은, 그분이 하나님과 새 창조에 대한 이스라엘의 증언이라 할 이사야 43:10-19의 예언을 성취함으로써 참된 이스라엘이 되셨음을 의미하기도 한다. 불성실한 이스라엘과는 달리 예수는 자신의 부활을 전후한 시기에 새 창조에 대해 완전하게 증거하심으로써 예언을 성취하셨다. 예수의 증거는 자신에 관한 것이었다. 왜냐하면 그는 새 창조의 중심을 이루시기 때문이다. 이런 방식으로 그는 자신이야말로 이사야가 예언한 마지막 때의 참된 이스라엘임을 분명하게 보여주셨다. 요한계시록 3장이 말하는 진정성(authenticity)은 이스라엘이 충성스러운 증인이어야 한다는 이사야서의 하나님 말씀을 배경으로 해서 이해될 수 있다. 이방 민족들이 우상에 대해 거짓 증인이거나, 그들이 "진리"(alē thē; 사 43:9)로 잘못 믿는 우상 자신이야말로 거짓 증인인 것과는 대조적으로 말이다. 따라서 그리스도는 모든 다른 증인이 모델로 삼아야 할 "참된 증인"이시다(참조. 계 2:13).[7]

마찬가지로 히브리서는 하늘 장막을 "참된" 것으로 칭한다. 왜냐하면 하늘 장막은 종말론적인 성전에 관한 직접적인 예언의 성취일 뿐만 아니

---

6) "자칭 유대인이라 하나 그렇지 아니하고 거짓말 하는 자들"이라고 말하는 계 3:9과는 대조적으로, "충성된"(faithful)을 추가하지 않은 채 예수를 그냥 "진실한"(true) 분이라고 칭하는 3:7을 참조하라.

7) 마찬가지로 광야의 만나도 "하늘로부터 오는 참 떡"(요 6:32)이신 예수의 전조일 뿐이었다. 이스라엘을 "포도나무"로 묘사하는 것도 "참 포도나무"(요 15:1; "진리"에 대한 유사한 용례로는 요 1:9, 17; 4:23-24을 보라)이신 예수의 불완전한 전조가 된다.

라, 구약의 성막과 성전들이 예견한 모든 것의 성취이기도 하기 때문이다. 구약의 성막과 성전들은 모두 다가올 참되고 영원한 성전의 불완전한 모델이요 한시적인 "복사판"으로 간주되었다(다시 히 8:5을 보라). 아래에서 히브리서 12:26-28의 학개 2장 인용 사례에서 살펴보겠지만, 마지막 때의 성전은 옛 것보다 "더 크고 온전하다"(히 9:11). 왜냐하면 이 성전은 "흔들리지 않고" 영원하며 항구적이기 때문이다. 이것은 변화될 수도, 사라질 수도 없다. 왜냐하면 마지막 성전은 불완전한 인간의 손이 아니라 하나님의 손에 의해 새로운 창조 세계로 만들어졌기 때문이다.

따라서 우리는 종말론적인 성전이 예언 성취의 관점에서만 "참될" 뿐 아니라, 이전의 성전과는 달리 영원토록 존재할 궁극적인 것이라는 관점에서도 "참되다고" 말할 수 있다. 이전 성전은 "참되지" 않았다. 왜냐하면 그것은 앞으로 주어질 성전의 그림자였을 뿐만 아니라, 더 이상 존재하지 않을 것이었기 때문이다.[8] 그러므로 종말론적 성전의 출범 이후에 유형적인 성전이 건축되리라고 믿는 태도는 이전의 성전이 속해 있던 "그림자" 단계로 되돌아가는 것이다. 일단 하늘 성전의 실재에 상응하는 마지막 때의 영원한 성전이 모습을 드러내면, 앞의 태도는 하나님 보시기에 그림자 단계로 복귀할 것을 추천하는 괴이한 역전 현상이 될 것이다. 이스라엘의 성전이나 사람의 손으로 지은 성전이 영원토록 존재하리라고 믿는 태도는 잘못된 견해다. 왜냐하면 이런 태도는 상징적인 성전(히 9:8-10)을 실제 성전(히 9:11)으로 오해하고 있기 때문이다.

클라우니(Edmund Clowney)는 성전에 관해 바르게 이해하는 시각이 얼마나 중요한지를 이렇게 강조한 바 있다.

---

8) 새로운 창조 세계에서 새 성전이 영원토록 존재하는 또 다른 이유는 이 성전이 하나님의 제약받지 않는 영광 한가운데 있을 것이기 때문이다. 대조적으로, 옛 우주에서 하나님의 특별한 임재는 옛 성전의 안쪽 방에서 차단되었다. 이와 관련해서는 Cody(1960: 81-84, 154-155)를 보라. Cody는 "참된"의 의미를 하늘에 있는 "하나님의 역동적인 임재"로 정의하지만, 플라톤적인 의미에서 그렇게 한다.

이런 시각은 우리가 흔히 말하는 영적인 해석(spiritualization)이 아니다. 오히려 그 반대다. 이것은 그리스도 안에서의 성취를 의미한다. 그리스도가 성전이 의미하는 바를 성취하신다고 보기보다는 그리스도야말로 성전이 존재하는 의미라고 보는 편이 옳다.…

그리스도의 주장에 대한 우리 연구는 그의 구약 사용법이 비유적인 것과는 거리가 멀다는 점을 이미 보여준 바 있다. 이제는 상황이 완전히 뒤바뀌고 말았다. 하나님이 의도하신 지혜 안에서는 초기의 계시가 예정된 때 하나님이 자기 아들을 세상에 보내시는 절정의 순간을 향해 나아간다.

그리스도는 참된 성전이요, 참된 빛이요, 참된 만나요, 참된 포도나무이시다. 참된 것이 와서 비유적인 것의 자리를 대신하게 된다. 사람의 손으로 만든 성전 휘장은 파괴되기에 이른다. 그것의 상징성이 완성되었기 때문이다.

희생제사가 가지는 상징적인 의미의 성취는 십자가에서 특히 분명하게 드러난다. 그리스도가 속죄를 위해 바쳐진 하나님의 어린양이라고 말하는 것은 구약 언어에 대한 비유적인 사용법이 아니다. 성전 제단에 드리는 속죄제가 그리스도 안에서 성취되었다고 말할 때, 이것은 "영적인 의미로 해석"된 것이 아니다. 그리스도의 부활을 통해 참된 성전이 세워졌다고 말하는 것도 성전을 "영적인 의미로 해석"한 것이 아니다. 사람의 손으로 만든 지상의 성전은 어느 것도 다시는 하나님의 처소가 될 수 없다(Clowney 1972: 177, 182-183).

이런 개념은 그리스도의 자기 주장, 곧 자신의 지상 임재가 "성전보다 더 큰 어떤 것"을 의미한다는 주장(마 12:6)의 배경을 이루고 있음이 분명하다. 구약성경에서 그리스도를 가리키는 모든 것(희생제사, 성전, 만나, 왕과 제사장 등)은 그것의 가장 "문자적이거나" "참된" 의미를 그에게서 발견한다.

문자적인 성전이 유형적인 성전이 아니라 하늘의 성전이라는 히브리서의 주장 배후에 놓여 있는 다른 성경 텍스트들로부터 우리는 몇몇 추가적인 이유를 추론해낼 수 있다. ⑴ 마지막 때의 성전이 왜 "손으로 만든" 것일 수 없는지에 관한 구약성경과 사도행전의 관점. ⑵ 이스라엘의 성전 안에 있는 하나님의 임재가 마지막 날의 성전과 동일한 새 창조 전체로 확장되었다는 요한계시록의 견해. 히브리서 저자가 이런 이유들을 분명하게 언급하지는 않지만, 이것들은 저자의 생각의 배경을 이루는 데 도움을 주었을 것이다(제9장의 끝에 있는 추기를 보라).

히브리서 8:2의 구약적인 배경

히브리서 8:2은 영원한 "참 장막"이 "주께서 세우신 것이요 사람이 세운 것이 아닐" 수밖에 없음을 추가적으로 강조한다. 제4장에서 간략하게 살핀 것처럼 히브리서 8:2이 민수기 24:6(그리스어역 구약성경)을 언급하는 것은 우연의 일치가 아니다.[9]

민수기 24:5-6	히브리서 8:2
"…네 장막들이…이스라엘이여…네 거처들이 그리 아름다운고 여호와께서 심으신 장막들."	"성소와 참 장막에서 섬기는 이시라 이 어찌 장막은 주께서 세우신 것이요…."

이스라엘의 성막 건축이 하나님으로부터 비롯되었다는 것에도 나름대로 의미가 있다. 하나님이 모세에게 그것을 세우도록 명하셨기 때문이다. 그러나 히브리서 8:5은 모세가 만들 성막이 "산에서 네게 보이던 본을 따라" 지어져야 했음을 강조한다. 달리 말해서 성막은 미래에 속한 마지막 때에 만들어질 성막—현재의 창조 세계에 속하지 않고 다가올 새 창조에 속한, 하나님의 손에 의해 썩지 않는 것으로 만들어져야 할—의 모조품이요 작은 모델에 불과하다는 이야기다. 따라서 성막은 "주께서 세우신 것"이지 "사람이 세운 것이 아니다." 민수기 24장과 관련해서 중요한 것은 이

---

9) 성전에 대한 일반적인 복수형 호칭도 주목하라.

텍스트가 공동체적 인격인 아담(=이스라엘)에게 주어진 명령, 곧 온 땅의 경계에 닿을 때까지 동산과도 같은 성막의 경계선을 확장시키라고 한 명령의 일부로 간주되는 구약 텍스트 중 하나라는 점이다.[10)]

같은 방식으로 민수기 24:6의 아람어 번역본(Tg. Neofiti)도 "여호와께서 심으신 침향목들 같고"라는 식물학적 표현—원래 히브리어 텍스트에서는 동산의 확장에 관해 묘사하는—이 성막을 가리킨다고 이해한다. "하나님이 자기 현현의 자리로 펼치신 하늘과 같이 이스라엘은 영원토록 아름다움을 간직하며 살 것이요…그의 피조물들 중에서 높임을 받을 것이다."[11)] 이로써 우리는 민수기 24:6의 아람어 역본이 온 땅으로 퍼져야 하는 이스라엘의 사명에 대해 묘사함을 알 수 있다. 이 사명은 우주적인 의미를 갖는 하늘 장막—하나님이 처음 창조의 때에 자신의 영광을 담기 위해 펼치셨던—을 확장하는 것에 비견된다.[12)]

히브리서 8:2과, 이와 유사한 민수기 24:6의 그리스어 역본과 아람어 역본 사이의 관련성은 "하늘에" 있는 것도 "장막"이라는 점(히 8:1-2; 8:5과 9:24도 보라)을 주목함으로써 한층 강화된다. 그런데 "대제사장"이신 그리스도는 그곳 하늘에서 "지극히 크신 이의 보좌 우편에 앉으셨다." 민수기 24장에 반향된 것처럼 이런 왕권 개념은 그리스도를 창조 세계에 대한 아담의 인간 부섭정 지위에 속한 자들의 초기 성취로 묘사하는 히브리서 앞부분의 설명(히 2:6-9)과 관련되는 듯하다. 이런 묘사는 이상적인 아담에 관해 서술하는 시편 8편 텍스트에 기초하고 있다. 히브리서 2장과 시편 8편의 이런 관련성은 아담에 관한 초기 묘사가 그리스도를 "대제사장"으로

---

10) 70인경은 "여호와께서 심으신 침향목들 같고"라는 식물학적 히브리어 구절을 나름대로 해석하면서 번역한다.
11) 민 24:6의 히브리어 텍스트와 그리스어 텍스트 및 아람어 텍스트 등의 관계에 대한 보다 충분한 논의로는 167-169쪽을 보라.
12) 또한 이런 확장 작업은 자신의 "왕국"을 넓히는 "왕"에 의해 수행된다고 이해된다(민 24:7).

보는 히브리서의 초기 논의(2:10-17)로 곧바로 이어진다는 사실을 주목함으로써 한층 강화된다. 이것은 앞에서 창세기 1-2장에서 보았던 패턴, 즉 아담이 처음에는 "왕"으로 묘사되고(창 1:26-28) 다음에는 성전에서 다스리고 예배하는 제사장적인 인물로 묘사되는(창 2:15) 패턴을 반영하는 것이 아닐까?[13] 더 나아가서 히브리서 2장의 초기 논의도 아담을 제사장으로 볼 뿐만 아니라, 하나님의 아들로서 악을 다스리고(2:14) 그분을 아버지로 모시는 사람으로(2:11을 7:28-8:2과 비교하라) 간주한다.

이렇게 그리스도는 제사장-왕으로 오셨다. 그리스도의 부활은 마지막 날에 있을 성전의 시초가 되었으며, 그의 승천은 성전의 무게 중심이 땅으로부터 하늘로 옮겨진 후로 오늘날에 이르기까지 계속 거기 머물러 있을 것임을 의미한다. 제사장-왕이신 그리스도는 하늘의 성전-왕궁에서 계속 통치하고 일하신다.

마지막 날 하늘 성막의 휘장이신 그리스도

흥미롭게도 히브리서의 저자도 그리스도를 성전 휘장과 동일시한다. 신자들은 "예수의 피를 힘입어 성소에 들어갈" 수 있는데 "그 길은 우리를 위하여 휘장 가운데로 열어 놓으신 새로운 살 길이요 휘장은 곧 그의 육체"다(히 10:19-20). "하나님의 집 다스리는 큰 제사장"(히 10:21)으로서 예수는 자기 백성으로 하여금 참된 하늘의 "지성소"로 들어가 거할 수 있게 길을 만드셨다(히 9:11, 24도 참조). 이것은 마가복음 15:29과 38-39절에 비견될 수 있지 않을까? 논란의 소지는 있지만 만일 이 텍스트의 교차대구법에 대한 분석이 옳다면, 예수의 몸이 십자가에 못 박힌 것은 "성전 휘장이 찢어지는" 것으로 이해되고, 이방인들이 이전에는 지성소에 한정되었던 하나님

---

13) 제2장의 결론과 제3장의 도입부를 보라.

의 임재 안으로 밀려들어 오는 것을 가능케 했다.[14] 이것도 바울과 요한이 분명하게 진술한 것처럼(고후 5:14-17; 갈 6:15-16; 골 1:18; 계 3:14), 그리스도를 새 창조의 시작("새로운 살 길")으로 보는 은유와 동일하지 않을까?[15] "살아 있는"(zōsan; living)이라는 단어는 "새로운"과 같이, 미래 시대에 있을 부활의 생명을 가리킨다. 이 두 단어는 똑같이 새 창조의 개념을 강조한다.

히브리서 10:19 이후로 예수가 흘리신 희생의 "피"에 대한 언급은 13:12에 있다. 이 피는 "장차 올…영구한 도성"(13:14)에 이르는 길과 긴밀하게 연결되며, 부활에 의한 새 창조와도 관련된다. 하나님은 그리스도를 "…영원한 언약의 피로 죽은 자 가운데서 이끌어 내셨다…"(13:20). 휘장이 천상의 우주를 표상한다고 보는 구약성경과 초기 유대교 전승의 견해는, 그리스도의 새 창조 사역을 그의 몸인 휘장 가운데로 들어가는 것과 비교하려는 착상을 불러일으킨 듯하다. 부활하신 예수를 새 창조의 시작과 동일시하는 신자들은 완전한 새 창조 안에만 거하실 수 있는 하나님의 지성소 임재 안으로 들어가게 된다. 그들이 새 창조와 하나님의 임재를 향해 나아갈 수 있는 유일한 길은 예수를 통한 길뿐이다.

그리스도가 자신의 사역을 완성함에 있어 제사장 역할을 했다는 것은 순전히 하나의 혼합된 은유일 수 있다(히 10:20-22은 그리스도를 희생제물과 휘장 및 제사장 등으로 묘사함). 그렇지 않다면 이것은 구약에 함축되고 유대교 안에서 뚜렷하게 발전된 초기 개념, 즉 성전이 세상을 상징하는 것처럼 제사장은 훨씬 더 큰 우주의 축소판 상징인 동시에 성전을 표상한다는 개념을 반영하는 듯하다.[16] 이런 초기 전승은 "성전이 온 세계에 상응하며, 작

---

14) 제5장(257-258쪽)을 보라.

15) 새 창조에 관한 바울 서신과 요한계시록 텍스트에 대해서는 Beale 1989b: 550-581; 1996: 133-152; 1999c: 204-223을 보라.

16) 제2장 62-63쪽과, Philo와 Josephus에 대한 같은 장의 언급을 보라. 이는 이스라엘 지파들뿐 아니라 우주 전체를 위한 제사장 역할이야말로 예수를 표상함을 암시한다(성전과 우주를 표상하는 제사장의 복장에 대해서는 52-60쪽을 보라).

은 세계인 인간의 창조에 상응하기도 한다"라는 후대의 미드라쉬적 개념[17] 의 기초가 되었을 것이다. 아마도 그리스도를 "휘장"으로 묘사하는 견해와 "제사장"으로 묘사하는 견해를 연결하는 이론적 근거는, 비록 구체적인 설명은 없을지라도, 그 둘이 공통적으로 우주를 상징한다는 사실에 있을 것이다. 따라서 그리스도는 새로운 우주의 시작이요, "새로운 살 길"을 제공하시는 분이다. 이 절들의 요점은 예수의 제사장 사역을 통해 하나님의 임재 안으로 새롭게 나아간다는 데 있지만, 그의 사역과 침노해 들어오는 새 창조 사이의 관련성도 논의에서 벗어나지는 않는다. 이렇게 희생제사를 드리는 예수의 제사장 사역은 새로운 생명으로서의 그의 부활과 매우 밀접하게 연결되어 있어서, 이 둘은 동전의 양면과도 같다고 할 수 있다.

이상의 논의는 마지막 아담이요 왕이요 대제사장이신 그리스도가 참된 인간성을 대표하신다는 개념(히 2:6-17)과 맥을 같이한다. 그리고 이것은 그가 아담과도 같은 새로운 인물로서 새로운 세계를 시작하셨음을 의미한다. 이와 관련해서 앞에서 우리는 그리스도를 마지막 아담과 제사장-왕으로 보는 히브리서 2:6-17의 개념이, 그분을 "대제사장"과 "보좌 우편에서" 다스리시는 분으로 칭하는 히브리서 8:1의 배후에 놓여 있음을 살펴본 바 있다.

마지막 때의 하늘 성막 자체이신 그리스도

히브리서 10:19-20처럼 히브리서 9:11도 제사장이신 그리스도가 "손으로 짓지 아니한 것 곧 이 창조에 속하지 아니한 더 크고 온전한 장막을 통하여" 성소로 들어가셨다고 주장한다. 12절은 그가 "자기의 피로" 성소에 들어가셨다고 추가함으로써 "성막"을 예수의 "피"와 동일시한다. 여기서 우리는 새로운 창조 세계에 속한 성막을 그리스도 자신(여기서는 "자기의 피")과

---

17) *Midrash Tanhuma*, Pequde, §3, Patai 1967: 116에서 인용함.

동일시하는 견해를 다시 발견하게 된다.[18]

마지막 때의 성전과 동일한 "시온 산"과 "하늘의 예루살렘"

히브리서의 성전 주제는 12장과 13장에서 확대 적용의 과정을 거치는 것 같다. 저자는 두려움을 불러일으키던 하나님의 가시적인 시내 산 계시 (12:18-21)를 "시온 산"과 "하늘의 예루살렘"에서 주어진 새로운 계시(12:22-29)와 대비시킨다.

> [22]그러나 너희가 이른 곳은 시온 산과 살아 계신 하나님의 도성인 하늘의 예루살렘과 천만 천사와
>
> [23]하늘에 기록된 장자들의 모임과 교회와 만민의 심판자이신 하나님과 및 온전하게 된 의인의 영들과
>
> [24]새 언약의 중보자이신 예수와 및 아벨의 피보다 더 나은 것을 말하는 뿌린 피니라
>
> [25]너희는 삼가 말씀하신 이를 거역하지 말라 땅에서 경고하신 이를 거역한 그들이 피하지 못하였거든 하물며 하늘로부터 경고하신 이를 배반하는 우리일까 보냐
>
> [26]그때에는 그 소리가 땅을 진동하였거니와 이제는 약속하여 이르시되 내가 또 한 번 땅만 아니라 하늘도 진동하리라 하셨느니라
>
> [27]이 또 한 번이라 하심은 진동하지 아니하는 것을 영존하게 하기 위하여 진동할 것들 곧 만드신 것들이 변동될 것을 나타내심이라
>
> [28]그러므로 우리가 흔들리지 않는 나라를 받았은즉 은혜를 받자 이로 말미암아 경건함과 두려움으로 하나님을 기쁘시게 섬길지니
>
> [29]우리 하나님은 소멸하는 불이심이라

---

18) 텍스트가 약간 수정된 히 9:11-12에 대해서는 Cody 1960: 158-165을 보라.

비록 "성전"이나 "성소"에 관한 분명한 언급은 없지만, 이 텍스트가 때때로 이스라엘 성전과 동일시되는 "시온 산"이라는 구약 표현을 사용하는 것을 보면 이런 개념이 함축되어 있음이 분명하다. 히브리서 12:18-21은 시내 산을 하늘의 시온 산과 대비시킨다. 우리는 제3장에서 이미 시내 산이 산에 있는 성전으로 인식되었음을 살핀 바 있다. 따라서 히브리서 12장은 지상 성전과 하늘 성전을 대조시키는 기능을 하는 듯하다. 신자들은 "믿음의 눈"을 활용해서 자신이 시온 산에 있는 하늘 성전으로 가기 시작했음을 깨달을 필요가 있다. 현재 그들이 물질계에 속한 옛 땅의 어느 곳에 자리하고 있는지와는 무관하게 말이다. "시온 산"은 신자들이 "받게" 될 "흔들리지 않는 나라"와 동일하다(28절). 28절과 가장 가까운 구약의 평행 텍스트는 다니엘 7:18이다. 이 텍스트에 의하면 성도들은 "나라를 얻을" 것이다(Ellingworth 1993: 689). 또한 28절은 "하늘의 하나님이 한 나라를 세우시리니 이것은 영원히 망하지도 아니할 것이요…영원히 설 것이라"라는 다니엘 2:44을 한 단계 더 발전시키고 있다. 다니엘 2장의 이 영원한 나라는 45절에서 "태산을 이루어 온 세계에 가득하게 되는"(2:35) "돌"로 묘사되며, 부서져서 먼지가 된 우상으로 묘사되는 불경건한 나라들과 대조를 이룬다(2:31-35). 우리는 다니엘 2장의 산이 종말론적인 성전과 관련됨을 이미 살핀 바 있다.[19] 따라서 히브리서 12:22-29이 다니엘서의 이런 배경을 언급하고 있음은 당연하다.

게다가 22절은 "시온 산"을, 히브리서의 다른 곳(히 8:1-2, 5; 9:24)에서 "하늘의 장막"과 관련되어 있음이 분명한 "하늘의 예루살렘"과 동일시한다. 나중에 우리는 요한계시록 21:2-3에서 하늘의 예루살렘―구속함을 입은 하나님의 백성에 대한 은유임―이 마지막 때에 있을 하나님의 "장막"과 동일시됨을 볼 것이다. 마찬가지로 여기서는 하늘의 예루살렘이 모든 시대의 구속받은 자들과 직접적으로 관련됨을 알 수 있다(히 12:23).

---

19) 193-205쪽을 보라.

마지막 날의 성전에 관한 학개 2장의 예언: 히브리서 12:26-27의 배경

히브리서 12장의 결론 부분에서 또 다른 성전 언급은 26-27절에 나온다. 이 두 구절은 학개 2:6을 인용하며, 마지막 때의 성전이라는 개념이 이미 학개서에 담겨 있음을 암시한다. 학개서의 텍스트(학 2:3-9)는 마지막 날에 있을 성전의 영광에 관한 예언이다.

³너희 가운데에 남아 있는 자 중에서 이 성전의 이전 영광을 본 자가 누구냐 이제 이것이 너희에게 어떻게 보이느냐 이것이 너희 눈에 보잘것없지 아니하냐 ⁴그러나 여호와가 이르노라 스룹바벨아 스스로 굳세게 할지어다 여호사닥의 아들 대제사장 여호수아야 스스로 굳세게 할지어다 여호와의 말이니라 이 땅 모든 백성아 스스로 굳세게 하여 일할지어다 내가 너희와 함께하노라 만군의 여호와의 말이니라 ⁵너희가 애굽에서 나올 때에 내가 너희와 언약한 말과 나의 영이 계속하여 너희 가운데에 머물러 있나니 너희는 두려워하지 말지어다 ⁶만군의 여호와가 이같이 말하노라 조금 있으면 내가 하늘과 땅과 바다와 육지를 진동시킬 것이요 ⁷또한 모든 나라를 진동시킬 것이며 모든 나라의 보배가 이르리니 내가 이 성전에 영광이 충만하게 하리라 만군의 여호와의 말이니라 ⁸은도 내 것이요 금도 내 것이니라 만군의 여호와의 말이니라 ⁹이 성전의 나중 영광이 이전 영광보다 크리라 만군의 여호와의 말이니라 내가 이곳에 평강을 주리라 만군의 여호와의 말이니라

앞에서 우리는 학개 2장에 대해 설명한 바 있지만,[20] 여기서는 이 논의를 다시 반복하는 것이 좋을 것 같다. 학개 2:5에 언급된 "약속"은 출애굽기 33:14-17의 약속과 동일한 듯하다.

---

20) 155-156쪽을 보라.

¹⁴여호와께서 이르시되 내가 친히 가리라 내가 너를 쉬게 하리라 ¹⁵모세가 여호와께 아뢰되 ¹⁶…나와 주의 백성이 주의 목전에 은총 입은 줄을 무엇으로 알리이까 주께서 우리와 함께 행하심으로 나와 주의 백성을 천하 만민 중에 구별하심이 아니니이까 ¹⁷여호와께서 모세에게 이르시되 네가 말하는 이 일도 내가 하리니…(출 34:9도 마찬가지)

학개서도 "너희는 모든 민족 중에서 내 소유가 되겠고 너희가 내게 대하여 제사장 나라가 되며…"라는 출애굽기 19:5-6을 염두에 두었을 것이다. 어쨌든 이스라엘 백성은 하나님의 임재 가운데서 삶을 누림으로써 그들 모두가 성전 안에 계신 그분 앞에서 제사장과 같이 되고, 그분과 불신 민족들 사이의 중재자가 되어야 했다.

따라서 학개 2장은 하나님이 자기 백성으로 하여금 그분의 영²¹⁾의 권능을 통해 성전을 짓게 하시는 미래의 한 시점을 언급하는데, 이는 출애굽기 33장의 약속과 출애굽기 19장의 약속 딸린 명령의 성취에 해당한다. 달리 말해서 학개 2장은 두 개의 출애굽기 텍스트의 약속들을 하나님이 자기 백성 중에 종말론적인 성전을 건축하도록 하는 약속으로 해석한다. 성전 재건 계획이 초기의 솔로몬 성전에 비하면 보잘것없어 보였지만, 그럼에도 하나님은 "이 성전의 나중 영광을 이전 영광보다 크게" 하리라고 약속하신다(학 2:3-9). 그 후에 이루어지는 두 번째 성전의 실제적인 재건과 확장이 이스라엘의 불순종으로 인해(예. 슥 6:15) 솔로몬 성전의 영광을 능가하지 못하거나, 에스겔이 예언한 종말론적인 성전(겔 40-48장을 보라)의 기대를 성취하지 못했기 때문에, 신구약 중간 시대의 유대교는 타당하고도 자연스럽게 이 일이 이루어질 때를 기다릴 수밖에 없었다.

학개 2:6에 따르면 이런 약속의 성취는 "조금 있으면" 하나님이 "하늘

---

21) 슥 4:6-9도 "나의 영"이 총독 스룹바벨에게 두 번째 성전을 건축할 수 있는 힘을 주리라고 말한다.

과 땅과 바다와 육지를 진동시키실" 때 새 창조 안에서 이루어질 것이다. 구약성경에서는 우주적인 대격변에 대한 이런 언어가 특정 국가의 파멸을 뜻하는 비유적인 표현으로 자주 나타나지만, 여기서 이 표현은 옛 창조의 실질적인 붕괴를 가리키는 듯하다. 히브리서가 학개 2:6을 어떻게 이해하느냐 하는 것은 다음 텍스트에 잘 드러난다. "이 또 한 번이라 하심은 진동하지 아니하는 것을 영존하게 하기 위하여 진동할 것들 곧 만드신 것들이 변동될 것을 나타내심이라"(히 12:27). 적어도 옛 세계 체제에 닥칠 모종의 급격한 변화는 영원불변의 새로운 질서를 확립하기 위한 노력에 길을 열어줄 것이다. 이 점은 참된 장막이 "[사람의] 손으로 짓지 아니한 것 곧 이 [옛] 창조에 속하지 아니한 더 크고 온전한 장막"(히 9:11)이라는 주제와 잘 들어맞는다.

학개 2:9이 "이 성전의 나중 영광이 이전 영광보다 크리라"라고 결론을 내린다는 점도 "새롭고 참된" 장막이 첫 번째 것보다 "더 크고 완전하다"는 히브리서의 개념과 정확하게 일치한다(참조. 히 9:1-11, 24; 참조. 10:20). 하나님은 "둘째 것을 세우기" 위해, 즉 새롭게 시작되는 성전에서 단번에 영원한 제물이 되신 그리스도의 종말론적인 희생제사 제도를 세우기 위해 희생제사와 예물을 중심으로 하는 성전 제도의 "첫째 것을 폐하셨다"(그럼으로써 그것들과 함께 성전을 제거하셨다; 히 10:9). 하나님이 그렇게 하신 이유는 새로운 성전의 실체가 "더 좋은 언약"인 "새 언약"에 속해 있기 때문이다. 왜냐하면 이 새 성전은 "첫 것"인 모세의 언약보다 "더 좋은 약속으로 세우신" 것이기 때문이다(히 8:6-7, 13). 새 언약의 성전은 옛 언약의 성전보다 "더 좋고 더 크다." 왜냐하면 새 성전은 "진동하지 않고" 항구적이며 영원하기 때문이다. 그것은 하나님의 변함없는 손에 의해 새 창조로 만들어졌기에 변동함도 없고 결코 쇠하지 않는다.

히브리서 저자가 학개 2장에 언급된 마지막 날의 성전을 염두에 둔다는 사실은, 성전에 대한 구약성경의 또 다른 언급이 히브리서 12:26-27의 학개서 인용문으로부터 "흔들리지 않는 나라를 받는다"라고 말하는 28절로 이어진다는 점을 주목할 때 확실하게 드러난다. 물론 여기서 말하는 나라는 사람들이 "하나님을 기쁘시게 섬기는" 장소로 이해된다.

그의 궁정에서 주께 예배할지어다 온 땅이 그 앞에서 떨게 할지어다 모든 나라들에게 주께서 다스리기 시작하셨다고 말할지니라 이는 그가 흔들리지 않는 [천상의] 세계를 완성하실 것이기 때문이니라(시 95[96]:9-10의 70인경; 성전 건축물 전체에 대해 언급하는 6-7절도 참조)[22]

따라서 히브리서 12:22-28은 신자들이 흔들리지 않는 산과 성전과 나라에 참여하기 시작했다고 말하는데, 이 세 가지 표상은 새 창조의 세계 안에서 이루어질 하나님의 영화로운 왕권 통치라는 동일한 실재를 각각 다르게 표현한 것이다.

마지막 때의 성전과 동일시되는 자들이 제사장 역할을 하면서 평화를 이룰 것이다

그리스도인들은 자신이 흔들리지 않는 하나님의 나라와 성전에 참여하게 된 것에 대한 응답으로 "경건함과 두려움으로 하나님을 기쁘시게 섬기는" 제사장 직무를 행함으로써 "은혜를 받아야" 한다(히 12:28). 히브리서 13:15-16은 신자의 제사장 직무도 "하나님께 드리는 찬송의 제사", 곧 "입술의 열매"와 "하나님이 기뻐하시는 제사인 선을 행함과 서로 나누어주는" 삶을 포함한다고 말한다. 이런 제사장적인 삶의 방식은 옛 땅 위에 "영구한 도성이 없으므로 장차 올 [완전한] 형태의 도성을 찾는" 자들에게 적합하다(히 13:14).

히브리서 12장의 결론 부분 전체(18-29절)는 14-17절의 기초가 된다.

---

22) 시 95[96]편에 대한 이런 통찰과 번역에 대해서는 A. Vanhoye의 논문을 따르는 Lane 1991b: 485을 보라.

성전 신학

14-17절의 요지는 "모든 사람과 더불어 화평함과 거룩함을 따르라 이것이 없이는 아무도 주를 보지 못하리라"(14절)와 "너희는 하나님의 은혜에 이르지 못하는 자가 없도록 하고"(15절)에 있다. 18-29절의 요지는 주로 학개 2:6-7에 기초하며, 신자들이 "흔들리지 않는 나라[와 성전]을 받았은즉…하나님을 기쁘시게 섬길지니"(28절)라는 말씀에 있다. 학개 2장의 성전 예언이 핵심 주장("내가 이곳에 평강을 주리라", 9b절)으로 마무리되는 것과 같이, 히브리서도 신자들에게 "화평함과 거룩함을 따름으로써"(14절) "(제사장처럼) 하나님을 기쁘시게 섬기라"라고 명한다(28절). 왜냐하면 그들은 지상에서부터 이어지는 마지막 때의 하늘 성전에서 예배할 것이기 때문이다(26-28a절).

히브리서 12:15은 "쓴 뿌리가 나서 괴롭히지 않게 하라"라고 함으로써 "화평함을 따르라"(14절)라는 권면의 내용을 확장시킨다. 이어서 16-17절에는 에서가 그처럼 쓴맛을 경험한 자의 사례로 소개된다. 에서는 믿음에 의지하지 못하고 도리어 눈에 보이는 것에 의지해 살아갔다는 점에서 허물을 가진다. 그는 장차 있을 아브라함의 유업에 담긴 복을 기다리면서 신뢰해야 했지만 그렇게 하지 못했다. 도리어 그는 "한 그릇 음식을 위하여 장자의 명분을 팔았다." 지금 당장 눈으로 보고 즐길 수 있는 것을 소유하고자 했으며, 눈에 보이지 않는 미래의 유업을 믿음으로 기다리지 않았기 때문이다.

대조적으로 하나님의 참된 백성은 아브라함이나 야곱처럼 눈에 보이지 않는 미래와 시온, 성전과 본향 등에 대한 믿음에 의지해서 살아간다(히 11:13-16). 그들은 "화평을 따르며" 지금 당장 물질적인 복을 누리지 못해도, 심지어는 이 세상에서 가진 것을 부당하게 빼앗겨도 괴로워하지 않는다. 히브리서의 저자는 그들이 자신들의 "소유를 빼앗기는 것도 기쁘게 당한 것은 더 낫고 영구한 소유가 있는 줄 앎이라"(히 10:34)라는 정보를 제공함으로써 독자를 위로한다. 그들의 "삶의 방식"은 "돈을 사랑하지 말고 있는 바를 족한 줄로 아는" 데 있다. 왜냐하면 하나님이 그들에게 "내가 결코 너희를 버리지 아니하고 너희를 떠나지 아니하리라"라고 약속하셨기 때문이다(히 13:5). 과연 우리는 하나님의 함께하심보다 더 값진 것을 소유할 수 있을까? 하나님이 주신 약속의 절정은 그들이 시온과 새 창조를 소유하리라는 것이다. 그곳에서 그들은 하나님의 임재와 더불어 영원토록 살 것이다(히 12:22-29; 계 21:4-5).

이런 이유로 신자들은 "주는 나를 돕는 이시니 내가 무서워하지 아니하겠노라 사람이 내게 어찌하리요"라고 담대하게 말할 수 있다(히 13:6). 옛 창조에 속한 것을 강하게 붙잡으려는 욕심은 궁극적으로 헛되다. 왜냐하면 그것들은 "진동하며" 마침내는 멸망할 것이기 때문이다. 신자들의 관심의 초점은 눈에 보이지는 않지만 미래로부터 현재의 옛 시대로 뚫고 들어온 시온과 예루살렘, 성전과 새 창조 등에 맞추어져야 한다. 그리스도인은 이미 시작되어 장차 있을 그리스도의 마지막 재림의 때에 절정에 도달하게 될 실재를 공유한다(히 9:28). 바로 이런 점을 우리는 믿음으로 받아들여야 한다.

탐욕을 멀리하는 이런 삶의 양식은 자유로운 신자들로 하여금 "화평을 따르게" 할 뿐만 아니라 옛 세계에서 누리던 권리가 짓밟힐 때에도 "괴로워하지" 않게 한다. 이런 삶은 마침내 "거룩함"으로 귀결되며(히 12:14), 그들을 "더럽게" 되지 않도록 막아줄 것이다. 참으로 이런 삶은 제사장 직무를 행할 수 있도록 돕는 거룩함을 이루게 하며, 신자들이 시온과 예루살렘 및 성전 등에 참여하는 것을 다루는 다음 단락(히 12:22-28)의 내용으로 연결된다. 앞서 살핀 것처럼 이런 제사장 자격은 12:28과 13:10-15에서 확대되어 나타나는데, 이 두 텍스트는 모든 하나님의 백성이 수행해야 할 제사장 직무를 상세하게 규정하고 있다. 우리가 지금까지 언급한 "화평" 개념에 비추어본다면, 히브리서가 "평강의 하나님"을 향한 기도문(히 13:20-21)으로 마무리된다는 사실은 결코 우연이 아니다.

화평은 구약 시대의 예언자들이 예고하면서 기대했던 새 창조의 주요 표지임이 틀림없다. 유명한 이사야의 새 하늘과 새 땅 예언은 서로 적대감

성전 신학

을 가졌던 옛 창조의 짐승들이 함께 평화롭게 누워 있는 모습을 보여준다(사 65:17-25; 사 11:6-9도 보라). 이사야서 예언의 핵심은 이전에 유대인과 이방인으로 나누어져 있던 창조의 왕관(역자 주-피조물인 인간을 가리킴)이 서로 평화를 누릴 것임을 강조한다(사 11:9-12). 실제로 이방인조차도 레위 계열 제사장이 될 것이다!(사 66:18-22; 사 56:3-8도 보라)

히브리서가 가진 이사야서 배경은 중요한 의미를 가진다. 왜냐하면 이사야 66:22("내가 지을 새 하늘과 새 땅이 내 앞에 항상 있는 것같이")이 히브리서 12:26-27에 반영되어 있기 때문이다. "내가 또 한 번 땅만 아니라 하늘도 진동하리라…진동하지 아니하는 것을 영존하게 하기 위하여 진동할 것들 곧 만드신 것들이 변동될 것을 나타내심이라." 이런 초기의 반영은 이사야 63:11에 대한 히브리서 13:20의 분명한 언급을 예고하는 것 같다.

이사야 63:11(70인경)	히브리서 13:20
"양떼[이스라엘]의 목자[모세]를 바다에서 올라오게 하신 이가 이제 어디 계시냐."[23]	"양들의 큰 목자이신 우리 주 예수를…죽은 자 가운데서 이끌어 내신 평강의 하나님."

이제 예수는, 하나님이 더 큰 출애굽 사건에서 자기 백성과 함께 죽음으로부터 건져주신 더 위대한 모세이시다.[24] 또한 출애굽이 새 창조로 간

---

23) 몇몇 그리스어 구약 사본은 "큰 목자"로 번역한다. 564번 보하이르 번역본(Vohairic Version)과 Eusebius의 *Ecologae Propheticae*를 보라.

24) 심지어 히 13:20의 마지막에 있는 "영원한 언약" 구절도 구약에서 약 여섯 번(사 55:3; 61:8; 렘 32:40; 50:5; 겔 16:60; 37:26 등)에 걸쳐 하나님과 백성의 새롭고도 영원한 관계를 지시한다. 하나님은 마지막 출애굽 때 자신의 종말론적인 백성을 죄에 사로잡힌 상태로부터 회복시키시고, 그들과 함께 이 영원한 관계를 누리실 것이다. 히 13:20은 사 61:8의 언급을 가장 크게 염두에 둔 것 같다. 왜냐하면 이 텍스트는 사 63:11처럼 두 번

주되는 것처럼,[25] 예수의 부활이라는 훨씬 더 기념비적인 새로운 출애굽과 새 창조가 그 뒤를 잇는다. 첫 번째 출애굽이 한시적인 의미를 갖는 성전 건축으로 이어진 것처럼(예. 출 15:17; 사 63:18), 이사야 63:15("하늘에서 굽어 살피시며 주의 거룩한…처소에서 보옵소서")과 64:1("원하건대 주는 하늘을 가르고 강림하시고")은 마지막 때의 두 번째 출애굽(사 63:11)도 땅으로 내려와서 영원히 머물게 될 하나님의 하늘 성소로 이어지리라고 예언한다. 히브리서가 앞의 장들에서 자세하게 설명한 것처럼, 예수는 자기 백성을 그 하늘의 산(山)-장막으로 인도하셨다(참조. 히 6:19-20; 9:11-12, 23-24; 10:19-22; 12:22-24). 따라서 히브리서 13:20의 이사야 63:11 인용은 주제의 측면에서 볼 때 앞에서 논의했던 하늘 성전의 주제로부터 많이 이탈하지 않는다.

오직 "평강의 하나님"만이 자기 백성에게 능력을 주셔서, 그로 하여금 "평강을 추구하여" 그분을 "즐겁게" 함으로써 "그분의 뜻을 행할" 수 있게 하신다. 하지만 하나님은 이런 능력을, 부활하신 "큰 목자"와 동일시되고 "영원한 언약" 안에서 주님의 부활 권능을 경험하기 시작한 "양떼"에게만 주신다. 사실상 신약성경에서 부활은 새 창조를 시작하는 행동과 다름없다. 따라서 여기서 부활이 "영원한 언약"과 함께 언급되고 있음은 당연하다. 흔들림 없는 하나님과의 관계는 오직 이 "영원한 언약"과 새 창조의 영역 안에서만 성취될 수 있다. 이 새 영역 안에는 "시온 산"과 "하늘의 예루살렘" 및 "참 장막"과 "나라" 등이 있다. 이 모든 개념들은 "세세무궁토록"(히 13:21b) 하나님의 영광을 이루려는 목적의 다양한 실재들과 일치한다.

번째 출애굽 예언에 속하기 때문이다(사 61:1-3을 보라).

25) 추가로 Beale 1997: 47을 보라. 예를 들어 솔로몬의 지혜서 19:6을 보라: "주님의 백성을 안전하게 보호하기 위해서 만물이 주님의 명령에 복종하여 다시 한 번 그 본성을 바꿨다."

추기: 마지막 때의 영원한 성전이 "손으로 만들어진" 것일 수 없다는 히브리서 주장과 관련된 성경신학적인 추가 단상

제9장의 앞부분에서 우리는 성전에 관한 히브리서 저자의 생각 배후에 있는 동기를 성경의 다른 책들로부터 추가적으로 발견할 수 있음을 살폈다. 이런 개념들은 마지막 날의 실제 성전에 관한 저자의 믿음, 곧 마지막 성전이 이스라엘의 유형적인 옛 성전과 다르며 도리어 하늘의 성전과 동일하다는 믿음을 가능하게 만들었을 것이다.

우리는 이런 개념 대부분을 앞서 이 책의 여러 지점에서 언급한 바 있지만 특히 제9장에서 집중적으로 다루었다. 물론 히브리서가 이 개념들을 분명하게 염두에 두는 것은 아닐 수 있다. 하지만 이 개념들은 왜 종말론적인 성전이 사람의 손으로 만든 것일 수 없는지에 관한 한층 포괄적인 성경적 개념을 형성한다.

이스라엘의 성전이 갖는 본질적인 의미는 그것이 지상의 어느 곳에서보다도 지성소에서 한층 완전하게 계시된 하나님의 영화로운 임재를 표상한다는 데 있다. 그러나 그분의 영화로운 임재는 불완전한 방식으로만 표현될 수 있다. 왜냐하면 이 영광은 사람의 손으로 만든 구조물 안에 담겨 있기 때문이다. 앞서 살핀 것처럼 이 점은 사도행전 7:48-50에서 스데반이 지적한 바와 일치한다. "지극히 높으신 이는 손으로 지은 곳에 계시지 아니하시나니 선지자가 말한 바 주께서 이르시되 하늘은 나의 보좌요 땅은 나의 발등상이니 너희가 나를 위하여 무슨 집을 짓겠으며 나의 안식할 처소가 어디냐 이 모든 것이 다 내 손으로 지은 것이 아니냐."

이스라엘의 유형적인 성전들은 "손으로 만든"(행 7:44-47) 것이었으며, 결코 하나님을 위한 항구적인 처소가 될 수 없었다. 앞서 우리는 이사야 66:1을 인용한 스데반의 설교 요지가 다음과 같음을 살핀 바 있다. 즉 하나님은 자신의 손으로 우상숭배로 더럽혀진 첫 번째 우주를 창조하신 것과 같이[26) 새롭고도 영원한 세계와 예루살렘을 사람의 손으로가 아니라 자신의 손으로 창조하실 것이다(사 65:17-19과 66:22을 보라). 바로 이런 이유로 솔로몬 성전조차도 다윗의 아들이 하나님께 성전을 지어 봉헌하리라는 약속의 궁극적인 성취라고 볼 수 없다. 왜냐하면 솔로몬 성전은 "사람의 손으로 만든" 것이기 때문이다. 사람의 손으로 만든 구조물은 하나님의 임재를 담기에 부적절했다. 그뿐 아니라 이스라엘은 자신의 성전을 우상숭배의 대상으로 만들기까지 했다. 이스라엘은 광야 유랑 기간에 "몰록의 장막"을 세웠던 것처럼, 나중에 솔로몬 성전 안에도 우상숭배에 쓸 신상들을 세웠다(왕하 16:10-16; 21:4-9; 23:4-12). 마찬가지로 두 번째 성전도 우상숭배의 장소가 되었다. 왜냐하면 이스라엘이 하나님 자신을 위한 그들의 전승을 그곳에서 몰아내버렸기 때문이다. 이렇게 이 성전도 우상숭배의 중심지가 되고 말았다(참조. 롬 2:22).

복음서에 관한 앞서의 논의에서 살핀 것처럼 예수의 이른바 성전 "정결" 작업은 옛 성전을 새 성전으로 대체하는 그의 사역을 추가적으로 의미한다(마 21:12-13과 평행 텍스트들). 왜냐하면 유대인들이 성전을 예배의 장소가 아니라 경제적인 이득을 얻기 위한 장소로 바꾸어버렸기 때문이다. 성전에서 이루어진 예수의 과격한 행동은 성전에 대한 실행된 심판의 비유와 다름없었다. 왜냐하면 이스라엘은 성전을 잘못 사용했을 뿐만 아니라 하나님의 말씀과 계명 및 예수 자신까지도 거부했기 때문이다(N. T. Wright 1996: 413-427). 당대의 종교 지도자들은 성전에 대한 미신적 생각, 즉 성전이 하나님의 뜻에 불순종함에도 불구하고 그분이 자신들을 지키고 번성하게 하실 것임을 보증한다는 생각에 사로잡혀 있었다. 그들은 하나님이 성전을 이방인 회복의 중심 기지와 그들을 위한 증거가 되도록 계획하셨음을 제대로 이해하지 못했다.[27) 그들의 이런 거부 행위는 우상숭

---

26) 행 7:44-47을, 7:50과 대조되는 7:41-43과 비교하라.
27) 예를 들어 사 56:7에 대한 마 21:13과 막 11:17의 언급에 대한 논의를 보라(238-239쪽).

배에 버금갔다(막 7:1-13을 보라). 그 결과 이스라엘의 성전들은 파괴되어야 했다. 이것은 다른 우상숭배의 대상들에 대한 하나님의 심판이었다(예. 출 34:14; 신 7:5; 왕하 23:14; 대하 31:1; 34:4).

앞서 우리는 다니엘 2장이 말하는 마지막 때의 산-성전이 성전 형상이라고 주장한 바 있다. 이런 동일시를 암시하는 주요한 이유로는 두 가지가 있다. (1) 다니엘서가 말하는 형상은 솔로몬 성전이나 마지막 때의 성전과 유사한 설명을 포함한다. (2) 다니엘서가 말하는 산과 종말론적인 성전은 공통적으로, 사람의 손으로 만들어지지 않는다고 간주된다.[28] 신약성경은 마지막 때의 새로운 성전이 "사람의 손으로 만든 것이 아님"을 반복해서 언급한다(행 7:48에 더해서 막 14:58; 고후 5:1; 히 9:11, 24 등을 보라). 이와 가장 근접한 구약성경의 성전 형상은 다니엘서에 언급되는 것으로, "사람의 손을 빌리지 않고서 잘라낸" 돌을 일컫는다. 앞서 우리는 그리스도가 자신을 다니엘서의 돌과 동일시하신 것이 전혀 놀라운 일이 아님을 이해한 바 있다. 이런 동일시는 자신을 참된 성전으로 일컬으려는 시도임이 분명하기 때문이다(눅 20:17-18=마 21:42). 게다가 히브리서 9:11은 그리스도가 "손으로 짓지 아니한 것 곧 이 창조에 속하지 아니한 더 크고 온전한 장막으로 말미암아" 이 세상에 들어오셨다고 말한다(히 9:24도 보라).[29]

따라서 사도행전 17:24은 "우주와 그 가운데 있는 만물을 지으신 하나님은 천지의 주재시니 손으로 지은 전에 계시지 아니 하신다"라는 사실을 강조한다. 바울은 그리스도와 그의 백성이 "손으로 만든" 이스라엘의 성전을 대신하기 시작함으로써 위대한 구속사적인 분리 작업이 이루어진 후에 이 점을 언급한다. 사람의 손으로 만든 구조물은 모두 하나님과 백성을 분리시키기 때문에, 그분이 완전히 무제한의 방식으로 그들과 함께 거하

---

28) 이와 관련된 충분한 논의로는 193-205쪽을 보라.
29) 참고로 시빌의 신탁 4:11도 유사한 언급을 한다: "인간의 손이 절대로 만들 수 없는 하나님은⋯성전으로 세운 돌이 아니라⋯땅에서 볼 수 없고 인간의 눈으로 헤아릴 수 없는 집을 가지신다. 왜냐하면 그 집은 사람의 손으로 만든 것이 아니기 때문이다."

시도록 만들 수 없다. 바로 이런 점이야말로 어떤 인간도 마지막 날에 있을 하나님의 영원한 처소에 관한 이사야 66:1의 질문, "너희가 나를 위하여 무슨 집을 지으랴"에 긍정적으로 답하기 어려운 이유다.

하나님의 의도는 어느 날엔가 그가 창조하신 세계의 구석구석을 자신의 임재로 가득 채우시는 것이다. 왜냐하면 그분은 바로 창조주이시기 때문이다. 하나님의 거룩한 임재는 사람의 손으로 만든 어떤 지역 구조물에서도 보편적으로 머물지 못한다. 그뿐 아니라 그분은 죄로 오염된 옛 창조의 어떤 부분에도 완전하게 거하실 수 없다. 따라서 그분의 특별한 장막 임재는 사람의 손으로 만든 구조물 안에 제한된 방식으로만 머물 수 있었다. 그러나 하나님이 세상을 완전히 구속하시고 그것을 재창조하실 때가 되면(롬 8:18-25), 그분은 이전보다 한층 완전하게 거기에 거하실 것이다. 그리하여 새 성전은 하나님의 보편적인 임재를 위한 영원하고도 완전한 거처가 될 것이다. 왜냐하면 그것은 "손으로 짓지 아니한 것 곧 이 [옛] 창조에 속하지 아니한" 것(히 9:11)이고 도덕적인 흠이 없는 것이기 때문이다. 바로 이런 이유로 요한계시록 21:22에서 요한은 새로운 우주 안에서는 "성전[구조물]을 보지 못했다"라고 말한다. 왜냐하면 "주 하나님 곧 전능하신 이와 및 어린 양이 그 성전"이시기 때문이다. 그분의 임재의 불완전한 처소였던 이전 성전들은 "하나님과 인격체인 어린 양으로 대체됨으로써 그분과의 제약 없는 관계를 가능하게 만든다."[30]

앞서 논의한 바와 같이 우리는 하나님이 우주를 자신의 거대한 성전이 되도록 창조하셨다고 가정할 수 있다. 창조 사역 후에 그분이 휴식을 취할 수 있는 장소로서 말이다. 그럼에도 그분의 특별한 계시적 임재는 아직 세계 전체를 가득 채우지는 못한다. 왜냐하면 그분의 의도는 동산 성소에 임명하신 인간 대리 통치자로 하여금 그 성소와 하나님 임재의 경계선을 전 세계로 넓히도록 하는 것이기 때문이다. 물론 아담이 하나님의 명령을 거

---

30) Michel, 'naos', TDNT, 4:889.

역한 탓에 인간은 더 이상 이 작은 지역의 동산에서 하나님의 임재를 누리지 못한다. 그 결과 세상 전체는 타락 이전에는 그래본 적이 없는 방식으로 죄와 우상숭배에 오염되기에 이른다. 동시에 이 세상은 새롭게 창조되었으면서도 여전히 불완전한 상태에 놓여 있다. 따라서 하나님이 지상의 구조물에 거하실 수 없음을 나타내는 다양한 표현들은, 옛 질서와 성소가 죄로 오염되었기에 과거에 하늘과 지성소에 국한되었던 그분의 자기 현현이 창조 세계 전체에 걸쳐서 보편적으로 머물 수 있으려면 이 세상은 정결하게 되고 재창조되어야 함을 이해할 때 가장 잘 이해된다.

제 10 장

세계 전체를 포괄하는
요한계시록의 성전

The Temple and the Church's Mission
A Biblical Theology of the Dwelling Place of God

지금까지의 연구에서 우리는 다양한 형태를 가진 구약성경의 성전이 지성소만을 채우던 과거와는 다른 방식으로, 창조 세계를 가득 채우는 하나님 임재의 마지막 종말론적 목표를 가리키려는 의도를 가지고 있음을 주장했다. 궁극적으로 나는 성전이 가지는 구속사적 의미를 다루는 내 연구가 타당하다고 믿고 있다. 하지만 동시에 이 가능성을 의심하는 이들이 약간 혹은 많이 있음도 알고 있다. 하지만 신약성경에 이르게 되면 내가 주장한 구도와 놀랍게 맞아떨어지는 텍스트들이 나타난다. 이 책의 앞부분에서 나는 과연 어떤 측면에서 그러한지를 보여주려고 노력했다. 하지만 우리 연구에서 가장 중요하고 타당한 의미를 가지는 증거 중 많은 부분이 발견되는 곳은 요한계시록이다. 특히 우리 목적을 위해서는 요한계시록 11:1-4과 21:1-22:5이 가장 적절한 텍스트임이 분명하다. 물론 요한계시록 전체가 성전의 주제로 가득 차 있는 것도 사실이지만 말이다.[1] 마찬가지로 베드로전서 2장도 동일한 실재를 증거하는데, 이는 요한계시록에 관한 우리 결론을 확증해줄 것이다. 먼저 나는 요한계시록 11:1-4을 분석한 다음, 베드로전서 2장을 요한계시록의 다른 두 텍스트와 함께 간략하게 논의하고자 한다. 마지막으로는 요한계시록 11:1-4과 베드로전서 2장을 요한계시록의 결론부에 있는 환상과 더 밀접하게 관련시키고자 한다.[2]

---

1) Stephanovic 2002: 32-37(과 여기 인용된 문헌들)을 보라. 예를 들어 Stephanovic는 요한계시록이 일곱 겹의 구조를 가진다고 주장하는 이전 연구에 동의한다. 물론 이 일곱 겹의 구조는 특히 하늘의 맥락에서 이루어지는 성전 건물의 배치에 기초한다.
2) Beale 1999a은 계 11:1-4의 성전이 21-22장의 성전 환상과 어떻게 관련되는지를 다룬다. 이 책에서 나는 이런 논의를 한층 자세하게 설명하려고 한다.

요한계시록 11:1-4의 종말론적 성전으로서의 교회

요한계시록 11:1-2은 지뢰밭같이 많은 문제점을 안고 있다.

> 또 내게 지팡이 같은 갈대를 주며 말하기를 일어나서 하나님의 성전과 제단
> 과 그 안에서 경배하는 자들을 측량하되 성전 바깥 마당은 측량하지 말고 그
> 냥 두라 이것은 이방인에게 주었은즉 그들이 거룩한 성을 마흔두 달 동안 짓
> 밟으리라

지면의 제약으로 인해 여기서 나는 대안적 해석들과 내가 선호하는 해
석을 간략하게만 개관할 것이다. 내가 선호하는 해석을 지지하는 견해는
다른 저서에서도 찾아볼 수 있다(예. 앞에서 인용한 Beale 1999a을 보라). 어떤
학자들은 앞의 텍스트가 종말론적인 미래에 세워질 유형적인 성전 구조
물을 가리킨다고 믿는다. 반면에 또 다른 학자들은 이 텍스트가 주후 70년
에 파괴된 과거의 유사한 성전 구조물을 지시한다고 본다. 또한 이것이 장
차 그리스도의 재림 직전에 존재할, 이스라엘 민족 중의 신자들(=안뜰)과
불신자들(=바깥뜰)로 구성된 비유형적인 성전을 가리킨다고 보는 사람들도
있다. 그런가 하면 텍스트의 표상을 비슷하게 이해하면서도 그것이 교회
시대 전체에 걸쳐 존재하는 실제 현실을 가리킨다고 보기도 한다. 따라서
안뜰은 참된 신자를, 바깥뜰은 사이비 그리스도인을 가리킨다는 것이다.
　나는 이 마지막 견해를 조금 변형한 형태를 선호한다. 하지만 이 견해
는 "비유적"이 아니며, 이스라엘 안에 있는 하나님의 독특한 성막 임재가
유형적인 성전 안에 분명하게 나타난 것과 마찬가지로 그분의 동일한 임
재가 참된 백성인 교회 한가운데에 모습을 선명하게 드러낸다는 주장을
하고 싶다. 이스라엘의 유형적인 성전의 본질로서의 하나님의 문자적인
임재가 이제는 참된 성전인 교회의 한가운데 머물게 된 것이다.
　안뜰이 참되고 영적인 이스라엘을 표상한다면, 바깥뜰은 하나님의 참

된 백성의 상처 받기 쉬운 몸을 표상한다. 이런 견해는 구약 성전의 바깥 뜰이 창조의 물질적 측면을 표상한다고 보는 개념과 일치한다. 요한계시록 11:1-2에 대한 이런 견해는 언어학적인 측면에서 볼 때 타당하다. 왜 냐하면 "밖으로 내쫓다"라는 단어 역시 하나님의 참된 백성이 불신 세계에 의해 거부당하고 박해당하는 모습을 의미한다고 보여지기 때문이다.[3] 성전을 측량한다는 것은 성도들이 신체적인 해악을 입음에도 불구하고 그들의 구원이 보증됨을 의미한다. 이것은 요한계시록 7:2-8의 "인침"(sealing)을 한층 발전시킨 것으로써 에녹1서 61:1-5과 일치한다. 에녹1서의 이 텍스트에서 의로운 선민을 측량하는 천사들의 행동은 선민의 믿음이 강화되고 사라지지 않으리라는 것을 보증한다. 비록 그들의 몸은 파괴될지라도 말이다. 구약성경에서 "측량"은 일반적으로 보호 법령을 뜻하는 은유로 사용된다.[4]

에스겔 40-48장을 배경으로 요한계시록 11:1-4의 종말론적 성전으로서의 교회

성전을 "측량"하는 일은 1세기의 헤롯 성전보다는 에스겔 40-48장의 성전 예언을 배경으로 할 때 가장 잘 이해된다.[5] 여기서 우리는 요한이 이 단락에서 에스겔서의 예언을 어떻게 활용하는지를 요약할 것이다. 에스겔서 텍스트 자체에 대한 심층적인 연구는 다음 장인 제11장에서 이루어질 것이다. 제11장에서 우리는 요한계시록 21장과 22장에 있는 요한의 에스겔서 활용 방식에 대해서 한층 더 구체적으로 살필 것이다.

---

3) 참조. 마 21:39; 막 12:8; 눅 4:29; 20:15; 요 9:34-35; 행 7:58; 마카베오1서 7:16-17; Josephus, *War* 4.316-317; 히 13:11-12.
4) 보호의 의미에 대해서는 삼하 8:2; 사 28:16-17; 렘 31:38-40; 슥 1:16 등을 보라. 때때로 "측량"은 심판도 의미하지만 말이다(예를 들어 삼하 8:2; 왕하 21:13; 애 2:8; 암 7:7-9).
5) Lohmeyer 1970: 89-91; Ernst 1967: 130; Kraft 1974: 152; Prigent 1981: 159 등도 마찬가지다.

한 천사가 성전 건축물 전체의 다양한 부분을 측량하는 모습을 보여주는 에스겔 40-48장은 반드시 이루어질 성전 건축과 그 후에 있을 성전의 보호 직무를 은유적인 차원에서 묘사한다.[6] 동일한 에스겔서 텍스트에 의존하는 요한계시록 21:15-17에서는 한 천사가 "그 성과 그 문들과 성곽"을 "갈대 자로 측량"(11:1에서처럼 metreō+kalamos)한다. 여기서 성과 성 안팎의 측량은 성 거주민들이 거짓말하는 부정한 사람들의 해악과 오염으로부터 안전하리라는 것을 의미한다(21:27도 마찬가지). 이처럼 성을 바깥으로부터 차단시키는 작업은 마지막 날에 하나님의 공동체가 보호받을 것임을 보증해준다. 이런 성전 공동체는 유대인 그리스도인과 이방인 그리스도인으로 이루어질 것이다(3:12; 21:12-14, 24-26; 22:2 등에서 분명히 드러나듯). 에스겔서와 요한계시록 21장의 측량 작업이 비유적 차원에서 선명하게 보여주는 바는, 하나님의 미래의 임재 약속이 반드시 이루어지리라는 것이다. 그분의 임재는 "정결케 된 제의와 정결케 된 공동체"의 한가운데에 영원히 머물 것이다(Wevers 1969: 295-296).

요한계시록 11장에서 "측량"은 하나님의 임재, 즉 역사의 종말이 이르기 전에 이 지상의 삶을 살아가는 성전 공동체와 함께하는 보증된 하나님의 임재를 함축한다. 이것은 하나님의 백성이 가진 믿음이 그분의 임재에 의해 지탱되리라는 것을 의미한다. 왜냐하면 믿음이 없이는 하나님의 임재도 없기 때문이다. 외부의 신학적이거나 윤리적인 영향들 중에서 정도를 벗어난 것은 어떤 것도 하나님의 참된 백성에게 있는 참된 믿음과 예배를 망치거나 오염시키지 못할 것이다. 요한계시록 11장에서 이것은, 마지막 날에 있을 하나님의 임재 약속의 성취가 주후 1세기에 있었던 기독교 공동체의 확립과 더불어 시작됨을 의미한다. 따라서 하나님의 측량 명령은 이 명령이 내려지기 전에 이미 시행된 포고령을 표상하는 것으로 그

---

6) 그리스어역 겔 40-48장에서 "측량하다"(diametreō)라는 동사는 약 30회 나오며, 명사형(metron)도 약 30회 나타난다.

분의 시각에서 이해되어야 한다. 교회의 시대가 시작되기 전에 하나님은 교회의 참된 구성원이 될 모든 사람의 구원을 보증해주는 포고령을 이미 내리셨다. 동일한 결론이 요한계시록 7:3-8이 말하는 "인침"의 의미에 적용된다(앞서 인용한 Beale 1999a을 보라). 따라서 "측량"과 "인침"이라는 두 가지 은유는 동일한 신학적 개념을 함축한다.[7]

에스겔 40-48장의 예언에 나오는 성전이 희생제사 제도를 포함한다는 사실은 문자적으로가 아니라 히브리서 10:1-12에 비추어 해석되어야 한다(아래 내용을 보라). 에스겔서의 기대가 예상치 못한 방식으로 성취되었다고 보는 이유는 구속사적인 시대 전환을 가능케 했던 그리스도의 죽음 때문이다. 그리스도의 사역은 이제 구약의 기대들을 이해하는 중심적인 해석 도구가 된다. 요한계시록 11:1-2에서 교회인 성전은 참된 성전인 그리스도를 모델로 해서 만들어진다.[8] 그리스도처럼 교회도 고통당하고 절망에 사로잡힌 모습을 보일 것이다. 그럼에도 이 모든 것을 통해 하나님의 임재가 그들과 함께 머물 것이요, 영원한 죽음으로 이끄는 온갖 더러움으로부터 그들을 지켜줄 것이다. 또한 하나님의 항구적인 임재는 그들의 궁극적인 승리를 보증할 것이다. 다른 한편으로 이것은 그렇게 놀라운 성취는 아니다. 이미 구약 성전의 삼중 구조가, 내부 성소에 있는 하나님의 임재가 마침내는 세상 속으로 밀려들어와 온 세상을 정복할 것임을 분명하게 보여준다는 점을 상기한다면 말이다. 그리스도는 시공(時空)의 창조 세계 안으로 침투해 들어오기 시작하는 하나님의 임재를 의미한다.

"naos"("성소")는 때때로 성전 건축물 전체를 가리킬 수도 있지만(마 26:61; 27:5; 요 2:20), 여기서는 오직 제사장만이 출입할 수 있는 내부 성소 또는 안쪽 집을 가리킨다(에스겔서의 또 다른 13회 용례가 이런 의미를 가짐). 일

---

7) Lohmeyer 1970: 89; Ernst 1967: 130도 마찬가지다.
8) Krodel 1989: 220도 마찬가지다. 계 11장에 대해서는 추가로 Beale 1999a의 여러 부분을 보라.

부 주석가들은 "성전"이 그리스도인들에게 은유적인 의미를 가지며, 그들을 참된 이스라엘로 묘사하는 다른 방식이라고 생각한다. 이런 견해는 대체적으로 옳다. 구약성경에 있는 "하나님의 성전"은, 그분의 임재가 지상 위에 독특한 방식으로 머물러 있는 바로 그 장소를 가리킨다.[9] 에스겔 40-48장의 새 성전 예언(특히 43:1-12; 37:26-28)에서 하나님은 자신의 임재가 영원토록 재확립되리라고 약속하셨다. 그러나 요한계시록 11:1은 이제 하나님의 임재가 머무는 영적인 성전을 구성하는 언약 공동체 전체에 초점을 맞추고 있다.[10] 이런 개념은 은유적 관점을 그렇게 많이 내포하지도 않으며, 에스겔서의 성전 예언을 단순히 영적으로 해석한 것도 아니다.[11] 또한 이 개념은 구속사적인 이해를 담고 있는 개념이기도 하다. 문자적이면서도 영적인 영역이 있는가 하면, 문자적인 동시에 물질적인 영역도 있다. 에스겔이 예언했던 것은 문자적이면서도 영적인 차원에서 참된 성취에 이르기 시작한다. 그것은 새 창조를 통해 유형적이면서도 영적인 차원에서 보다 완전한 형태로 성취될 것이다(계 21:1-22:5에 대한 설명을 보라).

이미 요한복음 2:19-22에서 그리스도는 자신의 부활의 몸을 새로운 성전과 동일시하셨다. 이런 개념은 요한계시록 21:22에서 발전된 형태로 나타난다(막 12:10-11과 다른 평행 텍스트들도 마찬가지). 이 텍스트에서 요한은 자신이 새 예루살렘에서 "성전을 보지 못했다"라고 말한다. 왜냐하면 "주 하나님…및 어린 양이 그 성전이시기" 때문이다. 이런 동일시를 미래의 새 예루살렘에만 한정시킬 이유는 전혀 없다. 왜냐하면 이 동일시는 그리스도가 부활하신 때 이미 시작되었으며, 부활하신 그리스도야말로 1:12-20에서 하늘 성전 장면의 중심인물로 묘사되기 때문이다(마찬가지로 엡 2:20도 그리스도를 성전의 모퉁잇돌로 묘사함).

---

9) 아마도 소유물이나 내용물을 뜻하는 소유격일 것이다.
10) 고전 3:16-17; 6:19; 고후 6:16; 엡 2:21-22; 벧전 2:5 등도 마찬가지다.
11) Lohmeyer 1970: 89과 Ernst 1967: 130은 후자를 강조한다.

따라서 그리스도와 연합한 그리스도인들도 곧바로 성전과 동일시된다. 앞서 살핀 것처럼 신약성경은 다른 곳에서도 교회를 새로운 영적인 성전으로 묘사한다.[12] 요한계시록의 다른 텍스트들에서 "*naos*"는 예외 없이 현존하는 하늘 성전을 가리키거나,[13] 미래의 우주를 다스리는 하나님 임재의 성전을 가리킨다.[14] 이런 용례는 모두 교회를 하늘 성전과 동일시하는 요한계시록 11:1-2 텍스트와 연결된다. 왜냐하면 이 텍스트에서 하나님의 하늘 성전에 속한 백성은 그들의 지상 실존에서 "하나님의 성전"으로 칭해지기 때문이다. 참으로 요한계시록에서 "하나님의 성전"이라는 구절의 유일한 다른 용례는 마지막 때의 하늘 성전에 대해서 언급하는 11:19에서 찾아볼 수 있다. 이 텍스트가 말하는 하늘 성전은 신자들이 땅위에서 살아가는 동안에 그들을 보호해주는 성전과 동일한 실재를 가리킨다.

구약성경의 성전이 하늘과 땅을 연결한다고 인식되는 것은 우연이 아니다.[15] 요한계시록 11:1-2은 다가올 시대의 성전이 현 시대 안으로 침투해 들어온다고 묘사한다. 만일 누군가가 11:1-2의 성소를 비가시적인 하늘 성전이 아니라 도리어 지상의 성전 구조물과 동일시하려 한다면, 그는 이것이 요한계시록에서 완전히 독특한 용례라고 주장하는 격이 된다(Bachmann 1994: 478). 또한 이런 식의 용례는 요한계시록과 복음서와 사도행전 밖의 다른 신약성경에서도 "*naos*"("성소")의 독특한 사례가 될 것이다. 복음서와 사도행전에서조차 "*naos*"는 거의 항상 유형적인 성전이 부적절하다거나 그리스도와 하나님의 보편적인 임재가 그것을 대체한다는

---

12) 고전 3:16-17; 6:19; 고후 6:16; 엡 2:21-22; 벧전 2:5.
13) 계 3:12; 7:15; 14:15, 17; 15:5-6, 8; 16:1, 17. 계 3:12과 7:15도 미래 성전에 대한 언급을 포함하는 텍스트로 보인다. 어떤 이들은 이 두 텍스트가 미래에 대한 언급만을 배타적으로 담고 있다고까지 말한다(구체적인 논의로는 앞서 인용한 Beale 1999a을 보라).
14) 계 11:19과 21:22. 아마도 계 3:12과 7:15도 포함될 수 있다(앞의 각주를 보라).
15) Terrien 1970: 317-318, 323과 이 책의 참고문헌을 보라.

맥락에서 언급된다.

에스겔이 예언한 성전을 요한계시록 11:1-2에서처럼 유형적인 구조물이 아니라고 보는 견해의 구체적인 선례는 쿰란 공동체에서도 발견된다. 쿰란 공동체는 예루살렘 성전을 배교의 장소로 선포했다.[16] 그들은 자기들이야말로 참된 영적인 성전을 대표한다고 믿었다.[17] 쿰란 성전 안에 있는 하나님의 임재는 벨리알의 미혹하는 계획 앞에서 이 성전의 안전을 보장해준다(4QFlor 1.7-9; CD 3.19).[18] 이런 영적인 안전 보장은 에스겔 44장의 성전 예언이 성취된 것으로 간주된다![19] 측량의 은유는 이 성전이 누구도 범할 수 없는 안전한 장소임을 표현하는 데 사용되기도 한다.[20]

요한계시록 11:3-7의 두 증인처럼, 쿰란에서도 영적인 성전 예배는 유형적인 예물을 드리는 것이 아니라 하나님의 말씀을 선포하고 신실한 마음으로 순종하는 행동으로 이루어졌다(1QS 9.3-5; 4QFlor 1.6). 왜냐하면 주께 헌신하고 자신의 제단을 율법의 말씀으로 성별하는 행동이야말로 속죄를 가능하게 만들었기 때문이다. 성전 제단에 이런 영적인 의미를 부여하는 작업은 에스겔 41:22에 있는 성전 제단과의 유비에 기초한다.[21] 율법 연구에 지속적으로 몰두하는 것은 에스겔 40-47장에 예언된 성전 건축과 맞먹는 것이었다(Midrash Rabbah Leviticus 7:3). 회개는 "그가…성전과 제단을 건축하고 그 위에 온갖 희생제물을 드리는 것과도 같은 행동으로 간주"되

---

16) Ford 1975: 174-175의 설명을 보라.
17) 참조. 1QS 5.5-6; 8.4-10; 9.3-6; 11.7ff.; CD 3.19-4.6; 4QFlor 1.2-9. Gärtner 1965: 16-44과 McKelvey 1969: 45-53 등도 마찬가지다. 예를 들어 Morray-Jones 1998: 400-431은 "안식일 노래"(Sabbath Songs, 4Q405)에서 자신을 겔 40-48장 성전의 현존하는 하늘 형태와 동일시하는 쿰란 공동체의 견해에 대해 논의한다.
18) Gärtner 1965: 34-35. Dupont-Sommer는 4QFlor에서 강조된 것이 박해 앞에서의 안전 보장이라고 보지만 말이다(1961: 312).
19) 참조. CD 3.19-4.6; 참조. 4QFlor 1.15-17.
20) 1QH 6.26의 "의의 줄"과 "진리의 다림줄"을 참조하라; 참조. McKelvey 1969: 52.
21) m. Aboth 3.2, 6; b. Berakot 55a; b. Menahot 97a.

었다(*Midrash Rabbah Leviticus* 7:2). 에스겔서의 성전을 유형적 구조물과 무관하다고 이해하고 그 성전을 이스라엘의 남은 자나 교회에 적용하는 쿰란과 요한의 선례는 예언자 에스겔 자신에 의해 주어진 것이나 다름없다! 하나님의 임재가 이스라엘의 유형적 성전을 떠난 직후에(겔 11:22-33을 보라), 에스겔은 포로 된 유다와 베냐민에게 그분의 임재가 독특한 방식으로 그들 중에 머물리라고 말씀하신다. 실제적으로 포로민 중에는 유형적인 이스라엘 성전이 존재하지 않음에도 불구하고 말이다. 하나님은 "…잠깐 그들에게 성소가" 되실 것이다(겔 11:16). 그분은 바벨론으로부터 돌아온 남은 자들을 위해 계속해서 눈에 보이지 않는 성소가 되어주셨다. 왜냐하면 제2성전이 이스라엘의 회복—솔로몬 성전보다 더 큰 성전을 포함하는—에 관한 굉장한 예언들을 성취하지 못했기 때문이다. 비가시적인 이 성소는, 회복의 기대감이 그리스도의 초림과 함께 점증하던 시기에, 그리스도와 교회로 변형되는데 이 기대감은 그의 마지막 강림 때 완성될 것이다.

문자적인 의미에서 요한계시록 11:1의 "*to thysiastērion*"은 "희생제사의 장소"로 번역되지만,[22] 여기서는 고난 당하는 언약 공동체를 가리키는 듯하다. "제단"은 하나님의 백성이 공동체 안에서 예배하는 방식을 가리킨다. 요한계시록 6:9-10과 일치되게 이곳에서도 제단은 신실한 증인을 위한 고난을 동반하는 희생제물의 소명을 의미한다(이 점은 3-9절에 의해 확증됨; 6:9-10에 대한 설명을 보라). 6:9-10이 묘사하는 제단과 신자들 사이의 긴밀한 상관관계는, 그들이 예배자일 뿐 아니라 제사장—자기가 증거하도록 부름 받은 복음의 제단 위에서 희생되기로 작정한—이기도 함을 함축한다. 독특하게도 그리스도인을 성전인 동시에 성전에서 예배하는 제사장으로 묘사하는 방식은 베드로전서 2:5에서도 발견된다. 요한계시록 1:6과 5:10은 베드로전서 2:5처럼 그리스도인과 제사장을 동일시한다는 점에서 같은 구약 텍스트에 의존한다(앞서 살핀 것처럼 그리스도 자신도 제사장, 희생제물,

---

22) 참조. BAGD, 366.

성전 휘장으로 묘사된다[히 10:19-21]). 이처럼 살아 있는 지상의 성전(11:1-2)이 어떻게 하늘 성전에 관해 언급하는 요한계시록의 다른 텍스트들과 관련되는지 하는 문제는 요한계시록의 뒷부분에 의해 선명하게 밝혀져야 한다. 하지만 간단히 말해 요한계시록 11:1-2에 묘사된 성도들은 지상에 거주하는 하늘 공동체의 구성원이다.

다른 문맥의 용례에서도 "*thysiastērion*"에 대한 이런 견해는 증명된다. 제9장에서 살핀 것처럼 히브리서 13:9-16은 신자들이 자신을 하나님께 희생제물로 바치는 통로인 제단(=그리스도)을 가지고 있다고 말한다. 이 텍스트는 그리스도인에게 거짓된 교훈에 미혹되어서는 안 되며, 오래가지 않을 예루살렘 "도성"에 희망을 두는 대신 이미 이곳에 있으면서 "장차 올 도성을 찾으라"라고 훈계한다(참조. 히 12:22과 13:14). 그들은 영적인 제단에 초점을 맞춤으로써 기꺼이 "그의 치욕을 짊어지고 영문(=성전과 예루살렘) 밖으로 그에게 나아감"으로써 이런 훈계에 귀 기울여야 한다(히 8:1ff.과 10:19-20도 그리스도가 참된 성전 안에 계시며 신자는 그를 통해 안으로 들어가리라고 말함).[23]

요한계시록 11:1b의 "그[성전] 안에서 경배하는 자들"은 성전 공동체 안에서 함께 예배하는 신자들을 가리킨다.[24] 요한계시록 11:1의 "예배자

---

23) "제단"에 관한 앞의 분석은 초기 기독교의 해석과 일치한다. Ignatius의 *Letter to the Ephesians*(5:2)에서 "제단의 자리"는 "온 교회"의 신뢰할 만한 통합에 있다(Ignatius, *Letter to the Trallians* 7:2도 마찬가지; 참조. Ignatius, *Letter to the Philadelphians* 4). 이런 통합을 유지하라는 교훈은 "한 개의 성전[*naos*]과 심지어 하나님…[그리고] 한 개의 제단과…모든 사람이 찾아가야 할 한 분이신 예수 그리스도"께 의존한다(Ignatius, *Letter to the Magnesians* 7:2). 나중에 이 제단은 "성전[*naos*]의 돌들"인 신자들과 동일시된다. 이 성전은 교회 안의 모든 사람이 소유하는 "성전의 성소"[*naophoroî*]를 지시한다(Ignatius, *Letter to the Ephesians* 9; ibid. 15도 마찬가지). 롬 12:1도 참조하라. 이 텍스트는 신자에게 자신의 몸을 "하나님이 기뻐하시는 거룩한 산 제물"로 드리라고 교훈한다. "[그것이야말로] 그들이 마땅히 드려야 할 예배"이기 때문이다. 계 11:1의 제단이 구체적으로 분향단인지, 아니면 번제단을 가리키는지에 관해서는 6:9에 대해 앞서 인용한 Beale 1999a을 보라.

24) 계 11:1의 의미를 밝혀줄 수 있는 에녹1서 61:3-4에서, 성도들에 대한 측량 행동은 그들이 무엇보다도 "의와 믿음 안에서 강해지는" 결과를 가져온다. 또한 이것은 "선택된

들"은 여전히 땅 위에서 살고 있다 해도, 하늘 궁전의 구성원과 동일시되어야 한다. 왜냐하면 *"proskyneō"*("예배하다")는 요한계시록의 다른 곳에서 하늘에서 하나님을 예배하는 "장로들"을 가리키기 때문이다(참조. 4:10; 5:14; 7:11; 11:16; 19:4; 히 12:22-23도 참조하라, Giblin 1984: 455). 가장 근접한 문맥인 요한계시록 11:1-2과 좀더 넓은 문맥인 3-10절(신앙 공동체를 지상에 있는 자들로 묘사하는)은 "예배자들"이 땅 위에 살고 있다는 개념을 선호한다. 아니면 측량 작업 때문에 하늘에서 예배하는 자들로 간주되는 사람들에 강조점이 맞추어져 있다고도 할 수 있다. 이런 강조점은 가까운 문맥(11:11-12)에서 다음과 같은 세 가지 관찰에 의해 암시된다. (1) 지상의 신자 공동체가 가진 궁극적인 하늘의 운명. (2) 다른 곳의 "예배"(*proskyneō*) 용례. (3) "그의 장막 곧 하늘에 사는 자들"(계 13:6). 확실히 "예배자들"에 대한 측량 행동은 하늘의 영적인 성전에 있는 그들의 구성원 자격을 보증한다. 지상에서 그들에게 어떤 일이 생기는지와 상관없이 말이다.[25]

스가랴 4장을 배경으로 요한계시록 11:4의 종말론적 성전에 관한 견해

요한계시록 11:3-6은 1-2절의 "성소 측량"의 주된 목적을 설명한다. 달리 말해서 하나님이 마지막 날의 공동체 한가운데에 자신의 임재를 확립하시는 일은 성도들의 예언적인 증언의 유효성을 보증하려는 목적을 가진다는 뜻이다. 두 증인이 "이 땅의 주 앞에 서 있으면서" 지상의 왕궁뿐만 아니라 눈에 보이지 않는 법정에서도 증인 역할에 소홀함이 없다는 사실은 증언이 가지는 법적 성격을 강화시킨다(3-4절). 주님은 지상의 전지하신 심판관이시다. 왜냐하면 그의 "눈이 온 세상을 두루 다니고" 있기 때문이다(참조. 슥 4:10, 14; 계 5:6). 증인들이 주와 가까이 있다는 표현 역시 그들

자가 다른 선택된 자와 함께 거하기 시작하는" 결과를 가능케 한다.

25) 마찬가지로 쿰란 공동체의 성도는 하늘의 예배 공동체와 동일시된다: 예를 들어 1QS 11.7ff.; 1QH 3.21ff. 6.12ff.(McKelvey 1969: 37-38).

이 주와 긴밀한 관계 속에 있는 동시에 그분의 명령과도 뗄 수 없는 관계를 가짐을 강조한다(참조. Kraft 1974: 157). 마찬가지로 이것은 그들이 주의 주권적인 임재로부터 결코 멀어지거나 분리될 수 없으며, 어떤 것도 그들을 하나님과의 안전한 관계로부터 끊을 수 없음을 의미한다. 비록 예언적인 증인들이 위험한 세계 속에서 살고 있기는 하지만 말이다(참조. Prigent 1981: 156-167). 이런 개념은 더 큰 개념의 일부를 구성하는 것 같다. 왜냐하면 유대교에서 "주 앞에 서 있다"라는 개념은 신실하신 하나님과의 영원토록 안전한 관계를 의미했기 때문이다.[26] 또한 이 표현은 구약성경에서 일반적으로 하나님의 임재 안에 있는 사람들을 가리키는 데 사용되기도 했다. 성막에서 제사장들이 "주 앞에" 서 있다고 묘사하는 출애굽기와 레위기의 무수한 텍스트가 바로 이런 용례다(출 27:21; 30:8; 레 24:3). 요한계시록 11:4b은 스가랴 4:14(여기 대해서는 아래 설명을 보라)과 함께 레위기 24:4을 언급하는 듯하다. 이 레위기 텍스트에 따르면 "순결한 등잔대는 항상 여호와 앞에 [있다]."

요한계시록의 두 증인은 "두 감람나무와 두 촛대"와 동일시된다. "촛대"(역자 주-등잔대)는 교회를 가리킨다. 왜냐하면 교회야말로 요한계시록 1-2장이 반복해서 진술하는 "촛대들"의 의미이기 때문이다. "한 권의 책의 범위 내에서 서로 다른 두 개념에 대해 동일한 상징을 사용한다는 것은 상식의 결핍이라 할 수 있다"(Kiddle 1940: 181).

성막과 성전의 촛대는 하나님 면전에 있었으며, 그로부터 생겨난 빛은 그분의 임재를 분명하게 표상했다.[27] 마찬가지로 스가랴 4:2-5에 있는 촛

---

26) 희년서 30:18-20; 1QH 4.21; 18.24-29.

27) 민 8:1-4을 보라. 출 25:30-31에서는 촛대가 "진설병" 바로 다음에 언급된다. 출 40:4; 왕상 7:48-49도 마찬가지다. 제2장에서 우리는 창 1:14-16이 "광명체들"(me'ōrot, 5회)이라는 특이한 단어를 사용해서 "해"와 "달"을 지시함을 살펴보았다. 이 단어는 오경의 나머지 전체에서 오직 성막에 있는 촛대의 "빛"을 가리키는 데에만 사용된다(10회). 구약의 다른 곳에 있는 다른 세 가지 용례 중에서 두 용례도 하늘의 "광명체"를 가리키며, 나머지 한 가지는 하나님의 임재를 가리킨다(시 90:8, "얼굴 빛"). 과연 이것은 촛대의

대의 등잔불은, 4:6에서 이스라엘(="촛대")이 방해 공작에도 불구하고 성전 재건을 마무리할 수 있도록 힘을 줄 하나님의 임재나 영을 표상한다고 해석된다(참조. 슥 4:6-9). 따라서 새로운 이스라엘, 곧 지상에 있는 하나님의 영적인 성전으로서의 교회는 세상의 방해 공작에 맞서기 위해서라도 그분의 보좌 앞에 있는 성령, 곧 하나님의 임재로부터 권능을 받아야 한다. 이것은 하나님이 마지막 때에 있을 자신의 성소로서의 공동체—자신의 예언적인 증언이 유효함을 보증하려는 목적을 가진—한가운데에 자신의 임재를 확립하시리라는 1-3절의 주제를 계속 이어간다![28]

감람나무와 등잔대라는 두 개의 이미지는 스가랴 4:4의 결론부와 함께 4:14에 의존한다(참조. 4:2-3, 11-14). 스가랴서의 환상에서 등잔대는 스룹바벨이 기초를 놓았던 두 번째 성전을 표상[29]한다(1:13-15에 대해서는 앞서 인용한 Beale 1999a을 보라). 이 성전의 양편에는 감람나무가 있는데, 이 나무는 등잔을 밝힐 기름을 제공한다. 감람나무는 "기름 부음 받은 자 둘이요 온 세상의 주 앞에 서 있는 자들"(14절)로 이해된다. 문맥상 "기름 부음 받은 자들"은 대제사장 여호수아와 왕 스룹바벨을 가리키는 것 같다.

스가랴 4장의 환상 전체의 의미는 4:6-10에 요약되어 있다. 성전 건축이 시작되기는 했지만, 건축 공사의 완성을 방해하려는 적대 세력이 있

"빛"도 하나님의 영화로운 임재의 빛을 상징함을 암시하지 않을까? 하늘의 별들이 하나님의 영광을 반영하듯이 말이다.

28) *Midrash Rabbah Numbers* 15(민 8:2-3에 관한)의 확증에 따르면, 이스라엘이 촛대의 일곱 등잔불을 계속 밝혀두는 것에 대한 상급은, 하나님이 그들의 "영혼을 온갖 악한 것들로부터" 지켜주시고(15:4) 그들의 복이 "결코 사라지지 않으리라는"(15:6) 것이다. 하나님의 임재는 바로 이 일곱 등잔불에 머물러 있었다(15:9). 아람어역 성경(*Tg. Jerusalem*)의 레 24:2-4은 하나님의 영광이 이스라엘 가운데 머물러 있다는 사실을, 촛대의 일곱 등잔불이 계속 타고 있는 것과 직접 관련시킨다. 하나님의 임재가 "시내산"의 불타는 떨기불(또는 "나무")에 머문다는 것은 그분의 임재가 나무의 표상과 관련됨을 추가적으로 보여준다. 마찬가지로 고대 근동에서도 신들이 나무와 동일시된 경우가 있다(Yarden 1971: 39).

29) 이는 어떤 것의 일부가 전체를 대표하는 표현 방식인 "제유법"에 의해 이루어진다.

었다(7절의 "산"은 아마도 성전 건축을 반대하는 세력을 표상함). 스가랴 4장의 요점
은 이런 반대가 극복됨으로써 성전 건축이 마무리되리라고 하나님이 보
증하셨다는 데 있다. "이는 [육체적인] 힘으로 되지 아니하며 능력으로 되
지 아니하고 오직 나의 영"과 다양한 은총으로 될 것이다(6-9절). 하나님의
이런 보증은 틀림없다. 공사의 시작이 불길해 보이고 반대 세력 때문에 완
공 가능성이 없어 보임에도 불구하고 말이다(10a절). 그분은 자신의 풍성
한 영(기름)을 제공하시고, 성전 건축이 성공적으로 마무리되는 과정을 주
도하시려 이 영을 제사장과 왕(감람나무)에게서 나오게 하실 것이다. 스가
랴 3:9의 "돌"이 스가랴 4:10의 "여호와의 눈"과 동일시되어야 할 "일곱 개
의 눈"과 관련된다는 점을 주목해야 한다. 이 두 텍스트에서 공통적으로
눈[目]은 하나님의 섭리를 따라 성전의 기초석을 두루 살피고 있으며, 비
유적인 차원에서는 기초석의 놓임이 하나님이 성전의 완성을 보증하시는
것임을 암시한다.

　이런 배경은 바로 이 지점에서 스가랴 4:14을 선택한 요한계시록의 시
도가 적절했음을 보여준다. 요한이 스가랴서를 창조적으로 응용함에도 불
구하고, 이 인용은 원래적인 문맥에서의 의미를 깨뜨리지 않고 그 의미를
창조적으로 발전시킨다.[30] 요한계시록 11:1-2에는 반대 세력에 맞서 참된
성전을 세우고 지키는 일이 소개되는데, 스가랴 4:14은 동일한 주제를 다
루는 부분의 절정에 해당한다. 제사장과 왕이 반대 세력에 맞서 성전을 세
우기 위해 성령이 사용하시는 주된 그릇인 것처럼, 요한계시록 텍스트에
서도 두 증인은 11:1-2과 관련해서 동일한 역할을 하기 위해 성령의 힘을
공급받는다. 스가랴 4장의 성전 상황과 비슷하게 하나님의 영적인 성전도
중요하지 않은 듯 보이는데, 왜냐하면 그것이 비가시적이기 때문이다. 또
한 이 성전의 운명은 의심스러워 보이는데, 왜냐하면 그것이 세상적 세력
의 반대에 부딪혔기 때문이다. 아람어역 성경은 히브리어 텍스트의 적대

---

30) Court 1979: 91-92도 참조하라.

적인 "산"을, 요한이 염두에 두고 있던 적대 세력 중 하나인 로마로 이해한다.[31] 방해 공작에도 불구하고 교회 시대 전체에 걸쳐 이루어지는 기독교 공동체의 성공적인 성전 건축은, 성령이 교회의 신실한 예언적 증인에게 능력을 부어주심으로써 그 확실성을 보증받는다(1:13-15; 19:10에 관한 설명을 보라).

스가랴서에 대한 언급은 성령이 예언자들에게 능력을 부어주신다는 개념에 힘을 실어준다. 왜냐하면 스가랴 4장의 등잔불은 요한계시록 4:5 과 5:6에서 이미 하나님의 영과 동일시되었기 때문이다.[32] 요한계시록 11:4에는 사도행전 1:8에 있는 교회의 사명을 상징적으로 보여주는 그림 이 있다. 스가랴서와는 대조적으로 여기서 제사장과 왕으로 일하는 자들 은 개별적인 인물이 아니라 종말론적인 차원에서 참된 이스라엘을 계승 하는 교회 전체를 표상한다. 왕과 제사장을 겸하는 교회 공동체의 이중적 인 역할은 이미 선명하게 확증된 바 있었고(1:6; 5:10) 다시 한 번 그렇게 될 것이다(20:6). 마찬가지로 유대교는 스가랴 4:3, 11-14이 일반적으로 제사 장과 왕적 인물을 가리킬 뿐만 아니라,[33] 이스라엘의 모든 의로운 자를 가 리키기도 한다고 이해했다.[34]

---

31) Sperber 1962: 482의 *Tg. Pseudo-Jonathan* (codex f)의 슥 4:7을 보라. 계 11:8에 관 해서는 앞서 인용한 Beale 1999a을 보라.

32) Prigent 1981: 166-167.

33) 참조. *Midrash Rabbah Numbers* 18:16-17; *Midrash Rabbah Lamentations* 1:16, 51; *Pesikta Rabbati*, Piska 8.4. 자주 유대교 분파들은 동일한 스가랴서 구절들이 제사 장과 왕으로 일하는 자들—특별한 메시아적 의미를 가진—을 가리킨다고 이해했다(참 조. CD 9.10-11; *Midrash Rabbah Numbers* 14:13; *'Aboth de Rabbi Nathan* 30b. 시 므온의 유언 7:1-2과 레위의 유언 2:10-11도 여기 해당함). Kairaite 전승에서 슥 4:14 의 두 인물은 메시아적인 인물인 엘리야와 메시아 벤 다비드와 동일시된다(Wieder 1955: 15-25을 보라).

34) *Midrash Psalms* 16:12, *Midrash Rabbah Leviticus* 32:8, *Midrash Rabbah Ecclesiastes* 4:1 §1, *Sifre on Deuteronomy*, Piska 10과 *Pesikta Rabbati*, Piska 51.4. 슥 4:2-3의 등잔대를 마지막 때에 모인 모든 시대의 이스라엘인들과 비교하라. *Midrash Rabbah Leviticus* 30:2, *Midrash Rabbah Numbers* 13:8, *Midrash Rabbah*

요한계시록 11:1-2에 대한 앞의 분석에서 살핀 것처럼 교회는 물론 성전이다. 왜냐하면 교회는 참된 성전이신 그리스도와 동일시되기 때문이다. 또한 성령은 그리스도가 부활을 통해 승리를 거두셨음을 나타내는 증거다. 마찬가지로 아람어역 구약성경의 스가랴 4:7(*Tg. Zechariah*)도 성전의 머릿돌을, 하나님의 백성을 대적하는 악한 나라들을 물리치심으로써 성전 완공을 보증해줄 메시아와 동일시한다. 특히 아람어역 텍스트는 스가랴 4:7이 묘사하는 성전의 "머릿돌"을 하나님에 의해 왕으로 "기름 부음을 받은 자"요 "모든 나라들을 다스릴" 자로 이해한다. 스가랴 6:12-13은 메시아와 같은 인물을 "싹"이라 칭하며, "그가 성전을 건축할 것이요…다스릴 것이요…제사장이 자기 자리에 있을 것"임을 두 번 되풀이한다(아람어역 타르굼은 "싹"을 "기름 부음을 받은 자"로 대체함).[35]

이는 스가랴 4장의 왕과 제사장의 역할은 두 사람에 의해 수행되지만, 스가랴 6장에서는 이런 이중적인 역할이 한 사람의 메시아적 인물에게로 합쳐짐을 의미한다. 스가랴 4장의 성전 건축 프로그램은 스가랴 4:7; 6장에 대한 유대교의 해석 전통, 신약성경, 특히 요한계시록에 비추어볼 때 더 잘 이해될 수 있다. 이것은 각각 제2성전의 건축을 시작하는 여호수아와 스룹바벨의 제사장 역할과 왕 역할을 가리킨다. 그러나 제2성전은 이스라엘의 불순종으로 목표에 이르지 못했다(참조. 슥 6:15). 이스라엘의 불완전한 건축 활동은 계속되었지만 제2성전은 다만 종말론적 성전을 예표만 할 수 있었으며, 이 진정한 성전의 시작을 이루기 위해서는 제사장-왕으로 오신 메시아가 그 과업을 대신하셔야 했다.[36]

Song of Songs 4:7 §1, *Pesikta de-rab Kahana*, Piska 27.2, *Pesikta Rabbati*, Piska 7.7 과 Piska 8.4 등은 슥 4:2의 등잔대가 이스라엘을 표상한다고 이해한다.

35) 아람어역 *Tg. Isaiah* 53:5도 이 종이 "성소를 건축하리라"는 것을 분명히 밝힌다.

36) *Midrash Tanhuma Genesis*, Parasha 6, Toledoth §20과 쿰란 등도 슥 4:1-14에서 메시아 예언을 발견했다(참조. 1QS 9.10-11; Dupont-Sommer 1961: 317). 슥 4:9을 발전시킨 *Midrash Rabbah Genesis* 97은 메시아가 스룹바벨의 후손으로 오고, 성전을 재건하리라고 말한다. *'Aboth de Rabbi Nathan* 30b은 슥 4:14의 인물들 중 한 명을 메

스가랴 4장의 보다 넓은 컨텍스트는 현재 컨텍스트와의 관련성이 매우 풍성함을 보여준다. (1) 스가랴 1:16-17과 2:1-5에서는 한 천사가 예루살렘을 "측량"함으로써 하나님의 "집이 그곳에 건축"되고 그분의 임재가 그곳에 있도록 재건될 것임을 암시한다(참조. 계 11:1-2). 앞서 살핀 것처럼 스가랴 1-2장은 미래의 예루살렘 전체가 온통 하나님의 영광을 빛내는 성전이 되기 위해 측량되는 모습을 묘사한다. "내가 불로 둘러싼 성곽이 되며 그 가운데에서 영광이 되리라"(슥 2:5).[37] (2) 그러나 사탄은 세상 권세들과 함께 예루살렘에 하나님의 성전이 재건되는 일을 방해했다(슥 3:1-2; 4:7). 짐승과 세상이 증인들을 대적한 것처럼 말이다(계 11:5-10).

이런 측면에서 요한계시록 2:5에 있는 촛대로서의 교회 이미지는 매우 중요하다. 만일 에베소의 그리스도인들이 하나님의 신실한 증언의 촛대가 되는 일에 열심을 내고(2:5) 그분의 임재와 연합한다면, 하나님은 그들을 "생명나무"와 완전히 하나 되게 하실 것이다(2:7). "생명나무"와 촛대는 부분적으로 하나님의 임재를 상징한다. 특히 앞서 요한계시록 11:4에 대한 분석에서 살핀 것처럼 촛대로부터 나오는 빛은 이스라엘이 세상에 전해야 하는 하나님의 임재를 표상한다.[38] 교회와 함께하시는 하나님의 임재를 뜻하는 이런 촛대 개념은 11:4에 의해 더욱 분명하게 확증된다. 이 텍스트는 그들을 "이 땅의 주 앞에 서 있는…촛대"라고 말한다. 성전의 촛대가 에덴의 생명나무를 표상한다는 사실(앞서 주장한 것처럼)을 깨닫는 일은 두 가지 표상의 동일시를 강화시킨다. 적어도 이 두 가지 은유는 실제적으로 동일하거나, 아니면 동일한 그림과 실재의 두 가지 상이한 모습들이라 할 수 있다.

앞서 관찰한 것처럼 촛대가 가진 정형화된 나무 형상과 그것을 묘사하

시아와 동일시한다.

37) 슥 1-2장과 성전의 확장으로서의 하나님의 임재에 관한 묘사에 대한 논의로는 제4장 (191-192쪽)을 보라.

38) 계 1:12에 대해서는 앞서 인용한 Beale 1999a을 보라.

는 식물학적 어휘군은, 제의적인 의미를 가지는 촛대가 영원하시고 눈에 보이지 않는 하나님의 열매 맺게 하시는 능력을 상징함을 암시한다.[39] 마찬가지로 솔로몬 성전과 마지막 때에 있을 에스겔서의 성전에 있다고 묘사되는 장식용 종려나무와 꽃 조각물 및 그룹 등은 에덴의 동산 배경을 언급하는 듯하다.[40] 사해 두루마리(1QH 6.14-19)는 쿰란 공동체의 성도들을 "빛의 원천"과 "빛나는 불꽃"을 가진 에덴의 나무에 비유하는데, 이는 의의 교사의 "증언"(!)과 직접적으로 연결된다. 이런 관점에서 본다면 촛대의 일곱 등잔은 「찬양 두루마리」가 언급하는 경배자의 주장, 즉 "나는 주께서 자신의 영광을 위해 [만]드신 에[덴][41]에서 일곱 겹 [빛]으로 밝게 빛나리라"라는 주장(1QS 7.24)과 관련될 수 있지 않을까? 또한 쿰란의 「찬양 두루마리」(1QS 8.5-6)는 에세네파 공동체를 "진리의 증인"이 될 "거룩함의 집"과 "영원한 식물"이라고 부른다!

동일한 논리에서 이사야 11:1-2이 "하나님의 영"을 "그분의 아들에 관한 일곱 가지 형식" 안에 머무른다고 묘사하며, 모세가 "일곱 촛대로 된 이것의 양식을 드러냈다"라고 보는 이레나이우스(Irenaeus)의 견해[42]는 우연이 아니다(Clement of Alexandria, *Stromata*, 5.6도 마찬가지). 이런 동일시는 성령이 맨 먼저 하나님의 백성을 대표하는 그의 아들에게 주어졌고 그런 다

---

39) Meyers 1985b: 1094. 또한 Meyers 1985a: 546도 보라. 식물계와 관련된 표현에 대해서는 특히 출 25:31-40; 37:17-24을 보라.

40) 촛대가 금으로 만들어진 것처럼(출 25장을 보라), 유대교는 에덴의 생명나무도 금으로 만들어졌다고 생각했다(에녹2서 8:3-4 [J]). 또한 슥 4장의 일곱 등잔이 감람나무의 기름을 공급받은 것처럼, 에녹2서도 생명나무를 동일한 방식으로 생각한다(에녹2서 8:5 [A]). Philo도 생명나무와 후대에 세워질 성전의 촛대를 서로 관련된 것으로 간주하는 것 같다. 왜냐하면 그는 이 둘을 지구상의 빛과 비교하기 때문이다(*Quaest. Gen.* 1.10을 예를 들어 *Quaest. Exod.* 2.73-81과 비교하라). 생명나무와 관련해서 유대교의 이런 언급에 대해서는 Barker 1991: 90-95을 보라.

41) 이곳을 "에덴"으로 읽으라는 제안에 대해서는 1QH 7.24에 관한 앞의 논의를 보라.

42) Irenaeus, *The Preaching of the Apostles*, 9. 여기 대해서는 J. N. Sparks(1987: 31-32)를 보라.

음에는 그분의 백성에게 주어졌다는 성경의 진리(예를 들어 행 2:33을 보라)를 잘 반영한다.[43] 흥미롭게도 이와 관련해서 구약성경의 "생명나무"는 증언 개념과 연결될 수 있다(잠 11:30: "의인의 열매는 생명나무라 지혜로운 자는 사람을 얻느니라"). 요한계시록 2-3장에서 죄를 고발당하는 다섯 교회가 모두 신실한 증인으로서 문제점을 안고 있다는 사실(앞서 인용한 Beale 1999a을 보라)은, 성전이 증언 행위나 세상을 향한 하나님 임재의 확산과 관련된다는 점을 강화시킨다!

요한계시록 2장과 11장 사이의 이런 상관관계는 성전에 관한 마지막 환상과의 추가적 관련성을 가능케 한다. 이 마지막 환상에서 성전은 거대한 "생명나무"를 주요 특징으로 하는 동산으로(22:2), 자신의 백성 중에 자기 "얼굴"을 드러내시고(22:4) 그들의 영원한 "등불"이 되실 주 하나님(21:23; 22:5)으로 묘사된다. 지금까지의 논의에 비추어본다면 앞에서 살폈던 동일한 쿰란 텍스트(1QH 6.14-17)가 에세네파 공동체를, 하나님이 심으셨고 장차 온 땅에 그늘을 제공할 에덴의 나무와 동일시함은 우연의 일치가 아니다![44] 여기서 우리는 에덴의 생명나무에 대한 초기 유대교의 해석을 보는데, 이 해석 전승은 이 생명나무가 종말론적인 차원에서 볼 때 요한계시록의 마지막 환상의 생명나무처럼 보편적 의미를 가진다고 본다.

등잔대와 에덴에 관한 이상의 텍스트들은 첫 번째 동산 성소에서 인간의 본래 목적이 하나님 임재의 빛을 밖으로 확장시키고 온 세상에 퍼뜨리는 데 있었음을 추가로 확증한다. 타락 이후 이 임재를 확산시켜야 하는 사명은 "증언하는" 일을 포함하게 되었다. 왜냐하면 이 세상에는 불신자들이 존재하고, 그들은 제사장-왕의 이미지를 가진 복음 전도자를 통해 하나님의 영화로운 임재로 밝혀져야 하기 때문이다(출 19:6). 따라서 나무 형

---

43) 오순절 성령 사건을, 하나님의 백성을 감싸기 위한 하늘 성전의 하강으로 이해하는 논의에 대해서는 추가적으로 제6장을 보라.

44) 제4장 206-209쪽도 보라.

상의 증언 등잔대로서의 교회의 역할은 교회 시대의 개막과 함께 시작되고, 그리스도가 재림하실 때 완성된다.[45]

종말론적 등잔대에 대한 요한계시록 11:1-4의 결론적 생각

요한계시록 11장에서 "등잔대"로 상징화된 교회는 그 위의 "일곱-등불"(계 1:4; 4:5에서처럼 성령을 가리킴)에 의해 권능을 전해 받은 하나님의 성전-임재를 표상한다. 교회가 받은 권능은 세상에 대해 비타협적인 태도로 빛으로서 증거할 수 있는 힘을 주로 가리킨다. 그럼으로써 지옥의 문들(참조. 2:9-11, 13)이 참된 이스라엘—하늘 성전 및 하나님의 임재와 동일시되는(1:16에 대해서는 앞서 인용한 Beale 1999a을 보라)—인 하나님의 성전을 건축하는 일에 맞서서 승리를 거두지 못하도록 말이다. 이것은 요한계시록 1:6이 출애굽기 19:6을 사용해서 표현하는 참된 이스라엘의 사명을 반복한다. 이 두 텍스트는 공통적으로 창세기 1:26-28에 있는 첫 번째 "위대한 사명"에 궁극적인 뿌리를 두고 있다. 마지막 때의 성전은 교회 안에서 시작되었다.[46] 요한계시록 11:1-13은 등잔대가 참된 성전으로서의 교회를 표상하는 동시에 그리스도의 부활과 마지막 강림 사이의 시기에 증인 역할을 하는 하나님의 백성 전체를 표상함을 확증한다. 아람어역 구약성경(*Tg. Zechariah*)의 스가랴 4:7은 세상의 적대 세력 한가운데서의 성공적인 성전 건축이 궁극

---

45) 교회를 "생명나무"와 동일시함에 대해서는 *Barnabas* 11:10-11을 보라. 이 텍스트에서 새 창조에 속한 나무의 열매를 먹는 이미지(겔 47:1-12; 참조. 22:2)는 현재의 세례 경험을 묘사하는 데 사용된다. 솔로몬의 송시 11:16-24은 낙원의 나무의 축복과 현재적으로 동일시되는 사람들을 지시한다(20:7도 마찬가지). 솔로몬의 시편 14:2은 "주의 낙원과 생명나무가 그의 경건한 자들"임을 확증하지만, 이 점은 14:10에서 미래의 희망으로 간주되기도 한다. Daniélou 1964: 30-35도 보라. Daniélou은 초기 교부들이 생명나무와 낙원의 상징을, 그리스도인이 이미 참여하기 시작한 실재를 가리킨다고 이해했음을 보여준다.

46) 후대의 유대교 문서인 *Midrash Rabbah Numbers* 15:10은 하나님이 마지막 때의 성전을 재건하실 때 촛대도 회복하시리라는 희망을 표현한다.

적으로는 "모든 나라를 다스릴" 자 곧 "기름 부음을 받은 자"에 의해 이루어지리라고 예견한다. 요한계시록 1:5-6에 비추어볼 때 그리스도의 죽음과 부활은 그가 성령(등잔대의 등불)을 통해 세우실 새로운 성전의 기초를 놓은 사건이었다.

스가랴서의 하나의 등잔대가 요한계시록의 일곱 등잔대로 옮겨가는 것은, 요한계시록이 확대된 마지막 때의 보편적인 교회를 위한 책임을 보여줄 뿐만 아니라, 참된 이스라엘이 한 나라에 한정되지 않고 도리어 모든 민족을 포괄한다는 생각을 표현하기도 한다. 등잔대의 증가는 이미 솔로몬 성전에서 선례를 가진다. 왜냐하면 솔로몬 성전은 성막의 한 개의 등잔대와 달리 열 개의 등잔대를 가지며(왕상 7:49), 마지막 때 이루어질 증가와 확대를 미리 보여주기 때문이다. 두 증인의 영향력이 "백성과 족속과 방언과 나라 중"의 일부(11:9)와 "땅에 사는 자들"(11:10)에게까지 확대되리라는 설명도 온 세상으로 퍼지기 시작하던 마지막 때의 하나님의 성전이 점차적으로 영역을 넓혀감을 암시한다.

마지막 때의 성전(계 11장; 21-22장)을 이해하는 데 추가로 도움을 주는 요한계시록의 다른 텍스트들

신자들이 "성전"(naos) 안의 항구적인 "기둥"(stylos)이 됨으로써 성전과 영원히 동일시되리라는 요한계시록 3:12a의 설명은, 앞에서 언급한 하나님 임재의 주제를 한층 더 강조하는 효과를 가진다. 이 점은 요한계시록 21:22-22:5에서 분명하게 드러난다. 이 텍스트는 하늘의 예루살렘에서는 유형적인 "성전"(naos)이 존재하지 않을 것이요 도리어 "주 하나님 곧 전능하신 이와 및 어린 양이 그 성전[naos]"이시며(21:22; 7:15-17도 마찬가지), 예루살렘 성 안에 있는 자들이 빛 가운데로 다니고(21:23-25; 22:5) 그분의 즉각적인 임재 안에 거하리라고(22:3-4) 설명한다.

항구적으로 성전과 동일시되는 승리자 위에 "하나님의 이름과 하나님의 성의 이름"을 새겨주겠다는 그리스도의 말씀(계 3:12)은 에스겔 48:35을 상기시킨다(참조. 마카베오1서 14:26ff.). 이 에스겔서 텍스트에서 새 예루살렘인 "그 성읍의 이름"은 "야웨께서 거기에 계시다"라는 의미다. 왜냐하면 그분은 마지막 날의 성전을 자신의 영광이 영원토록 머물게 될 예루살렘 한가운데에 세우셨기 때문이다.[47] 마찬가지로 요한계시록 3:12의 언어는 요한계시록 21:2에서 축어적으로 되풀이된다. 마지막 때에 있을 하나님의 성전에 관한 환상을 소개하려는 목적에서 말이다. 하나님은 에스겔 40-48장의 성전을 모델로 하는 이 성전에서 영원토록 자기 백성과 함께 거하실 것이다(21:10-22:5에 대한 설명을 보라). 이것은 3:12에 있는 그분의 임재의 주제를 추가로 강조한다. 예수의 "이름"과의 동일시(3:12b)는 성전이신 예수와의 동일시와 같은 의미를 가진다. 이런 이유로 신자는 예수 안에 있는 하나님의 성막 임재와 영원히 연결되는 은혜를 누린다.

이처럼 예수의 제자들이 온갖 시련을 이겨냄으로써 하나님과 그리스도의 "성전"(naos) 임재를 보상으로 받는다는 생각은 요한계시록 7:14-17에서도 발견된다. 이 텍스트는 에스겔 37:25-27의 예언, 곧 하나님의 "처소"와 "성소"가 그의 백성과 함께하리라는 예언의 성취가 이미 시작되었고 어쩌면 완성되었을 수도 있다고 본다. 에스겔 37장 텍스트의 성전 약속은 에스겔 40-48장에 있는 미래 성전 약속의 일부를 구성한다. 이 두 텍스트가 공통적으로 동일한 약속이라는 점은 "내가 이스라엘 자손 가운데 영원히 거하리라"라는 구절이 37:25-28과 43:7, 9에서 각각 두 번 나타난다는 사실을 주목할 때 분명하게 드러난다.[48]

신자들을 "성소"와 영원토록 동일시하는 요한계시록 3:12의 설명은 그리스도에게서 시작된 일련의 과정, 곧 비가시적인 구원 성소의 문을 그들

---

47) 겔 40-47장; 48:10, 21; *Tg. Ezekiel* 48:35 등도 마찬가지다. *b. Baba Batra* 75a은 히브리어 모음을 교체함으로써 겔 48:35을 "야웨가 그 이름"으로 번역한다(앞서 인용한 Epstein 1948을 보라).
48) 약간의 어휘 변화가 있지만 말이다.

에게 열어주는 과정의 완성을 내포하는데, 이는 요한계시록 3:7b-8a에서 잘 표현된다. "…내가 네 앞에 열린 문을 두었으되 능히 닫을 사람이 없으리라."[49] 이 참된 성소는 사탄에게 궁극적인 충성을 다짐하는 유대인들의 거짓된 회당과 뚜렷한 대조를 이룬다(3:9이 그러함). 3:7-8과의 관련성은 3:8 및 3:12과의 긴밀한 평행 관계가 21장에서 발견된다는 점(각각 21:25과 21:2, 10과 평행 관계를 이룸)을 주목함으로써 확인된다. 그리스도는 지상의 신실한 자들을 위해 하늘의 예루살렘과 하늘 성전의 문, 어느 누구도 열 수 없었던 문을 "열기" 시작하신다. 그리고 이 일은 백성이 새 예루살렘과 새 성전의 "문", 누구도 결코 닫을 수 없는 문을 통해 들어갈 때 완성된다. 에스겔 40-48장이 말하는 마지막 때의 성전에서 그에게 한 자리를 주실 것이라는 약속이 이루어지기 시작했다는 것은 앞에서 언급한 요한계시록 11:2과의 평행 관계에 의해, 그리고 11:2이 지상의 신앙 공동체를 에스겔서의 마지막 날의 성전과 이미 동일시한다는 점에 의해 암시된다(11:1-2에 대한 설명을 보라).

승리자를 영원한 성전 기둥으로 세우리라는 약속도 요한계시록 3:7에서부터 이사야 22:22 이하의 표상을 계속 이어간다고 볼 수 있다. 왜냐하면 이사야서 텍스트에서 엘리아김의 친족들은 "못이 단단한 곳에 박힘 같이 그를 견고하게 함으로써" 영광을 얻기 때문이다. 그리스어역 구약성경의 증거 자료 일부는 이사야 22:23에서 엘리아김이 "기둥"으로 세워졌다고까지 말한다.[50] 아람어역 구약성경의 이사야 22:23-25도 엘리아김을 성전 제사장으로 보며, 다른 제사장들이 성전 봉사와 관련해서 그에게 의존

---

49) 사 22:22에 대한 아람어역 구약의 해석적인 풀이를 주목하라: "내가 성소의 열쇠와 다윗 집의 권세를 그의 손에 두리니…." 사 22:22의 히브리어 텍스트는 계 3:7에 인용되어 있다.

50) 바티칸 사본과 Origen 및 쿰란 문서 등은 "stēlō"를 "내가 기둥으로 세울 것이다" 또는 "내가 기둥 위에 기록할 것이다"로 읽는다. Kraft 1974: 82이 이 입장을 따르는데, Fekkes 1994: 130-133을 참조하라. 70인경의 영향에 대해서는 회의적인 입장을 취하지만 말이다.

한다고 본다.[51] 엘리아김은 끝에 가면 잘 박힌 못 같은 자리를 잃지만, 마지막 날의 엘리아김이신 예수는 성전의 "못"이나 "기둥"처럼 흔들리지 않는다. 또한 예수의 제자들은 교회의 시대가 지속되는 동안 영원토록 성전과 동일시된다.

또 한 가지 흥미로운 지점은 이사야 22:22과 요한계시록 3:7 사이의 관련성이 타당하다는 전제 아래, 성전에 관한 묘사가 불신앙의 세계를 목격함으로써 설명된다는 점이다(참조. 계 3:8-9). 요한계시록 11장과 베드로전서 2-3장의 경우처럼 말이다! 빌라델비아 교회를 향한 편지가 성전에 관한 언급으로 시작되고 끝난다는 사실은, 그리스도가 요한계시록 1장의 자신에 관한 묘사—개별 교회의 상황에 적합할 뿐만 아니라 그 교회에 주어진 보상과 본질적으로 일치하는—를 빌어 스스로를 소개하는 것으로 나오는 다른 편지들에 의해 증명된다. 예를 들어 앞에서 우리는 요한계시록 2:1, 5의 "촛대"가, "생명나무"—참된 성도들은 현재 이 나무와 동일시되기 시작할 뿐 아니라 마지막 날에는 완전히 동일시된다—의 현실화가 시작되었음을 의미한다는 것을 주목했다(계 2:7). 또는 시편 2:7의 "하나님의 아들"의 현재적인 통치가 언급되는 두아디라 교회에게 보내는 편지가 있다(계 2:18). 이 편지의 말미에서(2:26-28) 예수는 하나님의 아들의 온 세상 통치에 관한 시편 2편의 예언이 자신을 통해 성취되었다고 말한다. 또는 요한계시록 2:8에서 그리스도의 영원한 부활의 생명은 승리자들에게 나누어질 것이다(2:10-11).

에스겔서의 종말론적인 성전을 언급하는 요한계시록 7장과 특히 3장의 텍스트들은 성경신학적인 측면에서 볼 때 요한계시록 11장과 21-22장이 언급하는 동일한 에스겔서 성전의 개념과 유기적으로 연결된다! 또한 요한계시록 7장과 3장은 동일하게 새 성전 개념의 "이미"와 "아직 아닌"

---

51) 유대교 주석서 *Midrash Rabbah Exodus* 37:1도 사 22:23의 엘리아김을 "대제사장"으로 이해한다.

의 특징에 더해서 영적인 특징까지도 강조한다. 특히 요한계시록 3:12이 신자들을 마지막 날에 있을 성전에 속할 자로 묘사한다는 사실은, 소아시아의 다른 교회에 보내는 편지에서 "승리자들"에게 주어지는 다른 약속의 일부도 교회의 시대가 지나가는 동안 성취되기 시작한다는 점을 통해 한층 분명하게 드러난다. 예를 들어 그리스도의 "이름"이나 그분과 함께 보좌에 앉는 행위와 동일시되는 "흰 옷"(계 3:4-5)의 보상은 기독교 시대에 이르러서야 비로소 주어지기 시작한다.[52]

"성소" 또는 "성전"(*naos*)이라는 단어는 요한계시록 11:2과 21:22 사이에서 열 번 더 나온다. 이 모든 용례는 하늘 성전을 가리킨다. 또한 이 용례 전부는, 이제까지 요한계시록에서 검토한 텍스트들이 이미 시작된 것으로 간주하는 마지막 때의 성전이 가지는 다양한 측면을 지시한다.[53] 나머지 텍스트들도 하늘 성전에 초점을 맞추고 있다. 이 하늘 성전은 부분적으로 교회의 시대가 지나가는 동안 지상의 성도들을 포함하도록 확장되었다. 요한계시록 11:1-4에 더해서 요한계시록 13:6도 하늘 성소가 지상에 살고 있는 그리스도인들을 포함하도록 확장되었다고 설명하는 것 같다. 악의 세력이 하나님의 "장막 곧 [영적인 측면에서는] 하늘에서 살고" 있지만 실제로는 땅 위에서 살고 있는 자들을 "비방"한다는 점이 그렇다 (특히 13:7에 비추어볼 때: "또 [짐승이] 권세를 받아 [땅 위에 있는] 성도들과 싸워 이기게 되고"; 13:6에 대해서는 앞서 인용한 Beale 1999a을 보라). 이 하늘 성전은 마지막 시대에 이르러 우주 전체를 포괄하기 위해 완전히 지상으로 내려온다. 요한계시록 21장은 이런 성전의 완성 상태에 대해 묘사한다.

---

52) "흰 옷"의 약속이 성취되기 시작한 것에 대해서는 계 3:18; 4:4; 7:13 등을 보라. 마찬가지로 그리스도의 "이름"과의 현재적인 동일시에 대해서는 2:13; 3:8을 보라. "보좌"에 대한 동일한 시각에 대해서는 4:4을 참조하되, 1:6; 5:10도 보라.
53) 이런 용례에 대해서는 앞서 인용한 Beale 1999a을 보라.

베드로전서 2장이 말하는 종말론적 성전인 교회와, 이 교회가 요한계시록의 성전과 가지는 관계

베드로전서 2:4-9은 초기 기독교의 다양한 영역에서 교회가 "왕 같은 제사장"(계 1:6; 5:10처럼 출 19:6을 암시함)인 동시에 건축 중인 새 성전의 기초석인 그리스도로부터 확장되는 성전으로 이해된다는 점에서 요한계시록 11장의 분석을 확증한다. 성전과 제사장으로서 교회가 가지는 목표는 "너희를 어두운 데서 불러내어 그의 기이한 빛에 들어가게 하신 이의 아름다운 덕을 선포하게 하려는"(벧전 2:9) 데 있다. 앞서 우리는 시편 92:12-15이 고린도전서 3장뿐만 아니라 베드로전서 2장과도 긴밀한 평행 관계 속에 있음을 살폈다. 이 시편 텍스트는 "의인"을 "바위" 기초 위에 세워진 "하나님의 집"에 심겨 자라는 나무로 묘사한다. 성전과 동일시되는 신자들의 목표는 "야웨…하나님이 의로우신 분임을 선포"하는 것이었다. 사실상 동일한 목표에 대한 베드로전서의 진술은 시편 텍스트를 반향하는 듯하다. 이와는 별도로, 살아 있는 성전의 "복음 전도" 목표에 관한 시편 기자의 개념은 마침내 그리스도와 그의 백성 안에서 훨씬 큰 구속사적인 성취를 발견하기에 이른다. 마지막 날의 참된 성전으로서 그들은, 마침내 하나님의 영광을 성소로부터 점차 확대해나가야 하는 사명을 성취할 수 있을 것이다.

하나님의 "아름다운 덕을 선포"하게 하려는 베드로전서 2:9의 제의적인 목표는 베드로전서 3:14-15에서 좀더 구체화된다. 이 텍스트에서 베드로는 그리스도인이 불신자의 반대를 두려워하지 말고 도리어 "너희 속에 있는 소망에 관한 이유를 묻는 자에게는 대답할 것을 항상 준비"해야 한다고 밝히면서 이사야 8:12-13을 인용한다. 이사야 8:14은 베드로전서 2장처럼 성전을 교회로 묘사하는 전승의 초기 단계에 속한다. 또한 이 이사야서 텍스트의 배경은 이런 개념을 표현하는 데 적절하다. 이사야 8:13-14은 이렇게 말한다. "[하나님이] 너희 두려움이 되실 것이요…그가 성소가 되시리라"(그리스어역 구약은 "만일에 너희가 그를 신뢰한다면 그는 너희에게 성소

성전 신학

가 되실 것이다"라고 의역함). 이 모든 것은 요한계시록 11장과 비교될 만하다. 왜냐하면 두 텍스트의 맥락은 공통적으로 하나님의 백성을 영적으로 침해 불가능한 성전—그분의 임재와 말씀을 널리 퍼뜨리면서도 자신의 물질적 존재가 피해를 입을 수도 있는—으로 칭하기 때문이다.

요한계시록 11장과 베드로전서 2장에서 발견되는 것은 하나님의 성도들이 에스겔 40-48장의 성전 예언의 초기 성취에서(베드로전서는 구약의 다른 성전 텍스트들을 인용하지만) 그분의 임재의 진정한 성전이라는 개념, 그리고 증언의 수단을 통해 그분의 임재를 온 땅에 확장시킨다는 개념이다. 이 새로운 성전은 기초"석"인 그리스도와 더불어 시작되며, 역사의 마지막 날에 완성될 때까지 계속 "신령한 집으로 세워져 나갈" 것이다(벧전 2:4-6).[54] 에베소서 2:20-22도 동일한 점을 강조한다.[55] 그리스도는 "…친히 모퉁잇돌이 되셨느니라 그의 안에서 건물마다 서로 연결하여 주 안에서 성전이 되어 가고 너희도 성령 안에서 하나님이 거하실 처소가 되기 위하여 그리스도 예수 안에서 함께 지어져 가느니라."[56] 현 시대에는 비가시적인 성전에 대한 증인으로서의 교회의 존재 자체가 하나님의 임재를 복이나 심판의 형태로 다른 사람에게 전하는 역할을 수행한다(계 11장은 심판에 초점을 맞춤).

바로 이 지점에서 우리는 초기 기독교 문서인 「바나바의 편지」에 대해

---

54) Ignatius, *Letter to the Ephesians* 9도 마찬가지다: "너희는 하나님 아버지의 건물을 위해 미리 예비된 성전의 돌들이다." *Barnabas* 4:11도 "신령한 자들이 됩시다. 하나님을 위해 완전한 성전이 됩시다"라고 말한다. 바로 아래의 *Barnabas* 16:6, 10에 대한 설명을 주목하라.

55) 마 21:42-44; 막 12:10; 눅 20:17-18; 행 4:11 등도 마찬가지다.

56) 참조. Morray-Jones 1998. Morray-Jones는 스스로를 하늘 성전의 구현으로 보는 쿰란 공동체의 개념을 엡 2:20-22과 비교한다. 비록 그는 성전 안에 있는 하나님 임재의 우주적 확장의 측면에는 초점을 맞추지 않지만 말이다. *Barnabas* 16:6, 10은 엡 2장에 대한 우리 관찰과 유사한 점을 가진다. 이 두 구절은 각각 "그곳에는 사실상 하나님의 성전이 있으며…그분은 그것을 세우고 완성하신다", "신령한 성전은…주를 위해 건축된다"라고 말한다.

논의했던 내용[57]을 다시 살펴볼 필요가 있다. 이 텍스트는 아담의 사명(창 1:28)과 갱신된 동일한 명령을 가나안 땅의 이스라엘과 새 창조로서의 그리스도와 교회에게 적용한다. 예수와 그의 백성은 이 명령이 올바로 성취되기 시작하는 초기 단계에 속한다(Barnabas 6:11-17). 또한 이 명령은 미래의 어느 한 시점에서 완성될 것이다(6:18-19). 그리스도는 "부서뜨리는 돌[단 2:34-35, 45]로…그리고 특별히 선택된 돌이요 귀하고 견고한 기촛돌[사 28:16]"로 불린다(Barnabas 6:3).[58] 「바나바의 편지」 6:14-15에서 그리스도는 새 성전의 중심으로 칭해지는데, 이는 같은 장의 서두(6:3-4)에서 그를 "모퉁잇돌"로 부르는 것을 발전시킨 듯하다. 마지막 때의 성소는 교회의 시대에 그리스도(맨 처음의 기초석)로부터 자라난다. "사실상 그곳에는 하나님의 성전이 있으며…그는 그것을 세우시고 완성하신다.…마지막 때에는 하나님의 성전이 영화롭게 건축될 것이다"(16:6). 「바나바의 편지」 16장 후반부(16:7-10)는 "주를 위해 건축되는" 성전이 "우리 처소에 거하시는" 하나님에 의해 세워지되, 보다 구체적으로는 죄 용서에 대해 그리스도를 믿고 그분에게 소망을 두며 그의 의로운 교훈을 신뢰하는 사람들을 매개로 세워지리라고 설명한다.

추기: 성전의 기초석인 그리스도, 고대 근동과 구약성경 및 유대교에 비추어볼 때 새 창조의 기초석인 그리스도

자주 고대 근동의 신화는 혼돈의 바다 한가운데로부터 솟아오른 작은 언덕을 창조의 전진 기지로 묘사한다. 예를 들어 앞서 살핀 것처럼 이집트의 신화 세계에서 그런 예를 볼 수 있다.[59] 동일한 개념이 성경의 두 번째 창

---

57) 제4장 도입부를 보라.
58) Barnabas 6:4은 그리스도를, 시 118:22을 암시하는 방식으로 "모퉁잇돌"로 칭한다.
59) 제3장(125쪽)과 제4장 및 단 2장의 돌 형상에 대한 논의 등을 보라.

조 이야기에도 반영되어 있다고 볼 수 있다. 이 두 번째 창조 이야기에 의하면 물로부터 맨 처음 솟아오른 것은, 나중에 노아의 방주가 휴식을 취하게 되는 산의 꼭대기다(Levenson 1988: 74-75을 보라). 흥미롭게도 후기 유대교는 지성소를 떠받치는 돌을 "온 세상의 기초"로 이해했다. 왜냐하면 유대인들은 하나님이 태초의 바로 이 시점에서 세계를 창조하기 시작했다고 믿었기 때문이다.[60] "세상은 시온으로부터 시작되었고[창조되었고] … 세상은 그 중심으로부터 창조되었는데" 하나님이 "대양에 돌을 던지심으로써 그 대양에 근거해서 세상의 기초를 놓으실 때 그러했다"(b. Yoma 54b). 창세기 1장에서 만들어진 하나님의 빛은 "성전 자리로부터 창조되었다"(Midrash Rabbah Genesis 3:4).[61]

이스라엘이 "땅의 중심부(또는 배꼽)"였다는 개념은 바로 이런 배경에서 생겨났을 것이다.[62] 이스라엘과 그들의 성전이 땅의 중심부로 간주되었던 이유는 그곳이 하나님의 지혜가 머무는 장소였기 때문이다.[63] 지혜는 성전으로부터 비롯된 윤리적인 질서를 유지하는 데 필요했으며, 인간이 윤리적인 우주 질서를 위반했을 때에는 물질세계의 질서가 무너지기 시작했다. 따라서 이스라엘의 성전은 땅의 신학적인 중심부나 다름없었다. 아마도 이런 배경으로부터 다음과 같은 진술이 생겨났을 것이다. "우주는 이

---

60) 유대교 주석서 *Midrash Rabbah Song of the Songs* 3:10 §4을 보라. *Midrash Tanhuma Qedoshim* 10도 마찬가지인데, 여기 대해서는 Branham 1995: 325을 보라. *Tanhuma Yelammedenu, Exodus* 11:3도 보라.

61) 유대교에서 유사한 언급을 추가적으로 확인하려면 Levenson 1985: 118을 보라. 구약에 이런 개념이 있다고 지지하는 문헌에 대해서는 Terrien 1970: 317-322을 보라. 아마도 구약에서 이 개념에 가장 근접한 텍스트는 시 87:1과 관련된 욥 38:6일 것이다(Keel 1985: 113-115, 181을 보라).

62) 겔 5:5; 38:12; 희년서 8:12, 19; 에녹1서 26:1-4 등. 그중 희년서와 에녹1서는 이스라엘 성전에 대해 언급한다. Josephus, *War* 3.52도 참조하라.

63) 예를 들어 법궤 안의 십계명은 이런 지혜를 표상하며, 제의적인 의무를 이행하는 제사장은 하나님의 지혜를 구현했다. 집회서의 이런 개념에 대해서는 Hayward 1999: 31-46을 보라.

것, 즉 토라와 성전 예배와 자비로운 행동 위에 서 있다"(*m. Aboth* 1.2).[64]

신약성경은 그리스도야말로 새로운 세계의 기초를 이룸과 동시에 새로운 세계의 출발점이 되는 돌이라고 주장한다. 마찬가지로 그리스도는 참된 우주의 지혜가 출발하는 근원이기도 하다(예. 골 2:2-3).

---

64) 이 텍스트의 번역과 그에 관한 논의로는 Hayward 1991: 31-32을 보라.

성전 신학

제 11 장

에스겔 40-48장의 성전 및 이 성전과 신약성경의 관계

The Temple and the Church's Mission
A Biblical Theology of the Dwelling Place of God

제10장에서 우리는 요한계시록 3장; 7장; 19장에서 에스겔 40-48장이 사용된 것에 대해 논의했다. 여기서는 구약성경의 맥락에서 에스겔서의 이 환상을 좀더 구체적으로 설명할 필요가 있다. 성전에 관한 성경신학적 저술에서 에스겔 40-48장의 유명한 성전 환상을 다루는 장을 포함시키지 않는다면 그것은 부주의한 일일 것이다. 이 책에서는 지면의 한계 때문에 에스겔서의 성전 환상을 충분히 연구할 수는 없겠지만, 최선의 방법으로 여겨지는 것을 폭넓게 개관하는 작업은 여전히 중요한 의미를 가진다. 이 텍스트에 대한 해석의 주된 방향에는 적어도 다음과 같은 네 가지 경향이 있다. 첫째, 이 환상은 이스라엘에 세워질 문자적이고도 유형적인 성전에 관한 예언을 담고 있다.[1] 둘째, 이 환상은 지상에 건축되거나 세워질 의도가 전혀 없었던 이상적인 하늘 성전에 대한 은유를 포함한다(Tuell 1996: 649-664). 셋째, 에스겔 40-48장의 설명은 이상적인 성전에 관한 은유적인 환상이라 할 수 있다. 넷째, 에스겔 40-48장은 마지막 날에 유형적인 구조물을 전혀 가지지 않은 채 내려와서 지상에 세워질 진정한 하늘 성전에 관한 묘사를 포함한다.

첫째 견해를 지지하는 주된 논지는 "문자적인 역사-문법적인 해석학"이 이 환상을 솔로몬 성전과 크게 비견될 만한 미래의 유형적인 구조물을 가리킨다고 이해할 것을 지시한다는 데 있다. 이런 해석 원리에 따르면 전후 문맥이 은유적인 분석을 요구하지 않는 한, 이 텍스트는 "문자적으로"

---

1) 유대교는 이런 일이 종말론적인 미래에 이루어지리라고 믿었다. 반면에 최근의 몇몇 보수적 주석가들은 이 예언의 성취가 "천년왕국" 동안에 이루어진다고 생각한다.

(일반적으로 물질계의 현실에 상응하는 방식으로) 해석될 수밖에 없다. 이런 점은 에스겔 40-46장에서 확장된 묘사에 관심이 집중된다는 사실에 의해 추가로 뒷받침된다. 하지만 나중에 살펴보겠지만, 이 환상의 문맥에는 둘째와 셋째, 넷째 해석을 더 타당하게 만드는 암시들이 있다. 셋째와 넷째 해석을 결합시키는 것도 가능할 것이다. 에스겔 40-48장은 이미 존재하고 있으며 역사의 마지막 때에 지상으로 내려올 이상적인 하늘 성전을 예견한다.[2] 또한 이런 분석의 목적은 에스겔서의 환상이 지금까지 논의한 성전 건축과 확장에 관한 성경신학적인 유형들에 어떻게 들어맞는지를 보여주는 데 있다.

마지막 때의 비유형적인 성전을 가리키는 에스겔 40-48장에서 문맥적인 상호 관련성

이 텍스트의 환상이 전통적인 건축 구조물에 관한 것이 아님을 의미하는 최초의 암시들은 그 단락의 서두(겔 40:1-2)에 나온다. 여기서 하나님은 예언자를 이스라엘 안에 있는 "매우 높은 산"에 세우셨고, 그곳에서 예언자는 산의 남쪽 지역에서 "성읍 형상 같은 것"을 보았다. 모든 주석가들은 이곳이 예루살렘이라는 데 동의하지만, 예루살렘에는 "매우 높은 산"이 존재하지 않는다.[3] 이렇게 구체적인 지시 대상이 없다는 것은 우리가 종말론적인 상황에 속한 하늘이나 땅의 상징적인 지리 영역에 들어서고 있음을 암시한다.[4] 이 점은 요한계시록 21:10에 의해 확증된다. 이 텍스트에

---

2) Eichrodt 1970: 542도 마찬가지다.

3) 예루살렘이 위치한 산등성이는 해수면 위로 약 760미터밖에 되지 않는다(Block 1998: 501을 보라). 어떤 주석가들은 높은 산이 문자적으로 미래의 어떤 실재를 가리킨다고 믿는다. 천년왕국의 마지막 시기가 시작될 때에는 땅의 지형도가 급격하게 바뀔 것이다.

4) 겔 17:22-23과 20:40의 "높은 산"은 마지막 때에 이스라엘이 회복될 장소를 가리킨다. 따라서 "야웨의 집이 있는 산"은 마지막 날에 존재할 사 2:2; 미 4:1의 "모든 산꼭대기"와 동일시된다(Block 1998: 501은 이 텍스트들을 인용하지만, 그럼에도 겔 40:2의 "높은

의하면 같은 방식으로 요한은 하나님이 "성령으로 나를 데리고 크고 높은 산으로 올라가시고" 한 천사가 "하나님께로부터 하늘에서 내려오는 거룩한 성 예루살렘"을 보여주는 것을 발견한다. 계속해서 에스겔이 산 위에서 "성읍 형상 같은 것"을 보았다는 것은, 이 산이 높을 뿐만 아니라 예루살렘 성읍 전체를 포함할 만큼 대단히 컸음을 보여준다. 사실상 시온 산의 옛 성전도 매우 높은 곳에 위치한다고 할 수 있다. 하지만 이런 묘사들이 나타나는 경우, 이것은 옛 성전이 하늘 성전과 관련되어 있음을 비유적인 차원에서 강조하려는 의도를 보여준다(예를 들어 출 15:17과 함께 왕상 8:13[5] 도 보라. 렘 17:12도 마찬가지). 이런 경우에 이 텍스트들은 하늘 "높은" 곳에 있는 하늘 성소—지상의 지성소가 상징하는—에 초점을 맞추고 있다. 이 텍스트들에는 유사성이 있지만, 산에 대한 에스겔 40장의 묘사는 이스라엘의 지상 성전에 적용되는 비유적인 언어와는 다르다. 왜냐하면 "그 성읍"은 "매우 높은 산" 위에 있다고 간주됨으로써 또 다른 차원의 상징적인 지리 세계에 세워진 성전에만 초점이 맞추어지기 때문이다.

이런 지리적 상징주의는 에스겔 40:1-4에 나타난 환상으로 들어가는 다음과 같은 삼중적 표현법(threefold introductory vision phraseology)이 에스겔 1장(1:1-3)과 8장(8:1-3)에만 나온다는 사실을 주목할 때 한층 강화된다.[6] (1) 이 경험이 이루어지는 구체적인 날짜에 관한 도입부의 해설. (2) "야웨의 손이 그에게 임했다." (3) 그리고 에스겔은 "환상들을…보았다." 추가적으로 두 개의 공통적인 요소가 발견되는데, 첫째 요소는 이 환상들이 "그발 강가"에서 이루어진다는 설명(1:1, 3; 10:15, 22; 43:3)에 있고, 둘째 요

산"이 종말론적인 실재가 아니라 이상적인 실재라고 결론 내림). 단 2:35이 언급하는 마지막 때의 거대한 산과 겔 40:2의 큰 산이 비슷하다는 사실도 후자가 종말론적인 성격을 가짐을 암시한다.

5) 예를 들어 제1장(48-51쪽)을 보라.

6) 이런 공통 요소들은 Tuell 1996: 654-656에서 선명하게 인식되었다. 참고로 Block 1998: 496도 보라.

소는 "하나님의 영광"이 세 개의 환상 이야기 전부의 본질적인 구성 요소를 이룬다는 데 있다(1:28; 8:4; 9:3; 10:4, 18-19; 11:22-23; 43:3). 에스겔 1장과 8장의 용례에서 독특한 점은, 이 텍스트들이 각각 예언자로 하여금 하늘 성전의 일부를 어렴풋이 볼 수 있도록 하는 환상을 소개한다는 것이다. 이 점은 특히 에스겔 1장에서 선명하게 드러난다. 이 텍스트에서 에스겔은 "하늘이 열리고" 하나님의 하늘 보좌를 지키는 네 그룹을 보았다고 말한다. 이런 신현의 장면은 하나님의 참된 보좌가 머무는 곳으로 간주되는, 거대한 우주적인 천상의 산을 반영하는 "북쪽"(ṣāpôn)으로부터 비롯되었다. 이 성전의 천상적 차원은 바벨론에 있던 에스겔에게 나타나는데, 이는 지상의 예루살렘 성전이 텍스트의 주요 관심사가 아님을 의미한다. 그뿐 아니라 하늘 성전에서 이루어지는 야웨의 신현 장면은, 비록 옛 성전이 파괴되기는 했지만 포로들 중 신실한 자들이 여전히 참된 하늘 성전과 관계를 가짐을 예언자로 하여금 확실히 믿게 하려는 의도를 가진다.[7] 이렇게 에스겔 1장은 성전의 하늘 차원에만 초점을 맞추고 있다.

에스겔 8-9장은 유형적인 성전 한가운데 있는 성소의 하늘 차원에 관한 환상을 담고 있다. 반면에 10장은 지상의 성전 건축물 전체를 떠나기 시작하는 하늘 처소[8]를 묘사한다. 계속해서 11:22-23은 하나님의 영광이 이 처소를 마침내 완전히 떠나는 장면을 그리고 있다. 이 단락의 절정은 11:22-23이다. 이 텍스트에 의하면 과거에 지상의 지성소에까지 확장되었던 하나님의 임재를 뜻하는 하늘 성소는 마침내 하늘로 갔다가, 이어서 다시 지상으로 되돌아온다. 유형적인 구조물로서의 성전에 머물기 위해서가 아니라 포로기 "잠시 동안 그들[이스라엘의 남은 자들]에게 눈에 보이지 않는 성소"가 되기 위해서 말이다(11:16). 이것은 바벨론 포로들 중

---

7) 사실상 동일한 견해를 보이는 Block 1998: 505을 보라.
8) 겔 10장이 하나님의 성전의 천상적 차원을 묘사한다는 점은 겔 1:5-28 전체에서 풍부히 발견되는 평행 요소에 의해 선명하게 드러난다.

신실한 남은 자들이 가진 지상 성소에 상응하는 하늘 성소를 의미했다. 앞서 살핀 것처럼 에스겔 1장의 환상은 그와 동일한 실재를 표상하는 듯하다. 왜냐하면 이 환상은 바벨론의 신실한 자들을 대표하는 예언자 에스겔에게 나타났기 때문이다(겔 11:25이 암시하듯).

에스겔 1장과 8장이 40장과 공유하는 도입부의 독특한 양식은 이 텍스트들을 하나로 묶어준다. 40-48장 역시 성전 환상이기 때문에, 이것이 과연 지상의 신실한 성도들 한가운데로 내려온 순전히 천상적인 성전의 차원만을 가리키는지(1장과 11장처럼), 아니면 8-9장에서처럼 유형적인 구조물을 가진 또 다른(새로운) 지상 성전의 천상적 차원을 가리키는지 하는 문제가 발생한다. 어떤 쪽을 선택하건 간에 이것은 하늘 성전에 초점을 맞추고 있다. 여기서부터 다음과 같은 긴급한 질문이 생겨난다. 에스겔 40-48장의 하늘 성전에 상응하는 지상의 실재는 무엇일까? 이런 매우 중요한 질문에 대한 답변은, 그 환상에서 하늘 성전에 상응하는 것은 유형의 성전이 아니라 그의 백성 가운데 거하시는 하나님의 임재라고 보는 것이 적절하다는 것이다. 이런 견해를 선호하는 이유는 제11장 나머지 부분에서 에스겔서와 구약성경의 다른 부분들로부터 제시할 추가적 증거들에 잘 표현되어 있다.

앞서 언급한 것처럼 산에 관한 에스겔의 첫 번째 언급(40:2)은 지상의 영역이 아니라 하늘의 영역을 배경으로 하는 환상에 초점을 맞춘다. 이미 우리는 이스라엘의 지상 성전이 하늘 성전을 반향하거나 모방한다는 것을 살핀 바 있다.[9] 앞에서 우리는 지성소가 하나님의 하늘 처소의 비가시적인 차원을 표상함을 분명하게 관찰했다.[10] 땅을 가득 채우려는 이 하늘 성전은 이스라엘의 지상 성전을 통해 내려온 것이 아니기 때문에(겔 8-11

---

9) 출 25:8-9, 40; 시 78:69a; 에녹1서 14:8-25; *Tg. 2 Chronicles* 6:2; *Tg. Exodus* 15:17; 히 8:5; 9:23-24 등도 마찬가지이다. 참조. 대상 28:11-19.
10) 제2장, 46-80쪽을 보라.

장), 에스겔 40-48장은 장차 있을 하늘 성전의 계속적인 존재를 묘사하고 있다. 우리가 주장한 것처럼 사람의 손으로 만든 구조물을 통하지 않고서 지상으로 내려올 성전 말이다. 이런 해석은 쿰란의 "안식일 희생제사의 노래"(Songs of Sabbath Sacrifice, 4Q400-407)에 의해 일찍이 검증된 바 있다. 이 노래는 에스겔 40-48장의 다양한 이미지와 용어들을, 사해 공동체가 이미 시작된 것으로 믿었고 또 그들 스스로가 영적으로 관련되어 있었던 종말론적인 하늘 성전에 적용하고 있다.[11]

하늘 성전이 지상의 구조물이 아니라 신실한 자들 가운데 내려온다는 주제와의 관련성(겔 11:16)은, 이 환상이 "성읍 동쪽 산에" 머무는 하나님의 성막 임재로 마무리된다는 점(11:23)을 주목할 때 한층 강화된다. 마찬가지로 에스겔 40:2은 하나님이 에스겔을 "매우 높은 산"으로 데려가셨고 "거기에는 남으로 향하여 성읍 형상 같은 것이 있었다"라는 설명으로 시작된다. 아마도 이는 동일한 상징적인 산을 지시하는 것 같다. 설사 그렇지 않다 하더라도 이것들은 서로 매우 유사하게 보인다. 만일에 전자의 경우가 옳다면, 에스겔 40장은 11장이 끝나는 곳에서 시작된다고 볼 수 있다. 유형적인 성전을 떠나 비가시적인 방식으로 이스라엘 포로민 중 남은 자들과 함께 머무시는 하나님의 하늘 임재를 묘사하는 부분이 그렇다(11:16, 23-25).[12] 따라서 성전에 관한 에스겔의 마지막 환상이 지상의 남은 자들과 관련된 하늘 성소를 묘사한다는 사실은 지극히 당연하다(Tuell 1996). 형식이나 주제에서 에스겔 1장; 8-11장; 40-48장 사이에 있는 평행 관계는 "이전 예언들의 해석에 사용하던 것과 동일한 해석적인 원리[상징주의]를 여기에 적용할 것을 요청하며, 이 텍스트 덩어리[40-48장]를 하나님이 보여주신 이전 환상들에 비추어 해석할 것을 요청한다"(Block 1998: 496-497).

---

11) Tuell 1996: 659-660; Davila 2002: 5-6; Martínez 1988: 441-452을 보라.

12) Zimmerli 1983: 547은 이스라엘의 우상숭배 때문에 성전을 떠나신(겔 8-11장) 하나님이 "다시 자기 백성과 함께하실"(40-48장) 것이라고 설명한다.

따라서 더 타당하게 설명하자면, 이 환상은 장차 종말론적인 하나님의 백성과 관련될 하늘 성전을 묘사한다고 할 수 있다. 이런 측면은 에스겔 11:20의 핵심 구절로부터 얻는 결론이기도 하다. 이 텍스트에서 하나님은 마지막 회복이 이루어질 때, 이스라엘이 "내 백성이 되고 나는 그들의 하나님이 되리라"라고 말씀하신다. 또한 그때에 그분은 "새로운 영"과 "마음"을 주실 것이다(11:19=36:26). 이 구절은 에스겔 37:26-28에서 하나님이 자신의 종말론적인 "성소"를 이스라엘에 세우시리라는 약속을 가리킨다고 해석된다.[13]

제3장에서 우리는 다음과 같은 두 가지 이유에 근거해서 에스겔 37장의 성소가 유형적인 건축물이 아니라 하나님의 성막 임재를 가리킨다고 결론 내렸다. 첫째, 이 구절은 레위기 26:11-12을 언급하는 텍스트임이 분명하다. "내가 내 성막을 너희 중에 세우리니…나는 너희 중에 행하여 너희의 하나님이 되고 너희는 내 백성이 될 것이니라." 레위기에 대한 "문자적인" 해석은, 하나님이 자기 백성 "중에 행하시리라는" 종말론적인 약속이 광야 유랑 시절의 갇힌 구조물 내에서 함께하셨던 것보다 한층 더 긴밀하고도 인격적임을 암시한다.[14]

둘째, 에스겔 37:27은 "내 처소가 그들 위에[전치사 'al; 역자 주-개역개정은 '가운데에'로 번역] 있을 것이며"라고 말한다. 이 구절도 있는 그대로 받아들인다면 온 이스라엘을 대상으로 하는 하나님의 영적인 임재를 가리키는데, 이는 이 임재가 성읍만이 아니라 약속의 땅 전체로 확대될 것임을 의미한다. 따라서 에스겔 11:16이 묘사하는 "성소"처럼 37장 텍

---

13) 겔 36:28-30과 37:27이 "너희는 내 백성이 되고 나는 너희 하나님이 되리라"라는 공통 구절로 인해 추가로 연결된다는 점에 주목하라. 레 26:12을 똑같이 언급한다고 간주되는 겔 11:16-20을 참조하라.

14) 비록 "행함"이, 출애굽기와 민수기 및 신명기 등에서 광야 유랑 시절에 이스라엘과 함께하시는 하나님의 모습(아마도 성막 임재)과 관련해서 비유적으로 쓰이는 것은 사실이지만 말이다.

스트는 작은 규모의 제의적 건축물을 염두에 두지 않는 듯하다. 여기서 하나님은 두 번 반복해서 "내 성소가 영원토록 그들 가운데에 있으리니"라고 말씀하신다(26, 28절; 27절의 "처소"를 주목하라). 에스겔 43:7, 9도 확장된 성전의 환상을 묘사하면서 사실상 동일한 점을 두 번 반복해서 말한다. "내가 이스라엘 족속 가운데 영원히 있을 것이라." 물론 똑같은 표현이 다른 성소를 지시할 수도 있겠지만, 이것들이 마지막 때의 동일 기간에 속했음을 고려한다면 에스겔 43장은 에스겔 37장의 성소 예언을 발전시킨 듯하다.[15] 에스겔 37장과 43장의 성소를 하나로 묶는 추가적 요소는 이것들이 모두 에덴동산의 표상을 가진다는 점이다(겔 36:35과 37:5, 26-28을 47:1-12과 비교하라). 이런 관찰은 에스겔 40-48장이 하늘 성전—에스겔 37장의 발전 형태로서 건축물 없는 지상의 실재와 연결되는—을 가리킨다는 우리 결론을 뒷받침한다.[16]

마지막 때의 건축물 없는 성전을 가리키는 에스겔 40-48장의 표현

에스겔 40-48장의 광범위한 문맥뿐만 아니라 성전 환상의 텍스트 자체도 이것이 전통적인 성전, 즉 사람의 손으로 만든 성전 환상이 아님을 암시하는 증거를 제공한다.

지역적 성전을 넘어서는 독특한 특징
에스겔이 지역적 성전 구조물보다 훨씬 더 큰 실재를 보고 있다는 사실

---

15) Duguid 1999: 489. Zimmerli 1983: 327도 마찬가지다. Zimmerli도 37:26-28과 43:7, 9에 동일하게 "야웨의 성전 거주 개념은 전혀 없고 도리어 그분이 이스라엘 가운데 계신다는 개념이 있다"라고 말한다(Zimmerli 1983: 416).

16) C. J. H. Wright 2001: 334-335도 보라. Wright는 겔 43:7-9의 "내가 그들 가운데에 영원히 살리라"라는 구절이 34-37장의 희망을 요약한다고 본다. Block 1998: 421-422도 마찬가지다.

은 환상의 도입부(겔 40:2)에 명시적으로 드러난다. 이 텍스트에서 선지자는 아주 높은 산 위에서 "성읍 형상 같은 것"을 보았다고 말함으로써 그 후에 이어지는 성전 환상을 요약한다. 즉, 그는 성읍 형상의 성전 구조물 또는 성전 형상의 성읍 구조물을 보았다는 것이다. 환상의 맨 끝(48:35)에서 에스겔은 "그 성읍의 이름을 여호와 삼마['야웨께서 거기 계시다']라 하리라" 하고 말한다. 달리 말해서 과거에는 지성소에 해당하던 곳이, 어느 날엔가는 예루살렘 성읍 전체에 해당하는 곳으로 바뀌리라는 의미다. 이렇게 에스겔 40:2과 48:35은 성전 환상 전체의 경계선을 이루며, 이 환상에 대한 해석을 요약하는 것 같다. 성전은 성읍과 동일하다. 왜냐하면 성읍 전체가 과거에 이스라엘 성전 가장 깊숙한 곳의 성소와 연결되었던 하나님의 임재로 가득 찰 것이기 때문이다. 제4장에서 우리는 예레미야 3:16-17의 유사한 예언을 살펴본 바 있다. 이 텍스트는 마지막 회복의 때에는 더 이상 야웨의 궤를 기억할 필요가 없다고 말한다. 왜냐하면 하나님의 보좌가 지성소로부터 최소한 예루살렘 성읍 전부를 포함할 만큼 커질 것이기 때문이다. "그때에 예루살렘이 그들에게 여호와의 보좌라 일컬음이 되며 모든 백성이 그리로 모이리니 곧 여호와의 이름으로 말미암아 예루살렘에 모이고…"(겔 43:7은 "내 보좌의 처소"라는 언어를 사용함).

특히 놀라운 지점은 에스겔이 말하는 성전의 경계가 옛 예루살렘(제2성전 시기)과 거의 같은 규모(1,600미터가 조금 넘는)라는 사실이다.[17] 성전의

---

17) Fairbairn 1863b: 438은 에스겔이 말하는 성전의 경계가 옛 예루살렘의 거의 두 배에 이른다고 주장한다. Fairbairn이 사용한 계산법의 기초는 잘 모르겠지만, 분명히 부정확한 것 같다. 겔 42:20은 성전의 길이와 너비가 "500척(reed)"이라고 말한다(42:15-19도 참조). 성전의 크기에 대한 우리 계산법은 바벨론 이전의 측량 척(reed)에 기초한다(에스겔의 시대와 관련됨). 여기서 1척은 대략 6.2규빗이다. 따라서 500척(500×6.2)은 3,100규빗이 된다(바벨론의 척은 7규빗이므로, 이 계산법에 기초한다면 성전의 규모는 이보다 더 컸겠지만, Fairbairn이 생각하는 만큼은 크지 않은 듯함). 그렇다면 성전의 크기는 3,100규빗×0.52미터=1,612미터로 계산되고, 이 길이는 1600미터에서 2000미터 사이이다(1규빗을 0.52미터로 보는 계산법을 적용할 경우). 쿰란의 성전 두루마리도

대규모 확장은 예레미야 3:17의 내용과 매우 유사한 그림이라 할 수 있다. 성막 영광의 이런 확장은 하나님의 영광이 솔로몬 성전의 봉헌식 때처럼(왕상 8:10-11) 성전을 가득 채웠을 뿐만 아니라(43:4-5), "땅은 그 영광으로 말미암아 빛나게"(43:2) 되었다는 점을 주목할 때 분명하게 드러난다(Duguid 1999: 489). 성전으로부터 나오는 물도 이스라엘 전역에 영향을 주었다. 성전으로부터 흘러나온 물은 빠른 속도로 깊은 강을 이루고 그 안의 모든 것을 "치료했을" 뿐만 아니라, 사해 바다에 영양분을 공급하면서 그곳을 "치료"하기까지 했다. 성전과 하나님의 영광이 이처럼 확대된다는 견해는 성전으로부터 비롯된 강의 영향력 증대와 함께, 후기 유대교에게 그물이 온 땅에 영향을 준다는 주장에 동력을 제공했을 것이다.[18] 적어도 최근의 한 구약 주석가도 동일한 결론을 내린 바 있다. "현재로서는 팔레스타인에 한정되어 있음이 분명한 낙원의 회복[겔 47:1-12]은 본질적으로 온 세상을 포괄하는 우주적인 사건이다.…팔레스타인은 온 세상을 표상하는 일부일 뿐이다"(Eichrodt 1970: 585).

이런 결론은 영역 확대를 특징으로 가지는 이 환상이 성전이나 에덴동산(또는 두 가지 모두)의 확장에 관한 구약성경과 유대교 및 초기 기독교 등의 무수한 다른 설명들—특히 유형적인 구조물이 없는 성전에 관한 종말론적인 예언(예. 사 4:5-6; 57:15; 66:1-2; 슥 1-2장; 참조. 사 8:14)—과 놀랍도록 잘 들어맞는다는 사실에 의해 뒷받침된다. 따라서 에스겔 47:1-12이 성전으로부터 흘러나오는 물이 폭넓은 풍요를 가능케 한다고 묘사한다는 사실은 전혀 놀랍지 않다.[19] 에덴에 대한 언급은 성전-성읍의 강과 나무에서

에스겔서에 기초한 성전 계획을 세운 바 있다. 물론 이 성전은 에스겔서의 성전과 거의 같은 크기였다. 여기서 나는 에스겔서의 성전의 크기를 계산하는 데 도움을 준 동료 고고학자 John Monson에게 감사의 마음을 전하고 싶다.

18) 이런 점은 *Pirke de Rabbi Eliezer* 51; *Midrash Rabbah Exodus* 15:21; *Midrash Rabbah Numbers* 21:22에 함축되어 있다.

19) 예를 들어 Levenson 1976: 25-36이 그렇다.

발견되며, 성전이 "매우 높은 산 위에" 위치한다는 사실에서도 발견된다.[20]
물이 에덴으로부터 흘러나와 동산의 나무를 자라게 하고 땅을 둘러싸기
에 이른다고 보는 에스겔 31장의 설명은, 앞서 살폈던 동산의 확장에 비
견될 만하다. 하지만 31장의 이미지는 아담과 마찬가지로 동산 형상의 제
국을 확장시키는 데 실패한 이방 나라에 대해서도 묘사한다. 에스겔 17:1-
10과 19:10-14은 이스라엘의 흥망을 에덴의 나무와 동일한 표상으로 묘
사하고 있다. 에스겔 47장은 아담과 그 후의 불경건한 나라들이 행하지 못
했던 바가 미래의 어느 한 시점에서 마침내 성취되리라고 말한다.[21] 양자
사이의 이런 관련성은 에스겔 47장의 장면이 우주적인 차원에 속한다는
사실을 추가적으로 확증한다. 마찬가지로 성전과 성읍의 자리인 "높은 산"
(40:2)은 "하나님의 동산 에덴"(28:13)이 있는 곳인 "하나님의 성산"(28:14; 참
조. 28:16)에 관한 에스겔 28장의 생각을 발전시킨다(참조. Levenson 1976: 25-
26). 에스겔 28장이 동산의 타락을 설명한다면, 에스겔 40-48장은 하나님
의 산과 그곳의 순전한 동산을 그린다는 점에서 뚜렷한 대조를 이룬다.

에스겔이 본 환상의 상세한 추가 내용은 낯설고 기이하기 때문에 상징
적인 해석이 필요한 것 같다. 이 성읍은 완전한 정사각형 모양으로 되어
있다(겔 48:16). 이스라엘 각 지파에게 할당된 영역은 "모든 지리적 요인을
무시한 채 동쪽과 서쪽을 향해 쭉 뻗어나가는 일직선으로 나누어져(48:1-
29)" 있다(Ellison 1956: 139). 그뿐 아니라 수평적인 차원의 치수만이 기록되
어 있으며, 건축 계획에 필요한 수직적인 차원의 거리는 전혀 고려되지 않

---

20) 만일 에스겔서의 산도 예표론적 측면에서 시내 산에 상응한다고 보는 Levenson 1976:
 41-44의 주장이 옳다면, 이 산 전체는 제의적인 의미를 함축한다고 할 수도 있다. 왜냐
 하면 앞서 우리는 시내 산이 산악 성전임을 살핀 바 있기 때문이다.
21) 겔 31장과 47장의 긴밀한 상관관계에 대해서는 Levenson 1976: 29-30을 보라. 강 좌
 우편의 "심히 많은 나무들"(또는 "매우 큰 숲")이라는 구절(겔 47:7)은 "큰 나무"로 쉽게
 번역될 수 있다. 그 결과 두 그루 나무를 염두에 두었다고 이해됨으로써 마침내 이 두
 나무는, 창 2장의 두 그루 특별한 나무와 겔 31:3의 "큰 나무"를 연상시킨다고 간주된다
 (31:5, 7도 마찬가지; Levenson 1976: 30-31의 견해).

는다(Block 1998: 510-511). 성전으로부터 흘러나오는 물도 동일하게 색다른 성격을 가진다(47:1-2). 이 물은 동쪽으로 약 800미터 조금 더 떨어진 곳에서 발목까지 잠기는 시냇물로 깊어진다(3절). 또 다시 800미터 안 되는 지점에서 같은 물은 무릎이 잠길 정도로 깊어지고, 마침내는 허리까지 잠길 정도가 된다(4절). 다시 약 400미터 지나자 이 강은 헤엄을 쳐야 건널 수 있을 정도로 깊어진다(5절). 강에 대한 문자적인 이해가 갖는 문제점은 이 강을 점점 깊어지게 만드는 지류에 대한 언급이 전혀 없다는 것이다. 만일 텍스트에 언급되지 않은 지류가 실제로 있다면, "흔하게 발견되는" 물이 순수한 생명의 물과 합쳐졌다고 볼 수 있다. 만일 텍스트가 실제의 강을 언급한다면, 그것은 초자연적인 힘으로 만들어졌고 초자연적인 힘에 의해 깨끗함을 유지한다고 볼 수밖에 없다(어떤 이들은 대담하게도, 이것이 다가올 천년왕국의 상황을 묘사한다고 믿음).[22] 이 강이 초자연적인 힘에 의한 보호를 필요로 한다는 사실은, 사해 바다의 염분이 새로 유입된 물을 오염시키는 것이 아니라 오히려 그 반대라는 사실을 인식함으로써 강조된다(C. J. H. Wright 2001: 356).

이렇게 에스겔 40-48장의 다양한 표현으로부터 얻어지는 전체적인 느낌은, 이 표현들이 "너무도 인위적이어서 문자적인 성취를 기대하는 어떤 해석도 의심스럽게 만든다"라는 것이다(Block 1998: 502).

신약성경의 보다 완전한 계시에 비추어볼 때, 지역적 성전을 넘어서는 특징들
에스겔서 성전의 희생제사를 어떻게 이해해야 하는지 하는 난감한 문제는, 제10장에서 이미 논의한 것처럼, 이 제사가 자신의 믿음을 위해 고통을 당함으로써 하나님께 자신을 드리는 그리스도인 안에서 성취되기 시작한 것으로 본다면 쉽게 해결될 수 있다. 그리스도의 위대한 희생제사는 암묵적으로 에스겔서의 성전 환상의 궁극적인 성취로 이해된다. 왜냐하면

---

22) Ellison 1956: 139-140을 다시 보라.

요한계시록 11장은 개략적인 그리스도의 생애에 맞추어 교회의 역사를 묘사하기 때문이다.[23] 따라서 에스겔이 성전 제사를 묘사하면서 자신의 청중이 잘 알고 있는 언어와 이미지들을 빌렸다고 보는 편이 정확하다. 왜냐하면 이는 그리스도의 희생제사와, 교회의 이런 희생제사 모방에서 드러나는 확대된 구속사적인 현실을 예언하는 것과 같기 때문이다. 새 시대의 이런 두 가지 "희생제사"는 공통적으로, 주석적인 측면에서 볼 때, 요한계시록 11:1-2의 에스겔서 성전과 21:22의 어린양에 대한 언급에 의해 연결된다.

문자적인 성전 구조물을 에스겔서 예언의 성취로 보는 이들은 흔히 이 희생제사가 그리스도의 죽음을 기리는 "기념용 희생제사"라고 본다. 여기에 대해 많은 주석가들은 이런 주장이 히브리서가 강조하는 원리를 깨뜨린다는 점을 지적한다. 구약성경의 희생제사는 그리스도의 "단번에 드리는" 제사를 가리키고 있다(히 9:12, 26, 28; 10:10-18). 따라서 이런 희생제사로 되돌아가는 것은 죄를 위한 그리스도의 희생제사가 불충분하다는 느낌을 줄 수 있다(예. 히 10:18을 참조하라: "이것들을 사하셨은즉 다시 죄를 위하여 제사 드릴 것이 없느니라"). 이것은 구속사를 뒤집는 것이나 마찬가지다. 또한 더 중요한 것은 이것이 그리스도의 희생제사가 가진 효력을 부정한다는 점이다.

스코필드 성경은 세대주의자들의 표준적인 문자주의 해석 방법을 추종하는 판본으로, 장차 희생제사 제도가 회복되리라고 주장하는 자들을 애태우는 문제에 대해 놀라운 답변을 준다. 희생제사가 기념의 의미를 가진다는 것에 더해서 스코필드는 이런 가능성을 제시하기도 한다. "[히브리서가 가르치는 것처럼] 이런 제사가 사라진다는 점을 염두에 둔다면, [에스겔서의 성전 예언에 있는] 희생제사에 대한 언급은 문자적으로 받아들이기보다는 도리어, 구속된 이스라엘이 자신의 땅에서 그리고 천년왕국의 성전에서 드릴 예배를 에스겔 시대의 유대인들에게 익숙한 언어를 사

---

23) Beale 1999a: 567-568을 보라.

용해서 설명하고 있다고 이해해야 한다"(Scofield 1967: 888).

적어도 한 사람 이상의 주석가들이 스코필드 성경의 이런 일관성 없는 인용을 의식한 바 있다. "이런 말들은 세대주의자들 편의 광범위한 양보를 전달한다. 만일 희생제사가 문자적으로 받아들여야 하는 것이 아니라면, 왜 우리는 성전을 문자적으로 받아들여야 하는 것일까? 구약성경의 예언에 대한 문자적 해석이라는 세대주의자들의 원리는 여기서 포기되어야 하며, 세대주의적 해석 전체의 중요한 기초석은 이미 파기되었다고 할 수 있다!"(Hoekema 1979: 204). 따라서 "희생제사와 성전은 동일하게 상징적인 의미를 가진다고 이해되어야 한다"(Ellison 1956: 140). 희생제사가 기념의 의미를 가질 수 있다는 개념은, 희생제사의 목적을 설명하는 데 에스겔이 사용한 히브리어 단어 때문에 예언에 대한 문자적인 해석과 일치하지 않는다. "속죄하기 위하여"(45:15, 17, 20)에서 사용된 동사는 "kipper"(피엘 형태)인데, 이 동사는 오경에서 속죄의 목적을 가지는 희생제사를 지시하는 바로 그 단어(동사 형태로)다(레 6:30[23]; 8:15; 16:6, 11, 24, 30, 32, 33, 34; 민 5:8; 15:28; 29:5; 이는 Hoekema 1979: 204을 따랐음). 물론 구약성경이 말하는 속죄의 목적은 이스라엘의 죄를 일시적으로 "덮는"(바로 이것이 kipper의 의미) 것이었다. 이는 예표론적 측면에서 그리스도의 "단번에 이루는 속죄"를 가리킨다. 여기서 중요한 것은 에스겔이 이런 희생제사를 "기념의 의미를 가진 것"으로 부르지 않고, 레위기의 예표론적 희생제사와 동등한 것으로 간주했다는 점이다. 신약성경의 관점에서 본다면 주의 만찬은 그리스도가 자신의 구속 사역을 "기념하기" 위해 제정하신 유일한 의식이다. 이 기념 의식이 다가올 천년왕국 시대에는 사라지면서 구약성경의 "옛" 희생제사로 대체되리라고 암시하는 견해[24]는 히브리서의 내용과 상충될 뿐 아니라, 주의 만찬을 통해 자신을 기억하라고 말씀하신 그리스도의 명령을 무시하는 것과 같다(Ellison

---

24) Schmitt and Laney 1997: 118-119이 이런 견해를 내세운다. Feinberg 1971: 108은 한 층 더 강력하게 같은 주장을 한다.

1956: 142).[25] 이렇게 다양한 증거 자료에 비추어볼 때, 에스겔이 말하는 희생제사가 미래의 성전에서 문자적으로 성취되리라고 보기는 어렵다.[26]

이와 관련된 한 가지 쟁점은 예루살렘—이방인들이 하나님과 관계 맺기 위해 반드시 와야 하는—을 세계의 중심으로 보고 있음이 분명한 에스겔서의 표현을 문자적으로 이해해야 하느냐 그렇지 않느냐 하는 것이다(겔 47장). 만일 범위를 좁혀서 이를 문자적으로 받아들인다면, 요한복음 4:21, 23의 구속사적인 원리는 크게 훼손될 것이다. "이 산에서도 말고 예루살렘에서도 말고 너희가 아버지께 예배할 때가 이르리라…영[성령]과 진리로 예배할 때가 오나니 곧 이때라 아버지께서는 자기에게 이렇게 예배하는 자들을 찾으시느니라."[27] 이 원리는 에스겔의 환상에 대한 예수의 생각과 관련된다. 요한복음 7:38에서 예수는 에스겔이 말하는 마지막 때의 성전에서 흘러나오는 물을 언급하시면서, 이 물이 신자들과 관련해서 자신과 성령을 가리킨다고 보신다. 이로써 이 텍스트는 요한복음 4장의 "생수"를 한 단계 더 발전시키고 있다.[28] 따라서 예루살렘을 세계의 중심으로 보는 에스겔 47장의 그림처럼, 하나님께 드리는 예배는 예수의 가르침에 기초해서 비유적인 차원에서 이해되어야 하며, 에스겔 40-48장 전체도 마찬가지로 이해되어야 한다고 할 수 있다.

---

25) 경우에 따라 그리스도는 주의 만찬을 "그가 오실 때까지"(고전 11:26) 행하라고 명하셨기 때문에 주의 만찬은 천년왕국 시대에 의무 사항은 아니라고 주장함으로써 성만찬에 대한 이런 주장에 반대하려고 시도하는 학자들도 있을 것이다.

26) Feinberg(1971: 101-103)는 자신의 "문자적인" 견해에 대한 비판—이 비판에는 분명히 오류가 있고, 현재 우리 주장을 충분히 대표하지도 않는다—에 응답함으로써 실제로 앞서 우리 주장의 핵심을 놓쳤다. 희생제사에 대한 문자적 해석의 또 다른 형태를 부정적으로 평가하는 견해를 보려면 Duguid 1999: 521을 보라. 또한 Schmitt and Laney(1997: 118-119)는 기념의 의미를 가지는 "속죄용" 희생제사에 더해서 일부 제사가 예배를 위한 "화목제"라고 주장하기도 하는데, 이는 옛 성전과 연결된 희생제사 제도 전체에 속함에도 불구하고 히브리서와 상충되지는 않는다.

27) Ellison 1956: 142도 참조하라. 또한 히 12:18-24도 보라.

28) 제5장의 요한복음의 성전에 관한 논의를 보라.

그러나 예수의 가르침에 부합되기 위해 비유적인 해석 방법에 의존할 필요는 없다. 만일 이 책에서 우리가 주장한 것들 중 하나가 옳다면 말이다. 예를 들어 마지막 때에 에덴-성전이 온 세상으로 확장될 새 예루살렘으로 세워지리라는 주장이 그렇다. 에스겔 40-48장의 환상이 이처럼 보편적으로 확장되는 유형으로서, 구약성경의 다른 곳에서도 관찰된다는 것은 타당하다. 제11장 앞부분에서 이미 살폈던 환상에서 이런 확장의 암시가 주어진다는 점을 전제한다면 말이다(예. 렘 3:17에 비추어본 겔 48:35을 보라. 또한 성전의 물이 암묵적으로 온 땅의 풍요에 미치는 포괄적인 영향력을 주목하라).

요한계시록 21장의 성전-성읍은 에스겔이 본 환상의 성취일까?

어떤 주석가들은 에스겔 40-48장에 종말론적인 강조점이 있다고 보지 않는다. 이런 입장은 이 환상의 예언적인 성취를 전혀 기대할 수 없음을 의미한다. 예를 들어 다니엘 블록(Daniel Block)은 에스겔서의 환상이 근본적으로 "고상한 영적인 이상"이라고 주장하며, 마지막 때에 있을 구체적인 성취를 중요하게 생각하지 않는다(1998: 506).[29] 이상화된 성전을 옹호하는 블록의 주장은 받아들일 만하다. 그렇다면 왜 이 주장은 마지막 때의 성취와 양립될 수 없을까? 그는 에스겔서 내러티브가 다음과 같은 세 가지 중요한 이유 때문에 종말론적이지 않다고 주장한다. (1) 마지막 날을 의미하는 명시적인 표현이 전혀 없다. (2) 에스겔 43:7, 9의 "영원히"(또는 "영원토록")라는 단어는 종말론적으로 간주되어서는 안 된다. (3) 성전의 청사진이 사람의 손으로 세워진다고 제시되지 않는다(예를 들어 성막의 경우처럼 성전을 건축하라는 명령이 없음; 1998: 504-505). 첫 번째 논지와 관련해서 해야 할 말

---

29) Block은 성취에 대한 이차적이고 막연한 개념만을 언급한다. 그는 이 "이상적인" 환상의 핵심이 "하나님이 계신 곳에 시온과…질서와 그의 모든 약속의 성취 등이 있다"라고 설명하며, 이것이 종말론적인 차원에 속한다고는 간주하지 않는다(1998: 503-504). 또한 Block은 계 21:1ff.이 완전한 성취를 이야기한다고 보지도 않는다(아래 설명을 보라).

은, 종말론적 "개념"을 반영하는 표현이 항상 전문적인 종말론적인 "용어"의 사용에 의존하지는 않는다는 것이다. 둘째, 43:7, 9의 "영원히"라는 단어가 참으로 종말론적이라는 사실은, 이 절들이 37:26, 28의 "영원한"이라는 개념을 발전시켰음을 볼 때 분명하게 드러난다. 블록 자신이 인정한 바처럼(1998: 419-423), 이 텍스트들이 역사의 끝을 묘사하고 있음은 분명하다.[30] 셋째, 성전을 건축하라는 명령을 받은 사람이 없다고 해서 성전이 결코 건축되지 않으리라는 의미는 아니다. 앞서 주장한 것처럼 어떤 인간도 그 일을 할 수는 없겠지만, 오직 하나님 자신이 직접 그것을 하실 것이다(예. 행 7장에 관한 논의를 보라). 마지막으로, 에스겔 20:33-44의 마지막 회복에 관한 예언과 40-48장 사이의 분명한 상관관계도 후자의 종말론적인 성격을 잘 보여준다.[31]

블록의 견해와 약간의 차이는 있지만, 우리도 이상적인 성전에 관한 블록의 견해가 종말론적인 접근과 결합될 수 있다고 믿는다. 에스겔은 구속사의 당시 시점에 속한 이스라엘 백성이 성전에 관한 이상적인 청사진이나 완전한 원형으로 간주했을 수도 있는 바를 묘사한다. 이 성전은 이상화된 구체적 용어로 표현되었지만, "그럼에도 이 언어는 다만 하나님의 행동의 일반적인 원리들을 담아낼 수 있는 형식에 지나지 않았다"(Taylor 1969: 253).[32] 그가 본 환상은 하나님이 대변하시고 요청하시던 것, 따라서 돈트는 종말의 시대에 보다 구체적인 성취를 보게 될 것을 표상했다. 예를 들어 다음과 같은 것들이 그렇다. (1) 자신의 회복된 백성 중에 있을 하나님

---

30) Block은 겔 37:26-28의 "영원한 언약"이야말로 이스라엘의 미래를 가득 채울 "종말론적인" 회복의 약속(신 4:30["끝날에 네가···돌아와서"]이 가장 확실하게 여기에 해당함)이라고 본다. Block은 이스라엘 가운데 있는 하나님의 성소에 관한 짧막한 예언이 "빙산의 일각"에 지나지 않으며, 이것이 "에스겔서의 마지막 환상에서 광범위하게 다루어진다"라고 말하기까지 한다(1998: 421-422).

31) 이런 상관관계를 인정하는 Block 1998: 496-497을 보라.

32) 하지만 이어지는 추기에서 우리는 에스겔서의 묘사가 완전히 "이상적"이지는 않음을 주장할 것이다.

의 영원한 임재. (2) (구체적인 의례 준수에 표현되어 있는) 예배 중심주의. (3) 치명적인 오염으로부터 자기 백성을 보호하시는 하나님의 행동(이는 거룩한 공간의 측량이 가지는 의미에 해당함). (4) 온 땅에 생명을 주게 될 하나님 임재의 복("생명수의 강").[33]

투엘(Steven Tuell)은 블록의 견해와는 약간 다르게 에스겔 40-42장을 에스겔 11:16b("내[하나님]가 잠깐 그들[포로 된 이스라엘]에게 성소가 되리라 하셨다")의 부연 설명으로 간주한다. 즉 예언자가 포로민들에게 이 환상을 전함으로써 그들은 이 천상의 실재에 접근할 수 있게 되었다(Tuell 1996: 664). 이것은 나의 견해와 비슷하다. 하지만 블록의 견해와 마찬가지로 투엘의 주장도 에스겔서와 다른 예언서 사이에 있는 종말론적인 상호 관계를 충분히 고려하지 못하고 있다. 그럼에도 우리는 에스겔 40-48장을, 초기 하늘 성소—에스겔 11:16에서 포로민들 가운데 있다고 묘사되었던—의 마지막 날에 있을 후속 단계라고 간주할 수 있다. 에스겔 11:16의 부연 설명으로 인해 에스겔서가 묘사하는 하나님의 "성전 임재"를, 이스라엘의 유형적인 성전 건축물 전체와는 별도로 경험할 수도 있는 하나의 선례가 생겨나게 되었다.[34] 그뿐 아니라 40-48장 앞에 나오는 다른 텍스트도 유사한 개념을 담고 있다. 에스겔 28:12-18은 에덴동산을 "성소"로 묘사한다 (18절). 그곳에 어떤 유형적인 건축물이 존재하지 않음에도 불구하고 말이다![35] 에덴동산을 최초의 성전으로 만든 것은 바로 하나님의 임재였다. 11장과 28장은 에스겔 40-48장이 말하는 비유형적인 성전의 선례로서 특히

---

33) 약간 손질하기는 했지만, 이런 견해는 Taylor 1969: 253을 따랐다.
34) Spatafora(1997: 238)는 이것이 구약에서 나타나는 최초의 사례라고 주장한다. 다른 한편으로 이 책의 연구 전체는 이런 "제의적인" 임재가 건물 외의 다른 방식으로도 경험될 수 있다고 주장한다(에덴동산일 수도 있고, 다른 "영적" 방식일 수도 있음). 에스겔서 밖에서 유형적인 성전 건축물의 형태를 취하지 않는 과거나 미래의 성전에 대해 언급하는 추가 자료로는 제11장의 아래 부분을 보라.
35) 겔 28:18의 복수형 "성소들"이 이스라엘 성전을 가리키는 전형적인 방식이라는 견해에 대해서는 98-100쪽을 보라.

중요한 의미를 가진다. 왜냐하면 제11장의 앞부분에서 우리는 이 두 텍스트가 에스겔서의 마지막 환상에서 한층 구체화됨을 살폈기 때문이다!

블록은 에스겔서의 성전이 종말론적인 성격을 가지고 있음을 부정하는 것에 더해서 요한계시록 21장이 그것의 성취라는 점도 믿지 않는다. 두 텍스트 사이의 몇몇 차이점 때문이다(Block 1998: 503). 블록이 옳을 수도 있지만, 양자 사이의 다음과 같은 차이점은 요한계시록 21장이 에스겔서의 성취임을 부정할 만큼 충분히 확실하지는 않다. 첫째, 각각의 성읍은 서로 다른 이름을 가진다("야웨께서 거기에 계시다"와 "새 예루살렘"). 그러나 두 이름이 가진 개념은 두 성읍에 적합하다. 사실상 요한계시록 21:2은 요한계시록 3:12을 발전시키고 있다. "내가 하나님의 이름과 하나님의 성 곧 하늘에서 내 하나님께로부터 내려오는 새 예루살렘의 이름과 나의 새 이름을 그이[이기는 자] 위에 기록하리라." 사실상 이것은 에스겔 48:35을 상기시킨다. 이 텍스트에서 새 예루살렘 "성읍의 이름"은 "야웨께서 거기에 계시다"라고 불린다. 왜냐하면 그분이 마지막 날에 있을 성전을 자신의 영광이 영원히 머물 장소의 한가운데 세우셨기 때문이다.[36]

블록이 두 성읍 사이에서 주목하는 두 번째 차이점은 에스겔서의 성읍이 정사각형인데 비해서, 요한의 성읍은 정육면체 모양이라는 점이다. 하지만 구약 예언의 성취가 반드시 그 예언을 사진처럼 정밀하게 재생시켜야 하는 것은 아니다. 그뿐 아니라 정사각형과 정육면체는 모양이 비슷하다. 실제로 요한계시록 21:16은 에스겔서에 의존해서 성전-성읍을 묘사하려고 "네모가 반듯한"(*tetragōnos*)이라는 단어를 사용한다.[37] 요한의 그림에서 새 예루살렘이 네모반듯한 이유는, 사도가 에스겔서의 환상을 솔로몬 성전에 있는 지성소의 정육면체 형상(왕상 6:20[특히 70인경])과 결합시키기

---

36) *b. Baba Batra* 75b은 히브리어 모음을 변형함으로써 겔 48:35을 "야웨가 그곳의 이름이다"로 번역한다(앞서 인용한 Epstein 1948을 보라).

37) 겔 45:1-5과 41:21의 그리스어역 구약은 성전 건축물 전체를 가리키는 단어와 동일한 단어를 사용한다.

때문이다(Caird 1966: 272-273을 보라).

셋째, 블록은 에스겔서의 성전이 평범한 돌로 이루어진 반면에 요한계시록의 성전은 귀금속으로 되어 있다고 말한다. 사실상 에스겔은 성전의 기초와 벽을 이루는 돌의 구체적인 종류에 대해서는 자세히 말하지 않는다. 여기에는 귀금속이 포함될 수도 있다.

넷째, 블록은 에스겔서의 성전이 모든 것의 중심부에 있는 반면에 요한계시록 21:22은 성전의 존재를 부정한다고 제시한다. 요한계시록에서는 참된 성전, 곧 하나님과 어린 양이 그 중심을 이루는 것이다. "[새 예루살렘] 성 안에서 내가 [유형적인] 성전을 보지 못하였으니 이는 주 하나님 곧 전능하신 이와 및 어린 양이 그 성전이심이라"(21:22). 하나님과 어린 양을 성전과 동일시하는 개념은 에스겔이 본 환상의 본질, 곧 하나님의 영화로운 임재 자체에 매우 근접해 있다(예. 48:35, "그 성읍의 이름을 여호와 삼마[야웨께서 거기에 계시다]라 하리라"). 이스라엘의 옛 성전이 가리키는 모든 것, 곧 하나님 임재의 확장은 요한계시록 21:1-22:5에서 성취되었으며, 이런 성취는 에스겔 40-48장 자체 안에 이미 예견되어 있다.

다섯째, 블록은 에스겔서가 이스라엘의 한 지방에 속한 성읍을 묘사한 반면에 요한계시록 21장은 유대인과 이방인 모두를 포함하는 세계적인 장소를 묘사한다는 점에 주목한다. 그러나 실제로는 에스겔서도 새 예루살렘에 이방인들이 있다고 묘사한다(47:22-23). 이들이 이스라엘의 신앙으로 개종해서 그에 상응하는 국적을 갖게 된 이방인으로 이해될 수도 있겠지만 말이다. 사실상 요한계시록 21장은 신앙을 가진 유대인과 이방인을 참된 이스라엘로 묘사한다.[38]

여섯째, 블록은 에스겔서 성전의 중심부에 있는 희생제사의 동물들을 요한 성전의 중심부에 있는 살아 있는 어린 양과 대비시킨다. 그러나 이 둘은 서로 대립되지 않으며, 다만 예언적 시각의 차이가 있을 뿐이다. 이미

---

38) 예를 들어 21:3과 22:4, 7:14-17 등에 대해서는 앞에서 인용한 Beale 1999a을 보라.

앞에서 우리는 먼 미래에 속하면서도 선명하게 눈에 보이지 않는 종말론적인 실재를 예언하기 위해 에스겔이 독자에게 친숙한 성전 언어와 표상을 사용했다고 주장한 바 있다. 이스라엘의 지역주의에 관한 이런 앞의 지적은 여기서도 타당성을 가진다. 에스겔서의 독자들은 이방인들이 야웨를 믿고 이런 믿음을 예루살렘 이주를 통해 구체적으로 보여주는 동시에, 할례를 받고 율법에 순종하고 성전에서 예배를 드리고 정함과 부정함에 관한 음식법에 복종하는 등등의 행동을 통해 이스라엘에 속하리라고 이해했던 것 같다. 요한계시록을 포함하는 신약성경은 이방인들이 예수를 믿고(예. 엡 3:6) 그와 연합하고 참 이스라엘이신 그에게 나아갈 뿐만 아니라(예. 히 12:22-24), 그 안에서 할례를 받고(골 2:11) 참 성전이신 그를 예배하고(벧전 2:4-9) 오직 그 안에서 "정결하게" 됨으로써 참된 이스라엘이 된다고 선언한다.[39]

마지막으로, 블록은 에스겔서의 성전에서는 여전히 정결한 것과 부정한 것 사이를 구별할 필요가 있지만, 요한계시록의 성전에서는 이런 구별이 더 이상 필요하지 않음을 주목한다. 이것은 요한계시록과 비교해보면 문제가 되지 않는다. 왜냐하면 요한계시록도 에스겔 40-48장을 "이상적인" 성전으로 보는 블록의 대안적인 개념에 잘 들어맞지 않기 때문이다. 그뿐 아니라 다음의 추기에서 논의할 내용처럼, 에스겔서의 성전은 마지막 때를 묘사하는데, 이런 상황은 이미 시작되었으나 아직 완성되지는 않은 종말론적인 시간이다. 만일 이런 지적이 옳다면, 에스겔서의 성전에서 정한 것을 부정한 것으로부터 구별하는 문제는 새로우면서도 여전히 불완전한 성전의 특징으로 설명될 수 있다. 참으로 에스겔 37:26-28에 묘사된 성전의 초기 성취에 대한 바울의 이해에는 "부정한 것을 만지지 않고" (고후 6:17) "육과 영의 온갖 더러운 것에서" 자신을 "깨끗하게" 해야 할(고후 7:1; 고전 6:18-19도 보라) 계속적인 필요성이 포함된다. 수수께끼같이 보이는 에스겔서의 희생제사도 이런 방식으로 이해될 수 있다. 앞서 우리는 요

---

39) 추가로 Beale 1998: 215-272을 보라.

한도 에스겔 40-48장의 성전을 언급하면서 그것을 예언의 성취 단계(계 11:1-4)와 완성 단계(계 21:1-22:5)에 똑같이 적용하고 있음을 살펴보았다. 사실상 요한계시록 11:1-4에서 신자들은 믿음으로 인한 고난 때문에 "바깥 마당"에서 희생제사를 드리는 제사장으로 묘사된다(11:1-2에 대해서는 앞서 인용한 Beale 1999a을 보라).

이상의 몇 가지 고려 사항에 비추어볼 때, 요한계시록 21장을 에스겔 서 환상의 마지막 성취로 보는 견해에 대한 블록의 반대 주장은 그럴 듯 하지만 결정적으로 중요한 의미를 가지지는 못한다. 그 결과 요한계시록 21:1-22:5에 통합되어 있는 에스겔서의 성전에 대한 그림은 그것의 완성 된 성취를 암시한다. 새 하늘과 새 땅은 새 예루살렘이나 새 에덴과 마찬 가지로 지성소에 해당하는데, 이 모든 것은 에스겔서의 마지막 부분에서 다양한 방식으로 예견된다.

요한계시록 21:12-22:5에 있는 성읍의 포괄적인 구조는 에스겔 40-48 장의 환상에 기초한다. 에스겔 40-44장은 마지막 성전의 양식을 예언하 며, 에스겔 45-48장은 주로 장차 있을 종말론적인 성읍의 배열과 성전 주 변에 있는 땅의 분배를 묘사한다. 나아가서 요한계시록 21:12-22:5은 아 직은 미래에 속한 에스겔서 환상의 성취를, 성전과 성읍과 땅이 붕괴된 후 하나님이 자기 백성과 함께하시는 현실을 묘사하는 마지막 날의 모습에 서 찾는다. 이런 확인 작업은 성전과 성읍과 땅이 동일한 진리를 표상한다 고 보는 에스겔 자신의 견해에 기초함이 분명하다. 비록 에스겔은 요한계 시록 21:9-22:5의 방식으로 세 가지 것이 붕괴되리라고 결코 말하지는 않 지만 말이다. 에스겔은 땅과 마지막 성소의 상속이 하나님의 "영원한 화평 의 언약"을 암시하며, 이 언약 안에서 그분의 "처소"가 이스라엘과 "함께하 실 것"이라고 설명한다(겔 37:25-28; 성전의 중요성과 관련해서는 43:7, 9도 마찬가 지). 에스겔 40-48장 환상의 결론적인 진술도 쇄신된 성읍의 궁극적인 의 미를 자기 백성과 함께하시는 하나님의 행동에서 찾아볼 수 있다고 해석 한다(참조. 48:35, "그날 후로는 그 성읍의 이름을 여호와 삼마라 하리라").

우리의 현재 목표는 요한의 마지막 환상에 사용된 다양한 에스겔서 언급과 그 구체적인 용례를 상세히 나열하고 논의하는 작업을 필요로 하지 않는다. 왜냐하면 이런 작업은 이미 이루어졌기 때문이다(Beale 1999a: 1030-1117의 여러 곳을 보라). 그럼에도 이것에 대한 설명을 간략하게 정리하면 다음과 같다.[40)]

요한계시록 21:1-22:5	에스겔서
하나님의 성막 임재(21:3)	43:7(+37:27과 레 26:11-12)
예언 위임 양식(21:10)	40:1-2과 43:5(+2:3; 3:12, 14, 24; 11:1)
하나님의 영광(21:11)	43:2ff.
나침반의 네 방위에 있는 열두 개의 성문(21:12-13)	48:31-34(+42:15-19)
성전-성읍의 각 부분에 대한 측량 (21:15)	40:3-5(과 40-48장의 여러 곳)
길이와 너비 측량의 결과 드러난 성읍의 "네모반듯한" 모습(21:16)[41)]	45:1-5(+40:5; 41:21; 48:8-13+슥 2:6[2]; 왕상 6:20)
빛나는 하나님의 영광(21:23)	43:2, 5(+사 60:19)
성전으로부터 흘러나오는 생수 (22:1-2a)	47:1-9(+창 2:10; 슥 14:8과 아마도 욜 3:18)
"열매"와 "치료용 잎사귀"를 가진 강 좌우의 생명나무(22:2b)	47:12

---

40) 아래 논의는 Beale 1999a: 1030-1119(여러 곳)에 기초했다. 여기 대해서는 각 언급에 대한 추가 논의를 보라.

41) 더 정확하게 요한계시록의 성읍-성전은 정육면체 형상을, 에스겔의 성전은 정사각형 형상을 가지지만, 두 성전의 치수를 묘사하는 데 사용되는 용어는 몇몇 경우에 서로 동일하다(추가로 Beale 1999a: 1073-1076을 보라).

요한계시록과 에스겔서 사이의 수많은 평행 텍스트를 고려한다면, 요한계시록 21장이 에스겔의 예언 메시지의 성취가 아니라고 주장할 수 있는 유일한 논리적인 방법은, 요한이 에스겔서에 대한 무수한 언급을 순전히 유비적인 방식으로만 사용했다고 보는 것이다. 다른 한편으로 우리는 요한의 성전이 에스겔의 성전과 동일함을 주장한 바 있다. 왜냐하면 바로 이것이 에스겔이 예언했던 내용이기 때문이다. 이런 판단은 두 텍스트 사이의 많은 유사성에 기초할 뿐 아니라 에스겔 40-48장 자체가 종말론적인 성전에 관한 예언이요(여기에 대해서는 거의 모든 구약 주석가가 동의함), 요한의 성전은 종말론적인 성전에 관해 묘사하고 있다는 우리 주장에 기초하기도 한다. 만일 요한의 환상이 에스겔서 예언의 성취를 보여주지 않는다면, 이런 성취를 기록하는 텍스트는 구약과 신약 어디에도 없다. 만일 요한계시록 21-22장이 에스겔서의 성취라면, 에스겔서의 성전은 한시적인 "천년왕국" 기간이 아니라 영원한 새 하늘과 새 땅—요한이 본 마지막 환상의 배경을 이루는—에 세워져야 옳다.

요컨대, 에스겔서의 성전에 관한 논쟁은 "문자적이냐 비문자적이냐"의 틀에 맞추어 설명하지 않는 것이 최선의 방법이다. 미래의 문자적인 성전이 이스라엘의 처음 두 성전의 유형적인 건축물의 기본 형태를 취할 것인지, 그렇지 않을 것인지 하는 질문은 문제를 논의하는 차선책일 따름이다. 우리 주장은 새 창조 전체를 가득 채우는 하나님의 임재가 이스라엘의 처음 두 성전이 지시하는 "문자적인" 현실이라는 것이다. 참으로 유형적인 건축물을 가진 이런 성전들은 애초부터 하늘 성전을 모방하거나 반영하는 것에 지나지 않았다.[42] 앞에서 나는 에스겔서의 묘사가 이미 땅 위에 세워진 하늘 성전을 예견함을 보여주었다. 또한 다른 구약 텍스트들이 에스겔서보다 더 분명하게 비유형적이고 지역적이 아닌 마지막 날의 성전

---

42) 예를 들어 출 25:8-9, 40; 시 78:69a; 에녹1서 14:8-25; *Tg. 2 Chronicles* 6:2 등. *Tg. Exodus* 15:17; 히 8:5; 9:23-24 등도 마찬가지다. 참조. 대상 28:11-19.

을 예언했음도 살펴보았다.[43] 가시적인 구조물을 가지지 않은 성전으로서의 에덴동산에 관해서도(창 2장; 겔 28:18), 족장들과 시내 산 자체의 비공식적인 소규모 성소에 대해서도 유사한 관찰을 한 바 있다.

그러나 설령 에스겔서의 종말론적인 성전을 이스라엘의 과거 성전의 일반적인 양식에 따라 구약 독자의 시각에서 해석하는 것이 최선이라 할지라도, 신약성경의 점진적인 계시는 이 성전의 성취가 특정 지역에 한정된 유형적인 성전이 아님을 암시한다. 그럼에도 이처럼 명백하게 다른 "형태"의 성취는 본질적으로 그 "내용"에 있어서는 동일하다.

여기서 우리는 앞서 제시했던 아버지와 아들의 약속 예시가 다시 한 번 타당함을 발견한다. 1900년도에 어떤 아버지가 어린 아들에게, 장차 아들이 장성해서 결혼하게 되면 말 한 마리와 마차를 주겠다고 약속했다고 하자. 기대감에 사로잡힌 아들은 일찍부터 자신이 원하는 마차의 크기와 외관, 스타일, 멋진 가죽 의자, 마차를 이끌 말의 크기와 품종 등에 대해서 생각할 수 있다. 아마도 아버지는 다른 곳에서의 경험을 통해 자동차의 발명이 임박해 있음을 알았겠지만, 아들이 이해할 법한 언어로 이런 약속을 했을 것이다. 몇 년이 지난 후 아들이 결혼하자 아버지는 신혼부부에게, 맨 처음 약속이 주어진 이후 발명되어 대량으로 생산되기에 이른 자동차를 선물한다. 과연 아들은 말과 마차 대신에 자동차를 받았다고 실망할까? 이것은 약속의 "문자적인" 성취가 아니지 않은가? 하지만 실제로 아버지가 아들에게 한 말의 본질은 계속 동일한 것으로 남아 있었다. 편리한 운송 수단이라는 본질 말이다. 약속된 운송 수단의 구체적인 형식만이 바뀌었을 뿐이다. 과학기술의 진보가 아들이 어렸을 때에는 전혀 상상할 수 없었던 방식으로 약속의 성취를 가능케 했다. 그럼에도 후대의 과학기술

---

43) 사 4:5-6; 8:13-14(벧전 2:8과 3:14-15의 용례 참조); 66:2과 관련된 57:15; 렘 3:16-17; 겔 37:26-28. 이스라엘 포로들을 위한 비물질적인 성전을 언급하는 겔 11:16을 참조하라.

의 발전에 비추어본다면 이 약속은 "문자적으로" 신실하게, 이전에 예상했던 것보다 더 훌륭한 방식으로 이루어졌다고 간주될 수 있다.

마찬가지로 구약 시대 성전의 목적과 마지막 때의 기대되던 성전의 목적은 하나님의 영광을 담는 것이었다. 그분의 백성은 바로 그 영광 앞에서 예배를 드려야 했다. 몇몇 예언은 하나님의 영광을 수용할 소규모 구조물을 지시한다고 이해되었을 수도 있다. 하지만 이 예언들의 성취는 사람의 손으로 만든 건축물이 아니라 재창조된 우주 전체야말로 지상의 좁은 구역에 세워진 작은 건축물 대신에 하나님의 영광을 담을 유형적인 성전이 될 것임을 드러냈다. 구약성경의 성전과 종말론적인 성전은 공통적으로 "유형적"이고, 따라서 "문자적"이다. 그러나 하나님의 영광을 담을 거룩한 곳의 "형태"는 매우 다르다. 두 경우 모두 동일하게 그분의 영광은 성전 안에 머물지만, 전자의 경우 그 표현이 제한되는 데 비해, 후자는 전혀 제한을 받지 않은 채로 빛을 발한다.

앞의 사례도 에스겔서 성전의 희생제사를 이해하는 데 가장 적절한 개념적 모델인 것 같다. 에스겔이 예언한 희생제사의 "본질적인 내용"은 성취되지만 그 "형식"은 다르게 표현된다. 에스겔서에 드러난 동물 제사는 과거에는 그 제사가 다만 불완전하고 한시적인 차원에서만 죄를 덮어줄 수 있었지만, 죄를 영원히 "덮어주는" 그리스도의 희생제사 안에서 한층 확대된 성취를 보기에 이른다. 따라서 그리스도가 어린 양으로서 에스겔서의 희생제사를 현실화시켰다고 말하는 것은 구약성경을 비유적이거나 영적인 측면에서 사용하는 것이라고 할 수 없다. 오히려 이것은 동물 제사가 예견하는 종말론적인 현실을 가리킨다(Clowney 1972: 177, 182-183을 따랐음). 요한 자신도 다른 곳에서 유월절 희생제사(출 12:46; 민 11:12)와 그리스도의 희생적인 죽음(요 19:36) 사이를 이렇게 연결시키고 있다!

결론

그동안 축적된 증거에 기초해서 우리는 에스겔 40-48장이 마지막 날에 지상에 내려와 구조물을 갖지 않은 형태로 세워질 진정한 하늘 성전에 관한 비유적인 환상을 담고 있다는 결론에 도달했다. 이런 결론은 에스겔서 안팎에 있는 증거들에 기초한다. 또한 이 결론은 이 책의 앞부분에서 살폈던 에덴동산과 성전의 성경신학적인 양식에도 잘 "들어맞는다." 현재의 연구가 가진 한계로 인해 철저한 분석 작업을 시도할 수는 없지만, 개괄적으로나마 에스겔서의 성전에 대해 가장 생명력 있다고 간주되는 연구를 진행했다.

추기: 에스겔서의 성전 환상의 본질에 관한 추가적인 생각

이 추기에서는 지금까지 논의되지 않았으며, 현재 연구의 한계가 허용하는 것보다 더 많은 탐구와 실증 작업을 필요로 하는 실험적인 제안들을 소개하겠다. 이 제안들을 포함시킨 것은, 이것들이 타당하게 여겨질 뿐 아니라 이 책의 전반적인 주장에도 잘 들어맞기 때문이다.

지역적인 지상 성전을 넘어서는 에스겔서 성전의 생략된 특징

유형적인 건축물보다는 비유형적인 건축물로 보는 것이 더 적절해 보이는 에스겔서의 성전 환상의 특징에 관해서는 더 추가할 사항들이 있다. 다분히 특이해 보이는 이 성전 묘사로부터 처음 받게 되는 인상은, 이 묘사가 솔로몬 성전과 두 번째 성전에 있는 다음의 몇몇 중요한 요소를 가지지 않는다는 점이다. (1) 커다란 청동 물동이(안뜰의 "구리 바다"로 불림), (2) 금으로 만들어진 등잔대, (3) 진설병 탁자, (4) 성소에 있는 향단.[44] (5) 성소와 지성

---

44) 겔 41:22에서 예언자는 당시 "여호와 앞의 상"으로 불리던 "나무 제단"을 본다. 그러나

소를 구분하는 휘장. (6) 성소나 지성소에서 봉사하는 대제사장. (7) 성별을 위해 붓는 기름. (8) 지성소의 언약궤. (9) 지성소를 덮고 있는 그룹들.[45] 나아가서 에스겔서에는 희생제사를 위한 제단은 있지만, 그것에 대한 설명 자체가 바뀌어 있다. 이 제단은 남쪽의 경사로를 딛고서 정면으로 올라가는 대신에, 동쪽에서 계단을 통해 올라가도록 되어 있다.[46] 저녁에 드리는 희생제사나 속죄일에 대한 언급도 전혀 없는데, 속죄일은 본래 레위 계열 희생제사 제도의 핵심을 이루는 요소였다(C. L. Feinberg 1971: 103).

생략된 이 물품들은 다만 언급되지만 않았을 뿐이지 실제로는 성전 안에 있다고 간주되었을 수도 있다. 즉 에스겔은 거룩한 공간을 규정하는 것에 초점을 맞추었지, 그 공간에서 행해지는 의례에는 별다른 관심을 기울이지 않았다고 볼 수도 있다. 왜냐하면 이런 것들은 논의의 핵심을 벗어난다고 여겨졌기 때문일 것이다. 이렇게 의례 행위에 대한 구체적 언급은 순

이 제단은 옛 성전의 진설병 탁자와는 다르다. 왜냐하면 이것은 아카시아 나무로 만들어지고 금을 입혔으며, 크기도 다르기 때문이다. 아마도 이 나무 제단은 조정된 진설병 탁자나 향단을 표상할 것이다. 나무 제단은 그 위에서 태워지는 것과 함께 불에 탔겠지만 말이다(Block 1998: 559도 같은 견해를 보임). 아니면 이 제단은 전혀 다른 기구일 수도 있다. 이 견해는 Mitchell(1980: 36)의 관찰에 비추어볼 때 더 타당해 보인다. Mitchell은 에스겔이 본 성전 환상의 어떤 곳에서도 "향단이 언급되지 않는다"라고 말하기 때문이다. 안뜰에 이르는 문에도 동물을 죽이기 위한 탁자와 도구를 놓는 탁자가 있는데, 성막과 솔로몬 성전에 관한 묘사에서는 이것들이 발견되지 않는다.

45) 왕상 6-7장의 두 그룹이 나무로 만들어졌음에 주목하라. 이 그룹의 날개의 범위는 반대편의 양쪽 벽에 닿았으며(왕상 6:23-28), 법궤는 "지성소 그룹들의 날개 아래" 비치되었다(8:3-7).

46) 이런 변화에 대한 논의 및 "여인들의 뜰"과 안뜰을 바깥뜰—이방인만 머물 수 있는—로부터 차단시키는 칸막이벽도 생략되어 있다는 설명에 대해서는 Schmitt and Laney 1997: 141-152을 보라. 이 두 특징, 즉 여인들의 뜰과 칸막이벽은 헤롯 성전에서 추가되었지만 솔로몬 성전에는 없었다. Schmitt and Laney의 목록과 유사하게 생략된 품목의 목록에 대해서는 C. L. Feinberg 1971: 103, 105을 보라. 비록 Feinberg는 레위 계열 제사장직을 추가하지만 말이다. 참조. Block 1998: 544은 솔로몬 성전과의 비교에서 드러나는 현저한 차이점에 주목한다. 그중 가장 분명한 것은 에스겔서의 묘사가 순전히 거룩한 공간을 강조하기 위해 "세부적인 것을 생략"한다는 점이다(568쪽도 마찬가지).

전히 다른 것을 강조하기 위해 생략되었을 수 있다. 하지만 생략된 물품들이 다른 강조점 때문에 언급되지 않았을 뿐이지 실제로는 성전 안에 있다고 간주되었으리라는 가정은 받아들이기 어렵다. 지금까지 나는 거룩한 공간에 대한 이런 강조점을 뒷받침할 만한 설득력 있는 이유를 발견하지 못했다. 의례용 물품들이 여전히 거기에 남아 있다고 간주하면서 말이다. 그러나 우리가 생략된 물품들에 대해 어떤 견해를 취하건 간에, 이것은 침묵에서 비롯된 주장을 포함하고 있다. 침묵에서 비롯된 주장을 입증하거나 논박하는 것은 쉬운 일이 아니다. 따라서 이 주제에 대해 어떤 입장을 취하건 간에 이를 구체적으로 입증한다는 것도 쉽지 않을 것이다.

그럼에도 나는 왜 의례 용품들이 언급되지 않는지에 대해서 강조점의 변화가 아닌 다른 이유를 제시할 수 있다고 믿는다. 용품들이 언급되지 않는 이유는 실제로 이것들이 존재하지 않기 때문일 가능성이 더 높다. 여기에 대한 한 가지 이유는, 거룩한 공간과 이 공간의 "측량"에 대한 반복적인 강조가 성전의 예배자들의 안전을 고려함과 동시에 그들을 부정함이나 우상숭배 같은 치명적인 오염으로부터 보호하고자 하는 개념을 함축한다는 것이다.[47] 이런 입장은 거룩한 기구들이 존재할 수 있는 가능성을 배제하지 않지만, 이 물품들의 중요성을 약화시키는 결과를 가져온다.

생략된 물품들이 실제로 존재하지 않았으리라고 간주되는 또 다른 이유는, 에스겔서의 성전 묘사가 에스겔서에서 발견되지 않는 물품들을 다 포함하는 솔로몬 성전에 대한 실내 묘사보다 더 길기 때문이다. 마찬가지로 성막의 설계도에 대한 출애굽기의 설명은 솔로몬 성전에 언급된 거룩한 물품을 모두 포함하고 있다. 더 나아가서 텍스트에 언급되지 않은 한두 가지에 너무 많은 의미를 부여하는 일은 다소 위험할 수 있다. 하지만 이스라엘의 전통적인 성전 구조물 전체에서 적어도 아홉 가지 중요한 특징

47) 에스겔서의 이 개념과 요한계시록의 이 개념의 용례에 대해서는 Beale 1999a: 559-561을 보라.

이 성전 묘사에서 누락되었다면, 이런 누락이 가지는 축적된 효과는 단순히 그것들이 여전히 존재한다고 가정하는 것 이상의 다른 설명을 필요로 한다. 순전히 다른 강조점 때문이라고 말하는 것도 별 의미가 없다.

그뿐 아니라 앞서 살핀 것처럼 예레미야 3:16-17은 미래의 성전에서는 "여호와의 언약궤"가 더 이상 존재하지 않을 것이요, 하나님의 통치 임재가 지성소의 경내에 한정되지 않고 예루살렘 전역으로 확장되리라고 말한다.[48] 이것은 에스겔서에서 법궤 언급이 생략된 이유가 다른 문학적인 강조점 때문이 아니라 실제로 법궤가 존재하지 않을 것이기 때문임을 확증한다! 따라서 만일 성전 물품 중 가장 중요한 것이 존재하지 않는다면, 덜 중요한 다른 것이 없다고 해서 놀랄 수는 없다.[49] 아래에서 우리는 "구리 바다"와 "등잔대"도 사라질 물품이라고 주장하려고 한다. 왜냐하면 이것들이 반영하는 실재 역시 (하나님의 임재를 상징하는) 법궤처럼 이전의 성전 경내에서 제거되었기 때문이다.

몇몇 "문자주의적" 해석자들은 이런 물품 대부분이 정말로 존재하지 않게 되리라고 인정하면서, 그리스도가 이것을 이미 성취하셨음을 이유로 든다.[50] 예를 들어 그리스도의 피가 모든 죄를 다 씻어버렸으므로 "구리 바다" 물동이는 더 이상 필요하지 않다.[51] 진설병 식탁이 사라진 것은 그리스도가 참된 떡임을 의미한다. 등잔대가 사라진 것은 그리스도가 세상의 빛으로 오셨기 때문이다. 휘장이 사라진 것은, 그리스도가 자신을 하나

---

48) C. J. H. Wright(2001:334)는 에스겔이 법궤를 언급하지 않은 것은 "예레미야가 전 세계를 포함한 종말론적인 배경에서 예루살렘 자체를 하나님의 보좌로 보는 견해를 선호하기에, 이 특별한 성물이 사라지리라고 예언한 것과 일치한다"라고 주장한다.

49) 마카베오2서 2:4-8은 예레미야가 성막과 법궤와 향단을 가져다가 시내 산에 숨겼다는 내용을 추가한다. 물론 이것들은 마지막 날 세상에 모습을 다시 드러내겠지만 말이다. 이처럼 다분히 과장된 전설은 법궤 누락에 관한 렘 3장의 예언이 향단을 포함해서 더 많은 것을 누락 물품 목록에 포함시켰으리라는 개념을 반영하는 듯하다.

50) 예를 들어 Schmitt and Laney 1997: 141-152.

51) 그러나 이 주석가들조차 이 물동이가 우주적인 상징이라고 보지는 않는다.

님의 임재 안으로 들어가는 입구로 보여주셨으므로 그것이 더 이상 필요하지 않기 때문이다. 법궤 없는 지성소는 그리스도 자신이 보좌에 앉으셔서 그 지성소에서 다스리실 것임을 암시한다.

신약성경에 비추어볼 때 이런 분석은 올바른 접근법인 듯하다. 왜냐하면 생략된 물품에 대한 설명으로서 이것은, 물품들이 거룩한 공간에 대한 강조점으로 인해 언급되지 않는다는 주장만큼 설득력 있기 때문이다. 그럼에도 이런 설명이 현재 상황에서는 적어도 신학적으로 옳다고 해도, 이런 상관관계를 주석적으로 뒷받침할 만한 텍스트는 구약이나 신약 어디에도 없다.[52] 그뿐 아니라 이렇게 간주된 성취는 성전 안에 있는 다양한 물품이 가진 우주적인 상징성을 올바로 인식하지 못하며, 이것들이 어떻게 신약성경의 성취와 연결되는지도 이해하지 못한다.

그럼에도 이런 성전 물품들이 그리스도 안에서 성취되었다고 보는 일부 해석자들은 에스겔서의 성전 묘사에 있는 모든 다른 요소가 엄격하게 유형적인 구조물의 방식으로 세워지리라고 여전히 확신한다(Schmitt and Laney 1997: 141-152). 바깥뜰과 성소 및 지성소 등의 광대한 삼중 구조는 에스겔서가 묘사한 대로 세워질 것이다.[53] 하지만 선지자가 언급하지 않은 성전 물품과 관련해서는 더 급진적인 무엇이 감추어져 있는 듯하다.

생략된 물품들은 옛 성전의 상징적인 핵심을 이루고 있었다. 미래의 어떤 성전 구조물도 이것들 없이는 다소 공허하고 쓸모없어 보일 것이다. 특히 하나님의 임재와 불가분의 관계를 가지는 언약궤가 없다면 그럴 것이다. 이런 물품들의 우주적인 상징성에 대한 제2장의 연구는 다음과 같은

---

52) 히 10:19-20은 예외다. 이 텍스트는 에스겔서를 전혀 언급하지 않음에도 불구하고, 그리스도를 하늘 성막의 종말론적인 휘장으로 본다. 물론 히 8-10장은 그리스도가 대제사장이 지시하는 모든 것을 성취하신다고 설명한다.

53) 안뜰로 둘러싸인 두 겹의 성전 건축물 구조에 대해서는 Block 1998: 541을 보라(현관은 성소의 입구 부분으로 간주되어야 함). 에스겔서의 성전 묘사에는 성소 주변에 실제로 안뜰과 바깥뜰이 있었다(Schmitt and Laney 1997: 82).

지점을 보여준다. 즉 이것들의 부재(不在)는 독자에게, 에스겔의 환상이 유형적인 구조물에 관한 것이 아님을 암시한다는 것이다. 성전에 있는 세 군데 주요 지점이 우주의 삼대 공간, 즉 가시적인 땅과 바다(=바깥뜰), 가시적인 하늘(=성소), 비가시적인 하늘의 차원(=지성소)을 상징한다는 점을 생각해보라. 이 주요 지점이 각각 상징적인 물품 중 어떤 것을 가지지 않는다는 사실은, 미래의 성전이 이해되는 방식에서 중대한 변화가 있을 것임을 암시한다. 이런 변화는 단순히 성전 기구만의 변화를 의미할까, 아니면 우주 자체의 변화를 뜻하는 성전 본질의 보다 큰 변화를 의미할까? 성전의 주요 부분에 어떤 상징적인 물품이 없다는 것은 그에 상응하는 우주의 실재—성전의 부분이 표상하는—가 어떤 형태로든 변화되었음을 의미하지 않을까? 성전의 세 영역에서 모두 아홉 개의 물품이 언급되지 않는다는 것의 누적 효과는 이런 추정이 사실일 가능성을 보여준다.

만일 지금까지 우리 연구가 진척시킨 상징적 해석이 옳다면, 옛 성전의 물품이 상징하던 우주의 본질적인 부분들은 에스겔서의 성전에서는 더 이상 상징의 대상이 되지 못한다. 이것은 새 성전의 변화된 특징이 미래의 우주에 담길 모종의 변화를 상징한다는 것을 의미한다. 이런 변화의 본질은 무엇일까? 앞서 우리는 이런 변화가 성전의 몇몇 측면을 성취하시는 그리스도에 기인한다고 주장하는 일부 주석가들이 있음을 주목했다. 하지만 본질적으로 이런 성취는 단순히 개별 신자들의 영적인 구원보다는 좀더 급진적인 것으로 이해될 필요가 있다.

지금까지 진행된 우리의 종합적인 연구 결과는 그리스도가 개개인의 "구원"을 이루심으로써 누락된 여러 성물의 자리를 충분히 채우실 뿐만 아니라, 심지어 자신의 초림 시기에 이미 우주의 모양과 형성을 바꾸기 시작하셨음을 보여준다. 왜냐하면 예수의 부활이야말로 새로운 창조의 시작이었기 때문이다. 또한 앞서 살핀 것처럼 새로운 창조도 성전에 관계된 용어로 설명된다(예. 요 2:19-22). 새로운 세계는 새 성전이 그러했듯 그리스도 안에서 모습을 드러내기 시작했다. 우주의 완전한 변화는 그리스도의 마

　　　　성전 신학

지막 강림의 때에 완성될 것이다. 굳이 신약성경의 자료를 참작하지 않더라도, 에스겔서가 말하는 변화는 구약성경의 독자에게 우주 안에 있을 미래의 변화를 표상한다고 간주될 수 있다.

따라서 에스겔서의 성전에 이런 물품이 없다는 것은 성전과 그 성전이 상징하는 피조 세계의 대변화를 가리키는 듯하다. 달리 말해서 종말론적인 미래에는 우주에 중대한 변화가 있을 것이기에, 이처럼 변화된 우주를 상징하는 성전도 변화하지 않으면 안 된다. 어린아이가 작은 인형의 집을 집어 올려 흔듦으로써 그 안에 있는 물품이 바깥으로 빠져나오게 하는 것과 마찬가지로, 몇몇 물품이 사라질 에스겔서의 변화된 성전은 종말론적인 미래에 하나님이 자신의 우주적인 집을 흔드시는 일을 상징할 수도 있다. 예를 들어 바다(=청동 물동이)와 하늘에 있는 빛의 근원들(=등잔대와 바느질로 별들을 새겨 넣은 휘장)의 부재는 이런 우주적인 대변혁을 의미할 것이다. 휘장(성소를 지성소로부터 구분하는)과 특히 법궤의 부재는 우주의 비가시적인 차원에 어떤 변화가 있을 것임을 의미한다. 하나님의 하늘 지성소 임재가 가시적인 세계 안으로 침투해 들어오기 시작했다는 점에서 그렇다. 신약성경은 그리스도의 오심으로 이 일이 이미 시작되었다고 말한다. 중재자인 인간 대제사장과 향단[54]의 부재도 실제로 동일한 현실을 가리킨다.

만일 그리스도가 이런 물품들의 자리를 충분히 채우셨기에 그것들이 사라진 것임을 인정한다면, 성전 자체의 전체적인 구조는 그리스도 안에서 완전히 새롭게 되었다고 볼 수 있지 않겠는가? 이는 신약성경도 그리스도의 부활이야말로 성전 재건이라는 점을 분명히 밝히기 때문이다. 앞서 살핀 것처럼 신약성경은 그리스도가 일부 성전 물품의 자리를 충분히 채우셨음을 밝혔듯, 성전 전체의 성취가 그분이라는 사실도 선명하게 보

---

54) 향단은 부분적으로 성도들이 제사장의 중재하에 하나님께 드린 기도를 표상한다. 신약에서 성도들의 기도를 상징하는 "향"에 대해서는 계 5:8; 8:4을 보라.

여준다.[55]

하지만 앞의 분석에는 한 가지 문제점이 있다. 왜냐하면 이 분석은 우주의 완전하고도 궁극적인 대변혁이 아니라 부분적인 대변혁만을 주장하기 때문이다. 만일 에스겔서가 영원한 새 창조 안에 있는 이상적인 성전을 그리고 있다면, 잠정적으로 조정된 성전에 대한 우리 해석은 영원한 상황을 묘사하는 데에는 부적절하게 보인다. 물론 우리의 접근 방식은 한층 더 부적절한 것이 된다. 만일에 에스겔서의 그림이 일정한 형태를 가진 이상적인 성전에 관한 것이라면 말이다. 아마도 이 마지막 난관은 일반적으로 예언자들이 "현재 상황에 적합한 용어로 미래를 묘사"할 뿐 아니라, 당대 문화와 학문 전통의 사유 형태들로 "하나님의 목적을 표현"함을 이해함으로써 부분적으로 해결될 수 있다(Bauckham 1993: 450-451). 따라서 에스겔은 당대 이스라엘이 이해하던 유형적인 성전의 전통적인 상징들을 매개로 해서 마지막 때의 성전을 예언했을 것이다. 이와 관련해서 선지자는 변화된 성전을 묘사하되, 이것이 다른 유형의 성전이 되리라는 것을 강조하려고 의도했다. 신약성경의 점진적인 계시는 종말론적인 성전이 얼마나 달라야 하는지를 한층 분명하게 밝힌다. 사실상 이것은 가시적인 건축물이 아니었으며, 오히려 자기 백성 중에 거하시는 하나님의 메시아에 의해 성취되어야 했다. 잠정적으로 변화된 성전을 주시하는 이런 해석은 에스겔서의 성전에서 정함과 부정함의 구별이 여전히 유지되어야 한다는 문제점을 해결해줄 수 있다. 이런 구별은 에스겔이 예언한 새로운 성전이 잠정적인 성격을 가진다는 우리 주장을 확증해준다.

점진적인 계시의 관점은 불완전하고 잠정적으로 보이는 것이 어떻게 완전한 것 안에서 궁극적인 성취를 이루는지 하는 문제를 해결해줄 수 있다. 이것은 당연히 올바른 시각에 해당한다. 하지만 실제로 그 해답은 다

---

55) 예를 들어 히브리서는 그리스도가 "휘장", 궁극적인 희생제물, 마지막 대제사장이라고 말하며, 요 2:19-22도 그리스도를 새로운 성전 전체로 간주한다.

소 다른 방향에서 주어질 수도 있다. 이 논의의 도입부에서 우리는 에스겔 40-48장이 종말의 때에 땅으로 내려올 하늘 성전에 관한 비유적인 환상을 예견함을 관찰했다. 이것은 에스겔이 본 것이 미래 성전에 관한 "이상적"이거나 "완전한" 그림임을 뜻하지는 않는다. 성전 구조물이 여전히 가시적인 뜰과 지성소를 가진다고 간주된다는 사실은, 성전의 구속사적인 목적이 아직 이루어지지 않았음을 암시한다. 그럼에도 어느 정도 내부 정리가 이루어진 하늘 성전의 모습은 종말론적인 시대가 시작된 결과이지, 반드시 완성이라고 보기는 어렵다. 예언자 에스겔은 성전의 완성된 형태를 보고 있지 않다. 왜냐하면 앞서 보았던 것처럼 완성된 성전은 너무 광대해서, 마침내 성전은 우주 자체와 동일시될 것이기 때문이다.[56] 성전의 완성은 하늘 성전이 땅을 가득 채우고, 이곳을 변형시키기 위해 완전히 내려올 때 이루어질 것이다. 이전에는 지성소에 한정되어 있던 하늘 성전이 이제는 온 땅을 포함할 정도로 확장될 것이다. 이렇게 잠정적으로 조정된 성전에 관한 에스겔서의 묘사가 마지막 날에 있을 성전의 초기 형태를 묘사한다는 것은 당연하다.

에스겔 40-48장이 (적어도 초기 형태에서) 종말론적 성전을 묘사한다는 점을 드러내는 또 다른 증거는, 사라진 등잔대와 구리 바다가 47장의 두 가지 물품과 관련된다는 데 있다.[57] 첫째, 창세기의 본래적인 "생명나무"는 "각종 먹을 과실나무"로 번성하고 "치료를 위한 잎사귀"를 가지게 되었다(47:12).[58] 등잔대는 이 나무의 구속사적 상징성이 성취되기 시작했기 때문에 성소에

---

56) Tuell(1996)은 이 환상이 종말론적 성전에 관해서가 아니라 이스라엘 포로민들이 여전히 바벨론에 머물러 있는 동안 어느 정도 비가시적인 방식으로 관계를 맺던 하늘 성전에 관해서라고 주장한다.

57) Alexander 1986: 945-946을 보라. Alexander도 겔 40-48장이 계 21장이 언급하는 일종의 첫 열매 또는 초기의 완성된 상태를 묘사한다고 말한다. 그러면서도 그는 이런 초기 단계가 교회 시대와 그리스도의 재림 이후에 있을 "천년왕국"이라고 생각한다.

58) 계 22:2은 겔 47:12을 언급하면서, 이 나무들을 일종의 집합적인 "생명나무"와 명시적으로 동일시한다.

더 이상 존재하지 않을 가능성이 매우 높다. 등잔대가 에덴의 생명나무를 의미했음을 상기해보라. 만일 이 둘이 정말로 동일하다면, 이 상징물이 성소에서 사라지면서 성전 밖에 자리한다는 사실은 마지막 날에 있을 성소의 영역 확장이 이루어지기 시작했음을 의미한다. 등잔대가 상징하는 하나님의 임재는 세상 속으로 계속해서 퍼져나갈 것이다. 마찬가지로 요한계시록 22:2은 "생명나무"를 치료 역할을 하는 거대한 나무 또는 "강 좌우 편에 있는" 숲으로 묘사한다. 또한 두 절밖에 지나지 않은 곳에서 요한은 "그들이 등불을 필요로 하지 않을" 것이라고 말한다(22:5a). 여기에 대한 궁극적인 이유는 "주 하나님이 그들을 밝히 비쳐주시기" 때문이요(22:5b), 그분의 임재야말로 "생명나무"가 상징하는 치료를 가능케 하기 때문이다.

마찬가지로 "구리 바다"가 마지막 때에 하나님의 임재로 뒤덮일 지상의 땅을 상징한다는 점을 생각해보라. 이 물품이 안뜰에서 사라진 것은, 성전으로부터 비롯되는 물이 계속 흘러가다가 거대한 강을 이루고 마침내 "큰 바다"로 흘러가면서 그곳의 물을 "치료"하기[59] 때문이지 않을까?(47:9-10) 여기에 더해서 우주적인 차원에 속한 또 다른 종말론적인 제의 상징물이 사라진 것은, 마지막 때의 하나님의 치유 임재가 성전을 뛰어넘어 세상 속으로 침투해 들어가서 그것을 갱신하기 때문이지 않을까? 요한계시록 21:1은 에스겔서의 성전 안뜰에서 사라질 "바다"에 상응하는 것 같다. "새 하늘과 새 땅"이 나타나면 "바다도 다시 있지 않을" 것이다. 따라서 요한계시록 21-22장에서 사라지는 등잔대와 바다는 옛 세계의 우주적인 대변혁과 새로운 세계의 창조에 기인한다. 이것은 에스겔서의 성전에서 사라질 물품들에 대한 우리의 동일한 결론을 확증한다. 만일 이런 견해가 에스겔서와 요한계시록에 대한 올바른 이해를 담고 있다면, 우리로서는 그렇게 깊이 생각할 필요 없이 에스겔서의 성전에서 언급되지 않는 다른 물품들도 미래의 우주에서 생겨날 급격한 변화를 암시하기 위해 사라

---

59) 겔 47:12은 "치료"의 명사형을 사용하는데, 동일한 어근의 동사형은 47:9에서 사용된다.

성전 신학

졌다고 결론지을 수 있다.

에스겔서의 성전을 이런 방식으로 해석할 수 있는 가능성은 요한계시록 11:1-4에 있는 요한의 해석에 암시되어 있다. 제10장에서 이미 주장했고 앞으로 제12장에서 추가로 상술하겠지만, 요한은 교회가 마지막 때의 성전을 이미 시작했지만 아직 완성하지는 못했다고 설명한다. 신자들은 성전의 성소에서 봉사하는 제사장들과 영적으로 동일시되며, 그들의 사역은 하나님 임재의 빛을 세상으로 비추는 증언의 "등잔대" 역할을 한다. 그뿐 아니라 요한은 교회의 유형적인 측면을 "바깥뜰"과 동일시하는데, 이곳에서 교회는 세상을 향한 증언의 고통을 감수함으로써 자신을 주께 제물로 드린다. 이것이 공식적으로 에스겔서의 성전에 관한 묘사와 동일하지 않다는 것은 분명하다. 그러나 두 예언자는 공통적으로 옛 성전과는 크게 다른 마지막 날의 성전이 이미 시작되었다고 말한다. 왜냐하면 요한계시록 11장은 에스겔 40-48장의 성취가 이미 시작되었다고 하며, 요한계시록 21:1ff.은 이 성취가 완료되었다고 말하기 때문이다.

다른 하늘 성전 환상의 생략된 특징과 그것이 에스겔서 환상에 미치는 영향

제의 물품들이 생략된 이유에 대해 지금까지 설명한 것과 마찬가지로, 다음에 이어지는 논의는 추가 연구가 이루어질 때까지는 잠정적으로 간주되어야 한다. 하지만 이 책의 한계 때문에 추가적 연구가 가능할 것 같지는 않다. 앞서 제시한 견해, 즉 에스겔 40-48장을 하늘 성전에 관한 환상으로 이해하는 견해야말로 설명이 누락된 물품들을 잘 해석한다는 결론은 바로 앞의 분석을 보충하거나 대신할 수 있다. 에스겔서의 환상처럼, 구약성경과 초기 유대교 및 신약성경에 있는 하늘 성전 환상도 하나님의 보좌를 제외하고 다른 성전 물품을 언급하지 않는다. 왜냐하면 하나님의 보좌는 결코 지상의 성전에 속하지 않기 때문이다.[60] 하늘 성전에 관한 구

---

60) 나중에 우리는 요한계시록에 또 다른 예외가 있음을 살펴볼 것이다. 요한계시록은 하

약성경의 환상 역시 하나님의 보좌와 살아 있는 그룹들 또는 그 주변의 다른 천상적 존재들만 언급할 뿐이다(겔 1장; 사 6:1-6; 단 7:9-10, 13-14; 왕상 22:19-23).

하늘 성전에 관한 가장 포괄적인 설명 중 하나는 에녹1서 14:8-25이다. 앞서 살핀 것처럼 이 텍스트에서 에녹은 하늘 성전의 바깥뜰을 통해 성소를 둘러본 다음 지성소를 바라본다. 여기서는 전통적인 성전 물품 중 어떤 것도 언급되지 않으며, 바깥뜰에서도 제의적 비품이 전혀 거론되지 않는다. 에녹은 성소로 들어서면서 "안에는 아무 것도 없었다"라고 분명하게 말한다(14:13). 이어서 그는 하나님이 앉아 계시는 "높은 보좌"만 있는 지성소를 묘사하는데, 이는 부분적으로 에스겔 1:15-21, 26을 암시하는 표현이다. 마찬가지로 유대교의 다른 유사한 환상도 오직 천사들로만 둘러싸인 보좌 또는 하나님의 임재에 대해서만 언급한다. 그중 가장 놀라운 사례는 쿰란 문서(사해 두루마리)의 「안식일 희생제사의 노래」(4Q400-407)다. 여기서는 성물 중 어느 것도 언급되지 않으며 다만 하나님을 둘러싼 천상적 존재들만 그려진다. 자주 천상적 존재들은 성전 자체의 구조를 이룬다고 묘사된다. 이것은 에스겔 40-48장을 강하게 암시하는 표현이라는 점에서 적절하다(제11장 앞부분에서 이미 관찰한 것처럼). 유대교의 다른 유사한 텍스트들도 하늘 성전의 전통적인 성전 비품에 대해서 전혀 언급하지 않는다(에녹1서 71:5-10; 아자리야의 기도 1:31-38; 에녹3서 1:1-12; 7장).

신약성경에서 가장 많이 확장된 하늘 성전 환상은 요한계시록에 있다. 요한계시록 4-21장에 걸쳐서 천상적 존재들이 둘러싼 하나님의 보좌나 어린양은 다양한 방식으로 묘사된다. 요한계시록 4-5장의 환상은 에스겔 1장과 다니엘 7장 및 이사야 6장 등의 선행하는 환상에 크게 의존하며, 요한계시록 21장의 성전 환상은 에스겔 40-48장에 크게 의존한다. 의미심장

___

늘 성전에 몇 개의 성전 물품이나 성구(聖具)가 있다고 묘사한다. 우리는 이런 예외들이 여기서 주장하는 "원칙"이라고 제안하고 싶다.

성전 신학

하게도 요한계시록에 있는 이 두 개의 확장된 성전 환상 중 어떤 것도 보좌를 제외한 다른 성전 비품을 전혀 포함하지 않는다! 또한 요한계시록의 다른 대부분의 성전 환상은 하늘 "비품"에 대해서 전혀 묘사하지 않는다.

그러나 요한계시록의 몇몇 성전 환상은 일부 비품과 성물에 대해 언급한다. 흥미롭게도 요한계시록이 반복해서 언급하는 두 가지 물품 중 하나는 에스겔서의 환상에서도 발견되는데, 제단이 바로 그것이다(계 6:9; 8:3-5; 9:13; 11:1). 이보다 더 흥미로운 지점은 요한계시록 6장과 11장이 제단의 정체성과 목적을 명시적으로 밝히지 않는다는 것이다(앞서 인용한 Beale 1999a을 보라). 앞서 살폈듯 에스겔도 똑같은 일을 했다. 학자들은 이런 제단 묘사가 하늘의 실재를 비유한다는 데 대해 견해의 일치를 보고 있다. 제12장에서 우리는 (특히 계 6:9과 11:1에서) 이 제단이 하나님의 백성—자기 생명을 그분께 바침으로써 어린 양을 따르는—이 당할 고통을 부분적으로 상징한다는 점을 밝히고자 한다. 요한계시록 11:1은 에스겔서 성전의 "측량"에 대해 언급한다는 점에서 특히 중요한 의미를 갖는다! 8:3-5의 향단이 비유적인 성격을 가진다는 것은, 향을 담은 "향로"가 확실히 비유적인 의미, 즉 "금향로 곧 모든 성도의 기도"(5:8과 8:4을 비교하라)라는 것을 주목할 때 분명하게 드러난다.

요한계시록에서 성전 비품에 대해 언급하는 몇몇 다른 텍스트 중 하나는 11:19이다. 이곳에서 요한은 마지막 때에 "하늘에 있는 하나님의 성전이 열리니 성전 안에 하나님의 언약궤가 보이며…"라고 말한다. 이 환상은 자주 "보좌"에 대해서도 언급한다. "보좌"라는 단어는 요한계시록에(20장에 이르기까지) 약 35회 나온다. 요한계시록에서 이 단어는 하나님이나 어린 양의 주권적인 하늘 성전 거주를 가리킨다.[61] 이것은 하늘 성전에 관한 환상이기 때문에, "언약궤"는 "보좌"에 관한 많은 언급처럼 하나님의 통치

---

61) "보좌"는 21:1-22:3에서 이런 방식으로 네 번 더 나오지만, 새 창조와 관련된 문맥에서만 언급된다.

를 비유하는 것 같다. 우리는 이스라엘 성전의 "법궤"가 하나님의 통치 임재를 상징한다는 점을 이미 주목한 바 있다.[62]

이런 논의에 대해서는 다음과 같은 결론을 내릴 수 있다. 즉 일반적으로 하늘 성전에 관한 환상은 제의용 비품을 포함하지 않지만, 이런 규칙에 대해 예외적 사례에는 비품에 대한 상징적 표상화가 포함된다. 에스겔서의 성전 환상은 제의 물품들의 생략과 함께 하늘 성전 환상이라는 장르와 자연스럽게 잘 들어맞는다(겔 1장과 40-48장; 사 6장과 왕상 22장은 이런 장르의 가장 초기 형태를 대표함). 이런 증거는 우리가 내린 종합적인 결론, 곧 에스겔서의 환상이 미래의 지상 성전이 아니라 하늘 성전에 관한 것이라는 결론의 타당성을 추가로 뒷받침한다. 이것은 성전의 천상적 형태로서, 에스겔이 집필할 당시에도 신실한 남은 자들이 이 성전과 영적으로 연결되어 있었으며(겔 11:16을 보라), 마침내 마지막 날에는 이 하늘 성전이 땅으로 내려올 것이다.

하지만 앞서 다각도로 살펴본 것처럼, 에스겔서의 성전은 땅으로 내려오기 직전 또는 이미 땅으로 내려오기 시작한 마지막 날의 하늘 성전을 가리킬 가능성이 더 높다. 하늘 성전이 지상 성전의 비품을 포함하지 않는 이유는, 우리가 현재의 연구 전반에서 주장한 것처럼, 지상의 성전이 하늘 성전의 실재를 모방하거나 그대로 반영하기 때문이다. 또한 하늘 성전에서 어떤 예비 물품이 발견된다면, 그것은 명백하게 상징적인 의미를 가진다. 하늘 성전이 가지는 이런 차이점에 더해서 에스겔서의 환상에서 비품 일부가 생략된 것은 옛 비품이 지시하는 상징적인 실재가 어떤 방식으로든 마지막 때에 이미 성취되기 시작했기 때문인 것 같다.

---

62) 대하 28:2; 시 132:7; 사 66:1 등은 하나님이 발을 편하게 법궤 위에 놓은 채 하늘 보좌에 앉아 계신다고 묘사한다. 참조. 대하 9:18; 렘 3:16-17.

제 12 장

신학적 결론: 참된 성전인 하나님 임재와
그리스도 임재를 예표하는 것으로서의 유형적 성전

The Temple and the Church's Mission
A Biblical Theology of the Dwelling Place of God

———

이 책의 연구가 전반적으로 사용하고 있는 일반적인 논증 방법은 어느 한 가지 해석을 뒷받침하는 일련의 증거 자료들을 보여주는 것이다. 어떤 자료가 다른 자료보다 더 강한 설득력을 가질 수도 있다. 하지만 우리 전략은, 관련된 모든 타당한 자료를 같이 묶어서 고찰한다면 설득력이 약해 보이는 것이 자체만으로 볼 때보다 더 중요해진다는 것이다. 따라서 어떤 한 가지 관점을 선호하는 설명이 그것만 보았을 때는 유효하지 않다는 점이 자주 드러나기도 한다. 하지만 우리의 목적, 즉 약해 보이는 지점이 다른 연관된 분석 자료에 비추어볼 때 더 강한 설득력을 가지게 한다는 목적을 기억할 필요가 있다. 설령 이런 점을 인정하지 않는다고 할지라도 우리의 전반적인 계획은, 누적된 논의들의 전체적인 무게가 이 논의의 주요 개념의 개연성 또는 가능성을 지시한다는 것이다.

이제 우리는 현재 연구에서 전반적으로 주장된 성경신학적인 주요 논점들을 함께 묶어서 고찰하고자 한다. 또한 앞서 관찰한 개념 중 일부에서 비롯된 몇몇 통찰을 제시할 것이다.

세계를 포괄하는 성전의 종말론적 완성 단계(계 21:1-22:5)

이제 우리는 이 책의 도입부에서 제기한 문제로 되돌아가고자 한다. 왜 요한은 요한계시록 21:1에서는 "새 하늘과 새 땅"을 본 반면에, 요한계시록 21:2, 10-21에서는 성전의 형태로 된 동산과도 같은 성읍을 보았을까? 이것은 해석학적 문제인 동시에 신학적 문제이기도 하다. 요한은 새 창조의 외형과 세부 내용을 모두 다 설명하지 않는다. 다만 그는 수목이 우거진 성읍-성전에 대해서만 언급할 뿐이다. 이 구절들이 언급하는 성읍의 치수와 건축학적 특징들이 미래 성전에 관한 예언으로 살폈던 에스겔 40-48장에 상당 부분 의존한다는 것을 생각해보라(참조. 계 3장; 7장; 11장; 21:27-22:2; 또한 겔 40-48장에 의존하는 계 11장의 내용을 보라). 성전의 기초를 이루는 귀금속(계 21:18-21)은 금으로 덮이고 귀금속으로 된 기초석을 가진 솔로몬 성전에 관한 묘사에 의존하고 있음이 분명하다.[1]

요한계시록 21:1에서 요한이 새 하늘과 새 땅을 본 것과, 다음에 이어지는 환상의 나머지 부분에서 그가 성전의 모양과 구조를 가진 성읍만을 보았다는 것 사이의 명백한 불일치를 어떻게 설명할 수 있을까? 물론 그가 처음에는 단순히 새로운 세계만을 보았고 이어서 그 세계 안에 있는 성읍-성전을 보았을 가능성도 배제할 수는 없다. 그러나 이런 해결책은 타당해 보이지 않는다. 왜냐하면 요한은 "새 하늘과 새 땅"을, 다음에 이어지는 "성읍-성전"에 관한 묘사와 동일시한다고 보이기 때문이다. 그 다음에 계속되는 두 절은 이런 동일시를 당연하게 간주하는 방식으로 11장의 서두에 제시된 증거를 되풀이한다.

예를 들어 이런 동일시는 성읍-성전 안으로 "무엇이든지 속된 것…은 결코 들어가지 못한다"라고 말하는 요한계시록 21:27을 깊이 생각해볼 때 좀더 분명하게 드러난다. 구약성경에서 부정함은 성막이나 성전 경내로부터 제거되어야 했음을 상기하라(예. 민 19:13, 20; 대하 23:19; 29:16). 요한계시록 21:27은 21장이 묘사하는 새로운 성읍-성전의 주변부가 마침내 새 창조 전체를 포괄하리라는 것을 암시한다. 이 텍스트는 성읍 내 성전 안에 어떤 부정함도 허용되지 않는다고 말하는데, 이는 부정함이 새로운 세상 안에서는 전혀 허용되지 않으리라는 것을 의미한다. 이런 결론은 22:15에 의

---

1) 왕상 6:20-22(과 5:17)과 7:9-10을 각각 참조하라. 또한 계 21:16의 치수 기록("길이와 너비와 높이가 같더라")이 왕상 6:20의 "지성소" 치수(70인경은 지성소의 "길이와…너비와…높이"의 치수가 같다고 번역함)에 의존한다는 점을 주목하라.

해 더욱 명시적으로 드러난다. 이 텍스트는 성읍으로부터 부정한 것들이 배제되고, 그럼으로써 이것들이 새 창조의 주거 공간으로부터도 사라지리라고 말한다. 왜냐하면 이 부정함은 영원토록 불못에 던져질 것이요(21:8; 22:15에 관한 설명을 보라; 참조. 21:25), 이 불못은 분명히 새 창조의 경계선 밖에 있기 때문이다.

앞에서 우리가 했던 또 다른 관찰도 새로운 우주와 성읍-성전의 동일시를 추가로 뒷받침한다. 요한계시록의 다른 데서 "봄-들음"(seeing-hearing) 패턴은—여기서 요한이 보는 것은 그가 듣는 것에 의해 해석되고 그 반대도 성립함—21:1-3이 동일한 현실을 가리키고 있음을 암시한다. 그 전형적인 사례는 요한계시록 5:5이다(요한은 "유다 지파의 사자"가 "이겼다"는 이야기를 듣는다). 또한 5:6은 메시아를 가리키는 어린 양이 어떤 방식으로 승리했는지를 해석한다(역설적이게도 그는 "죽임 당한 어린 양"으로서 이긴다). 앞서 살핀 바와 같이 요한계시록 21:1은 "새 하늘과 새 땅"에 관한 요한의 환상으로 시작되며, 이어서 "하늘로부터 내려오는 새 예루살렘"의 환상을 소개한다(2절). 바로 다음에 사도는 "하나님의 장막이 사람들과 함께 있으매 하나님이 그들과 함께 계시리니"라고 선포하는 "큰 음성"을 듣는다(3절). 두 번째 환상(2절)은 첫 번째 환상을 해석하고, 요한이 성막에 대해 들은 것(3절)은 두 구절을 더욱 분명하게 해석하는 것 같다. 이것은 1절의 새 창조가 2절의 "새 예루살렘"과 동일하며, 이 두 절이 공통적으로 3절의 "성막"과 동일한 실재를 표상한다고 말하는 것과 같다.

지금까지 책의 앞부분에서 내린 많은 결론도 요한계시록 21:1, 2, 3이 각각 동일한 실재를 가리킨다는 점을 추가로 뒷받침한다. 예를 들어 3절이 레위기 26:11-12과 에스겔 37:27을 함께 언급한다는 사실이야말로, 새 예루살렘(2절)을 "사람들과 함께 있던 하나님의 장막"이나 그분이 "그들과 함께 계심"(3절)과 동일시하는 요한의 견해를 구체화한다고 할 수 있다. 앞서 우리는 에스겔서 텍스트가 레위기를 언급하며, 하나님이 "너희 중에 거하심"으로써 그분이 이스라엘의 약속한 땅 전체 위에 함께하시리라는 예언("내 처소가 그들 가운데에 있을 것이며")을 선명하게 밝히고 있음을 살폈다. 에스겔 40-48장의 성전 환상은 37:26-28의 예언에 기초해서 확대되었으며,[2] 그것의 중요성을 다음과 같은 요약문으로 마무리한다. "그날 후로는 그 성읍의 이름을 여호와 삼마라 하리라"(48:35). 특히 이스라엘의 수도는 하나님의 거룩한 임재로 뒤덮일 것이다. 앞에서 우리가 이사야 4:5-6[3]과 예레미야 3:16-17(특히 렘 3:17과 겔 48:35을 비교하라)에서도 발견한 것처럼 말이다. 이미 우리는 에스겔이 본 새 성전의 치수가 옛 예루살렘 자체의 크기와 같음을 관찰했다. 에스겔 40:2도 "매우 높은 산" 위에 "성읍 형상 같은" 성전이 있다고 말한다(계 21:10도 보라).[4] 따라서 에스겔은 성막이 예루살렘뿐만 아니라 심지어 이스라엘 땅도 포함할 만큼 확대되리라고 예언한다. 이런 지점은 요한계시록 7:15이 에스겔 37:27을 사용한다는 사실에 의해 이미 암시된 바 있다. 이 요한계시록 텍스트에 의하면 앞의 예언은 헤아릴 수 없이 많은 유대인과 이방인을 통해 성취되었다(참조. 계 7:9ff.).[5] 레위기 26장과 에스겔 37장이 공통적으로 성전 예언을 창세기 1:28의 "생육하고 번성하여 땅에 충만하라"라는 명령의 발전 형태로 보고 있다는 사실은, 요한계시록 21:3의 장막이 21:1의 새 땅과 동일함을 암시한다(참조.

---

2) 겔 40-48장이 37:26-28과 동일한 성전 예언을 정교하게 다듬은 것이라는 사실은 "내가 그들 중에 영원히 거하리라"라는 표현이 (약간 변화가 있지만) 두 텍스트에서 두 번씩 발견된다는 점(겔 37:26, 28과 43:7, 9)을 주목할 때 더욱 분명하게 드러난다.

3) 에스겔이 하나님의 장막이 온 예루살렘을 덮으리라는 사 4장의 예언도 염두에 둔다는 점은 나중에 계 21:27에 기초해서 추론할 수 있다. 왜냐하면 이 텍스트는 "무엇이든지 속된 것…은 결코 그리로[예루살렘으로] 들어가지 못하되 오직 어린 양의 생명책에 기록된 자들만 들어가리라"라고 말하기 때문이다. 마찬가지로 예루살렘을 덮을 정도로 확대된 장막에 거하는 자들, 곧 "예루살렘 안에 생존한 자 중 기록된 모든 사람은 거룩하다 칭함을 얻을" 것이다(사 4:3). 이것이 계 21장에 있는 또 다른 텍스트라는 점을 생각해보라. 이 텍스트는 새 창조가 새 예루살렘과 동일함을 암시한다. 왜냐하면 부정한 것은 어떤 것도 결코 새 창조 안으로 들어갈 수 없기 때문이다.

4) 에스겔서의 이런 설명에 대해서는 Duguid 1999: 472를 보라.

5) 레 26:12과 겔 37:27을 결합시키는 고후 6:16도 마찬가지다.

성전 신학

레 26:9; 겔 36:35-38).

요한계시록 21:1의 "새 하늘과 새 땅"이 21:2과 21:9-22:5의 낙원과도 같은 성읍-성전에 의해 규정되고 그것과 동일시된다는 점은, 앞서 살핀 것처럼 구약성경의 "하늘과 땅"이 자주 예루살렘이나 그곳의 성전을 가리키는 방식일 수 있다는 레벤슨의 관찰을 통해서도 지적된다(Levenson 1988: 89-90; 1984: 294-295). 레벤슨은 이 점을 가장 잘 보여주는 텍스트 중 하나로 이사야 65:17-18을 인용한다. "보라 내가 새 하늘과 새 땅을 창조하나니 이전 것은 기억되거나 마음에 생각나지 아니할 것이라[65:17] 너희는 내가 창조하는 것으로 말미암아 영원히 기뻐하며 즐거워할지니라 보라 내가 예루살렘을 즐거운 성으로 창조하며 그 백성을 기쁨으로 삼고[65:18]." 요한계시록 21:1-2은 이사야 65:17-18의 형식을 따르고 있다. 요한계시록 21:1이 확실하게 이사야 65:17을 언급하기 때문에, 21:2의 새 예루살렘도 이사야 65:18을 반향하며 요한계시록 21:1의 "새 하늘과 새 땅"과 동일시된다고 이해하는 것은 당연하다! 지금까지 관찰한 제12장의 증거만 살펴봐도 1절의 새 창조와 2절의 새 예루살렘이 3절에서 모든 사람 가운데 있는 "하나님의 장막"으로 이해된다는 점 역시 자연스러운 동일시라고 여겨지는데,[6] 이는 우리 연구의 앞부분에서 얻어진 결론이기도 하다.

그 결과 새 창조와 새 예루살렘은 하나님의 장막과 같으며, 요한계시록 21장 전체에 걸쳐 하나님의 특별한 임재의 자리로 묘사되는 참된 성전을 일컫는다고 할 수 있다. 바로 이런 하나님의 임재가 과거에는 이스라엘의 성전에만 한정되었으나 이제는 교회를 통해 널리 퍼져가기 시작했으며, 종국에는 온 땅과 하늘을 가득 채우고 그것과 동일시될 것이다. 그리하여 창조 세계 전체를 다스리는 에덴동산 성전의 종말론적인 목표가 마

---

6) 사실상 후기 유대교(*Pirke de Rabbi Eliezer* 51)는 사 43:19의 새 창조 예언("보라 내가 새 일을 행하리니")의 성취로 "미래의 성전이 세워질 것이요 갱신되리라고" 말할 수 있었다.

침내 성취될 것이다(계 22:1-3). 따라서 종말론(eschatology)은 에덴 시원론(protology)을 되풀이할 뿐만 아니라 이것을 한층 발전시킨다(추가로 Beale 1997: 11-52을 보라).

참으로 요한은 새로운 우주를 나무가 우거진 성읍-성전과 동일시한다. 그렇다면 사도는 어떤 이유로 이 둘을 동일시하는 것일까? 왜 요한은 새 하늘과 새 땅의 완전한 모습을 그려내지 않을까? 첫눈에 보아도 이것은 문제를 안고 있다고 여겨지며, 시간을 두고 보아도 마찬가지다. 어떤 학자들은 이런 외견상의 불일치가 환상과 꿈이 가질 수 있는 불합리성에 기인한다고 보기도 한다. 물론 요한이 이 환상이 하나님께로부터 비롯되었다고 주장함(예. 계 21:9을 계 1:1이나 22:6과 비교하라)을 생각한다면 이런 견해를 그대로 적용하기 어렵겠지만 말이다.[7]

이 책 전반에서 우리는 이 문제를 해결하기 위해 구약 성전의 의미와 역할을 연구했다. 구약 성전의 목적을 찾아내고, 그럼으로써 이 목적이 신약성경의 성전 개념과 어떻게 관련되는지를 알아보기 위해서 말이다. 이 작업을 수행하는 중에 첫 번째 성막과 성전이, 이스라엘이 국가가 되기 이전에도 이미 오랫동안 존재했다는 사실이 분명하게 드러났다. 참으로 인간 역사의 시초에서부터 최초의 성소를 발견할 수 있다는 사실은 확실하다. 첫 번째 동산-성전에서 살던 아담의 목적은 이 성전이 온 세상을 포함할 때까지 경계선을 넓히는 데 있었다. 그럼으로써 마침내 세상이 하나님의 영화로운 임재로 완전히 가득 차게 되도록 말이다. 아담의 실패는 적절한 때에 이스라엘 안에 성막과 성전이 다시 세워지는 것으로 귀결되었다. 성막과 성전은 공통적으로 에덴의 모델을 따라 만들어졌다. 또한 이것들은 공동체적 인격인 아담으로서의 이스라엘에게 주어진 목적이 하나님께 성실하게 순종함으로써 성전의 경계선을 넓히고 온 세상에 그분의 영화

---

7) 성경을 매우 중시하는 사람들은 이 외견상의 불일치가 환상의 초이성적인 측면에 기인한다고 주장하고 싶어한다.

성전 신학

로운 임재를 전하는 것이었음을 나타내기 위해 우주 전체를 상징하는 것으로 건축되었다.

지금까지 진행된 이 연구의 논의 전체는 요한계시록 21-22장의 성전이 우주 전체를 상징적으로 표상한다는 결론을 확증한다. 왜냐하면 바로 이것이야말로 거룩한 역사 전반에 걸쳐서 이루어진 하나님의 성전 건축 과정의 목표였기 때문이다. 21-22장은 마지막 때에 전 세계에 걸쳐 성전이 지어지리라는 예언자들의 희망이 완성되었음을 증거한다. 요한계시록 11장(계 1-2장; 엡 2장; 벧전 2장과 다른 텍스트들도 마찬가지)은 이 성전의 건축이 이미 성취되기 시작했으며, 현 세대가 지나는 동안 그리스도와 그의 교회 안에서 온 땅을 가득 덮으리라고 묘사한다. 요한계시록 11장과 21-22장은 공통적으로 에스겔 40-48장의 성전 예언의 성취가 가지는 다양한 측면을 잘 보여준다. 또한 요한계시록의 이 텍스트들은 어떻게 그리스도와 교회가 마지막 때에 있을 성전의 성취인지를 설명하기 위해 구약 텍스트들을 언급하고 있다.

따라서 요한계시록 21:1에서 요한이 어떻게 새 하늘과 새 땅을 보는 동시에, 성전과도 같은 동산 형태의 성읍만을 보는지 하는 신비(21:2-3, 21:9-22:5)는 성경 역사 전반에 걸쳐 나타나는 성전의 목적을 찾아낼 때 자동적으로 해결된다. 또한 이럴 때 새로운 우주를 성전-성읍과 동일시하는 사도의 견해는 낯선 것이 아니라 자연스러운 것이 된다. 새 하늘과 새 땅은 성전으로 묘사된다. 왜냐하면 자신의 영화로운 임재를 담은 성전을 우주 전체로 확대하려는 하나님의 목적이 마침내 성취될 것이기 때문이다. 예표론적 측면에서 볼 때 구약의 성전들이 반복되고 점차 확대되는 에덴동산과 우주 전체를 상징한다는 개념은 마침내 모습을 완전히 드러낼 것이다. 과거의 지성소는 하나님이 거주하시는 우주의 비가시적인 하늘 차원을 표상했으며, 바깥뜰은 가시적인 세상(땅, 바다, 인간의 거주지)을 상징했다. 이전에 성전 실재의 본질이던 지성소에 한정되었던 하나님의 특별한 임재는 그리스도의 사역으로 인해 마침내 새 땅과 새 하늘 전체를 포괄하게 된다.

마지막 때가 되면 참된 성전이 하늘로부터 내려와서 피조 세계 전체를 가득 채울 것이다. 요한계시록 21:1-3, 10, 22 등이 확증하듯이 말이다.

왜 요한계시록 21:18은 성전-성읍이 정금(正金)이 되리라고 말할까? 왜냐하면 벽과 바닥과 천장 전체가 금으로 덮인(왕상 6:20-22; 대하 3:4-8) 이스라엘 성전의 "지성소"가 온 세상을 덮을 정도로 확대되기 때문이다. 이 것은 이스라엘의 옛 성전을 구성하는 세 구역(지성소, 성소, 바깥뜰)이 왜 요 한계시록 21장의 성전에서 더 이상 발견되지 않는지를 잘 설명해준다. 과 거에 지성소에 한정되었던 하나님의 특별한 임재가 이제는 온 세상을 포 함할 정도로 확대되었기 때문이라는 것이 바로 그 이유다. 또한 이것은 왜 요한계시록 21:16에서 성읍 전체가 "네모가 반듯"한 정방형인지를 설명하 기도 한다. 지성소가 이런 모양을 가졌다는 것이 바로 그 이유다(왕상 6:20). 더 나아가서 22:4은 창조 세계 전체가 지성소가 되었음을 명시적으로 드 러낸다. 이스라엘에서는 이마에 하나님의 이름이 새겨진 대제사장이 1년 에 한 차례 지성소에 들어감으로써 그분의 임재 안에 머무를 수 있는 유 일한 사람이었던 반면에 앞으로는 그분의 모든 백성이 "하나님의 이름을 이마에" 가지며, 1년에 하루만이 아니라 영원토록 그 임재 안에 머무는 대 제사장이 될 것이다.

이 마지막 논점은 여기서 하나님의 "보좌"가 새 창조 전체에 걸쳐 그분 의 백성 한가운데 있음을 주목함으로써 강화된다(22:1, 3을 보라). 요한계시 록의 앞장들에서 하나님의 보좌는 하늘 성전에만 있었다.[8] 또한 이스라엘 의 지성소에 있던 언약궤는 야웨께서 하늘 보좌에 앉아 계실 때 발을 펼 쳐두셨던 그분의 "발등상"으로 간주되었다(참조. 사 66:1; 대하 9:18; 대상 28:2; 시 99:5; 110:1; 132:7; 행 7:49).[9] 오직 대제사장만이 1년에 한 번 "발등상"이 있

---

8) 예를 들어 "보좌"라는 단어는 하나님이나 그분의 하늘 보좌와 관련해서 계 21:3, 5과 22:1-3 외에 요한계시록에서 대략 37회 나온다.
9) "발등상"은 솔로몬의 "보좌"에도 설치되어 있었다(대하 9:18). 아마도 이것은 언약궤가 하나님의 하늘 보좌 발등상이었다는 개념을 모델로 삼았을 것이다.

는 그 공간으로 들어갈 수 있었다. 새 창조 세계에서는 새로운 세계 전역에 흩어져 살아가는 모든 하나님의 백성이 항상 그분의 임재 안에 머무는 대제사장이 될 것이다. 왜냐하면 하늘 지성소와 그분의 보좌가 상징하는 그의 통치 임재의 치수가 대폭 확대되어 새 우주 전체를 포함하기에 이르렀기 때문이다.[10]

이 책의 연구 말미에서 나는 마지막 때의 성전이 엄청난 규모로 확대되리라고 보는 우드스트라(M. H. Woudstra)와 거의 동일한 결론을 내렸음을 발견했다. 앞서 살핀 것처럼 우드스트라는 이사야 4:5; 예레미야 3:16-17; 에스겔 37:26-28 등의 텍스트 전부가, 낙원의 축복이 회복되고 성막이 예루살렘을 넘어서는 지경까지 확대될 미래의 한 시기를 가리키고 있음을 주목했다(겔 37장에서는 성막이 약속의 땅 전체를 포함하도록 확대되는 것을 보았지만). 옛 성전은 "존재하기를 그칠 것이다. 왜냐하면 하나님이 제의적 행사가 자신의 범주를 넘어서서 일반 시민의 삶 속으로 확대되기를 원하셨기 때문이다"(Woudstra 1970: 99). 따라서 이는 옛 성전 제도가 사라지는 것을 의미하지 않고 오히려 그것이 가리키는 모든 것이 성취될 것이요, 그것이 "본래 의도했던 성읍 규모의 피난처가 됨으로써 완성되리라는 것"을 의미한다(1970: 99). 더 나아가서 우드스트라는 이런 지점을 주목한다. "완성의 시점이 이르기 전에 이루어지는 제의의 목적은 이 굉장한 사실을 현실화시키는 데 있다. 그것은 제의 제도의 '사라짐'과는 전혀 다르며…실제로 그 반대가 맞다. 제의 제도는 성읍 전체로 확대됨으로써 독립된 제도 자체로서는 불필요하게 된다"(1970: 98).

이어서 우드스트라는 구약성경에서 얻은 결론을 요한계시록 21-22장에 적용한다.

---

10) 흥미롭게도 이집트에서 "보좌"를 뜻하는 단어 앞에 쓰이는 한정사는 "신들의 경우…이 '보좌'가 성전 전체라는 점을 가리킨다"(Wilson 1997: 547).

성막의 최고 성취는 요한계시록 21장에 묘사되어 있다. 이 텍스트는 구속사의 종말론적인 단계를 그린다. …성전의 영역은 예루살렘 성읍 전체와 맞먹을 정도로 확대된다. 길이와 너비 및 높이가 똑같은 거룩한 성읍의 형태(계 21:16)는 새 예루살렘이 하나의 거대한 지성소가 될 것임을 암시한다. 동시에 이 성읍은 그곳의 강이나 생명나무와 함께 낙원의 샬롬을 상징한다(1970: 100-101).[11]

우드스트라는 성전이 우주 전체와 맞먹을 정도로 확대된다고는 주장하지 않는다. 다만 그는 이 성전이 새 예루살렘과 동일하다는 점만을 강조한다.[12] 그럼에도 에스겔 37:26-28이 미래의 한 시점, 곧 새 예루살렘이 "그 자체로서 교회가 되고 회복된 하나님의 백성의 삶과 맞먹게 될" 시

11) 새 예루살렘이 마지막 때의 성소와 동일하다고 보는 다른 학자로는 Caird 1966: 273, 279; Hughes 1990: 229; Walker 1996: 245; Duguid 1991: 483 등이 있다. 비록 이들은 Woudstra와는 달리, 이런 동일시가 구약의 예언을 통해 예고되었다고 보지는 않지만 말이다.

12) 제5장에서 주목했고 여기서도 다시 확인하는 바처럼, 이 책을 출판하기 직전에 나는 Kline(1989: 55-56, 62-63)이 간략하게나마 구약의 성전 건축 과정이 에덴에서 시작되었으며, 이 과정은 새 성전이나 새 예루살렘과 동일한 계 21장의 새 창조에서 완성된다는 점을 동일하게 주장했음을 발견했다. 또한 이 책의 초고를 거의 완성한 후에 나는 Dumbrell도 동일한 논점을 주장했음을 알게 되었다(Dumbrell 2002: 53-65). Dumbrell은 같은 주장을 하면서, 부분적으로 내가 원래 의존했던 자료(예. Wenham 1987: 1994)뿐 아니라 내가 이전에 출판한 주석의 추기(Beale 1999a: 1109-1111)도 참고했음을 밝히고 있다. 여기서 Dumbrell은 초기 저술(1985: 37-38, 41-42)과 유사한 생각을 전개하기도 한다. 한편 Caird는 지성소가 "성전 없는 성읍 전체를 가득 채울 정도로…확대되었다"고 본다. 이런 확대 과정의 선례를 구약에서 전혀 찾지 않지만 말이다(Caird 1966: 273). Spatafora도 교회가 새 예루살렘으로 변형되고 "하나님의 임재가 새 창조 전체를 포괄하게 될 교회를 완전히 채우리라는 점"을 선명하게 밝힌다(Spatafora 1997: 246, 264). 비록 구약 성전의 우주적인 측면을 간략하게 인정하지만, Spatafora도 우주적인 확대의 구약 선례를 전혀 언급하지 않는다. Woudstra처럼 요한이 슥 14:20-21의 생각에 근접한다고 말한 것만 제외하고 말이다. 스가랴서의 이 텍스트는 성전과 관련된 "거룩한 영역이 마지막 때에 [이스라엘 땅 전역으로] 확대될 것임을 선포"한다(Spatafora 1997: 273; 50-51도 마찬가지).

성전 신학

점을 가리킨다는 그의 주장(Woudstra 1970: 98-99)은, 새로운 우주를 지성소의 형태를 가진 성읍과 동일시했던 나의 결론을 향해 열려 있음이 분명하다.[13]

그 결과 성전의 바깥 두 구역(각각 가시적인 하늘과 땅을 표상하는 성소와 바깥뜰)은, 하나님의 지성소 임재가 모든 피조물을 다스리기 위해 나타났던 보호 덮개와 마찬가지로 사라지고 말았다. 바로 이런 이유로 히브리서 9:8은 "첫 장막[성소]이 서 있을 동안에는 [지]성소에 들어가는 길이 아직 나타나지 아니한 것[즉, 막혀 있다는 것]"이라고 말한다.[14] 하지만 그 길은 그리스도가 하늘 지성소로 들어가실 때 막혀 있지 않았으며, 마지막 때 그의 백성이 마침내 그곳으로 들어갈 때에도 막혀 있지 않을 것이다. 마지막 새 창조에는 지극히 영화로운 하나님의 임재를 모든 백성에게서 가로막는 장애물이 전혀 없다. 그리스도 안에서 시작된 새 창조 이후에도 유형적인 성전이 회복되리라고 기대하는 것은 "육체를 신뢰하는 또 다른 이유를 제공하는 동시에 칸막이벽을 다시 짓는 행위가 될 것이요, 하나님의 백성의 단일성을 깨뜨리는 행위가 될 것이다"(Clowney 1972: 177).

나는 요한계시록 21-22장과 관련해서, 궁극적으로 성전이 구속사적 의미와 우주적 의미를 가진다는 주제가 옳다는 것을 믿는다. 하지만 동시에 이것을 의심하는 학자들도 있음을 알고 있다. 물론 어떤 학자도 이 책

---

13) 동일한 암시에 대해서는 Cody 1960: 44을 보라. Duguid는 "거대한 지성소가 된" "성읍 전체"를 "새로운 세계"로 부르지만, 이것을 더 이상 구체적으로 설명하지는 않는다(Duguid 1999: 483, 524). Congar 1962: 79, 95, 129, 200, 222, 234, 243-245 등도 마찬가지다. 비록 그는 계 21장과의 부분적인 관련성만을 염두에 두지만 말이다. Congar는 개개인과 관련된 용어(예. "모든 영혼이 하나님의 성전인 예루살렘이 되었고…" [79쪽])나 집단을 가리키는 용어(예. 157-171쪽)가 보편성을 담고 있다고 본다. 계 21:10ff.의 새 예루살렘이 "우주적인 차원에 속한다"고 보는 Kline의 견해도 살펴보라(Kline 2001: 88).
14) 히 9:8에 대한 이런 해석으로는 Attridge 1989: 240을 보라. 그는 히 10:19-20도 비슷한 의미를 가진다고 본다(1989: 286-287). 이 텍스트는 예수가 자기 백성을 위한 "휘장"이 되심으로써 그들이 하나님의 임재를 향해 나아갈 수 있도록 하셨다고 말한다.

이 시도한 방식으로, 혹은 이 연구가 천착한 깊이만큼 해당 주제를 발전시키지는 않았지만 말이다.[15] 나는 이 책의 증거가 이런 의심 앞에서도 계속 유효성을 유지하는 것으로 만족하고자 한다. 따라서 신구약 전체에 걸쳐 발견되는 성전의 상징성이 매우 중요한 성경신학의 한 요소라고 말하는 것은 결코 가벼운 발언이 아니다.[16]

구약 성전과 신약 성전의 신학적 관계에 대한 해석학적 성찰

이 단락에서 나는 지금까지의 연구에서 진행한 중요한 해석학적 관찰과 결론들의 일부, 특히 성전 신학에 영향을 주는 내용을 한데 묶으려고 시도할 것이다.

히브리서에 관한 추가적인 생각

앞에서 우리는 히브리서에서 하늘 성소가 "참 장막"으로 불린다는 점을 살핀 바 있다. 지상의 것은 "하늘에 있는 것의 모형과 그림자"일 뿐이기 때문이다(8:5a). 히브리서 8:5b은 이 점을 분명하게 밝힌다. "모세가 장막을 지으려 할 때에 지시하심을 얻음과 같으니 이르시되 삼가 모든 것을 산에서 네게 보이던 본을 따라 지으라 하셨느니라." 모세가 시내 산에서 본 양식은 역사의 마지막 때에 나타나게 될 참된 하늘 장막의 모형이었다. 모세가 지상에 작은 모델로 만들어야 했던 것은 바로 이 종말론적인 성소였다. 이것은 "참되고" "문자적인" 동시에 진정하기에 "참 장막"이었다. 이와는 달리 지상의 장막은 "더 크고 온전한 장막"(히 9:11), 즉 문자 그대로 하늘에 속한 장막의 "모형과 그림자"이거나 그것의 비유적인 묘사였다(히 9:24도 마

---

15) 앞에서 주목한 것처럼, Meredith Kline과 William Dumbrell이 이 개념을 간략히 언급한 적이 있다.

16) Barker도 성전이 성경신학에서 매우 중요한 의미를 가진다고 결론 내린다(Barker 1991: 181). 하지만 Barker는 다른 근거에 기초해서 이런 결론에 도달한다.

찬가지).

일부 그리스도인 해석자들은 문자적인 것이 다만 유형적일 뿐이고, 비문자적인 것이 비유형적이라고 주장한다. 그러나 히브리서는 그 반대 개념을 내세운다. "비유적인" 성소는 지상의 것이요, "문자적인" 성소는 하늘의 것이다. 이런 개념의 근거는 "참된"(alēthinos)이라는 형용사의 의미에 있다. 히브리서 8:2과 9:24에서 장막을 "참되다"고 부르는 것은 다음 두 가지 의미를 모두 가진다. ⑴ "참되거나" "진정한 것"을 표상하는 것.[17] ⑵ 예언의 성취.

이런 용례의 가장 훌륭한 사례 중 하나는 요한계시록 3:14에 있다. 이 텍스트에서 그리스도는 자신을 "충성되고 참된 증인"으로 칭하신다. 이것은 그가 구약성경의 불완전한 증인들—그러면서도 여전히 그리스도의 그림자였던—이 마땅히 실행해야 했으나 그렇게 하지 못했던 모든 것의 "완전한 실체요 모델"임을 뜻한다.[18] 구약성경에서 "참된"이라는 단어는 실제로 존재하거나 실재에 상응하는 것을 가리키며(삼상 9:6; 15:17; 왕상 10:6; 대하 9:5), "거짓된"이라는 단어는 그 반대를 가리킨다. 일반적으로 거짓 증인이나 거짓 예언자는 실재에 상응하는 바를 말하지 않는다. 반면에 참된 증인과 참된 예언자는 실재에 상응하는 것을 말한다(예. 민 11:23; 신 13:2, 14; 17:4; 18:22).

마찬가지로 히브리서는 하늘 장막을 "참되다"고 칭한다. 이는 하늘 장막이 종말론적인 성전에 관한 직접적인 예언의 성취일 뿐 아니라, 불완전하고 잠정적인 구약 장막과 성전이 예고하던 모든 것의 성취이기도 하기 때문이다. 이런 모든 유형적인 성전은 다가올 참되고 영원한 성전의 모델과 모형이었다(다시 히 8:5을 보라). 이 완전한 성전은 결코 변하지 않으며 사라지지도 않는다. 왜냐하면 마지막 성전은 불완전한 사람의 손이 아니라

---

17) Bultmann, 'alētheia, alēthinos, ktl.', TDNT, 1: 238-251.
18) 401-406쪽의 논의 전체를 보라.

하나님의 손에 의해 새 창조로 만들어졌기 때문이다. 따라서 종말론적인 성전은 성취의 의미에서 "참될" 뿐 아니라, 영원한 실재로 남아 있으리라는 점에서 "참되다"고 할 수 있다.

이전의 성전은 "참되지" 않았다. 왜냐하면 이 성전은 다가올 성전의 그림자에 지나지 않을 뿐 아니라, 더 이상 존재하지 않을 것이기 때문이다. 새 창조의 세계에서 새 성전이 영원토록 존재할 수밖에 없는 또 다른 이유는, 옛 우주 안에 있던 하나님의 특별한 임재는 옛 성전의 안쪽 방에 갇혀 있었던 반면에 새 성전은 속박 없는 하나님의 임재 한가운데 있을 것이기 때문이다. 종말론적 성전이 시작된 이후에 다시 유형적인 성전이 세워지리라고 믿는 것은 성전 존재의 "그림자" 단계로 되돌아가는 것이 된다. 일단 하늘 성전의 실재에 상응하는 마지막 때의 영원한 성전이 도래한 상황에서, 하나님이 그림자 단계로 되돌아갈 것을 청하신다는 것은 좀 별스럽다고 하겠다.

그리스도와 교회를 마지막 때의 참된 성전으로 보는 것은 구약 성전이나 종말론적인 성전 예언에 대한 영적이거나 은유적인 해석이 아니다. 오히려 이것은 성전의 진정한 의미를 확인하는 것이라고 할 수 있다. 그리스도가 성전이 표상하는 바를 성취하셨다는 말도 맞지만, "그리스도는 성전의 존재 의미다"라고 하는 편이 더 낫다(Clowney 1972: 177). 이 점은 예수 자신이 다음과 같이 잘 표현하고 있다. "성전보다 더 큰 이가 여기 있느니라"(마 12:6).

히브리서가 문자적인 성전을 유형적인 성전이 아니라 하늘 성전으로 칭하는 또 다른 이유는, 하나님의 빛나는 임재가 사람의 손으로 만든 건축물에서는 불완전한 방식으로만 표현될 수 있기 때문이다. 앞서 살핀 것처럼 이것은 사도행전 7:48-49에 있는 스데반의 설교 요지이기도 하다. "그러나 지극히 높으신 이는 손으로 지은 곳에 계시지 아니하시나니 선지자가 말한 바 주께서 이르시되 하늘은 나의 보좌요 땅은 나의 발등상이니 너희가 나를 위하여 무슨 집을 짓겠으며 나의 안식할 처소가 어디냐 이 모든 것이 다 내 손으로 지은 것이 아니냐."

"손으로 지은 것"과 "손으로 짓지 아니한 것"의 의미에 관한 추가적인 생각

이스라엘의 유형적인 성소는 "손으로 지었기에"(행 7:44-47) 결코 항구적인 하나님의 처소가 될 수 없었다. 이사야 66:1을 인용한 스데반의 의도는, 하나님 자신의 손이 첫 번째 세계를 창조했지만 그것이 우상숭배로 오염되었기에(행 7:44-47을 7:50과 대조되는 7:41-43과 비교하라) 그분이 사람의 손이 아니라 자신의 손으로 새롭고도 항구적인 우주를 만드시리라는 것을 보여주는 데 있다(사 65:17-19과 66:22). 이는 어째서 솔로몬 성전이 하나님을 위해 성전을 건축할 다윗의 아들에 관한 약속의 궁극적인 성취가 아닌지를 설명해준다. 이유는 솔로몬 성전이 "손으로 만든 것"이라는 데 있다. 사람이 만든 구조물이 하나님의 임재에 부적절한 공간이라는 문제에 더해서, 이스라엘은 성전을 우상숭배의 장소로 만듦으로써 문제를 더 복잡하게 만들었다. 하나님의 심판은 우상숭배의 장소와 도구의 파괴를 요구했기에(예. 출 34:14; 신 7:5; 왕하 23:14; 대하 31:1; 34:4), 이스라엘의 성소는 파괴되어야 했다.

현재 연구에서 우리는 다니엘 2장의 돌산과 종말론적인 성전이 공통적으로 사람의 손으로 만들어지지 않았다는 점에서 서로 연결됨을 발견한 바 있다. 또한 신약성경은 마지막 때의 새로운 성전이 "사람의 손으로 만들어지지 않았음"을 반복해서 언급한다. 이것과 가장 밀접하게 상응하는 구약의 그림은 새롭게 창조된 성전을 가리키는 다니엘서의 "손대지 아니한 돌"이다.[19] 이 점에 비추어볼 때 참된 성전이신 그리스도가 자신을 다니엘서의 돌과 동일시하신 것(눅 20:17-18=마 21:42)은 놀랍지 않다. 히브리서 9:11은 그리스도가 "손으로 짓지 아니한 것 곧 이 창조에 속하지 아니한 더 크고 온전한 장막으로 말미암아" 성소에 들어가셨다고 말한다(히

---

19) 행 7:48에 더해서 막 14:58; 고후 5:1; 히 9:11, 24; *Barnabas* 16장 등을 보라.

9:24도 마찬가지).

이와 관련해서 사도행전 17:24은 "우주와 그 가운데 있는 만물을 지으신 하나님께서는 천지의 주재시니 손으로 지은 전에 계시지 아니하시고"라고 말한다. 바울이 이런 말을 한 것은 위대한 구속사적인 구분이 이루어진 후, 즉 그리스도와 그의 백성이 "손으로 만든" 이스라엘의 성전을 대신하기 시작한 때다. 바로 이 시점에서부터 하나님과 그의 백성을 분리하는, 사람의 손으로 지은 구조물은 존재할 수 없게 된다. 그분이 아무런 제약도 받지 않은 채 완전하게 그들과 함께 거하실 수 있도록 말이다. 바로 이런 이유로 어떤 인간도 이사야 66:1의 하나님의 질문, 즉 "너희가 나를 위하여 무슨 집을 지으랴"라는 종말론적인 영원한 처소에 관한 질문(행 7:49-50에 인용됨)에 긍정적으로 대답하지 못한다. 이와 관련해서 신약성경에서 "손으로 만든 것"은 옛 창조를 지시하는 반면에, "손으로 짓지 아니한 것"은 새 창조—훨씬 구체적으로는 새 창조의 시작인 부활의 상태—를 가리킨다는 것은 당연하다.

하나님의 궁극적인 목표는 창조 세계의 모든 영역을 자신의 임재로 가득 채우는 데 있다. 왜냐하면 바로 그분이 이 세계의 창조주이시기 때문이다. 하나님의 영화로운 임재는 옛 창조 안에서는 완전하게 머물 수 없다. 왜냐하면 옛 세계는 오염되었기 때문이다. 따라서 그분의 특별한 계시적 임재는 사람이 만든 건축물 안에 제한적인 방식을 통해서만 머물 수 있었다. 하지만 하나님이 세상을 완전히 구속하고 재창조하실 때가 되면, 그분은 과거보다 훨씬 완전한 방식으로 이 세계 안에 거하실 것이다(롬 8:18-25). 따라서 새로운 성전은 어디에나 계시는 하나님의 임재가 영원하고도 완전하게 머물 수 있는 공간이 될 것이다. 이는 새 성전이 도덕적으로 흠이 없으며, "손으로 짓지 아니한 것 곧 이 [옛] 창조에 속하지 아니한 것"(히 9:11)이기 때문이다. 바로 이런 이유로 요한계시록 21:22은 "성 안에서 내가 성전을 보지 못하였으니 이는 주 하나님 곧 전능하신 이와 및 어린 양이 그 성전이심이라"라고 말한다. 하나님의 임재를 담아내는 데 흠 있는 그릇 같던 과거의 성소들은 "하나님과 인격체이신 어린 양에 의해 대체된다. 그 결과 [이제는] 제약 없는 하나님과의 교통이 가능하게 된다."[20]

"확대된 의미"라는 개념의 중요성

저자의 소통 방식의 본질에 대한 깊은 숙고는 우리로 하여금 성경 저자의 소통 방식과 그를 통한 하나님의 소통 방식의 본질을 더 잘 이해할 수 있도록 돕는다. 물론 이것은 성경 계시의 다양한 부분에 걸쳐서 성전이 어떻게 이해되는지에도 중대한 영향을 준다.

성경 저자건 다른 인간 저자건 간에, "문자적인" 소통 행위는 다음과 같은 세 가지 측면을 포함한다. (1) 발언의 내용. (2) 발언이 이루어지는 방식. (3) 발언이 의도하는 효과.[21] 이 단락은 바로 둘째 단계, 즉 하나님이 인간 저자를 통해 일정한 내용을 전하시는 다양한 방식에 초점을 맞추고 있다. 성경은 시, 비유, 역사적 내러티브, 환상적 묵시, 찬양, 조롱, 풍자, 아이러니, 예언, 지혜 격언 등의 문학적 형식을 통해 일정한 내용을 전달한다. 어떤 문학적 형식은 문장이나 단락을 통해서만 아니라 완성된 문학 작품 전체를 고려함으로써도 분별할 수 있다. 우리의 경우, 하나님이 사용하시는 소통 방식 중 일부는 오직 완성된 정경 전체를 고려함으로써만 분별할 수 있다(Vanhoozer 2001: 34-37). 이런 형식 중 하나가 바로 예표론이다(아래에 있는 요 19장의 사례를 보라).

정경 성경은, 원저자가 자신이 표현하고자 했던 것보다 더 완전한 잠재적인 의미를 깨달음으로써 "의미의 발전을 이룰 수 있는" 다른 문학 작품들과 유사성을 가진다. 이것은 때때로 다음과 같은 사실을 의미한다. 즉 저자는 의식적으로 자신의 문학적 행위, 즉 자신의 "문자적 의미"로 하여

---

20) O. Michel, 'naos', TDNT, 4:889.
21) 발화 행위(speech-act) 이론에 뿌리를 둔 이런 개념에 대한 구체적인 설명으로는 Vanhoozer 1998의 여러 곳을 보라.

금 널리 개방되어 있거나 불확정적으로 보이게 하려는 의도를 가지며, 자주 이런 불확정성은 의식되지 못하거나 암시될 뿐이다. 이것은 "초역사적인 의도" 또는 "널리 개방되어 있는 저자의 의도"라고 불릴 수 있다. 이는 본래 의도된 의미가 애초에 진술된 내용을 넘어서서 확대된다는 점에서 그렇다(Hirsch 1967: 125; 1984: 202-244). 저자는 자기가 말하는 것 속에서 매우 다양한 적용을 위해 의도된 원리들을 뒷받침함으로써 불확실한 미래로 의미 확대가 이루어질 가능성을 제공하기를 원할 수 있다. 또는 이와는 다르게 저자는 자기가 애초에 의도했던 의미가, 새로운 상황에 그 의미를 창조적으로 적용할 수 있다고 믿는 후대의 해석자들에 의해 재상황화될 가능성을 생각했을 수 있다. 이런 경우 후대의 독자에게는 "의미를 확대시키는" 방식으로 텍스트를 해석하는 길이 열리게 된다. 이렇게 본래적 의미는 인식의 차원에서는 내용상의 수정이 어느 정도 허용되지만, 본질적인 변화는 이루어지지 않도록 만들어져 있다.[22]

허쉬(E. D. Hirsch)는 자신이 "의미"(meaning)라고 부르는 것과 "의의"(significance)라고 부르는 것 사이를 유용하게 구별하는데, 이는 현재의 논의와 관련성을 가진다. 본래적이고 의도적이며 축어적인 의미에 대한 설명은 이런 의미의 "중요성"과 구별된다.[23] 우리는 저자의 본래적이고 불변하는 의미를 사과나무라는 본래적인 맥락 속에 있는 사과에 비유할 수 있다. 만일 누군가가 사과를 떼어내 다른 곳에(예를 들어 장식을 목적으로 식당의 과일 바구니 안에) 둔다면, 그 사과는 특정한 나무의 열매인 사과로서의 본래적인 정체성을 잃지 않지만, 이제는 그 자체로서가 아니라 그것이 놓이게 된 새로운 맥락과 관련해서 이해되어야 한다.[24] 허쉬는 이런 새로운 맥락

---

22) 이 단락은 Hirsch 1967: 125; 1984의 여러 곳; 1994: 558; Vanhoozer 1998: 261-262(Hirsch를 따름), 313-314에 기초한다.
23) 축어적 의미를 "의도된 유형"으로 설명하는 것에 대한 추가 논의로는 아래 설명을 보라.
24) 이보다 더 구체적인 사례는 사과를 나무로부터 취해서 잘라낸 후 그것으로 과일 샐러드나 사과 소스 등을 만드는 것이다. 그러나 이처럼 "새로운 맥락"에서조차 본래적인 배

관계를 "의의"라고 부른다. 이 새로운 맥락은 사과의 본래적인 정체성을 무효화시키지 않지만, 이제 사과는 새로운 배경과의 관련성 속에서 이해되어야 한다. 이것은 의미나 의의와 동일하다. "'의미'는 텍스트의 축어적 의미 전체를 가리키며, '의의'는 그 자체를 넘어서는 보다 큰 맥락(즉 다른 정신, 다른 시대, 더 넓은 주제, 낯선 가치 체계 등)과의 관계 속에 있는 텍스트의 의미를 가리킨다"(Hirsch 1976: 2-3).[25] 허쉬가 "의의"라고 부르는 것은 확대된 의미라는 개념으로 또는 확대되지 않은 본래 의미의 단순한 적용으로 나누어질 수 있다(예. 후자의 경우, 특정한 옛 성경 텍스트의 메시지가 21세기를 살아가는 사람들의 삶에 어떻게 적용되는가?). 여기서 우리는 의미의 유기적인 확대인 "의의"에 초점을 맞추고자 한다(Hirsch 1967: 49-50).[26]

경에서의 사과와 동일시되는 무엇인가가, 눈으로 보거나 혀로 맛보았을 때 남아 있다. 우리가 동의할 수 없는 한 가지 사례는 사과를 취해서 그것으로 본래 사과와 전혀 동일시되지 않는 어떤 것을 만드는 경우다.

25) 이 연구의 제한된 범위 때문에, 전통적 입장과 현대적인 입장 사이의 해석학적 논쟁—예를 들어 Hirsch와 Gadamer가 각각 대표하는—에 대한 적절한 논의는 불가능하다. 이 논쟁 자체는 Husserl과 Heidegger가 대표하는 서로 상반되는 두 개의 인식론적 입장에 뿌리를 두고 있다. Hirsch의 시각에서 비롯된 논의를 위해서는 Hirsch 1976: 4-6; 1967: 209-274을 보라. 이와 유사한 관점에서의 평가로는 Gruenler 1991: 74-86; N. T. Wright 1992b: 18-144(여러 곳); Carson 1996: 57-137, 163-174 등을 보라. Wright와 Carson은 이 논쟁에 포함된 인식론적 측면의 주관적 요소와 객관적 요소 사이에 균형을 잘 맞추고 있다.

26) Hirsch가 의도적이고 축어적인 의미의 확대에 대한 추가 설명으로 도입한 "의도된 유형"(willed type)은 추상적이지만 이해하려고 노력할 가치가 있는 개념이다. "의도된 유형"은 다음과 같은 두 가지 특징을 가지는 의미다. (1) 일정한 경계선을 가지는 범주적 개념. 이 범주적 개념 안에는 어떤 특수한 개념은 포함되지만, 또 다른 개념은 배제된다. 범주적 개념은 적법한 경계선 안의 유사한 개념들 중 한 개의 개념에 의해 표상될 수 있다. (2) 범주적 개념은 그 범주에 속한 개념들 중 한 개 이상의 개념에 의해 표상될 수 있다. 이것들이 범주 경계선이 한정하는 영역 안에 있는 한 말이다. 여기서 나는 Hirsch의 견해를 부연 설명했다. 그가 주장하는 실제적 이중 정의는 좀더 밀도 있다. 그는 "의도된 유형"이 다음과 같은 두 특징을 가진다고 한다. (1) 경계선을 가진 전체. 이 전체 안에서 어떤 사물들은 경계선 안에 포함되지만, 다른 것들은 배제된다. 또한 이것은 적법한 경계선 안의 다른 사물들 중 한 가지 사례에 의해 표상될 수 있다. (2) 전

"확대된 의미"와 그것이 성경해석(총론)과 성전(각론)에 미치는 영향

"확대된 의미"라는 개념은 신약성경의 구약성경 사용 방식을 이해하고 분석하는 데 도움을 준다. 다른 사람들처럼 나도 유사한 어떤 것이 예언이나 환상적인 묵시 같은 구약의 문학적 형식에 포함되어 있다고 믿는다. 구약성경의 저자들은 자기가 말하는 것을 흐릿하고 암묵적이고 부분적인 방식으로만 이해했던 것 같다.[27]

구약 저자들의 의도는 계시의 과정이 그리스도 안에서 절정에 도달할 때까지 점진적으로 나타나는 하나님의 의도만큼은 포괄적이지 않을 수 있다. 구약 저자들은 먼 미래에 일어날 사건뿐만 아니라 예수가 출범시킨 또 다른 세계, 즉 새로운 세계에서 일어날 사건까지도 예언했다. 어떤 의미에서 저자들은 지상 위로 우주선에 타고 있는 사람과 비교될 수 있다. 그들이 볼 수 있는 것은 구름과 바다와 대륙들이 뒤섞인 거대한 땅덩어리와 그것들의 다채로운 색채뿐이었다. 하지만 만일 우주선 카메라를 통해 지상의 모습을 확대해서 본다면 그들은 산과 강과 숲, 도시와 집과 사람들을 자세히 볼 수 있을 것이다. 이때 멀리 떨어진 장면과 근접 촬영된 장면은 모두 "문자적"이다. 근접 촬영된 장면은 멀리 떨어져 있는 사람이 결코 생각할 수 없었던 상세한 모습을 보여준다. 근접 촬영된 장면은 멀리 떨어진 장면과 다른 실재처럼 "보이기도" 한다. 그럼에도 이 둘은 공통적으로 실제로 그곳에 존재하는 것을 "문자적으로" 묘사하고 있다. 같은 방식으로 구약 예언의 문자적 그림은 신약성경의 점진적인 계시라는 렌즈를 통해 확대된다. 이 렌즈는 그리스도의 마지막 강림 때 완성될 새 세계의 시작에서 성취될 상세한 내용들을 확대시켜 보여준다.

이런 실례를 염두에 두고서 우리는 그리스도가 구약 성전과 그곳의 예

체로서의 유형은 하나 이상의 사례에 의해 표상될 수 있다. 이 사례들이 그 경계선 안에 있는 한 말이다.

27) 이 단락은 Vanhoozer 1998: 313-314에 기초한다.

언이 표상하는 모든 것의 성취이실 뿐 아니라, 지금까지 존재해왔던 성전의 드러난 의미이기도 하다는 점을 주장하고자 한다.[28] 초림 때 이루어진 그리스도의 성전 확립은 새롭게 창조된 성전의 확대된 그림이다. 또한 요한계시록 21장은 완성된 새 우주의 이런 측면과 관련해서 우리가 갖게 될, 궁극적으로 가장 크게 확대된 그림을 보여준다. 멀리 떨어진 장면이나 근접 촬영된 장면처럼, 이런 성전 모습은 구약에 있는 성전 예언들의 문자적인 성취를 감소시킨다고 이해되어서는 안 된다.

또한 이스라엘 성전과 미래의 또 다른 성전에 관한 예언들은 세계 지도가 그려진 작은 풍선에 비유될 수 있다(이미 우리는 구약 성전이 우주의 상징적인 모델이라고 주장했음). 이 지도의 등고선은 풍선에 공기를 불어넣지 않는 한 거의 알아볼 수 없다. 풍선에 공기가 조금 채워지면, 지도의 세부 사항은 조금 보인다. 하지만 아직 그것이 너무 가까이 있기에 분명하게 볼 수 없다. 하지만 풍선에 바람이 완전히 들어차면, 지도의 세부 사항이 확대되어 훨씬 분명하게 알아볼 수 있게 된다. 바람이 가득 채워진 풍선은 바람이 더 적게 들어간 풍선과 마찬가지로 "문자적"이지만, 그 세부 사항은 훨씬 더 눈에 잘 들어온다. 마찬가지로 신약성경에서 성전 성취는 유형적인 성전 건축물 전체가 축소되거나 사라지기는커녕, 그리스도와 그의 백성과 함께 유형적이고 영적인 확장이 이루어지고 마침내는 새 하늘과 새 땅 전체에서 그것이 완성됨을 보여준다! 구약 시대의 가장 위대한 예언자 세례 요한이 자신은 쇠해야 하지만 예수는 흥해야 한다고 말한 것처럼(요 3:30), 예수도 자신의 강림과 함께 성전은 쇠하고 자신은 흥했다고 말씀하신다(마 12:6, "성전보다 더 큰 이가 여기 있느니라").

앞에서 우리는 구약성경의 어떤 경우에 비유형적 성전이 예언되었음을 언급한 바 있다. 하지만 다른 경우에서는 눈에 보이는 듯한 성전 구조물이 묘사된 예언도 있을 수 있다. 하지만 이런 예언도 앞서 주장한 것처

---

28) Clowney 1972: 177을 부연 설명했다.

럼 완전히 문자적이고도 비유형적인 성전에 의해 성취된다. 달리 말해서 그리스도와 교회가 이런 예언을 성취한다는 이야기다. 앞에서 우리는 해석학적 측면에서 이를 설명하기 위해, 1900년에 아들에게 말과 마차를 주기로 약속한 어떤 아버지의 약속이 1930년에는 자동차를 통해 한층 완전한 방식으로 이루어졌다는 비유를 든 적이 있다. 이는 실제로 성경의 예표론에 해당하는 사례다. 예표론에 의하면 "그리스도는 약속을 표현한 실제 용어와는 다른 방식으로 약속을 성취하신다"(Goldsworthy 1991: 87). 예표론은 단순히 구약성경의 무엇과 신약성경의 무엇 사이의 유비만을 가리키지 않는다. 예표론은 사람과 제도와 사건들에 관한 구약의 간접적인 예언과 예시가 그리스도 안에서 성취되었음을 보여준다. 그리스도는 옛 계시, 즉 율법이건 성전이건 의례 행위이건 다양한 예언이건 제사장과 왕이건 상관없이 이 모든 것의 최종 성취다.[29]

우리는 그 고전적 사례를 요한복음 19:36에서 찾을 수 있다. 이 텍스트에 의하면 요한은 뼈가 하나도 꺾이지 않은 예수의 십자가 죽음이 출애굽기의 유월절 어린양 제사의 예언적인 "성취"였다고 말한다(출 12:46; 민 9:12; 시 34:20을 보라). 유월절 희생제사는 구약성경의 공식적인 예언이 아니라 역사적인 사건으로만 진술되지만, 그리스도의 강림에 비추어볼 때 이 사건은 확대된 형태로 이루어질 하나님의 어린양 제사를 예고한다고 간주된다. 따라서 말[馬]에서 자동차로 옮겨간 것을 말하든, 제사용 동물에서 십자가에 못 박힌 하나님-인간으로 옮겨간 것을 말하든, 구약성경으로부터 신약성경으로의 해석학적 변이는 자주 "그림자"로부터 "실체"로 옮겨간 것과 같다.

계시의 과정은 이전 성경 텍스트의 확대된 의미를 보여주며, 후대의 성경 저자들은 이전 텍스트를 부연 설명하는 방식으로 이전 정경을 해석한다. 이런 후대의 해석은 이전 저자들이 의식하지 못했던 의미, 하지만

---

29) Beale 1994: 396을 비롯해서 여러 곳을 보라.

성전 신학

본래의 유기적인 의도를 무시하지 않으며 도리어 본래 의도에 "수반"[30]될 수 있는 의미를 공식화한 것인 듯하다. 이것은 본래적 의미가 "두꺼운"[31] 내용을 가지며, 원저자가 내용의 완전한 범위를 (하나님이 아시는 것처럼) 충분히 알지 못했으리라는 의미다. 이런 관점에서 볼 때 예언의 성취는 종종 예언자조차도 완전히 인식하지 못했던 상세한 내용을 통해 예언을 "구체화시키는" 것이라고 할 수 있다.

"확대된 의미"와 그것이 성전 해석에 미치는 영향에 대한 마지막 생각들

일부 구약 예언(예를 들어 "성전" 같은)이 문자적으로 성취되는지 아니면 비문자적으로 성취되는지 하는 문제에 대한 해결책의 부재는 "이미 그리고 아직 아닌"(already and not yet)이라는 종말론 개념을 올바르게 성찰함으로써 부분적으로 풀릴 수 있다. 성도들의 부활의 성취는 마지막 때 이루어질 성전 성취의 본질과 훌륭한 평행 관계에 놓여 있다. 예를 들어 다니엘 12:2은 신자들의 부활을 예언한다. 요한복음 5:25은 "죽은 자들이 하나님의 아들의 음성을 들을 때가 오나니 곧 이때라 듣는 자는 살아나리라"라고 말한다. 다니엘의 예언은 주후 1세기에 성취되기 시작하지만, 단지 영적인 차원에서만 그렇다. 사람은 영적으로는 부활하지만, 육체적으로는 아직 부활하지 않는다. 하지만 몇 절이 지나서 예수는 동일한 다니엘서 예언의 완전한 실제적 성취를 언급하신다. "이를 놀랍게 여기지 말라 무덤 속에 있는 자가 다 그의 음성을 들을 때가 오나니 선한 일을 행한 자는 생명의 부활로, 악한 일을 행한 자는 심판의 부활로 나오리라"(요 5:28-29). 두 가지 성취는 모두 문자적이다. "영적인" 부활은 육체적인 만큼이나 "영적"이기도 하다. 왜냐하면 다니엘은 부활한 영들과 함께 몸의 부활을 예언했기 때

---

30) 이 단어는 Vanhoozer 2001: 37에서 가져왔다.
31) 이 개념에 대한 상세한 설명으로는 Vanhoozer 1998: 284-285, 291-292, 313-314 등을 보라. 여기서 그는 "두꺼운 설명"에 대해 논의한다. 추가로 Beale 1999b: 1-26도 보라.

문이다! 이 예언은 곧바로 성취되지 않는다. 왜냐하면 영적인 부활이 먼저 일어나고 그 후에 몸의 부활이 일어나기 때문이다. 따라서 성취의 본질이 변한 것이 아니라 성취 시기가 변한 것이다. 달리 말해서 영적이고 육체적인 부활은 영적이거나 은유적으로 이해되지 않으며, 둘 사이에는 다만 시간의 차이가 있을 뿐이다.

구약의 부활 예언이 이중적 형태로 이루어지는 방식에는 다른 것이 하나 더 있다. 예수 자신의 부활이 예언 성취의 시작이라면("첫 열매"), 나중에 역사의 마지막 때에 이루어지는 성도들의 육체적 부활은 예언 성취의 마지막이다(고전 15:22-23). 요한복음 5장과 고린도전서 15장에 비추어볼 때 예고된 부활은 실제로 세 단계, 즉 (1) 그리스도의 육체적인 부활 (2) 신자들의 영적인 부활 (3) 신자들의 육체적인 부활을 거쳐서 성취된다. 다니엘 같은 예언자들은 이처럼 시차를 두고서 이루어지는 부활의 성격을 완전히 이해하지 못했음이 분명하다. 또한 그들은 성전 예언의 점진적인 성취를 충분히 이해하지도 못했다.

성전 예언의 성취(그리고 아마도 다른 종류의 성취들)도 유사한 단계적 실현 방식을 따른다. 달리 말해서 그리스도가 성전의 모퉁잇돌이 되기 위해 부활하신 후, 신자들은 처음에는 영적 부활을 통해 성전의 "영적인" 구성원이 되지만, 마지막 육체적 부활의 때 곧 우주 전체가 성전이 되는 때에는 성전의 물질적이고 실제적인 일부분이 된다는 이야기다(예. 계 3:12; 21:1-3). 이처럼 부활을 성전과 비교하는 것은, 부활하신 예수의 몸이 새 성전의 재건축이기 때문에 그를 통해 성전도 유형적인 모습을 갖추기 시작했다고 보는 신약성경의 견해에 기초한다.[32] 따라서 성전의 초기 형태는 영적일 뿐 아니라 유형적이기도 하다. 성전은 성도들의 영으로 구성되며 그 모퉁잇돌은 육체적으로 부활하신 그리스도라는 의미다.

---

32) 예를 들어 요 2:20-22이 그렇다. 막 14:58; 히 9:11, 24; 벧전 2:4-7; 계 21:22 등도 마찬가지다.

앞서 우리는 마지막 성전에 관한 일부 예언이 비건축적 구조물을 예견하는 반면에, 또 다른 예언들은 확실하지 않은 방식으로 미래 성전의 건축에 대해서만 언급함을 살핀 바 있다.[33] 다분히 불확실해 보이는 이런 예언들은 본래 저자와 독자에게는 성전 구조물을 가리킨다고 이해되었던 것 같다. 이전의 솔로몬 성전과 두 번째 성전의 순서로 말이다. 그러나 이 예언들이 속한 맥락은 종말론적인 성전이 이전 성전들보다 더 크고 영화롭다고 말한다(예. 사 62:9; 겔 40-48장; 슥 6:12-13; 14:16; 학 2:1-9). 사실상 이런 예언들의 초기 단계에 과거보다 더 큰 건축물이 포함된다는 것은 이론적으로 가능하다. 만일 그렇다면 이 건축물은 구약의 선례들처럼 우주를 상징하는 동시에 성전의 본질과 하나님의 영광을 온 세상에 널리 퍼뜨려야 할 과제를 상징하기도 한다. 이것은 최초의 동산 성전과 그 후에 만들어진 이스라엘 성전들의 본래 목적이었다. 구약의 선례와는 달리 이 성전과 관련된 그리스도와 그의 백성은 마침내 이 과제를 완수하고 하나님의 지성소 임재의 경계선을 온 세상으로 확장시킬 것인데, 이 일의 궁극적 성취는 요한계시록 21장에 잘 묘사되어 있다. 이 텍스트를 읽으면 알 수 있듯, 마지막 성전의 초기 건축물 형태는 그것의 상징적인 과제가 완수되는 순간에 사라질 것이다. 이 성전에게 일어나는 일이 정확히 어떤 것인지에 관계없이 마침내 온 세상은 어디에나 하나님의 영광이 머무는 영원한 완성된 신전으로 간주될 것이다.

하지만 이렇게 불확실해 보이는 예언들을 더 낫게 이해하기 위해서는 이 예언들을, 비유형적 성전을 예견하는 좀더 확실한 예언을 통해 해석해야 한다.[34] 어떤 예언들은 성전이 예루살렘 전역으로(사 4:5-6; 렘 3:16-17) 또

---

33) 그중 일부의 예언은 어떤 성전 건축도 언급하지 않고 오직 마지막 성전의 존재만 언급한다(예. 단 8:11-13; 11:31).

34) 사 8:13-14(벧전 2:8과 3:14-15의 용례 참조); 66:2과 관련된 57:15; 참조. 시 114:2("유다는 여호와의 성소가 되고"); 겔 11:16은 이스라엘 포로들을 위한 비유형적인 성전을 언급한다.

는 이스라엘 땅 전역으로 확대되어야(겔 37:26-28; 마찬가지로 레 26:10-13) 한다고 본다. 앞에서 우리는 에스겔 40-48장조차도 유형적인 성전 건축의 예언으로 이해되는 것이 최선이 아님을 살핀 바 있다.[35] 앞서 우리는 비유형적인 성전으로서의 에덴(창 2장; 겔 28:18)과 족장 시대의 비공식적인 소규모 성소들 및 시내 산의 대규모 성소 등에 대해 이와 비교될 만한 결론에 도달했다. 물론 이런 경우들은 정확히 예언이라고 할 수 없지만, 우리는 이것들조차 온 세상에 널리 퍼짐으로써 창세기 1:28의 명령을 성취하게 될 성전 확장의 한 유형이라고 주장했다. 또한 우리는 이 명령이 좀더 분명한 많은 성전 예언 텍스트들 속으로 들어가 섞임으로써 이 텍스트들도 보편적 차원의 성소를 의미하게 되었음을 살핀 바 있다.[36]

이처럼 "불확실해 보이는 예언들"이 전통적인 성전 건축을 포함하지 않는다고 보는 편이 더 나은 또 다른 이유는 구속사의 진행과 관련된다. 그리스도와 그의 교회는 마지막 날에 있을 성전의 초기 형태임이 분명하다. 교회 시대의 마지막 무렵, 그리스도와 교회가 성취하기 시작한 동일한 구약 예언의 부분적 초기 성취로서 유형적인 성전을 이야기한다는 것은, 해석학적인 측면에서나 신학적인 측면에서 낯설어 보인다. 이것은 구속사에서 잠간 동안의 정체 상황이라 할 수 있다. 앞서 소개한 히브리서 요약 내용을 상기한다면, 미래의 유형적인 성전 구조물이 있음직하지 않다는 생각이 더 강해질 것이다. 유형적인 성전은 "그림자"일 뿐이요, 그리스도 안에서 시작된 성전이야말로 이 그림자의 "참된 본질"이다. 이와 관련해서

---

35) 만일 겔 40-48장의 상세한 예언을 단순한 예고라고 본다면, 일반적으로 이런 범주에 속한 훨씬 덜 묘사적인 다른 예언들은 중요성이 사라진다. 하지만 P. D. Feinberg는 겔 40-48장이 유형적인 구조물을 지시하며, 그 상세한 내용으로 인해 성전에 관한 더 짧은 다른 예언들도 유형적인 구조물을 예견함이 분명하다고 본다(1995: 109).

36) 레 26:10-13; 렘 3:16-17; 겔 37:26-28 등이 그렇다. 겔 40-48장에서는 47장이 에덴을 언급한다. Philo는 레 26장의 성막 예언이 비유형적인 건축물의 성격을 가진다고 이해한다. 그는 레 26:12이 "거룩한 성전"(Som. 1.148-149)이나 "하나님의 집"(Som. 1.148-149; Praem. 123)으로서의 인간 영혼이나 정신을 가리킨다고 본다.

"손으로 만든" 성전은, "손으로 짓지 않은" 종말론적 성전을 출범했던 그리스도의 부활로 인해 신학적인 유행에 뒤떨어지게 되었다. 처음부터 초기 기독교 공동체는 사람이 만든 어떤 성전도 종말론적인 시대에는 불가능하다고 생각했다. 왜냐하면 (제12장 앞부분에서 논의한 것처럼) 옛 창조는 "손으로 만들었다"라고 묘사되지만, 새 창조의 성전은 "손으로 짓지 않았다"고 언급되기 때문이다.[37] 만일 이런 원리가 무시된다면 구속사는 새 창조로부터 옛 창조로 후퇴하고, 그리스도와 교회 안에서 이루어지는 새 창조 성전의 시작은 옛 시대의 성전과 나란히 존재하게 될 것이다. 마지막 시대에 옛 세계가 파괴되고 오직 새롭고 영원한 창조만 남게 된다면, 이처럼 낡아빠진 구조물을 위한 공간은 전혀 없을 것임이 분명하다.

따라서 예언의 성취를 유형적인 실재에 맞추려고 시도하는 "문자적 해석" 방법은 성경해석학을 설명하는 이상적인 방식이 아닌 것 같다. 그럼에도 우리는 문자적 해석 규칙의 안내를 받는 사람조차도 마지막 때에 있을 성전에 대한 우리 이해와 같은 해석법을 가짐을 보여주려고 노력했다. 다른 한편으로 성경의 맥락 전체가 갖는 폭넓은 문자적 의미를 파악하려고 애쓰는 "문학적 정경 비평 방법"은 단일한 해석 방법을 요약하는 데 더 적합하다.[38] 이런 해석 방법은 성경 저자의 본래적인 의도를 찾아내되, 이런 의도가 다층적일 수도 있음(하지만 어떤 층도 다른 층과 모순되지 않음)을 이해하려는 목표를 가진다. 이런 본래적인 의도는 "문자적"이고 유형적인 실재에 더 적합한 의미를 가질지도 모르는 반면에, 다른 의도들은 "문자적"이고 영적인 실재를 언급할 수 있다. 성전에 관해서는 확실히 이 점이 옳다. 앞서 우리는 "문자주의"의 해안과 "영적인 해석"의 해안 사이를 항해하려고 노력했다. 우리가 양자의 위험을 피하는 데 성공했기를 소망한다.

---

37) Michel, 'naos', TDNT, 4:886도 참조하라. 앞서 주목한 것처럼, 유대교(Pirke de Rabbi Eliezer 51)는 미래의 성전을 새 창조와 동일시했다: "미래에는 성전이" 사 43:19("보라 내가 새 일을 행하리니")의 새 창조 예언을 성취하는 것으로 "세워지고 갱신될" 것이다.
38) Vanhoozer 1998: 312-314을 보라.

내 생각으로는 지금까지 우리가 취했던 접근법은 신비로운 영적 해석이라는 비판을 피할 수 있을 것 같다. 왜냐하면 마지막 때의 성전은 이전 성전들보다 훨씬 더 큰 규모로 유형적이기 때문이다. 참으로 새 창조 전체는 특정 지역에 한정되었던 성전이 늘 지시하고 상징하던 바와 일치한다! 새로운 우주는 작은 구조물이 아니라 하나님의 영광을 위한 유형적인 거처다. 이런 접근법은 은유적인 해석법이나 통제 불능의 상징을 읽어 내고자 하는 방법을 사용하지 않는다. 오히려 현재 연구 전체를 지배하는 패러다임은 창세기 2장의 에덴동산과 관련된 창세기 1장이었다. 앞서 우리는 다음과 같은 사실을 발견했다. 즉 후대의 성전과 마지막 때의 성전에 관한 예언들이 대체적으로 이 창세기 텍스트들 중 한 개 또는 두 개 모두를 언급함으로써, 이 두 개의 초기 창세기 텍스트로 하여금 구약과 신약에 있는 점진적인 성전 계시를 이해하는 데 유용한 해석학적 관리 수단이 되도록 한다는 것이다. 다른 한편으로 이런 점진적인 성경 계시 자체는 이 창세기 텍스트들이 어떻게 발전하는지를 이해하는 데 도움을 주었다. 비록 이런 해석상의 발전과 성장이 창세기 첫 장들의 유기적인 영역을 넘어설 정도로 확대될 수는 없지만 말이다.[39] 실제로 동산 형상의 성전에서 이루어지는 하나님의 영화로운 임재의 표상은 정경 전체를 중심으로 하는 수미상관(inclusio) 구조 또는 일종의 북엔드 구조(창 2장과 계 21:1-22:3)를 이루고 있다. 이 구조는 성경 전체에 걸친 성전에 대한 자료를 이해하는 해석학적 열쇠를 제공한다. 또 다른 해석학적 열쇠는 성전이 가진 우주적 상징성인데, 이것은 우주 자체와 동일시될 정도로 확대되어야 하는 목표를 지시한다.

---

39) 이 단락에 암시된 은유적 해석에 대한 비판은 C. L. Feinberg 1971: 108-109에서 시도되었다.

성전 신학

구약 성전과 신약 성전 사이의 관계에 대한 신학적 성찰

신약성경에서 "성전"이나 "성소"로 번역되는 주요 단어는 "*hieron*"(72회)과 "*naos*"(45회)지만, "*oikos*"("집", 12회)와 "*hagios*"("거룩한 곳", 약 11회), "*skēnē*"("성막", 약 14회) 등도 나온다. 이상의 모든 단어는 그리스어역 구약성경에서 이스라엘의 옛 성전이나 성전 구조물을 가리킬 수 있다(또는 지성소나 성전 건축물 전체를 가리키기도 함). 반면에 신약성경에서 이 단어들은 옛 성막이나 성전을 가리키며, "*hieron*"을 제외한 모든 다른 단어는 그리스도와 성령 안에서 시작된 새 성전과 성령을 통해 그리스도와 동일시된 성전을 지시한다.[40]

흥미롭게도 "*hieron*"은 신약성경에서 옛 성전만을 가리키며, 새 성전은 결코 지시하지 않는다. 이 단어는 복음서와 사도행전 및 바울 서신 등에서 이런 의미로만 사용된다. 아마도 이것은 다만 문체상의 선호도 때문일 것이다. 이 단어를 선택한 배후에는 첫눈에 보이는 것보다 더 많은 무엇이 있을 수 있지만 말이다. 그리스어역 구약 정경에서는 이스라엘 성전과 관련된 다른 단어가 많이 나타나지만, "*hieron*"은 이런 의미로는 매우 드물게만 나타난다.[41] 그뿐 아니라 실제로 "*hieron*"은 하나님의 하늘 성전을 전혀 지시하지 않는다.[42] 반면에 "*hieron*" 외에 다른 단어들은 각각

---

40) *naos*에 대해서는 마 26:61; 27:40; 막 14:58; 요 2:19-20; 고전 3:16-17; 6:19; 고후 6:16; 엡 2:21; 살후 2:4, 15 등을 보라. 요한계시록에서는 15회 사용된다. *oikos*에 대해서는 마 21:13(과 다른 복음서의 평행 텍스트들); 요 2:17; 히 10:21; 벧전 2:5 등을 보라. *hagios*는 히 8:2; 9:12, 24-25; 10:19 등을 보라. *skēnē*에 대해서는 행 15:16; 히 8:2; 9:11; 계 13:6; 15:5; 21:3 등을 보라.

41) 대상 9:27; 29:4; 대하 6:13; 겔 28:18; 45:19(앞에서 우리는 이 마지막 구절이 하늘 성전을 지시한다고 주장했지만, 많은 주석가들은 여기에 동의하지 않음).

42) *skēnē*처럼(사 54:2; 9:11) *hieron*은 딱 한 번 종말론적인 성전을 지시하기는 한다(겔 45:19). Josephus는 "성막과 솔로몬 성전, 스룹바벨 성전, 헤롯 성전" 등을 가리키는 데 *hieron*을 사용한다(Schrenk, '*hieron*', *TDNT*, 3:234, 241). 제1장에서 살핀 것처럼, 그는 지상 성전(*hieron*)이 우주의 다양한 부분을 상징한다고 믿었지만 말이다. 그럼에

몇 차례에 걸쳐 하나님의 하늘 성전을 가리킨다.[43] 다른 단어들이 새 성전을 가리키는 데 사용되는 이유는 그것들이 새 성전을 가리키는 데 더 적절하기 때문인 것 같다. 왜냐하면 이 단어들은 이미 구약성경에서 하늘 성전을 지시하는 데 사용되었기 때문이다. 이런 용례는 과거에 있었던 하나님의 거룩한 하늘 처소와, 그 처소가 그리스도와 성령의 형태로 지상에 내려오기 시작한 것 사이의 연속성을 강조하는 듯하다.

앞에서 살핀 그리스어 단어들의 용례가 이런 신학적인 관련성을 암시하는지 그렇지 않은지와는 상관없이, 구약 시대의 하늘 성전과 새 시대의 종말론적인 하늘 성전 사이의 관계를 연구하는 것은 유용한 작업이다. 과연 그리스도의 승천과 성령의 선물로 인해 구속사의 새로운 단계 또는 하늘 성전의 설립이 이루어졌다고 볼 수 있을까? 발전 중이라는 본질을 가진 하나님 나라의 모습을 신구약성경에서 비교하는 작업은 성전의 연속성을 이해하는 데 도움을 줄 수 있다. 하나님은 항상 왕으로 다스리셨으며, 그리스도의 부활과 함께 이제 그분은 마지막 아담을 통해 다스리심으로써 새로운 시대가 도래했다. 마침내 하나님의 나라는 이스라엘의 지리적인 경계선을 넘어서 널리 확장되기에 이르렀다. 마찬가지로 마지막 날에 있을 그리스도의 새 성전은 구약 시대의 하나님의 하늘 성전을 발전시킨 것이다. 성육신한 그리스도는 이전에는 결코 없었던 방식으로 하늘로

도 Schrenk의 개관에 기초한다면, Josephus는 *hieron*을 하나님의 하늘 처소를 가리키는 데 사용한 적이 없다. Philo는 이 단어를 "우주 전체"를 가리키는 것으로(*Spec. Leg.* 1.66), 또는 하나님의 성전으로서 우주의 가시적 하늘 영역을 지시하는 단어(즉, 가시적 하늘: *Opif. Mundi* 55; *Som.* 1.215)로 사용한 것 같다.

43) *naos*에 관해서는 삼하 22:7; 시 10(11):5; 17(18):6; 27(28):2; 합 2:20 등을 보라. *oikos*에 관해서는 창 28:17; 신 26:15(마지막 때의 성전으로서는 사 2:2-3; 미 4:2; 슥 12:8) 등을 보라. *hagios*에 관해서는 사 63:15; 시 19(20):2(19[20]:6과 관련해서 참조하라); 11:4; 102:19 등을 보라. 마지막으로 *skēnē*에 관해서는 출 25:9(특히 히 8:5; 9:11, 23-24에 비추어); 삼하 22:12; 시 18:11(마지막 때의 성전으로는 사 54:2; 암 9:11) 등을 보라.

성전 신학

부터 지상으로 내려온 하나님의 임재를 뜻했다. 그리스도의 부활은 이전보다 더 큰 규모로 지상에 내려온 이 마지막 성전을 훨씬 강력하게 표현했다. 하늘로 올라간 참된 성전을 표현하는 그리스도의 승천 이후로, 하늘 성전은 성령의 형태로 다시 내려오기 시작해서 사람들을 그 안으로 끌어들임으로써 계속해서 확장되었다. 이런 확장 과정은 마지막 시대에 온 땅을 완전히 뒤덮는 하늘 성전에 의해 완성된다. 우리가 제12장 앞부분에서 요한계시록 21장과 관련해서 논의한 바처럼 말이다.

이렇게 이전 시대의 하늘 성전과 새 시대의 하늘 성전 사이에 있는 가장 우선적인 차이는, 마지막 아담인 그리스도가 승천하신 후 하늘 성전-왕궁의 하나님 우편에 앉으셨다는 데 있다. 마지막 날에 있을 하늘 성전의 목표는 그것이 지상으로 내려와 땅의 모든 부분으로 널리 퍼지는 데 있었다. 이 일은 이스라엘의 불순종 때문에 이스라엘 민족의 시대에는 이루어지지 못했다. 그리스도의 때가 이르기까지 하나님의 특별한 계시적 임재는 다만 지성소의 경계선까지만 확대되었을 뿐이다. 그 후에 그리스도가 오셔서 아담이 마땅히 해야 했던 일을 하셨다. 그렇게 하심으로써 그리스도는 자신의 지상 사역 중에조차 성전을 확장시키기 시작하셨다. 하늘 성전으로 오르신 후 그는 성령을 보내셔서 하나님의 백성을 확장되는 하늘 성전의 한 부분으로 만드셨다. 그러나 교회는 지상 거주민 중 복음을 받아들인 남은 자들만을 대표하기 때문에 하나님의 독특한 임재는 세상 전역으로 퍼져나가지는 못한다. 그 결과 성전의 우주적인 확장은 아직 이루어지지 못했으며, 이 시대가 진행되는 동안에도 성취되지 못할 것이다. 예수 그리스도가 마지막으로 다시 오실 때에야 비로소 그는 옛 우주를 파괴하고 새 우주를 창조하실 것이요, 하나님의 임재는 그 안에 완전히 머물 것이다.

따라서 마지막 날에 그리스도와 성령 안에 있을 하나님 임재의 성전은 공간과 시간이 지배하는 역사 안으로 침투해 들어오기는 했지만, 아직은 역사의 마지막 때처럼 완전한 방식으로 들어온 것은 아니다. 달리 말해서 마지막 때의 성전은 그리스도와 성령을 통해 하나님의 백성 중에서 성취되기 시작했지만, 그 성취가 완성된 것은 아니라는 이야기다. 이것은 성도들이 하나님의 "지성소" 임재를 이 시대에는 불완전하게 경험하지만, 다가올 새 창조의 시대에는 완전하게 경험할 것임을 의미한다(계 22:4-5).

이와 관련해서 다음과 같은 어렵지만 유용한 또 다른 질문을 던져볼 수 있다. 이스라엘의 성전에서 이루어지는 하나님의 지성소 임재는 그분의 새 성전 임재와 어떤 관계가 있을까? 그리스도 이전 시대에 하나님의 임재는 창조 세계 전체를 가득 채운 것이 사실이지만(그분의 편재성을 의미함), 무엇보다 그분의 임재는 지상의 다른 곳보다 지성소에 더 충만하게 머물렀다. 우리는 이것을 하늘 보좌로부터 지성소에 이르기까지 확대된 그분의 특별한 계시적 임재라고 부를 수 있다. 이런 현실은 하나님이 언약 궤라는 거룩한 "발등상"에 자신의 "발"을 걸쳐놓으신 채 자신의 하늘 보좌에 앉아 계신다고 묘사된다. 대제사장을 제외한 어느 누구도 이 지성소에 들어갔다가는 하나님의 거룩한 임재로 인해 죽게 되었다. 대제사장조차도 하나님의 영광을 똑바로 바라볼 수 없었다. 도리어 대제사장은 향을 피움으로써 지성소를 흐리게 해서 아무나 함부로 그분을 직접 바라보지 못하도록 막아야 했다.

하나님은 바벨론 포로기 초기에 지성소로부터 떠나셨으며(겔 10:18; 11:22-23), 아마도 바벨론으로부터의 귀향 이후에 재건된 두 번째 성전에 거하려는 목적으로는 다시 돌아오시지 않았다. 그분의 독특한 임재는 하늘 성소로 복귀했다가 그리스도가 오실 때 지상으로 다시 돌아오시는데, 손으로 만든 또 다른 성전이 아니라 손으로 짓지 않은 성전에 거하셨다. "말씀이 육신이 되어 우리 가운데 거하시매 우리가 그의 영광을 보니"(요 1:14). 하나님의 하늘 성전 임재는 지상으로 확대되었지만, 옛 지성소 안으로 들어가지는 않고 도리어 그리스도 안에 머물게 되었다(요 1:51). 그의 부활과 승천 이후에 하나님의 성막 임재는 성령의 형태로 내려와 그리스도와 연합한 자들을 성전에 속하도록 만들었다. 그러나 아버지와 아들은 여전히 지상이 아니라 하늘 성전에 거하고 계신다. 따라서 교회 시대가 진행되는 동안 성전의 무게 중심은 천상적 영역에 자리하지만, 성령을 통해 지상의 교회로 침투하기 시작한다. 자주 요한계시록이 "성전"(naos)이 하늘에 있다고 묘사하는 것은 바로 이런 이유 때문이다(15회 중 11회).[44] 비록 이 성전은 지상의 신자들(예. 1:13; 11:1-4)과 성령과의 실존적인 연합을 통해(계 1:4과 4:5을 1:13; 2:2; 11:4과 비교), 그리고 그리스도(3:12을 21:22과 비교)와 성도들을 표상하는 천사들과의 신분상의 연합을 통해(1:13을 1:16; 2:1과 비교) 관련되지만 말이다.[45]

이스라엘 옛 성전의 세 영역은 더 이상 존재하지 않지만, 마지막 시대가 오기 전까지는 여전히 새 성전에 세 가지 차원이 존재한다는 느낌이 남아 있다. 첫째, 지성소는 성전의 "무게 중심"인 하늘에 그대로 남아 있다. 둘째, 성소는 지상 세계, 즉 하나님의 백성이 "제사장 나라" 역할을 하고(계 1:6; 5:10; 참조. 출 19:6) 그분의 계시를 세상에 비추는 "등잔대" 역할을 하는(계 1:13, 20; 2:2; 11:1, 4) 지상 세계로 확대되는 영적 차원을 지시한다. 성령은 교회를 빛나게 만드는 이 등잔대의 등불이다(계 1:4을 4:6과 비교). 셋째, "바깥뜰"은 교회의 유형적인 실존, 즉 옛 땅을 구성하는 고통 속에서의 실존을 표상한다(계 11:1-2).[46] 바깥뜰이 희생제물로 바치는 동물을 죽였던 장소인 것처럼, 신자들은 믿음을 위해 기꺼이 고난 받고자 함으로써 자신

---

44) 네 가지 남은 용례 중 세 개(계 3:12; 11:1, 2)는 지상의 교회를 가리킨다. 비록 계 3:12은 지상에 존재하는 교회와 장차 새 창조 안에 있을 교회를 포함함으로써 "이미 그리고 아직 아닌" 것으로 보이지만 말이다(참조. 계 21:1ff.). 네 번째 용례는 하나님과 새 창조 안에 있는 성전으로서의 어린 양을 가리킨다. 동의어인 "성막"(skēnē)은 세 번 나오는데, 두 번은 하늘 영역을 가리키며(13:6; 15:5) 한 번은 새 창조와 관련된다. "성막에 거하다"(skēnoō)는 하늘에 거하는 자들을 가리키는 데 두 번 사용되고(12:12; 13:6), 새 창조 안에 거하시는 하나님을 가리키는 데 두 번 사용된다(7:15; 21:3). 비록 계 7:15은 "이미 그리고 아직 아닐" 수도 있지만 말이다.

45) 앞서 인용한 Beale 1999a를 보라. 추가로 13:6도 포함된다.

46) Spatafora는 계 11:2의 바깥뜰이 성전으로서의 교회를 위한 이미지 역할을 계속 수행하면서도, 교회의 죄 있는 측면을 가리킨다고 믿는다(1997: 168-173).

을 희생한다(참조. 계 6:9-11; 히 13:10-13).[47] 옛 성전과 마찬가지로 새롭게 시작되는 성전에서도 거룩함이 바깥뜰에서 시작되어 성소를 거쳐 지성소로 나아가면서 계속해서 증가한다.

옛 시대의 제사장은 성소로 들어가 사역하기 위해 제의적인 정결함을 유지해야 했다. 만일 부정한 상태로 성소 봉사를 한다면 그들은 죽임을 당할 것이다. 반면에 신약의 제사장인 신자들은 영적인 "성소"에서 봉사한다. 설령 죄로 인해 부정한 상태에 있다 할지라도 말이다. 신자들은 존재 자체가 불완전함에도 불구하고 죽임 당하지 않는다. 왜냐하면 마지막 완전한 아담이요 위대한 대제사장이신 그리스도와 연합함으로써 하나님 보시기에 "흠 없는" 자로 인정되기 때문이다. 그리스도는 다음과 같은 두 가지 방식으로 그들을 대표하신다. 첫째, 그리스도는 그들을 위해 죽으심으로써 그들이 죄로 인해 당할 고통을 대신 겪으셨고, 이로써 그들을 죄 없는 자로 선언하셨다. 둘째, 그리스도는 그들을 대신하기에 그의 의는 당연히 그들의 의가 된다. 그는 본래 첫 아담에게 주어졌던 제사장 임무를 "최종적으로" 수행하셨다.

따라서 신자들은 개인 자격으로는 여전히 하늘의 지성소에 들어가지 못하지만, 그들을 대표하는 대제사장이신 예수 그리스도를 통해서는 들어갈 수 있다. 그리스도는 신도들을 위해 지성소 안으로 들어가셨다(이스라엘의 대제사장이 이스라엘 백성을 대표해서, 그리고 그리스도의 예표론적 그림자로서 들어간 것처럼). 그곳에서 그는 "영원한 속죄를 이루셨다"(히 9:11-12, 24-28; 참조. 3:17). 하늘 성소에 들어가신 그리스도의 제사장 사역에 기초해서 신자들은 장차 "[지]성소에 들어갈 담력"을 얻게 된다(히 10:19-21).[48] 신자들은 자

---

47) 롬 12:1; 빌 2:17; 딤후 4:6 등도 참조.

48) 어떤 이들은 신자들이 구속사적인 방식(그리스도 안에서의 신분에 의지하는)만이 아니라, 어느 정도는 실존적인 방식으로도 하늘 지성소에 들어가게 되었다고 주장한다. 만일 그렇다면 지성소와의 실존적인 관계는 이 둘을 연결시키는 성령을 통해 만들어졌을 것이다. 그럼에도 성령이 교회를 마지막 성전의 초기 단계 안으로 들어가게 했다고

기들도 "앞서 가신 예수가…영원히 대제사장이 되어 우리를 위해 들어가신" 휘장 안으로 들어가리라는 "소망"을 가진다(히 6:19-20).[49]

성전 휘장은 그리스도의 죽음과 함께 찢어졌으며, 부활을 통해 그는 하늘 성전의 "휘장 안으로 들어가셨다"(히 10:20). 하늘 성전의 휘장이 제거되는 일은 교회(그리스도의 몸)가 마지막 시대에 죽음과 부활을 경험할 때 신자들을 위해 이루어질 것이다. 교회가 "어린 양이 어디로 인도하든지 따라간다"(계 14:4)라는 원리를 따라서 말이다. 따라서 요한계시록 11:1-18이 교회의 고난과 소멸 및 정당화를 그리스도의 생애에 맞추어 설명한 후(Beale 1999a: 567-568을 보라), "하늘에 있는 하나님의 성전[지성소]이 열리니 성전 안에 하나님의 언약궤[그분의 임재를 상징함]가 보인다"(계 11:19; 계 21:1-22:5도 마찬가지)라고 하는 것은 당연하다. 아마도 이것은 이사야 25:7-8a의 "또 이 산에서 모든 민족의 얼굴을 가린 가리개와 열방 위에 덮인 덮개를 제하시며 사망을 영원히 멸하실 것이라"가 언급하는 내용이다.[50]

밀리(J. W. Mealy)는 이 이사야서 텍스트가 요한계시록 21:1, 4(이 둘 중 후자는 사 25:8을 명시적으로 언급함)에 언급되어 있다고 주장한다. 이 두 요한계시록 텍스트는 각각 새 창조의 세계에는 "바다도 다시 있지 않고" "사망"이나 애통하는 것도 없으리라고 말한다.

하나님의 성막이 그의 백성 중에 거한다고 이야기하는 요한계시록 21:3-4은

보는 편이 낫다. 세상 속에 있는 성도들의 유형적 실존은 마지막 성전의 바깥뜰에 해당하며, 그들의 영적인 실존은 비가시적으로 지상으로 확대되는 성소의 하늘 차원에 속한다.

49) 어떤 관점에서 본다면 성도들은 지성소 안으로 들어갈 수는 있지만 향의 연기가 가리고 있어 하나님의 빛나는 임재를 볼 수 없으므로 지성소를 부분적으로 경험할 수밖에 없는 구약의 대제사장과 같다. 그렇지 않다면 대제사장은 죽임을 당할 것인데, 왜냐하면 그는 죄 많은 인간이기 때문이다. 마찬가지로 그리스도인은 개인적인 자격이 아니라 예수 안에서의 신분으로 인해 하늘 지성소의 일정 부분에만 들어갈 수 있다. 그렇지 않다면 여전히 죄인인 까닭에, 그는 죽임을 당할 것이다.

50) 사 26:19에도 있는 마지막 부활에 관한 분명한 언급을 주목하라.

요한계시록의 배경에 비추어 이해되어야 한다. [요한계시록의] 이전 텍스트에서 하늘은 하나님의 거처인 현재의 장막으로 묘사되며, 하늘의 확장은 때때로…지성소를 성소의 나머지 부분으로부터 분리시키고 하나님의 궤를 사람들이 보지 못하도록 막는 휘장에…상응한다고 간주되었다. 따라서 재림은 그 휘장을 나누거나 제거하는 행동과 관련된 용어로 묘사되었다(6:14; 11:19). 하나님의 보좌가 눈에 보이게끔 말이다. 21:3-4은…이런 개념과 밀접하게 관련된다. 이 텍스트는 새 성소의 지상 건축에 대해 말하는데, 이 성소에는 두 부분으로 나누는 휘장이 전혀 없다. 왜냐하면 하나님의 백성은 그분의 직접적인 임재 안에 거할 것이기 때문이다.…그분의 임재는 둘로 나누어지는 하늘 휘장 뒤로 다시는 감추어지지 않을 것이다. 새 하늘과 새 땅에서는 "바다도 다시 있지 않을 것"이기 때문이다.[51]

"바다"의 정체성에 대한 이런 설명이 설득력 있지는 않지만, 우리는 밀리의 생각의 전반적인 흐름이 옳다고 생각한다. 휘장이 갈라지는 마지막 날이 올 때까지 하나님의 백성은 하늘 지성소로 "나아가게" 된다. 앞서 주장한 것처럼, 이는 그들이 하늘 성전의 바깥뜰과 성소로 들어서기 시작했음을 의미한다(히 10:22). 그들은 "시온 산과 살아 계신 하나님의 도성인 하늘의 예루살렘…"(히 12:22)에 이르기 시작한다. 물론 여기서 말하는 하늘의 예루살렘은 앞서 영원한 성전과 동일한 개념으로 간주된 바 있다.[52] 신자들이 "시온 산과 [하늘의] 도성에 이른다"는 것이 시작되었을 뿐 아직 완성된 상황이 아니라는 사실은, 히브리서 12:28("우리가 흔들리지 않는 나라를 받았은즉")[53]과 13:14("우리가 여기에는 영구한 도성이 없으므로 장차 올 것을 찾나니")

---

51) Mealy 1992: 198-199(충분한 논의를 위해서는 196-197도 보라). Mealy도, 요한계시록이 가시적인 하늘을 증거의 장막(즉 하늘 성소)으로 향하는 문의 역할을 한다고 묘사하는 것에 주목한다.
52) 히브리서에 관한 논의를 보라(410-420쪽).
53) 히 12:26-28에 관한 앞의 논의를 보라(410-416쪽).

에 분명하게 드러나 있다.

따라서 현 시대에는 이미 시작된 마지막 성전의 세 영역이 그대로 존재할 수밖에 없다. 옛 질서가 무너지고 새 질서가 세워질 때까지는 성전의 목적과 성취가 완성되지 않겠기 때문이다. 새 성전의 완성된 형태는 새 창조의 마지막 시간, 즉 하늘의 차원이 무너져 내린 옛 땅으로 침투해서 그것을 대신하게 될 때 나타날 것이다(계 21:1-3).[54] 그때가 되면 성전의 한 영역인 지성소만 남을 것이요, 그 치수는 우주 전체를 뒤덮을 정도가 될 것이다. 지상으로 내려온 하늘은 하나님의 백성의 영혼을 완전하게 채울 뿐만 아니라 새 창조의 모든 부분도 가득 채울 것이다. 왜냐하면 그것이 새 창조가 될 것이기 때문이다. 그 후에는 교회가 더 이상 등잔대 역할을 할 필요가 없게 된다. 하나님의 빛에 대해 증거하는 교회의 역할이 끝나기 때문이다. 더 이상 그들은 어두운 세상 속에서 하나님의 빛을 비출 필요가 없다. 이 세계가 사라지겠기 때문이다. 새 창조 안에는 "하나님의 영광이 비치고 어린 양이 그 등불이 되실" 것이다(21:23; 22:5도 마찬가지). 이제는 빛을 비추는 역할이 하나님과 어린 양에게로 옮겨가고, 성도들은 그 영화로운 빛을 다만 반사하게 될 것이다.

결론

지금까지 진행된 이 책의 논의에 비추어볼 때 우리는 하나님이 우주를 자신의 거대한 성전이 되도록 창조하셨고, 창조 사역을 마치신 후에는 그곳에서 안식하셨다고 결론 내릴 수 있다. 그럼에도 하나님의 특별한 계시적

---

54) Spatafora는 이런 개념을 부분적으로 확증한다: 요한계시록의 "열려진 [하늘] 성전"이 교회에 대한 하나님의 보다 큰 계시와, 교회 안의 그분의 임재를 뜻함에도 불구하고, "하나님의 영광에 관한 완전한 환상은 이 시대가 끝날 때까지 부정된다"; "세상에 있는…성전"으로서의 교회는 하늘 영역에 속하지만, "여전히 세상 속에 있으므로…하나님과의 연합은 전면적이지 않다"(1997: 300).

임재는 아직 온 땅을 가득 채울 단계는 아니었다. 그분의 인간 대리인이 바로 이런 목적을 성취해야 했기 때문이다. 하나님은 이 대리인을 동산 성소에 두시고 자신의 임재의 경계선을 온 세상으로 확장시키는 일을 하도록 하셨다. 하지만 아담은 이 명령에 불순종했고, 그로 인해 인류는 작은 동산에 있는 하나님의 임재를 더 이상 누리지 못하게 되었다. 그 결과 온 인류와 모든 창조 세계가 죄로 오염되고 말았다. 따라서 성경의 이야기 흐름에 비추어볼 때 하나님이 지상의 어떤 건축물에도 거하시지 못한다는 주장은, 그분의 적절한 거주지가 되지 못하는 옛 땅과 성전에 대한 언급을 포함한다. 왜냐하면 그곳은 죄로 오염되어, 지성소에 한정되었던 하나님의 임재가 우주 전체에 퍼질 수 있도록 되기 전에, 정결해져야 했기 때문이다. 그분의 임재를 죄로 가득한 땅 전역으로 넓히려는 인간의 모든 노력은 기껏해야 제한된 성공을 거둘 수 있을 뿐이다. 아담에게 주어진 명령의 성공적인 성취는 마지막 아담인 예수 그리스도의 강림과 순종을 기다려야 했다.

따라서 구속사의 흐름은 구약 시대의 성전 구조물에 있던 하나님의 독특한 임재로부터 신인(神人)이시요 참 성전인 그리스도에게로 나아가는 것으로 설명될 수 있다. 그리스도의 부활 이후로는 성령이 마지막 때의 성전을 건축하는 일을 계속했다. 이 성전을 건축하는 자재는 하나님의 백성이다. 이로써 새 성전은 새 시대의 새 창조로 확대되기에 이른다. 이런 건축 과정은 낙원과도 같은 성읍-성전으로 규정되는 영원한 새 하늘과 새 땅에서 완성될 것이다. 더 간략히 표현해서 하나님의 성전은 그분과 그분의 백성 및 성전으로서의 새 창조의 나머지 부분으로 변형된다.[55]

---

55) 이 부분은 Spatafora의 1997년의 논문 제목, "From the 'Temple of God' to God at the Temple"을 다르게 표현한 것이다.

제13장

에덴과 성전에 관한 실제적 성찰: 21세기 교회를 위하여

The Temple and the Church's Mission
A Biblical Theology of the Dwelling Place of God

전 세계에 걸쳐 있는 성전에 관한 요한계시록 21-22장의 환상은 교회의 사명을 성취해야 하는 그리스도인들 및 그들의 역할과 어떻게 관련될까? 하나님의 백성인 우리는 마지막 때에 있을 그분의 성전—그 임재를 세상에 분명하게 드러내는 장소—이 되는 일을 이미 시작했다. 우리는 새로운 동산-성전의 경계선을 확장시켜야 한다. 그리스도가 다시 오심으로써 마침내 그 경계선이 온 세상으로 확장될 때까지 말이다.

바로 이점이야말로 에베소서 2:20-22이 주장하는 바다. 교회는 "사도들과 선지자들의 터 위에 세우심을 입은 자라 그리스도 예수께서 친히 모퉁잇돌이 되셨느니라 그의 안에서 건물마다 서로 연결하여 주 안에서 성전이 되어 가고 너희도 성령 안에서 하나님이 거하실 처소가 되기 위하여 그리스도 예수 안에서 함께 지어져 가느니라." 교회는 그리스도 안에서 현 시대를 거쳐 계속 자라면서 확대된다(엡 4:13-16도 참조). 하나님의 구원 임재와 "그분의 각종 지혜"를 "하늘에 있는 통치자들과 권세들에게" 알리기 위해서 말이다(엡 3:10). 마찬가지로 베드로는 에베소서와 비견될 방식으로 그리스도를 "산 돌"로 칭한 후(벧전 2:4), 그리스도인들에게 "산 돌 같이 신령한 집으로 세워지고…거룩한 제사장이 될" 것을 요청하는데(벧전 2:5), 이는 하나님의 "덕을 선포"하기 위해서다(벧전 2:9).[1]

처음에 우리는 어떻게 하나님의 임재를 경험하는가? 그리스도를 믿음으로써 경험한다. 그는 우리 죄를 위해 죽으시고 죽은 자들로부터 다시 살아나신 후 주 하나님으로 다스리신다. 그 다음에는 하나님의 성령이 우리

---

1) Kline도 거의 같은 논점을 내세우지만 슥 2:11-13에 기초해서 그렇게 한다(2001: 91).

안으로 들어와 내주(內住)하신다. 그분이 에덴 성전과 이스라엘 성전에 거하시던 것과 똑같은 방식으로 말이다.

우리는 자신의 삶과 교회 안에서 하나님의 임재를 어떻게 확대시킬 수 있을까? 아담은 타락 이전의 삶 속에서 어떻게 하나님의 임재를 유지했을까? 확실히 하나님의 말씀을 기억하고 믿고 순종한다는 것은 그분과의 건강한 관계를 유지하는 데 필수적이었다.[2] 하나님이 그를 동산에 두시고 그로 하여금 땅을 "섬기고[경작하고] 지키게"(창 2:15) 하신 후, 동산-성전을 "섬기고 지키는" 데 도움을 줄 세 가지 명령을 기억하도록 하셨음을 상기해보라. 창세기 2:16-17에서 하나님은 "동산 각종 나무의 열매는 (1) 네가 임의로 먹되 (2) 선악을 알게 하는 나무의 열매는 먹지 말라 (3) 네가 먹는 날에는 반드시 죽으리라"라고 말씀하신다. 사탄 같은 뱀을 만난 하와는 하나님의 말씀을 정확하게 기억하는 데 실패했거나 자신의 목적을 위해 의도적으로 이 말씀을 변형시켰다. 첫째, 하와는 단순히 "우리가 먹을 수 있으나"라고 말함으로써 자기들에게 주어진 특권을 최소화한다. 하나님은 "네가 임의로(freely) 먹되"라고 말씀하셨음에도 불구하고 말이다. 둘째, 하와는 "너희가 죽을까 하노라"라고 말함으로써 심판을 최소화한다. 하지만 실제로 하나님은 "반드시 죽으리라"라고 말씀하셨다. 셋째, 하와는 "만지지도 말라"라는 내용을 강조함으로써 금지 명령을 극대화한다. 따라서 그녀는 역사상 최초의 율법주의자가 된다(왜냐하면 하나님은 애초에 "먹지 말라"고만 말씀하셨기 때문).[3] 아담과 하와는 하나님의 말씀을 기억하지 못함으로 인해

---

2) 범죄 이전에 아담의 믿음과 순종은 하나님과의 완전한 관계를 유지하도록 도왔거나 아니면 그를 이 관계 안에서 자라게 했다. 후자의 가능성이 좀더 높은 편이다. 왜냐하면 아담은 "수습 기간"을 거친 후 자신의 순종에 대한 상급으로 불멸의 영화로운 몸을 받을 수 있었기 때문이다. 아마도 이 완전한 상급은 무엇보다 하나님의 임재를 이전보다 더 충분히 경험할 수 있도록 해주었을 것이다(아담이 받을 수 있었던 확대된 축복에 대해서는 추가로 Beale 1997: 49을 보라). 아담이 아직 죄를 범하지 않았음에도 불구하고, 여기에는 하나님과의 관계 속에서 성장하는 신자들의 경험과 겹치는 부분이 있다.

3) Ross 1988: 134-135을 보라. Ross는 창 2:16-17의 본래적 표현의 이런 세 가지 변화를

타락했으며, 그분이 주신 에덴 성전의 경계선을 확장시키는 데 실패했다.

그러나 마지막 아담이요 참 이스라엘이신 예수 그리스도는 말씀을 알고 그것에 순종하셨으며, 자신을 하나님의 성전으로 세우셨다. 마태복음 4장에서 마귀가 언제 그리스도를 유혹하려고 했는지를 잘 생각해보라. 각각의 유혹에 대해 예수는 구약성경의 신명기 텍스트, 곧 모세가 과제 수행에 실패한 이스라엘을 책망할 때 사용했던 신명기의 말씀을 인용함으로써 응답하신다. 그리스도는 아담과 이스라엘이 실패한 바로 그 유혹을 이겨내는 데 성공하셨다. 왜냐하면 그는 하나님의 말씀을 기억했고 그것에 순종하셨기 때문이다. 따라서 그리스도는 마지막 아담이요 참 이스라엘이시다. 그는 하나님의 말씀에 의지해서 왕의 자격으로 악을 다스리시되, 아담과 복수형 아담인 이스라엘이 마땅히 해야 했던 방식으로 그렇게 하신다.

과연 우리는 예수가 하신 것처럼 날마다 믿음으로 하나님의 말씀을 향해 나아감으로써 그분의 임재로 점점 강해지는가? 그리스도를 알지 못하는 자들에게 하나님의 임재를 전해야 할 과제를 수행하기 위해서 말이다. 신자들은 그리스도를 위해 살고 그의 말씀을 전해 불신자들이 그것을 받아들이도록 하고, 의기양양하게 인간 마음을 붙들고 있는 사탄의 권세를 깨뜨림으로써 그분의 임재를 전하는 방식으로 자기가 그리스도의 아담 왕권과 연합한다는 것을 표현한다.

하나님의 말씀을 알고 순종하는 것에 더해서 솔로몬의 성전 봉헌은, 기도가 성전과 관련해서 대단히 중요한 의미를 가지고 있음을 강조한다(왕상 8:23-53). 솔로몬은 다양한 상황에 대한 응답으로 이스라엘이 "이곳[성전]을 향하여 기도"해야 함을 계속해서 강조하며, 자신이 직접 하나님께 "주께서 계신 곳 하늘에서 들으시고 들으시사 사하여 주옵소서"라고 기도한다(왕상 8:30; 8:38-39, 42-43도 마찬가지). 사실 "기도"나 "간구"에 대한 언급은 이 이야기 전체에 걸쳐 계속 나온다(28, 29, 30, 33, 35, 38, 42, 44, 47, 48, 49,

---

주목한다.

52절).[4] 이스라엘이 하늘의 하나님을 직접 향하지 않고 도리어 구체적으로 지상의 성전을 향해 기도해야 하는 이유는, 자주 우리가 현재 연구에서 살핀 것처럼, 하늘 성전에 있는 하나님의 임재가 지성소로 확대되었기 때문이다. 하나님이 말씀하신 것을 회상하면서 솔로몬이 강조한 것이 바로 이 지점이다. "내 이름이 거기 있으리라 하신 곳 이 성전을 향하여 주의 눈이 주야로 보시오며 주의 종이 이곳을 향하여 비는 기도를 들으시옵소서"(왕상 8:29; 마카베오1서 7:37도 마찬가지). 하나님의 이름은 그분의 품성과 임재를 표상한다. 따라서 제사장들만 성전 경내에서 기도하는 것이 아니라 이스라엘 백성 전체가 하나님의 임재가 머무는 지상의 성전을 향해서 기도해야 했다. 그들이 성전 바깥뜰에 있건 약속의 땅 안에 있건 이스라엘 땅 밖에서 포로 생활을 하건 관계없이 말이다.

기도의 이런 역할은 성령을 통해 마지막 때의 성전으로서 예수와 연합하게 된 그리스도인들에게 더욱 중요한 의미를 가진다. 한 측면에서 보면 모든 신자는 제사장이요, 영적인 성전의 영역에서 기도를 드림으로써 제사장 역할을 수행한다. 그러나 동시에 성도들은 참된 이스라엘 백성, 여전히 타락한 옛 세상에서 유배자의 삶을 살고 있기에 포로 생활을 하는 백성이기도 하다. 마지막 때에는 이 옛 세계가 무너질 것이요, 하나님의 백성이 부활해서 완전히 그분께로 회복되고 포로 상태로부터 해방될 새로운 세계가 창조될 것이다. 그분의 백성은 마지막 아담인 그리스도 안에서 종말론적인 창조의 왕관으로서의 자리를 차지할 것이다. 그들은 모두 새 창조의 지성소와 하나님의 마지막 완전한 임재 안에 영원히 거할 대제사장이 될 것이다. 그러나 그때까지 우리는 성소—세상 속의 등잔대와 같은 우리 사역과 증거의 영적인 영역을 가리키는—에 버금가는 신약성경의 새로운 언약적 제사장으로서 기도해야 한다. 또한 우리는 타락한 옛 세상에서 순례자의 삶을 사는 자들로서 포로 생활을 하는 새로운 이스라엘 백

---

4) Levenson 1981: 164은 성전에 대한 이 특별한 강조점에 관심을 기울이도록 도와주었다.

성처럼 기도해야 한다. 이 두 경우에서 공통적으로 우리의 기도는 하늘의 지성소에 계시는 하나님께 직접 드려진다. 이 지성소가 아래로 내려와 새 땅을 가득 채우고 그것을 포함할 때까지 말이다. 성전과 불가분의 관계로 연결된 행위로서의 이 기도는 마태복음 18:19-20에 있는 예수의 말씀 배후를 이루는 것이기도 하다.[5] "진실로 다시 너희에게 이르노니 너희 중의 두 사람이 땅에서 합심하여 무엇이든지 구하면 하늘에 계신 내 아버지께서 그들을 위하여 이루게 하시리라 두세 사람이 내 이름으로 모인 곳에는 나도 그들 중에 있느니라."

이사야 56:7은 마지막 날의 성전이 "만민이 기도하는 집이라 일컬음이 될 것"이라고 말한다. 예수는 이스라엘의 성전을 거부하셨다. 왜냐하면 그곳이 이사야가 말한 역할을 수행하지 못한 데다가, 유대인들은 성전이 지상의 모든 민족 중에서 오직 자기만 선택되었음을 나타낸다고 믿었기 때문이다(마 21:13; 막 11:17; 눅 19:46 등에 관한 제5장의 논의를 보라). 오늘날 성전에 속한 우리는 끊임없이 기도함으로써 자신이 성전에 참여하고 있음을 구체적으로 보여주어야 한다.[6] 만일 구약성경에서 기도가 "분향함"과 "저녁 제사 같은 것"으로 간주되었다면(시 141:2; 시 119:108도 참조),[7] 새로운 시대에는 얼마나 더 그러하겠는가!

요컨대, 모든 그리스도인은 이제 영적인 레위 계열 제사장이다(사 66:21의 성취임). 우리의 계속적인 과제는 우리가 일부를 구성하며, 항상 그 안에 머물고 있는 성전에서 하나님을 섬기는 것이다. 우리가 제사장으로서 계속 수행해야 할 과제는 처음 아담의 과제와 똑같다. 하나님의 말씀을 배우고 가르치고 항상 기도함으로써 우리의 부정한 도덕성과 영성을 부단히

---

5) Levenson 1981: 165은 이를 기독교 공동체에 거의 동일한 방식으로 적용한다. Marshall 1989: 211도 마찬가지다.

6) 기도가 마지막 때의 성전을 구성하는 사람들의 핵심적 행위라는 사실에 대한 훌륭한 연구로는 Heil 1997을 보라.

7) 이 구절들에 대한 관심을 환기시켜준 Haran 1988: 22를 보라.

경계함으로써 영적인 성소의 질서와 평화를 지키는 것이다.[8] 또한 우리는 영적인 성전의 제의 질서를 지키기 위해 계속적으로 희생제사를 드린다. 이제 성도들의 기도는 하나님께 드리는 "향"의 제물이 되는데(계 5:8; 8:3-5), 이것은 성소의 번제단과 향단에서 드려지던 과거의 향 제물을 대신한다(참조. 대상 6:49). 앞서 살핀 것처럼, 이스라엘에게는 이미 "기도"를 하나님 "앞에서 분향함과 같이" 여기는 분별력이 있었다(시 141:2). 구약성경은 "각 처에서"(in every place) 향 제물이 하나님께 드려지는 때를 기대했다(말 1:11).

우리가 드리는 본질적인 제사는 우리 자신의 몸이다. 이것은 "하나님이 기뻐하시는 거룩한 산 제물"이요, 우리가 "드릴 영적 예배"다(롬 12:1). 그렇게 함으로써 우리는 "우리를 위하여 자신을 버리사 향기로운 제물과 희생제물로 하나님께 드리신"(엡 5:2) 구세주의 모범을 따르게 된다. 만일 하나님과의 언약 관계에 충실하고 자신의 믿음을 위해 고난을 받는다면, 우리는 예수와 마찬가지로 자신을 제단 위에서 하나님께 드리는 셈이 된다.[9] 호세아 6:6-7은 "나는 인애를 원하고 제사를 원하지 아니하며 번제보다 하나님을 아는 것을 원하노라[10] 그들은 아담처럼[11] 언약을 어기고 거기에서 나를 반역하였느니라"라고 말한다. 타락 이전의 인류는 이런 영적

---

8) 후자의 개념에 대해서는 고전 6:18; 고후 6:14-7:1을 참조하라. *2 Clement* 9:3도 주목하라: "따라서 우리는 하나님의 성전으로서의 육체를 잘 지켜야 한다"; Ignatius, *Letter to the Philadelphians* 7:2도 마찬가지다. 참조. *Barnabas* 4:11.

9) 이는 앞서 계 6:9-10에 비추어 계 11:1-4를 살핀 내용과 같다. 히 13:10-13도 마찬가지다.

10) 1QS 9.4-5도 보라. 이 문서는 호세아서와 비견될 만한데, 쿰란 공동체의 구성원들이 동물 제사가 아니라 영적 제사를 드렸다고 설명한다: "그들은 범죄와 죄악 및 죄 많은 불신앙을 속함 받고, 번제물과 희생제물의 기름 없이 땅 위에 자비를 (베풀지니라). 율법과 일치하는 입술의 제사는 하나님이 받으실 만한 의의 향기가 될 것이요, 완전한 길은 자원하여 드리는 즐거운 봉헌 예물과도 같을 것이다." 쿰란 공동체가 이렇게 한 것은 그들이 이스라엘 지도자와 제사장들의 불신앙과 배신행위를 보고서 예루살렘 성전과 그곳의 제사를 속된 것으로 거부했기 때문이요, 자기들이야말로 하나님 백성의 참되고 신실한 남은 자들이라고 믿었기 때문이다.

11) 여기의 "아담"이라는 해석에 대한 논의로는 제5장("그리스도와 그의 백성 안에서 이루어지는 마지막 성전의 '이미 그리고 아직 아닌' 차원의 성취: 복음서"), 237-238쪽을 보라.

성전 신학

인 제사를 드려야 했다. 그리고 타락 이후의 세계에서 이스라엘이 드린 동물 제사는, 기꺼이 그들이 자신을 하나님께 드리기로 작정했을 뿐만 아니라, 미래의 에덴에서 영적인 제사만을 드리는 때가 올 것임도 예고했다.[12] 우리는 자신의 죄를 고백하고 하나님 앞에서 자신을 낮출 때 만족스러운 제사를 드릴 수 있다. "하나님께서 구하시는 제사는 상한 심령이라 하나님이여 상하고 통회하는 마음을 주께서 멸시하지 아니하시리이다"(시 51:17).[13]

우리가 아담과 같이 순종하는 제사장으로서 드리는 희생제사의 본질은 사실상 하나님 임재 영역의 확대라는 개념과 연결된다. 다른 사람들도 하나님의 임재를 경험하고 그들 자신이 거룩한 성전이 되어가도록 말이다. 신자들은 하나님과 불신 세계 사이에서 중재자로 봉사한다는 점에서 제사장이다. 불신자들이 교회의 중재적인 증거를 받아들인다면 그들은 하나님의 임재 안으로 들어갈 뿐 아니라, 그들 자신이 중재자로서의 증거 역할을 하는 제사장이 될 수 있다. 우리는 제사장으로서 스스로가 하나님 임재의 경험 속에서 성장하고 있음을 확신해야 한다. 만일 우리가 하나님의 임재를 향한 자신의 믿음과 그분과의 관계를 손상시키지 않을 뿐 아니라 확고한 헌신을 위해 고통을 감수한다면 우리는 자신을 희생하는 것이다. 하나님은 바로 이런 희생을, 새 성전에서 불신자들로 하여금 교회의 증거를 믿게 하고 그분의 임재를 직접적으로 경험하도록 만드는 수단으로 계획하셨다. 요한계시록 11장의 "두 증인"은 세상을 두루 다니면서 그들의 믿음으로 인한 고통을 감수함으로써 자신을 희생제물로 바치며, 그리스도에 대한 증거 때문에 거부당하는 아픔을 겪기도 한다.

---

12) *Pirke Rabbi Eliezer* 12은 신실한 사랑이야말로 범죄 이전의 아담의 특징이었으며, 이 사랑은 이스라엘의 후대 희생제사보다 더 나은 것이었다고 말하면서 호 6:6을 증거로 제시한다.

13) 시 40:6; 히 10:5-8도 보라. 사해 두루마리에 있는 유사한 개념을 참조: *More Psalms of David* 154(11Qps^a 154=11Q5 18.9-11).

바로 이런 이유로 바울은 희생제물이 된다는 말을 할 때마다 예외 없이 자신의 증거를 이방인 불신자에게 널리 전하는 복음 사역을 언급한다. 예를 들어 바울은 "이방인을 위하여 그리스도 예수의 일꾼이 되어 하나님의 복음의 제사장 직분을 하게 하사 이방인을 제물로 드리는 것이 성령 안에서 거룩하게 되어 받으실 만하게 하려 하셨다"(롬 15:16)라고 말한다. 바울과 동역자들은 "달콤한 향기"의 제사요, "구원받는 자들 중에서 하나님께로 이끄는…향기"와도 같다. 궁극적으로 이 "향기"는 모세가 성막에서 경험했던 하나님의 영화로운 임재와 다름없다!(고후 3:12-18) 이 하나님의 임재는 타협과 양보가 아니라, 무엇보다도 믿음으로 인해 겪는 고통 안에서 선명하게 보인다(예. 고후 4:7-18; 12:9-10). 의심할 여지없이 바울의 제사장 모범을 따르던 신자들은 여러 시대에 걸쳐 교회의 효과적인 선교를 위해 그들 나름의 역할을 수행했다. 그리고 이것은 "순교자들의 피가 곧 교회의 씨"라는 말에 의해 규정된다.

그뿐 아니라 다른 사람들이 밖으로 나가서 복음을 널리 전하도록 뒷받침하는 교회의 역할도 "희생제사"로 간주된다. 바울은 자신이 데살로니가에서 "복음을 처음 설교"하던 동안에 받은 빌립보 성도들의 재정적인 뒷받침이 "받으실 만한 향기로운 제물이요 하나님을 기쁘시게 한 것"이라고 말한 바 있다(빌 4:15-18). 바울은 다른 신자들을 믿음 안에서 세워주는 사역조차도 그들에게 있는 "믿음의 제물과 섬김 위에" 자신을 "전제로 드리는" 것이라고 믿었다(빌 2:17; 딤후 4:6도 마찬가지). 다른 곳에서도 그는 신실함을 유지하면서 다른 사람의 믿음을 세워주는 사역이 그리스도의 기초 위에 성전을 세우는 것과 같다고 말한다(고전 3:5-17).

이렇게 사람들에게 복음을 증거하고 그 증거를 받아들이는 자들을 강하게 세워줌으로써 성전의 경계선을 넓히는 일은 제사장이 하나님께 제사와 예물을 드리는 것과 마찬가지다. 하나님의 임재는 제사장과도 같은 그분의 백성 중에서 자라간다. 그들이 하나님의 말씀을 알고 믿고 순종함으로써, 이어서 세상 속에서 신실함과 기도로 자신의 삶을 살아가는 중에 그 임재를 다른 사람들에게 널리 전함으로써 말이다. 예를 들어 시련 중에도 믿음을 지키면서 즐거워하는 것은 불신 세계를 향한 놀라운 제사장적 증거가 아닐 수 없다. 이런 일은 세상의 관심을 끌게 마련이다. 이런 증거는 더 큰 박해를 불러일으킬 수도 있고, 박해하는 사람들에게 영향을 미쳐 그들로 교회에 들어오도록 할 수도 있다. 바로 이것이 "선교"를 가장 잘 설명해준다.

어느 여름 아내와 나는 "샤론의 장미"를 사서 집 북쪽 뜰에 심었다. 이 장미 덤불은 정상적이라면 1.8미터 높이와 1.2미터 넓이로 자라서 꽃을 피워야 했다. 하지만 몇 달이 지난 후에도 우리가 심은 장미 나무는 전혀 자라지 않았다. 비록 싹은 나기 시작했지만 그것은 완전한 꽃으로 개화하지 못했다. 문제는 우리 장미 나무가 햇빛을 충분히 받지 못했다는 데 있었다. 만일 우리가 그 나무를 옮겨 심지 않았다면 그것은 정상 크기로 자라지 못하고 꽃도 피우지 못했을 것이다. 마찬가지로 교회인 우리도 세상의 그늘 아래에서 나와 하나님의 말씀과 기도 안에 머물고 그분의 성전인 교회 안의 다른 신자와 교제하면서 그분의 임재의 빛으로 들어가지 않는다면 열매를 맺고 온 땅으로 퍼져갈 수 없을 것이다. 참된 교회의 표지는 하나님의 임재를 먼저는 자기 가족에게, 이어서 교회 안의 다른 사람에게, 나중에는 자기 이웃과 자기 도시와 자기 나라에, 궁극적으로는 온 세상에 전하는 것이다.

하나님이 우리에게 은총을 주셔서 널리 퍼져나가는 그분의 성전으로 하여금 세상을 향해 나아가게 하시고 그분의 임재를 크게 확장시키시기를 소망한다. 요한계시록 21-22장을 따라서 이 임재가 마침내 온 세상을 가득 채울 때까지 그것을 생각하면서 말이다. 예레미야 3:16-17은 마지막 때 사람들이 "[이스라엘의 옛 성전 안에 있던] 여호와의 언약궤"를 다시는 말하거나 생각하거나 기억하지 아니할 것"이라고 말한다. 왜냐하면 새 창조를 포괄하는 마지막 때의 성전은 옛 성전과 비교될 수 없을 것이기 때문이다.

만일 작은 상어를 잡아 수족관에 집어넣는다면 그 상어는 수족관 크기에 맞게 자랄 것이라는 이야기를 들은 적이 있다. 하지만 정상적이라면 상어는 족히 1.8미터 길이로 자랄 수 있다. 만일 상어를 바다에 풀어놓는다면 그것은 정상적인 크기로 자랄 것이다. 개별적인 그리스도인으로서, 지역 교회의 구성원으로서, 전 세계에 걸친 그리스도의 교회 성도로서 우리는 자신의 삶과 하나님의 말씀을 다른 사람과 나누어야 할 뿐만 아니라 비좁은 어항을 벗어나 자신의 말과 삶을 통해 그리스도의 임재를 분명하게 보여줌으로써 교회인 성전의 경계선이 확장되도록 해야 한다. 온 세상이 하나님의 임재로 가득하게 되어 그 영광의 임재를 선명하게 나타낼 때까지 말이다.[14] 하나님은 우리를 통해 하박국 2:14에 있는 약속, "이는 물이 바다를 덮음 같이 여호와의 영광을 인정하는 것이 세상에 가득함이니라"라는 약속을 이루실 것이다. 참된 교회의 표지는 항상 바깥세상을 바라보면서 하나님의 임재를 널리 전하는 데 있지, 비정상적으로 내향적인 데 있지 않다.

이 책의 중심 요지는 언약 공동체로서의 우리 과제가 교회를 하나님의 성전이 되게 하되, 그곳을 그분의 영화로운 임재로 가득 채우고 마침내 하나님이 마지막 때에 그 목표를 완전히 성취하실 때까지 세상을 그 임재로 가득 채워야 하는 것임을 밝히는 데 있다! 이것은 우리의 공통된 사명이다. 21세기 교회가 이 목표를 이루기 위해 하나가 되기를 소망한다. 그리고 참된 이스라엘이요 참된 성전인 교회가 하나님의 성막 임재를 확대시킴으로써 성막에서 이스라엘에게 선포된 제사장적인 축복을 누리게 되기를 소망한다.

여호와는 네게 복을 주시고 너를 지키시기를 원하며
여호와는 그의 얼굴을 네게 비추사
은혜 베푸시기를 원하며

---

14) 상어의 예시를 사용하도록 도와준 책은 Larson 1993: 93이었다.

여호와는 그 얼굴을 네게로 향하여 드사

평강 주시기를 원하노라 할지니라(민 6:24-26)[15]

시편 기자는 민수기의 이 복에는 온 세상을 향한 목표가 있다고 이해
한다.

하나님은 우리에게 은혜를 베푸사 복을 주시고

그의 얼굴빛을 우리에게 비추사

(셀라)

주의 도를 땅 위에

주의 구원을 모든 나라에게 알리소서

하나님이여 민족들이 주를 찬송하게 하시며

모든 민족들이 주를 찬송하게 하소서

온 백성은 기쁘고 즐겁게 노래할지니

주는 민족들을 공평히 심판하시며

땅 위의 나라들을 다스리실 것임이니이다

(셀라)

하나님이여 민족들이 주를 찬송하게 하시며

모든 민족으로 주를 찬송하게 하소서

땅이 그의 소산을 내어 주었으니

하나님 곧 우리 하나님이 우리에게 복을 주시리로다

하나님이 우리에게 복을 주시리니

땅의 모든 끝이 하나님을 경외하리로다(시 67:1-7)

---

15) 이 복이 "모세가 장막 세우기를 끝낸 날"에 처음 선포되었음(민 7:1)은 우연의 일치가
아니다. 이는 이 복이 당시 성막 안에 머물던 하나님의 영화로운 임재였음을 추가로 암
시한다. 이제는 이 임재가 그리스도와 성령 안에 있는 "하나님의 성전" 구성원들에게 복
을 준다.

참고 문헌

Alexander, R. (1986), *Ezekiel*, EBC, Grand Rapids: Zondervan.

Allison, D. C. (1993), *The New Moses*, Minneapolis: Fortress.

Andersen, F. I. and D. N. Freedman (1980), *Hosea*, AB 24, New York: Doubleday.

Anderson, G. A. and M. E. Stone (eds.) (1994), *A Synopsis of the Books of Adam and Eve*, SBL Early Judaism and its Literature, 05, Atlanta: Scholars Press.

Attridge, H. W. (1989), *The Epistle to the Hebrews*, Philadelphia: Fortress.

Averbeck, R. E. (2000), 'The Cylinders of Gudea (2.155)', in W. W. Hallo and K. Lawson Younger (eds.), *The Context of Scripture* II, Leiden/Boston/Cologne: Brill, 418-433.

Bachmann, M. (1994), 'Himmlisch: der "Tempel Gottes von Apk 11.1"', *NTS* 40, 474-480.

Bailey, K. (1990-91), 'The Fall of Jerusalem and Mark's Account of the Cross', *ExpT* 102, 102-105.

Barker, M. (1991), *The Gate of Heaven*, London: SPCK.

Barrett, C. K. (1994), *A Critical and Exegetical Commentary on the Acts of the Apostles*, Vol. 1, ICC, Edinburgh: T. & T. Clark.

Barrois, G. A. (1980), *Jesus Christ and the Temple*, Crestwood, NY: St Vladimir's Seminary Press.

Bauckham, R. (1993), *The Climax of Prophecy*, Edinburgh: T. & T. Clark.

———(1995), 'James and the Jerusalem Church', in R. Bauckham (ed.), *The Book of Acts in Its Palestinian Setting*, The Book of Acts in Its First Century Setting 4, Grand Rapids: Eerdmans; Carlisle: Paternoster, 452-462.

Bauer, W., F. W. Gingrich, W. F. Arndt and F. W. Danker (1979), *A Greek-English Lexicon of the New Testament*, 2nd ed., Chicago: Chicago University Press.

Bauer, W., F. W. Danker, W. F. Arndt and F. W. Gingrich (2000), *A Greek-English Lexicon of the New Testament and Other Early Christian Literature*, 3rd ed., Chicago: Chicago University Press.

Baumgarten, J. M. (1989), '4Q500 and the Ancient Conception of the Lord's Vineyard', *JJS* 40, 1-6.

Beale, G. K. (1989a), 'Did Jesus and His Followers Preach the Right Doctrine From the Wrong Texts? An Examination of the Presuppositions of the Apostles' Exegetical Method', *Them* 14, 89-96.

———(1989b), 'The Old Testament Background of Reconciliation in 2 Corinthians 5 - 7 and Its Bearing on the Literary Problem of 2 Corinthians 6:14-18', *NTS* 35, 550-581.

———(1996), 'The Old Testament Background of Revelation 3:14', *NTS* 42, 133-152.

———(1997), 'The Eschatological Conception of New Testament Theology', in K. E. Brower and M. W. Elliott (eds.), '*The Reader Must Understand*': *Eschatology in Bible and Theology*, Leicester: Apollos, 11-52.

———(1998), *John's Use of the Old Testament in Revelation*, JSNTS 166, Sheffield: Sheffield Academic Press.

———(1999a), *The Book of Revelation*, NIGTC, Grand Rapids: Eerdmans.

———(1999b), 'Questions of Authorial Intent, Epistemology, and Presuppositions and Their Bearing on the Study of the Old Testament in the New: A Rejoinder to Steve Moyise', *IBS* 21, 1-26.

———(1999c), 'Peace and Mercy Upon the Israel of God: The Old Testament Background of Galatians 6, 16b', *Bib* 81, 204-223.

———(2003), *1-2 Thessalonians*, IVPNTC, Leicester: IVP; Downers Grove:

성전신학

IVP.

———(2004), 'The Final Vision of the Apocalypse and its Implications for a Biblical Theology of the Temple', in S. Gathercole and T. D. Alexander (eds.), *Heaven on Earth*, Carlisle: Paternoster.

———(2007), 'The Old Testament in Colossians', in G. K. Beale and D. A. Carson (eds.), *Commentary on the Use of the Old Testament in the New*, Grand Rapids: Baker.

Beasley-Murray, G. R. (1987), *John*, WBC 36, Waco, TX: Word.

Beckerleg, C. (1999), 'The Creation, Animation and Installation of Adam in Genesis 2:7-25', SBLA, 310.

Best, E. (1972), *The First and Second Epistles to the Thessalonians*, Black's NT Commentary, Peabody, MA: Hendrickson.

Betz, O. (1963), 'Der Katechon', *NTS* 9, 282-284.

Black, M. (1985), *The Book of Enoch or 1 Enoch*, SVTP 7, Leiden: Brill, 38-39.

Blenkinsopp, J. (1992), The Pentateuch, New York: Doubleday.

Bloch-Smith, E. (1994), ' "Who is the King of Glory?" Solomon's Temple and Its Symbolism', in M. D. Coogan, J. C. Exum and L. E. Stager (eds.), *Scripture and Other Artifacts*, Louisville: Westminster John Knox, 183-194.

Block, D. I. (1998), *The Book of Ezekiel*, NICOT, Grand Rapids: Eerdmans.

Bock, D. L. (1996), *Luke 9:51-24:53*, BECNT, Grand Rapids: Baker.

Bohak, G. (1997), *Joseph and Aseneth and the Jewish Temple in Heliopolis*, SBLEJL 10, Atlanta: Scholars Press.

Botterweck, G. J. and H. Ringren (eds.) (1978), *Theological Dictionary of the Old Testament*, 4 vols., Grand Rapids: Eerdmans.

Branham, J. R. (1995), 'Vicarious Sacrality: Temple Space in Ancient Synagogues', in D. Urman and P. V. M. Flesher (eds.), *Ancient Synagogues*, Vol. 2, SPB 47, Leiden: Brill, 319-345.

Braude, W. G. (ed.) (1968), *Pesikta Rabbati*, Yale Judaica Series 18: 1 and 2, New Haven and London: Yale University Press.

———(1976), *The Midrash on Psalms*, Yale Judaica Series 13:1-2, New Haven:

Yale University Press.

Braude, W. G. and I. J. Kapstein (eds.) (1975), *The Pesikta de-rab Kahana*, Philadelphia: Jewish Publication Society of America.

──────(1981), *Tanna debe Eliyyahu*, Philadelphia: Jewish Publication Society of America.

Braun, M. A. (1977), 'James' Use of Amos at the Jerusalem Council: Steps Toward a Possible Solution of the Textual and Theological Problems', *JETS* 20, 113-121.

Breasted, J. H. (1906), *Ancient Records of Egypt*, 4 vols., New York: Russell & Russell.

──────(1959), *Development of Religion and Thought in Ancient Egypt*, New York/Evanston: Harper & Row.

Brooke, G. J. (1999), 'Miqdash Adam, Eden, and the Qumran Community', in B. Ego, A. Lange and P. Pilhofer (eds.), *Gemeinde ohne Tempel/Community Without Temple*, WUNT 118, Tübingen, Mohr Siebeck.

Broshi, M. (1987), 'The Gigantic Dimensions of the Visionary Temple in the Temple Scroll', *BAR* 13.6, 36-37.

Brown, F., S. R. Driver and C. A. Briggs (1907), *A Hebrew and English Lexicon of the Old Testament*, Oxford: Clarendon.

Brown, R. E. (1982), *The Epistles of John*, AB, Garden City, NY: Doubleday.

Brown, William P. (1999), *The Ethos of the Cosmos*, Grand Rapids: Eerdmans.

Bruce, F. F. (1954), *The Book of Acts*, NICNT, Grand Rapids: Baker.

──────(1982), *1 & 2 Thessalonians*, WBC 45, Waco, TX: Word.

──────(1990), *The Epistle to the Hebrews*, NICNT, Grand Rapids: Eerdmans.

Bryan, B. M. (2002), '47 Pectoral of Psusennes I', in E. Hornung and B. M. Bryan (eds.), *The Quest for Immortality: Treasures of Ancient Egypt*, Washington, DC: National Gallery of Art and United Exhibits Group.

Bryan, S. M. (2002), *Jesus and Israel's Traditions of Judgment and Restoration*, SNTSMS 117, Cambridge: Cambridge University Press.

──────(forthcoming), 'The Eschatological Temple in John 14'.

Budge, E. A. (1951), *Book of the Dead*, New York: Barnes & Noble.

Bultmann, R. '*aletheia, alethinos, ktl.*', *TDNT*, 1:238-251.

Caird, G. B. (1966), *A Commentary of the Revelation of St. John the Divine*, London: A. C. Black; New York: Harper & Row.

Callender, D. (2000), *Adam in Myth and History*, Harvard Semitic Museum Publications, Winona Lake, IN: Eisenbrauns.

Callow, J. (1982), *A Semantic Structural Analysis of Second Thessalonians*, Dallas, TX: Summer Institute of Linguistics.

Calvin, J. (1984), *Commentaries on the Epistles of Paul the Apostle to the Galatians, Ephesians, Philippians, Colossians, and 1 & 2 Thessalonians, 1 & 2 Timothy, Titus, Philemon*, Grand Rapids: Baker.

Caragounis, C. C. (1990), *Peter and the Rock*, BZNW 58, Berlin: de Gruyter.

Carroll, R. (2000), 'Blessing the Nations: Toward a Biblical Theology of Mission from Genesis', *BBR* 10, 17-34.

Carson, D. A. (1991), *The Gospel According to John*, Grand Rapids: Eerdmans.

———(1995), *Matthew*, EBC, Grand Rapids: Zondervan.

———(1996), *The Gagging of God*, Grand Rapids, Zondervan.

Carson, D. A., Douglas J. Moo and Leon Morris (1992), *An Introduction to the New Testament*, Grand Rapids: Zondervan.

Cassuto, U. (1967), *A Commentary on the Book of Exodus*, Jerusalem: Magnes Press.

———(1989), *A Commentary on the Book of Genesis*, 1, Jerusalem: Magnes Press.

———(1992), *A Commentary on the Book of Genesis*, 2, Jerusalem: Magnes Press.

Charles, R. H. (ed.) (1977), *The Apocrypha and Pseudepigrapha of the Old Testament*, Vol. 2 (Pseudepigrapha), Oxford: Clarendon.

Charlesworth, J. H. (ed.) (1983), *The Old Testament Pseudepigrapha*, 2 vols., Garden City, NY: Doubleday.

Chronis, H. (1982), 'The Torn Veil: Cultus and Christology in Mark', *JBL* 101,

97-114.

Clements, R. E. (1965), *God and Temple*, Philadelphia: Fortress.

Clifford, R. J. (1984), 'The Temple and the Holy Mountain', in T. G. Madsen (ed.), *The Temple in Antiquity*, RSMS 9, Salt Lake City, UT: Brigham Young University Press, 112-115.

———(1994), 'Creation Accounts in the Ancient Near East and in the Bible', CBQMS 26, Washington, DC: Catholic University Press of America.

Clowney, E. P. (1972), 'The Final Temple', *WTJ* 35, 156-189.

Cody, A. (1960), *Heavenly Sanctuary and Liturgy in the Epistle to the Hebrews*, St Meinrad, IN: Grail Publications (St Meinrad Archabbey).

Cohen, A. (ed.) (1965), *The Minor Tractates of the Talmud*, 2 vols., London: Soncino.

Cohen, J. (1989), *Be Fertile and Increase, Fill the Earth and Master It*, Ithaca, NY, and London: Cornell University Press.

Cole, A. (1950), *The New Temple*, London: Tyndale.

Collins, J. J. (1993), *Daniel*, Minneapolis: Fortress.

Congar, Y. M.-J. (1962), *The Mystery of the Temple*, Westminster, MD: Newman Press.

Cornelius, I. (1997), 'gan', in W. A. VanGemeren (ed.), *NIDOTTE*, Grand Rapids: Zondervan.

Court, J. M. (1979), *Myth and History in the Book of Revelation*, Atlanta: John Knox.

Cross, F. M. (1977), 'The Priestly Tabernacle in the Light of Recent Research', in A. Biran (ed.), *Temples and High Places*, Jerusalem: Nelson Glueck School of Biblical Archaeology of Hebrew Union College-Jewish Institute of Religion, 169-180.

Dalley, S. (1991), *Myths from Mesopotamia*, Oxford: Oxford University Press.

Danby, H. (ed.) (1980), *The Mishnah*, Oxford: Oxford University Press.

Daniélou, J. (1964), *Primitive Christian Symbols*, London: Burns & Oates.

Davidson, R. M. (2000), 'Cosmic Metanarrative for the Coming Millennium',

JATS 11, 109-111.

Davies, G. I. (1991), 'The Presence of God in the Second Temple and Rabbinic Doctrine', in W. Horbury (ed.), *Templum Amicitiae* JSNTS 48, Sheffield: Sheffield Academic Press.

Davies, W. D. and D. C. Allison (1991), *The Gospel According to Saint Matthew*, Vol. 2, ICC, Edinburgh: T. & T. Clark.

Davila, J. R. (2002), 'The Macrocosmic Temple, Scriptural Exegesis, and the Songs of the Sabbath Sacrifice', *DSD* 9, 5-6.

de Silva, A. A. (1994), 'A Comparison between the Three-Levelled World of the Old Testament Temple Building Narratives and the Three-Levelled World of the House Building Motif in the Ugaritic Texts KTU 1.3 and 1.4', in G. J. Brooke, A. H. W. Curites and J. F. Healey (eds.), *Ugarit and the Bible*, Münster: Ugarit-Verlag, 11-23.

de Vaux, R. (1965), *Ancient Israel*, New York: McGraw-Hill.

Dillard, R. B. (2000), 'Intrabiblical Exegesis and the Effusion of the Spirit in Joel', in H. Griffith and J. R. Muether (eds.), *Creator Redeemer Consummator, Festschrift for M. G. Kline*, Greenville, SC: Reformed Academic Press.

Dillmann, A. (1892), *Genesis: Critically and Exegetically Expounded*, Vols. 1-2, 6th ed., Edinburgh: T. & T. Clark.

Douglas, J. D. (ed.) (1980), *The Illustrated Bible Dictionary*, 3 vols., Leicester: IVP.

Douglas, M. (1999), *Leviticus as Literature*, Oxford: Oxford University Press.

Driver, S. R. (1904), *The Book of Genesis*, WC, London: Methuen.

Duguid, I. M. (1999), *Ezekiel*, NIVAC, Grand Rapids: Zondervan.

Dumbrell, William J. (1985), *The End of the Beginning*, Homebush West, Australia: Lancer.

———(1994), *The Search for Order*, Grand Rapids: Baker.

———(2002), 'Genesis 2:1-17: A Foreshadowing of the New Creation', in Scott J. Hafemann (ed.), *Biblical Theology: Retrospect and Prospect*, Downers Grove: IVP, 53-65.

Dupont-Sommer, André (1961), *The Essene Writings From Qumran*, Oxford: Blackwell.

Edersheim, A. (1994), *The Temple*, Peabody, MA: Hendrickson.

Ego, B. (1989), 'Im Himmel wie auf Erden', WUNT 2.34, Tübingen: Mohr Siebeck.

Eichrodt, W. (1970), *Ezekiel*, Philadelphia: Westminster.

Eliade, M. (1955), *The Myth of the Eternal Return*, London: Routledge.

Ellingworth, P. (1993), *Commentary on Hebrews*, NIGTC, Grand Rapids: Eerdmans.

Ellis, E. E. (1959-60), 'II Corinthians V.1-10 in Pauline Eschatology', *NTS* 6, 211-224.

――――(1994), 'Deity-Christology in Mark 14:58', in J. B. Green and M. Turner (eds.), *Jesus of Nazareth: Lord and Christ*, Grand Rapids: Eerdmans, 192-203.

Ellison, H. L. (1956), *Ezekiel: The Man and His Message*, London: Paternoster.

Epstein, I. (ed.) (1948), *The Babylonian Talmud*, London: Soncino.

Ernst, J. (1967), *Die eschatologischen Gegenspieler in den Schriften des Neuen Testaments*, Regensburg: Pustet.

Etheridge, J. W. (1968), *The Targums of Onkelos and Jonathan Ben Uzziel on the Pentateuch with Fragments of the Jerusalem Targum, on Genesis and Exodus*, New York: KTAV.

Evans, C. A. (2001), *Mark 8:27-16:20*, WBC 34B, Nashville, TN: Nelson.

Fairbairn, P. (1863a), *The Typology of Scripture*, New York: Tibbals.

――――(1863b), *Ezekiel*, Edinburgh: T. & T. Clark.

Fathers According to Rabbi Nathan, The (1955), translated by J. Goldin, New York: Schocken Books.

Faulkner, R. O. (1969), *The Ancient Egyptian Pyramid Texts*, Oxford: Oxford University Press.

Fee, G. D. (1987), *The First Epistle to the Corinthians*, NICNT, Grand Rapids: Eerdmans.

Feinberg, C. L. (1971), 'The Rebuilding of the Temple', in C. F. H. Henry (ed.), *Prophecy in the Making*, Carol Stream, IL: Creation House.

Feinberg, P. D. (1995), '2 Thessalonians 2 and the Rapture?', in T. Ice and T. Denny (eds.), *When the Trumpet Sounds*, Eugene, OR: Harvest House.

Fekkes, J. (1994), 'Isaiah and Prophetic Traditions in the Book of Revelation: Visionary Antecedents and their Development', *JSNTS* 93, Sheffield: JSOT Press, 130-133.

Findlay, G. G. (1982; 1904), *The Epistles of Paul the Apostle to the Thessalonians*, Grand Rapids: Baker.

Finnestad, R. B. (1997), 'Temples of the Ptolemaic and Roman Periods: Ancient Traditions in New Contexts', in B. E. Shafer (ed.), *Temples of Ancient Egypt*, Ithaca, NY: Cornell University Press, 185-237.

Fishbane, M. (1979), *Text and Texture*, New York: Schoken.

Fitzmyer, J. A. (1985), *The Gospel According to Luke (10-24)*, AB 28A, Garden City, NY: Doubleday.

———(1998), *The Acts of the Apostles*, AB 31, New York: Doubleday.

Fletcher-Lewis, C. H. T. (1997), 'The Destruction of the Temple and Relativization of the Old Covenant: Mark 13:31 and Matthew 5:18', in K. E. Brower and M. W. Elliott (eds.), *'The Reader Must Understand': Eschatology in Bible and Theology*, Leicester: Apollos, 156-162.

Ford, J. M. (1975), *Revelation*, AB 33, Garden City, NY: Doubleday.

Foster, B. (1995), *From Distant Days*, Bethesda: CDL Press.

———(1997), 'Epic of Creation (1.111)', in W. W. Hallo (ed.), *The Context of Scripture* 1, Leiden/Boston/Cologne: Brill.

Frame, J. E. (1912), *A Critical and Exegetical Commentary on the Epistles of St. Paul to the Thessalonians*, ICC, Edinburgh: T. & T. Clark.

France, R. T. (1971), *Jesus and the Old Testament*, Grand Rapids: Baker.

———(1985), *Matthew*, TNTC, Grand Rapids: Eerdmans; Leicester: IVP.

Frankfort, H. (1954), *The Art and Architecture of the Ancient Orient*, Harmondsworth, Middlesex: Penguin.

Freedman, H. and M. Simon (eds.) (1961), *Midrash Rabbah*, Vols. 1-10, London: Soncino.

Friedlander, G. (ed.) (1916), *Pirke de Rabbi Eliezer*, New York: Hermon.

Gage, W. Austin (1984), *The Gospel of Genesis*, Winona Lake, IN: Eisenbrauns.

Gamberoni, J. 'Maqôm', *TDOT*, 8:532-544.

Gärtner, B. (1965), *The Temple and the Community in Qumran and the New Testament*, SNTS 1, Cambridge: Cambridge University Press.

Gaster, Theodor (1976), *The Dead Sea Scriptures*, Garden City, NY: Anchor Books.

Gaston, L. (1967), 'The Theology of the Temple', in F. Christ (ed.), *Oikonomia*, FS for Oscar Cullmann, Hamburg-Bergstadt: Herbert Reich Evang. Verlag GmbH.

George, A. R. (1993), *House Most High*, Winona Lake, IN: Eisenbrauns.

Gesenius, W., E. Kautzsch and A. E. Cowley (1970), *Hebrew Grammar*, Oxford: Clarendon.

Giblin, C. H. (1967), *The Threat to Faith*, An Bib 31, Rome: Pontifical Biblical Institute.

———(1984), 'Revelation 11.1-13: Its Form, Function, and Contextual Integration', *NTS* 30, 433-459.

———(1990), '2 Thessalonians 2 Re-read as Pseudepigraphical: A Revised Reaffirmation of The Threat to Faith', in R. F. Collins (ed.), *The Thessalonian Correspondence*, BETL 87, Leuven: University Press.

Gleason, K. (1997), 'Gardens in Preclassical Times', in E. Meyers (ed.), *Oxford Encyclopedia of Archaeology in the Near East*, New York: Oxford University Press.

Glickman, S. C. (1980), *Knowing Christ*, Chicago: Moody.

Goldsworthy, G. (1991), *According to Plan*, Leicester: IVP.

Goppelt, 'topos, ktl.', *TDNT*, 8:246-259.

Gorman, F. (1990), *The Ideology of Ritual*, JSOTS 91, Sheffield: JSOT Press.

Grayson, A. K. (1976), *Assyrian Royal Inscriptions* 2, Wiesbaden: Otto

Harrassowitz.

———(1987), *Assyrian Rulers of the Third and Second Millennia BC, The Royal Inscriptions of Mesopotamia, Assyrian Periods* 1, Toronto: University of Toronto Press.

———(1996), *Assyrian Rulers of the Early First Millennium BC*, Toronto: University of Toronto Press.

Greenberg, M. (1997), *Ezekiel 21-37*, AB 22a, New York: Doubleday.

Grudem, W. A. (1982), *The Gift of Prophecy in 1 Corinthians*, Washington, DC: University Press of America.

Gruenler, R. G. (1991), *Meaning and Understanding*, Grand Rapids: Zondervan.

Gundry, R. H. (1993), *Mark*, Grand Rapids: Eerdmans.

Gunkel, H. (1997), *Genesis*, Macon, GA: Mercer University Press.

Gurtner, D.M. (2003), 'Functionality, Identity, and Interpretation: the Tearing of the Temple Curtain (Matt. 27:51 par) in Light of Pentateuchal Tabernacle Texts', a paper delivered at the 2003 Annual Meeting of the Evangelical Theological Society in Atlanta, GA.

Hafemann, S. J. (2000), *2 Corinthians*, NIVAC, Grand Rapids: Zondervan.

———(2001), *The God of Promise and the Life of Faith*, Wheaton: Crossway.

Hagner, D. A. (1995), *Matthew 14-28*, WBC 33b, Dallas, TX: Word.

Hallo, W. W. and K. Lawson Younger (eds.) (1997, 2000), *The Context of Scripture*, 2 vols., Leiden/Boston/Cologne: Brill.

Hamann, H. (1953), 'A Brief Exegesis of 2 Thess. 2:1-12 with Guideline for the Application of the Prophecy Contained Therein', *CTM* 24, 418-433.

Hammer, R. (ed.) (1986), *Sifre: A Tannaitic Commentary on the Book of Deuteronomy*, Yale Judaica Series, New Haven and London: Yale University Press.

Haran, M. (1978), *Temples and Temple Service in Ancient Israel*, Oxford: Clarendon.

———(1988), 'Temple and Community in Ancient Israel', in M. V. Fox (ed.), *Temple in Society*, Winona Lake, IN: Eisenbrauns, 17-25.

Hartman, L. (1966), *Prophecy Interpreted*, CB, NT Series 1, Lund: Gleerup.

Hartopo, Y. A. (2002), 'The Marriage of the Lamb: The Background and Function of the Marriage Imagery in the Book of Revelation', PhD dissertation, Westminster Theological Seminary.

Hayward, C. T. R. (1991), 'Sacrifice and World Order: Some Observations on Ben Sira's Attitude to the Temple Service', in S.W. Sykes (ed.), *Sacrifice and Redemption*, Cambridge: Cambridge University Press, 22-34.

——(1996), *The Jewish Temple*, London/New York: Routledge.

——(1999), 'Sirach and Wisdom's Dwelling Place', in S. C. Barton (ed.), *Where Shall Wisdom Be Found?*, Edinburgh: T. & T. Clark, 31-46.

Heidel, A. (1942), *The Babylonian Genesis*, Chicago/London: University of Chicago.

Heil, J. P. (1997), 'The Narrative Strategy and Pragmatics of the Temple Theme in Mark', *CBQ* 59, 76-100.

Hemer, C. J. (1990), *The Book of Acts in the Setting of Hellenistic History*, Winona Lake, IN: Eisenbrauns.

Hendel, R. (1998), *The Text of Genesis 1-11*, New York: Oxford University Press.

Hendriksen, W. (1979), *Exposition of I and II Thessalonians*, Grand Rapids: Baker.

Henning von der Osten, H. (1934), *Ancient Oriental Seals in the Collection of Mr. E. T. Newell*, University of Chicago Oriental Institute Publications 22, Chicago: University of Chicago.

Himmelfarb, M. (1991), 'The Temple and the Garden of Eden in Ezekiel, the Book of Watchers, and the Wisdom of ben Sira', in J. Scott and P. Simpson-Housley (eds.), *Sacred Places and Profane Spaces*, Contributions to the Study of Religion 30, Westport, CT: Greenwood, 63-78.

Hirsch, E. D. (1967), *Validity in Interpretation*, New York: Yale University Press.

——(1984), 'Meaning and Significance Reinterpreted', *CE* 11, 202-244.

성전신학

————(1994), 'Transhistorical Intentions and the Persistence of Allegory', *NLH* 25.

————(1976), *Aims of Interpretation*, Chicago: Chicago University Press.

Hoekema, A. A. (1979), *The Bible and the Future*, Grand Rapids: Eerdmans.

Hoffner, H. (1990), *Hittite Myths*, SBLWAW, Atlanta: Scholars Press.

Holladay, W. L. (1986), *Jeremiah*, Vol. 1, Hermeneia, Philadelphia: Fortress.

Holloway, S. W. (1991), 'What Ship Goes There: The Flood Narratives in the Gilgamesh Epic and Genesis Considered in Light of Ancient Near Eastern Temple Ideology', *ZAW* 103, 328-354.

Holmes, M. W. (ed.) (1992), *The Apostolic Fathers*, Grand Rapids: Baker.

Homan, H. (2000), 'The Divine Warrior in His Tent', *BRev* 16, No. 6, 22-33.

Hooker, M. D. (1991), *The Gospel According to Mark*, BNTC, Peabody, MA: Hendrickson.

Hornung, E. (1982), *Conceptions of God in Ancient Egypt*, Ithaca, NY: Cornell University Press.

————(1992), *Idea into Image*, Princeton: Timken.

Hornung, E. and B. M. Bryan (eds.) (2002), *The Quest for Immortality: Treasures of Ancient Egypt*, Washington, DC: National Gallery of Art and United Exhibits Group.

Horowitz, W. (1998), *Mesopotamian Cosmic Geography*, Winona Lake, IN: Eisenbrauns.

Hugenberger, G. P. (n.d.) 'Is Work the Result of the Fall?', an unpublished paper available at the website of Park Street Church, Boston, MA, USA.

————(1994), *Marriage as a Covenant*, VTSup 52, Leiden: Brill.

————(1997), 'A Neglected Symbolism for the Clothing of Adam and Eve (Genesis 3:21)', a paper read at the Triennial Meeting on Eschatology of the Tyndale Fellowship of Biblical Research in Swanwick, Derbyshire.

Hughes, P. E. (1990), *The Book of the Revelation*, Pillar Series, Grand Rapids: Eerdmans.

Hurowitz, V. [A.] (1992), *I Have Built You an Exalted House*, JSOTS 115,

Sheffield: Sheffield Academic Press, 335-337.

Ismail, F. (2002), '73 Anthropoid Coffin of Paduamin, with inner board and lid', in Hornung and Bryan (eds.) (2002).

Jacobsen, T. (1976), *The Treasures of Darkness*, New Haven: Yale University Press.

――――(1987), *The Harps That Once...Sumerian Poetry in Translation*, New Haven: Yale University Press.

James, E. O. (1969), 'The Conception of Creation in Cosmology', in *Liber Amicorum, Studies in Honour of C. J. Bleeker*, SHR, NumSup, Leiden: Brill, 99-112.

Janowski, B. (1990), 'Tempel und Schöpfung. Schöpfungstheologische Aspekte der priesterschriftlichen Heiligtumskonzeption', *Schöpfung und Neuschöpfung, Jahrbuch für Biblische Theologie* 5, 37-69.

――――(2001), 'Der Himmel auf Erden', in B. Janowski and B. Ego (eds.), *Das biblische Weltbild und seine altorientalischen Kontexte*, Tübingen: Mohr Siebeck.

Joüon, P. (1993), *A Grammar of Biblical Hebrew*, Vols. 1-2, SubB 14, Rome: Pontifical Biblical Institute.

Juel, D. (1977), *Messiah and Temple*, SBLDS 32, Missoula: Scholars Press.

Kampen, J. (1994), 'The Eschatological Temples of 11QT', in J. C. Reeves and J. Kampen (eds.), *Pursuing the Text, Studies in Honor of B. Z. Wacholder*, JSOTS 184, Sheffield: Sheffield Academic Press.

Keel, O. (1985), *The Symbolism of the Biblical World*, New York: Crossroad.

Kerr, A. R. (2002), *The Temple of Jesus' Body*, JSNTS 220, Sheffield: Sheffield Academic Press.

Kiddle, M. (with M. Ross) (1940), *The Revelation of St. John*, MNTC, London: Hodder & Stoughton.

Kilgallen, J. (1976), *The Stephen Speech, AnBib* 67, Rome: Biblical Institute Press.

Kim, S. (1987), 'Jesus - The Son of God, the Stone, the Son of Man, and the

성전 신학

Servant: The Role of Zechariah in the Self-Identification of Jesus', in G. F. Hawthorne and O. Betz (eds.), *Tradition and Interpretation in the New Testament, Essays in Honor of E. E. Ellis*, Grand Rapids: Eerdmans; Tübingen: Mohr Siebeck, 134-148.

Kissane, E. J. (1943), *The Book of Isaiah*, Vol. 2, Dublin: Browne & Nolan.

Kittel, G. and G. Friedrich (eds.) (1964-76), *Theological Dictionary of the New Testament*, 10 vols., Grand Rapids: Eerdmans.

Kline, M. G. (1980), *Images of the Spirit*, Grand Rapids: Baker.

———(1989), *Kingdom Prologue*, South Hamilton: Gordon-Conwell Theological Seminary.

———(2001), *Glory in Our Midst*, Overland Park, KS: Two Age Press.

Koehler L. and W. Baumgartner (1994), *The Hebrew and Aramaic Lexicon of the Old Testament*, rev. ed. by W. Baumgartner and J. J. Stamm, Leiden/New York/Cologne: Brill.

Koester, H. '*topos*', *TDNT*, 8:187-208.

Koester, C. R. (1989), *The Dwelling of God*, CBQMS 22, Washington, DC: Catholic Biblical Association of America.

Kraft, H. (1974), *Die Offenbarung des Johannes*, HNT 16a, Tübingen: Mohr Siebeck.

Krodel, G. A. (1989), *Revelation*, Augsburg Commentary on the New Testament, Minneapolis: Augsburg Publishing House.

Laansma, J. (1997), *I Will Give You Rest*, WUNT 2.98, Tübingen: Mohr Siebeck, 159-251.

Lacocque, A. (1979), *The Book of Daniel*, London: SPCK.

Lanci, J. R. (1997), *A New Temple in Corinth*, SBL 1, New York: Peter Lang.

Lane, W. L. (1991a), *Hebrews 1-8*, WBC 47A, Dallas, TX: Word.

———(1991b), *Hebrews 9-13*, WBC 47B, Dallas, TX: Word.

Larkin, W. J. (1995), *Acts*, IVPNTC, Downers Grove: IVP.

LaRondelle, H. K. (1989), 'The Middle Ages Within the Scope of Apocalyptic Prophecy', *JETS* 32, 345-354.

Larson, C. B. (1993), *Illustrations for Preaching and Teaching*, Grand Rapids: Baker.

Lauterbach, J. Z. (ed.) (1976), *Mekilta de-Rabbi Ishmael*, Vols. 1-3, Philadelphia: Jewish Publication Society of America.

Lenski, R. C. H. (1934), *The Interpretation of St. Paul's Epistles to the Colossians, to the Thessalonians, to Timothy, to Titus and to Philemon*, Minneapolis: Augsburg Publishing House.

Leupold, H. C. (1960), *Exposition of Genesis*, Vols. 1-2, Grand Rapids: Baker.

Levenson, J. D. (1976), *Theology of the Program of Restoration of Ezekiel 40-48*, HSMS 10, Missoula: Scholars Press.

———(1981), 'From Temple to Synagogue', in B. Halpern and J. D. Levenson (eds.), *Traditions in Transformation*, Winona Lake, IN: Eisenbrauns, 143-166.

———(1984), 'The Temple and the World', *JR* 64, 294-295.

———(1985), *Sinai and Zion*, San Francisco: Harper & Row.

———(1986), 'The Jerusalem Temple in Devotional and Visionary Experience', in A. Green (ed.), *Jewish Spirituality*, New York: Crossroad, 32-61.

———(1988), *Creation and the Persistence of Evil: The Jewish Drama of Divine Omnipotence*, San Francisco: Harper & Row.

Levertoff, P. P. (ed.) (1926), *Midrash Sifre on Numbers*, in *Translations of Early Documents*, Series 3, Rabbinic Texts, London: Golub.

Lewis, Theodore J. (1992), '*Beelzebul*', *ABD* 1, 638-640.

Lichtheim, M. (1976), *Ancient Egyptian Literature: A Book of Readings*, Vol. 2, Berkeley: University of California Press.

Lincoln, Andrew T. (1990), *Ephesians*, WBC, Dallas, TX: Word.

———(1981), *Paradise Now and Not Yet*, SNTSMS 43, Cambridge: Cambridge University Press.

Lohmeyer, E. (1970), *Die Offenbarung des Johannes*, HNT 16, Tübingen: Mohr Siebeck.

Longman, T. (2001), *Immanuel in Our Place*, Phillipsburg: Presbyterian &

Reformed.

Lundquist, J. M. (1983), 'What Is a Temple? A Preliminary Typology', in H. B. Huffmon, F. A. Spina and A. R. W. Green (eds.), *The Quest for the Kingdom of God: Studies in Honor of George E. Mendenhall*, Winona Lake, IN: Eisenbrauns, 205-219.

————(1984a), 'The Common Temple Ideology in the Ancient Near East', in T. G. Madsen (ed.), *The Temple in Antiquity*, RSMS 9, Salt Lake City, UT: Brigham Young University.

————(1984b), 'Temple Symbolism in Isaiah', in M. S. Nyman (ed.), *Isaiah and the Prophets*, RSMS 10, Salt Lake City, UT: Brigham Young University.

Marshall, I. H. (1983), *1 and 2 Thessalonians*, CBC, Grand Rapids: Eerdmans; London: Marshall, Morgan & Scott.

————(1989), 'Church and Temple in the New Testament', *TynB* 40, 203-222.

————(2007), 'The Old Testament in Acts', in G. K. Beale and D. A. Carson (eds.), *Commentary on the Use of the Old Testament in the New*, Grand Rapids: Baker.

Martin, D. M. (1995), *1, 2 Thessalonians*, NAC 33, Nashville, TN: Broadman & Holman.

Martínez, G. (1988), 'L'interprétation de la Torah d'Ézéchiel dans les MSS. de Qumrân', *RevQ* 13, 441-452.

————(1994), *The Dead Sea Scrolls Translated*, Leiden/Boston/Cologne: Brill.

Martínez, G. and E. J. C. Tigchelaar (eds.) (2000), *The Dead Sea Scrolls Study Edition*, 2 vols., Leiden/Boston/Cologne: Brill.

Mazar, A. (1992), 'Temples of the Middle and Late Bronze Ages and the Iron Age', in A. Kempinski and R. Reich (eds.), *The Architecture of Ancient Israel*, Israel Exploration Society, Jerusalem: Ahva Press, 161-187.

McCartney, D. J. (1994), '*Ecce Homo*: The Coming of the Kingdom as the Restoration of Human Vicegerency', *WTJ* 56, 1-21.

McKelvey, R. J. (1969), *The New Temple*, Oxford: Oxford University Press.

McMahon, G. (1997), 'Instructions to Priests and Temple Officials (1.83)', in

W. W. Hallo and K. L. Younger (eds.), *The Context of Scripture* 1, Leiden/ Boston/Cologne: Brill, 217-221.

McNamara, M. (1995), *Targum Neofiti 1: Numbers*, ArBib, Vol. 4, Collegeville, MN: Liturgical Press.

Mealy, J. W. (1992), *After the Thousand Years*, JSNTS 70, Sheffield: Sheffield Academic Press.

Metzger, B. M. (1971), *A Textual Commentary on the Greek New Testament*, London/New York: United Bible Societies.

Meyers, C. (1976), *The Tabernacle Menorah: A Synthetic Study of a Symbol from the Biblical Cult*, ASOR, Dissertation Series 2, Missoula: Scholars Press.

———(1985a) 'Lampstand', in P. J. Achtemeier (ed.), *Harper's Bible Dictionary*, San Francisco: Harper & Row, 546.

———(1985b), 'The Tree of Life', in P. J. Achtemeier (ed.), *Harper's Bible Dictionary*, San Francisco: Harper & Row, 1094.

———(1992a) 'Sea, Molten', *ABD* 5, 1061-1062.

———(1992b), 'Temple, Jerusalem', *ABD* 6, 359-360.

Michaels, J. R. (1967), 'The Centurion's Confession and the Spear Thrust', *CBQ* 29, 102-109.

Michel, O. '*naos*', *TDNT*, 4:880-890.

Midrash on Proverbs, The (1992), translated by B. L. Visotzky, New Haven: Yale University Press.

Midrash Tanhuma-Yelammedenu: An English Translation of Genesis and Exodus from the Printed Version of Tanhuma-Yehammedenu with Introduction, Notes and Indexes (1996), translated by S. A. Berman, Hoboken, NJ: KTAV.

Milligan, G. (1908), *St. Paul's Epistles to the Thessalonians*, Old Tappan, NJ: Revell.

Mitchell, T. C. (1980), 'Altar', *IBD* 1, 34-37.

Morray-Jones, C. R. A. (1998), 'The Temple Within', in SBLSP, 1, Atlanta:

성전신학

Scholars Press, 400-431.

Morris, L. (1959), *The First and Second Epistles to the Thessalonians*, NICNT, Grand Rapids: Eerdmans.

Motyer, J. A. (1996), 'Urim and Thummim', in J. D. Douglas (ed.), *The New Bible Dictionary*, Grand Rapids: Eerdmans; Leicester: IVP, 1219.

Moule, C. F. D. (1950), 'Sanctuary and Sacrifice in the Church of the New Testament', *JTS* 1, 34, 29-41.

Moulton, J. H. and G. Milligan (1972), *'arrabon'*, in *The Vocabulary of the Greek New Testament*, Grand Rapids: Eerdmans.

Nelson, H. H. (1944), 'The Egyptian Temple', *BA* 7, 44-53.

Neusner, J. (ed.) (1982-), *The Talmud of the Land of Israel: A Preliminary Translation and Explanation* (the Jerusalem Talmud), Vols. 1-35, Chicago: University of Chicago Press.

Niehaus, J. J. (1995), *God at Sinai*, Grand Rapids: Zondervan.

———(forthcoming), *No Other Gods*, Grand Rapids: Baker.

Nolland, J. (1993), *Luke 18:35-24:53*, WBC 35C, Dallas, TX: Word.

Pagolu, A. (1998), *The Religion of the Patriarchs*, JSOTS 277, Sheffield: Sheffield Academic Press.

Pao, D. W. (2000), *Acts and the Isaianic New Exodus*, WUNT 2.130, Tübingen: Mohr Siebeck.

Parry, D. W. (1994), 'Garden of Eden: Prototype Sanctuary', in D.W. Parry (ed.), *Temples of the Ancient World*, Salt Lake City, UT: Desert Book Company, 126-151.

———(1990), 'Sinai as Sanctuary and Mountain of God', in J. M. Lundquist and S. D. Ricks (eds.), *By Study and Also by Faith, Essays in Honor of H. W. Nibley*, Salt Lake City, UT: Desert Book Company.

Patai, R. (1967), *Man and Temple*, New York: KTAV.

Peipkorn, A. C. (1933), *Historical Prism Inscriptions of Ashurbanipal I*, Chicago: Chicago University Press.

Porteous, N. W. (1965), *Daniel*, Philadelphia: Westminster.

Poythress, V. (1991), *The Shadow of Christ in the Law of Moses*, Brentwood: Wolgemuth & Hyatt.

Prigent, P. (1981), *L'Apocalypse de Saint Jean,* Paris: Delachaux et Niestlé.

Pritchard, J. B. (1969), *Ancient Near Eastern Texts*, Princeton: Princeton University Press.

Pusey, E. B. (1885), *Minor Prophets* 2, New York: Funk & Wagnalls.

Rahlfs, A. (ed.) (1971), *Septuaginta*, Stuttgart: Würtembergische Bibelanstatt.

Richard, E. (1978), *Acts 6:1 - 8:4. The Author's Method of Composition*, SBLDS 41, Missoula: Scholars Press.

Richard, E. J. (1995), *First and Second Thessalonians*, SacP 11, Collegeville, MN: Liturgical Press.

Robertson, O. P. (1975-76), 'Tongues: Sign of Covenantal Curse and Blessing', *WTJ* 38, 43-53.

Rodale, J. I. (1978), *The Synonym Finder*, Emmaus, PA: Rodale.

Rodriguez, A. M. (2001), 'Ancient Near Eastern Parallels to the Bible and the Question of Revelation and Inspiration', *JATS* 12, 43-64.

Ross, A. P. (1981), 'The Dispersion of the Nations in Genesis 11:1-9', *BSac* 138, 119-137.

———(1988), *Creation and Blessing*, Grand Rapids: Baker.

Russell, D. S. (1981), *Daniel*, Edinburgh: Saint Andrew; Philadelphia: Westminster.

Sailhamer, J. H. (1992), *The Pentateuch as Narrative*, Grand Rapids: Zondervan.

Satterthwaite, P. E. (2000), 'Biblical History', in T. D. Alexander and B. Rosner (eds.), *New Dictionary of Biblical Theology*, Leicester: IVP, 43-51.

Schlier, H., '*apostasia*', *TDNT*, 1:513-514.

Schmitt, J. W. and J. C. Laney (1997), *Messiah's Coming Temple*, Grand Rapids: Kregel.

Schneider, C., '*katapetasma*', *TDNT*, 3:628-630.

Schrenk, G., '*hieron*', *TDNT*, 3:234, 241.

Schultz, C., (1980), "*edûṭ*', in R. L. Harris, G. J. Archer and B. K. Waltke (eds.), *Theological Word Book of the Old Testament*, Chicago: Moody, 649-650.

Schwartz, D. B. (1979), 'The Three Temples of 4QFlorilegium', *RevQ* 10, 83-91.

Scofield, C. I. (ed.) (1967), *The New Scofield Reference Bible*, New York: Oxford.

Scott, J. M. (1995), *Paul and the Nations*, WUNT 84, Tübingen: Mohr Siebeck.

Scroggs, R. (1966), *The Last Adam*, Oxford: Blackwell.

Septuagint Version of the Old Testament and Apocrypha with an English translation, The (1972), Grand Rapids: Zondervan.

Shafer, B. E. (1997), 'Temples, Priests, and Rituals: An Overview', in B. E. Shafer (ed.), *Temples of Ancient Egypt*, Ithaca, NY: Cornell University Press.

Shiffman, L. H. (1989), 'Architecture and Laws: The Temple and Its Courtyards in the Temple Scroll', in J. Neusner, E. S. Frerichs and N. M. Sarna (eds.), *From Ancient Israel to Modern Judaism: Essays in Honor of Marvin Fox* 1, BJS 159, Atlanta: Scholars Press, 267-284.

Showers, R. E. (1982), *The Most High God*, Bellmawr, NJ: Friends of Israel Gospel Ministry.

Simon, M. (1951), 'Saint Stephen and the Jerusalem Temple', *JEH* 2.

Sjöberg, A.W., E. Bergmann and G. B. Gragg (1969), *The Collection of the Sumerian Temple Hymns*, Locust Valley, NY: J. J. Augustin.

Skinner, J. (1910), *A Critical and Exegetical Commentary on Genesis*, ICC, Edinburgh: T. & T. Clark.

Smith, G. V. (1977), 'Structure and Purpose in Genesis 1 - 11', *JETS* 20, 307-319.

Snodgrass, K. R. (1998), 'Recent Research on the Parable of the Wicked Tenants: An Assessment', *BBR* 8, 187-216.

Sparks, J. N. (1987), *The Preaching of the Apostles*, Brookline, MA: Holy Cross Orthodox Press.

Spatafora, A. (1997), 'From the "Temple of God" to God as the Temple', *Tesi Gregoriana* 27, Rome: Gregorian University Press, 72-73.

Speiser, E. A. (1982), *Genesis*, AB, Garden City, NY: Doubleday.

Sperber, A. (1962), *The Bible in Aramaic*, Vol. 3, *The Latter Prophets According to Targum Jonathan*, Leiden: Brill.

Stager, L. E. (1999), 'Jerusalem and the Garden of Eden', *ErIs* 26, Festschrift for F. M. Cross, Jerusalem: Israel Exploration Society, 183-194.

———(2000), 'Jerusalem as Eden', *BAR* 26, 36-47, 66.

Steiner, R. C. (1997), 'The Aramaic Text in Demotic Script (1.99)', in W. W. Hallo and K. Lawson Younger (eds.), *The Context of Scripture* 1, Leiden/Boston/ Cologne: Brill, 309-327.

Stephanovic, R. (2002), 'Finding Meaning in the Literary Patterns of Revelation', *JATS* 13, 27-43.

Stordalen, T. (2000), *Echoes of Eden*, Leuven: Peeters.

Stott, J. R. W. (1991), *The Message of 1 & 2 Thessalonians*, BST, Leicester: IVP; Downers Grove: IVP.

Strathmann, H., '*martys ktl.*', *TDNT*, 4:482.

Swarup, P. N.W. (2002), 'An Eternal Planting, a House of Holiness', unpublished PhD dissertation, Cambridge University (Abstract in *TynB* 54 [2003], 151-156).

Sylva, D. D. (1987), 'The Meaning and Function of Acts 7:46-50', *JBL* 106, 261-275.

Taylor, J. B. (1969), *Ezekiel*, TOTC, Leicester: IVP.

Terrien, S. (1970), 'Omphalos Myth and Hebrew Religion', *VT* 20, 315-338.

Thompson, R. C. (1976), *The Devils and Evil Spirits of Babylonia*, New York: AMS Press.

Thornton, T. C. G. (1974), 'Stephen's Use of Isaiah LXVI.1', *JTS* 25, 432-434.

Tomlinson, R. A. (1976), *Greek Sanctuaries*, New York: St Martin's.

Towner, W. S. (2001), *Genesis*, Louisville: Westminster John Knox.

Townsend, J. T. (ed.) (1982), *Midrash Tanhuma*, Vols. 1-2, Hoboken, NJ: KTAV.

Tuell, S. S. (1996), 'Ezekiel 40 - 42 as Verbal Icon', *CBQ* 58, 649-664.

Uhlschöfer, H. K. (1977), 'Nathan's Opposition to David's Intention to Build a Temple in Light of Selected Ancient Near Eastern Texts', PhD thesis, Boston University, University of Michigan Microfilms.

Ulansey, D. (1991), 'The Heavenly Veil Torn: Mark's Cosmic Inclusio', *JBL* 110, 123-125.

Van Aarde, A. G. (1991), '"The Most High God Does Live in Houses, But Not Houses Built by Men...": The Relativity of the Metaphor "Temple" in Luke-Acts', *Neot* 25, 51-64.

Van Dijk, H. J. (1968), *Ezekiel's Prophecy on Tyre*, BibO 20, Rome: Pontifical Biblical Institute.

van Leeuwen, C. (1997), 'ed witness', in E. Jenni and C. Westermann (eds.), *Theological Lexicon of the Old Testament*, Peabody, MA: Hendrickson, 838-846.

van Ruiten, J. T. A. G. M. (1999), 'Visions of the Temple in the Book of Jubilees', in B. Ego, A. Lange and P. Pilhofer (eds.), *Gemeinde ohne Tempel/ Community Without Temple*, WUNT 118, Tübingen: Mohr Siebeck, 215-227.

Vance, A. B. (1992), 'The Church as the New Temple in Matthew 16:17-19: A Biblical-Theological Consideration of Jesus' Response to Peter's Confession as Recorded by Matthew', ThM thesis, Gordon-Conwell Theological Seminary.

VanGemeren, Willem A. (ed.) (1997), *New International Dictionary of Old Testament Theology and Exegesis*, 5 vols., Grand Rapids: Zondervan.

Vanhoozer, K. (1998), *Is There a Meaning in This Text?*, Grand Rapids: Zondervan.

———(2001), 'From Speech Acts to Scripture Acts', in Bartholomew et al. (eds.), *After Pentecost: Language and Biblical Interpretation*, Carlisle: Paternoster; Grand Rapids: Zondervan, 1-49.

Vawter, B. (1977), *On Genesis*, Garden City, NY: Doubleday.

Vermes, Geza (1987), *The Dead Sea Scrolls in English*, 3rd ed., Sheffield: JSOT

Press.

von Rad, G. (1962), *Old Testament Theology*, Vols. 1-2, New York: Harper & Row.

Vos, G. (1979; 1930), *The Pauline Eschatology*, Grand Rapids: Baker (originally published by Princeton University Press).

——(2001), *The Eschatology of the Old Testament*, Phillipsburg, NJ: Presbyterian & Reformed.

Walker, P. W. L. (1996), *Jesus and the Holy City*, Grand Rapids: Eerdmans.

Waltke, Bruce K. (2001), *Genesis*, Grand Rapids: Zondervan.

Walton, J. H. (1995), 'The Mesopotamian Background of the Tower of Babel Account and Its Implications', *BBR* 5, 155-175.

——(2001), *Genesis*, NIVAC, Grand Rapids: Zondervan.

Wanamaker, C. A. (1990), *Commentary on 1 & 2 Thessalonians*, NIGTC, Grand Rapids: Eerdmans.

Watts, R. (1997), *Isaiah's New Exodus in Mark*, Grand Rapids: Baker.

Weinfeld, M. (1981), 'Sabbath and the Enthronement of the Lord - the Problem of the Sitz im Leben of Genesis 1:1-2:3', in A. Caquot and M. Delcor (eds.), *Mélanges bibliques et orientaux en l'honneur de M. Henri Cazelles*, Kevelaer: Butzon & Bercker; Neukirchen-Vluyn: Neukirchener Verlag, 501-512.

Wenham, G. J. (1987), *Genesis 1-15*, WBC, Waco, TX: Word.

——(1994), 'Sanctuary Symbolism in the Garden of Eden Story', in R. S. Hess and D. T. Tsumara (eds.), *'I Studied Inscriptions from before the Flood'*, Winona Lake, IN: Eisenbrauns.

Westermann, C. (1995), *Genesis 12-36*, Minneapolis: Fortress.

Wevers, J. W. (1969), *Ezekiel*, NCB, Camden, NJ: Thomas Nelson.

Wieder, N. (1955), 'The Doctrine of the Two Messiahs Among the Karaites', *JJS* 6, 14-25.

Wiens, D. L. (1995), *Stephen's Sermon and the Structure of Luke-Acts*, North Richland Hills, TX: Bibal Press.

Wightman, G. J. (1995), 'Ben Sira 50:2: The Hellenistic Enclosure in Jerusalem', in S. Bourke and J.-P. Descoeudres (eds.), *Trade, Contact, and the Movement of Peoples in the Eastern Mediterranean, Studies in Honour of J. B. Hennessy*, Mediterranean Archaeology Supplement 3, Sydney: Meditarch, 275-283.

Wilkinson, R. H. (2000), *The Complete Temples of Ancient Egypt*, New York: Thames & Hudson.

Wilson, P. (1997), *A Ptolemaic Lexicon*, OLA 78, Leuven: Peeters.

Wise, M., M. Abegg and E. Cook (1996), *The Dead Sea Scrolls*, San Francisco: Harper.

Witherington, B. (1998), *The Acts of the Apostles*, Grand Rapids: Eerdmans.

Woudstra, M. H. (1970), 'The Tabernacle in Biblical-Theological Perspective', in J. B. Payne (ed.), *New Perspectives on the Old Testament*, Waco, TX: Word, 88-103.

Wright, C. J. H. (2001), *The Message of Ezekiel*, BST, Leicester: IVP.

Wright, N. T. (1992a), *The Climax of the Covenant*, Minneapolis: Fortress.

———(1992b), *The New Testament and the People of God*, London: SPCK.

———(1996), *Jesus and the Victory of God*, Minneapolis: Fortress.

Yarden, L. (1971), *The Tree of Light*, Ithaca, NY: Cornell University Press.

Young, E. J. (1996), *The Book of Isaiah*, Grand Rapids: Eerdmans.

Ziegler, J. (ed.) (1983), *Isaias*, in *Septuaginta*, Vetus Testamentum Graecum 14, Göttingen: Vandenhoeck & Ruprecht.

Zimmerli, W. (1979), *Ezekiel*, Vol. 1, Philadelphia: Fortress.

———(1983), *Ezekiel*, Vol. 2, Philadelphia: Fortress.

Zlotowitz M. and N. Scherman, (1977), *Bereishis Genesis*, Brooklyn: Mesorah.

현대 저자 색인

A

Alexander, R. 493n.57

Allison, D. C. 231, 244n.22, 246n.24, 250n.33

Andersen, F. I. 238n.10

Attridge, H. W. 511n.14

Averbeck, R. E. 69, 86n.83, 87, 202n.54

B

Bachmann, M. 433

Bailey, K. 258n.48

Barker, M. 42n.4, 88n.87, 103n.118, 221n.78, 444n.40, 512n.16

Barr, J. 111n.3

Barrett, C. K. 271n.8

Barrois, G. A. 45n.9

Bauckham, R. 143n.57, 206n.63, 320n.75, 325n.84, 371n.16, 492

Baumgarten, J. M. 104n.119, 245n.22

Baumgartner, W. 180, 292

Beale, G. K.(비일, 그레고리 K.) 14, 15, 46, 52n.21, 57n.31, 58, 95n.100, 178n.19, 183n.28, 227n.1, 267n.64, 269n.1, 350n.27, 352, 363n.1, 372n.17, 374n.25, 376n.30, 380n.32, 385nn.41,42, 386n.43, 388, 409n.15, 420n.25, 427n.2, 428, 431, 436n.23, 439, 441n.31, 445, 446, 451, 471n.23, 479n.39, 480, 481, 487n.47, 497, 506, 510n.12, 522n.29, 533n.45, 535, 542n.2, 553

Beale, M. D.(비일, 메리 도린다) 16, 21

Beale, N.(비일, 낸시) 23

Beasley-Murray, G. R. 266n.63

Beckerleg, C. 93n.97, 120, 121

Berman, S. A. 18

Best, E. 364n.2, 371, 387

Black, M. 105n.124, 245n.22

Blenkinsopp, J.(블렌킨솝) 81

Bloch-Smith, E. 45n.11, 74, 94n.99, 102nn.114,117

Block, D. I.(블록, 다니엘) 150n.69, 460nn.3,4, 461n.6, 462n.7, 466n.16, 470, 474, 475nn.30,31, 476-480, 486nn.44,46, 489n.53

Bock, D. L. 247n.25

Bohak, G. 256n.45

성전 신학

Branham, J. R. 200n.53, 455n.60

Braude, W. G. 18, 19

Braun, M. A. 325n.84

Breasted, J. H. 68, 75, 76, 87, 101, 119, 120

Brooke, G. J. 104n.121

Broshi, M. 223n.84

Brown, R. E. 381n.36

Brown, W. P. 101n.111, 166n.1, 173n.11

Bruce, F. F.(브루스) 181n.26, 205n.62, 291nn.33,34, 296n.41, 304n.51, 310n.57, 345n.21, 368n.12, 376, 377, 387

Bryan, B. M. 77

Bryan, S. M. 195n.45, 223n.82, 239, 259n.53, 267n.64

Buber, M.(부버) 80

Budge, E. A. 119

Bultmann, R. 402n.5, 513n.17

C

Caird, G. B. 478, 510nn.11,12

Callender, D. 94n.98, 97n.105, 101n.112

Callow, J. 383n.38, 384

Calvin, J. 395n.50

Caragounis, C. C. 249n.32

Carroll, R. 116n.13, 129n.27

Carson, D. A. 14, 234n.7, 239, 250n.32, 259n.52, 263n.57, 266n.61, 285n.29, 400n.2, 519n.25

Cassuto, U. 59, 89nn.88,89, 132n.31

Cawley, K.(코울리, 케빈) 17, 219n.76

Charles, R. H. 18, 221n.80

Charlesworth, J. H. 18, 205n.62, 304n.51

Chronis, H. 259nn.49,52

Clements, R. E.(클레멘츠) 65, 66n.45, 157

Clifford, R. J. 43n.6, 121, 199n.50

Clowney, E. P.(클라우니) 148, 259n.53, 260, 404, 484, 511, 514, 521n.28

Cody, A. 404n.8, 511n.13

Cohen, A. 18

Cohen, J. 111n.3, 112nn.5,7, 117n.14, 128n.27, 151n.70, 270n.5

Cole, A. 237, 317n.67

Collins, J. J. 198n.49

Congar, Y. M.-J. 511n.13

Cornelius, I. 99n.106

Court, J. M. 440n.30

Cross, F. M. 43n.6

D

Dalley, S. 86n.81

Danby, H. 18

Daniélou, J. 446n.45

Davidson, R. M. 88n.87

Davies, G. I. 272

Davies, W. D. 244n.22, 246n.24, 250n.33

Davila, J. R. 464n.11

de Silva, A. A.(드 실바) 44

de Vaux, R.(드 보) 66n.45, 67

Dillard, R. B. 280n.22

Dillmann, A. 132n.31

Douglas, J. D. 144n.58

Driver, S. R. 132n.31, 137n.41

Duce, Philip(듀치, 필립) 16

Duguid, I. M. 466n.15, 468, 473n.26, 504n.4, 510n.11, 511n.13,

Dumbrell, W. J. 109n.1, 112n.4, 128n.27, 156, 226n.1, 294n.39, 510n.12, 512n.15

Dupont-Sommer, A.(뒤퐁-소메) 17, 18, 105n.125, 157n.76, 208n.67, 434n.18,

442n.36

E

Edersheim, A. 264n.58

Ego, B. 44n.7

Eichrodt, W. 460n.2, 468

Ellingworth, P. 167n.4, 401, 412

Ellis, E. E. 300n.43, 345n.20

Ellison, H. L. 469, 470n.22, 472, 473n.27

Epstein, I. 18, 448n.47, 477n.36

Ernst, J. 429n.5, 431n.7, 432n.11

Etheridge, J. W. 19, 309n.55

Evans, C. A. 203n.59, 247n.25

F

Fairbairn, P. 39n.1, 66n.45, 467n.17

Faulkner, R. O. 119, 120

Fee, G. D. 339n.14

Feinberg, C. L. 352n.30, 473n.26, 486, 528n.39

Feinberg, P. D. 367n.10, 526n.35,

Fekkes, J. 449n.50

Findlay, G. G. 375, 377, 394n.50

Finnestad, R. B. 72n.58, 73nn.60,62, 77n.68, 92, 120, 125

Fishbane, M.(피쉬베인) 80, 81, 96n.102, 129n.27, 137n.43

Fitzmyer, J. A. 238n.12, 247n.25, 248n.29, 274n.14

Fletcher-Lewis, C. H. T. 42n.4, 67n.46, 286n.30

Ford, J. M. 434n.16

Foster, B. 43n.5, 68n.47, 86n.82

Frame, J. E.(프레임) 366, 369n.13, 376n.29

France, R. T. 233n.6, 259n.52, 285n.29

Frankfort, H. 70n.53, 72n.57, 74n.63, 102n.115, 111

Freedman, D. N. 238n.10

Freedman, H. 18

Friedlander, G. 18

G

Gage, W. A. 112nn.6,7, 128n.27, 169

Gamberoni, J. 137n.41

Gärtner, B. 104n.121, 209n.68, 335n.9, 434nn.17,18

Gaster, T. 105n.125

George, A. R. 71

Gesenius, W. 116n.13

Giblin, C. H. 382n.37, 387n.44, 394n.50, 437

Gladd, Ben(글래드, 벤) 17

Gleason, K. 99n.106

Glickman, S. C. 229

Goldin, J. 18

Goldsworthy, G. 522

Goppelt, L. 61n.37

Gorman, F. 114n.11

Goss, Greg(고스, 그렉) 17

Grayson, A. K. 75nn.65,66, 118

Greenberg, M. 100n.110

Grudem, W. A. 288n.32

Gruenler, R. G. 519n.25

Gundry, R. H. 259n.52

Gunkel, H. 133n.34

Gurtner, D. M. 255n.43

H

Hafemann, S. J. 89n.89, 251n.36, 345n.23, 346

Hagner, D. A. 250n.32

Hallo, W. W. 68n.47

Hamann, H. 378, 394n.50

Hammer, R. 18

Haran, M.(하란) 43n.6, 44, 180n.25, 292n.37,

Hartman, L. 368n.12

Hartopo, Y. A. 174n.13

Hayward, C. T. R. 42n.4, 103n.118, 455n.63

Heidel, A. 43n.5, 86n.82, 87n.85, 122

Heil, J. P. 240n.16, 256n.46, 545n.6

Hemer, C. J. 311n.60

Hendel, R. 90n.89

Hendriksen, W. 369n.14, 381

Henning von der Osten, H. 70n.51

Himmelfarb, M. 104n.119

Hirsch, E. D.(허쉬) 518-519

Hoekema, A. A. 382n.37, 472

Hoffner, H. 102n.113

Holladay, W. L. 141n.52, 152n.71, 186n.33

Holloway, S. W. 200n.52

Holmes, M. W. 19

Homan, H. 78n.71, 223n.81

Hooker, M. D. 239n.13, 255

Hornung, E. 114n.11, 124

Horowitz, W. 71nn.53,56

Hugenberger, G. P.(후겐버거, 고든) 16, 41n.3, 45n.10, 89n.89, 143n.54

Hughes, P. E. 510n.11

Hurowitz, V. A. 43n.5, 67n.46

I

Ismail, F. 76

J

Jacobsen, T. 86n.83, 119n.20

James, E. O. 199n.50

Janowski, B. 71n.55, 80n.73, 202

Joüon, P. 116n.13

Juel, D. 252n.37, 259n.52

K

Kampen, J. 139n.48

Keel, O. 61n.37, 67n.46, 68, 72, 96n.101, 455n.61

Kerr, A. R. 148n.63, 261n.54, 267n.64

Kiddle, M. 438

Kilgallen, J.(킬갈렌) 290, 292, 301

Kim, S. 240n.15, 247n.27

Kissane, E. J. 180, 293

Kline, M. G. 58n.32, 65n.43, 88n.87, 89n.89, 110n.2, 117, 192, 227n.1, 231n.4, 510n.12, 511n.13, 512n.15, 541n.1

Koehler, L. 180, 292

Koester, H. 42n.4, 63n.40, 177n.18

Kohler, J.(콜러, 존) 17

Kraft, H. 429n.5, 438, 449n.50

Krodel, G. A. 431n.8

L

Laansma, J. 86n.82, 237, 332n.6

Lacocque, A.(라꼬끄, 앙드레) 193n.42, 194

Lanci, J. R. 332n.7

Lane, W. L. 402, 416n.22

Laney, J. C. 472n.24, 473n.26, 486n.46, 488n.50, 489

Larkin, W. J. 309, 310n.56

LaRondelle, H. K. 395n.50

Larson, C. B. 550n.14

Lauterbach, J. Z. 18

Lenski, R. C. H. 394n.50

Leupold, H. C. 133n.33

Levenson, J. D.(레벤슨) 33, 34n.2, 42n.4, 43n.5, 44n.9, 45, 64n.43, 65, 66n.45, 67n.46, 80-84, 87n.86, 97, 181, 184, 189n.37, 200n.52, 226n.1, 293, 296, 455, 468n.19, 469, 505, 544n.4, 545n.5

Levertoff, P. P. 18

Lewis, T. J. 42n.4, 67n.46

Lichtheim, M. 120

Lincicum, D.(린키쿰, 데이비드) 17

Lincoln, A. T. 49, 274n.11

Lohmeyer, E. 429n.5, 431n.7, 432n.11

Longman, T. 52, 95n.100, 133, 135, 138, 143n.54,

Lundquist, J. M. 71nn.54,55, 104n.119

M

Marshall, I. H.(마샬) 257n.47, 261n.54, 291n.34, 302n.49, 368n.12, 381, 382n.37, 386n.43, 387n.44

Martin, D. M. 378, 380

Martínez, G.(마르티네즈) 18, 51n.19, 104n.123, 105n.125, 209n.68, 210n.71, 276n.16, 464n.11

Master, D.(마스터, 댄) 16

Mazar, A. 72n.57

McCartney, D. J. 230n.4

McKelvey, R. J. 434n.17, 437n.25

McMahon, G. 92n.94

McNamara, M. 19, 169n.9

Mealy, J. W.(밀리) 535, 536n.51

Metzger, B. M. 270n.3

Meyers, C. 45n.11, 67n.46, 70nn.50,53, 444n.39

Michaels, J. R. 259n.50

Michel, O. 139n.49, 254n.42, 305n.53, 424n.30, 517n.20, 527n.37

Milligan, G. 347n.25, 364, 395n.50

Mitchell, T. C. 45n.9, 486n.44

Monson, J.(몬슨, 존) 16, 468n.17

Moo, D. 400n.2

Morray-Jones, C. R. A. 434n.17, 453n.56

Morris, L.(모리스) 379, 400n.2

Motyer, J. A. 277n.18

Moule, C. F. D. 301n.45

Moulton, J. H. 347n.25, 364

N

Nelson, H. H. 73n.62, 76

Neusner, J. 18

Niehaus, J. J.(니하우스, 제프) 16, 67n.46, 75, 118, 119n.16, 120n.22, 273n.10, 275n.15, 282n.25

Nolland, J. 247n.25

P

Pagolu, A.(파골루) 130, 132, 133, 135n.38

Pao, D. W. 280, 358

Parry, D. W. 88n.87, 104n.119

Patai, R. 42n.4, 61n.36, 63n.40, 131n.30, 157n.75, 410n.17

Peipkorn, A. C. 75

Porteous, N. W. 198n.49

Poythress, V.(포이트레스) 46-49, 58, 65n.43, 67, 88n.87

Prigent, P. 429n.5, 438, 441n.32

Pritchard, J. B. 199

Pusey, E. B. 260n.53

R

Rahlfs, A.(랄프스) 17, 330n.1
Richard, E. 295n.40, 376n.29
Robertson, O. P. 288n.32
Rodale, J. I. 55n.26
Rodriguez, A. M. 39n.2
Ross, A. P. 93n.96, 113n.8, 116n.13, 137n.42, 270n.4, 542n.3
Russell, D. S. 198n.49

S

Sailhamer, J. H. 81, 89n.89
Satterthwaite, P. E. 394n.49
Scherman, N. 140n.50
Schlatter, A. 305n.53
Schlier, H. 366nn.4,8
Schmitt, J. W. 472n.24, 473n.26, 486n.46, 488n.50, 489
Schneider, C. 255n.43
Schrenk, G. 529n.42
Schultz, C. 159
Schwartz, D. B. 104n.121
Scofield, C. I.(스코필드) 472
Scott, J. M. 269n.2, 270
Scroggs, R. 90n.90
Shafer, B. E. 72n.58, 120, 124n.25, 125
Shiffman, L. H. 223n.84
Showers, R. E. 202n.56
Simon, M. 18, 302n.49
Sjoberg, A. W. 69, 102, 187, 202
Skinner, J. 137n.42
Smith, G. V. 128n.27
Snodgrass, K. R. 248n.28

Sparks, J. N. 444n.42
Spatafora, A. 64n.41, 143n.56, 220n.77, 261n.54, 263n.56, 476n.34, 510n.12, 533n.46, 537n.54, 538n.55
Speiser, E. A. 137n.42
Sperber, A. 441n.31
Stager, L. E. 74n.64, 96n.101, 101, 102n.116
Steiner, R. C. 69n.49
Stephanovic, R. 427n.1
Stordalen, T. 96n.102, 99n.108, 100n.110, 166n.4, 195n.46, 197
Stott, J. R. W. 382
Strathmann, H. 160n.82
Swarup, P. N. W. 211n.73
Sylva, D. D. 302n.49

T

Taylor, J. B. 475
Terrien, S. 45n.11, 70n.50, 433n.15, 455n.61
Thompson, R. C. 101n.112, 198n.49, 203n.60
Thornton, T. C. G. 301n.48
Tigchelaar, E. J. C.(티그셀라르) 18, 104n.123, 209n.68, 210n.71, 276n.16
Tomlinson, R. A. 78nn.70,71
Towner, W. S. 133n.34
Townsend, J. T. 18
Tuell, S. S.(투엘) 459, 461n.6, 464, 476, 493n.56

U

Uhlschofer, H. K. 83n.78
Ulansey, D. 254n.41

V

Van Aarde, A. G. 327n.87

Van Dijk, H. J. 195n.46

van Leeuwen, C. 159

van Ruiten, J. T. A. G. M. 103n.118, 104n.119

Vance, A. B. 236n.8

Vanhoozer, K. 391, 517, 518n.22, 520n.27, 523n.30, 527n.38

Vanhoye, A. 416n.22

Vawter, B. 133n.34

Vermes, G. 209n.68

Visotzky, B. L. 18

von Rad, G. 111

Vos, G.(보스) 132, 370

W

Walker, P. W. L. 257n.47, 264n.58, 301n.47, 402, 510n.11

Waltke, B. K. 137n.43

Walton, J. H.(월튼, 존) 16, 46n.13, 79n.72, 80, 81n.76, 86-87, 89n.89, 90n.92, 99, 102, 111, 112n.5, 114, 115, 116n.13, 137n.42, 270n.4, 272n.9

Wanamaker, C. A. 368n.12, 376n.28, 381n.34, 387

Watts, R. 184n.30, 294n.38

Webster, S.(웹스터, 스티븐) 17

Weinfeld, M. 80n.73

Wenham, G. J. 88n.87, 89n.89, 116n.13, 227n.1, 510n.12

Westermann, C. 111n.3, 136, 138n.46

Wevers, J. W. 430

Wieder, N. 441n.33

Wiens, D. L. 296n.41

Wightman, G. J. 223n.82

Wilkinson, R. H. 72, 73nn.60,62, 125

Wilson, P. 509n.10

Wise, M. 104n.120, 105n.125

Witherington, B. 291n.34, 309n.55, 310n.56

Woudstra, M. H. 149n.66, 150n.69, 187-188, 509, 510nn.11,12, 511

Wright, C. J. H. 466n.16, 470, 488n.48

Wright, N. T. 128n.27, 153, 184n.30, 194n.43, 206n.64, 215n.74, 237n.9, 238, 239n.14, 244, 294n.38, 422, 519n.25

Y

Yarden, L. 96n.101, 439n.28

Young, E. J. 180, 293

Younger, K. L. 68n.47

Z

Ziegler, J. 275n.15

Zimmerli, W. 464n.12, 466n.15

Zlotowitz, M. 140n.50

성전 신학

창세기

1 46, 110, 112, 114, 130, 134, 152, 153, 157, 194, 234, 310n.58, 355, 455, 528
1-2 82, 109, 121, 174, 179, 193, 211, 232, 408
1-3 355
1:1 229
1:1-2:4 80
1:2 228
1:3 81
1:6 81
1:9 81
1:11 81
1:14 47
1:14-16 61, 438
1:20 81
1:22 354
1:24 81
1:26 81, 113, 120, 129, 190, 193, 210, 355
1:26-27 111
1:26-28 111-112, 114,

128, 130, 131, 157, 211, 222, 232, 233, 235, 242, 262, 356, 408, 446
1:27 109, 113, 308
1:27-28 310
1:28 81, 90, 109, 112, 113, 116, 117, 126, 128-129, 143, 145-148, 151-153, 158, 172, 174, 185, 188, 190, 193, 200, 206, 210, 270, 309, 310, 354-360, 454, 504, 526
1:29 310, 81
1:31 80, 100
2 90, 106, 111, 113, 167, 174, 214, 216, 222, 228, 231, 355, 357, 393, 469, 483, 526, 528
2-3 88, 117
2:1 80
2:2 80
2:3 80
2:4 228
2:5 89

2:6-7 97
2:7 310
2:10 96, 98, 481
2:11-12 105
2:12 97
2:15 89-91, 92, 93, 94, 111, 114, 121, 408, 542
2:15ff. 114
2:15-16 146
2:16-17 91, 114, 355, 542
2:19 112
2:24 112, 113
3:1 355
3:3 355
3:3-4 355
3:7 249
3:15 231
3:21 41
3:23 89
3:23-24 89
3:24 92, 94, 98
4:2 89
4:9 89
4:12 89

5 228
5:1-2 228
5:1-3 232
7:2 141
7:8 141
8:17 140
8:20 141
9:1 126, 140, 270, 309, 310, 356
9:1-7 310
9:3 310
9:6-7 270, 356
9:7 143, 309, 310, 338
9:13-14 49
9:16 49
9:23 41
10 269-270, 282
10-11 271
10:5 309
10:20 309
10:31-32 309
11 137, 271
11:1-9 270
11:9 138
12 206
12:1-2 116
12:1-3 129, 153, 290
12:2 116, 126, 128, 146
12:2-3 356
12:3 127, 168, 233, 234, 326
12:4 136
12:6 138
12:6-8 132
12:7 132, 289, 290
12:8 138

13:3 177
13:3-4 134, 137, 138
13:4 137
13:10 156
13:15 206
13:18 138
14:20 136
15:7-8 325
17:1-7 153
17:2 128, 356
17:6 128, 356
17:8 128, 356
17:16 128
18:18 233
18:18-19 153
21:33 132
22 289
22:9-18 134
22:13 138
22:17 153, 175
22:17-18 127, 129, 356
22:18 128, 289, 233
22:19 132
24:60 175
26:3 127, 356
26:3-4 128
26:4 356
26:14 330
26:24 128, 356
26:24-25 134
26:25 138
28 133, 136, 137, 138, 140, 145, 174, 175, 206, 261
28:3-4 356
28:4 175
28:10-22 138

28:11 136, 137
28:11-22 138
28:12 260
28:13 135
28:13-14 135
28:13-15 262
28:14 174, 1752, 205, 206
28:15 154
28:17 135, 530
28:18-19 135
28:19 140
28:22 135
33:17-20 177
33:20 130
35 133, 136, 137
35:1 135, 136
35:1-15 132, 136
35:3 135, 136
35:6-15 138
35:7 136
35:8 138
35:11 116, 129
35:11-12 128, 356
35:14 136
37:3 41
46:1-14 132
47:27 128, 356
48:3 128
48:15-16 128
49:9 168
49:10 168

출애굽기
1:7 128, 143, 356, 358
1:12 143
1:20 358

3:1 135, 141

3:2 142

3:5 143

3:6 143

3:8 143

3:10 116

3:11 116

3:12 141, 145

3:15-16 143

4:21-23 116

4:22 232

4:27 135

6:10-13 116

13:21-22 50

14:19 50

14:20 50

14:24 50

15 319

15:17 83, 98, 148, 202, 316, 318, 324, 345, 461

15:17-18 147, 148, 196, 315

16:10 50

16:31-36 159

16:33 160

18:5 135, 141

18:13-27 280

19 155, 414

19-20 274

19:5-6 155, 414

19:6 157, 445, 446, 452, 533

19:12 141

19:12-24 275

19:16 50

19:16-20 59, 273

19:18 180, 285, 292

19:22 141

19:23 141

20:2 159

20:11 159

20:18-21 50

20:24-25 45

20:25 204, 303

23:19 134

24 59

24:1 141

24:2 142

24:5-6 142

24:10 58

24:13 135, 141

24:15-16 50

24:15-17 142

25 43, 444

25ff. 141

25:1 81

25:7 54, 98

25:8 81, 144

25:8-9 463, 482

25:9 43, 93, 144, 196, 399, 530

25:11-39 97

25:16 159

25:16-22 159

25:18-22 94

25:21 159

25:22 159, 160

25:30-31 438

25:31-36 95

25:31-40 444

25:40 43, 144, 196, 399, 402

26:1 51

26:30 43

26:31 51

26:32 75

26:33-34 159

26:36 51

27:1 52

27:8 43

27:16 51

27:21 438

28 105

28:2 55

28:4-43 55

28:6-27 98

28:9 54

28:9-12 98

28:16 52

28:17-20 58

28:18 54

28:20 98, 54

28:29-30

28:30 277

28:37 277

28:40 55

29:12 45

30:2 52

30:6 160

30:8 438

30:11 81

30:17 81

30:22 81

30:34 81

30:36 159, 160

31:1 81

31:3 358, 359

31:4 75

31:12 81
31:18 159
32:13 128
32:25-29 275
33 155, 414
33:9 50
33:14 93
33:14-17 155, 161, 413
34:9 155, 414
34:14 423, 515
34:24 175
34:26 134
35:9 54
35:22 73
35:25 73
35:26 73
35:27 54
35:29 73
35:31 358, 359
35:31-32 332
35:32 75
35:35 332
36:8 51
36:11 51
36:16 52
36:35 51
36:36 75
36:37 51
37:17-24 444
38:8 73
38:18 51
38:21 158
39:6 54
39:11 54
39:13 54
39:31 52

39:32 80
39:43 80
40 282
40:4 438
40:33 80
40:34 282
40:35 50
40:38 50

레위기
4:6 255
4:7 45, 130
4:17 255
4:18 45, 130
4:25 45
4:30 45
4:34 45
6:9 177
6:19 177
6:30[23] 472
7:6 143
8:8 277
8:15 472
8:31 177
10:17 143
11:47 141
14:13 143
16:6 472
16:11 472
16:13 47
16:24 472
16:29 47
16:30 472
16:32 472
16:33 472
16:34 472

17 323
17-18 321, 322
17:4 323
17:5 323
17:6 323
17:8 321
17:8-9 321
17:8-16 322
17:9 323
17:10 321
17:12 321
17:13 321
17:13-14 321
17:30
18 321, 323
18:1-5 322
18:2 323
18:6-25 322
18:6-29 322
18:22 322
18:24-30 322
18:26 321, 322
18:27 322
18:29 322
18:30 323
19:4 322
20:25 141
24:3 438
24:4 438
24:9 143
25 47
26 149, 504, 526
26:6-12 148
26:9 128, 356, 504
26:10-13 526
26:11-12 149, 340, 465,

성전 신학

481, 503

26:12 88, 148, 150, 465, 504, 526

민수기

1:53 89

2 85

3:6-7 92

3:7-8 89

3:8 89

3:10 89

3:26 254

3:32 92

4:5-13 51

5:8 472

6:24-26 551

7:1 551

8:1-4 438

8:2-3 439

8:4 43

8:25-28 89

8:26 89

9:12 522

9:15 158

9:15-16 50, 187

9:17-18 142

9:22 142

10:12 142

10:33-36 82

11 281

11:1-12:8 280

11:11 280

11:12 484

11:16-17 280

11:17 280

11:23 513

11:24-25 280

11:24-30 293

11:25 281

11:26-29 281

11:29 281

12:17 281

12:25-26 281

12:29 281

14:21 222

14:24 175

15:28 472

16:27 167

16:42 50

17 159

17-18 274

17:4 160

17:10 159

18:1-7 92

18:3ff. 89

18:5-6 89

19:13 502

19:20 205

24 167, 326, 406

24:5 176, 195

24:5-6 100, 217, 406

24:5-7 214, 216, 326, 335

24:5-8 168

24:5-9 165-169

24:6 168, 217, 406, 407

24:7 215, 217, 326, 407

24:9 168, 326

24:17 168

24:17-19 325

29:5 472

32:22 153

35:30 160

신명기

1:10ff. 128

3:20 93

4:5-7 161

4:11 285

4:28 301

4:30 475

6:13 229

6:16 229

6:18-19 230

7:1 325

7:13 128

8:1 230, 325

8:3 229, 230

8:7-10 156

9:4-5 325

10:1-5 142

11:8-17 156

12:10 93

12:15 141

12:22 141

13:2 513

13:14 513

15 47

17:4 513

18:22 513

20:17-18 322

23:14[15] 88, 150

23:18 134

24:17 41

25:9 93

26:15 530

27:5-7 132

27:6 204

27:6 303

27:15 301

28:10 327

28:63 128

30:5 128

30:5-6 154

30:16 154

31:26 160

31:29 301

32:8 309

32:17 67

32:22 45

여호수아

6:24 134

8:30-35 132

8:31 204, 303

9:23 134

22:22 366

22:34 161

사사기

20:18-28 136

20:26 142

21:4 142

21:19 134

사무엘상

1:7 134

1:9 134

1:24 134

2:22 134

2:35 134

3:3 134

3:15 134

7:1 89

7:16 136

8:15 136

8:17 136

9:6 513

10:3 136

10:6 281

10:8 142

10:10 281

13:9 142

15:17 513

19:20 281

19:23 281

28:6 277

사무엘하

6:2 47, 84

6:17 177

7 146, 148, 315

7:1 147

7:1-6 83, 93

7:1-13 196

7:2-13 146

7:6 167

7:6-7 88, 150, 167, 345

7:9 146

7:9-16 146

7:10 147

7:10-16 147, 148

7:11 147, 315

7:11-13 315

7:12 291, 315

7:12-13 83, 147, 291, 315,

7:12-16 291

7:13 147, 315, 345, 372

7:14 342

7:26 291, 315

7:29 146

8:2 429

11:11 187, 317

14:17 231

22:7 530

22:8-16 285

22:10 48

22:12 317

22:12 530

열왕기상

1-2 83

2:28 317

3:9 231

3:28 231

4:33 96

5:4-5 83

5:15-17 202

5:17 32, 53, 331, 502

6 331

6-7 486

6:7 175, 204, 303

6:18 95, 332

6:20 32, 54, 331, 477, 481,
   502, 508

6:20-21 53, 331

6:20-22 32, 97, 502, 508

6:20-28 76

6:23-28 47, 486

6:23-35 101

6:28 54

6:29 94, 95, 332

6:30 54

6:32 95, 332

6:32-35 94

6:35 54

6:38 81

7:9-10 32, 502

7:15-22 73
7:18-20 332
7:20 95
7:22 95
7:23-26 44
7:24-26 95
7:38-39 45
7:42 95
7:48-49 438
7:48-51 76
7:49 95
7:49-50 333
8 50, 81, 282
8:1-6 43
8:3-7 486
8:4 317
8:6-7 51, 94
8:6-13 282
8:10-11 468
8:10-13 48
8:12 50
8:12-13 50, 69, 142
8:13 50, 461
8:23-53 543
8:27 79, 297, 301
8:28 543
8:29 543, 544
8:30 543
8:31-55 81
8:33 543
8:35 543
8:38 543
8:38-39 543
8:42 543
8:42-43 543
8:44 543

8:47 543
8:48 543
8:49 543
8:52 543
8:53 50
8:56 83
9:1 91
9:6 91
9:6-7 91
10:6 513
12:28-29 133
14:23 173
19:8 135
22 498
22:19-23 496

열왕기하
1:2-3 230
1:6 230
1:16 230
6 21
6:16 22
6:17 49
12:9 89
16:10-16 422
17:10 173
17:29 93
17:34-41 323
19:15 47, 84, 152, 186
19:18 301
21:2-9 322
21:4-9 422
21:13 429
22:17 301
23:4-12 422
23:14 515, 423

역대상
1-3 235
4:10 154
6:31 82
6:32 167
6:48 134
6:49 546
9:17-27 92
9:23 92
9:27 251, 529
13:6 84
15:1 177
17 146
17:5 167
17:10-12 338
21 145, 198
21:15-28 198
21:16 198
21:18-29:30 83
21:26 198
21:29 198
22 55, 145
22:1 198
22:2 198
22:5 55
22:8 83
22:9-10 83
22:11-12 154
22:14 54, 331
22:16 54, 331
22:18-19 83
23:25-26 83
23:32 89
24:16-24 197
28:2 48, 82, 152, 180, 186,
    292, 508

28:3 83
28:11 100
28:11-19 463, 482
28:19 43, 196
29 54
29:1-7 54, 331
29:2 54, 98, 332
29:2-7 54, 331
29:2-8 55, 74
29:4 529
29:10-12 146, 356
29:11 55
29:13 55
29:18-19 146
29:23-25 146

역대하
2:18 202
2-3 331
3-4 331
3:1 135, 144, 145, 146, 197
3:3-9 74
3:4-8 508
3:4-10 55
3:6 54, 55, 332
4:2-5 45
4:8 93
4:20-27 42
5:2-5 43
5:13-6:2 48
6:13 529
6:18 179, 197, 302
6:41 82
7:1 282
7:3 282
7:14 327

8:16 147
9:5 513
9:18 136, 152, 186, 498, 508
23:11 162
23:19 32, 92, 502
28:2 498
29:16 32
29:19 366
30:1-20 32
31:1 423, 515
32:19 301
34:4 423, 515
34:9 89
34:25 301
34:29-33 162
36:14 301
36:23 235, 236

에스라
2:3 147
3:2-3 147
3:10-11 147
4:3 147
9:8 143
10:1 73

느헤미야
11:19 92
12:45 92

욥기
1:1 49
1:6 48
1:16 49
4:19 45

7:9 49
21:28 167
26:8-9 49
37:11 49
37:15 49
38:6 455

시편
1:2-3 97
2 450
2:4 49
2:6-9 205
2:7 450
8 115, 116, 407
8:1 46
8:2 116
8:5 116
8:6-8 116
8:8 193
8:9 115
10[11]:5 530
11:4 66, 530
15:1 195
16:10 314
17[18]:6 530
18:7 45
18:7-15 285
18:11 530
19:1 46
19:1-6 49
19[20]:2 530
19[20]:6 530
24:3 195
25:13 175
27[28]:2 530
27:5 202

성전 신학

29 40
31:20 187
33:13 182
34:20 522
36 97
36:8-9 97
40:6 547
43:3 195
44:2 177
46:4 166
47:8 84
49:14 50
50:6 46
51:17 547
52:8 96, 335
57:5 46
65:4 24, 196
67:1-7 552
67[68]:16-17 359
68:7-8 284, 285
71:3 202
71:17 205
72 205
72:8 205
72:9-11 205
72:17 206
72:19 206
74:3-7 95
74:5 138
77:18 285
78 43
78:5 159
78:54 156
78:60 134, 167
78:69 42, 43, 69, 463, 482
80:1 47, 84

80:14 182
84:1-4 166
84:3 196
87:1 455
89:7 48
90:8 46, 438
91:11-12 229, 231
91:13 229, 231
92:12-15 334, 452
92:13-15 96
95[96] 416
95[96]:6-7 416
95[96]:9-10 416
95:11 82, 93
96:5-9 57
96:7-8 320
96:8 196
99:1 47, 84
99:5 48, 136, 152, 180, 186, 292, 508
99:9 195
102:19 182, 530
102:25-26 285
106:37 67
107:38 128, 356
110:1 136, 508
110:3 57
115:4 301
115:16 110
118 246, 247, 248, 289, 353
118:10 245
118:22 241, 245, 246, 247, 248, 454
118:26 245
118:27 245

119 159
119:72 334
119:108 545
132 82
132:5 166
132:7 152, 166, 180, 186, 292, 498, 508
132:7-8 48, 81, 93
132:13-14 81
135:15 301
137:7 45
141:2 545
148:3-4 46

잠언
3:14 334
6:7 330
8:10 334
9:12 330
11:30 445
16:16 334
17:3 337
24:5 330
24:30 330
31:16 330

전도서
12:1-2 285, 286

이사야
2 198, 202
2:2 134, 141, 196, 280, 460
2:2-3 194, 195, 196, 256, 530
2:3 134
2:5-22 302

2:8 301

2:19-21 285

4 504

4:3 504

4:5 50, 187, 190, 509

4:5-6 183, 317, 393, 468, 504, 525

4:6 187

5 248, 278

5:1-6 244

5:2 244

5:20 231

5:23 231

5:24 275

5:24-25 275

5:25 285

5:30 285

6 275

6:1-4 278

6:1-6 496

6:1-7 48

6:6 275

6:6-7 275

6:13 275

8:12-13 452

8:13-14 452, 483, 525

8:14 203, 393, 452, 468

9:11 529

9:17[18] 138

10:34 134

11:1-2 444

11:2 359

11:4 383

11:6-9 419

11:9-12 419

13:9-13 182

13:10-13 284-285

17:8 301

18:4 182

22 250, 251

22:21 250

22:22 250, 251, 449, 450

22:22ff. 449

22:24 250

24:1-6 284

24:19-23 284

25:6 320

25:7-8 535

25:8 535

26:19 535

28:9-13 288

28:16 241, 243, 454

28:16-17 429

29:1 45

29:7 45

29:8 45

30 278

30:27-30 274

30:29 202

32:3-4 232

33 177

34:1-6 182

34:4 182, 284, 285

35:5-6 176

37:19 301

40-66 180, 293

40:6-8 334

40:12 306

40:22 52

40:26 52

41:25 236

42:6 305

42:7 232

42:16 232

43:5-21 155

43:6 343

43:7 327

43:9 162, 403

43:10-12 162

43:10-19 403

43:18-19 189

43:19 505, 527

44:6-8 162

44:9-10 301

44:12 175

44:28 236

44:28-45:1 235

45:1 236

45:18 110, 115, 117

49 176

49:6 305

49:19-22 176

49:20 176

49:22 343

51 174

51:1 175

51:2 128, 174, 356

51:2-3 174, 175, 177

51:3 174, 176, 182, 183, 232, 156

51:6 182, 285

51:6-8 182

52 341

52:11 341

53:2 175

54 173-178

54:1 175, 177, 178

54:1-3 176, 178, 189

54:2 167, 176-178, 190, 529, 530
54:2-3 173, 175, 176, 190
54:3 174, 175, 178, 325
54:4 177
54:5 189
54:9-10 189
54:11-12 177, 189
54:11-13 177
55:3 314, 419
55:4 162
55:5 162
55:6 162
56:3 351
56:3-8 180, 181, 238, 239, 293, 295, 350, 419
56:6 89, 352
56:6-7 223, 320
56:7 179, 238, 256, 422, 545
57 181, 294, 295, 296, 349, 350, 352, 493
57:13-15 350
57:15 82, 181, 183, 294, 295, 393, 468, 483, 525
57:16 183
57:19 348
60 56, 57
60:1-3 56, 57
60:3 57, 58
60:4 343
60:5 57, 58
60:5-7 56
60:7 56
60:9 56
60:11 57, 58

60:11-13 56
60:13 96, 197
60:16-17 56
60:19 56, 57, 58, 481
60:19-20 57
60:21 96
61:1-3 420
61:8 419
62:1 57
62:3 57
62:9 196, 525
63 294
63-66 180, 293
63:11 419, 420
63:15 50, 58, 180, 182, 292, 420, 530
63:18 420
63:19 327
64:1 285, 294, 420
64:1-2 180, 292
64:1-3 58
64:9 182
64:11 58
65 189
65:2-12 182
65:9 175
65:16 183
65:16-23 182
65:17 34, 183, 505
65:17-18 33, 189, 505
65:17-19 184, 296, 298, 422, 515
65:17-25 419
65:18 505
65:22 183
66 179-185, 292, 294, 295,

296, 306, 308, 350
66:1 48, 79, 82, 93, 136, 152, 179, 180, 181, 183, 184, 186, 197, 204, 292, 293, 296, 297, 298, 301, 303, 306, 316, 421, 424, 498, 508, 515, 516
66:1-2 58, 181, 183, 204, 291, 292, 294, 295, 296, 302, 315, 345, 393, 468
66:1-24 297
66:2 181, 182, 296, 298, 350, 483, 525
66:2-3 320
66:3 299
66:3-5 182, 298
66:3-6 298
66:4-5 298, 299
66:5-6 182, 298
66:18-21 180, 293, 352
66:18-22 419
66:20 195
66:21 296, 545
66:21-23 184, 296
66:22 183, 184, 283, 296, 298, 419, 422, 515
66:23 184, 297

예레미야
1:5 154
1:8 154
1:10 154
1:16 301
1:19 154
2:19 366
2:20 173

3 152, 185-190

3:6 173

3:16 151, 186, 188, 189, 356

3:16-17 190, 191, 467, 183, 188, 198, 504, 509, 502, 506, 549

3:16-18 151, 185

3:17 152, 188, 320, 468, 474, 504

4:23-28 284, 285

8:11-13 244

10:3 301

10:4 175

10:20 177

12:15-16 319

12:16 321

14:9 327

15:9 286

17 97

17:7-8 97

17:12 43, 461

17:12-13 97

23:3 356

25:6-7 301

25:6-14 302

25:14 301

26:18 195

30:18 167

31:23 195

31:38-40 429

32:30 301

32:40 419

50:5 419

51 196

51:51 100, 166, 195, 245,

401

예레미야애가

2:1 48, 142, 180, 186, 292

2:6 96

2:8 429

4:11 45

에스겔

1 48, 278, 461, 462, 463, 464, 496, 498

1:1 294, 461

1:1-3 461

1:2-28 294

1:3 461

1:4 49

1:5-28 462

1:13 101, 274

1:15-21 496

1:16 54, 59

1:26 496

1:27-28 59

1:28 49, 50, 462

2:2 481

3:12 481

3:14 481

3:24 481

3:26-28

5:5 455

7:24 100, 166, 195, 401

8 461, 463

8-9 462, 463

8-11 464

8:1-3 461

8:4 462

9:3 462

10 278, 462

10:1 54, 59

10:2 101

10:3-4 50

10:4 462, 157

10:15 461

10:18 532, 342

10:18-19 462

10:22 461

11 191, 463, 464

11:1 481

11:16 147, 342, 393, 435, 462, 464, 465, 476, 483, 498, 525

11:16-20 149, 242, 465

11:17 341

11:19 242, 465

11:20 465

11:22-23 157, 462, 532

11:22-25 272

11:23 342, 464

11:23-25 464

11:25 463

16:60 419

17 70, 172, 333

17:1-10 469

17:5 333

17:7 333

17:22-23 172, 460

19 70, 172

19:10-14 173, 469

20:28 173

20:33-44 475

20:34 341

20:40 460

20:40-41 342

성전 신학

20:41 341

28 94, 106, 195, 469, 476

28:11-19 100

28:12-18 476

28:13 100, 469

28:13-14 100, 195

28:13-16 143, 199

28:14 94, 98, 100, 101, 135, 197, 469

28:16 100, 101, 135, 195, 469

28:18 100, 195, 196, 245, 393, 476, 483, 526, 529

30:3-4 285

30:4 45

30:18 285

31 70, 469

31:2 171

31:3 469

31:3-16 169

31:5 469

31:7 469

31:18 171

32:6-8 284, 285

34-37 466

34:12 285

36-37 148

36:10-11 148, 356

36:26 465

36:27 242

36:28-30 465, 149

36:29-30 148

36:35 149, 156, 232, 466

36:35-38 149, 505

37 149, 150, 448, 465, 466, 504, 509

37:5 466

37:7 265

37:9-10 266

37:24-25 188

37:24-28 150, 188

37:25-27 448

37:25-28 448, 480

37:26 419, 475, 504

37:26-27 340

37:26-28 149, 150, 190, 242, 340, 432, 465, 466, 475, 479, 483, 504, 509, 510, 526

37:27 149, 150, 188, 465, 481, 503, 504

37:28 188, 475, 504

38:12 455

38:19-20 285

40 461, 463, 464

40-42 476

40-44 480

40-46 191, 460

40-47 178, 434, 448

40-48 31, 141, 149, 156, 187, 208, 223, 340, 414, 429-437, 448, 449, 453, 459-498, 502, 504, 507, 525, 526

40:1-2 460, 481

40:1-4 461

40:2 98, 194, 196, 460, 461, 463, 464, 467, 469, 504

40:3-5 481

40:5 191, 481

40:6 98

40:45 92

41:7 178

41:18 94

41:21 52, 477

41:22 434, 485

42:15-19 467, 481

42:20 191, 467

43 466

43:1-12 432

43:2 468, 481

43:2ff. 481

43:3 461, 462

43:4-5 468

43:5 481

43:7 448, 466, 467, 474, 475, 480, 481, 504

43:7-9 466

43:7-12 149

43:9 448, 466, 474, 475, 480, 504

43:12 98

43:14 44

43:16 44, 52

43:17 52

44 434

44:14 92

44:15 209

44:15ff. 89

45-48 480

45:1-5 477, 481

45:15 472

45:17 472

45:19 529

45:20 472

47 469, 473, 526

47:1 99

47:1-2 470
47:1-9 481
47:1-12 96, 156, 262, 446, 466, 468
47:3 470
47:4 470
47:5 470
47:7 469, 470
47:9 494
47:9-10 494
47:12 156, 481, 493, 494
47:22-23 478
48 178
48:1-29 469
48:8-13 481
48:10 448
48:11 89
48:16 469
48:21 448
48:31-34 481
48:35 187, 448, 467, 474, 477, 478, 480, 504

다니엘

2 100, 193-205, 247, 248, 260, 292, 302, 304, 393, 412, 423, 454, 515
2:28 196
2:29 196
2:31-35 412
2:31-45 303
2:34 204, 205, 300, 302, 303, 345
2:34-35 193, 198, 202, 241, 247, 248, 454
2:35 197, 345, 412, 461

2:38 193
2:39 194
2:44 193, 412
2:44-45 193, 247, 248
2:45 204, 205, 241, 300, 302, 303, 412, 454
4 70
4:10-12 171
5:4 303
5:23 303
7 194, 233, 385, 496
7:9-10 496
7:13 48, 232
7:13-14 206, 222, 225, 233, 235
7:25 369, 384
7:27 206
8 385
8:10-11 375
8:10-13 375
8:11 375
8:11-12 384
8:11-13 384
8:11-14 393
8:25 384
9:20 135
9:27 369
10:6 54
11 368, 372, 375, 384, 388, 389, 392, 393
11-12 370, 385, 392
11:29-34 369
11:30 369
11:30ff. 382
11:30-32 384
11:30-34 379

11:30-39 393
11:30-45 369, 386
11:31 369, 525
11:31ff. 368, 381
11:31-36 382
11:32 369, 370
11:33-35 370
11:34 370
11:36 369, 370
11:36-39 384
11:44 370
11:45 370
12:2 523
12:10-11 369
12:11 369, 393

호세아

1:8-2:1 192
3:4 320
3:5 319, 320
6:6 237
6:6-7 546
6:7 237
10:5 133
11:1 232
14:3 301
14:5-8 335

요엘

2 275, 280, 281, 282, 284, 287, 297
2:1-5 287
2:1-11 287
2:3 156, 232
2:10 284, 285, 287
2:18-27 297

2:22 249
2:28 279
2:28-29 279
2:28-32 297
2:30-31 284, 285, 287
2:30-32 288
2:31-35 287
2:32 283, 288, 297
3 287
3:15 287
3:15-16 284
3:16-18 287
3:18 262, 481

아모스
7:7-9 429
7:13 133
8:7-10 285
8:8-9 284
8:9 286
9 312, 317, 318, 320, 324
9:11 318, 319, 321, 530
9:11-12 187, 311, 313, 325
9:12 324, 325, 327
9:13-15 326

미가
1:4-6 285
1:6 45
4 198, 202
4:1 195, 196, 460
4:1-2 135, 195, 196, 320
4:1-3 256, 341
4:2 141, 530
4:4 197, 249
4:6 341

4:7 196
4:7-8 341
5:13 301, 302

하박국
2:14 218, 222, 550
2:20 530
3:6-11 284
3:11 50

스바냐
3:10-11 341
3:19-20 341

학개
1:9-11 131
1:13 155
2 155, 156, 404, 413-416, 417
2:1-9 525
2:3-9 156, 413
2:5 155, 157, 413
2:6 413, 414, 415
2:6-7 417, 285
2:7-9 56
2:9 188, 237, 395, 415

스가랴
1-2 192, 393, 443, 468
1:8-11 95
1:16 191, 192
1:16-17 429, 443
2 191, 192
2:1-5 443
2:2 191
2:4 192

2:5 191, 443
2:6[2] 481
2:6-7 192
2:8-9 192
2:10 192
2:11 192
2:11-13 541
2:12 156
3:1 49
3:1-2 443
3:9 440
3:10 249
4 247, 437-446
4:1-14 442
4:2 442
4:2-3 439
4:2-5 438
4:3 441
4:6-9 155, 414, 439
4:6-10 439
4:7 202, 441, 442, 443, 446
4:9 442
4:10 437, 440
4:11-14 439, 441
4:14 439, 442
5:5-11 93
6 247, 442
6:12 260
6:12-13 94, 259, 291, 372, 442, 525
6:15 414, 442
8:22-23 192
10:8 341
10:10 341
12:8 530
14:8 262, 481

14:8-9 96
14:16 525
14:20-21 191

말라기
1:11 546
2:17 231
3-4 336
3:1 337
3:1-2 339
3:2 336
3:18 337
4:1 339

마태복음
1 228
1:1 233, 235
1:18 228
1:18-20 228
1:20 228
3 279
3:11 279
3:13-17 234
3:16 279, 294, 297
4:4 229
4:6 231
4:7 229
4:10 229
4:12-16 231
4:18-22 231
4:23-25 232
7:21-23 380, 390
9:2-6 236
9:3 236
10:25 230
11:4-6 232

11:10 337
11:28-30 237
11:28-12:8 238
12:6 237
12:7 237
12:8 238
12:29 230
12:39-41 237
12:42 237
16 249
16:13 251
16:16 249
16:18 249
16:18-19 250
16:19 237, 249, 250, 251, 266
16:27-28 251
16:64 302
18:15-18 250, 251
18:19-20 545
19:4-6 113
21 246, 249, 252, 257
21:12-13 238, 246, 422
21:13 422, 529, 545
21:14 239, 246
21:15 246
21:19 243
21:23ff. 246
21:33 246
21:33-44 248
21:33-46 244
21:39 429
21:41 244
21:42 203, 289, 302, 349, 353, 423, 515
21:42-44 453

21:43 248
21:44 203
23:2 382
23:21 272
23:29-39 287
24 249, 389
24:1 345
24:3-4 389
24:4-5 389, 390
24:5 390
24:10-12 379
24:10-13 389
24:10-15 390
24:23-24 390
24:23-26 389
24:24 390
24:29 284
24:38-39 380
24:40-25:46 380
26-27 257
26:61 227, 252, 259, 272, 372, 373, 431, 529
26:64 383
27 252
27:5 431
27:40 227, 252, 259, 272, 529
27:50 252
27:50-52 252
27:51 253
27:51-53 253
27:52-53 253
27:53 253
27:54 253
27:57-28:15 233
28 235

성전 신학

28:18 225, 233
28:18-20 235, 264
28:19 235
28:19-20 233
28:20 233, 265

마가복음
1:2 337
1:10 254
2:1-12 236, 239
7:1-13 423
10:6-9 113
11:1-15:41 256
11:17 422, 545
12:8 429
13:1-2 345
13:24-25 286
13:31 286
14 300
14:58 183, 203, 227, 247, 252, 258, 259, 272, 293, 299, 300, 302, 305, 345, 423, 515, 524, 529
14:62 302
15:23-27 258
15:23-38 258
15:29 252, 272
15:30-39 253
15:36-38 258
15:38 254, 256
15:38-39 256
16:19 302

누가복음
1:32-33 291
1:67 281

2:32 225
3:38 229, 232
4:29 429
5:18-26 236
7:49-50 236
9:1-6 269
10:1 270
10:1-12 269, 282
15:22 41
17:26-27 380
17:28-37 380
19:46 345, 545
20:9-16 330
20:15 429
20:17-18 203, 248, 302, 423, 453, 515
20:18 247
21:6 377
21:32 377
22:30 269
22:69 302
23:43 253
23:44-45 253

요한복음
1:9 403
1:14 260, 294, 342, 532
1:17 403
1:51 260, 294, 532
2 257, 260, 373
2:14-17 257
2:14-22 257
2:17 529
2:19 259, 306, 373
2:19-20 529
2:19-22 184, 272, 294, 432, 490, 492
2:20 431
2:20-21 227
2:20-22 524
3:4 22
3:6 22
4 473
4:10-14 262
4:20-24 184, 297
4:21 184
4:21-26 261
4:23 323
4:23-24 403
5 524
5:25 364, 523
5:28-29 523
6:32 403
7 265
7:37 264
7:37-39 264, 273
7:38 473
7:39 264, 265
8:12 264
9:34-35 429
10:18 317
12:23 265
12:28 265
13:1 264
13:31 265
14:1-2 267
14:2 196
14:2-3 148, 267
15:1 403
17:1 265
17:5 265
17:18-23 266

17:23 266
18:28 264
19 517
19:14 264
19:26 264
19:32-37 259
19:36 484
20 267, 269, 273
20:21-23 273
20:22 263, 264, 265, 266
20:23 237, 250, 251, 266

사도행전
1:8 272, 278, 441
2 273, 275, 276, 278, 281,
    282, 284, 286, 287, 288,
    291, 296, 297, 314
2:1-2 272
2:1-12 279
2:1-13 283
2:2 271
2:2-3 282, 284, 286
2:3 270, 274, 276
2:3-4 281
2:4 271
2:6 271
2:6-8 271
2:7 288
2:8 271
2:9-11 269, 282
2:11 282
2:16 283
2:17-18 277, 278
2:18 281
2:19 284
2:19-21 282

2:21 283
2:24-36 314
2:27 314
2:29-33 291
2:30 147
2:30-36 147, 383
2:32-38 264
2:33 297, 445
2:38 273
2:39 283
2:40 278, 283
2:46 272
2:47 283
3:25-26 289
4 296
4:10 289
4:10-12 22
4:11 288, 453
4:12 395
5:40-41 21
6:3 359
6:7 359
6:10 359
6:11-15 272
6:13-14 183, 259, 289, 293
6:13-7:60 359
6:14 227, 299, 302, 307
7 183, 259, 290, 291, 293,
    296, 307, 317, 318
7:1-7 290
7:5 290
7:7 290
7:17 358
7:20-43 292
7:41 301
7:41-43 184, 298, 422, 515

7:42-43 299
7:43 317
7:44 317
7:44-47 184, 298, 421,
    422, 515
7:44-50 301
7:45-46 302
7:45-47 298
7:46 317
7:46-50 311, 317
7:46-52 292
7:47 291, 314
7:47-48 298
7:47-49 317
7:47-50 259
7:48 203, 295, 300, 302,
    305, 311, 313, 315, 423,
    515
7:48-49 345, 514
7:48-50 181, 272, 290, 421
7:48-51 307
7:49 136, 183, 293, 316,
    508
7:49-50 295, 298, 302, 516
7:50 184, 298, 422, 515
7:51-52 298
7:52 299
7:54-60 296
7:55-56 181, 294
7:58 429
8:14-17 297
10:11-16 312
10:17-48 312
10:44-48 297
12:24 358
13 314, 316

13:22-23 314
13:22-36 291
13:23 147
13:34 314
13:35 314
13:38-39 313
15 311, 314, 317, 323, 324,
  327, 343
15:7-11 312
15:8 312
15:8-9 323, 324
15:9 312
15:11 311
15:12 312
15:14 312
15:14-18 320
15:15 319
15:16 316, 317, 323, 324,
  529, 548
15:16-17 311, 321
15:16-18 187, 302
15:17 324
15:20 312
15:28 324
15:29 324
17 299, 310, 311
17:5-8 390
17:24 203, 299, 300, 301,
  308, 311, 345, 423, 516
17:24ff. 301
17:24-25 302, 308
17:25 310
17:26 309, 310
17:26-27 380
17:26-31 309
17:28 310

17:29 312
17:31 299
19:1-7 297
19:20 358
19:24 301
19:26 301
21:21 366
26:23 225

로마서
1:19-25 40
1:20 118
2:22 422
6:1-9 364
6:4 22
8:18-25 204, 304, 424, 516
8:23 346, 347
8:38 364
9:25-26 192
12:1 337, 436, 534, 546
15:4-13 333
15:16 337, 548

고린도전서
1:18-21 333
2:1 333
2:4-5 333
3 329, 331, 335, 339, 353
3:5-9 329
3:5-17 548
3:6 330
3:6-7 353
3:7 330
3:8 330
3:9 330
3:9-17 337

3:10 332, 337, 353
3:10-12 331
3:10-15 331
3:10-17 336
3:12 332, 337
3:13 336
3:14 336, 337, 353
3:15 336
3:16 329, 372
3:16-17 336, 374, 432,
  433, 529
3:17 329, 372
3:18-23 333
3:22 364
3:23 329
4:6 333
6:18 338, 374, 546
6:18-19 479
6:19 338, 372, 374, 432,
  433, 529
6:19-20 347
6:20 338
7:26 364
10:11 333
10:19-20 67
11:26 473
14:20-25 288
14:21-25 288
15 524
15:12-24 364
15:20-58 365
15:22-23 524
15:45 266

고린도후서
1:20 339, 343, 374

1:20-22 346
1:21-22 344
1:21-7:1 339
3:1-18 340
3:12-18 548
4:6-7 348
4:7-18 548
4:12 346
4:12-13 346
4:16 347
4:16-5:5 344-348
4:18 347
5:1 203, 302, 345, 423, 515
5:1ff. 345
5:1-4 345
5:1-5 344, 345
5:2 345
5:4 345, 346
5:5 346
5:14-15 340
5:14-17 409
5:15 227
5:15-17 343
5:16-17 340
5:17 227
5:18-6:18 340
6 374
6:14-7:1 374, 546
6:16 150, 341, 372, 432, 433, 504, 529
6:16-18 340-344, 345
6:16-7:1 374
6:17 479
6:18 342
7:1 339, 374, 479
12:4 253

12:9 347
12:9-10 548

갈라디아서
1:4 364
3:27 41
4:19 330
6:15-16 227, 409
6:16 374

에베소서
1:13-14 347
1:14 346
1:20 383
2 348, 351, 352, 353, 374, 453, 507
2:5-6 300
2:6 375
2:10-11 300
2:11 301
2:12 352
2:15 300
2:15-16 349
2:17 348
2:18 349
2:19-21 374
2:19-22 22, 243, 250, 348, 353
2:20 432
2:20-22 246, 453, 541
2:21 345, 529
2:21-22 432, 433
2:22 345
3:4-5 351
3:6 350, 479
3:10 541

4:13 353
4:13-16 353, 541
5:2 546

빌립보서
2:17 337, 534, 548
3:3 375
4:15-18 548

골로새서
1 355, 356
1:1-2 354
1:3-8 354
1:5-6 354
1:6 354, 355, 358
1:6-10 357
1:9 358
1:9-10 357
1:10 354, 355, 357, 358
1:13 23
1:15 356, 358
1:18 227, 409
1:19 359
2:2-3 456
2:11 313, 345, 479
2:11-12 300
2:12 364
2:20-21 313
3:1 364, 375, 383
3:10 358
3:12 374

데살로니가전서
1:6 390
2:14 390
2:16 377

성전 신학

3:3 387
3:3-4 390
3:14-17 365
4:3-7 374
4:14 365
4:14-17 365
5:1ff. 385
5:9 387

데살로니가후서
2 363-396
2:1 365, 376
2:1ff. 365
2:1-2 365, 366
2:1-4 385
2:1-7 363, 389, 392
2:1-12 363
2:2 364
2:3 366, 367
2:3-4 368, 369, 378, 384, 385, 386
2:3-7 381
2:4 363, 366, 367, 368, 375, 376, 379, 381, 383, 388, 391, 394, 529
2:5 385, 386
2:6 375, 387
2:6-7 385, 386, 390
2:7 388, 390
2:8-12 367
2:9-12 366
2:13 387
2:15 529

디모데전서
3:15 22

4:1 366
6:14-15 387
6:15 387

디모데후서
1:15 380
2:18 365
4:6 337, 534, 548

히브리서
1:3 383
1:3-2:16 399
1:5 147
2 407
2:6-9 407
2:6-17 410
2:10-17 408
2:11 408
2:14 408
3:1-6 399
3:7-19 399
3:12 366
3:17 534
4 93
4:14-5:10 400
4:3-5 93
4:6-11 400
6:19 255
6:19-20 420, 535
7:5 136
7:6 136
7:1-28 400
7:11-10:22 377
7:28-8:2 408
8 400, 401
8-10 489

8:1 383
8:1ff. 436
8:1-2 400, 407, 412
8:1-5 400
8:1-10:22 400
8:2 168, 401, 402, 406, 407, 408, 513, 529
8:5 43, 317, 318, 402, 404, 406, 407, 412, 463, 482, 512, 513, 530
8:6-7 415
8:13 409
9:1-11 415
9:2-3 317
9:3 255
9:6 317
9:8 317, 401, 511
9:8-9 402
9:8-10 404
9:9 364
9:11 203, 299, 300, 302, 318, 345, 377, 402, 404, 408, 410, 415, 423, 424, 512, 515, 516, 524, 529, 530
9:11-12 411, 420, 534
9:12 471, 529
9:21 317
9:23-24 43, 463, 482, 530
9:24 300, 302, 345, 377, 402, 407, 408, 412, 423, 513, 515
9:24-25 529
9:24-28 534
9:26 471
9:28 471

10:1-12 431
10:5-8 547
10:9 415
10:10-18 471
10:12 383
10:18 471
10:19 401, 409, 529
10:19-20 408, 410, 436, 489, 511
10:19-21 377, 436, 534
10:19-22 420
10:20 255, 415, 535
10:20-22 409
10:21 408, 529
10:22 536
10:34 21, 417
11:13-16 417
12 412, 413, 416
12:2 383
12:14 417
12:14-17 416, 417
12:15 417
12:16-17 417
12:18-21 412
12:18-24 351, 473
12:18-29 416, 417
12:22 436, 536
12:22-23 437
12:22-24 23, 420, 479
12:22-28 416, 418
12:22-29 411, 412, 418
12:23 412
12:26-27 413, 415, 419
12:26-28 404, 536
12:27 415
12:28 412, 417, 536

13:5 418
13:6 318
13:9-16 436
13:10 318
13:10-13 534, 546
13:10-15 418
13:11 401
13:11-12 429
13:12 409
13:14 409, 416, 436, 536
13:15 337
13:15-16 416
13:20 419
13:20-21 418
13:21 420

베드로전서
1:23-2:7 334
2 427, 452, 453, 507
2-3 450
2:4 541
2:4-6 453
2:4-7 374, 524
2:4-8 246
2:4-9 243, 452, 479
2:5 23, 337, 345, 432, 433, 435, 529, 541
2:8 483, 525
2:9 337, 452, 541
2:10 192
2:11 22
3:14-15 452, 483, 525

베드로후서
1:21 281
3:3-13 365

요한일서
2:18 389, 390
2:18-22 381
2:22 389
3:4 381
4:1-3 395
4:3 389
4:16 381

요한이서
7절 389

요한계시록
1 450
1-2 438
1:1 506
1:4 446, 533
1:5-6 447
1:6 337, 435, 446, 451, 452, 533
1:12-13 376
1:12-20 432
1:13 533
1:13-15 439, 441
1:16 437, 446
1:20 376, 533
2 445
2-3 445
2:1 450, 533
2:2 533
2:5 443, 450
2:7 253, 450
2:8 450
2:9-11 446
2:10-11 450
2:13 403, 446, 451

2:18 450

2:26-28 450

3 403, 459, 502

3:1 380

3:3 336

3:7 251, 449, 450

3:7-8 449

3:8 336, 449, 451

3:8-9 251, 450

3:9 403, 449

3:10 336

3:12 336, 372, 374, 376,
　430, 433, 447, 448, 449,
　451, 477, 524, 533

3:14 227, 403, 409, 513

3:18 451

3:21 383

4-5 278, 496

4-21 496

4:1 294

4:1-11 48

4:3 54, 58, 60, 294

4:4 451

4:5 278, 446, 533

4:6 533

4:7-9 47

4:9-11 58

4:10 437

4:11 294

5:5 503

5:5-6 33

5:6 437

5:8 491, 497, 546

5:10 337, 435, 441, 451,
　452, 533

5:14 437

6 497

6:3-9 435

6:9 436, 497

6:9-10 435, 546

6:9-11 534

6:12-14 183, 284

6:12-16 378

6:14 536

7 459, 502

7:2-8 429

7:3-8 431

7:9ff. 504

7:11 437

7:13 451

7:14-17 448, 478

7:15 150, 372, 376, 383,
　433, 504, 533,

7:15-17 96, 447

8:3-5 278, 497, 546

8:4 491, 497

9:13 497

11 191, 376, 385, 430, 431,
　445, 446, 447, 450, 453,
　471, 497, 502, 507, 547

11:1 372, 430, 432, 435,
　436, 497, 533

11:1-2 376, 385, 428, 429,
　431, 433, 434, 436, 437,
　442, 443, 449, 471, 480,
　533

11:1-4 427, 428, 429, 446,
　451, 480, 495, 533, 546

11:1-7 375

11:1-13 391, 446

11:1-18 535

11:2 449, 451, 533

11:3-5 278

11:3-6 427

11:3-7 434

11:3-10 427

11:4 376, 437, 438, 441,
　443, 533

11:5-10 443

11:7 385

11:7-13 380

11:8 441

11:9 447

11:10 447

11:11-12 437

11:13 294

11:16 437

11:19 143, 278, 294, 372,
　433, 497, 535, 536

12:12 533

13 376, 385

13:1-7 385

13:2 387

13:3-8 375

13:4 387

13:6 318, 375, 437, 451,
　529, 533

13:7 451

14:4 356, 535

14:15 376, 433

14:17 376, 433

15:5 294, 529, 533

15:5-6 376, 433

15:5-8 278, 376

15:8 294, 347, 372, 376,
　433

16:1 433

16:12-16 378

16:17 433

17:1 383

17:4 383

17:15 383

17:18 383

18:7 383

18:16 383

19 459

19:4 437

19:10 441

19:19-20 378

20 497

20:1-10 391

20:6 337, 441

20:7-10 378, 380

21 34, 35, 39, 42, 52, 58,
110, 178, 191, 198, 211,
429, 430, 449, 451, 474,
477, 478, 480, 482, 493,
496, 502, 504, 505, 508,
510, 511, 521, 525, 531,
554

21-22 427, 447, 450, 482,
494, 507, 509, 511, 541,
549, 555

21:1 31, 32, 33, 34, 183,
494, 501, 502, 503, 504,
505, 507, 535

21:1ff. 474, 495, 533

21:1-2 96, 505

21:1-3 503, 508, 524, 537

21:1-27 210

21:1-22:3 497, 528

21:1-22:5 31, 226, 337,
427, 432, 478, 480, 481,
501, 535, 554

21:2 31, 33, 34, 448, 477,
501, 503, 505

21:2-3 31, 41, 412, 507

21:3 150, 226, 478, 481,
503, 504, 508, 529, 533

21:3-4 535, 536

21:4 183, 535

21:4-5 418

21:5 508

21:7 41

21:8 505

21:9 31, 506

21:9-22:5 33, 480, 505,
507

21:10 150, 226, 478, 481,
503, 504, 508, 529, 533

21:10ff. 511

21:10-12 31

21:10-21 501

21:10-22:3 31

21:10-22:5 448

21:11 54, 58, 60, 481

21:12-13 481

21:12-14 430

21:12-22:5 480

21:15 481

21:15-17 430

21:16 32, 477, 481, 502,
508, 510

21:18 508

21:18-19 54, 60

21:18-20 52, 57

21:18-21 31, 502

21:19 54

21:20 54

21:22 263, 305, 372, 376,

424, 432, 433, 447, 451,
471, 478, 508, 516, 524,
533

21:22-22:5 447

21:23 445, 481, 537

21:23-25 447

21:24-26 430

21:25 449, 503

21:27 32, 339, 430, 502,
504

21:27-22:2 31, 502

22:1 263, 508

22:1ff. 88

22:1-2 15, 99, 481

22:1-3 226, 506, 508

22:1-5 210

22:2 31, 430, 445, 481,
493, 494

22:3 508

22:3-4 447

22:4 445, 478, 508

22:4-5 532

22:5 55, 445, 447, 494, 537

22:6 506

22:15 32, 502, 503

성전 신학

1. 고대 근동 문헌

Cuneiform Texts

16, 46:183-198 101

Cyl. A

12.1-9 201

18.24-25 201

19.13-14 201

19.17-20 201

21.19-23 201

Cyl. B

1.1-10 201

5.1-19 86

14.21-23 86

23.25 201

Enuma Elish

1.37-40 86

1.73-76 87

1.76 71

6.7-8 121

6.8 87

6.33-36 122

6.35-36 87

6.51-58 86, 122

6.55-68 71

6.62 70

6.107-130 123

6.112 43

6.113 68

Keš Temple Hymn

line 5 69

line 40 102

line 50 69

lines 67-69 102

lines 58-59 187

line 87 69

'When Anu Had Created the Heavens'

lines 37-38 122

2. 외경

마카베오1서

1:11 381

1:15 381

1:43 381

2:15 366, 368, 381

3:43 167

3:58-59 167

7:16-17 429

7:37 544

10:43 100

13:52 195

14:26ff. 448

16:20 195

마카베오2서

1:27-29 148

2:1-18 188

2:4-8 488

2:17-18 148

바룩서

2:16 179

3:24-25 179

솔로몬의 지혜서

9:8 43, 196

18:22 63, 221

18:24 63, 221

19:6 420

아자리야의 기도 1:31-38 496

에스드라2서 3:12-14 357

유딧서

4:12 167

9:8 82

16:20 167

집회서

24 214

24:7-19 216

24:7-34 215-216

24:8-17 217

24:8-34 272

24:12 219

24:16 219

24:2 219

24:25 218

24:25-27 219

24:25-31 217

24:25-32 217

24:28 215

24:30-31 219

24:32 218

24:33 218

24:34 219

39:22 218

44:21 357

47:13 148, 315

49:12 148, 315

토비트

1:4 315

13:13-18 178

14:5 178

3. 위경
레위의 유언

2:6-10 294

2:10-11 441

2:12 335

3:1-10 335

10:3 256

18:6 104

18:6-7 279, 294

18:9-10 357

18:10 104

18:14 357

모세의 유언 10:3-6 284

바룩2서

4:1-7 187

6:6-9 188

10:18 93, 251

14:18 93

41:3 380

59 187

59:4 187

베냐민의 유언 9:3 222, 256

선지자들의 삶

2:15 144

12:12 256

솔로몬의 송시

4:1-3 204

6 219

6:6-12 219

11-12 212-213

11:5 213

11:12 213

11:13 213

11:16-24 446

11:18-23 213

11:19 213

11:20-22 213

11:23 213

12:1-2 213

12:2 213

20:7 446

22:12 249

38:16-20 214

38:17-21 330

솔로몬의 시편

14:2 446

14:10 446

17:11-22 366

솔로몬의 유언 22-23 246

시므온의 유언 7:1-2 441

시빌의 신탁

1:55-58 357

1:272-274 357

3:75-90 285

3:101-102 271

3:105 270

3:106 271

4:6-11 304

4:11 205, 345, 423

4:27-28 205, 304

5:29-34 367

5:150 367

5:414-432 221

5:415-424 260

8:303 256

8:305 256

아담과 하와의 책

pericope 5.16.2-3 101

pericope 16[44](15).2 92

pericope 19[44](17).2-3 92

아담의 유언 4:7 95

아리스테아스의 편지

89-91 96

96 53

99 53

야곱의 사다리

5:8 133

에녹1서

14 61, 278

14:8-25 275, 463, 482, 496

14:9 276

14:9-10 276

14:10 276

14:13 496

14:15 276

14:22 276

24-25 105

24-27 104

26:1-4 455

61:1-5 429

61:3-4 436

67:1-3 357

71 278

71:5 276

71:5-10 496

89:41-77 244

89:49 357

90 190, 221

90:28-29 178

90:28-36 220

91:4-11 381

에녹2서

8:3 [J] 97

8:3-4 [J] 444

8:5 [J] 97

8:5 [A] 444

22:1 205

에녹3서

1:1-12 496

3 496

45 61

에스라4서

1-2 381

5:4-8 284

7:39-40 284

13 195

13:6-7 195, 205, 260

13:35-36 195, 205, 260

요셉과 아스낫

2:10(17)-12(20) 256

10:2 256

이사야의 순교

2:4-5 366

이삭의 유언 3:7-8 357

성전 신학

희년서
3:27 103
4:23-25 103
6:5 357
8:12 455
8:19 103, 455
10:4 357
23:14-23 372, 380
30:18-20 438
32:16-32 138
32:17-19 357

Pseudo-Philo, *Biblical Antiquities*
12.8 207
25-26 105
26:12 105

4. 쿰란 문헌
1Q29 277

1QH(*Hymn scroll***)**
3.21ff. 437
4.21 438
6.12 209
6.12ff. 437
6.12-19 207-209, 357, 359
6.14-16 207
6.14-17 445
6.14-19 444
6.15-17 209, 214
6.15-18 105
6.15-19 335
6.26 434
6.26-27 335
7.19 105

7.23 208
7.23-24 157
7.24 46, 105, 208, 444
8.4-22 105
8.4-23 104, 208
8.20 104, 208
8.20-22 209-210, 357, 359
18.24-29 438

1QS
5.5-6 434
8.4-10 434
8.5 104
8.5-6 208, 444
8.5-8 335
9.3-5 434
9.3-6 434
9.4-5 546
9.10-11 442
10.2-4 51
11.4-5 335
11.7ff. 434, 437
11.7-8 335

4Q158(frags. 1-2) 7-8 357, 359

4Q204 6.19-29 275

4Q376 277

4Q400-407(*Songs of Sabbath Sacrifice***)**
464, 496

4Q405(*Sabbath Songs***)** 434

4Q418(frag. 81=4Q423 8+24?) 104, 210, 357

line 3 210

line 4 104, 211

line 5 211

lines 13-14 104, 210

line 19 210

4Q423=4Q *Instruction*^g**(frag. 2, line 2)** 113

4Q433a(4QHodayot-like text B)

frags. 1-2 357, 359

frag 2 210

4Q475(4Q *Renewed Earth*) 210

4Q500(*Vineyard Text***)** 245

4Q504=4Q*Words of Luminaries***(frag. 8 Recto, lines 4-6)** 113

4Q511(frag. 35)

lines 3-4 211

line 6 211

4QFlor=4Q174 318, 434

1 318

1.2 318

1.2-6 104

1.2-9 434

1.3-7 260

1.6 104, 208, 319, 434

1.7-9 434

1.10-11 318-319

1.15-17 434

11-13 318

CD(*Damascus Document***)**

2.17-3.4 209

3.19 434

3.19-20 104, 209

3.19-4.6 434

3.21-4.2 209

7.15-16 318

9.10-11 441

11Q19(*Temple Scroll***)** 319

11Q19 29:8-9 139

11Qpsa 154(**11Q5 18.9-11;** *Psalms of David* **154)** 547

5. 요세푸스

Jewish Antiquities

1.110 113

1.110-112 270

1.117 270

1.118 271

1.120 271

3.123 60-61

3.124-126 96

3.132 51, 61

3.145 61, 95

3.179-187 61

3.180 62

3.181 121

3.183 51, 61

3.183-187 62

3.184 63
3.186 63
3.186-187 62
15.395 96

Jewish Wars
1.401 223
2.184-185 366
3.52 455
4.324 62
5.210 96
5.210-214 51, 61
5.212 51
5.212-214 61
5.212-215 254
5.217 61
5.458 179
6.299 272

6. 필론
De Fuga et Inventione
110 63
184-185 62

De Plantatione 47-50 61

De Somniis
1.148-149 139, 148, 526
1.214-215 62
1.215 63, 221, 530
1.216 100, 167, 401

De Specialibus Legibus
1.66 61, 530
1.72 64

1.84-94 62
1.95 63
2.97 221
2.162-163 220

De Vita Mosis
2.71-145 61
2.75 142
2.87-88 61
2.88 51
2.102-105 61
2.117-126 62
2.118 63
2.122-126 62
2.133 62
2.133-135 62
2.135 62
2.143 62

De Cherubim 100 304

De Decalogo 46 274

Legum Allegoriae 2.56 100, 167, 401

Du Mutatione Nominum 192 100, 167, 401

De Opificio Mundi 55 530

De Praemiis et Poenis 123 148, 526

Quaestiones et Solutiones in Genesin 444

Quaestiones et Solutiones in Exodum
2.73-81 61, 444
2.78 64
2.85 61-62
2.91 62
2.107-114 62

Quis Rerum Divinarum Heres Sit
205 221
221-225 61
224 64
227 61

7. 미쉬나
m. Aboth
1.2 456
3.2 434
3.6 434

m. Sukkah
4.9-10 264
5.2-3 264
5:4 272

m. Sheqalim 6.2 188

8. 탈무드
b. Baba Batra 75b 448, 477

b. Berakot
55a 434
63b-64a 131

b. Chullin 91b 133

b. Menahot 97a 434

b. Pesachim 88a 140

b. Sanhedrin 97 372, 380

b. Sukkah
49a 244
51b 61

b. Yoma
21b 272
39b 131
54b 200, 455

y. Nazir 7:2 90

y. Yebamot 6b 131

y. Yoma 4:4 96

9. 타르굼
Tg. Genesis 22:14 133

Tg. Exodus 15:17 463, 482

Tg. Onqelos Exodus 25:8 81

Tg. Jerusalem Leviticus 24:2-4 439

Tg. Numbers 24:6 61

Palestinian Fragment Tg. Numbers 169

Palestinian Tg. Deuteronomy 32:8 309

Tg. 1 Chronicles 21:23-24 145

Tg. 2 Chronicles
3:1 145
6:2 43, 145, 463, 482

Tg. Isaiah
5:2 244
5:5 245, 272
22:22 250, 449
22:23-25 449
22:24 250
53:5 259, 292, 372, 442
66:4-5 298-299

Tg. Ezekiel 48:35 448

Tg. Joel 4:16-18 287

Tg. Zechariah
4:7 442, 446
6:12-13 259

Tg. Neofiti 1
Genesis 2:15 90
Genesis 2:19 90
Genesis 28:22 140
Numbers 24:5 166-167
Numbers 24:6 168, 407

Tg. Pseudo-Jonathan
Genesis 2:7 90, 145
Genesis 2:15 90
Genesis 3:23 90, 145
Genesis 27:27 331

Genesis 28:11 140
Genesis 28:17 140
Exodus 15:17 43
Exodus 28:17 63
Exodus 28:29 200
Exodus 39:10 63
Exodus 39:37 61
Exodus 40:4 61
Exodus 40:8 61
Numbers 24:5 166-167
Numbers 24:6 169
Zechariah 4:7 441

10. 기타 랍비 문헌
'Aboth de Rabbi Nathan 30b 441-442

Mekilta de-Rabbi Ishmael, Tractate Shirata 10.40-42 316

Midrash Psalms
16:12 441
30:1 43
36:6 178
48:4 178
76:3 319
90 316
90:19 300
92:6 135
104:25 285

Midrash Rabbah Genesis
3:4 455
5:7 178, 190
14:8 90
15:6 96-97

16:5 90
17:4 112
20:12 103
21:8 103
34:9 103
56:10 133
59:5 178
69:7 133
97 442

Midrash Rabbah Exodus
2:2 272
15:21 468
31:10 167
35:6 61
37:1 450

Midrash Rabbah Leviticus
7:2 435
7:3 434
9:6 236, 259
10:9 178, 190
19:6 93
30:2 441
32:8 441

Midrash Rabbah Numbers
4:8 103
4:13 43, 61
4:20 131
11:3 131
12:12 43
12:13 61
12:14 167
13:2 96, 236, 259

13:8 441
13:19 60
14:13 441
15 439
15:4 439
15:6 439
15:7 61
15:9 439
15:10 272, 446
18:16–17 441
18:21 259
21:22 187, 468

Midrash Rabbah Ecclesiastes 4:1 §1 441

Midrash Rabbah Song of Songs
1:16 §3 131
2:5 131
3:10 §4 61, 200, 455
4:7 §1 441–442
4:16 §1 236, 259
7:5 §3 178

Midrash Rabbah Lamentations
1:16 441
1:16 §51 259
1:51 441
Proem 24 272

Midrash Tanhuma Genesis
3:5 129
4:41 133
6:20 140, 202, 442
7:9 133

Midrash Tanhuma Leviticus 2:16 176, 178

Midrash Tanhuma Pequde §3 410

Midrash Tanhuma Qedoshim 10 200, 455

Midrash Tanhuma Yelammedenu
Genesis 2:12 129
Exodus 11:1-2 43
Exodus 11:2 81, 160
Exodus 11:3 200, 455

Pesikta de-rab Kahana
Piska 12.22 178
Piska 20 178
Piska 20.7 178, 190
Piska 21.4 178
Piska 27.2 442
Suppl. 5.4 178

Pesikta Rabbati
Piska 1.3 178
Piska 7.7 442
Piska 8.4 441
Piska 21.8 178, 190
Piska 29/30B 319
Piska 39 133, 331
Piska 41.2 178
Piska 51.4 441

Pirke de Rabbi Eliezer
11-12 90
12 547

20 135
35 133, 140, 200
48 259
51 468, 505, 527

Sefer ha-Hinnukh 117

Sifre on Deuteronomy
Piska 1 178
Piska 10 441
Piska 41 92
Piska 352 133

Sifre on Numbers §119 133

The Fathers According to Rabbi Nathan
1 84
4 131, 157

11. 고대 그리스-로마 문헌
Aratus, *Phenomena* 5 310

Cicero, *On the Nature of the Gods* 3:26 305

Euripides, *Fragment* 968 205, 304, 345

Plutarch, *Ethical Essays* 477:C 305

Seneca, *On Benefits* 7.7.3 305

12. 교부 문헌
Barnabas
2:34 357
4 385

4:11 90, 453, 546
6 90, 385
6:3 241-243, 454
6:3-4 246, 454
6:4 241, 454
6:11-12 243
6:11-17 241, 454
6:11-19 240-241, 357, 360
6:13 197
6:14 242
6:14-15 241, 454
6:15 242
6:18-19 241, 454
11:10-11 446
16 259, 300, 385, 515
16:1-3 306
16:2-3 307
16:6 240, 353, 453-454
16:6-9 306-307
16:7-10 242, 353, 454
16:10 453

2 Clement 9:3 546

Clement of Alexandria, *Stromata* 5.6
61-62, 444

Ignatius
Letter to the Ephesians
5:2 436
9 436, 453
15 436

Letter to the Magnesians 7:2 436

Letter to the Philadelphians
4 436
7:1 365
7:2 546

Letter to the Trallians 7:2 436

Iranaeus, *The Preaching of the Apostles,*
   ch.9 444

13. 나그 함마디
Gospel of Phillip 85 255

Gospel of Thomas 52[51] 365

성전 신학

역자 후기

케임브리지 대학에서 박사 학위를 받은 비일(Gregory K. Beale, 1949-)은 10여 년 동안 일리노이 주에 있는 휘튼 대학(Wheaton College)에서 신약학과 성경신학을 가르치다가, 2010년에 웨스트민스터 신학교(Westminster Theological Seminary)로 옮겨 지금까지 그곳에서 신약학과 성경신학을 가르치고 있는 중견 신약학자다. 그는 요한계시록(1999)과 데살로니가전후서(2003)의 주석서를 출간했으며, 『새 성경신학 사전』(New Dictionary of Biblical Theology)도 일부 집필했다.

　지금까지 비일이 출간한 저서를 살펴보면, 그가 주석서 집필보다는 신구약 전체를 포괄하는 성경신학적 작업에 더 관심이 많음을 한눈에 알 수 있다. 예를 들어 그가 가장 많이 다루는 주제를 담은 1984년, 1994년, 1998년, 2007년, 2011년에 출판된 책의 제목은 다음과 같다. The Use of Daniel in Jewish Apocalyptic Literature and in the Revelation of St. John (1984); The Right Doctrine from the Wrong Texts?: Essays on the Use of the Old Testament in the New (1994); John's Use of the Old Testament in Revelation (1998); Commentary on the New Testament Use of the Old Testament (2007); A New Testament Biblical Theology: The Unfolding of the Old Testament in the New (2011).

몇 년 간격으로 연이어 출판된 이 다섯 권의 책이 공통적으로 가지는 주제는, 신약성경이 구약성경을 어떻게 사용하고 있는가를 살펴보는 것이다. 이것은 비일의 주요 관심사가 구약과 신약의 관계에 있음을 분명하게 보여준다. 그가 집필한 다른 두 권의 책인 We Become What We Worship: A Biblical Theology of Idolatry (2008); The Erosion of Inerrancy in Evangelicalism: Responding to New Challenges to Biblical Authority (2008)도 이 관심사에서 크게 벗어나지 않는다.

이 책도 예외가 아니다. 2004년에 「성경신학 분야의 새로운 연구 시리즈」(NSBT=New Studies in Biblical Theology)의 열일곱 번째 책으로 출간된 이 연구서는 원제 "The Temple and the Church's Mission: A Biblical Theology of the Dwelling Place of God"부터가 비일이 지금까지 관심을 가져온 주제와 밀접하게 관련됨을 암시하고 있다. 실제로 이 책은 하나님의 처소인 성전의 역사적이고 신앙적인 의미를 구약성경에서 신약성경에 이르기까지 교회의 선교적 사명이라는 큰 틀에 맞추어 신학적으로 연구한 아주 귀한 학술서라고 할 수 있다.

비일이 서론에서 밝힌 것처럼 이 책은 1999년에 출간된 그의 요한계시록 주석에 뿌리를 두고 있다. 성경 전체에서 마지막 환상을 담고 있는 요한계시록 21:1-22:5을 계속 연구하던 비일은 성전에 관해 언급하는 구약 텍스트와 신약 텍스트 사이에 아주 긴밀한 관계가 있음을 발견했다. 그는 왜 요한이 마지막 환상에서 새로운 창조 세계를 수목, 무성한 도시-성전과 동일시하는지에 대한 답을 구약성경의 에덴동산과 예루살렘에서 찾으며, 구약성경의 성막과 성전이 본래 지성소에 한정되었던 하나님의 성막 임재가 실제로는 지상 세계 전체에 걸쳐 있다는 우주론적 차원의 종말론적 현실을 상징적으로 보여주려는 의도를 가지고 있음을 강조한다. 이 점에 비추어 그는 요한계시록 21장의 환상이 우주 전체를 가득 채울 마지막 때의 성전을 보여준다고 이해한다.

이런 주장을 뒷받침하기 위해 비일은 구약성경의 성전과 고대 근동의 신전에 있는 우주적 상징성의 증거를 개관하며, 에덴동산이 최초의 원형(原型) 성전이었고 그것이 나중에 만들어진 모든 성전의 모델이라고 봄으로써 구약성경의 성막과 성전이 피조 세계 전체의 축소판(소우주)과 같다는 주장을 내세운다. 그가 보기에 성막과 성전은 우주의 축소판을 상징하는 구조물로서 하나님의 영광을 완전하게 반영하는 종말론적인 성전을 가리키려는 의도로 만들어졌다. 이처럼 비일은 우주적으로 확대된 종말론적인 성전이야말로 요한계시록의 마지막 환상이 묘사하는 그림이라고 본다.

더 나아가서 비일은 성전의 이런 의미가 가지는 실천적인 측면을 강조한다. 그는 전 세계에 걸쳐 있는 성전에 관한 요한계시록 21-22장의 환상이 교회에게 맡겨진 선교의 사명을 성취해야 하는 그리스도인들에게 매우 중요한 의미를 가진다고 본다. 그는 우리 시대의 그리스도인들이 하나님의 임재를 상징하고 또 그것을 세상에 널리 전하는 성전이 되며, 그분의 임재로서의 성전의 경계선을 세상 구석구석까지 확장시키는 영적인 제사장 역할에 소홀함이 없어야 한다고 말한다. 하나님의 말씀을 배우고 가르치고 항상 기도함으로써, 우리의 부정한 도덕성과 영성을 부단히 경계함으로써, 영적인 성소의 질서와 평화를 지키는 동시에 끊임없이 하나님의 임재를 세상 사람들에게 널리 전함으로써 말이다. 이런 작업은 하나님의 임재가 온 세상을 가득 채울 때까지 계속되어야 한다. 이렇게 하는 것이 하나님의 성전인 성도들과 교회의 선교적 과제라는 것이 이 책의 결론이다.

이런 결론에 이르기까지 비일은 성막과 성전의 주제를 성경의 이야기 흐름을 따라 계속 추적하면서 구약과 신약의 관련 텍스트들을 치밀하고 상세하게 연구·분석한다. 새물결플러스 출판사에서 구약 전공자인 역자에게 이 책을 번역하도록 요청한 것은, 비일이 신약학자인 동시에 성경신학자로서 성전 주제에 맞추어 구약성경과 신약성경의 상관관계를 철저하게 텍스트 중심적으로 살피기 때문일 것이다. 아무쪼록 이 번역서가 신구약성경 전체에 걸쳐 있는 성전의 의미와 그 현대적인 적용에 관심을 가진 사람들에게 큰 도움이 되기를 바라는 마음 간절하다. 끝으로 이처럼 귀한 책을 출판하기로 결심한 새물결플러스의 김요한 목사님께 깊은 감사를 드리며, 이 책의 편집과 출판을 위해 수고한 모든 분께도 감사드린다.

2014년 2월 13일
광주 양림골 선지동산에서
강성열 삼가 씀

성전 신학

하나님의 임재와 교회의 선교적 사명

Copyright ⓒ 새물결플러스 2014

1쇄 발행 2014년 4월 25일
12쇄 발행 2024년 10월 4일

지은이   그레고리 K. 비일
옮긴이   강성열
펴낸이   김요한
펴낸곳   새물결플러스

편 집   왕희광 정인철 노재현 이형일 나유영 노동래
디자인   황진주 김은경
마케팅   박성민
총 무   김명화 이성순
영 상   최정호
아카데미 차상희

홈페이지 www.holywaveplus.com
이메일   hwpbooks@hwpbooks.com
출판등록 2008년 8월 21일 제2008-24호
주 소   (우) 04114 서울시 마포구 신촌로28가길 29
전 화   02) 2652-3161
팩 스   02) 2652-3191

ISBN 978-89-94752-67-9 93230

책값은 뒤표지에 있습니다.